招标采购
合规实务丛书

政府采购合规指南

法条解读、案例梳理、实务流程图指引

白如银 苏 静 编著

中国法制出版社
CHINA LEGAL PUBLISHING HOUSE

编者说明

采购一直是风险多发的领域，也是合规管理的重要领域。目前，以《政府采购法》《政府采购法实施条例》为核心，辅助《政府采购货物和服务招标投标办法》等部门规章和规范性文件，共同构建起了我国政府采购的法律体系。政府采购活动首先要遵从这些合规依据。为了帮助采购人和供应商全面、准确理解和适用政府采购法，依法合规组织政府采购活动，防控采购合规风险、廉政风险，经得起行政监督、审计、巡视等合规检验，我们编写了本书，旨在为读者提供一本全面、时新、实用、好用的合规实务指南。

本指南分为三个部分。第一部分"《政府采购法》法条解读与典型案例梳理"，以《政府采购法》的条文序号编排，每项条文下安排"读懂法条"（精要解读条文、阐述适用要点）和"典型案例"（摘要人民法院裁判要旨），设置60个重点法律问题分析，收录79个典型案例。帮助读者从立法释义、司法观点中掌握合规采购实务操作要点。

第二部分"政府采购流程图"，收录公开招标、邀请招标、竞争性谈判、单一来源、询价、竞争性磋商等六类采购方式操作流程图以及政府采购质疑、投诉处理流程图，从程序上直观、具象化展示合规采购流程。

第三部分"政府采购法规文件汇编"收录截至2022年10月1日前国家颁布、现行有效的99件政府采购法律文件，从法律规范上掌握合规采购依据。由此，为读者提供一本"法文+释义+裁判+流程"四位一体、实务实用、内容全面的工具书，全景式介绍政府采购法律制度、合规依据和实操要点。

本指南具有以下特点：一是全面性。只要与政府采购密切关联就"应收尽收"，给读者最全面的法条、释义、案例等信息，确保"一册在手、查阅无忧"。二是权威性。《政府采购法》项下"读懂法条"内容参考立法机关编写的法律释义和专家权威观点，以客观呈现"立法本意"。案例精选最高人民法院公报案例、裁判案例及地方法院典型案例，反映当前主流裁判观点。汇编收录的法律文件均来自政府部门权威官网。三是实用性。配套各类采购方式及质疑、投诉流程图，为政府采购提供"路线图""作业书"。《政府采购法》各项法条下设计"读懂法条+典型案例"的体例框架，能同时满足读者研究法理、研读案例的不同需求。"典型案例"只收录了供诠释法条的核心裁判观点，方便读者快速了解司法观点（可根据案号登录"中国裁判文书网"查询裁判文书全文）。法律法规收录细化到"人大代表请示答复"，有助于掌握财政部对政府采购领域社会关注热点、焦点问题的政策倾向。四是时效性。本书全面收录出版之前最新公布的法律文件，如财政部2022年9月2日印发的《政府采购品目分类目录》（财库〔2022〕31号）已经收录在内，方便在政府采购工作实务中查阅参考。

凡收录的法律法规都可能被修改调整，请读者随时关注国家政府采购立法的最新变化，在工作中注意引用最新的法律条文。各地方人大或人民政府出台的地方性法律文件，适用于当地组织的政府采购活动。

读者对本手册的修订意见、建议，请反馈至编者 E-mail：449076137@qq.com。

目　录

第二篇　政府采购流程图

第三篇 政府采购法规文件汇编

第一篇　《中华人民共和国政府采购法》法条解读与典型案例梳理

中华人民共和国政府采购法

(2002 年 6 月 29 日第九届全国人民代表大会常务委员会第二十八次会议通过 根据 2014 年 8 月 31 日第十二届全国人民代表大会常务委员会第十次会议《关于修改〈中华人民共和国保险法〉等五部法律的决定》修正)

第一章 总 则

第一条 为了规范政府采购行为，提高政府采购资金的使用效益，维护国家利益和社会公共利益，保护政府采购当事人的合法权益，促进廉政建设，制定本法。

【读懂法条】

本条规定了政府采购法的立法目的。

政府采购因其采购主体和采购资金来源具有特殊性，因此必须从法律上予以规范。通过立法将政府采购纳入法制化管理，有利于加强政府采购行为的规范化管理，提高政府采购活动的透明度，努力节约采购支出，提高效率，依法实现政府采购的各项目标；鼓励供应商参与采购活动，给予供应商公平和平等的待遇，维护政府采购市场的竞争秩序，保护国家利益和社会公共利益；强化对采购行为的约束力，净化交易环境，使政府采购成为名副其实的"阳光下的交易"，从源头上抑制腐败现象发生，促进廉政建设。

【典型案例】

（2017）粤0606民初7693号民事判决书①：广东省佛山市顺德区人民法院认为，依据《中华人民共和国政府采购法》（以下简称《政府采购法》）第一条、第二条、第三条的规定，为了规范政府采购行为，维护国家利益和社会公共利益，保护政府采购当事人的合法权益，促进廉政建设，政府采购应当遵循公开透明原则、公平竞争原则、公正原则和诚实信用原则，为此，《政府采购法》第七条规定了政府采购实行集中采购和分散采购相结合，集中采购的范围由省级以上人民政府公布的集中采购目录确定，属于中央预算的政府采购项目的集中采购目录由国务院确定并公布，属于地方预算的政府采购项目的集中采购目录由省、自治区、直辖市人民政府或者其授权的机构确定并公布，纳入集中采购目录的政府采购项目，应当实行集中采购；《政府采购法》第二十六条第二项规定了公开招标应作为政府采购的主要方式，同时，《政府采购法》第二十七条专门作出规定，"采购人采购货物或者服务应当采用公开招标方式的，其具体数额标准，属于中央预算的政府采购项目，由国务院规定；属于地方预算的政府采购项目，由省、自治区、直辖市人民政府规定；因特殊情况需要采用公开招标以外的采购方式的，应当在采购活动开始前获得设区的市、自治州以上人民政府采购监督管理部门的批准"，第二十七条规定应当属于效力性强制性规定，只要达到国务院或省级人民政府规定的具体数额标准的政府采购项目，就应当采用公开招标方式采购②。

第二条 在中华人民共和国境内进行的政府采购适用本法。

本法所称政府采购，是指各级国家机关、事业单位和团体组织，使用财政性资金采购依法制定的集中采购目录以内的或者采

---

① 本书案例均来源于中国裁判文书网。
② 本案再审裁定为（2018）粤民申8465号。

购限额标准以上的货物、工程和服务的行为。

政府集中采购目录和采购限额标准依照本法规定的权限制定。

本法所称采购，是指以合同方式有偿取得货物、工程和服务的行为，包括购买、租赁、委托、雇用等。

本法所称货物，是指各种形态和种类的物品，包括原材料、燃料、设备、产品等。

本法所称工程，是指建设工程，包括建筑物和构筑物的新建、改建、扩建、装修、拆除、修缮等。

本法所称服务，是指除货物和工程以外的其他政府采购对象。

【读懂法条】

本条规定了政府采购法的适用范围。

在地域范围上，在中华人民共和国境内发生的政府采购活动，统一按本法规定进行采购。有几点例外：一是军事采购不适用本法。二是采购人使用国际组织和外国政府贷款进行的政府采购，贷款方、资金提供方与中方达成的协议对采购的具体条件另有规定的，可以适用其规定。三是对因严重自然灾害和其他不可抗力事件所实施的紧急采购和涉及国家安全和秘密的采购，不适用本法。四是我国的香港、澳门两个特别行政区的政府采购不适用本法。

采购人的范围是什么？

在采购人范围上，本法规定的采购人是指各级国家机关、事业单位和团体组织，不包括国有企业。根据我国宪法的规定，国家机关包括国家权力机关、国家行政机关、国家审判机关、国家检察机关、国家监察机关、军事机关等。事业单位是指政府为实现特定目的而批准设立的事业法人。团体组织是指政府批准的社会团体。因此，本法确定的采购人，都是采购资金主要来源于财政性资金的预算单位。

采购资金范围怎么界定?

在采购资金范围上，采购项目资金应当为财政性资金。根据《中华人民共和国政府采购法实施条例》第二条的规定，政府采购法第二条所称财政性资金是指纳入预算管理的资金。以财政性资金作为还款来源的借贷资金，视同财政性资金。国家机关、事业单位和团体组织的采购项目既使用财政性资金又使用非财政性资金的，使用财政性资金采购的部分，适用政府采购法；财政性资金与非财政性资金无法分割采购的，统一适用政府采购法。采购人全部用非财政性资金开展的采购活动，不受本法约束。非财政性资金主要是指事业单位和团体组织的自有收入，包括经营收入、捐助收入、不用财政性资金偿还的借款等。

采购项目范围怎么确定?

在采购项目范围上，一是纳入集中采购目录的采购项目，二是排除在集中采购目录之外，但在规定的采购限额标准以上的采购项目。前者实行集中采购，后者实行分散采购。集中采购目录及限额标准的确定方法按本法第七条、第八条执行。采购人用财政性资金采购限额标准以下的采购项目，可以不执行本法规定。

采购形式有什么具体要求?

在采购形式范围上，不仅包括购买，还包括租赁、委托、雇用等，这些采购活动应当能以合同形式体现且必须是有偿的，不包括赠送、采购人之间无偿调剂等行为，无偿获得货物、工程和服务的行为，不受本法规范。

采购对象中的货物、工程和服务怎么理解?

在采购对象范围上，应当是符合本法规定的货物、工程和服务。本条所称货物，是指各种形态和各种类型的物品，包括有形和无形物品（如专利），固体、液体或气体物体，动产和不动产。本法所称工程，是指建设工程，专指由财政性资金安排的建设工程，不包括网络工程、信息工程等与土建无关的工程项目。本法所称服务，包括政府自身需要的服务和政府向社会公众提供的公共服务。《财政部关于推进和完善服务项目政府采购有关问题的通知》（财库〔2014〕37号）按照服务受益对象将服务项目分为三类：第一类为保障政府部门自身正常运转需要向社会购买的服务。如公文印刷、物业管理、公车租赁、系统维护等。第二类为政府部门为履行宏观调控、市场监管等职能需要向社会购买的服务。如法规政策、发展规划、标准制定的前期研究和后期宣传、法律咨询等。第三类为增加国民福利、受益对象特定，政府向社会公众提供的公共服务。包括：以物为对象的公共服务，如公共设施管理服务、环境服务、专业技术服务等；以人为对象的公共服务，如教育、医疗卫生和社会服务等。对复合型采购项目，即一个采购项目中同时含货物、工程和服务两个或者三个对象时，通常是以所占资金比重最大的对象，确定其对象属性。

同时符合上述要素的采购项目，必须依照本法开展采购活动。

政府采购工程，因实行项目法人制，于是采购主体委托给企业承建，承建企业要向采购主体负责。这类形式的政府工程建设项目，虽然具体承建单位发生了变化，但工程建设资金主要来源于财政性资金，工程的所有权没有变，采购主体仍然是建设项目的立项单位。因此，政府采购工程项目不能因为实行法人制改变实施主体从而改变政府采购的性质。还有些项目如课题研究等，采购主体是政府机构，但由企业承办，也应当受本法规范。

【典型案例】

（2017）苏行终1212号行政判决书：江苏省高级人民法院认为，《政府采购法》第二条规定，在中华人民共和国境内进行的政府采购适用本法；政府采购，是指各级国家机关、事业单位和团体组织，使用财政性资金采购依法制定的集中采购目录以内的或者采购限额标准以上的货物、工程和服务的行为；政府集中采购目录和采购限额标准依照本法规定的权限制定；货物，是指各种形态和种类的物品，包括原材料、燃料、设备、产品等。《政府采购法实施条例》第五条规定，省、自治区、直辖市人民政府或者其授权的机构根据实际情况，可以确定分别适用于本行政区域省级、设区的市级、县级的集中采购目录和采购限额标准。首先，基于社会常识，不同的产品种类各异，一些产品如设备等在购买后虽然需要适当的施工安装，但仍然不能改变其商品的属性。涉案项目为"淮某师范学院长江路校区田径场塑胶跑道改造工程项目"，淮某师范学院购买的塑胶跑道是市场上正常流通的产品，应当属于《政府采购法》第二条定义的货物范畴。其次，淮某师范学院作为江苏省省属高等院校，涉案采购项目属于省级政府集中采购项目，本次采购资金性质系财政性资金；涉案采购项目总金额为 248 万余元，达到苏财购〔2015〕35 号《关于印发省级政府集中采购目录及采购限额标准的通知》中规定的采购限额标准，且属于集中采购目录范畴，故涉案项目属于政府采购项目。

（2016）浙行终 1148 号行政裁定书：浙江省高级人民法院认为，根据《政府采购法》第二条第二款"本法所称政府采购，是指各级国家机关、事业单位和团体组织，使用财政性资金采购依法制定的集中采购目录以内的或者采购限额标准以上的货物、工程和服务的行为"之规定。涉案某暨市某泰安置小区电梯采购项目的采购人系某暨市经济开发总公司，采购代理机构为浙江省某套招投标代理有限公司，故该电梯采购项目并非政府采购项目。即使招标人将此涉案招标项目参照政府采购方式进行，而请求某暨市公管办依据招标人派员联络上海市财政局政府采购管理处帮助其抽取评标专家，亦不能改变涉案招标活动的非政府采购项目性质。

（2019）湘行申 1175 号行政裁定书：湖南省高级人民法院认为，某公司系全民所有制企业，其委托湖南某兴顺项目管理有限公司代理办公区物业管理服务采购招标的项目，未使用财政性资金，亦未列入集中采购目录。某公司自主采购物业管理服务的行为不属于政府采购行为，亦不属于《中华人民共和国政府采购法》调整的范围。再审申请人某华公司的投诉明显不属于被申请人市财政局的法定职责和监督管理范围。

第三条 政府采购应当遵循公开透明原则、公平竞争原则、公正原则和诚实信用原则。

【读懂法条】

本条规定了政府采购的基本原则。

需要公开的具体内容是什么？

公开透明要求政府采购的信息和行为不仅要全面公开，而且要完全透明，要求做到政府采购的法规和规章制度要公开，招标信息及中标或成交结果要公开，开标活动要公开，投诉处理结果或司法裁判决定等都要公开，使政府采购活动在完全透明的状态下运作，全面、广泛地接受监督。

公平竞争机制具体是什么？

公平竞争要求在竞争的前提下公平地开展政府采购活动。要将竞争机制引入采购活动中，竞争必须公平，不能设置妨碍充分竞争的不正当条件。采购主体要公平地对待每一个供应商，不能有歧视某些潜在的符合条件的供应商参与政府采购活动的现象，而且采购信息要在政府采购监督管理部门指定的媒体上公平地披露。

怎样做到公正对待？

公正原则要求政府采购要按照事先约定的条件和程序进行，对所有供应商一视同仁，不得有歧视条件和行为，任何单位或个人无权干预采购活动的正常开展。尤其是在评标活动中，要严格按照统一的评标标准评定中标或成交供应商，不得存在任何主观倾向。

诚信的细化要求是什么？

诚实信用原则要求政府采购当事人本着诚实、守信的态度履行各自的权利和义务，讲究信誉，兑现承诺，不得散布虚假信息，不得有欺诈、串通、隐瞒等行为，不得伪造、变造、隐匿、销毁需要依法保存的文件，不得规避法律规，不得损害第三人的利益。为了推进社会信用体系建设，财政部与有关部门就重大税收违法案件当事人、失信被执行人、安全生产领域失信生产经营单位及其有关人员等违法失信人员签署了多项开展联合惩戒的备忘录，积极推进政府采购领域联合惩戒工作，形成"一处违规、处处受限"的信用机制。

【典型案例】

（2018）京行终2936号行政判决书：北京市高级人民法院认为：《政府采购法》第三条规定，政府采购应当遵循公开透明原则、公平竞争原则、公正原则和诚实信用原则。根据《政府采购法》第二十五条第二款的规定，供应商不得采取其他不正当手段谋取中标或者成交。将明显低于合理价格作为认定不正当投标行为的一种情形，具有法律依据；被诉复议决定以报价是否低于合理价格作为审查的基础，亦具有法律依据。对此，一审法院已予论述，本院不持异议。本案中，某和信达公司在按照涉案招标文件要求自行填写的《投标分项报价表》和《开标一览表》中的投标总价均为4480万元，而其自行填写在《开标一览表》中"其他声明"一栏中的最终价格为200万元。其所称"鉴于首次参与某建设，我公司愿以最大的诚意接受检验"等内容，直接与大幅降价相联系，有违反公平竞争原则之嫌，其投标报价与最终声明价格差异巨大，缺乏合理解释。……根据公开透明原则的要求，政府采购活动中的所有内容和程序，除非有特别例外，否则均应为公开的、透明的。换言之，采购人进行政府采购，其方式、步骤、标准、要求等，除非有特殊说明，均应当能够为公众所知悉并清楚地理解；同时，供应商也应当以直接、明确、没有歧义且可予以查证的方式，满足政府采购中的各项要求。本案中，某采购中心作为采购人，在其发布的涉案招标项目的招标文件中，对于投标文件格式以及投标报价含义、组成、填写、计算等均提出了具体明确的要求。尤其在招标文件第66页附件二《开标一览表》和第67页附件三《投标分项报价表》中，还以"注"的形式进一步强调了报价填写的要求及不符合要求的后果。上述要求内容均随涉案招标文件予以公布，其符合公开透明原则的要求。同理，对涉案招标项目的投标文件，亦应当以公开透明的方式，对招标文件予以回应，也即涉案项目的投标文件在回应招标文件时，应当完全按照招标文件要求的方式进行。根据涉案项目招标文件中投标人须知第 12 条"投标报价"与其项下第 12.2 条规定之间的关系，可以认定投标供应商应提供的详细分项报价系针对投标报价而言，根据《投标分项报价表》注 2 的要求，不提供详细分项报价将视为没有实质性响应招标文件。某和信达公司在《开标一览表》"投标总价"栏中填写了 4480 万元，根据招标文件对投标文件格式填写的要求，该金额即应视为某和信达公司的投标价格，但某和信达公司又在《开标一览表》"其他声明"栏中填写 200 万元作为最终报价，其报价的填写方式已与招标文件中关于"投标文件格式"的要求不相符。某和信达公司在《投标分项报价表》中经计算得出的总价为 4480 万元，与《开标一览表》中的投标总价一致。但某和信达公司以 200 万元作为其最终报价，却并未对 200 万元的报价按照招标文件的要求进行分项报价，亦未说明该 200 万元的报价与经分项报价后计算得出的总价之间的关系，故以 200 万元作为投标价，不符合招标文件对投标报价应予以详细分项报价的要求，不符合公开透明原则的基本要求，亦不能视为实质性响应了招标文件。此外，某和信达公司通过"其他声明"的方式改变其报价，不符合招标文件的填写要求，其以"其他声明"的方式废弃其正式报价，二者差异巨大，致使本应是其正式报价的价格成为虚设，亦不符合诚实信用原则。

第四条　政府采购工程进行招标投标的，适用招标投标法。

【读懂法条】

本条规定了政府采购工程招标投标活动适用招标投标法。

是否达到国务院规定的招标限额是工程项目适用法律的主要依据？

工程属于政府采购范围，达到国务院规定的招标限额以上的工程项目［根据国家发展改革委16号令《必须招标的工程项目规定》第五条规定，达到下列标准之一的，必须招标：（一）施工单项合同估算价在400万元人民币以上；（二）重要设备、材料等货物的采购，单项合同估算价在200万元人民币以上；（三）勘察、设计、监理等服务的采购，单项合同估算价在100万元人民币以上。同一项目中可以合并进行的勘察、设计、施工、监理以及与工程建设有关的重要设备、材料等的采购，合同估算价合计达到前款规定标准的，必须招标]采取招标投标方式的，执行招标投标法规定，同时还要执行本法相关规定（如要按照本法规定，严格预算管理，加强信息管理，在政府采购监督管理部门指定的媒体上公告有关信息，落实政府有关经济和社会政策目标，采购国内货物、工程和服务，加强采购合同管理，采购合同按期提交政府采购监督管理部门备案，支付采购资金，接受有关方面的监督管理等）。对于招标限额以下的工程项目，本身不适用招标投标法，应当按照本法有关规定开展采购活动。政府采购工程实行非招标的采购方式、程序及管理要求，具体根据《政府采购非招标采购方式管理办法》《政府采购竞争性磋商采购方式管理暂行办法》执行。

"工程"的理解及政府采购工程的法律适用问题

《政府采购法实施条例》第七条进一步细化明确规定："政府采购工程以及与工程建设有关的货物、服务，采用招标方式采购的，适用《中华人民共和国招标投标法》及其实施条例；采用其他方式采购的，适用政府采购法及本条例。前款所称工程，是指建设工程，包括建筑物和构筑物的新建、改建、扩建及其相关的装修、拆除、修缮等；所称与工程建设有关的货物，是指构成工程不可分割的组成部分，且为实现工程基本功能所必需的设备、材料等；所称与工程建设有关的服务，是指为完成工程所需的勘察、设计、监理等服务。政府采购工程以及与工程建设有关的货物、服务，应当执行政府采购政策。"

【典型案例】

（2017）最高法民申4521号民事裁定书：最高人民法院认为，某昊公司与某城县政府签订的《合作建设协议书》，主要内容系某城县政府委托某昊公司为其投资建设案涉工程提供服务。根据《中华人民共和国政府采购法》第二条第二款、第四款的规定，各级国家机关、事业单位和团体组织，使用财政性资金采购依法制定的集中采购目录以内的或者采购限额标准以上的货物、工程和服务的行为，包括以合同方式有偿取得货物、工程和服务的购买、租赁、委托、雇用等行为，均属于该法规制范围。根据该法第二十六条、第四条规定，公开招标应作为政府采购的主要采购方式；政府采购工程进行招标投标的，适用招标投标法。根据《中华人民共和国招标投标法》第三条的规定，大型基础设施、公用事业等关系社会公共利益、公众安全的项目的勘察、设计、施工、监理以及与工程建设有关的重要设备、材料等的采购，必须进行招标，具体范围和规模标准，由国务院发展计划部门会同国务院有关部门制订。根据上述法律授权制定的《工程建设项目招标范围和规模标准规定》第七条规定，使用国有资金投资项目，勘察、设计、监理等服务的采购，单项合同估算价在 50 万元人民币以上的，必须进行招标。综合以上法律、行政法规的规定，二审判决认定案涉《合作建设协议书》所涉项目属于依法应当进行招标的范畴，并无不当。双方当事人未依法履行招投标程序直接签订《合作建设协议书》，违反了法律、行政法规的强制性规定，根据《中华人民共和国合同法》第五十二条第五项（现《民法典》第一百四十三条第三项）的规定，应当认定《合作建设协议书》无效。

第五条　任何单位和个人不得采用任何方式，阻挠和限制供应商自由进入本地区和本行业的政府采购市场。

【读懂法条】

本条规定了供应商自由进入政府采购市场。

政府采购活动必须公开、公正、公平地开展，将政府采购形成的商业机会公平地给予每一个纳税人（包括供应商），应当给予供应商自由进入各地区、各行业政府采购市场的权利，不得采取歧视性措施，剥夺他们应有的权利。政府采购活动应当破除地区封锁、行业垄断和人为干预等弊病，消除歧视行为，促进依法采购，建立统一的全国政府采购大市场。2022年，《中共中央　国务院关于加快建设全国统一大市场的意见》提出加快建立全国统一的市场制度规则，打破地方保护和市场分割，加快建设高效规范、公平竞争、充分开放的全国统一大市场，要消除地区封锁和行业垄断，促进充分竞争。

地区封锁和行业垄断的具体表现形式有哪些？

招标投标和政府采购中严禁违法限定或者指定特定的专利、商标、品牌、零部件、原产地、供应商，不得违法设定与招标采购项目具体特点和实际需要不相适应的资格、技术、商务条件等。不得违法限定投标人所在地、所有制形式、组织形式，或者设定其他不合理的条件以排斥、限制经营者参与投标采购活动。《优化营商环境条例》《公平竞争审查制度实施细则》等对打破地区封锁和行业垄断等也作出具体安排。

第六条　政府采购应当严格按照批准的预算执行。

【读懂法条】

本条规定了政府采购应严格执行预算。

严格执行预算的具体要求是什么？

政府采购项目必须列入财政预算，没有列入预算的活动，政府不得拨款；没有资金保证的项目不能开展采购活动。政府采购项目必须按预算规定用途使用，不得截留、挪用采购资金，不得无预算采购、重复采购、盲目采购、超标准采购，以提高财政资金的使用效益，实现预定目标。采购项目不得超过预算定额。预算由预算收入和预算支出组成。政府的全部收入和支出都应当纳入预算。关于政府采购预算的预算收支范围、编制、审查和批准、执行调整等管理事项，按照《预算法》及相关规定执行。

【典型案例】

（2017）京01行初1203号行政判决书：北京市第一中级人民法院认为，

《政府采购法》第六条规定,"政府采购应当严格按照批准的预算执行",上述规定的目的在于为政府采购金额设定上限,以保障政府财政资金的有效利用,避免浪费和不当使用。因此以市场价格作为主要参考指标的采购项目预算价,是政府采购报价的上限标准,但并非下限标准,此立法目的在《政府采购法》第三十六条第一款第三项的规定中亦有所体现。由于政府采购是在一定范围的投标供应商之间,基于特定政府采购项目所产生的竞争,并非是一种完全的市场竞争,因此政府采购活动中的报价与一般市场价格的形成机制存在较大差别。即使政府采购中的投标报价明显低于市场价格或者项目预算价格,也未必会"影响商品质量和不能诚信履约"。仅以市场价格或者项目预算价格作为判断政府采购报价是否明显低于合理价格的标准,既缺乏法律上的相关依据,也不符合市场规律。由于政府采购活动中的竞争,是一定范围内的供应商之间针对特定采购项目所产生的竞争,因此从供应商之间公平竞争的角度,以"是否明显低于其他通过符合性审查投标人的报价"作为判断标准,更能够合理地反映政府采购活动中的报价公平性,也更符合市场规律。并且,现行有效的《政府采购货物和服务招标投标管理办法》(财政部令第87号)第六十条明确规定了合理价格的判断标准,即是"报价明显低于其他通过符合性审查投标人的报价"。虽然上述办法并不直接适用于本案,但合理价格的判断既是法律问题也是专业问题,上述规定中关于合理价格的判断标准,仍然可以作为重要的参照依据,用以说明被诉复议决定仅以原告的最终投标报价明显低于采购项目预算价为由,径行认定其报价明显低于合理价格,既缺乏明确的依据也不具有合理性。

第七条 政府采购实行集中采购和分散采购相结合。集中采购的范围由省级以上人民政府公布的集中采购目录确定。

属于中央预算的政府采购项目,其集中采购目录由国务院确定并公布;属于地方预算的政府采购项目,其集中采购目录由省、自治区、直辖市人民政府或者其授权的机构确定并公布。

纳入集中采购目录的政府采购项目，应当实行集中采购。

【读懂法条】

本条规定了政府采购模式及集中采购目录的确定。

集中采购、分散采购如何区分与适用？

政府采购的模式，分为集中采购、分散采购。根据《政府采购法实施条例》第四条规定，集中采购，是指采购人将列入集中采购目录的项目委托集中采购机构代理采购或者进行部门集中采购的行为；分散采购，是指采购人将采购限额标准以上的未列入集中采购目录的项目自行采购或者委托采购代理机构代理采购的行为。政府采购项目分为两类，即集中采购目录以内的项目和采购限额标准以上的项目。集中采购目录以内的项目，都属于集中采购；而集中采购目录以外、采购限额标准以上的项目，则属于分散采购。

《政府采购法实施条例》第三条规定，集中采购目录包括集中采购机构采购项目和部门集中采购项目。技术、服务等标准统一，采购人普遍使用的项目，列为集中采购机构采购项目；采购人本部门、本系统基于业务需要有特殊要求，可以统一采购的项目，列为部门集中采购项目。集中采购的实施主体为集中采购机构；分散采购的组织主体是各预算单位。

由中央预算安排的采购项目，集中采购目录由国务院确定并公布，如2019年12月26日，《国务院办公厅关于印发中央预算单位政府集中采购目录及标准（2020年版）的通知》（国办发〔2019〕55号），明确了集中采购机构采购项目（必须按规定委托集中采购机构代理采购）目录、适用范围，部门集中采购项目目录。属于地方预算的政府采购项目，其集中采购目录由省、自治区、直辖市人民政府或者其授权的省级财政部门和下级政府如省会城市、地级市确定并公布。为了推进统一全国集中采购目录及标准相关工作，财政部制定了《地方预算单位政府集中采购目录及标准指引（2020年版）》（财库〔2019〕69号）。

另外，根据《政府采购法实施条例》第二十四条规定，列入集中采购目录的项目，适合实行批量集中采购的，应当实行批量集中采购，但紧急的小额零星货物项目和有特殊要求的服务、工程项目除外。财政部首先在中央单位政府集中采购中推行批量集中采购工作，下发了《中央预算单位批量集中采购管理暂行办法》（财库〔2013〕109号）、《财政部关于加强中央预算单位批量集中采购管理有关事项的通知》（财库〔2014〕120号）、《财政部办公厅关于进一步做好中央预算单位批量集中采购有关工作的通知》（财办库〔2016〕425号）等政策文件。

【典型案例】

（2019）新民申787号民事裁定书：新疆维吾尔自治区高级人民法院认为，《中华人民共和国政府采购法》第七条第三款规定，"纳入集中采购目录的政府采购项目，应当实行集中采购"；第六十四条规定，"采购人必须按照本法规定的采购方式和采购程序进行采购""任何单位和个人不得违反本法规定，要求采购人或者采购工作人员向其指定的供应商进行采购"。《中华人民共和国政府采购法》适用于国家机关、事业单位和团体组织，使用财政性资金采购依法制定的集中采购目录以内的或者采购限额标准以上的货物、工程和服务的行为，是为了行政管理需要的管理性强制性规定，而不属于效力性强制性规定。作为事业单位的某县妇幼保健中心违反《中华人民共和国政府采购法》的规定，与某华美康公司订立的《投放合同》《补充协议》，应当承担相应的行政责任，但并不能因此而认定涉案《投放合同》《补充协议》无效。某县妇幼保健中心认为《投放合同》《补充协议》无效的理由不能成立。

第八条　政府采购限额标准，属于中央预算的政府采购项目，由国务院确定并公布；属于地方预算的政府采购项目，由省、自治区、直辖市人民政府或者其授权的机构确定并公布。

【读懂法条】

本条规定了政府采购限额标准。

政府采购的限额标准的确定及法律依据

政府采购的限额标准因直接涉及本法的适用范围，与集中采购目录一样，财政部门应当先拟限额标准，报人民政府批准并颁布。2019 年 12 月 26 日，《国务院办公厅关于印发中央预算单位政府集中采购目录及标准（2020 年版）的通知》（国办发〔2019〕55 号），明确了分散采购限额标准，即：除集中采购机构采购项目和部门集中采购项目外，各部门自行采购单项或批量金额达到 100 万元以上的货物和服务的项目、120 万元以上的工程项目应按《中华人民共和国政府采购法》和《中华人民共和国招标投标法》有关规定执行。属于地方预算的政府采购项目，其集中采购目录由省、自治区、直辖市人民政府或者其授权的省级财政部门和下级政府如省会城市、地级市确定并公布。《政府采购法实施条例》第五条规定，省、自治区、直辖市人民政府或者其授权的机构根据实际情况，可以确定分别适用于本行政区域省级、设区的市级、县级的集中采购目录和采购限额标准。为了推进统一全国集中采购目录及标准相关工作，财政部制定了《地方预算单位政府集中采购目录及标准指引（2020 年版）》（财库〔2019〕69 号），规定：除集中采购机构采购项目外，省级单位货物、服务项目分散采购限额标准不应低于 50 万元，市县级单位货物、服务项目分散采购限额标准不应低于 30 万元，工程项目分散采购限额标准不应低于 60 万元。

第九条 政府采购应当有助于实现国家的经济和社会发展政策目标，包括保护环境，扶持不发达地区和少数民族地区，促进中小企业发展等。

【读懂法条】

本条规定了政府采购政策性功能。

《政府采购法实施条例》第六条进一步规定："国务院财政部门应当根据

国家的经济和社会发展政策，会同国务院有关部门制定政府采购政策，通过制定采购需求标准、预留采购份额、价格评审优惠、优先采购等措施，实现节约能源、保护环境、扶持不发达地区和少数民族地区、促进中小企业发展等目标。"

政府采购相关的主要政策文件有哪些？

为了落实政府采购政策，国家出台了一系列政策文件细化落实，如财政部会同相关部门印发的《关于深入开展政府采购脱贫地区农副产品工作推进乡村产业振兴的实施意见》（财库〔2021〕20号）、《关于运用政府采购政策支持乡村产业振兴的通知》（财库〔2021〕19号）、《政府采购贫困地区农副产品实施方案》（财库〔2019〕41号）、《政府采购促进中小企业发展管理办法》（财库〔2020〕46号）、《关于政府采购支持绿色建材促进建筑品质提升试点工作的通知》（财库〔2020〕31号）、《关于调整优化节能产品、环境标志产品政府采购执行机制的通知》（财库〔2019〕9号）、《关于促进残疾人就业政府采购政策的通知》（财库〔2017〕141号）、《政府采购进口产品管理办法》（财库〔2007〕119号）等文件。

第十条 政府采购应当采购本国货物、工程和服务。但有下列情形之一的除外：

（一）需要采购的货物、工程或者服务在中国境内无法获取或者无法以合理的商业条件获取的；

（二）为在中国境外使用而进行采购的；

（三）其他法律、行政法规另有规定的。

前款所称本国货物、工程和服务的界定，依照国务院有关规定执行。

【读懂法条】

本条规定了政府采购应当采购本国货物、工程和服务。

购买国货是政府采购制度的内在要求。利用政府采购手段保护国内产业，支持国内发展，是国际通行做法。一些预算单位意向优先购买外国产品，有悖政府采购的精神。本法适用范围内的政府采购，只要本国的货物、工程和服务能够满足基本需求的，应当采购国货。根据财政部《关于在政府采购活动中落实平等对待内外资企业有关政策的通知》（财库〔2021〕35号），政府采购依法对内外资企业在中国境内生产的产品（包括提供的服务）平等对待，不论其供应商是内资还是外资企业，均应依法保障其平等参与政府采购活动的权利。

什么情况下可以采购外国货物？具体流程是什么？

在本法规定的几种特殊情况下，政府采购可以采购外国货物、工程和服务。为了规范进口产品政府采购行为，财政部专门制定了《政府采购进口产品管理办法》。

政府采购确需采购进口产品的，实行审核管理，采购人采购必须向财政部门提出申请并获得财政部门审核同意后，才能开展采购活动。在采购活动开始前没有获得财政部门同意而开展采购活动的，视同为拒绝采购进口产品，应当在采购文件中明确作出不允许进口产品参加的规定。未在采购文件中明确规定不允许进口产品参加的，也视为拒绝进口产品参加。财政部门审核同意购买进口产品的，应当在采购文件中明确规定可以采购进口产品，但如果因信息不对称等原因，仍有满足需求的国内产品要求参与采购竞争的，采购人及其委托的采购代理机构不得对其加以限制，应当按照公平竞争原则实施采购。

【典型案例】

（2015）苏行终字第00406号行政判决书：江苏省高级人民法院认为，采购人某医科大学在"115号项目"采购中提出不接受进口产品投标，既是其自主选择的体现，也符合《政府采购法》第十条"政府采购应当采购本国货物、工程和服务"的要求。

（2015）鄂民申字第2219号民事裁定书：湖北省高级人民法院认为，某中心医院与某特电梯有限公司签订的《电梯设备销售安装合同》是双方的真实意思表示，虽然《中华人民共和国政府采购法》及《中华人民共和国采购法实施条例》规定了采购进口产品的条件及相应的审批程序，但上述法律及行政法规属管理性规范，不属效力性强制性规范，只有违反我国《合同法》第五十二条（现《民法典》第一百四十三条）规定中对于禁止性效力规范的合同才能认定合同无效。故原判决认定某特电梯有限公司以此为由主张合同因约定电梯主机等为芬兰进口产品而无效的理由不成立，并无不当。

第十一条　政府采购的信息应当在政府采购监督管理部门指定的媒体上及时向社会公开发布，但涉及商业秘密的除外。

【读懂法条】

本条规定了政府采购信息公开制度。

具体的公开方式是什么？

《政府采购法实施条例》第八条也规定："政府采购项目信息应当在省级以上人民政府财政部门指定的媒体上发布。采购项目预算金额达到国务院财政部门规定标准的，政府采购项目信息应当在国务院财政部门指定的媒体上发布。"政府采购信息公开工作具体按照《政府采购信息发布管理办法》执行。

如何理解需要公开的"政府采购信息"

该办法所称"政府采购信息"，是指依照政府采购有关法律制度规定应予公开的公开招标公告、资格预审公告、单一来源采购公示、中标结果公告、政府采购合同公告等政府采购项目信息，以及投诉处理结果、监督检查处理结果、集中采购机构考核结果等政府采购监管信息。中央预算单位政府采购信息应当在中国政府采购网发布，地方预算单位政府采购信息应当在所在行政区域的中国政府采购网省级分网发布。除中国政府采购网及其省级分网以外，政府采购信息可以在省级以上财政部门指定的其他媒体同步发布。发布主体应当确保其在不同媒体发布的同一政府采购信息内容一致。在不同媒体发布的同一政府采购信息内容、时间不一致的，以在中国政府采购网或者其省级分网发布的信息为准。同时在中国政府采购网和省级分网发布的，以在中国政府采购网上发布的信息为准。

可以不公开的情形

政府采购的信息原则上都要求及时向社会公布，但是，当其中有关信息涉及供应商的商业秘密时，如特定的管理技术、专利、成本费用等，本法规定不应当公开，以保护供应商的合法权益。

第十二条 在政府采购活动中，采购人员及相关人员与供应商有利害关系的，必须回避。供应商认为采购人员及相关人员与其他供应商有利害关系的，可以申请其回避。

前款所称相关人员，包括招标采购中评标委员会的组成人员，竞争性谈判采购中谈判小组的组成人员，询价采购中询价小组的组成人员等。

【读懂法条】

本条规定了政府采购回避制度。

应当回避的人员包括哪些？

采购人及招标采购中评标委员会的组成人员、竞争性谈判采购中谈判小组的组成人员、询价采购中询价小组的组成人员、竞争性磋商中磋商小组的组成人员等相关人员，与供应商存在利害关系，必须回避，由其他无利害关系的人员替代。根据《政府采购法实施条例》第九条规定，在政府采购活动中，采购人员及相关人员与供应商有下列利害关系之一的，应当回避：（一）参加采购活动前3年内与供应商存在劳动关系；（二）参加采购活动前3年内担任供应商的董事、监事；（三）参加采购活动前3年内是供应商的控股股东或者实际控制人；（四）与供应商的法定代表人或者负责人有夫妻、直系血亲、三代以内旁系血亲或者近姻亲关系；（五）与供应商有其他可能影响政府采购活动公平、公正进行的关系。

申请回避的人员包括哪些？

供应商认为采购人员及相关人员与其他供应商有利害关系的，可以向采购人或者采购代理机构书面提出回避申请，并说明理由。采购人或者采购代理机构应当及时询问被申请回避人员，有利害关系的被申请回避人员应当回避。采购执行机构发现或核查存在应当回避情形的，应当责令其回避。

【典型案例】

（2019）川 07 行终 26 号行政判决书：四川省绵阳市中级人民法院认为，本案中，北京某科（绵阳）律师事务所、北京某科（成都）律师事务所均是北京市某科律师事务所设立的分所，故担任北京某科（绵阳）律师事务所执业律师、管委会主任（负责人）的评审专家陈某科与北京某科（成都）律师事务所、北京市某科律师事务所组成的联合体供应商之间存在可能影响政府采购活动公平、公正的关系。依照《中华人民共和国政府采购法》第十二条"在政府采购活动中，采购人员及相关人员与供应商有利害关系的，必须回避。供应商认为采购人员及相关人员与其他供应商有利害关系的，可以申请其回避"、《中华人民共和国政府采购法实施条例》第九条"在政府采购活动中，采购人员及相关人员与供应商有下列利害关系之一的，应当回避……（五）与供应商有其他可能影响政府采购活动公平、公正进行的关系"之规定，评审专家陈某科在本次评审活动中理应回避。……本案中，评审专家陈某科在此次采购活动应回避而未回避，其评审意见无效，从而导致评审小组的组成不符合《中华人民共和国政府采购法》第三十八条第一项关于人数的要求，故此次采购评审结果亦无效，被上诉人的认定并无不当。

第十三条 各级人民政府财政部门是负责政府采购监督管理的部门，依法履行对政府采购活动的监督管理职责。

各级人民政府其他有关部门依法履行与政府采购活动有关的监督管理职责。

【读懂法条】

本条规定了政府采购监督管理部门。

政府采购监督管理职责的主要内容是什么？

各级人民政府财政部门统一行使政府采购监督管理职责，主要有预算管理、政府采购的信息管理、政府采购方式管理、政府采购合同管理、受理供应商投诉、监督检查、处理违法违规行为等职责。其他有关部门，主要是指国务院有关负责招投标活动行政监督的部门以及审计机关和监察机关，按照规定的职责分工对有关政府采购活动实施监督。国务院有关负责招投标活动行政监督部门的监督职责，按照《招标投标法实施条例》第四条及《国务院办公厅印发国务院有关部门实施招标投标活动行政监督的职责分工意见的通知》（国办发〔2000〕34号）执行。审计机关负责依据《审计法》对政府采购监督管理部门、政府采购各当事人有关政府采购活动进行审计监督。监察机关负责对《监察法》规定的监察对象实施监察。

【典型案例】

（2015）粤高法行申字第481号行政裁定书：广东省高级人民法院认为，《中华人民共和国政府采购法》第十三条规定："各级人民政府财政部门是负责政府采购监督管理的部门，依法履行对政府采购活动的监督管理职责。"第五十五条规定："质疑供应商对采购人、采购代理机构的答复不满意或者采购人、采购代理机构未在规定的时间内作出答复的，可以在答复期满后十五个工作日内向同级政府采购监督管理部门投诉。"第五十六条规定："政府采购监督管理部门应当在收到投诉后三十个工作日内，对投诉事项作出处理决定，并以书面形式通知投诉人和与投诉事项有关的当事人。"《广东省实施〈中华人民共和国政府采购法〉办法》第九条规定："各级人民政府财政部门是负责政府采购监督管理的部门，依法履行下列政府采购监督管理职责：……（五）处理供应商投诉，查处政府采购违法行为……"2004 年财政部《政府采购货物和服务招标投标管理办法》第十条规定："县级以上各级人民政府财政部门应当依法履行对货物服务招标投标活动的监督管理职责。"以上规定表明，各级人民政府财政部门对政府采购活动负有监督管理职责，具体职责包括处理供应商的投诉、查处政府采购违法行为等。本案中，某玉山公司作为供应商，在参与垃圾发电厂 2013 年 7 月的活性炭政府采购项目投标后，认为采购活动损害其利益，向垃圾发电厂及其代理机构提出质疑未获答复，遂于 2013 年 8 月 6 日向珠海市财政局提出书面投诉，要求某市财政局对某海公司没有履行合同所必需的设备和专业技术能力，违约交付的货物存在严重质量问题，垃圾发电厂却让其再次中标，存在相互串通中标等违法行为进行查处。根据以上规定，对该项投诉的处理属于某市财政局的法定职责，某市财政局应当在收到投诉后三十个工作日内对投诉事项作出处理决定。由于某玉山公司在处理期间即 2013 年 9 月 3 日撤回了投诉，所以某市财政局未再针对此项投诉作出书面处理决定，并无不当。事实上，某市财政局对垃圾发电厂和某海公司在 2011 年 12 月的政府采购活动中存在的违法行为也进行了查处，分别给予警告和罚款的行政处罚，履行了监督管理职责。因此，某玉山公司主张某市财政局对该项投诉未依法履行查处职责的理由不能成立。

（2014）粤高法行终字第 210 号行政判决书：广东省高级人民法院认为，《中华人民共和国政府采购法》第十三条第一款规定："各级人民政府财政部门是负责政府采购监督管理的部门，依法履行对政府采购活动的监督管理职责。"第五十五条规定："质疑供应商对采购人、采购代理机构的答复不满意或者采购人、采购代理机构未在规定的时间内作出答复的，可以在答复期满后十五个工作日内向同级政府采购监督管理部门投诉。"《政府采购供应商投诉处理办法》（现已失效）第三条规定："县级以上各级人民政府财政部门负责依法受理和处理供应商投诉。财政部负责中央预算项目政府采购活动中的供应商投诉事宜。县级以上地方各级人民政府财政部门负责本级预算项目政府采购活动中的供应商投诉事宜。"被告作为负责政府采购监督管理的部门，负有对政府采购活动进行监督管理的职责，对于某迎公司关于省级预算项目政府采购活动的投诉，有权进行处理。

第二章　政府采购当事人

第十四条　政府采购当事人是指在政府采购活动中享有权利和承担义务的各类主体，包括采购人、供应商和采购代理机构等。

【读懂法条】

本条规定了政府采购当事人。

采购人、供应商、采购代理机构的范围是什么？

采购人是指依法进行政府采购的国家机关、事业单位、团体组织。供应商是指向采购人提供货物、工程或者服务的法人、其他组织或者自然人。采购代理机构包括集中采购代理机构和其他采购代理机构。其中集中采购代理机构是设区的市、自治州以上人民政府根据本级政府采购项目组织集中采购的需要设立的、专门从事政府集中采购目录以内项目采购代理活动的非营利事业法人。

【典型案例】

（2017）京行终 4106 号行政判决书：北京市高级人民法院认为，根据《政府采购法》第一条规定，为了规范政府采购行为，提高政府采购资金的使用效益，维护国家利益和社会公共利益，保护政府采购当事人的合法权益，促进廉政建设，制定本法。2004 年发布的《政府采购货物和服务招标投标管理办法》第一条规定的立法宗旨，在于规范政府采购当事人的采购行为，加强对政府采购货物和服务招标投标活动的监督管理，维护社会公共利益和政府采购招标投标活动当事人的合法权益。《政府采购法》第十四条规定，政府采购当事人是指在政府采购活动中享有权利和承担义务的各类主体，包括采购人、供应商和采购代理机构等。本案中，中标人为某海公司，采购人为某海事局、采购代理机构是某技公司，财政部所作 181 号决定系认为中标人某海公司提供的 5 份产品检测报告均不符合招标文件的实质性要求，故依法决定中标无效。某市农药厂系中标人某海公司提供检测产品的制造商，财政部在政府采购方面的监管职责并不及于产品的制造商，系针对政府采购当事人，即采购人、供应商和采购代理机构进行处理作出决定。某市农药厂作为制造商，与财政部所作的政府采购监督检查处理决定之间不具有利害关系，故不具有复议申请人资格。

第十五条　采购人是指依法进行政府采购的国家机关、事业单位、团体组织。

【读懂法条】

本条规定了采购人的概念。

采购人的职责和义务及禁止行为是什么？

采购人就是政府采购的需方主体，是使用财政性资金进行采购的各类政府采购机构。采购人依法提出采购项目，获得采购预算，以及时有效地获得拟采购的货物、工程和服务，使其履行其法定职能的需求得到满足。采购人依法委托采购代理机构或自行开展采购活动。《政府采购法实施条例》第十一条规定了采购人的职责和义务及禁止行为，即："采购人在政府采购活动中应当维护国家利益和社会公共利益，公正廉洁，诚实守信，执行政府采购政策，建立政府采购内部管理制度，厉行节约，科学合理确定采购需求。采购人不得向供应商索要或者接受其给予的赠品、回扣或者与采购无关的其他商品、服务。"

第十六条 集中采购机构为采购代理机构。设区的市、自治州以上人民政府根据本级政府采购项目组织集中采购的需要设立集中采购机构。

集中采购机构是非营利事业法人，根据采购人的委托办理采购事宜。

【读懂法条】

本条规定了集中采购机构的性质和设立。

集中采购机构的主要职能是什么？

《政府采购法实施条例》第十二条规定："政府采购法所称采购代理机构，是指集中采购机构和集中采购机构以外的采购代理机构。集中采购机构是设区的市级以上人民政府依法设立的非营利事业法人，是代理集中采购项目的执行机构。集中采购机构应当根据采购人委托制定集中采购项目的实施方案，明确采购规程，组织政府采购活动，不得将集中采购项目转委托。集中采购机构以外的采购代理机构，是从事采购代理业务的社会中介机构。"集中采购机构的职能主要是受委托代理采购人组织采购活动，其性质为采购代理机构。本法规定的集中采购范围，必须由集中采购机构按照采购人委托的业务范围组织好采购活动。对于本法规定的集中采购范围之外的采购项目，是否委托代理机构组织采购，由采购人自行决定。

集中采购机构的执业要求是什么？

《政府采购法实施条例》第十三条、第十四条规定，采购代理机构应当建立完善的政府采购内部监督管理制度，具备开展政府采购业务所需的评审条件和设施。采购代理机构应当提高确定采购需求，编制招标文件、谈判文件、询价通知书，拟订合同文本和优化采购程序的专业化服务水平，根据采购人委托在规定的时间内及时组织采购人与中标或者成交供应商签订政府采购合同，及时协助采购人对采购项目进行验收。采购代理机构不得以不正当手段获取政府采购代理业务，不得与采购人、供应商恶意串通操纵政府采购活动。采购代理机构工作人员不得接受采购人或者供应商组织的宴请、旅游、娱乐，不得收受礼品、现金、有价证券等，不得向采购人或者供应商报销应当由个人承担的费用。

第十七条　集中采购机构进行政府采购活动，应当符合采购价格低于市场平均价格、采购效率更高、采购质量优良和服务良好的要求。

【读懂法条】

本条规定了集中采购机构的工作要求。

首先，集中采购机构开展的采购活动，要发挥采购规模优势，采用充分竞争的采购方式，实现采购价格低于市场平均价。其次，集中采购机构要增强采购的计划性，缩短采购周期，及时满足采购人的需要。再次，集中采购机构要准确掌握采购人的采购需求，确定科学的评标标准，强化检验和验收工作，保证采购质量，实现物有所值的目标。最后，集中采购机构要加强自身建设，强化服务意识，当好采购人满意的采购员。

第十八条　采购人采购纳入集中采购目录的政府采购项目，必须委托集中采购机构代理采购；采购未纳入集中采购目录的政府采购项目，可以自行采购，也可以委托集中采购机构在委托的范围内代理采购。

纳入集中采购目录属于通用的政府采购项目的，应当委托集中采购机构代理采购；属于本部门、本系统有特殊要求的项目，应当实行部门集中采购；属于本单位有特殊要求的项目，经省级以上人民政府批准，可以自行采购。

【读懂法条】

本条规定了政府采购项目的实施主体。

我国的政府采购项目分为集中采购项目和分散采购项目两大类，其中，集中采购项目是指列入集中采购目录的采购项目，分散采购项目是指集中采购目录之外且达到限额标准以上的采购项目。纳入集中采购目录的采购项目，采购人不能直接采购，必须委托给集中采购机构代理采购。分散采购项目可以由采购人自行组织采购，也可以部分或者全部委托给集中采购机构代理采购。

我国的集中采购分为集中采购机构的采购和部门集中采购两种形式。其中，集中采购目录中的通用政府采购项目，主要是跨部门的通用商品及日常服务项目等，必须由集中采购机构代理采购，部门和单位不允许自行采购。集中采购目录中涉及某些部门的特殊项目，应当由相关部门实行集中采购，不必委托集中采购机构代理采购。如果纳入集中采购目录中的采购项目，属于个别单位的特殊需求，而且不具备批量特征，可以由该单位自行组织采购，但事前必须得到省级以上人民政府的批准。否则，为违法行为。

第十九条 采购人可以委托集中采购机构以外的采购代理机构，在委托的范围内办理政府采购事宜。

采购人有权自行选择采购代理机构，任何单位和个人不得以任何方式为采购人指定采购代理机构。

【读懂法条】

本条规定了采购人委托社会中介机构代理采购的要求。

政府采购法中所称的采购代理机构，包括集中采购机构和社会中介机构。本条所称的采购代理机构是依法设立、从事采购代理业务并提供相关服务的社会中介机构，不是集中采购机构。采购人有将采购事务委托社会中介机构承办的权利。采购人可以自行从符合规定的采购代理机构中选择委托机构，不受其他组织或个人的影响，任何单位和个人不得以任何方式为采购人指定采购代理机构，剥夺采购人的应有权利。

第二十条 采购人依法委托采购代理机构办理采购事宜的，应当由采购人与采购代理机构签订委托代理协议，依法确定委托代理的事项，约定双方的权利义务。

【读懂法条】

本条规定了采购人实行委托代理采购的应当签订委托代理协议。

采购人的委托包括向集中采购机构的强制性委托和自愿性委托，还有向社会中介机构的委托行为，即：采购人对纳入集中采购目录的采购项目必须委托集中采购机构采购，分散采购项目也可以委托给集中采购机构或社会中介机构等采购代理机构采购。不论哪种委托代理，采购人都应当与采购代理机构签订委托代理协议，明确代理事项，约定双方的权利义务。根据《政府采购法实施条例》第十六条规定，委托代理协议应当明确代理采购的范围、权限和期限等具体事项。采购人和采购代理机构应当按照委托代理协议履行各自义务，采购代理机构不得超越代理权限实施代理行为。

第二十一条 供应商是指向采购人提供货物、工程或者服务的法人、其他组织或者自然人。

【读懂法条】

本条规定了供应商的概念。

供应商是政府采购市场的供方主体，是政府采购当事人之一。《民法典》将民事主体分为法人、非法人组织和自然人三类。法人是具有民事权利能力和民事行为能力，依法独立享有民事权利和承担民事义务的组织，可以划分为营利法人（包括有限责任公司、股份有限公司和其他企业法人）、非营利法人（包括事业单位、社会团体、基金会、社会服务机构）和特别法人（包括机关法人、农村集体经济组织法人、城镇农村的合作经济组织法人、基层群众性自治组织法人）。非法人组织是指不具有法人资格，但是能够依法以自己的名义从事民事活动的组织，包括个人独资企业、合伙企业、不具有法人资格的专业服务机构等，与本法中的"其他组织"不完全一致。《最高人民法院关于适用〈中华人民共和国民事诉讼法〉的解释》，第五十二条解释"其他组织"是指合法成立、有一定的组织机构和财产，但又不具备法人资格的组织，包括个人独资企业、合伙企业、中外合作经营企业、外资企业、社会团体的分支机构和代表机构、法人的分支机构、银行和非银行金融机构的分支机构、乡镇企业和街道企业等。从这个范围可以看出，"其他组织"包括法人的分支机构，也包括大量的非法人组织，与《民法典》中的"非法人组织"是有区别的。非法人组织可以以自己的名义从事民事活动，也就是适格的"供应商"。自然人是从出生时起到死亡时止，具有民事权利能力，依法享有民事权利，承担民事义务的民事主体。由此，按照《民法典》对民事主体的划分，"供应商"应当界定为法人（含法人分支机构）、非法人组织和自然人。

【典型案例】

（2016）冀行终756号行政裁定书：河北省高级人民法院认为，某达公司称其是涉案政府采购活动中的供应商，故与被诉行政复议决定存在利害关系。但《中华人民共和国政府采购法》第二十一条规定："供应商是指向采购人提供货物、工程或者服务的法人、其他组织或者自然人"。本案中，可能与采购人某县教育体育局签订采购合同、向其提供货物及相关服务的只能是作为投标人提交了投标文件的某源公司、某书店公司、某越公司、某航公司、某化时代公司等12家公司。并且，本案政府采购项目为"班班通一体机"，只有上述12家公司方可能向某县教育体育局提供"班班通一体机"，即500个"班班通"教室的各种设备和线材的运输、安装、调试、培训及售后。某达公司只是"班班通一体机"中推拉黑板这一设备的制造商，其并不能向采购人某县教育体育局提供"班班通一体机"。因此，某达公司并不符合《中华人民共和国政府采购法》第二十一条关于供应商的规定。此外，《政府采购货物和服务招标投标管理办法》第八条第一款也规定，"参加政府采购货物服务投标活动的供应商（以下简称"投标人"），应当是提供本国货物服务的本国供应商，但法律、行政法规规定外国供应商可以参加货物服务招标投标活动的除外"。这也表明参加政府采购货物服务投标活动的供应商就是指投标人，而某达公司并非涉案政府采购活动中的投标人。综上，某达公司并非涉案政府采购活动中的供应商，其与某县人民政府隆政复决字〔2016〕2号行政复议决定不具有利害关系，不具备原告诉讼主体资格，其提起诉讼不符合法定条件，人民法院不应当立案。

第二十二条 供应商参加政府采购活动应当具备下列条件：

（一）具有独立承担民事责任的能力；

（二）具有良好的商业信誉和健全的财务会计制度；

（三）具有履行合同所必需的设备和专业技术能力；

（四）有依法缴纳税收和社会保障资金的良好记录；

（五）参加政府采购活动前三年内，在经营活动中没有重大违法记录；

（六）法律、行政法规规定的其他条件。

采购人可以根据采购项目的特殊要求，规定供应商的特定条件，但不得以不合理的条件对供应商实行差别待遇或者歧视待遇。

【读懂法条】

本条规定了供应商参加政府采购活动必须具备的资格条件。

供应商准入政府采购市场必须具备相应的资格，本条规定了参加政府采购活动的供应商应当具备六个方面的基本条件，这也是所有政府采购活动的通用条件，采购人根据采购项目的特殊性，还可以规定特定条件，例如建筑行业的供应商，应当取得建筑业企业资质。

"重大违法记录"如何理解?

本条中的"重大违法记录"，根据《政府采购法实施条例》第十九条规定，是指供应商因违法经营受到刑事处罚或者责令停产停业、吊销许可证或者执照、较大数额罚款等行政处罚。《财政部关于〈中华人民共和国政府采购法实施条例〉第十九条第一款"较大数额罚款"具体适用问题的意见》（财库〔2022〕3号）将"较大数额罚款"认定为200万元以上的罚款，法律、行政法规以及国务院有关部门明确规定相关领域较大数额罚款标准高于200万元的，从其规定。另外，《政府采购法实施条例》第十八条还规定，单位负责人为同一人或者存在直接控股、管理关系的不同供应商，不得参加同一合同项下的政府采购活动。除单一来源采购项目外，为采购项目提供整体设计、规范编制或者项目管理、监理、检测等服务的供应商，不得再参加该采购项目的其他采购活动。供应商在参加政府采购活动前3年内因违法经营被禁止在一定期限内参加政府采购活动，期限届满的，可以参加政府采购活动。

【典型案例】

（2020）浙行申217号行政裁定书：浙江省高级人民法院认为，就再审申请人是否具有良好的商业信誉问题。《中华人民共和国政府采购法》第二十二条第一款第二项规定，供应商参加政府采购活动应当具有良好的商业信誉。何为"商业信誉"，何为"良好的商业信誉"，现有法律、法规并无明确规定及其界定。尽管如此，但一般认为，"商业信誉"应该系指社会公众对某一经营者的经济能力、信用状况等给予的社会评价，体现经营者在经济活动中的信用、声望地位。而"良好的商业信誉"则主要体现在经营者与商业伙伴之间的及时结清货款、提供优质产品或能够获得相应的付款、折扣优惠等。若体现在经营者与消费者之间，则表现为经营者对其产品的言而有信、货真价实、童叟无欺。这些行为使经营者在商业伙伴间能获得良好的信誉，在公众面前能获得普遍的信赖。由于再审申请人案发前的数起民事败诉及执行案件的存在，彰显其在经营活动中存在不能按时履约并兑现合同义务之情形，亦体现其不能积极履行生效裁判确定之义务，故某区财政局根据再审申请人的上述案件事实，认定其不具备良好的商业信誉，否认其合格供应商身份，并据此取消其中标、成交成果，并无不当。

（2018）晋行申107号行政裁定书：山西省高级人民法院认为，本案被诉行政行为是某市财政局行政处理决定和山西省财政厅的复议决定，核心争议是招标公告将计算机信息系统集成企业资质证书三级以上（含三级）、ISO9001质量管理体系认证证书、CMMI三级软件成熟度模型认证证书以及分级诊疗管理系统等同类系统软件著作权证书这四种特定资质作为供应商特定条件是否构成对供应商实行差别待遇或者歧视待遇。根据《政府采购法》第二十二条的规定，在政府采购过程中，采购人有权根据采购项目的特殊要求规定供应商的特定条件，该特定条件如果对供应商造成差别待遇或者歧视待遇的，不被法律允许。也就是说，法律并非禁止供应商的特殊资质和特定条件，只是将特殊资质和特定条件作为采购项目的招投标条件需要受到两方面限制：一是必须因采购项目的特殊要求而规定，二是必须保障潜在供应商能够公平竞争。该潜在供应商应为能够满足采购项目的特殊要求、具备履行该特定采购合同的专业能力的合格供应商，而不应扩大至所有有采购合作意愿的供应商。本案中的政府采购项目为某市卫计委人口健康信息系统平台软件建设项目，涉及医疗卫生和信息技术两个专业领域和数百万群众的切身利益，属于专业性较强的重大公共利益建设项目，项目的特殊要求并非包括法官在内的非专业人士所能够判断。某市财政局在接到某易特公司投诉后组织相关专家对此进行论证，论证意见为诉涉特定资质可以作为合格供应商的资格条件，并对被投诉的招标公告提出了修改意见，该论证意见为采购项目特殊要求的专业性意见，可作为相关行政行为的事实依据，故诉涉特定资质应视为诉涉采购项目的特殊要求，是确保采购项目顺利建设的必要条件，具有合法性和正当性；而且，某市政府采购服务中心根据某市财政局投诉处理决定的内容，修改投标公告重新发布，所有符合条件的潜在供应商均可进行投标、参与公平竞争，合格供应商之间不存在差别待遇和歧视待遇问题，故本案诉涉特定资质不构成对供应商实行差别待遇或者歧视待遇的情形。

（2020）琼行申 34 号行政裁定书：海南省高级人民法院认为，关于招标文件第三部分货物技术规范及要求的商务要求载明："1. 投标供应商应是所投产品的授权代理商或取得中国总代理或生产厂家，非生产厂家针对本项目须提供生产厂家产品授权书。"本案是在商务要求中将生产厂家授权作为商务方面的加分项，影响的是评审因素，并未将生产厂家授权作为资格条件。且《政府采购货物和服务招标投标管理办法》第十七条规定的是不得将生产厂家授权作为资格要求，并未规定生产厂家授权不得作为评审因素。故上述商务要求不存在《政府采购法实施条例》第二十条规定的以不合理的条件对供应商实行差别待遇或者歧视待遇的情形。

第二十三条 采购人可以要求参加政府采购的供应商提供有关资质证明文件和业绩情况，并根据本法规定的供应商条件和采购项目对供应商的特定要求，对供应商的资格进行审查。

【读懂法条】

本条规定了供应商资格审查的主体及审查内容。

供应商资格的审查或确认由各采购人负责。在具体采购活动中，采购人还可以要求供应商提供证明其履约能力的文件，如资质和业绩情况等。所有这些条件和要求，必须要提供相应的文件，以备审查或确认。

参加政府采购活动的供应商应当提供哪些材料？

根据《政府采购法实施条例》第十七条规定，参加政府采购活动的供应商应当具备政府采购法第二十二条第一款规定的条件，提供下列材料：（一）法人或者其他组织的营业执照等证明文件，自然人的身份证明；（二）财务状况报告，依法缴纳税收和社会保障资金的相关材料；（三）具备履行合同所必需的设备和专业技术能力的证明材料；（四）参加政府采购活动前3年内在经营活动中没有重大违法记录的书面声明；（五）具备法律、行政法规规定的其他条件的证明材料。采购项目有特殊要求的，供应商还应当提供其符合特殊要求的证明材料或者情况说明。

资格审查流程及时限

根据资格审查的时间，对供应商的资格审查分为资格预审和资格后审。根据《政府采购法实施条例》第二十一条规定，采购人或者采购代理机构对供应商进行资格预审的，资格预审公告应当在省级以上人民政府财政部门指定的媒体上发布。已进行资格预审的，评审阶段可以不再对供应商资格进行审查。资格预审合格的供应商在评审阶段资格发生变化的，应当通知采购人和采购代理机构。资格预审公告应当包括采购人和采购项目名称、采购需求、对供应商的资格要求以及供应商提交资格预审申请文件的时间和地点。提交资格预审申请文件的时间自公告发布之日起不得少于5个工作日。资格后审，就是在评审过程中对供应商进行资格审查。

【典型案例】

（2017）浙行终811号行政判决书：浙江省高级人民法院认为，上诉人涉案投诉以及上诉的主要理由归纳起来包括：第一，认为某米公司不是合格供应商。其一，某米公司营业执照记载的经营范围不涉及乘务训练设备相关专业的设计、生产、制造，不具有履行合同所必需的专业设备和专业技术能力，不符合《政府采购法》第二十二条第一款第三项的规定；其二，某米公司的注册资本102万元，少于本项目标的，不具有独立承担民事责任的能力，不符合《政府采购法》第二十二条第一款第（一）项的规定。第二，认为某鹰公司在多次多地政府采购中串通投标，不符合《政府采购法》第二十二条第一款第五项的规定，也即某鹰公司亦不是合格供应商。第三，上诉人在被上诉人作出被诉决定过程中以及上诉理由中发现某米公司获得上海某异鸟公司的产品授权，其认为由于上海某异鸟公司与某鹰公司是关联公司，故某米公司与某鹰公司存在串通投标的问题，故涉案招投标行为亦不能成立。关于第一个理由，首先，根据《政府采购法》第二十二条规定："供应商参加政府采购活动应当具备下列条件：……（三）具有履行合同所必需的设备和专业技术能力；……（五）参加政府采购活动前三年内，在经营活动中没有重大违法记录；……"《政府采购法实施条例》第十七条规定："……（三）具备履行合同所必需的设备和专业技术能力的证明材料；（四）参加政府采购活动前3年内在经营活动中没有重大违法记录的书面声明；……"财政厅《关于规范政府采购供应商资格设定及资格审查的通知》（浙财采监〔2013〕24号）第三条规定："采购文件不得将与履行合同能力无关的条件和明显超过项目需求的非强制性认定、报备、评选资质设定为供应商特定资格条件，限制或排斥潜在供应商参与政府采购活动，或对中小企业实行差别待遇或歧视待遇。如确需设定因项目履约所必要的注册资本金、资产总额、从业人员、经营状况等作为特定资格条件的，应当与该采购项目的规模、特点和实际需要相适应。对供应商技术能力、从业经验要求较高的软件开发、专业设计或咨询服务等项目，可以根据实际情况提出与项目需求相当的专业资质、项目管理能力、业绩经验或成功案例等作为供应商特定资格条件，但不得限定于特定的行政区域。"第五条规定："除非采购文件有明确规定，采购组织机构在组织供应商资格审查过程中，不得仅以营业执照注明的经营范围中没有包括与采购项目相一致的内容而排除供应商参与该项目的政府采购竞争，但法律法规规定属于限制经营或需前置性经营许可的行业除外。"故本案中虽然不能仅以某米公司营业执照注明的经营范围没有包括与采购项目相一致的内容排除某米公司参与该项目的政府采购竞争，但仍然应当审查其是否"具有履行合同所必需的设备和专业技术能力"。而事实上某米公司提供了"专业厂家的授权"，证明其具有政府采购所需的专业设备和专业技术能力，评标委员会也正因此而认定其符合"具有履行合同所必需的设备和专业技术能力"的要求。被上诉人财政厅对此予以认定并无不当。

其次，关于某米公司注册资本问题，财政部、工业和信息化部《政府采购促进中小企业发展暂行办法》（财库〔2011〕181号）第三条规定："任何单位和个人不得阻挠和限制中小企业自由进入本地区和本行业的政府采购市场，政府采购活动不得以注册资本金、资产总额、营业收入、从业人员、利润、纳税额等供应商的规模条件对中小企业实行差别待遇或者歧视待遇。"据此，某联公司以某米公司的注册资本小于本次政府采购项目的标的金额为由，认为某米公司不是合格供应商的理由不能成立。关于第二个理由，《政府采购法实施条例》第十九条规定："政府采购法第二十二条第一款第五项所称重大违法记录，是指供应商因违法经营受到刑事处罚或者责令停产停业、吊销许可证或者执照、较大数额罚款等行政处罚。"某联公司指称某鹰公司在多次多地政府采购中串通投标，并提供了某鹰公司涉入相关行政和司法案件以及某联公司单方向有关部门投诉、举报、报案等的证据材料，却未能提交某鹰公司因此遭受相关职能部门刑事处罚或行政处罚的证据，因而未能证明飞鹰公司于参加政府采购活动前三年内在经营活动中存在重大违法记录。并且，在被上诉人财政厅要求其限期提供相关证据，并告知其不能提供或者拒绝提供上述证据材料的法律后果，上诉人仍然无法提供相关证据，在此情况下，应当视为没有相应证据，从而不能认定某鹰公司在多次多地政府采购中存在串通投标，不能认定其违反有关合格供应商的资格条件规定。

关于第三个理由，《政府采购法实施条例》第十八条规定："单位负责人为同一人或者存在直接控股、管理关系的不同供应商，不得参加同一合同项下的政府采购活动。"浙江省财政厅《关于规范政府采购供应商资格设定及资格审查的通知》（浙财采监〔2013〕24号）第九条规定，"除在线询价项目和采购预算在20万元以下的小额询价采购项目外，如多家供应商提供相同品牌相同型号的产品参加同一政府采购项目竞争的，应当按一家供应商认定"。本案中，某米公司跟某鹰公司显然不是存在直接控股或管理关系的供应商。某米公司由于获得上海某异鸟公司产品授权后具备相应供货商的资格，而涉案政府采购发生时，上海某异鸟公司的独资股东张某亮确系某鹰公司的股东。在此情形下，是否形成某米公司和某鹰公司、上海某异鸟公司串通投标的问题？鉴于某米公司获得的是上海奇某公司的产品授权，而非代表上海某异鸟公司进行投标，且根据相关投标文件，上海某异鸟公司的产品品牌是某异鸟，产地是上海，而某鹰公司的产品品牌是 XFAP，产地是西安。被上诉人省财政厅作为政府采购招投标行为的监管机构，其主要审查某米公司与某鹰公司有无前述《政府采购法实施条例》第十八条的关联关系，至于产品授权者上海某异鸟公司是否因与某鹰公司存在关联关系以及是否审查某米公司与某鹰公司存在串通投标问题，被上诉人省财政厅认为已超出其行政处理的审查范围，本院认为并无不当。

另外，上诉人曾向杭州市公安局下城区分局举报某米公司、某鹰公司和上海某异鸟公司涉嫌违法串通投标，但杭州市公安局下城区分局一直未予立案，上诉人又向上城区检察院提起刑事案件立案监督申请，上城区检察院截至目前亦未予以回应。在上述情形下，上诉人要求被上诉人浙江省财政厅依据《行政执法机关移送涉嫌犯罪案件的规定》，依法查处某米公司、某异鸟公司、某鹰公司恶意串通投标行为的诉求，缺乏相应依据，本院不予支持。综上，上诉人的上诉理由，缺乏相应事实与法律依据，本院不予采纳。

（2018）渝行申 514 号行政裁定书：重庆市高级人民法院认为，一、投标人是否需要出具技术人员近三个月重庆本地社保缴纳证明？《招标文件》第一篇第三条第（三）项第 2 目载明的内容为："非在渝工商注册的投标人，必须在渝设有分支机构或授权服务机构［在渝设立分支机构的，必须提供在渝工商注册证明文件；需具有本地技术支持队伍，15 人以上，应能出具近三个月的社保缴纳证明复印件（原件备查）］。"从字面意思来看，"本地"二字是修饰"技术支持队伍"，而非限定社保缴纳地点。采购人和采购代理机构在一、二审庭审及申诉听证过程中，均表示只要求有本地技术支持队伍，社保缴纳证明是为确保中标人能提供稳定的技术队伍，并不要求这些技术人员必须在重庆本地购买社保，评标委员会在资格审查时也未将此作为资格审查条件，采购人、采购代理机构提出的意见并不违反法律、法规的禁止性规定。……二、某海公司在参加本次政府采购活动前三年内，是否存在违法记录？某海公司的违法行为只有一个，即某海公司在 2004 年至 2011 年期间，存在行贿行为。这一行为已于 2013 年 11 月 11 日被安徽省淮南市潘集区人民法院以（2013）潘刑初字第 00142 号《刑事判决书》予以处罚，该判决于同年 11 月 25 日发生法律效力。五河县招标采购管理局基于该《刑事判决书》作出的五招标（2014）52 号《关于对某海科技公司在我县投标资格处理意见函》是针对刑事处罚作出的禁入决定，不是停产停业的行政处罚。本案中只有《刑事判决书》中作出的刑事处罚才属于《政府采购法实施条例》第十九条第一款规定的情形。该事实距涉诉采购项目投标时间（2016 年 12 月 6 日）已超过三年，某穹公司认为某海公司不符合招标基本资格条件的主张不能成立。

第二十四条 两个以上的自然人、法人或者其他组织可以组成一个联合体，以一个供应商的身份共同参加政府采购。

以联合体形式进行政府采购的，参加联合体的供应商均应当具备本法第二十二条规定的条件，并应当向采购人提交联合协议，载明联合体各方承担的工作和义务。联合体各方应当共同与采购人签订采购合同，就采购合同约定的事项对采购人承担连带责任。

【读懂法条】

本条规定了政府采购联合体。

采购人或者采购代理机构应当根据采购项目的实施要求，在招标公告、采购公告、资格预审公告或者投标邀请书中载明是否接受联合体。如未载明，不得拒绝联合体。

联合体的资质等级与业绩如何确定？

《政府采购法实施条例》第二十二条补充规定："联合体中有同类资质的供

应商按照联合体分工承担相同工作的，应当按照资质等级较低的供应商确定资质等级。以联合体形式参加政府采购活动的，联合体各方不得再单独参加或者与其他供应商另外组成联合体参加同一合同项下的政府采购活动。"

联合体是以一个供应商的身份参加政府采购项目的，和其他供应商一样，其也应满足供应商的资格条件。同一专业的单位组成的联合体，按照联合体各方资质等级最低的认定其资质及业绩；不同专业的单位组成的联合体，按照联合体协议分工所承担的专业工作对应各自的专业资质及其业绩认定。联合体协议书（也称"共同投标协议"）用以明确联合体牵头人及各成员方的权利、义务以及各自拟承担的项目内容。采购人确认联合体投标资格、联合体成员具体分工，依据就是联合体协议书。

联合体协议书的效力

联合体协议书，对于联合体内部来讲，是确定联合体成员各方的权利义务关系、产生纠纷后确定责任承担的重要依据；对于联合体外部来讲，联合体的投标资格、法律责任划分均需通过联合体协议书认定。采购人对未按规定时间提供书面联合协议的联合体，或者联合协议对联合体各方权利和义务规定不够明确的，其投标应当作无效处理。

【典型案例】

（2022）京02行终779号行政判决书：人民法院认为，《中华人民共和国政府采购法》第二十四条规定，两个以上的自然人、法人或者其他组织可以组成一个联合体，以一个供应商的身份共同参加政府采购。以联合体形式进行政府采购的，参加联合体的供应商均应当具备本法第二十二条规定的条件，并应当向采购人提交联合协议，载明联合体各方承担的工作和义务。联合体各方应当共同与采购人签订采购合同，就采购合同约定的事项对采购人承担连带责任。《中华人民共和国招标投标法》第三十一条规定，两个以上法人或者其他组织可以组成一个联合体，以一个投标人的身份共同投标。联合体各方均应当具备承担招标项目的相应能力；国家有关规定或者招标文件对投标人资格条件有规定的，联合体各方均应当具备规定的相应资格条件。由同一专业的单位组成的联合体，按照资质等级较低的单位确定资质等级。联合体各方应当签订共同投标协议，明确约定各方拟承担的工作和责任，并将共同投标协议连同投标文件一并提交招标人。联合体中标的，联合体各方应当共同与招标人签订合同，就中标项目向招标人承担连带责任。招标人不得强制投标人组成联合体共同投标，不得限制投标人之间的竞争。本案中，第三人某联众公司在涉案采购项目投标过程中，单独作为供应商递交投标材料，法国某思公司虽授权某联众公司在本次招标活动中使用医学图像处理软件，也只是对局部软件予以支持，其实际并未参与招投标活动，且在第三人某联众公司中标后亦单独与采购人第一医院签订合同，故某联众公司与法国某思公司不属于联合体投标。

（2018）桂0602民初2785号民事判决书：广西壮族自治区防城港市港口区人民法院认为，被告某市政公司、园林公司虽然不是《桃花湖公园（二期）项目建设移交（BT）合同》的直接签订人，但根据被告某市政公司、园林公司出具的《授权委托书》及《桃花湖公园（二期）项目建设移交（BT）合同》的内容，可确认被告某滨公司签订该合同的行为是代表联合体的，某滨公司受联合体授权委托，全面负责该项目的投资、建设、移交和回购款的收取及签署文件，履行联合体的权利、义务及责任，且联合体各方对合同所产生的债务均应当承担连带责任。因此，原告主张被告某市政公司、园林公司与某滨公司共同承担支付剩余工程款及违约金的主张，本院应予支持。被告某市政公司辩称其于2011年5月底与被告某滨公司解除联合体，不应承担责任，但没有提供相应证据证明，其辩解意见本院不予采信。

第二十五条 政府采购当事人不得相互串通损害国家利益、社会公共利益和其他当事人的合法权益；不得以任何手段排斥其他供应商参与竞争。

供应商不得以向采购人、采购代理机构、评标委员会的组成人员、竞争性谈判小组的组成人员、询价小组的组成人员行贿或者采取其他不正当手段谋取中标或者成交。

采购代理机构不得以向采购人行贿或者采取其他不正当手段谋取非法利益。

【读懂法条】

本条规定了政府采购当事人的禁止行为事项。

在政府采购活动中，政府采购的当事人虽然是平等的民事主体，但需求方均为政府性机构，掌握着商业机会的分配权，容易发生寻租现象。因此，本条规定了政府采购当事人不得相互串通和排斥其他供应商参与竞争；供应商不得以不正当手段谋取中标或成交；采购代理机构不得以不正当手段谋取非法利益，旨在保护国家利益、社会公共利益和其他当事人的合法权益。

【典型案例】

（2017）京行终4824号行政判决书：北京市高级人民法院认为，财政部提交的证据能否证明存在恶意串通的事实。本院赞同一审判决中所言，某兰嘉德公司与某和利友公司系共同参加涉案采购项目的供应商，彼此之间应各自独立制作投标文件或响应文件，不应存在意思关联与交流。正常状态下，双方的投标文件应当分别提交，相互保密。但某和利友公司竞价文件中的授权文书、技术方案、报价单等实质性内容上均加盖有某兰嘉德公司公章的事实表明，双方存在恶意串通的可能性。上述盖章行为表明双方对于投标文件或者响应文件的实质性内容存在知晓、协商的可能性，存在对投标、中标等进行约定的可能性，而上述可能存在的情形均不被《政府采购法》及《政府采购法实施条例》所允许，如《政府采购法实施条例》第七十四条中规定，有下列情形之一的，属于恶意串通：（一）供应商直接或者间接从采购人或者采购代理机构处获得其他供应商的相关情况并修改其投标文件或者响应文件；（二）供应商按照采购人或者采购代理机构的授意撤换、修改投标文件或者响应文件；（三）供应商之间协商报价、技术方案等投标文件或者响应文件的实质性内容；（四）属于同一集团、协会、商会等组织成员的供应商按照该组织要求协同参加政府采购活动；（五）供应商之间事先约定由某一特定供应商中标、成交；（六）供应商之间商定部分供应商放弃参加政府采购活动或者放弃中标、成交；（七）供应商与采购人或者采购代理机构之间、供应商相互之间，为谋求特定供应商中标、成交或者排斥其他供应商的其他串通行为。在行政处罚程序及本案诉讼过程中，某兰嘉德公司称其起初对某和利友公司加盖其公章一事毫不知情，后经了解某和利友公司一道主张称，系双方在对账过程中，某和利友公司员工因着急上传竞标文件，匆忙中错盖了某兰嘉德公司的公章；某兰嘉德公司又提供了和平区法院（2016）辽0102民初11970号民事判决及裁定，主张上述事实已被法院生效民事裁判确认。对此，本院认为，依据《最高人民法院关于适用〈中华人民共和国民事诉讼法〉的解释》第九十二条的规定，一方当事人在法庭审理中，或者在起诉状、答辩状、代理词等书面材料中，对于己不利的事实明确表示承认的，另一方当事人无须举证证明；对于涉及身份关系、国家利益、社会公共利益等应当由人民法院依职权调查的事实，不适用上述自认的规定；自认的事实与查明的事实不符的，人民法院不予确认。……某兰嘉德公司单以上述民事裁判佐证存在某和利友公司错盖公章的事实，无法认定其构成合理怀疑因素。综上，某兰嘉德公司未提供充足、有效证据证明本案存在着合理怀疑，而使得本案存在恶意串通事实的可能性不能排除该合理怀疑，故财政部基于其提供的证据2至证据7认定某兰嘉德公司存在与某和利友公司恶意串通的事实，本院应予支持。

第三章 政府采购方式

第二十六条 政府采购采用以下方式：

（一）公开招标；

（二）邀请招标；

（三）竞争性谈判；

（四）单一来源采购；

（五）询价；

（六）国务院政府采购监督管理部门认定的其他采购方式。

公开招标应作为政府采购的主要采购方式。

【读懂法条】

本条规定了政府采购方式。

政府采购方式为公开招标、邀请招标、竞争性谈判、单一来源采购、询价和国务院政府采购监督管理部门认定的其他采购方式，比如竞争性磋商。根据《政府采购货物和服务招标投标管理办法》第三条规定，公开招标，是指采购人依法以招标公告的方式邀请非特定的供应商参加投标的采购方式。邀请招标，是指采购人依法从符合相应资格条件的供应商中随机抽取3家以上供应商，并以投标邀请书的方式邀请其参加投标的采购方式。根据《政府采购非招标采购方式管理办法》第二条第三款规定，竞争性谈判是指谈判小组与符合资格条件的供应商就采购货物、工程和服务事宜进行谈判，供应商按照谈判文件的要求提交响应文件和最后报价，采购人从谈判小组提出的成交候选人中确定成交供应商的采购方式。单一来源采购是指采购人从某一特定供应商处采购货物、工程和服务的采购方式。

询价是指询价小组向符合资格条件的供应商发出采购货物询价通知书，要求供应商一次报出不得更改的价格，采购人从询价小组提出的成交候选人中确定成交供应商的采购方式。根据《政府采购竞争性磋商采购方式管理暂行办法》第二条规定，竞争性磋商采购方式，是指采购人、政府采购代理机构通过组建竞争性磋商小组与符合条件的供应商就采购货物、工程和服务事宜进行磋商，供应商按照磋商文件的要求提交响应文件和报价，采购人从磋商小组评审后提出的候选供应商名单中确定成交供应商的采购方式。

不同采购方式怎样适用？

《政府采购非招标采购方式管理办法》第三条规定了非招标方式适用情形，即："采购人、采购代理机构采购以下货物、工程和服务之一的，可以采用竞争性谈判、单一来源采购方式采购；采购货物的，还可以采用询价采购方式：（一）依法制定的集中采购目录以内，且未达到公开招标数额标准的货物、服务；（二）依法制定的集中采购目录以外、采购限额标准以上，且未达到公开招标数额标准的货物、服务；（三）达到公开招标数额标准、经批准采用非公开招标方式的货物、服务；（四）按照招标投标法及其实施条例必须进行招标的工程建设项目以外的政府采购工程。"《政府采购竞争性磋商采购方式管理暂行办法》规定了竞争性磋商采购方式适用于以下情形：（一）政府购买服务项目；（二）技术复杂或者性质特殊，不能确定详细规格或者具体要求的；（三）因艺术品采购、专利、专有技术或者服务的时间、数量事先不能确定等原因不能事先计算出价格总额的；（四）市场竞争不充分的科研项目，以及需要扶持的科技成果转化项目；（五）按照招标投标法及其实施条例必须进行招标的工程建设项目以外的工程建设项目。

公开招标方式是政府采购的主要采购方式。其他采购方式只有满足一定条件才可以采用。政府采购监督管理部门在审批公开招标以外其他采购方式以及未达到公开招标数额标准，可以采取其他采购方式的，必须按照本法规定的适用情形选择相应的采购方式。

【典型案例】

（2019）云民终870号民事判决书：云南省高级人民法院认为，《政府采购法》第二条规定："在中华人民共和国境内进行的政府采购适用本法。本法所称政府采购，是指各级国家机关、事业单位和团体组织，使用财政性资金采购依法制定的集中采购目录以内的或者采购限额标准以上的货物、工程和服务的行为。"《云南省2008—2009年政府集中采购目录和限额标准》已将环保工程项目纳入政府集中采购范围，本案所涉项目系某池管理局为宝象河河道污染治理而使用财政资金购买环境保护服务的项目，依法属于政府采购的范围。《政府采购法》第二十六条规定："政府采购采用以下方式：（一）公开招标；（二）邀请招标；（三）竞争性谈判；（四）单一来源采购；（五）询价；（六）国务院政府采购监督管理部门认定的其他采购方式。公开招标应作为政府采购的主要采购方式。"按照本条规定，公开招标应当作为政府采购的主要方式。前引《云南省2008—2009年政府集中采购目录和限额标准》已将工程类100万元和服务类50万元及以上的项目原则规定应采用公开招标方式采购，《政府采购法》第四条规定："政府采购工程进行招标投标的，适用招标投标法。"故一审法院适用《招标投标法》的相关规定判定涉案合同效力并无不当，上诉人认为仅有建设工程项目才适用《招标投标法》的主张，本院不予采纳。《招标投标法》第三条第一款规定："在中华人民共和国境内进行下列工程建设项目包括项目的勘察、设计、施工、监理以及与工程建设有关的重要设备、材料等的采购，必须进行招标：（一）大型基础设施、公用事业等关系社会公共利益、公众安全的项目；（二）全部或者部分使用国有资金投资或者国家融资的项目；（三）使用国际组织或者外国政府贷款、援助资金的项目。"涉案合同签订于2009年4月，国家发改委《工程建设项目招标范围和规模标准规定》（国家发改委2000年3号令）①也将生态环境保护项目和使用各级财政预算资金的项目分别列入关系社会公共利益、公众安全的基础建设项目和使用国有资金投资的项目，《招标投标法》第三条的规定除为保护潜在投标人利益外，还以保护

---

① 该规定已废止，代之以《必须招标的工程项目规定》（国家发展和改革委员会第16号）。

社会公共利益为立法目的，违反本条规定应当认定为属于《合同法》第五十二条第五项（现《民法典》第一百四十三条第三项）违反法律、行政法规的强制性规定的情形，涉案项目属全额使用国有资金投资项目，项目实施目的在于改善民生，事关社会公共利益，项目总金额超过 4300 万元，属重大项目，必须通过招投标程序确定项目中标人后签订相关合同，但涉案合同的签订并未经过招投标程序，一审法院适用《招标投标法》第三条第一款的规定，认定涉案合同无效并无不当，上诉人某凰公司认为涉案合同合法有效的上诉请求不能成立。上诉人还主张根据《招标投标法实施条例》第九条之规定，涉案项目中使用的河道污染治理技术仅上诉人拥有，属不可替代的专利和专有技术，可以不进行招投标。对此本院认为，不可替代的专利或者专有技术应当经过相关程序或权威部门予以确认，上诉人在二审中仅提供了影响力杂志的相关报道，上海市水利管理处的情况说明证实其观点，但相关报道仅是对于某凰公司污染治理工作的新闻报道，情况说明也仅说明上海市水利管理处相关领导参加滇池治理座谈会的情况，不足以证实上诉人持有的技术属于不可替代的专利或者专有技术，上诉人的该项主张本院不予支持。

第二十七条 采购人采购货物或者服务应当采用公开招标方式的，其具体数额标准，属于中央预算的政府采购项目，由国务院规定；属于地方预算的政府采购项目，由省、自治区、直辖市人民政府规定；因特殊情况需要采用公开招标以外的采购方式的，应当在采购活动开始前获得设区的市、自治州以上人民政府采购监督管理部门的批准。

【读懂法条】

本条规定了政府采购货物或者服务公开招标的具体数额标准。

政府采购货物和服务公开招标法具体数额标准，由中央、地方人民政府分别规定。该数额标准是界定是否采用公开招标方式的界限，是强制性的，凡达到公开招标数额标准的货物和服务采购，都必须采取公开招标方式。公开招标数额标准适用于集中采购项目，也适用于集中采购以外限额标准以上的政府采购项目。

具体数额标准

2019 年 12 月 26 日，《国务院办公厅关于印发中央预算单位政府集中采购目录及标准（2020 年版）的通知》（国办发〔2019〕55 号）规定：政府采购货物或服务项目，单项采购金额达到 200 万元以上的，必须采用公开招标方式。财政部制定的《地方预算单位政府集中采购目录及标准指引（2020 年版）》（财库〔2019〕69 号）规定：政府采购货物或服务项目，公开招标数额标准不应低于 200 万元。另，政府采购工程以及与工程建设有关的货物、服务公开招标数额标准，依据本法第四条规定，执行国家发展改革委令第 16 号《必须招标的工程项目规定》。

变更采购方式的具体程序要求是什么？

《政府采购法实施条例》第二十三条规定了变更采购方式的具体程序要求，即："采购人采购公开招标数额标准以上的货物或者服务，符合政府采购法第二十九条、第三十条、第三十一条、第三十二条规定情形或者有需要执行政府采购政策等特殊情况的，经设区的市级以上人民政府财政部门批准，可以依法采用公开招标以外的采购方式。"根据该规定，第一，达到公开招标数额标准以上，符合以上变更采购方式情形的，采购人可以结合采购项目自身的需求特点来决定申请变更采购方式。第二，关于申请变更采购方式应提供的材料，《政府采购非招标采购方式管理办法》第五条规定，申请采用非招标采购方式采购的，采购人应当向财政部门提交以下材料并对材料的真实性负责：采购人名称、采购项目名称、项目概况等项目基本情况说明；项目预算金额、预算批复文件或者资金来源证明；拟申请采用的采购方式和理由。同时，《政府采购非招标采购方式管理办法》还在竞争性谈判、单一来源、询价采购方式的具体规定中细化了每一种采购方式的申请材料。申请采用竞争性磋商采购方式应提供的材料，《政府采购竞争性磋商采购方式管理暂行办法》亦有明确规定。

【典型案例】

（2018）粤民申 8465 号民事判决书：人民法院认为，根据《政府采购法》第二十七条规定，法律授权省、自治区、直辖市人民政府公布属于地方预算的政府采购项目规定采用公开招标的具体数额标准，广东省人民政府公布的《广东省 2013 年政府集中采购目录及限额标准》第四条规定，公开招标数额标准：单次采购单项或批量采购金额达到 80 万元（含 80 万元）以上的货物或服务项目［其中工程建设项目中单项采购金额达到 50 万元（含 50 万元）以上的规划设计和监理服务项目应采用公开招标方式］，单次采购 100 万元（含 100 万元）以上的工程项目应采用公开招标方式。具体到本案，涉案原、被告签订的《顺德区乐从镇路灯照明系统 EMC 合同能源管理项目之路灯系统维护合同书》约定的项目为所涉及的道路照明设施（系统）进行系统维护管理，合同期为《佛山市顺德区乐从镇路灯照明系统 EMC 合同能源管理合同》项目改造完成竣工验收合格之日起，至《佛山市顺德区乐从镇路灯照明系统 EMC 合同能源管理合同》节能效益分享期结束之日止（约十年），管理维护费为 545 万元/年，从第三年起管理维护费用每年递增 2%，实际支付费用需扣除服务考核后扣罚金额。根据该合同约定，案涉路灯维护服务的价格为 545 万元/年，按十年计算即为 5450 万元，该合同总价远超广东省 2013 年政府集中采购目录及限额标准规定，应采用公开招标数额标准。因此，讼争之服务项目应当属于法定采用公开招标的政府集中采购项目。根据本案查明的事实，讼争之服务项目并未采取公开招标的方式，依据前述理由，原、被告签订的《顺德区乐从镇路灯照明系统 EMC 合同能源管理项目之路灯系统维护合同书》违反了政府采购法第二十七条的强制性规定，依法应当认定为无效合同。

第二十八条 采购人不得将应当以公开招标方式采购的货物或者服务化整为零或者以其他任何方式规避公开招标采购。

【读懂法条】

本条规定了禁止规避公开招标。

公开招标作为政府采购的主要采购方式，采购人有义务认真遵照执行，不得以各种方式回避执行公开招标方式。

化整为零如何理解?

本条所谓化整为零，是指采购人把达到法定公开招标数额的政府采购项目分割为几个小项目，使每个项目的数额都低于法定的公开招标数额标准，以此来达到逃避公开招标采购方式的目的。根据《政府采购法实施条例》第二十八条规定，在一个财政年度内，采购人将一个预算项目下的同一品目或者类别的货物、服务采用公开招标以外的方式多次采购，累计资金数额超过公开招标数额标准的，属于以化整为零方式规避公开招标，但项目预算调整或者经批准采用公开招标以外方式采购除外。

其他规避公开招标方式的做法

除将项目化整为零以外，还有其他一些规避公开招标方式的做法，如：故意拖延采购实施时间，使采用公开招标的时间难以满足采购需求，只得采取其他采购方式；未经批准而采用其他采购方式采购数额标准以上的品目，或者先行采用其他采购方式采购数额标准以上的品目，而后补报申请手续。

【典型案例】

(2019) 京01民终2435号民事判决书：北京市第一中级人民法院认为，本案中，某市政府主张，涉案策划合同的服务内容，应当依据《中华人民共和国政府采购法》公开采购，且山东省政府文件及德州市政府文件均将80万元以上的服务采购项目规定为必须进行公开招标的范围。本案未经公开招标采购程序而签订的涉案策划合同，因违反《中华人民共和国政府采购法》

第七条第三款、第十八条第一款、第二十八条的强制性规定，侵犯了社会公共利益，应认定为无效。……具体到本案，根据《德州市财政局〈关于2011年德州市市级政府集中采购目录〉的通知》规定，单次采购80万元以上的服务项目必须采取公开招标方式采购，故某市政府未经公开招标形式采购，直接与某意合泰公司签订涉案标的额为100万元的服务合同，确实违反了《中华人民共和国政府采购法》的强制性规定。但是，涉案策划合同标的额虽然超过当年集中采购目录中的限额，与限额之间的差距却并不大。涉案策划合同的内容为对某市城市定位及经济发展进行策划，提供智力成果，有别于建设工程设计合同、施工合同这类直接涉及人民生命财产安全的合同类型。故，某市政府与某意合泰公司未经公开招标采购程序直接签订涉案策划合同行为本身并不绝对地损害国家利益或者社会公共利益，加之出于维护诚信的市场交易秩序，保障公平法治的投资环境考量，在对涉案策划合同效力认定时应当秉承谨慎态度。据此，本院认为涉案合同效力不宜认定为无效。

第二十九条 符合下列情形之一的货物或者服务，可以依照本法采用邀请招标方式采购：

（一）具有特殊性，只能从有限范围的供应商处采购的；

（二）采用公开招标方式的费用占政府采购项目总价值的比例过大的。

【读懂法条】

本条规定了邀请招标的适用情形。

邀请招标是招标的一种方式，具有以下特点：一是发布信息的方式为投标邀请书；二是采购人在一定范围内邀请供应商参加投标；三是竞争范围有限，采购人只要向三家以上供应商发出邀请标书即可；四是招标成本费用相对低一些；五是公开程度弱于公开招标。

邀请招标适用于以下两种情形：一是采购项目比较特殊，如保密项目和急需或者因高度专业性等因素使提供产品的潜在供应商数量较少，公开招标与不公开招标都不影响提供产品的供应商数量；二是若采用公开招标方式，所需时间和费用与拟采购的项目总金额不成比例，即采购一些价值较低的采购项目，可能会出现用公开招标方式的费用占政府采购项目总价值比例过大的情况，采购人通过邀请招标方式可以达到经济和效益的目的。

【典型案例】

（2017）粤 0606 民初 7693 号民事判决书：广东省佛山市顺德区人民法院认为，第一，被告关于"《广东省 2013 年政府集中采购目录及限额标准》是广东省政府集中采购的内部管理性规定，不能适用原、被告之间合同效力的认定"的答辩主张与法律规定不相符合，理由不成立，本院不予采纳。第二，项目编号为 0851-1261FS09BXXX，项目名称为佛山市 LED 照明产品推广应用工程节能服务公司（EMC）资格招标的中标单位已有五家，说明能服务于某镇下属市政道路照明系统维护不仅仅为被告新某德公司，非被告新某德公司所辩称的"具有特殊性，只能从有限范围的供应商处采购的"应采用邀请招标采购方式；被告新某德公司提交专利及著作权证书，证明其具有特别的技术和专利服务，按照政府采购法的规定原告可以采取单一来源采购和竞争性谈判的方式进行采购，本院认为，被告提供专利及著作权不能且不足以证明案涉项目满足"技术复杂或者性质特殊，不能确定详细规格或者具体要求的"采用竞争性谈判方式的采购方式。第三，被告辩称是通过竞争性谈判而达成协议但未能提供相应证据证实其主张，被告提交的证据仅能证实当地镇级党委、人大、政府领导班子召开联席会议作出决定，经比选选定了被告作为项目合作方，尚不足以证明案涉合同的项目实际经过邀请招标或竞争性谈判的事实。因此，根据前述理由，法定公开招标的项目采取单一来源采购、竞争性谈判或者邀请招标均不符合政府采购法的有关法定公开招标的强制性规定，案涉项目在采购方式或采购程序上存在违法。

第三十条 符合下列情形之一的货物或者服务，可以依照本法采用竞争性谈判方式采购：

（一）招标后没有供应商投标或者没有合格标的或者重新招标未能成立的；

（二）技术复杂或者性质特殊，不能确定详细规格或者具体要求的；

（三）采用招标所需时间不能满足用户紧急需要的；

（四）不能事先计算出价格总额的。

【读懂法条】

本条规定了竞争性谈判的适用情形。

《政府采购法实施条例》第二十六条进一步规定："政府采购法第三十条第三项规定的情形，应当是采购人不可预见的或者非因采购人拖延导致的；第四项规定的情形，是指因采购艺术品或者因专利、专有技术或者因服务的时间、数量事先不能确定等导致不能事先计算出价格总额。"结合起来理解：

第一种情形是指，经公开招标或邀请招标后，没有供应商投标，或者有效投标供应商数量未达到法定的三家以上或虽达到了三家以上但其中合格者不足三家，以及重新招标未能成立的情形。

第二种情形主要是指由采购对象的技术含量和特殊性质所决定，采购人不能确定有关货物的详细规格，或者不能确定服务的具体要求的情形，如电子软件开发与设计。

第三种情形是指由于公开招标采购周期较长，当采购人出现不可预见的因素（正当情况），而且出现这种情况应当是采购人不可预见的或者非因采购人拖延导致的急需采购时，无法按公开招标方式规定程序得到所需货物和服务的情形。

第四种情形主要是指因采购艺术品或者因专利、专有技术或者因服务的时间、数量事先不能确定等导致不能事先计算出价格总额的情形。

当出现上述任何一种情形时，法律允许不再使用公开招标采购方式，可以依照本法采用竞争性谈判方式来采购。另外，根据《政府采购法实施条例》第二十五条及《政府采购竞争性磋商采购方式管理暂行办法》第三条规定，依法不进行招标的政府采购工程可以采用竞争性谈判、竞争性磋商或者单一来源采购方式采购。

【典型案例】

（2019）鄂 0102 民初 12462 号民事判决书：湖北省武汉市江岸区人民法院认为，本案项目属政府采购项目，某县教育局委托甲公司代理招投标事宜，某县教育局与甲公司签订的《政府采购委托代理协议》约定的采购方式为公开招标、竞争性谈判。在发布公开招标公告后，因供应商资格性审查合格的投标人不足法定家数，招标失败。招标失败后，某县教育局经某县人民政府采购办公室批准采用竞争性谈判的方式采购，第一次竞争性谈判因递交谈判响应文件的供应商不足法定家数，谈判失败，经某县人民政府采购办公室批准后第二次采用竞争性谈判方式确定某通集成湖北分公司为供应商。《中华人民共和国政府采购法》第三十条规定，招标后没有供应商投标或者没有合格标的或者重新招标未能成立的货物或者服务，可以采用竞争性谈判方式采购。本案采购项目的采购方式符合上述规定，双方签订的《采购项目合同》并不违反法律、行政法规的强制性规定，合法有效，应受法律保护，本院对某县教育局关于合同无效的抗辩观点不予采纳。

（2015）鼓行初字第 119 号行政判决书：南京市鼓楼区人民法院认为，《政府采购法》第三十条第（三）项规定，采用招标所需时间不能满足用户紧急需要的货物或者服务，可以依照本法采用竞争性谈判方式采购。《政府采购非标采购方式管理办法》第五条规定，申请采用非招标采购方式采购的，采购人应当向财政部门提交以下材料并对材料的真实性负责：（一）采购人名称、采购项目名称、项目概况等项目基本情况说明；（二）项目预算金额、预算批复文件或者资金来源证明；（三）拟申请采用的采购方式和理由。2014年2月9日，某州公交公司向被告某州市财政局申请由公开招标采购方式变更为竞争性谈判采购方式，并提供了相关材料，某州市财政局依据上述规定同意变更并无不妥。《政府采购法》第三十一条规定，"符合下列情形之一的货物或者服务，可以依照本法采用单一来源方式采购：（一）只能从唯一供应商处采购的；（二）发生了不可预见的紧急情况不能从其他供应商处采购的；（三）必须保证原有采购项目一致性或者服务配套的要求，需要继续从原供应商处添购，且添购资金总额不超过原合同采购金额百分之十的"。依据上述规定和政府采购非招标采购方式管理办法的规定，及申请人提供的材料，某州市财政局同意政府采购方式变更为单一来源方式采购亦无不当。

第三十一条 符合下列情形之一的货物或者服务，可以依照本法采用单一来源方式采购：

（一）只能从唯一供应商处采购的；

（二）发生了不可预见的紧急情况不能从其他供应商处采购的；

（三）必须保证原有采购项目一致性或者服务配套的要求，需要继续从原供应商处添购，且添购资金总额不超过原合同采购金额百分之十的。

【读懂法条】

本条规定了单一来源采购方式的适用情形。

《政府采购法实施条例》第二十七条进一步规定："政府采购法第三十一条第一项规定的情形，是指因货物或者服务使用不可替代的专利、专有技术，或者公共服务项目具有特殊要求，导致只能从某一特定供应商处采购。"结合起来理解：

第一种情形是因货物或者服务使用不可替代的专利、专有技术，或者公共服务项目具有特殊要求，导致只能从某一特定供应商处采购的情形。第二种情形是发生不可预见的紧急情况（正常因素或非归因于采购人原因导致）不能或来不及从其他供应商处采购的情形。

第三种情形是指，就采购合同而言，在原供应商替换或扩充货物或者服务的情况下，更换供应商会造成不兼容或不一致的困难，不能保证与原有采购项目一致性或者服务配套的要求，需要继续从原供应商处添购，且添购金额不超过原合同采购金额的百分之十的情形。这里的添购是指在原有采购项目上增加，而不是新购置一种商品或服务。

【典型案例】

（2019）皖行终522号行政判决书：安徽省高级人民法院认为，（1）案涉垃圾焚烧发电BOT项目应当采取公开招标。中华人民共和国建设部令第126号《市政公用事业特许经营管理办法》第二条规定"本办法所称市政公用事业特许经营，是指政府按照有关法律、法规规定，通过市场竞争机制选择市政公用事业投资者或者经营者，明确其在一定期限和范围内经营某项市政公用事业产品或者提供某项服务的制度。城市供水、供气、供热、公共交通、污水处理、垃圾处理等行业，依法实施特许经营的，适用本办法"。根据上述法律规定，案涉垃圾焚烧发电BOT项目，显然属于"城市供水、供气、供热、公共交通、污水处理、垃圾处理等行业，依法实施特许经营的"范畴。对于市政公用事业特许经营项目的招标方式问题，《市政公用事业特许经营管理办法》第八条亦明确规定"主管部门应当依照下列程序选择投资者或者经营者：（一）提出市政公用事业特许经营项目，报直辖市、市、县人民政府批准后，向社会公开发布招标条件，受理投标……"。故，案涉垃圾焚烧发电BOT项目应依法采取公开招标的方式选择投资者或经营者。此也正是本案上诉人之一北京某和公司没有经过公开招标，通过招商与某县政府达成《城市生活垃圾焚烧发电处理特许经营协议》，被有关部门查处，而被迫终止的根本原因。

（2）案涉垃圾焚烧发电BOT项目采取单一来源采购方式不符合法律规定。2003年1月1日实施的《中华人民共和国政府采购法》第三十一条规定"符合下列情形之一的货物或者服务，可以依照本法采用单一来源方式采购：（一）只能从唯一供应商处采购的；（二）发生了不可预见的紧急情况不能从其他供应商处采购的；（三）必须保证原有采购项目一致性或者服务配套的要求，需要继续从原供应商处添购，且添购资金总额不超过原合同采购金额百分之十的"。根据该条规定，采取单一来源采购方式必须符合上述三个条件其中之一。从案件查明的事实可确认，第一，参与案涉垃圾焚烧发电BOT项目投标报名至少有三家公司，显然山西某石公司、北京某和公司组成联合体不是唯一供应商；第二，案涉垃圾焚烧发电BOT项目，从前期的招商引资项目，到后来的公开招标及单一来源采购，前后长达数年之久，期间没有发生不可预见的紧急情况，而必须采取单一来源采购；第三，案涉垃圾焚烧发电BOT项目是新投资项目，亦不存在需要与原有采购项目一致性或者服务配套或者继续从原供应商处添购的情形；第四，案涉垃圾焚烧发电BOT项目属于市政特许经营行业，不属于政府采购法规定的货物或者服务，不属于法律规定的能够采取"单一来源采购"的范畴。故，案涉垃圾焚烧发电BOT项目不符合采取单一来源采购的实质要件。另，根据《中华人民共和国政府采购法》第三十七条规定"废标后，除采购任务取消情形外，应当重新组织招标；需要采取其他方式采购的，应当在采购活动开始前获得设区的市、自治州以上人民政府采购监督管理部门或者政府有关部门批准"。案涉垃圾焚烧发电BOT项目废标后，转入单一来源采购，没有经过相关部门批准，程序上也不符合法律规定。

……《中华人民共和国政府采购法》于2003年1月1日开始实施，该采购法对政府"单一来源采购"有明确限定，案涉垃圾焚烧发电BOT项目招标行为发生在2012之后，应当遵守政府采购法的规定。山西某石公司、北京某和公司上诉称，案涉招标行为发生在 2012 年 11 月至 2013 年 1 月期间，《政府采购非招标采购方式管理办法》2014 年 2 月实施，根据法不溯及既往的原则，不能适用《政府采购非招标采购方式管理办法》关于"单一来源采购"的规定，该上诉理由不能成立，本院依法不予支持。

第三十二条 采购的货物规格、标准统一、现货货源充足且价格变化幅度小的政府采购项目，可以依照本法采用询价方式采购。

【读懂法条】

本条规定了询价采购方式的适用情形。

询价采购方式，就是我们通常所说的货比三家，这是一种相对简单而又快速的采购方式。这种方法，适用于采购现成的而并非按采购人要求的特定规格特别制造或提供的标准化货物，货源丰富且价格变化弹性不大的采购项目。

第四章 政府采购程序

第三十三条 负有编制部门预算职责的部门在编制下一财政年度部门预算时，应当将该财政年度政府采购的项目及资金预算列出，报本级财政部门汇总。部门预算的审批，按预算管理权限和程序进行。

【读懂法条】

本条规定了政府采购预算的编制与审批要求。

根据《预算法》第四条、第六条规定，预算由预算收入和预算支出组成，政府的全部收入和支出都应当纳入预算。中央一般公共预算包括中央各部门（含直属单位）的预算和中央对地方的税收返还、转移支付预算。地方各级一般公共预算包括本级各部门（含直属单位）的预算和税收返还、转移支付预算。经人民代表大会批准的预算，非经法定程序，不得调整。各级政府、各部门、各单位的支出必须以经批准的预算为依据，未列入预算的不得支出。具体到政府采购活动中，政府采购预算不是独立的预算体系，而是部门预算的一个组成部分。编制预算是政府采购程序的第一个环节，政府采购项目要在部门预算中详细列明，部门预算的审批按预算管理权限和程序进行，而不是单独建立政府采购预算审批程序。各级人大批准了部门预算，也就批准了其中的政府采购预算。政府采购项目预算是政府采购执行的依据，决定了采购的内容、标准和方式，也是政府采购监督时重要的评判标准。

根据《政府采购法实施条例》第二十九条、第三十条规定，预算批准后，采购人还应当根据集中采购目录、采购限额标准和已批复的部门预算编制政府采购实施计划，报本级人民政府财政部门备案。该条例没有对政府采购实施计划应包含的内容作出明确规定。一般来说，政府采购实施计划应包括采购项目的名称、具体构成、采购数量、技术规格、服务要求、使用时间、项目预算金额、采购组织形式和方式等内容，同时还应充分考虑如何落实政府采购政策功能。对于需要申请批准的内容，如拟采购进口产品、拟申请采用公开招标以外方式采购等内容，也应当在政府采购实施计划中标明。另外，根据《预算法》第十四条第三款"各级政府、各部门、各单位应当将政府采购的情况及时向社会公开"的要求，采购人或者采购代理机构应当在招标文件、谈判文件、询价通知书中公开采购项目预算金额。

第三十四条 货物或者服务项目采取邀请招标方式采购的，采购人应当从符合相应资格条件的供应商中，通过随机方式选择三家以上的供应商，并向其发出投标邀请书。

【读懂法条】

本条规定了政府采购货物或者服务项目邀请招标时邀请对象的选择。

《政府采购货物和服务招标投标管理办法》第十四条明确规定了邀请参加

投标供应商的方式和程序要求，即："采用邀请招标方式的，采购人或者采购代理机构应当通过以下方式产生符合资格条件的供应商名单，并从中随机抽取3家以上供应商向其发出投标邀请书：（一）发布资格预审公告征集；（二）从省级以上人民政府财政部门（以下简称财政部门）建立的供应商库中选取；（三）采购人书面推荐。采用前款第一项方式产生符合资格条件供应商名单的，采购人或者采购代理机构应当按照资格预审文件载明的标准和方法，对潜在投标人进行资格预审。采用第一款第二项或者第三项方式产生符合资格条件供应商名单的，备选的符合资格条件供应商总数不得少于拟随机抽取供应商总数的两倍。随机抽取是指通过抽签等能够保证所有符合资格条件供应商机会均等的方式选定供应商。随机抽取供应商时，应当有不少于两名采购人工作人员在场监督，并形成书面记录，随采购文件一并存档。投标邀请书应当同时向所有受邀请的供应商发出。"另外，政府采购工程项目采取邀请招标采购方式的，其邀请对象的选择方法执行招标投标法的规定。

第三十五条 货物和服务项目实行招标方式采购的，自招标文件开始发出之日起至投标人提交投标文件截止之日止，不得少于二十日。

【读懂法条】

本条规定了投标截止日期。

投标截止日期是指将招标文件发出之日至投标人提交投标文件截止之日的时间，国际上一般称为"等标期"。采购人应根据招标项目规模、复杂程度等因素规定合理的投标截止日期，以便投标人充分了解招标项目、编制投标文件。本条规定的20天的等标期为最短期限，不得压缩。

第三十六条 在招标采购中，出现下列情形之一的，应予废标：

（一）符合专业条件的供应商或者对招标文件作实质响应的供应商不足三家的；

（二）出现影响采购公正的违法、违规行为的；

（三）投标人的报价均超过了采购预算，采购人不能支付的；

（四）因重大变故，采购任务取消的。

废标后，采购人应当将废标理由通知所有投标人。

【读懂法条】

本条规定了废标的适用情形。

所谓废标是指在招标采购活动中，由于投标供应商不足法律规定的数量，采购当事人有违法违规行为或其他影响招标采购结果公平公正的，采购活动因国家政策等不可抗拒的因素无法进行的等情况，对于已进行的招标予以废除，已确定中标人的，中标无效。

凡是不属于或者不符合本法规定的情形，不能采取废标处理。这里的废标，废止的是正在进行的招标投标活动，结果是招标活动终止，与对某一投标人的投标不合格而作无效标处理不同，后者不影响招标活动继续进行。至于投标无效的情形，《政府采购货物和服务招标投标管理办法》第三十一条、第三十六条、第三十七条、第五十九条、第六十条、第六十三条有具体规定。

【典型案例】

（2020）桂71行终398号行政判决书：南宁铁路运输中级法院认为，根据《政府采购货物和服务招标投标管理办法》（财政部令第87号）第六十六条第一款的规定，采购人、采购代理机构应当采取必要措施，保证评标在严格保密的情况下进行。除采购人代表、评标现场组织人员外，采购人的其他工作人员以及与评标工作无关的人员不得进入评标现场。经审查，涉案项目在评标过程中，确存在评标专家与采购人代表多次见面沟通的行为、采购人委派的现场监督人员在评标过程中多次进入采购人代表评标区的违规行为。根据《政府采购法》第三十六条第一款的规定，在招标采购中，"出现下列情形之一的，应予废标：……（二）出现影响采购公正的违法、违规行为的……"。涉案项目在招标过程中，既存在招标文件存在多处违法的情形，也存在在评标过程中违规的行为，严重影响了采购的公正，应予废标。

（2020）赣08行终62号行政判决书：江西省吉安市中级人民法院认为，《政府采购法》第三十六条规定"在招标采购中，出现下列情形之一的，应予废标：（一）符合专业条件的供应商或者对招标文件作实质响应的供应商不足三家的；（二）出现影响采购公正的违法、违规行为的；（三）投标人的报价均超过了采购预算，采购人不能支付的；（四）因重大变故，采购任务取消的。"本案中，招标代理机构未按照招标公告要求进行资格展示，虽程序上存在瑕疵，但上诉人在开标过程中未当场提出异议并且签字认可，在其投诉后万安县财政局也组织了原评标委员会进行资格复审，该瑕疵不影响采购公正进行，不属于法定的废标情形，且不存在对投标人实行差别待遇或者歧视待遇的情形。上诉人深圳某明科技有限公司以开标时没有进行资格展示属违反开标流程应重新开标的意见没有法律依据，不予支持。

第三十七条 废标后，除采购任务取消情形外，应当重新组织招标；需要采取其他方式采购的，应当在采购活动开始前获得设区的市、自治州以上人民政府采购监督管理部门或者政府有关部门批准。

【读懂法条】

本条规定了招标项目废标后的处理方法。

废标是因为招标失败，招标失败表明采购人没有成功地确定需要的采购对象，预期的招标目标没有实现。采购人在废标后，除了采购任务取消，其他情形下，采购人应当根据废标的具体原因，处理违法违规行为、重新调整供应商的资格条件，或者调整采购需求，重新制定招标文件后，继续开展招标活动。

废标后再进行采购的，如果因招标方式不适宜确实需要采取招标以外其他采购方式的，应当事先获得地级以上人民政府财政部门或者政府有关部门的批准。

【典型案例】

（2019）京01行初315号行政判决书：北京市第一中级人民法院认为，关于某生科技公司主张应当重新招标的问题。根据《政府采购法》第三十七条规定，废标后，除采购任务取消情形外，应当重新组织招标；需要采取其他方式采购的，应当在采购活动开始前获得设区的市、自治州以上人民政府采购监督管理部门或者政府有关部门批准。本案中，财政部虽已责令某大学废标，但依据上述法律规定，某大学是否取消涉案项目采购任务，是否需要采取其他方式采购，均需某大学作出进一步决定，不属于财政部处理投诉事项的职权范围，亦不属于其对本次政府采购活动进行监管的职权范围。故某生科技公司提出财政部未达监管目的，应当重新组织招标的诉讼理由，于法无据，不予支持。

（2015）一中行终字第0414号行政判决书：天津市第一中级人民法院认为，关于上诉人所提此次招标转为单一来源方式采购违反相关法律规定的意见，经查，《中华人民共和国政府采购法》第三十六条规定"在招标采购中，出现下列情形之一的，应予废标：（一）符合专业条件的供应商或者对招标文件作实质响应的供应商不足三家的……"，第三十七条规定"废标后，除采购任务取消情形外，应当重新组织招标；需要采取其他方式采购的，应当在采购活动开始前获得设区的市、自治州以上人民政府采购监督管理部门或者政府有关部门批准……"，《政府采购货物和服务招标投标管理办法》第四十三条规定"投标截止时间结束后参加投标的供应商不足三家的，除采购任务取消情形外，招标采购单位应当报告设区的市、自治州以上人民政府财政部门，由财政部门按照以下原则处理：（一）招标文件没有不合理条款、招标公告时间及程序符合规定的，同意采取竞争性谈判、询价或者单一来源方式采购……在评标期间，出现符合专业条件的供应商或者对招标文件作出实质响应的供应商不足三家情形的，可以比照前款规定执行"，据此，此次招标因只有一家单位满足招标文件要求而经被上诉人某市财政局批准转为采用单一来源方式采购并无不当。

第三十八条 采用竞争性谈判方式采购的，应当遵循下列程序：

（一）成立谈判小组。谈判小组由采购人的代表和有关专家共三人以上的单数组成，其中专家的人数不得少于成员总数的三分之二。

（二）制定谈判文件。谈判文件应当明确谈判程序、谈判内容、合同草案的条款以及评定成交的标准等事项。

（三）确定邀请参加谈判的供应商名单。谈判小组从符合相应资格条件的供应商名单中确定不少于三家的供应商参加谈判，并向其提供谈判文件。

（四）谈判。谈判小组所有成员集中与单一供应商分别进行谈判。在谈判中，谈判的任何一方不得透露与谈判有关的其他供应商的技术资料、价格和其他信息。谈判文件有实质性变动的，谈判小组应当以书面形式通知所有参加谈判的供应商。

（五）确定成交供应商。谈判结束后，谈判小组应当要求所有参加谈判的供应商在规定时间内进行最后报价，采购人从谈判小组提出的成交候选人中根据符合采购需求、质量和服务相等且报价最低的原则确定成交供应商，并将结果通知所有参加谈判的未成交的供应商。

【读懂法条】

本条规定了竞争性谈判的组织方式和采购程序。

《政府采购法实施条例》第三十五条进一步规定，谈判文件不能完整、明确列明采购需求，需要由供应商提供最终设计方案或者解决方案的，在谈判结束后，谈判小组应当按照少数服从多数的原则投票推荐 3 家以上供应商的设计方案或者解决方案，并要求其在规定时间内提交最后报价。该法第三十七条补充规定，《政府采购法》第三十八条第五项、第四十条第四项所称质量和服务相等，是指供应商提供的产品质量和服务均能满足采购文件规定的实质性要求。

采购程序五步骤

竞争性谈判采购方式按照成立谈判小组—制定谈判文件—确定邀请参加谈判的供应商—开展谈判—确定成交供应商五个步骤执行。在本条的基础上，《政府采购非招标采购方式管理办法》第二十七条至第三十七条对竞争性谈判的程序和要求进行了细化完善，实践中按照该办法的具体规定执行。

竞争性磋商采购方式的法律适用规则

竞争性磋商采购方式是财政部颁布的《政府采购竞争性磋商采购方式管理暂行办法》（财库〔2014〕214 号）明确的采购方式，在《政府采购法》及其实施条例中没有明确规定，故对采用该方式进行的政府采购活动的程序和要求，应按照该办法及《财政部关于政府采购竞争性磋商采购方式管理暂行办法有关问题的补充通知》（财库〔2015〕124 号）的具体规定执行。

【典型案例】

（2018）豫 11 行终 21 号行政判决书：河南省漯河市中级人民法院认为，关于上诉人某市政府采购中心取消某居公司成交候选单位资格行为的合法性。《中华人民共和国政府采购法》第二十六条规定了包括公开招标和竞争性谈判在内的政府采购的方式；第三十条和第三十八条亦分别规定了竞争性谈判的适用范围和适用程序；该法第三十八条第五项规定采购人从谈判小组提出的成交候选人中根据符合采购需求、质量和服务相等且报价最低的原则确定成交供应商，并将结果通知所有参加谈判的未成交的供应商。中华人民共和国财政部《政府采购非招标采购方式管理办法》（财政部令第74号）第三十五条规定，谈判小组应当从质量和服务均能满足采购文件实质性响应要求的供应商中，按照最后报价由低到高的顺序提出3名以上成交候选人；第三十六条规定采购人应当在收到评审报告后5个工作日内，从评审报告提出的成交候选人中，根据质量和服务均能满足采购文件实质性响应要求且最后报价最低的原则确定成交供应商。根据上述法律、规章规定，招标与竞争性谈判为不同的政府采购方式，且在竞争性谈判采购程序中，确定成交候选人在先，确定成交供应商在后。本案中，首先，上诉人某市政府采购中心在以竞争性谈判方式实施政府采购的过程中，以招标文件替代谈判文件，以中标通知书替代成交通知书，全案亦无证据证明其按照《中华人民共和国政府采购法》第三十八条规定的程序成立了谈判小组、实施了符合法定程序的谈判、确定了成交候选人，其采购行为不符合上述法律、规章规定的程序；其次，上诉人某市政府采购中心在向被上诉人某居公司发出中标通知书3个月后，又向该公司发出取消成交候选单位资格通知书，亦不符合上述法律、规章规定的程序。

（2019）桂0481民初476号民事判决书：广西壮族自治区岑溪市人民法院认为，被告某磐公司岑溪分公司就"岑溪市南环路辅路（探花段）绿化工程"项目的招投标在广西政府采购网等网站发布了竞争性谈判公告，公告载明项目采用竞争性谈判采购方式。根据《中华人民共和国政府采购法》第三十八条"采用竞争性谈判方式采购的，应当遵循下列程序：……（五）确定成交供应商。谈判结束后，谈判小组应当要求所有参加谈判的供应商在规定时间内进行最后报价……"的规定，竞争性谈判采购应该有一个最后报价程序，但是，被告某磐公司岑溪分公司在"岑溪市南环路辅路（探花段）绿化工程"项目招投标活动中，并未履行最后报价的程序，显然是程序违法。原告某景园林公司据此投诉后，岑溪市财政局经审查亦认为，被告某磐公司岑溪分公司的"岑溪市南环辅路（探花段）绿化工程"项目招投标过程没有经过最后报价环节（只有首次报价），违反《中华人民共和国政府采购法》和《政府采购非招标采购方式管理办法》规定，某景园林公司投诉被告某磐公司岑溪分公司违法事项成立。因此，被告某磐公司岑溪分公司在"岑溪市南环路辅路（探花段）绿化工程"项目招投标活动中程序违法，存在过错，据此，依照法律规定，被告违法过错造成原告经济损失的，被告应该进行赔偿。被告虽然在《竞争性谈判文件》声明竞标人应承担其参加本次招标活动自身所发生的任何费用，由于此声明是被告单方面作出，且在被告招标程序违法的前提下，要求原告承担招标活动中造成的经济损失，于法无据。原告所提的各项经济损失中，购买招标文件资料1250元以及邮寄费37元及交通费用89元，为原告的实际支出，有收据证实，应予认可。原告的制作标书费用5000元，有收据、转账凭证、付款请求单为证，亦应认可。原告装订费等其他费用没有提供证据证实，不予认可。

第三十九条 采取单一来源方式采购的，采购人与供应商应当遵循本法规定的原则，在保证采购项目质量和双方商定合理价格的基础上进行采购。

【读懂法条】

本条规定了单一来源采购方式的采购程序。

《政府采购法实施条例》第三十八条进一步规定："达到公开招标数额标准，符合政府采购法第三十一条第一项规定情形，只能从唯一供应商处采购的，采购人应当将采购项目信息和唯一供应商名称在省级以上人民政府财政部门指定的媒体上公示，公示期不得少于5个工作日。"对于单一来源方式采购的具体程序和要求，按照《政府采购非招标采购方式管理办法》第三十八条—第四十三条的具体规定执行。

【典型案例】

（2015）和行初字第0053号行政判决书：天津市和平区人民法院认为，因原告在其投标文件中明确"2MN器件核查用传感器和5MN器件核查用传感器"均为德国生产，不符合招标文件中不接受进口产品投标的要求，被评标委员会认定为无效投标并无不当。因实质性响应招标文件的供应商只有一家，采购人申请本项目以单一来源方式继续实施采购，评标委员会出具了"招标文件无不合理条款"的书面意见，被告在确定招标公告时间和程序符合规定的情况下，批准本项目以单一来源方式实施采购，符合《政府采购货物和服务招标投标管理办法》第四十三条的规定。

第四十条 采取询价方式采购的，应当遵循下列程序：

（一）成立询价小组。询价小组由采购人的代表和有关专家共三人以上的单数组成，其中专家的人数不得少于成员总数的三分之二。询价小组应当对采购项目的价格构成和评定成交的标准等事项作出规定。

（二）确定被询价的供应商名单。询价小组根据采购需求，从符合相应资格条件的供应商名单中确定不少于三家的供应商，并向其发出询价通知书让其报价。

（三）询价。询价小组要求被询价的供应商一次报出不得更改的价格。

（四）确定成交供应商。采购人根据符合采购需求、质量和服务相等且报价最低的原则确定成交供应商，并将结果通知所有被询价的未成交的供应商。

【读懂法条】

本条规定了询价采购方式的采购程序。

询价采购方式必须按照成立询价小组—确定被询价供应商名单—询价—确定成交供应商的程序执行。《政府采购法实施条例》第三十六条规定："询价通知书应当根据采购需求确定政府采购合同条款。在询价过程中，询价小组不得改变询价通知书所确定的政府采购合同条款。"该条例第三十七条规定:"政府采购法第三十八条第五项、第四十条第四项所称质量和服务相等,是指供应商提供的产品质量和服务均能满足采购文件规定的实质性要求。"《政府采购非招标采购方式管理办法》第四十四条至第五十条对竞争性谈判的程序和要求进行了细化完善,实践中按照该办法的具体规定执行。

【典型案例】

(2016)苏行申 1481 号行政裁定书:江苏省高级人民法院认为,案涉采购项目采用询价,并非竞争性谈判,原审第三人某市政府采购中心以某护神公司违反《政府采购非招标采购方式管理办法》(以下简称《办法》)第三十条关于竞争性谈判中未实质性响应谈判文件的响应文件按无效处理,属适用法律错误,某市财政局认定某市政府采购中心法律适用错误,于法有据。该《办法》第二十一条规定,除资格性审查认定错误和价格计算错误外,采购人或者采购代理机构不得以任何理由重新组织评审。某市财政局认为某市政府采购中心以因有供应商质疑某护神公司投标产品不符合询价公告的要求为由而重新组织评审的行为不属上述规定重新评审的情形,由此认定某市政府采购中心重新组织评审违法,符合上述规定。某市财政局根据案涉采购文件具有明显倾向性或者歧视性的问题以及某市政府采购中心重新组织评审属于采购过程违法,采购合同尚未签订的事实,依据《政府采购供应商投诉处理办法》作出责令某市公安局、某市政府采购中心 TZCGX201523 询价采购项目修改采购文件后,重新开展采购活动的处理决定正确。

(2016)桂 0403 行初 4 号行政判决书:广西壮族自治区梧州市万秀区人民法院认为,本案政府采购项目属采取询价方式采购,采购代理机构某特公司在其公开的《询价采购文件》所附《采购需求一览表》中有明确写明苗木采购的售后服务、交货期、付款方式、报价须知等内容,并提供了报价文件的参考样板,以及格式填写提示。由于原告等两家供应商提供的报价文件的售后服务承诺书中没有对"付款方式"作出响应,不能满足采购文件规定的实质性要求，故两被告认定原告的报价文件中的售后服务承诺书未对询价文件中售后服务及要求的"付款方式"作出响应，不能通过符合性鉴定进入下一步评审，于法并无不当，且符合《中华人民共和国政府采购法》第四十条"采取询价方式采购的，应当遵循下列程序：……（四）确定成交供应商。采购人根据符合采购需求、质量和服务相等且报价最低的原则确定成交供应商，并将结果通知所有被询价的未成交的供应商"，以及《中华人民共和国政府采购法实施条例》第三十七条"政府采购法第三十八条第五项、第四十条第四项所称质量和服务相等，是指供应商提供的产品质量和服务均能满足采购文件规定的实质性要求"的规定，本案被告某县财政局作出的处理决定和被告某市财政局作出的行政复议决定，证据确凿，适用法律、法规正确，符合法定程序，本院予以确认。

第四十一条 采购人或者其委托的采购代理机构应当组织对供应商履约的验收。大型或者复杂的政府采购项目，应当邀请国家认可的质量检测机构参加验收工作。验收方成员应当在验收书上签字，并承担相应的法律责任。

【读懂法条】

本条规定了政府采购项目履约验收制度。

履约验收是对供应商履行合同情况的检查和审核，可以检验供应商的履约能力和信誉，保证采购质量。《政府采购法实施条例》第四十五条进一步规定："采购人或者采购代理机构应当按照政府采购合同规定的技术、服务、安全标准组织对供应商履约情况进行验收，并出具验收书。验收书应当包括每一项技术、服务、安全标准的履约情况。政府向社会公众提供的公共服务项目，验收时应当邀请服务对象参与并出具意见，验收结果应当向社会公告。"《财政部关于进一步加强政府采购需求和履约验收管理的指导意见》（财库〔2016〕205号）从采购人应当依法组织履约验收工作、完整细化编制验收方案、完善验收方式、严格按照采购合同开展履约验收、严格落实履约验收责任等五方面作出具体规定。采购人应当按照该指导意见的规定组织对供应商履约进行验收，加强政府采购结果管理。

【典型案例】

（2021）京01民终9926号民事判决书：对于争议焦点"某信公司主张的货款是否已满足付款条件"，人民法院认为，其一，依据《中华人民共和国政府采购法实施条例》第四十五条："采购人或者采购代理机构应当按照政府采购合同规定的技术、服务、安全标准组织对供应商履约情况进行验收，并出具验收书。验收书应当包括每一项技术、服务、安全标准的履约情况"等有关规定，某天公司虽辩称其未与某市门头沟区旅游发展委员会约定由某诚公司组织验收，但依据上述行政法规的规定并结合证人证言等证据，显示某诚公司作为招标代理机构对案涉项目进行验收等行为符合国家法律、行政法规的规定，亦与事实相符。据此，由某诚公司出具的验收通知书应属合法有效。其二，对于某天公司有关郝某强无权代表其验收并签字等相关辩称，本院认为，依据《最高人民法院关于适用〈中华人民共和国民事诉讼法〉的解释》第九十条："当事人对自己提出的诉讼请求所依据的事实或者反驳对方诉讼请求所依据的事实，应当提供证据加以证明，但法律另有规定的除外。在作出判决前，当事人未能提供证据或者证据不足以证明其事实主张的，由负有举证证明责任的当事人承担不利的后果"等相关规定，本案中，基于郝某强的任职情况，其签署相关文件时应属有权代表某天公司作出意思表示，在某天公司未提交证据证明郝某强与其他主体存在恶意串通的情形下，郝某强与某天公司内部的约定不得对抗善意第三人，故郝某强在服务验收清单上的签字行为合法有效，效力及于某天公司。结合现有书面证据和当事人陈述以及证人证言等内容，本院认为案涉项目已经于2020年4月30日整体验收完毕。其三，对于某天公司辩称其未针对案涉合同项下货物与某信公司进行"小验收"等辩称，本院认为，结合上述，案涉项目已经整体验收合格，某天公司以此作为案涉合同未达到付款条件的事由缺乏事实与法律依据，本院不予采信。最后，依据庭审中查明事实，显示某天公司于2019年8月14日已收到业主货款1630600元，又于2020年5月25日收到货款611475元。结合上述有关项目已经验收的认定和定制开发合同相关约定，某信公司主张的货款已满足合同约定的付款条件。

（2020）桂0405民初1170号民事判决书：广西壮族自治区梧州市长洲区人民法院认为，双方根据被告的发标要求，以及原告提供竞标报价表签订了《广西壮族自治区政府采购合同》，合同明确约定了货物的具体名称、型号、规格及质量要求，故原告应当按照合同提供符合约定型号、规格及质量要求的货物。再有，《中华人民共和国政府采购法》第四十一条规定，"采购人或者其委托的采购代理机构应当组织对供应商履约的验收"。被告对原告提供的货物进行了三次验收，其间原告也更换了部分货物。对于被告提供的验收情况一览表，除不锈钢的厚度外，原告对被告记载的验收情况并无异议。本院根据表里记载的第三次验收的情况，以及其他证据对原告是否提供了符合合同约定的货物进行综合认定，第一，根据该表记载，原告提供的A02燃气大锅炉、A03燃气单头矮汤炉、A1024盘电热蒸饭柜、A12绞肉切肉两用机，其标签均为自行打印后贴上去，证明原告提供的产品标识并不符合《中华人民共和国产品质量法》第二十七条的规定。第二，根据该表记载，原告提供的A09高温消毒柜、A1024盘电热蒸饭柜、A12绞肉切肉两用机、A42开水器、A61电饭锅、A79卧式冰箱存在规格或型号与合同约定不相符的情形。第三，原告提供的A78空调，型号与约定不符。虽然合同约定的空调型号已经停产，原告提供性能更优的其他型号予以代替，但原告在中标后，其他公司对原告竞标提供的空调型号已经停产的事实提出质疑，被告当时答复称成交供应商能否按要求供货，属于签订合同履约阶段，并驳回该质疑，故在履约阶段被告不同意原告以其他空调型号予以代替，合情合理。第四，原告提供的A01双层工作台、A04双层工作台、A05水池、A06水池、A07双水池、A14四层货架、A16不锈钢餐车，被告抽检部分送至某市产品质量检验所进行检验。虽然某市产品质量检验所对送检样品检验结论为不作判定，但合同约定上述不锈钢产品的厚度为 1.0mm 或 1.2mm，而某市产品质量检验所抽检的产品均未达到合同约定的厚度。虽然原告对此存在质疑，但未提供证据证明上述不锈钢产品的厚度均达到合同约定的厚度，故本院采信某市产品质量检验所对送检样品的检验结果。综上，本院认定原告提供的上述货物并不符合合同约定的型号、规格及质量要求。故被告主张采购项目未验收合格，有理有据，本院予以采纳。

第四十二条 采购人、采购代理机构对政府采购项目每项采购活动的采购文件应当妥善保存，不得伪造、变造、隐匿或者销毁。采购文件的保存期限为从采购结束之日起至少保存十五年。

采购文件包括采购活动记录、采购预算、招标文件、投标文件、评标标准、评估报告、定标文件、合同文本、验收证明、质疑答复、投诉处理决定及其他有关文件、资料。

采购活动记录至少应当包括下列内容：

（一）采购项目类别、名称；

（二）采购项目预算、资金构成和合同价格；

（三）采购方式，采用公开招标以外的采购方式的，应当载明原因；

（四）邀请和选择供应商的条件及原因；

（五）评标标准及确定中标人的原因；

（六）废标的原因；

（七）采用招标以外采购方式的相应记载。

【读懂法条】

本条规定了采购文件的保存要求及采购文件的构成。

采购文件是反映采购活动过程及各项决策的记录。保存采购文件的主体是指采购人和采购代理机构（包括集中采购机构和社会中介机构）。在采购过程中，应当形成采购文件却因客观原因没有形成的，应当如实记录。保存采购文件的期限至少为十五年，规模大、价值高、性能复杂的采购项目，采购文件保存的时间应当更长一些。

什么是采购活动记录?

采购活动记录是指采购人或者采购代理机构在采购活动结束后撰写的采购活动情况报告。采购人和采购代理机构应当安排或指定专人负责采购文件的收集和保存，保证采购文件的完整性、安全性和保密性。根据《政府采购法实施条例》第四十六条规定，采购文件可以用电子档案方式保存。

【典型案例】

（2020）冀 06 民终 585 号民事判决书：人民法院认为，根据合同法（现为《民法典》）中委托合同的有关规定，受托人处理委托事物取得的财产，应当转交委托人，本案河北某达招标代理有限公司作为委托合同的受托人，虽签收了投标人的投标文件，但投标文件系其作为代理机构处理委托事物时代委托人取得的，理应转交委托人。且根据《中华人民共和国政府采购法》的相关规定，采购人、采购代理机构对政府采购项目每项采购活动的采购文件应当妥善保存，不得伪造、变造、隐匿或者销毁，采购文件的保存期限为从采购结束之日起至少保存十五年，采购文件包括采购活动记录、采购预算、招标文件、投标文件、评标标准、评标报告、定标文件、合同文本、验收证明、质疑答复、投诉处理决定及其他有关文件、资料。采购人、采购代理机构违反法律规定隐匿、销毁应当保存的采购文件或者伪造、变造采购文件的，由政府采购监督管理部门处以二万元以上十万元以下的罚款，对其直接负责的主管人员依法给予处分；构成犯罪的，依法追究刑事责任。故就本案而言，采购人某县交通运输局、采购代理机构河北某达招标代理有限公司对包括投标文件在内的政府采购项目的采购文件，均负有妥善保存的法律义务，不得隐匿、销毁应当保存的采购文件或者伪造、变造采购文件，否则要承担相应的法律责任，而某县交通运输局现并未持有三家投标候选人的投标文件，妥善保存的法律义务将无从履行，与政府采购法的规定相悖。就某平县交通运输局的本诉，按照合同法（现为《民法典》）的相关规定，合同双方应当遵循诚实信用原则，理应按照合同约定全面履行自己的义务，包括根据合同的性质、目的和交易习惯履行通知、协助、保密等附随义务，本案被告河北某达招标代理有限公司虽履行了委托合同的主要义务，但并未履行移交投标文件的附随义务，故对某县交通运输局要求被告向原告移交三家投标候选人的投标文件的主张，本院予以支持。对被告河北某达招标代理有限公司认为该招标工作已经于 2019 年 1 月底完成，且招标代理协议未约定，法律也未规定被告有交付资料的义务，被告并未违约的辩解意见本院不予采纳。

第五章　政府采购合同

第四十三条　政府采购合同适用合同法。采购人和供应商之间的权利和义务，应当按照平等、自愿的原则以合同方式约定。

采购人可以委托采购代理机构代表其与供应商签订政府采购合同。由采购代理机构以采购人名义签订合同的，应当提交采购人的授权委托书，作为合同附件。

【读懂法条】

本条规定了政府采购合同的法律适用。

政府采购本身是一种市场交易行为，因此政府采购合同是民事合同，应当适用民法典关于合同的规定（《合同法》已经废止，其内容已纳入《民法典》）。但是，由于政府采购资金属于财政性资金，采购的目的是公共事务，政府采购还具有维护公共利益、加强财政支出管理、防止腐败等功能，因此，政府采购合同又不完全等同于一般的民事合同。据此，本法在明确适用民法典的前提下，对政府采购合同订立、效力、变更、终止等有关特殊问题作出了必要的规定。采购人可以依法委托集中采购机构和其他采购代理机构代表其与供应商签订政府采购合同，但采购代理机构必须以采购人名义签订合同，并且应当出具授权委托书，作为合同附件。

【典型案例】

（2019）黔民终200号民事判决书：贵州省高级人民法院认为，政府采购合同关系本质上即属于民事合同，政府采购法已经明确政府采购合同要适用合同法（现为《民法典》）处理，故应按合同法及相关民事法律规范认定本案合同效力。从政府采购法关于采购人、采购机构及供应商的违法责任相关规定看，政府采购合同订立前及订立后存在其他问题，不必然导致已订立的采购合同本身无效。《中华人民共和国合同法》第五十二条（现参见《民法典》第一百四十三条）规定："有下列情形之一的，合同无效：（一）一方以欺诈、胁迫的手段订立合同，损害国家利益；（二）恶意串通，损害国家、集体或者第三人利益；（三）以合法形式掩盖非法目的；（四）损害社会公共利益；（五）违反法律、行政法规的强制性规定。"从现有证据看，不足以证明双方签订的采购合同内容存在合同法规定的合同无效情形，故一审认定本案政府采购合同有效并无不当。本案政府采购合同合法有效，对双方具有法律约束力。合同生效后履行期间产生的履行问题，不影响生效合同的法律效力。鉴于本案合同项目的验收报告存在一定问题，故一审法院并未完全采信，而是结合全案证据综合认定本案事实，对验收报告中关于合同外增加的补植苗木款额已经依法否决，不予支持；对于按照合同约定种植的苗木，因此前于2011年已经上诉人出具《验收单》确认，上诉人并未提供证据推翻该验收单确认事实，故一审法院据此判决上诉人给付相应合同价款并无不当。

（2018）湘行申63号行政裁定书：湖南省高级人民法院认为，《中华人民共和国政府采购法》第四十三条第一款规定："政府采购合同适用合同法。采购人和供应商之间的权利和义务，应当按照平等、自愿的原则以合同方式约定。"本案中，《2017—2018年度某市本级行政事业单位定点印刷协议供货》项目的采购，系为了满足政府日常工作运转所进行的采购，其直接目的不是实现公共利益或者行政管理目标，行为本身也不具有行使公权力的属性。因此，被诉政府采购招标行为系民事行为而不属于行政行为，应依照前述规定适用《中华人民共和国合同法》（现为《民法典》）调整，不属于人民法院行政诉讼的受案范围，申请人某宇印刷厂的起诉依法应予驳回。

第四十四条　政府采购合同应当采用书面形式。

【读懂法条】

本条规定了政府采购合同的形式。

《民法典》第四百六十九条规定："当事人订立合同，可以采用书面形式、口头形式或者其他形式。书面形式是合同书、信件、电报、电传、传真等可以有形地表现所载内容的形式。以电子数据交换、电子邮件等方式能够有形地表现所载内容，并可以随时调取查用的数据电文，视为书面形式。"本条对政府采购合同的形式作出了特别规定，即政府采购合同应当采用书面形式，一般应采用合同书的形式订立。

【典型案例】

（2021）晋08民终980号民事判决书：山西省运城市中级人民法院认为，根据《中华人民共和国政府采购法》规定，政府采购工程进行招标投标的，适用招标投标法，政府采购合同应当采用书面形式。《中华人民共和国招标投标法》规定，在中华人民共和国境内进行下列工程建设项目包括项目的勘察、设计、施工、监理以及与工程建设有关的重要设备、材料等的采购，必须进行招标：（一）大型基础设施、公用事业等关系社会公共利益、公众安全的项目；（二）全部或者部分使用国有资金投资或者国家融资的项目。本案中，某文旅局认可河南某赢公司为其宣传的事实，但某文旅局为行政单位，其经费来源为财政拨款，对外进行宣传必须经政府采购招标程序，2017年8月10日河南某赢公司与某文旅局通过政府采购招标程序签订了《广告发布合同》，约定2017年8月8日至2018年8月7日期间发布宣传广告事项，该合同双方已经履行完毕，现河南某赢公司主张合同期外于2017年2月20日至2017年8月8日及2018年8月8日至2019年2月底的广告宣传费用，因未经过招标程序，双方无书面协议，故不符合《中华人民共和国政府采购法》及《中华人民共和国招标投标法》的相关规定，且双方对合同期外的广告期限及广告价格没有约定，原审法院以其提交的证据不足以支持其事实主张，驳回其诉讼请求，并无不当。

（2021）晋05民终804号民事判决书：人民法院认为，原告某辅区域规划公司中标了被告某市自然资源局的矿山企业越界越层排查实测项目，根据法律规定，双方应当签订书面的政府采购合同，因种种原因导致双方一直未签订书面合同。但被告的工作人员证实，为不影响工作进度，在未订立书面合同的情况下，同意原告先行对矿山企业进行测量，之后再补签合同。原告按照被告的要求对案涉的38个矿山企业进行了测量并制作了排查实测报告。因此，原、被告虽未订立书面合同，但双方具有订立合同的合意，且原告已经履行了主要义务，原、被告之间的合同成立。《中华人民共和国合同法》第三百五十六条第二款（现为《民法典》第八百七十八条第二款）规定，技术服务合同是指当事人一方以技术知识为另一方解决特定技术问题所订立的合同。本案中，原告为被告提供矿山企业越界越层排查实测服务，双方形成技术服务合同关系。

第四十五条 国务院政府采购监督管理部门应当会同国务院有关部门，规定政府采购合同必须具备的条款。

【读懂法条】

本条规定了财政部门应当规定政府采购合同的必备条款。

《政府采购法实施条例》第四十七条进一步规定："国务院财政部门应当会同国务院有关部门制定政府采购合同标准文本。"因此，签订政府采购合同应当采用政府部门出台的标准文本，体现必须具备的条款。当前，各省（自治区、直辖市）出台了本地区适用的政府采购合同范本。

第四十六条 采购人与中标、成交供应商应当在中标、成交通知书发出之日起三十日内，按照采购文件确定的事项签订政府采购合同。

中标、成交通知书对采购人和中标、成交供应商均具有法律效力。中标、成交通知书发出后，采购人改变中标、成交结果的，或者中标、成交供应商放弃中标、成交项目的，应当依法承担法律责任。

【读懂法条】

本条规定了签订政府采购合同的具体期限及中标、成交通知书的法律效力。

无论是代理采购还是自行采购，政府采购合同都要在中标、成交通知书发出后的 30 日内签订。中标、成交通知书对采购人和中标、成交供应商都具有法律约束力。中标、成交供应商一旦依法确定，采购人就不能改变中标、成交结果，只能按照中标、成交结果，与中标、成交供应商签订政府采购合同，否则，就要承担相应的法律责任。而且，签订政府采购合同，只是采购人和供应商对采购结果的书面确认，有关事项在采购文件中都已具体确定，因此，采购人与中标、成交供应商必须按照采购文件确定的事项签订政府采购合同。采购人和中标、成交供应商任何一方拒绝订立合同或改变采购结果的，应承担相应法律责任。《政府采购法实施条例》第四十九条进一步规定："中标或者成交供应商拒绝与采购人签订合同的，采购人可以按照评审报告推荐的中标或者成交候选人名单排序，确定下一候选人为中标或者成交供应商，也可以重新开展政府采购活动。"

【典型案例】

（2019）粤民申 3727 号民事裁定书：广东省高级人民法院认为，本案为因人民政府采购引致的买卖合同纠纷。根据《中华人民共和国政府采购法》第四十六条第一款"采购人与中标、成交供应商应当在中标、成交通知书发出之日起三十日内，按照采购文件确定的事项签订政府采购合同"及第五十条第一款"政府采购合同的双方当事人不得擅自变更、中止或者终止合同"的规定，本案招标公告对采购标的、交付时间、技术参数等均有明确要求，某奇正公司作为投标单位，在参与投标前已经知悉相关事宜，应当对中标后履行合同有审慎评估，且公安局开发区分局与某奇正公司均无权违反采购文件变更合同履行的内容。招标公告明确交货期限为自签订合同后 20 个日历天内完成项目供货、合格通过验收并交付采购人使用。某奇正公司盖章确认某市政府采购项目合同书文本后邮寄给公安局开发区分局，公安局开发区分局于 2017 年 12 月 26 日盖章确认并回寄某奇正公司，某奇正公司于 2017 年 12 月 27 日收到双方盖章。因此，本案应认定 2017 年 12 月 27 日为合同签订日，某奇正公司应自 2017 年 12 月 28 日起算的 20 个日历天内完成交货。本案的合同备案和鉴证均为政府采购的管理措施，并不影响某奇正公司按招标公告和合同约定履行合同义务。现某奇正公司以合同未生效、可以交付部分标的为由主张不用承担违约责任，明显与招标公告及合同约定不符。

（2020）桂行申 416 号行政裁定书：广西壮族自治区高级人民法院认为，某亮公司出具的《竞标函》《竞标保证金缴纳证明》《竞标报价表》等竞标材料，《法人授权委托书》《成交放弃函》，某侨公司出具的收款收据等证据证明，一审第三人梁某以某亮公司代理人的身份参与某市园林局的肥料、农药采购项目竞标活动，某亮公司在中标后，又放弃成交资格。某市财政局受案后，进行了调查、核实，认定某亮公司无正当理由拒签合同、放弃成交资格，违反了《中华人民共和国政府采购法》第四十六条第二款"中标、成交通知书对采购人和中标、成交供应商均具有法律效力。中标、成交通知书发出后，采购人改变中标、成交结果的，或者中标、成交供应商放弃中标、成交项目的，应当依法承担法律责任"的规定。《中华人民共和国政府采购法实施条例》第七十二条第一款第二项规定："供应商有下列情形之一的，依照政府采购法第七十七条第一款的规定追究法律责任：……（二）中标或者成交后无正当理由拒不与采购人签订政府采购合同；……"《中华人民共和国政府采购法》第七十七条第一款规定："供应商有下列情形之一的，处以采购金额千分之五以上千分之十以下的罚款，列入不良行为记录名单，在一至三年内禁止参加政府采购活动，有违法所得的，并处没收违法所得，情节严重的，由工商行政管理机关吊销营业执照；构成犯罪的，依法追究刑事责任：……"某市财政局履行了告知等义务，向某亮公司发函取证，充分保障了某亮公司的陈述、申辩等权利，依据调查的事实，作出20号处罚决定，事实清楚，证据确凿，适用法律正确，处罚亦在法定幅度内，程序合法。

第四十七条 政府采购项目的采购合同自签订之日起七个工作日内，采购人应当将合同副本报同级政府采购监督管理部门和有关部门备案。

【读懂法条】

本条规定了政府采购合同的备案程序。

政府采购合同是依法开展政府采购项目的采购活动获得结果的书面记录，是各级政府财政部门和其他有关部门对政府采购活动实施监督的重要依据，也是各级财政部门审核拨付政府采购资金的重要依据。为了加强财政部门和其他有关部门对政府采购活动的监督，有利于财政部门及时调度和审核拨付政府资金，本法规定了政府采购合同应当自合同签订之日起七个工作日内向财政部门和其他有关部门备案。采购人在签订政府采购合同以后，要按照预算隶属关系，将合同副本报同级财政部门备案，同时，有些合同副本还要报同级对政府采购负有行政监督职责的建设、水利、交通、铁路、民航、信息产业等政府其他有关部门备案。

政府采购合同的公告流程是什么？

根据《政府采购法实施条例》第五十条规定，采购人应当自政府采购合同签订之日起 2 个工作日内，将政府采购合同在省级以上人民政府财政部门指定的媒体上公告，但政府采购合同中涉及国家秘密、商业秘密的内容除外。

第四十八条 经采购人同意，中标、成交供应商可以依法采取分包方式履行合同。

政府采购合同分包履行的，中标、成交供应商就采购项目和分包项目向采购人负责，分包供应商就分包项目承担责任。

【读懂法条】

本条规定了政府采购合同的分包以及责任承担。

中标、成交供应商与采购人签订政府采购合同后，应当接受合同的约束，按照合同的约定全面履行自己的义务。但是，中标、成交供应商在履行政府采购合同中，可以经采购人同意将其不一定具备优势的部分工作依法采取分包方式交给第三人完成，使合同得到更加有效的履行。同时，在政府采购合同分包履行后，中标、成交供应商对于分包项目不能推卸责任，分包供应商对分包项目也要承担相应责任。但是，中标、成交供应商不得将全部采购项目或者采购项目中的主体或关键性项目转让给其他供应商。

第四十九条 政府采购合同履行中，采购人需追加与合同标的相同的货物、工程或者服务的，在不改变合同其他条款的前提下，可以与供应商协商签订补充合同，但所有补充合同的采购金额不得超过原合同采购金额的百分之十。

【读懂法条】

本条规定了政府采购合同履行中的追加采购制度。

追加采购中补充合同签订有哪些注意事项？

政府采购合同履行过程中，采购人要追加采购与原合同标的相同的货物、工程或者服务，如果重新按照采购程序进行采购，可能会与实际工作要求不相适应，也会增加采购成本，降低采购效率，因此，有必要允许签订补充合同。补充合同的标的必须与原合同标的相同，除了数量和金额改变以外，不得改变原合同的其他条款。如果合同已经履行完毕，采购人就不能再与供应商签订补充合同。而且采购人需要追加与原合同标的相同的货物、工程或者服务，可能是一次性的，也可能多次需要，无论签订多少次补充合同，所有补充合同的累计采购金额，不得超过原合同采购金额的百分之十。签订的补充合同，也必须按照本法的规定采用书面形式并履行合同备案手续。

【典型案例】

（2020）川民再 423 号民事判决书：四川省高级人民法院认为，关于某县住建局与某丰公司签订的《补充合同》的效力问题应认定如下。《补充合同》增加工程量金额为 479 万余元，增加工程量为超过原合同价款的 30%。虽然增加工程量的原因双方认可系因设计失误所致，但《补充合同》约定的工程价款超过原合同价款的 10%，违反了《中华人民共和国政府采购法》第四十九条"政府采购合同履行中，采购人需追加与合同标的相同的货物、工程或者服务的，在不改变合同其他条款的前提下，可以与供应商协商签订补充合同，但所有补充合同的采购金额不得超过原合同金额的百分之十"之规定。本案系通过公开招投标方式进行采购，招投标行为及后续合同签订、履行行为均既应遵守招投标法的规范，亦应遵守政府采购法的相关规定。因此，《补充合同》内容违反法律的强制性规范，应属无效合同。

（2018）新民申1747号民事裁定书：新疆维吾尔自治区高级人民法院认为，本案双方签订的《建设工程施工合同》价款200万元，之后又签订了补充协议，合同补充部分价款为362693.75元。依照上述规定，双方签订的消防工程合同外增加项目的价款已超过百分之十的上限规定，未进行招投标程序。根据《中华人民共和国合同法》第五十二条（现《民法典》第一百四十三条）："有下列情形之一的，合同无效：……（五）违反法律、行政法规的强制性规定。"故本案建设工程施工合同有效，补充协议因超过原建设工程施工合同金额的百分之十而导致部分无效。

第五十条 政府采购合同的双方当事人不得擅自变更、中止或者终止合同。

政府采购合同继续履行将损害国家利益和社会公共利益的，双方当事人应当变更、中止或者终止合同。有过错的一方应当承担赔偿责任，双方都有过错的，各自承担相应的责任。

【读懂法条】

本条规定了政府采购合同的变更、中止或者终止规则。

签订政府采购合同的依据是经过法定采购方式和采购程序确定的中标、成交结果，这个结果具有法律效力，因此即使采购人与中标、成交供应商双方协商一致，也不得变更、中止或者终止合同。但是，由于采购人或者供应商的原因，或者其他原因，可能会导致损害国家利益和社会公共利益情况的发生，此时政府采购合同不能继续履行，必须根据不同情况予以变更、中止或者终止。如果上述情况是由于采购人或者供应商的原因造成的，因合同变更、中止或者终止而给对方造成损失的，应当承担相应的赔偿责任；双方都有过错的，就分别承担相应的责任。

【典型案例】

(2019) 川民申 7116 号民事裁定书：四川省高级人民法院认为，本案中，某训练中心和某职业学校签订《联合办学协议》就完成训练中心承担的某县下岗失业人员、失地农民培训任务共同出资、共同管理。但是，2015年3月1日《中华人民共和国政府采购法实施条例》施行后，下岗失业人员、失地农民培训等就业服务被四川省人民政府纳入集中采购目录，必须通过招投标程序实施。虽然 2018 年四川省人民政府集中采购目录中取消了就业服务项目，但同时也确定了 10 万元以上的服务项目实行分散采购，必须按照政府采购法规定的采购方式、采购程序进行，即训练中心不能直接下达培训任务给职业学校。且根据一审、二审查明的事实，从 2015 年开始双方签订的《联合办学协议》已没有实际履行。因此，二审法院认定《中华人民共和国采购法实施条例》实施后双方当事人签订的《联合办学协议》合同目的已不能实现。根据《中华人民共和国合同法》第九十四条的规定，一、二审法院判决解除某训练中心与某职业学校签订的《联合办学协议》，适用法律正确。

(2019) 云 26 民终 83 号民事判决书：云南省文山壮族苗族自治州中级人民法院认为，某益公司与某州政府办签订《某州政府采购和出让中心（政府采购）货物类合同书》（以下简称合同），系双方在平等自愿的基础上达成的协议，系双方真实意思表示，且不违反法律、法规禁止性规定，应属合法有效合同，中标标的物及双方签订合同中均载明为某想牌闪彩印王9150 彩色速印机一台，生产厂家为某想（中国）科学工业有限公司，地址为珠海市某国际贸易中心 29 层。而双方签订的《产品采购补充协议》（以下简称补充协议），因协议内容变更了合同标的物，即将中标的某想牌闪彩印王 9150 型号机器更换为新机型某想一体化 9630 型号机器，且经相关部门检测，该变更后的产品某想一体化 9630 型号机器系进口产品，非本国货物。《中华人民共和国政府采购法》第十条"政府采购应当采购本国货物、工程和服务"，第四十九条"政府采购合同履行中，采购人需追加与合同标的相同的货物、工程或服务的，在不改变合同其他条款的前提下，可以与供应商协商签订补充合同，但所有补充合同的采购金额不得超过原合同采购金额的百分之十"，第五十条"政府采购合同的双方当事人不得擅自变更、中止或者终止合同。政府采购合同继续履行将损害国家利益和社会公共利益的，双方当事人应当变更、中止或者终止合同。有过错的一方应当承担赔偿责任，双方都有过错的，各自承担相应的责任"。本案双方签订的补充协议因擅自变更合同标的物，且采购了非国产货物，违反了法律禁止性规定，应属无效合同。

（2020）黔01民终9441号民事判决书：贵州省贵阳市中级人民法院认为，根据《中华人民共和国政府采购法》第六条"政府采购应当严格按照批准的预算执行"、第四十九条"政府采购合同履行中，采购人需追加与合同标的相同的货物、工程或者服务的，在不改变合同其他条款的前提下，可以与供应商协商签订补充合同，但所有补充合同的采购金额不得超过原合同采购金额的百分之十"、第五十条"政府采购合同的双方当事人不得擅自变更、中止或者终止合同。政府采购合同继续履行将损害国家利益和社会公共利益的，双方当事人应当变更、中止或者终止合同。有过错的一方应当承担赔偿责任，双方都有过错的，各自承担相应的责任"之规定，政府采购合同与一般的买卖合同有所区别，政府采购合同的履行中双方当事人不得擅自变更合同，采购人可追加的合同标的金额不得超过原合同金额的百分之十。广东某泰家具实业有限公司在招投标的过程中明知其参与的是政府采购，应尽到合理的审慎注意义务以及在履行的过程中不能随意对合同进行变更。同理，某省机关事务管理局在合同的履行过程中也不能随意变更合同约定的相应事项。本案中，现某省机关事务管理局与广东某泰家具实业有限公司均认可对采购的家具有所调整，数量、品名等没有争议，有争议的是家具的价格及总金额。广东某泰家具实业有限公司主张应按照有监理单位签章确认的《贵州省政府办公厅保卫用房家具采购项目增加及减除汇总表》确定家具的价格及总金额，但该表中监理单位负责人刘某签署的为"工程量已核"，其出庭证明当时签字确认的也是工程量而不是货物的价格，且该表没有业主单位某省人民政府办公厅公产管理处（即贵州省机关事务管理局）签字或盖章，广东某泰家具实业有限公司又没有提交其他的证据能证明货物价格调整取得了某省机关事务管理局的同意，根据《最高人民法院关于适用〈中华人民共和国民事诉讼法〉的解释》第九十条第一款"当事人对自己提出的诉讼请求所依据的事实或者反驳对方诉讼请求所依据的事实，应当提供证据加以证明，但法律另有规定的除外"之规定，广东某泰家具实业有限公司主张货款总金额为2193800元的证据不足。某省机关事务管理局主张应对价格进行调整以及要求对家具进行价格评估，但其并未提交证据证明当时这类家具的市场价格，且案涉家具已经使用多年，评估的现实条件已基本不具备，且广东某泰家具实业有限公司不同意进行评估并认为贵州省机关事务管理局在二审提交鉴定不符合法律的规定，故本院对贵州省机关事务管理局要求评估的申请不予准许。综上，双方对家具的价格及货款的总金额的变更未达成一致意见，根据《中华人民共和国合同法》第七十八条（现《民法典》第五百四十四条）"当事人对合同变更的内容约定不明确的，推定为未变更"之规定，本院认为应按照原合同的总金额予以支付货款。根据贵州某诚招标有限公司《中标通知书》中"中标总金额：2135160.00元"及某省人民政府办公厅公产管理处与广东某泰家具实业有限公司签订的《家具采购合同》第二条"合同总价：合同总金额为人民币大写贰佰壹拾叁万伍仟壹佰陆拾元整，小写2135160.00元。该合同总金额已包括加价材料、制造、包装、运输、安装、调试、验收合格交付使用之前及保修期内保修服务与备用物件等所有其他有关各项的含税费用"，合同总金额为2135160元。

第六章　质疑与投诉

第五十一条　供应商对政府采购活动事项有疑问的，可以向采购人提出询问，采购人应当及时作出答复，但答复的内容不得涉及商业秘密。

【读懂法条】

本条规定了政府采购活动事项的询问制度。所有供应商都可以不受约束地向采购人提出询问。

作出答复的时限以及方式要求是什么？

根据《政府采购法实施条例》第五十二条规定，采购人或者采购代理机构应当在3个工作日内对供应商依法提出的询问作出答复。当然答复的内容不得涉及商业秘密。供应商对政府采购活动事项提出询问以及采购人作出答复的方式，法律没有规定，实际操作中，既可以采取书面方式，也可以采取口头方式。

【典型案例】

（2020）辽02行终252号行政判决书：辽宁省大连市中级人民法院认为，《中华人民共和国政府采购法》第五十一条规定，"供应商对政府采购活动事项有疑问的，可以向采购人提出询问，采购人应当及时作出答复，但答复的内容不得涉及商业秘密。"第五十二条规定，"供应商认为采购文件、采购过程和中标、成交结果使自己的权益受到损害的，可以在知道或者应知其权益受到损害之日起七个工作日内，以书面形式向采购人提出质疑。"《中华人民共和国政府采购法实施条例》第五十三条规定，"政府采购法第五十二条规定的供应商应知其权益受到损害之日，是指：（一）对可以质疑的采购文件提出质疑的，为收到采购文件之日或者采购文件公告期限届满之日；……"《政府采购质疑和投诉办法》（财政部令第94号）第十条第一款规定,"供应商认为采购文件、采购过程、中标或者成交结果使自己的权益受到损害的,可以在知道或者应知其权益受到损害之日起7个工作日内,以书面形式向采购人、采购代理机构提出质疑。"根据上述规定可知,在政府采购招投标活动中,供应商若认为招标文件存在设置了不合理条件等问题,可以通过向采购人或者采购代理机构提出询问,或者自收到招标文件之日或招标文件公告期限届满之日起七个工作日内向采购人或者采购代理机构提出质疑等方式解决。

(2020)冀0903行初139号行政裁定书:河北省沧州市运河区人民法院认为,《中华人民共和国政府采购法》第五十一条规定:"供应商对政府采购活动事项有疑问的,可以向采购人提出询问,采购人应当及时作出答复,但答复的内容不得涉及商业秘密。"第五十二条规定:"供应商认为采购文件、采购过程和中标、成交结果使自己的权益受到损害的,可以在知道或者应知其权益受到损害之日起七个工作日内,以书面形式向采购人提出质疑。"第五十三条规定:"采购人应当在收到供应商的书面质疑后七个工作日内作出答复,并以书面形式通知质疑供应商和其他有关供应商,但答复的内容不得涉及商业秘密。"第五十五条规定:"质疑供应商对采购人、采购代理机构的答复不满意或者采购人、采购代理机构未在规定的时间内作出答复的,可以在答复期满后十五个工作日内向同级政府采购监督管理部门投诉。"第五十六条规定:"政府采购监督管理部门应当在收到投诉后三十个工作日内,对投诉事项作出处理决定,并以书面形式通知投诉人和与投诉事项有关的当事人。"第五十八条规定:"投诉人对政府采购监督管理部门的投诉处理决定不服或者政府采购监督管理部门逾期未作处理的,可以依法申请行政复议或者向人民法院提起行政诉讼。"按照上述法律规定,供应商对政府采购行为不服的,应当按照先询问或质疑、后投诉、最后提起行政复议或行政诉讼的程序进行。本案中,原告直接向本院提起行政诉讼不符合上述法律规定的程序,本院应予驳回。

第五十二条 供应商认为采购文件、采购过程和中标、成交结果使自己的权益受到损害的，可以在知道或者应知其权益受到损害之日起七个工作日内，以书面形式向采购人提出质疑。

【读懂法条】

本条规定了供应商提出质疑的范围、条件、时限和形式。

供应商提出质疑的范围，只包括采购文件、采购过程以及中标、成交结果等三个方面的事项。质疑的条件是供应商必须有认为采购文件、采购过程和中标、成交结果使自己的权益受到损害的事实和理由。质疑的时限是供应商知道或者应知其权益受到损害之日起七个工作日内。

"供应商应知其权益受到损害之日"如何理解？

《政府采购法实施条例》第五十三条解释该条中的"供应商应知其权益受到损害之日"是指：（一）对可以质疑的采购文件提出质疑的，为收到采购文件之日或者采购文件公告期限届满之日；（二）对采购过程提出质疑的，为各采购程序环节结束之日；（三）对中标或者成交结果提出质疑的，为中标或者成交结果公告期限届满之日。另外，潜在供应商已依法获取其可质疑的采购文件的，可以对该文件提出质疑。对采购文件提出质疑的，应当在获取采购文件或者采购文件公告期限届满之日起7个工作日内提出。一旦逾期，采购人可以不接受质疑。

提出质疑的形式要求是什么？

质疑的形式必须采用书面形式。采购人不得拒绝答复供应商依法提出的质疑。《政府采购法实施条例》第五十四条还规定，询问或者质疑事项可能影响中标、成交结果的，采购人应当暂停签订合同，已经签订合同的，应当中止履行合同。

提出质疑应当提交的证明材料有哪些？

《政府采购法实施条例》第五十五条规定，供应商质疑、投诉应当有明确的请求和必要的证明材料。供应商投诉的事项不得超出已质疑事项的范围。《政府采购质疑和投诉办法》第十二条规定，供应商提出质疑应当提交质疑函和必要的证明材料。质疑函应当包括下列内容：（一）供应商的姓名或者名称、地址、邮编、联系人及联系电话；（二）质疑项目的名称、编号；（三）具体、明确的质疑事项和与质疑事项相关的请求；（四）事实依据；（五）必要的法律依据；（六）提出质疑的日期。供应商为自然人的，应当由本人签字；供应商为法人或者其他组织的，应当由法定代表人、主要负责人，或者其授权代表签字或者盖章，并加盖公章。

【典型案例】

（2016）苏行终 1662 号行政判决书：江苏省高级人民法院认为，《政府采购法》第五十二条规定，供应商认为采购文件、采购过程和中标、成交结果使自己的权益受到损害的，可以在知道或者应知其权益受到损害之日起七个工作日内，以书面形式向采购人提出质疑。《政府采购法实施条例》第五十三条规定，政府采购法第五十二条规定的供应商应知其权益受到损害之日，属于对可以质疑的采购文件提出质疑的，为收到采购文件之日或者采购文件公告期限届满之日。《政府采购供应商投诉处理办法》第十条第二项规定，投诉人提起投诉前已依法进行质疑是投诉人提起投诉应当符合的条件之一。本案中，某电子商务公司的第 1、2 项投诉，属于对《招标文件》的投诉。其于 2015 年 6 月 23 日购买了《招标文件》，应当于此日起的七个工作日内提出质疑，但某电子商务公司在 2015 年 7 月 13 日才对该两项事项提出质疑，不符合法定条件。《处理决定》认为该两项事项未在法定期限内对招标文件提出质疑，不符合投诉的条件，符合上述法律规范规定。

（2020）川行申 824 号行政裁定书：四川省高级人民法院认为，本案争议的焦点是某县财政局对某典公司的投诉处理行为是否合法。根据《中华人民共和国政府采购法》第四十二条第二款规定，采购文件包括采购活动记录、采购预算、招标文件、投标文件、评标标准、评估报告、定标文件、合同文本、验收证明、质疑答复、投诉处理决定及其他有关文件、资料。根据《中华人民共和国政府采购法实施条例》第五十三条的规定，政府采购法第五十二条规定的供应商应知其权益受到损害之日，是指对可以质疑的采购文件提出质疑的，为收到采购文件之日或者采购文件公告期限届满之日；对采购过程提出质疑的，为各采购程序环节结束之日。据此可以看出，政府采购文件是指包括招标文件在内的各种文件和资料，对可以质疑的采购文件提出的质疑应当是针对其内容及采购文件本身。供应商认为采购文件使自己的权益受到损害的，应在收到采购文件之日或者采购文件公告期限届满之日起七个工作日内提出质疑。另，对采购过程提出质疑的，也应在各采购程序环节结束之日起七个工作日内提出质疑。本案中，某典公司系针对招标文件中的"评标办法"和"投标人须知"中的内容而提出的质疑，只是其中部分质疑事项，系针对招标文件本身的售价提出。本案某典公司应在其2019年2月1日购买招标文件之日起的七个工作日内提出质疑，但某典公司在2019年3月5日才对该三项事项提出质疑，已超过法定的质疑期限。故，某县人民政府认为本案某典公司提出质疑超过法定期限，并依法作出《政府采购供应商投诉及股本发送通知书》，并无不当。

第五十三条　采购人应当在收到供应商的书面质疑后七个工作日内作出答复，并以书面形式通知质疑供应商和其他有关供应商，但答复的内容不得涉及商业秘密。

【读懂法条】

本条规定了采购人对供应商质疑进行答复的时限、形式、内容要求。

质疑的处理与答复程序是什么？

采购人收到供应商提出的书面质疑后，应当及时研究答复。对于质疑的处理与答复程序，《政府采购质疑和投诉办法》作出了具体规定。即供应商对评审过程、中标或者成交结果提出质疑的，采购人、采购代理机构可以组织原评标委员会、竞争性谈判小组、询价小组或者竞争性磋商小组协助答复质疑。

质疑答复应包含的内容是什么？

质疑答复应当包括下列内容：（一）质疑供应商的姓名或者名称；（二）收到质疑函的日期、质疑项目名称及编号；（三）质疑事项、质疑答复的具体内容、事实依据和法律依据；（四）告知质疑供应商依法投诉的权利；（五）质疑答复人名称；（六）答复质疑的日期。质疑答复的内容不得涉及商业秘密。

质疑不成立或是成立但影响或者可能影响中标、成交结果的处理方式是什么？

采购人、采购代理机构认为供应商质疑不成立，或者成立但未对中标、成交结果构成影响的，继续开展采购活动；认为供应商质疑成立且影响或者可能影响中标、成交结果的，按照下列情况处理：（一）对采购文件提出的质疑，依法通过澄清或者修改可以继续开展采购活动的，澄清或者修改采购文件后继续开展采购活动；否则应当修改采购文件后重新开展采购活动。（二）对采购过程、中标或者成交结果提出的质疑，合格供应商符合法定数量时，可以从合格的中标或者成交候选人中另行确定中标、成交供应商的，应当依法另行确定中标、成交供应商；否则应当重新开展采购活动。质疑答复导致中标、成交结果改变的，采购人或者采购代理机构应当将有关情况书面报告本级财政部门。《政府采购法实施条例》第五十四条还规定："询问或者质疑事项可能影响中标、成交结果的，采购人应当暂停签订合同，已经签订合同的，应当中止履行合同。"

【典型案例】

（2014）粤高法行终字第 210 号行政判决书：广东省高级人民法院认为，《广东省实施〈中华人民共和国政府采购法〉办法》（2010 年 3 月实施）第三十五条规定："采购人或者其委托的采购代理机构应当将政府采购文件在指定的政府采购信息发布媒体上公示五个工作日。供应商可以自行下载政府采购文件。供应商认为政府采购文件的内容损害其权益的，可以在公示期间或者自期满之日起七个工作日内向采购人或者其委托的采购代理机构提出质疑；采购人或者其委托的采购代理机构认为质疑理由成立的，应当修改政府采购文件，重新组织政府采购活动。"上述规定明确了采购文件公示的日期及供应商认为采购文件的内容损害其权益提出质疑的期限。本案中，某义公司于2012年12月6日发布招标公告并公示招标采购文件，公示期至2012年12月12日共五个工作日，某迎公司于2012年12月25日对招标文件的内容提出质疑，已超过质疑有效期，某义公司对其质疑不予答复有法律依据。某省财政厅对于某迎公司投诉某义公司未对其该次质疑作出回复的投诉事项不予支持并无不当。

（2020）川行申573号行政裁定书：四川省高级人民法院认为，四川某方建设咨询有限公司于2018年5月31日在四川政府采购网发布"某区总体规划采购项目竞争性磋商采购公告"。某塔公司于2018年6月6日以采购文件违法致其合法权益受到损害向某区管理委员会提出质疑。四川某方建设咨询有限公司受某区管理委员会委托，于2018年6月11日作出《关于质疑不予受理的通知书》，认定某塔公司于规定的报名期间未至现场报名并依法获取采购文件，故某塔公司未正式参与该项目采购活动，不是该项目采购活动法定意义上的供应商，也不属于依法获取采购文件的潜在供应商。某塔公司就此向区财政局投诉，区财政局经调查作出被诉处理决定，认为某塔公司未依法获取磋商文件，其就磋商文件内容提起质疑，不符合法律规定，决定驳回其投诉。根据《政府采购质疑和投诉办法》第十一条"提出质疑的供应商……应当是参与所质疑项目采购活动的供应商。潜在供应商已依法获取其可质疑的采购文件的，可以对该文件提出质疑。对采购文件提出质疑的，应当在获取采购文件或者采购文件公告期限届满之日起7个工作日内提出"和《政府采购竞争性磋商采购方式管理暂行办法》第七条"采用公告方式邀请供应商的，采购人、采购代理机构应当在省级以上人民政府财政部门指定的政府采购信息发布媒体发布竞争性磋商公告。竞争性磋商公告应当包括以下主要内容：……（五）获取磋商文件的时间、地点、方式及磋商文件售价"的规定，案涉采购公告中明确载明获取磋商文件发售方式为有偿获取，获取地点为四川某方建设咨询有限公司。某塔公司获取磋商文件的方式系通过网站自行下载，而没有按照采购公告示明的方式、地点获取磋商文件，不符合属于参与所质疑项目采购活动的供应商或者潜在供应商的条件。因此，区财政局认定某塔公司并未依法获取其可质疑的磋商文件，对磋商文件提起的质疑不符合法律规定，作出的案涉投诉处理决定，并无不当。

第五十四条 采购人委托采购代理机构采购的，供应商可以向采购代理机构提出询问或者质疑，采购代理机构应当依照本法第五十一条、第五十三条的规定就采购人委托授权范围内的事项作出答复。

【读懂法条】

本条规定了采购代理机构应当答复供应商提出的询问和质疑。

无论是集中采购机构还是其他采购代理机构，都是根据其与采购人签订的委托代理协议，在采购人委托的范围内办理政府采购事宜。作为采购人的代理机构，往往直接面向供应商，全面了解掌握代理的采购事项的具体细节。在这种情况下，供应商就可以直接向采购代理机构提出询问和质疑。采购代理机构对供应商提出的询问和质疑，必须就采购人委托授权范围内的事项以自己的名义作出答复，这样有利于及时答复，保障政府采购效率。至于采购人委托授权范围以外的事项，仍然应当由采购人负责答复。

【典型案例】

（2014）粤高法行终字第210号行政判决书：广东省高级人民法院认为，某迎公司曾两次向某义公司提出质疑，第一次向某义公司邮寄的《书面异议书》中，对招标文件中的口服药自动配药机技术参数第1、3、5、17、19、22、32项内容提出质疑，要求某义公司立即停止招标活动并给予书面解释，某义公司认为该质疑已过质疑有效期未予答复，而仅对第二次质疑进行了书面答复。某迎公司向被告投诉时已针对招标文件的技术参数进行过质疑，因此，某迎公司向被告进行投诉符合上述规章规定的投诉条件，被告作出的政府采购投诉处理决定对于招标文件设置的技术参数进行审查亦无不妥。

第五十五条　质疑供应商对采购人、采购代理机构的答复不满意或者采购人、采购代理机构未在规定的时间内作出答复的，可以在答复期满后十五个工作日内向同级政府采购监督管理部门投诉。

【读懂法条】

本条规定了质疑供应商投诉的条件和时限。

当采购人、采购代理机构对供应商提出的质疑作出的答复不能令质疑供应商信服，或者采购人、采购代理机构没有在规定的期限内答复质疑供应商，使供应商的权益没有得到保障时，质疑供应商就可以向同级财政部门提出投诉。

提起投诉的具体要求是什么？

根据《政府采购法实施条例》第五十五条规定，供应商质疑、投诉应当有明确的请求和必要的证明材料。供应商投诉的事项不得超出已质疑事项的范围。《政府采购质疑和投诉办法》规定了供应商提起投诉的具体要求。一是投诉人投诉时，应当提交投诉书和必要的证明材料，并按照被投诉采购人、采购代理机构（以下简称被投诉人）和与投诉事项有关的供应商数量提供投诉书的副本。

投诉书应当包含的内容有哪些？

投诉书应当包括下列内容：（一）投诉人和被投诉人的姓名或者名称、通信地址、邮编、联系人及联系电话；（二）质疑和质疑答复情况说明及相关证明材料；（三）具体、明确的投诉事项和与投诉事项相关的投诉请求；（四）事实依据；（五）法律依据；（六）提起投诉的日期。投诉人为自然人的，应当由本人签字；投诉人为法人或者其他组织的，应当由法定代表人、主要负责人，或者其授权代表签字或者盖章，并加盖公章。二是投诉人提起投诉应当符合下列条件：（一）提起投诉前已依法进行质疑；（二）投诉书内容符合本办法的规定；（三）在投诉有效期限内提起投诉；（四）同一投诉事项未经财政部门投诉处理；（五）财政部规定的其他条件。三是供应商投诉的事项不得超出已质疑事项的范围，但基于质疑答复内容提出的投诉事项除外。另外，如果供应商超过答复期满后十五个工作日提出投诉，其投诉应视为无效，不应受理。

【典型案例】

（2020）最高法行申 13033 号行政裁定书：最高人民法院认为，再审申请人投诉认为某南理工大学在未知中标结果的情况下进行装修施工，涉嫌与某圣公司恶意串通。《中华人民共和国政府采购法实施条例》第五十五条规定："供应商质疑、投诉应当有明确的请求和必要的证明材料。供应商投诉的事项不得超出已质疑事项的范围。"《政府采购质疑和投诉办法》第二十条规定："供应商投诉的事项不得超出已质疑事项的范围，但基于质疑答复内容提出的投诉事项除外。"经查，再审申请人的上述投诉事项在其之前的两次质疑及相关质疑答复中均未涉及，152 号处理决定认定该项投诉属无效投诉事项并予以驳回，于法有据。

（2017）桂行申 461 号行政裁定书：广西壮族自治区高级人民法院认为，某龙公司于 2016 年 1 月 8 日发布竞争性磋商公告并开始发售竞争性磋商文件，至 2016 年 1 月 15 日 17 时 30 分截止。某力公司在该竞争性磋商文件公示期间或者自期满之日起七个工作日内，没有向某龙公司或者某安乡卫生院提出质疑，某力公司对竞争性磋商文件已超过提出质疑的期限。《中华人民共和国政府采购法》第五十五条虽然规定，质疑供应商对采购人、采购代理机构的答复不满意或者采购人、采购代理机构未在规定的时间内做出答复的，可以在答复期满后十五个工作日内向同级政府采购监督管理部门投诉。但是，《政府采购供应商投诉处理办法》第十条规定，投诉人提起投诉应当符合下列条件：……（二）提起投诉前已依法进行质疑；……。本案中，某力公司依法就相关事项先行提出质疑是其向某县财政局提起投诉的前置程序，因某力公司在投诉书中事实和理由所列举的1—7点并未在质疑中提出，其直接在投诉中提起上述事项不符合前述规定。本案审查的对象应当是某县财政局作出涉案投诉处理决定行为的合法性，故原审判决依据现有证据，认为某县财政局在作出投诉处理决定前，对磋商小组的产生、评审过程及评审结果进行了认真审查，某力公司投诉事项缺乏事实和法律依据，进而认定某县财政局驳回某力公司的投诉事实清楚、程序合法，并无不当。

（2015）苏行终字第00031号行政判决书：江苏省高级人民法院认为，一、关于省财政厅对某硕公司就涉案政府采购投诉进行处理的职责范围问题。财政部《加强政府采购投诉工作通知》第三条第三款规定，财政部门经审查，供应商投诉事项与质疑事项不一致的，超出质疑事项的投诉事项应当认定为无效投诉事项。即财政部门对政府采购供应商投诉的审查不应超出供应商在质疑阶段所提出的质疑事项范畴。本案中，某硕公司在向省政府采购中心就JSZC-G2014-019采购项目的招标文件、中标结果提出质疑时，并未提出除评委工作单位之外与评委相关的问题，亦未提出评标委员会的组成、选用、组长及标书返还等问题，故省财政厅在作出的《投诉处理决定书》中，对某硕公司在本案审理期间提出的超过该公司针对JSZC-G2014-019采购项目质疑范围的事项未进行处理并无不当。某硕公司就未质疑事项可依其他法定途径另行寻求救济。二、关于省财政厅作出的《投诉处理决定书》是否合法的问题。……本案中，某硕公司参加了JSZC-G2013-196采购项目的投标，该采购项目因投标人不足三家而废标，结果已于2013年11月21日对外公告，且公告中明确各有关当事人的质疑期限为该公告发布之日起七个工作日内，因某硕公司在当时即应知道该公告情况，故针对某硕公司于 2014 年 3 月就该采购项目提起的投诉，省财政厅认为已超过法律规定的投诉期限，并无不当。而缘某公司于 2014 年 3 月 10 日就 JSZC-G2014-019 采购项目招标文件向省政府采购中心提出质疑，应省政府采购中心 2014 年 3 月 17 日的要求，某硕公司于当日对该质疑书的格式等内容进行了补正，省政府采购中心随后于 2014 年 3 月 20 日针对某硕公司就招标文件提起的质疑向该公司作出了答复，而某硕公司于 2014 年 4 月 14 日方就招标文件问题向省财政厅提起投诉，已超过法律规定的投诉期限。据此，省财政厅依据《政府采购投诉处理办法》第十七条规定，驳回某硕公司的投诉，结果并无不当。

第五十六条　政府采购监督管理部门应当在收到投诉后三十个工作日内，对投诉事项作出处理决定，并以书面形式通知投诉人和与投诉事项有关的当事人。

【读懂法条】

本条规定了财政部门处理投诉事项的时限和形式。

《政府采购法实施条例》第五十六条进一步规定："财政部门处理投诉事项采用书面审查的方式，必要时可以进行调查取证或者组织质证。对财政部门依法进行的调查取证，投诉人和与投诉事项有关的当事人应当如实反映情况，并提供相关材料。"

对投诉的详细处理程序是什么？

《政府采购质疑和投诉办法》第四章对投诉的处理程序作出更为细致的规定。一是财政部门收到投诉书后，应当在 5 个工作日内进行审查作出受理或不予受理投诉的决定。二是财政部门处理投诉事项原则上采用书面审查的方式。财政部门认为有必要时，可以进行调查取证或者组织质证，还可以根据法律、法规规定或者职责权限，委托相关单位或者第三方开展调查取证、检验、检测、鉴定。

财政部门应当驳回投诉的情形有哪些？

财政部门应当自收到投诉之日起 30 个工作日内，对投诉事项作出处理决定。有下列情形之一的，财政部门应当驳回投诉：（一）受理后发现投诉不符合法定受理条件；（二）投诉事项缺乏事实依据，投诉事项不成立；（三）投诉人捏造事实或者提供虚假材料；（四）投诉人以非法手段取得证明材料。证据来源的合法性存在明显疑问，投诉人无法证明其取得方式合法的，视为以非法手段取得证明材料。投诉人对采购文件、采购过程或者采购结果、废标行为提起的投诉事项，财政部门认定成立的，按照《政府采购质疑和投诉办法》第二十九、第三十一条、第三十二条区分不同情形作出相应处理。财政部门作出处理决定，应当制作投诉处理决定书，送达投诉人和与投诉事项有关的当事人，并及时将投诉处理结果在省级以上财政部门指定的政府采购信息发布媒体上公告。

对此，《政府采购法实施条例》第五十七条也有补充规定，即："投诉人捏造事实、提供虚假材料或者以非法手段取得证明材料进行投诉的，财政部门应当予以驳回。财政部门受理投诉后，投诉人书面申请撤回投诉的，财政部门应当终止投诉处理程序。"

【典型案例】

（2017）粤行申 578 号行政裁定书：广东省高级人民法院认为，某宝园林公司于 2016 年 3 月 28 日向某区财政局提出投诉，经某区财政局要求补正材料后，于 2016 年 4 月 5 日重新向某区财政局提交投诉材料，某区财政局于 2016 年 4 月 11 日向某宝园林公司作出《政府采购投诉受理通知书》。某区财政局 2016 年 5 月 19 日作出被诉某财采决〔2016〕2 号《政府采购投诉处理决定书》，已超出上述规定的 30 个工作日的处理期限。原审判决认为某区财政局因重新审查投诉材料而逾期 2 个工作日作出处理决定的程序性瑕疵不影响实体处理的正确性，并无不当。

（2018）苏行申 1437 号行政裁定书：江苏省高级人民法院认为，《中华人民共和国政府采购法实施条例》第五十六条第一款规定，财政部门处理投诉事项采用书面审查的方式，必要时可以进行调查取证或者组织质证。针对某洋公司的有效投诉，某区财政局于 2017 年 1 月 19 日组织某洋公司、某区政府采购中心、采购人某市铜山区机关后勤保障中心、中标供应商广东某明遮阳科技有限公司进行质证，听取各方意见，充分保障某洋公司的质证权利。后从江苏省采购专家库中随机抽取五位专家针对某洋公司的有效投诉对中标样品进行了审议，经专家评议，涉案中标产品符合招标文件要求。某区财政局综合调查取证、专家论证及当面质证调查的结果，认为某洋公司的投诉事项缺乏事实依据，依据《政府采购供应商投诉处理办法》（已失效）第十七条第二项的规定，驳回某洋公司的投诉并无明显不当。

（2015）高行终字第 4487 号行政判决书：北京市高级人民法院认为，本案中，现代某尔向财政部的投诉涉及四个事项，其中第四个投诉事项表述为"中标人在其他投标中相同产品的价格比本投标报价低"。因此，现代某尔的投诉事项内容包含了"中标人"的相关事宜。因本案所涉及的被投诉项目的中标人为某元医疗，其作为采购活动的供应商之一，即属"与投诉事项有关的供应商"。财政部针对现代某尔的投诉进行处理，应依据《政府采购供应商投诉处理办法》（已失效）的前述规定，在受理投诉后 3 个工作日内向某元医疗发送投诉书副本，某元医疗亦应在收到投诉书副本之日起 5 个工作日内，以书面形式向财政部作出说明，并提交相关证据、依据和其他有关材料。由于财政部在投诉处理行政程序中，未通知某元医疗参加行政程序，导致某元医疗无法进行举证、陈述及申辩。在此情况下，财政部径行作出处理决定，认定采购活动违法，同时，财政部亦未向某元医疗送达被诉处理决定，故一审法院认定财政部对某元医疗的程序权利已经造成侵害，构成行政程序违法，是正确的。

（2017）粤行申 1063 号行政裁定书：广东省高级人民法院认为，本案的焦点问题是申请人是否具备投诉涉案政府采购活动的条件，其投诉是否为无效投诉。《政府采购供应商投诉处理办法》第十条第一项规定，投诉人提起投诉应当符合投诉人是参与所投诉政府采购活动的供应商的条件。《财政部关于加强政府采购供应商投诉受理审查工作的通知》第二条规定，财政部门经审查，有投诉人不是参加投诉项目政府采购活动的当事人的，应当认定为无效投诉，不予受理，并及时书面告知投诉人不予受理的理由。上述规定明确了供应商投诉的前提条件是其参与了所投诉政府采购活动，反之为无效投诉。本案中，申请人并没有购买涉案政府采购项目的《招标文件》和履行该文件中规定的报名登记、注册等手续，亦未能提供其他证据证明其参与了涉案政府采购活动。据此，某市财政局对其投诉经审查后作出涉案《政府采购投诉不予受理告知书》，某省财政厅复议予以维持，并无不当。原审法院判决驳回申请人的诉讼请求，并无不妥。

（2017）京行终 2805 号行政判决书：北京市高级人民法院认为，本案的争议焦点，是某杰公司的行为是否符合"以非法手段取得证明材料进行投诉"的情形，以及将某杰公司列入不良行为记录名单并禁止其 1 年内参加政府采购活动是否存在明显不当。对此，本院从以下四个方面来进行分析：（一）涉案录音材料属于证明材料且某杰公司不属于合法知情人范围。……《政府采购法实施条例》第四十条第一款规定，政府采购评审专家应当遵守评审工作纪律，不得泄露评审文件、评审情况和评审中获悉的商业秘密。2017年发布的《政府采购货物和服务招标投标管理办法》（财政部令18号）第五十八条第一款规定，招标采购单位应当采取必要措施，保证评标在严格保密的情况下进行。这里的"遵守评审工作纪律"和"保证评标在严格保密的情况下进行"，不仅是针对政府采购评审专家和招标采购单位的要求，也是为所有政府采购评审活动参与人所确立的义务。本案中，某杰公司作为投标供应商，未参与评审过程，不应当知悉采购项目的评审情况。涉案录音资料展现的是项目评审现场情况，对某杰公司而言，属于"严格保密"、"不得泄露"的范围，即某杰公司不属于涉案录音资料的知情人范围。……（二）某杰公司对涉案录音材料来源的合法性应当承担说明和证明责任。……对于本案而言，涉案录音材料依法属于需要严格保密的范围，某杰公司并非合法知情人，财政部门在调查某杰公司是否存在非法手段获取证明材料的时候，行政程序举证责任分配更具有一定的特殊性。……财政部在行政程序中依法保障了某杰公司陈述、申辩和提交证据的权利，先后两次向某杰公司发送《调查取证通知书》，要求某杰公司就其获取涉案录音材料的渠道和方式进行说明并提供相应证据。某杰公司答复认为涉案证明材料系知情匿名人士通过匿名邮件的方式提供给其已离职的员工，具体情况需要财政部进行调查核实。某杰公司的该答复并不足以让人信服其系以合法手段获取涉案录音资料，且在行政程序中亦未向财政部提供可以进一步调查取证的有效线索。因此，财政部据此认定某杰公司以非法手段获取涉案录音资料并无不当。……（三）某杰公司投诉事项成立与财政部对其违规投诉行为进行规制属于不同性质的法律关系。……当事人以非法手段获取证明材料并进行投诉，不论投诉事项最终成立与否，都是违背诚实信用的行为，也是对政府采购公平公正秩序的一种破坏，这也是法律对此加以规制的最直接原因。《政府采购法实施条例》第五十七条第一款规定，投诉人捏造事实、提供虚假材料或者以非法手段取得证明材料进行投诉的，财政部门应当予以驳回。之所以要禁止以非法手段取得证明材料进行投诉，是因为如果允许以非法手段获得的材料作为投诉的证据，尽管可能对财政部门查清案件事实有所助益，却是以破坏法律秩序和社会诚信以及侵害其他主体合法权益为代价的。而且，对于投诉人以非法手段取得证明材料进行恶意投诉的情形，在法律后果上绝不仅仅在于投诉被驳回，投诉人还需要接受法律的制裁，这既是义务与责任相匹配的必然要求，也是维护政府采购法律秩序的需要，更是塑造社会诚实信用所必需。对此，《政府采购法实施条例》第七十三条专门设置了相对应的法律责任，该条规定：供应商捏造事实、提供虚假材料或者以非法手段取得证明材料进行投诉的，由财政部门列入不良行为记录名单，禁止其1至3年内参加政府采购活动。由此可见，投诉人以非法手段取得证明材料进行投诉的，不论投诉事项成立与否，既要依法驳回其投诉，还要依法制裁其恶意投诉行为，两者性质并不相同，不可混淆。也就是说，财政部门对以非法手段取得证明材料进行投诉的行为进行规制，与投诉事项本身成立与否没有直接关系。本案中，某杰公司以非法手段获取涉案录音资料进行投诉，财政部门在对该投诉予以驳回的基础上，经过调查认定涉案采购项目中标结果的产生存在违法行为并决定责令重新开展采购活动，又基于他人举报对某杰公司恶意投诉的行为进行调查和处罚，二者并不矛盾，亦无不当。……（四）被诉处罚决定对某杰公司的处罚并不存在明显不当的地方。……本案中，某杰公司不属于涉案录音材料的合法知情人范围，且某杰公司对其持有该材料并据此进行投诉不能进行合理说明，财政部认定其构成以非法手段取得证明材料进行投诉并将其列入不良行为记录名单，符合法律规定，并无不当。当然，某杰公司的投诉虽然被依法驳回，其恶意投诉行为本身也应当受到法律的否定性评价，但其在一定程度上毕竟为涉案政府采购项目的后续监管提供了线索，财政部也正是以某杰公司投诉为基础开展调查并作出了责令重新开展采购活动的决定，有效维护了政府采购法律秩序，因此，财政部对某杰公司进行行政处罚有必要考虑该因素。对此财政部陈述认为，正是鉴于上述情况，才在《政府采购法实施条例》第七十三条规定的"禁止其1至3年内参加政府采购活动"范围内，酌定禁止某杰公司1年内参加政府采购活动，并据此作出被诉处罚决定。综合考虑某杰公司违法行为的性质、情节以及社会危害程度，以及财政部作出裁量的考量因素，可以看出被诉处罚决定将某杰公司列入不良行为记录名单，并禁止其1年内参加政府采购活动，并不存在明显不当的情形，因此，对财政部作出被诉处罚决定中的合理裁量，本院依法应予支持。对于某杰公司认为自己存在立功行为并提出应当免予处罚的主张，本院不予支持。

第五十七条 政府采购监督管理部门在处理投诉事项期间，可以视具体情况书面通知采购人暂停采购活动，但暂停时间最长不得超过三十日。

【读懂法条】

本条规定了投诉处理期间采购活动的暂停制度。

《政府采购质疑和投诉办法》第二十八条进一步作出具体规定。一是财政部门在处理投诉事项期间，可以视具体情况书面通知采购人和采购代理机构暂停采购活动。二是暂停采购活动时间最长不得超过30日。该时间应当连续计算，包括节假日。三是采购人和采购代理机构收到暂停采购活动通知后应当立即中止采购活动，在法定的暂停期限结束前或者财政部门发出恢复采购活动通知前，不得进行该项采购活动。

【典型案例】

（2020）湘0581行初65号行政判决书：湖南省武冈市人民法院认为，本案的争议焦点是被告作出处理决定是否合法。首先，被告在处理原告投诉期间未暂停采购活动是否违反程序。根据《中华人民共和国政府采购法》第五十七条规定，"政府采购监督管理部门在处理投诉事项期间，可以视具体情况书面通知采购人暂停采购活动，但暂停时间最长不得超过三十日"，本案中，被告在开标日期前已经对原告的投诉处理完毕，并送达了投诉处理决定书，因此，被告根据具体情况未暂停采购活动并没有损害原告的投标权益，被告作出处理决定程序符合法律规定。

第五十八条 投诉人对政府采购监督管理部门的投诉处理决定不服或者政府采购监督管理部门逾期未作处理的，可以依法申请行政复议或者向人民法院提起行政诉讼。

【读懂法条】

本条规定了供应商不服投诉处理决定的救济手段。

政府采购监督管理部门对投诉人的投诉事项作出的处理决定，是一项具体行政行为，法律并没有规定这种具体行政行为可以成为最终裁决。因此，投诉人对投诉处理决定不服，或者政府采购监督管理部门逾期未作处理的，投诉人可以依法先行申请行政复议。对行政复议决定不服的，再依法向人民法院提起行政诉讼，也可以不经过复议程序而直接向人民法院提起行政诉讼，具体按照《行政复议法》《行政诉讼法》的规定办理。

【典型案例】

（2017）鲁行终1672号行政裁定书：山东省高级人民法院认为，根据《中华人民共和国政府采购法》第十三条"各级人民政府财政部门是负责政府采购监督管理的部门，依法履行对政府采购活动的监督管理职责。各级人民政府其他有关部门依法履行与政府采购活动有关的监督管理职责"和第五十八条"投诉人对政府采购监督管理部门的投诉处理决定不服或者政府采购监督管理部门逾期未作处理的，可以依法申请行政复议或者向人民法院提起行政诉讼"之规定，对政府采购行为进行监督管理的部门主要为各级人民政府财政部门和其他有关部门，投诉人对政府财政部门或其他有关部门逾期未作处理的行为不服可依法选择申请行政复议或者向人民法院提起行政诉讼。本案中，上诉人直接以某市政府为被告，认为其构成行政不作为，不符合法律规定，被上诉人某市政府并非本案适格被告，因此，上诉人认为被上诉人某市政府有管辖权等理由不成立。原审法院裁定驳回起诉的理由虽有瑕疵，但处理结果并无不当。另，上诉人与案外人某省科学技术协会关于某省科技馆新馆项目规划及建筑设计方案设计费的问题，属于平等主体之间的民事纠纷，应当通过民事诉讼的渠道申请救济。

（2020）川行申430号行政裁定书：四川省高级人民法院认为，某典公司以邮件方式向某州财政局政府采购科邮寄复议申请书，于2018年8月6日由某州财政局政府采购科签收，应视为某州财政局收到该复议申请书。根据《中华人民共和国行政复议法》第十七条第二款"除前款规定外，行政复议申请自行政复议机关负责法制工作的机构收到之日起即为受理"及第三十一条"行政复议机关应当自受理申请之日起六十日内作出行政复议决定；但是法律规定的行政复议期限少于六十日的除外"的规定，认定复议期间的法定起始时间是受理时间，某州财政局自受理该复议申请后的法定时间内，作出《行政复议决定书》，符合法律法规的规定。原审在认定收到行政复议申请书的时间上存在瑕疵，但不影响裁判结果。

（2018）湘行申63号行政裁定书：湖南省高级人民法院认为，《中华人民共和国政府采购法》第四十三条第一款规定："政府采购合同适用合同法。采购人和供应商之间的权利和义务，应当按照平等、自愿的原则以合同方式约定。"本案中，《2017—2018年度怀化市本级行政事业单位定点印刷协议供货》项目的采购，系为了满足政府日常工作运转所进行的采购，其直接目的不是实现公共利益或者行政管理目标，行为本身也不具有行使公权力的属性。因此，被诉政府采购招标行为系民事行为而不属于行政行为，应依照前述规定适用《中华人民共和国合同法》（现《民法典》）调整，不属于人民法院行政诉讼的受案范围，申请人怀化市某宇印刷厂的起诉依法应予驳回。……申请人如果认为被诉政府采购招标行为使自己的权益受到损害，可以依照《中华人民共和国政府采购法》第五十二条、第五十四条、第五十五条、第五十八条的规定提出质疑、投诉；对政府监督管理部门的投诉处理决定不服或者政府采购监督管理部门逾期未作处理的，可以依法申请行政复议或者向人民法院提起行政诉讼。

第七章　监督检查

第五十九条　政府采购监督管理部门应当加强对政府采购活动及集中采购机构的监督检查。

监督检查的主要内容是：

（一）有关政府采购的法律、行政法规和规章的执行情况；

（二）采购范围、采购方式和采购程序的执行情况；

（三）政府采购人员的职业素质和专业技能。

【读懂法条】

本条规定了政府采购监督管理部门监督检查的职责和主要内容。

政府采购监督管理部门应对所有政府采购当事人进行监督检查，并不是只能对集中采购机构进行监督检查，对其他政府采购当事人也有加强监督检查的职责。政府采购监督管理部门应对政府采购活动进行全方位的监督检查，在实施监督检查中，主要应当关注本条规定的三方面内容，同时还要对政府采购活动中的其他情况进行监督检查。

第六十条 政府采购监督管理部门不得设置集中采购机构，不得参与政府采购项目的采购活动。

采购代理机构与行政机关不得存在隶属关系或者其他利益关系。

【读懂法条】

本条规定了集中采购机构的设置要求以及采购代理机构与行政机关的关系界定。

如果政府采购监督管理部门直接设置集中采购机构，直接参与政府采购项目的采购活动，集监督者和操作者于一身，既当"裁判员"，又当"运动员"，难以形成有效的监督机制。因此，集中采购代理机构与行政机关不得存在隶属关系或者其他利益关系。除了政府采购监督管理部门不得设置集中采购机构以外，其他任何政府部门也不能设立集中采购机构（不包括部门为本系统集中采购而经政府批准设立的采购机构）。采购代理机构的业务要相对独立，要在规定的范围内开展采购活动，并接受政府采购监督管理部门的考核和检查。

第六十一条 集中采购机构应当建立健全内部监督管理制度。采购活动的决策和执行程序应当明确，并相互监督、相互制约。经办采购的人员与负责采购合同审核、验收人员的职责权限应当明确，并相互分离。

【读懂法条】

本条规定了集中采购机构应当建立健全内部监督管理制度。

最核心的问题就是在集中采购机构内部形成一种相互制衡的约束机制。集中采购机构必须明确、合理地制定政府采购活动的决策和执行程序，并使决策和执行两套程序相互监督、相互制约，决策程序中不能包含执行程序，更不能以执行程序代替决策程序。根据"不相容职务分离"的内控原则，集中采购机构应该按照管理环节和流程设置内部机构、业务岗位，以体现相互制约关系，如经办采购的人员与负责采购合同审核、验收人员必须相互分离，经办采购的人员不能负责采购合同的审核和验收，负责采购合同审核、验收的人员不能经办采购，体现相互监督、相互制约的原则。

第六十二条 集中采购机构的采购人员应当具有相关职业素质和专业技能，符合政府采购监督管理部门规定的专业岗位任职要求。

集中采购机构对其工作人员应当加强教育和培训；对采购人员的专业水平、工作实绩和职业道德状况定期进行考核。采购人员经考核不合格的，不得继续任职。

【读懂法条】

本条规定了集中采购机构采购人员的任职要求以及培训与考核。

政府采购工作是一项政策性强、涉及面广、专业水平要求高的工作，要求采购人员不仅要熟悉政府采购的法律法规和政策，具有较高的职业道德，还应当掌握多学科知识和多方面的技能。集中采购机构要加强对采购人员的教育、培训和考核，培养精通政策、法律、业务的高素质的采购人员队伍。

第六十三条 政府采购项目的采购标准应当公开。

采用本法规定的采购方式的，采购人在采购活动完成后，应当将采购结果予以公布。

【读懂法条】

本条规定了政府采购项目采购标准和采购结果应当公开。

"采购标准"如何理解?

《政府采购法实施条例》第五十九条解释"政府采购法第六十三条所称政府采购项目的采购标准，是指项目采购所依据的经费预算标准、资产配置标准和技术、服务标准等"。

公开的具体内容包含哪些?

公开透明是政府采购的基本原则。根据本法的规定，除涉及商业秘密的以外，政府采购的所有信息，都应当及时向社会公开发布，包括政府采购项目的采购标准以及采购结果。采购标准通过政策文件或技术、服务标准的形式体现，比如国家机关事务管理局制定的《中央国家机关公务用车编制和配备标准的规定》，即向社会公开。采购人或采购代理机构在编制相应需求文件时，对国家有强制执行标准的必须严格执行，对指导性或推荐使用标准应按采购目的及经费预算情况确定合理的需求标准。采购人在整个采购活动完成后，也应当将中标结果、成交结果向全社会公布，具体办法按照《政府采购信息发布管理办法》的相关规定执行。

第六十四条 采购人必须按照本法规定的采购方式和采购程序进行采购。

任何单位和个人不得违反本法规定，要求采购人或者采购工作人员向其指定的供应商进行采购。

【读懂法条】

本条规定了采购人必须按照法定方式和程序采购，并禁止任何单位和个人干预和要求采购人指定供应商。

采购人在确定采购方式时，应当严格遵守法律规定，不能采用法律规定之外的任何采购方式；依法应当采用公开招标方式采购的，不得擅自采用其他方式采购。采购人还必须严格按照法律规定的程序进行采购，这些程序性规定一般都属于法律强制性规定，不得违反。任何单位和个人也不得利用职权非法干预政府采购活动，要求采购人或者采购工作人员向其指定的供应商进行采购。

第六十五条 政府采购监督管理部门应当对政府采购项目的采购活动进行检查，政府采购当事人应当如实反映情况，提供有关材料。

【读懂法条】

本条规定了政府采购监督管理部门应当对政府采购项目采购活动进行检查。

依法对政府采购活动实施监督检查是政府采购监督管理部门的法定职责。在实施检查过程中，政府采购监督管理部门可以向参与该项目采购活动的采购人、采购代理机构、供应商等所有当事人了解情况，听取意见，核查问题，并可以要求当事人提供有关材料。政府采购监督管理部门检查政府采购项目的采购活动，应当依法进行，检查人员一般不应少于两人。政府采购当事人在接受政府采购监督管理部门的检查时，应当如实反映情况，提供有关材料。如果拒绝接受检查或隐瞒真实情况及材料，将受到相应的法律制裁。

第六十六条 政府采购监督管理部门应当对集中采购机构的采购价格、节约资金效果、服务质量、信誉状况、有无违法行为等事项进行考核，并定期如实公布考核结果。

【读懂法条】

本条规定了政府采购监督管理部门考核集中采购机构的采购事项并公布考核结果。

考核的具体事项包括哪些?

政府采购监督管理部门对集中采购机构进行考核，不能局限于个别事项，必须对其各个方面实行综合考核。根据《政府采购法实施条例》第六十条规定，除了本条规定的考核事项外，财政部门对集中采购机构的考核事项还包括：（一）政府采购政策的执行情况；（二）采购文件编制水平；（三）采购方式和采购程序的执行情况；（四）询问、质疑答复情况；（五）内部监督管理制度建设及执行情况；（六）省级以上人民政府财政部门规定的其他事项。财政部门应当制定考核计划，定期对集中采购机构进行考核，考核结果有重要情况的，应当向本级人民政府报告。

2003年11月17日，财政部、监察部印发了《集中采购机构监督考核管理办法》对考核内容、考核要求、考核方法、考核结果和责任等作出具体规定，各地方政府也有相关规定。

第六十七条 依照法律、行政法规的规定对政府采购负有行政监督职责的政府有关部门，应当按照其职责分工，加强对政府采购活动的监督。

【读懂法条】

本条规定了政府有关部门在监督政府采购活动中的职责。

对政府采购活动，财政部门实行综合性监督，其他相关部门进行专业性监督。如对纳入政府采购范围并实行招标方式采购的工程项目采购活动的监督，根据工程类别不同，分别由住建、水利、交通、铁路、民航、信息产业等行政主管部门负责。

第六十八条 审计机关应当对政府采购进行审计监督。政府采购监督管理部门、政府采购各当事人有关政府采购活动，应当接受审计机关的审计监督。

【读懂法条】

本条规定了审计机关对政府采购进行审计监督的职责。

根据《审计法》的规定，国家实行审计监督制度。坚持中国共产党对审计工作的领导，构建集中统一、全面覆盖、权威高效的审计监督体系。国务院和县级以上地方人民政府设立审计机关。审计机关对国务院各部门和地方各级人民政府及其各部门的财政收支，国有的金融机构和企业事业组织的财务收支，以及其他依照本法规定应当接受审计的财政收支、财务收支的真实、合法和效益，依法进行审计监督。本法规定的政府采购属于财政性资金支出活动，应当接受审计监督。被审计单位和个人应当依法接受审计监督，任何组织和个人不得拒绝、阻碍审计人员依法执行职务，不得打击报复审计人员。

第六十九条 监察机关应当加强对参与政府采购活动的国家机关、国家公务员和国家行政机关任命的其他人员实施监察。

【读懂法条】

本条规定了监察机关对参与政府采购活动的人员实施监察的职责。

根据《监察法》的规定，各级监察委员会是行使国家监察职能的专责机关，依法对所有行使公权力的公职人员进行监察，调查职务违法和职务犯罪，开展廉政建设和反腐败工作，维护宪法和法律的尊严。参与政府采购活动的有关公职人员属于监察对象。各级监察委员会应当依据《监察法》的规定对参与政府采购活动、纳入监察对象的公职人员和有关人员进行监察，保障政府采购活动的廉洁和高效。

第七十条 任何单位和个人对政府采购活动中的违法行为，有权控告和检举，有关部门、机关应当依照各自职责及时处理。

【读懂法条】

本条规定了任何单位和个人都拥有对政府采购活动中的违法行为实行监督的权利。

对政府采购活动中的违法行为依法进行控告和检举，是任何单位和个人的法定权利。控告和检举的对象，包括政府采购当事人、政府采购监督管理部门和政府其他有关部门在政府采购活动中的任何违法行为。在处理控告和检举事项时，有关部门、机关应当依法进行调查、核实，及时进行处理，并将处理结果告知控告人和检举人；对不属于本部门、本机关管辖的事项，应当及时转送有管辖权的部门和机关负责处理。

第八章　法律责任

第七十一条　采购人、采购代理机构有下列情形之一的，责令限期改正，给予警告，可以并处罚款，对直接负责的主管人员和其他直接责任人员，由其行政主管部门或者有关机关给予处分，并予通报：

（一）应当采用公开招标方式而擅自采用其他方式采购的；

（二）擅自提高采购标准的；

（三）以不合理的条件对供应商实行差别待遇或者歧视待遇的；

（四）在招标采购过程中与投标人进行协商谈判的；

（五）中标、成交通知书发出后不与中标、成交供应商签订采购合同的；

（六）拒绝有关部门依法实施监督检查的。

【读懂法条】

本条规定了采购人、采购代理机构一般违法行为所应承担的法律责任。

责令限期改正是对违法行为采取的一种补救性行政措施，要求当事人在规定时间内停止违法行为，并予以纠正。警告是行政机关对违反行政管理秩序的行为给予的申诫性质的行政处罚，处罚的力度相对较轻。罚款是行政机关对违反行政管理秩序的行为给予的财产性质的行政处罚。《政府采购法实施条例》第六十六条第一款明确规定："政府采购法第七十一条规定的罚款，数额为10万元以下。"

本条规定的"处分"指什么？

本条规定的处分是指行政处分，包括对直接负责的主管人员和其他直接责任人员的处分，由其行政主管部门或者有关机关根据情节轻重，作出警告、记过、记大过、降级、降职或者开除的处理决定，并要给予通报。

处分适用的具体情形有哪些？

对于采购人、采购代理机构法律责任，《政府采购法实施条例》第六十七条补充规定："采购人有下列情形之一的，由财政部门责令限期改正，给予警告，对直接负责的主管人员和其他直接责任人员依法给予处分，并予以通报：（一）未按照规定编制政府采购实施计划或者未按照规定将政府采购实施计划报本级人民政府财政部门备案；（二）将应当进行公开招标的项目化整为零或者以其他任何方式规避公开招标；（三）未按照规定在评标委员会、竞争性谈判小组或者询价小组推荐的中标或者成交候选人中确定中标或者成交供应商；（四）未按照采购文件确定的事项签订政府采购合同；（五）政府采购合同履行中追加与合同标的相同的货物、工程或者服务的采购金额超过原合同采购金额10%；（六）擅自变更、中止或者终止政府采购合同；（七）未按照规定公告政府采购合同；（八）未按照规定时间将政府采购合同副本报本级人民政府财政部门和有关部门备案。"第六十八条还规定："采购人、采购代理机构有下列情形之一的，依照政府采购法第七十一条、第七十八条的规定追究法律责任：（一）未依照政府采购法和本条例规定的方式实施采购；（二）未依法在指定的媒体上发布政府采购项目信息；（三）未按照规定执行政府采购政策；（四）违反本条例第十五条的规定导致无法组织对供应商履约情况进行验收或者国家财产遭受损失；（五）未依法从政府采购评审专家库中抽取评审专家；（六）非法干预采购评审活动；（七）采用综合评分法时评审标准中的分值设置未与评审因素的量化指标相对应；（八）对供应商的询问、质疑逾期未作处理；（九）通过对样品进行检测、对供应商进行考察等方式改变评审结果；（十）未按照规定组织对供应商履约情况进行验收。"

第七十二条 采购人、采购代理机构及其工作人员有下列情形之一，构成犯罪的，依法追究刑事责任；尚不构成犯罪的，处以罚款，有违法所得的，并处没收违法所得，属于国家机关工作人员的，依法给予行政处分：

（一）与供应商或者采购代理机构恶意串通的；

（二）在采购过程中接受贿赂或者获取其他不正当利益的；

（三）在有关部门依法实施的监督检查中提供虚假情况的；

（四）开标前泄露标底的。

【读懂法条】

本条规定了采购人、采购代理机构严重违法行为所应承担的法律责任。

《政府采购法实施条例》第六十六条第二款补充规定："政府采购法第七十二条规定的罚款，数额为 5 万元以上 25 万元以下。"没收违法所得是行政机关对违反行政管理秩序的行为给予的财产性质的行政处罚。采购人、采购代理机构及其工作人员实施了本条规定的违法行为，除了依法处以罚款以外，对有违法所得的，应当同时没收其违法所得。采购人、采购代理机构及其工作人员从事上述违法行为，构成犯罪的，应当依法追究串通投标罪、受贿罪等刑事责任。

第七十三条 有前两条违法行为之一影响中标、成交结果或者可能影响中标、成交结果的，按下列情况分别处理：

（一）未确定中标、成交供应商的，终止采购活动；

（二）中标、成交供应商已经确定但采购合同尚未履行的，撤销合同，从合格的中标、成交候选人中另行确定中标、成交供应商；

（三）采购合同已经履行的，给采购人、供应商造成损失的，由责任人承担赔偿责任。

【读懂法条】

本条规定了采购人、采购代理机构的违法行为影响中标、成交结果的处理办法。

采购人、采购代理机构在政府采购活动中发生的违法行为，确实对中标、成交结果产生影响，或者有足够的证据证明违法行为对中标、成交结果可能产生影响时，按照本条的规定分别不同情况进行处理。《政府采购法实施条例》第七十一条进一步明确规定："有政府采购法第七十一条、第七十二条规定的违法行为之一，影响或者可能影响中标、成交结果的，依照下列规定处理：（一）未确定中标或者成交供应商的，终止本次政府采购活动，重新开展政府采购活动。（二）已确定中标或者成交供应商但尚未签订政府采购合同的，中标或者成交结果无效，从合格的中标或者成交候选人中另行确定中标或者成交供应商；没有合格的中标或者成交候选人的，重新开展政府采购活动。（三）政府采购合同已签订但尚未履行的，撤销合同，从合格的中标或者成交候选人中另行确定中标或者成交供应商；没有合格的中标或者成交候选人的，重新开展政府采购活动。（四）政府采购合同已经履行，给采购人、供应商造成损失的，由责任人承担赔偿责任。政府采购当事人有其他违反政府采购法或者本条例规定的行为，经改正后仍然影响或者可能影响中标、成交结果或者依法被认定为中标、成交无效的，依照前款规定处理。"

【典型案例】

（2019）豫05行终155号行政判决书：河南省安阳市中级人民法院认为，适用《中华人民共和国政府采购法》第七十三条规定的条件是采购人、采购代理机构存在《中华人民共和国政府采购法》第七十一条和第七十二条规定的违法情形。而本案中，某泽公司向某市财政局投诉的请求是认为专家在评分过程中有倾向性，要求在业绩打分这一项中给予某泽公司满分 8 分。某市财政局根据某泽公司的投诉进行了调查，并作出了处理决定。某泽公司既未向某市财政局投诉采购人、采购代理机构存在《中华人民共和国政府采购法》第七十一条和七十二条规定的情形，某市财政局也没有调查认定采购人、采购代理机构存在上述违法情形，因此某泽公司认为应当适用《中华人民共和国政府采购法》第七十三条规定进行处理的上诉理由没有事实根据，其上诉请求本院不予支持。

（2020）青 8601 行初 55 号行政判决书：西宁铁路运输法院认为，《公开招标文件》既要求供应商的《营业执照》经营范围包含第二类医疗器械资质，又要求供应商的《医疗器械经营许可证》《第二类医疗器械经营备案凭证》，设置的资质条件事实上对供应商医疗经营资质是第二类还是第三类不明确，是以不合理的条件对供应商实行差别待遇。另根据《政府采购质疑和投诉办法》第三十一条，"投诉人对采购文件提起的投诉事项，财政部门经查证属实的，应当认定投诉事项成立。经认定成立的投诉事项不影响采购结果的，继续开展采购活动；影响或者可能影响采购结果的，财政部门按照下列情况处理：……（二）已确定中标或者成交供应商但尚未签订政府采购合同的，认定中标或者成交结果无效，责令重新开展采购活动"。本案中被告某北州财政局对青海某慧医疗器械科技有限公司采购文件提起的投诉事项，经查证属实，结合招标采购复议情况，作出处理决定。在前期的招标中杭州某成气体设备有限公司因未提供《医疗器械经营许可证》及《特种生产许可证》而未通过资格性审查。因招标文件的资质条件规定不明晰，可能限制部分投标人参加竞标，影响投标人公开、公平、公正、透明的竞标，继而可能影响到采购结果。故被告某北州财政局责令重新开展采购活动，具有事实、法律依据，本院予以支持，对原告主张的投诉事项不成立，且不影响采购结果，行政机关作出的决定明显不当，请求撤销处理决定的意见不予采纳。对原告主张的招标代理机构公布的中标分项报价表泄露原告商业秘密，影响再次投标的意见，根据《政府采购货物和服务招标投标管理办法》第八十条"政府采购当事人违反本办法规定，给他人造成损失的，依法承担民事责任"的规定，原告认为其合法权益遭到损害的，可以通过民事诉讼得到救济。

第七十四条 采购人对应当实行集中采购的政府采购项目，不委托集中采购机构实行集中采购的，由政府采购监督管理部门责令改正；拒不改正的，停止按预算向其支付资金，由其上级行政主管部门或者有关机关依法给予其直接负责的主管人员和其他直接责任人员处分。

【读懂法条】

本条规定了采购人未依法委托集中采购机构代理采购所应承担的法律责任。

根据本法的规定，采购人采购纳入集中采购目录的政府采购项目，必须委托采购机构代理采购。纳入集中采购目录属于通用的政府采购项目的，应当委托集中采购机构代理采购；属于本部门、本系统有特殊要求的项目，应当实行部门集中采购；属于本单位有特殊要求的项目，经省级以上人民政府批准，可以自行采购。采购人对应当实行集中采购的政府采购项目，如果不委托集中采购机构实行集中采购，属于违法行为，应当承担相应的法律责任。

第七十五条 采购人未依法公布政府采购项目的采购标准和采购结果的，责令改正，对直接负责的主管人员依法给予处分。

【读懂法条】

本条规定了采购人未依法公布政府采购项目采购标准和采购结果所应承担的法律责任。

根据本法的规定，政府采购项目的采购标准应当公开。采用本法规定的采购方式的，采购人在采购活动完成后，应当将采购结果予以公布。采购人未依法公布政府采购项目的采购标准和采购结果，属于违法行为，应当承担相应的法律责任。

第七十六条 采购人、采购代理机构违反本法规定隐匿、销毁应当保存的采购文件或者伪造、变造采购文件的，由政府采购监督管理部门处以二万元以上十万元以下的罚款，对其直接负责的主管人员和其他直接责任人员依法给予处分；构成犯罪的，依法追究刑事责任。

【读懂法条】

本条规定了采购人、采购代理机构违反规定隐匿、销毁应当保存的采购文件或者伪造、变造采购文件所应承担的法律责任。

按照本法的规定，采购人、采购代理机构对政府采购项目每项采购活动的采购文件应当妥善保存，不得伪造、变造、隐匿或者销毁。采购文件的保存期限为从采购结束之日起至少保存十五年。采购人、采购代理机构违反上述规定，隐匿、销毁应当保存的采购文件或者伪造、变造采购文件，就必须承担相应的法律责任。另外，《政府采购法实施条例》第六十九条规定："集中采购机构有下列情形之一的，由财政部门责令限期改正，给予警告，有违法所得的，并处没收违法所得，对直接负责的主管人员和其他直接责任人员依法给予处分，并予以通报：（一）内部监督管理制度不健全，对依法应当分设、分离的岗位、人员未分设、分离；（二）将集中采购项目委托其他采购代理机构采购；（三）从事营利活动。"第七十条还规定："采购人员与供应商有利害关系而不依法回避的，由财政部门给予警告，并处2000元以上2万元以下的罚款。"

第七十七条 供应商有下列情形之一的，处以采购金额千分之五以上千分之十以下的罚款，列入不良行为记录名单，在一至三年内禁止参加政府采购活动，有违法所得的，并处没收违法所得，情节严重的，由工商行政管理机关吊销营业执照；构成犯罪的，依法追究刑事责任：

（一）提供虚假材料谋取中标、成交的；

（二）采取不正当手段诋毁、排挤其他供应商的；

（三）与采购人、其他供应商或者采购代理机构恶意串通的；

（四）向采购人、采购代理机构行贿或者提供其他不正当利益的；

（五）在招标采购过程中与采购人进行协商谈判的；

（六）拒绝有关部门监督检查或者提供虚假情况的。

供应商有前款第（一）至（五）项情形之一的，中标、成交无效。

【读懂法条】

本条规定了供应商违法所应承担的法律责任。

《政府采购法实施条例》第七十二条还规定："供应商有下列情形之一的，依照政府采购法第七十七条第一款的规定追究法律责任：（一）向评标委员会、竞争性谈判小组或者询价小组成员行贿或者提供其他不正当利益；（二）中标或者成交后无正当理由拒不与采购人签订政府采购合同；（三）未按照采购文件确定的事项签订政府采购合同；（四）将政府采购合同转包；（五）提供假冒伪劣产品；（六）擅自变更、中止或者终止政府采购合同。供应商有前款第一项规定情形的，中标、成交无效。评审阶段资格发生变化，供应商未依照本条例第二十一条的规定通知采购人和采购代理机构的，处以采购金额5‰的罚款，列入不良行为记录名单，中标、成交无效。"第七十三条还规定："供应商捏造事实、提供虚假材料或者以非法手段取得证明材料进行投诉的，由财政部门列入不良行为记录名单，禁止其1至3年内参加政府采购活动。"第七十四条还规定："有下列情形之一的，属于恶意串通，对供应商依照政府采购法第七十七条第一款的规定追究法律责任，对采购人、采购代理机构及其工作人员依照政府采购法第七十二条的规定追究法律责任：（一）供应商直接或者间接从采购人或者采购代理机构处获得其他供应商的相关情况并修改其投标文件或者响应文件；（二）供应商按照采购人或者采购代理机构的授意撤换、修改投标文件或者响应文件；（三）供应商之间协商报价、技术方案等投标文件或者响应文件的实质性内容；（四）属于同一集团、协会、商会等组织成员的供应商按照该组织要求协同参加政府采购活动；（五）供应商之间事先约定由某一特定供应商中标、成交；（六）供应商之间商定部分供应商放弃参加政府采购活动或者放弃中标、成交；（七）供应商与采购人或者采购代理机构之间、供应商相互之间，为谋求特定供应商中标、成交或者排斥其他供应商的其他串通行为。"

【典型案例】

（2018）川行申 861 号行政裁定书：四川省高级人民法院认为，关于某印文化集团股份有限公司在案涉采购活动中是否冒用他人业绩谋取中标或成交的问题。《竞争性谈判文件》（项目编号 NCTP××××）第三章第九项载明："报价人类似项目业绩一览表下面特别注明——报价人仅限于自己实施的业绩提供有关书面证明材料"。某印文化集团股份有限公司在报价时提交的《技术、服务性响应文件》中业绩的项目为 2014 年某区文化广播电视和新闻出版局采购中标的《某珍藏书画精品集》，然而，某印文化集团股份有限公司同时提交的《某区印刷定点采购合同》载明："2014 年 6 月 13 日与某区文化广播电视和新闻出版局签订合同的是第三人四川某印刷有限公司"，由此可见，某印文化集团股份有限公司提交的业绩并非其所为，而是第三人的业绩，某印文化集团股份有限公司与第三人系两个独立法人，对外分别享有各自的权利和承担各自的义务，第三人的业绩不能等同是某印文化集团股份有限公司的业绩，某印文化集团股份有限公司在案涉采购过程中，用第三人的业绩作为自己的业绩，系冒用他人业绩谋取中标或成交的行为。参照财政部令第 74 号《政府采购非招标采购方式管理办法》第十三条"供应商应当按照谈判文件、询价通知书的要求编制响应文件，并对其提交的响应文件的真实性、合法性承担法律责任"的规定，某印文化集团股份有限公司应当对自己提交的响应文件中虚假业绩承担相应的法律后果。某印文化集团股份有限公司在案涉政府采购过程中，利用第三人的业绩作为自己的业绩谋取了成交，采购金额为 42 万元，按照《中华人民共和国政府采购法》第七十七条第一款第一项的规定，南充市财政局对某印文化集团股份有限公司作出"处以采购金额千分之五的罚款（人民币 2100 元），列入不良行为记录名单，禁止在两年内参加政府采购活动"的行政处罚，符合法律规定。

（2017）京行终 1027 号行政判决书：北京市高级人民法院认为，本案的争议焦点之一是某皇公司存在的在投标响应文件中所列项目金额为 500 万元的涉案填报行为，是否构成《政府采购法》第七十七条第一款第一项中规定的"供应商提供虚假材料谋取中标、成交的"行为。在某皇公司与某医科大学于 2013 年 12 月 20 日签订的《EVC 试用协议书》中，虽约定了某皇公司自愿给某医科大学提供大鼠 EVC22 套、小鼠 EVC36 套进行试用，且在试用期间产生的所有费用由某皇公司承担，但该协议并未出现项目金额 500 万元的约定。在 78 号处罚决定作出前，某皇公司亦未提供其他证据证明其在《相关项目实施业绩一览表》中填写的某医科大学 EVC 鼠笼项目 500 万元的项目金额具有相应的事实根据。据此，78 号处罚决定、被诉决定书、一审法院判决均认定 500 万元项目金额的业绩尚未实现，不是真实业绩，从而认定某皇公司的行为构成提供虚假材料谋取中标、成交的行为，上述事实认定和定性并无不当。……本院认为，78 号处罚决定适用法律是否错误，是本案的另一争议焦点。《政府采购法》第七十七条第一款第一项规定，供应商提供虚假材料谋取中标、成交的，处以采购金额千分之五以上千分之十以下的罚款，列入不良行为记录名单，在一至三年内禁止参加政府采购活动，有违法所得的，并处没收违法所得，情节严重的，由工商行政管理机关吊销营业执照；构成犯罪的，依法追究刑事责任。上述法律条款中"处以采购金额千分之五以上千分之十以下的罚款，列入不良行为记录名单，在一至三年内禁止参加政府采购活动"的部分，从法律条文所使用的文字词句的含义而言，并未赋予执法者选择适用处理措施的权限，故应当为并处的关系。财政部在本次行政复议中，因不能确定该部分内容是并处关系还是可选择关系，就此向全国人大常委会法工委致函，在得到该委工作人员称应为并处关系的电话答复后，认为 78 号处罚决定仅对某皇公司予以罚款系适用法律错误，从而决定撤销 78 号处罚决定。财政部理解、适用上述法律规定正确，本院予以支持。某皇公司对财政部适用法律所提出的相关质疑，没有法律依据，本院不予支持。

（2019）苏民申 4330 号民事裁定书：江苏省高级人民法院认为：（一）关于某绘云公司在磋商响应文件中提交的运营协议是否为虚假材料的问题。运营协议是否为虚假材料的审查，不应仅审查其形式是否真实，还应审查协议是否真实有效履行，即协议所涉及的业绩是否真实存在。经审查，该运营协议中所涉金乡县公共自行车建设项目（以下简称金乡县项目）的中标供应商为江苏某浩电子科技有限公司（以下简称某浩公司），但运营协议中某绘云公司的相对方为某安公司，在无证据证明某安公司与某浩公司之间存在转包或分包等关系的情况下，应认定某绘云公司与金乡县项目之间不存在关联性，即某绘云公司并未实际参与金乡县项目。故某绘云公司在磋商响应文件中提交的运营协议反映虚假业绩，应为虚假材料。（二）关于保证金是否应予退还的问题。《政府采购法》第七十七条第一款第一项规定，供应商有提供虚假材料谋取中标、成交的情形的，处以罚款等惩罚措施，该项规定中"谋取"并不以实际中标、成交为前提，亦当然包括企图中标、成交的意愿在内。《政府采购法》与原审判决参照适用的《政府采购非招标采购方式管理办法》在认定提供虚假材料应予以惩罚方面，并无冲突。《政府采购竞争性磋商采购方式管理暂行办法》第三十一条第二款规定"有下列情形之一的，磋商保证金不予退还：……（二）供应商在响应文件中提供虚假材料的……"原审判决据此驳回某绘云公司关于退还保证金 280000 元及利息的诉讼请求并无不当。

第七十八条　采购代理机构在代理政府采购业务中有违法行为的，按照有关法律规定处以罚款，可以在一至三年内禁止其代理政府采购业务，构成犯罪的，依法追究刑事责任。

【读懂法条】

本条规定了采购代理机构违法代理政府采购业务所应承担的法律责任。

采购代理机构，包括集中采购机构和其他采购代理机构。采购代理机构在代理政府采购业务中，必须遵守本法关于采购代理机构的规定，同时还要遵守相关法律规定，采购代理机构在代理政府采购业务中有违法行为的，应当承担相应的法律责任。

第七十九条　政府采购当事人有本法第七十一条、第七十二条、第七十七条违法行为之一，给他人造成损失的，并应依照有关民事法律规定承担民事责任。

【读懂法条】

本条规定了政府采购当事人的违法行为给他人造成损失所应承担的法律责任。

采购人、采购代理机构或供应商在政府采购活动中都是平等的民事主体，在政府采购活动中有违法行为造成他人损失的，应当依照《民法典》的有关规定承担民事责任。

【典型案例】

（2016）鲁0502民初355号民事判决书：东营市东营区人民法院认为，《中华人民共和国政府采购法》第七十九条规定，政府采购当事人有本法第七十一条、第七十二条、第七十七条违法行为之一，给他人造成损失的，并应依照有关民事法律规定承担民事责任。本案中，原告某大公司主张两被告存在违法行为，侵犯了原告的合法权益，给原告造成了损失，原告应对两被告的侵权行为、损害事实、侵权行为与损害事实之间的因果关系承担举证责任，原告提交的证据不能证明两被告在政府采购活动中存在违法行为并因此侵害原告的合法权益，从而给原告造成损失的事实，原告应承担举证不能的法律后果，对于原告的诉讼请求，本院不予支持。

第八十条 政府采购监督管理部门的工作人员在实施监督检查中违反本法规定滥用职权，玩忽职守，徇私舞弊的，依法给予行政处分；构成犯罪的，依法追究刑事责任。

【读懂法条】

本条规定了政府采购监督管理部门工作人员在实施监督检查中违法所应承担的法律责任。

本法对政府采购监督管理部门的有关人员的行政处分，应当按照《监察法》的相关规定办理。《政府采购法实施条例》第七十七条进一步规定："财政部门在履行政府采购监督管理职责中违反政府采购法和本条例规定，滥用职权、玩忽职守、徇私舞弊的，对直接负责的主管人员和其他直接责任人员依法给予处分；直接负责的主管人员和其他直接责任人员构成犯罪的，依法追究刑事责任。"

第八十一条 政府采购监督管理部门对供应商的投诉逾期未作处理的，给予直接负责的主管人员和其他直接责任人员行政处分。

【读懂法条】

本条规定了政府采购监督管理部门对供应商投诉逾期未作处理所应承担的法律责任。

这里所称的逾期未作处理，是指在收到投诉后三十个工作日后，仍未对投诉作出处理。对该行政不作为的行为，依法追究相关责任人员的法律责任。

第八十二条 政府采购监督管理部门对集中采购机构业绩的考核，有虚假陈述，隐瞒真实情况的，或者不作定期考核和公布考核结果的，应当及时纠正，由其上级机关或者监察机关对其负责人进行通报，并对直接负责的人员依法给予行政处分。

集中采购机构在政府采购监督管理部门考核中，虚报业绩，隐瞒真实情况的，处以二万元以上二十万元以下的罚款，并予以通报；情节严重的，取消其代理采购的资格。

【读懂法条】

本条规定了政府采购监督管理部门、集中采购机构在业绩考核中违法所应承担的法律责任。

根据本法规定，政府采购监督管理部门必须依法认真对集中采购机构进行考核，集中采购机构必须依法接受考核，否则，就应当承担相应的法律责任。通报是警告类行政处罚的一种，是指将违法当事人的违法行为及处理结果在一定范围内予以公开，以对当事人及其他相关单位产生警示作用。需要说明的是，《政府采购代理机构资格认定办法》已经废止，政府采购代理机构资格也已经取消。

第八十三条 任何单位或者个人阻挠和限制供应商进入本地区或者本行业政府采购市场的，责令限期改正；拒不改正的，由该单位、个人的上级行政主管部门或者有关机关给予单位责任人或者个人处分。

【读懂法条】

本条规定了阻挠和限制供应商进入本地区或者本行业政府采购市场所应承担的法律责任。

政府采购监督管理部门发现有阻挠和限制供应商进入本地区或者本行业政

府采购市场行为的，应当依法责令有关单位和个人限期改正，或者提请有关人民政府、行政主管部门责令其限期改正；对拒不改正的，应当建议该单位、个人的上级行政主管部门或者有关机关给予处分，有关行政主管部门或者有关机关应当将处理结果告各政府采购监督管理部门。

第九章　附　　则

第八十四条　使用国际组织和外国政府贷款进行的政府采购，贷款方、资金提供方与中方达成的协议对采购的具体条件另有规定的，可以适用其规定，但不得损害国家利益和社会公共利益。

【读懂法条】

本条规定了使用国际组织和外国政府贷款进行政府采购的法律适用。

使用国际组织和外国政府贷款进行的政府采购，贷款方、资金提供方与中方达成的协议对采购的具体条件另有规定的，虽然可以适用其规定，但在接受和适用贷款方、资金提供方的具体条件时，均不得损害国家利益和社会公共利益，应符合政府采购法有关规定精神。

第八十五条　对因严重自然灾害和其他不可抗力事件所实施的紧急采购和涉及国家安全和秘密的采购，不适用本法。

【读懂法条】

本条规定了因严重自然灾害和其他不可抗力事件所实施的紧急采购和涉及国家安全和秘密的采购的法律适用问题。

在发生严重自然灾害和其他不可抗力事件时，比如发生地震、水灾、火灾、战争等，如果仍然按照规定的方式和程序进行采购，就无法满足实际需要。同时，在涉及国家政治、经济、社会等方面安全和秘密的情况下，不宜按照本法规定的方式和程序，进行公开采购。因此，有必要对因严重自然灾害和其他不可抗力事件所实施的紧急采购和涉及国家安全和秘密的采购等特殊情况作出不适用本法的例外规定。因严重自然灾害和其他不可抗力事件所实施的紧急采购，与因发生不可预见的紧急情况不能从其他供应商处采购所实施的单一来源采购，有着本质的区别。前者的实施基础是发生了不能预见、不能逆转也无法克服的严重自然灾害和其他不可抗力事件，采购人在采购时不按照本法的规定执行；后者的实施基础是发生了不可预见但还未达到不能逆转也无法克服的紧急情况，采购人在采购时与供应商应当遵循本法规定的原则，在保证采购项目质量和双方商定合理价格的基础上进行采购。

第八十六条　军事采购法规由中央军事委员会另行制定。

【读懂法条】

本条规定了军事采购法规的制定问题。

各级军事机关使用财政性资金采购军事装备和军用物资，涉及国家的安全和秘密，其采购过程不可完全遵循公开、透明的原则，不可能完全按照本法规定的方式和程序进行采购。因此，本法未将军事采购纳入其调整范围。目前，我国已逐步建立完善的军事采购制度。

第八十七条　本法实施的具体步骤和办法由国务院规定。

【读懂法条】

本条规定了本法实施办法的制定。

本法作为政府采购的基本法律，规定一般比较原则，在实施中需要制定相应的具体办法，比如国务院出台了《中华人民共和国政府采购法实施条例》，对本法的一些条款进行了细化明确，财政部作为主管部门也规定了大量的部门规章和规范性文件，比如《政府采购货物和服务招标投标管理办法》，增强了操作性，确保政府采购法能够落地实施。

第八十八条 本法自 2003 年 1 月 1 日起施行。

【读懂法条】

本条规定了本法的施行日期。

本法于 2002 年 6 月 29 日第九届全国人民代表大会常务委员会第二十八次会议通过，为了学习、宣传和贯彻落实的需要，规定自 2003 年 1 月 1 日起施行。2014 年 8 月 31 日，第十二届全国人民代表大会常务委员会第十次会议通过的《关于修改〈中华人民共和国保险法〉等五部法律的决定》对本法进行了修正：（一）将第十九条第一款中的"经国务院有关部门或者省级人民政府有关部门认定资格的"修改为"集中采购机构以外的"；（二）删去第七十一条第三项；（三）将第七十八条中的"依法取消其进行相关业务的资格"修改为"在一至三年内禁止其代理政府采购业务"。该三处修正内容自 2014 年 8 月 31 日起施行。

【典型案例】

（2019）皖行终 522 号行政判决书：安徽省高级人民法院认为，《中华人民共和国政府采购法》于 2003 年 1 月 1 日开始实施，该采购法对政府"单一来源采购"有明确限定，案涉垃圾焚烧发电 BOT 项目招标行为发生在 2012 年之后，应当遵守政府采购法的规定。山西某石公司、北京某和公司上诉称，案涉招标行为发生在 2012 年 11 月至 2013 年 1 月期间，《政府采购非招标采购方式管理办法》2014 年 1 月实施，根据法不溯及既往的原则，不能适用《政府采购非招标采购方式管理办法》关于"单一来源采购"的规定，该上诉理由不能成立，本院依法不予支持。

第二篇　政府采购流程图

一、政府采购方式操作流程图 ①

1.公开招标操作流程图

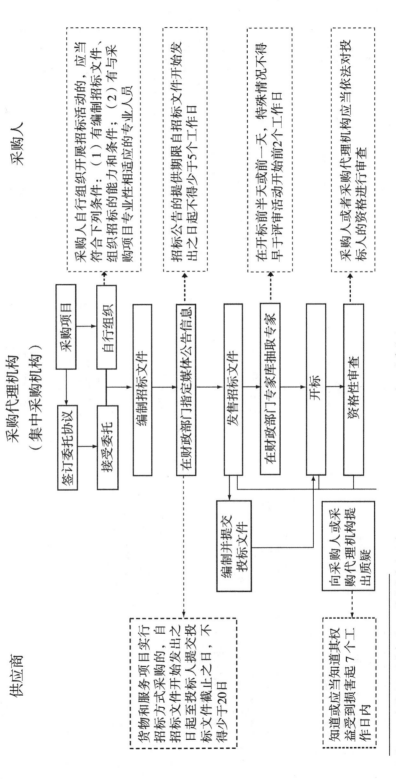

① 注：本篇流程图均来源于江苏政府采购网（http://www.ccgp.jiangsu.gov.cn/），略有修改。

续图

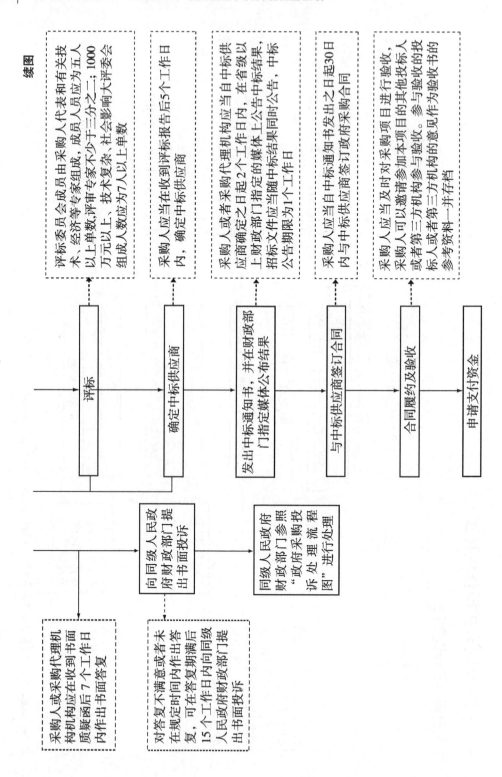

评标委员会成员由采购人代表和有关技术、经济等专家组成，成员人数应为五人以上单数，评审专家不少于三分之二；1000万元以上、技术复杂、社会影响大评委会组成人数应为7人以上单数

采购人应当在收到评标报告后5个工作日内，确定中标供应商

采购人或者采购代理机构应当自中标供应商确定之日起2个工作日内，在省级以上财政部门指定的媒体上公告中标结果，中标结果公告的同时，中标通知书随中标结果同时公告，招标文件应当随中标结果同时公告，公告期限为1个工作日

采购人应当自中标通知书发出之日起30日内与中标供应商签订政府采购合同

采购人应当及时对采购项目进行验收，采购人可以邀请参加本项目的其他投标人或者第三方机构参与验收。参与验收的投标人或者第三方机构的意见作为验收书的参考资料一并存档

评标

确定中标供应商

发出中标通知书，并在财政部门指定媒体公布结果

与中标供应商签订合同

合同履约及验收

申请支付资金

向同级人民政府财政部门提出书面投诉

同级人民政府财政部门参照"政府采购投诉处理流程图"进行处理

采购人或采购代理机构应在收到书面质疑函后7个工作日内作出书面答复

对答复不满意或者未在规定时间内作出答复，可在答复期满后15个工作日内向同级人民政府财政部门提出书面投诉

2.邀请招标操作流程图

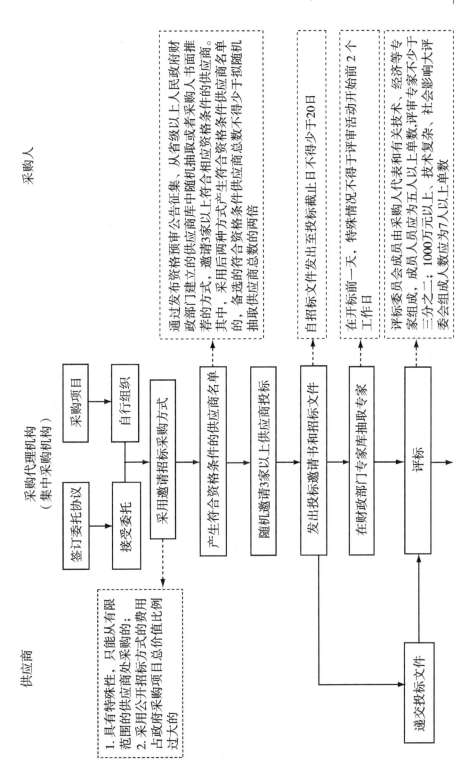

供应商

采购代理机构
（集中采购机构）

采购人

采购项目

自行组织

签订委托协议

接受委托

采用邀请招标采购方式

产生符合资格条件的供应商名单

随机邀请3家以上供应商投标

发出投标邀请书和招标文件

在财政部门专家库抽取专家

评标

递交投标文件

1.具有特殊性，只能从有限范围内的供应商处采购的；
2.采用公开招标方式的费用占政府采购项目总价值比例过大的

通过发布资格预审公告征集，从省级以上人民政府财政部门建立的供应商库中随机抽取或者采购人书面推荐的方式，邀请3家以上符合相应资格条件的供应商。其中，采用后两种方式产生符合资格供应商名单的，备选的符合资格条件供应商总数不得少于拟随机抽取供应商总数的两倍

自招标文件发出至投标截止日不得少于20日

在开标前一天，特殊情况不得于评审活动开始前2个工作日

评标委员会成员由采购人代表和有关技术、经济等专家组成，成员人员应为五人以上单数，评审专家不少于三分之二；1000万元以上、技术复杂、社会影响大评委会组成人数应为7人以上单数

续图

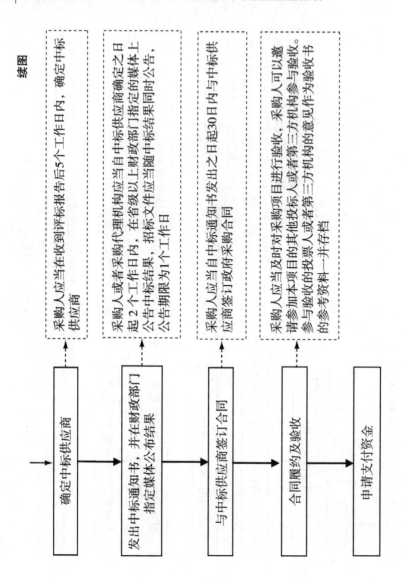

确定中标供应商 ← 采购人应当在收到评标报告后5个工作日内，确定中标供应商

发出中标通知书，并在财政部门指定媒体公布结果 ← 采购人或者采购代理机构应当自中标供应商确定之日起2个工作日内，在省级以上财政部门指定的媒体上公告中标结果，招标文件应当随中标结果同公告，公告期限为1个工作日

与中标供应商签订合同 ← 采购人应当自中标通知书发出之日起30日内与中标供应商签订政府采购合同

合同履约及验收 ← 采购人应当及时对本项目进行验收，采购人可以邀请参加本项目的其他投标人或者第三方机构参与验收，参与验收的投票人或者第三方机构的意见作为验收书的参考资料一并存档

申请支付资金

3.竞争性谈判操作流程图

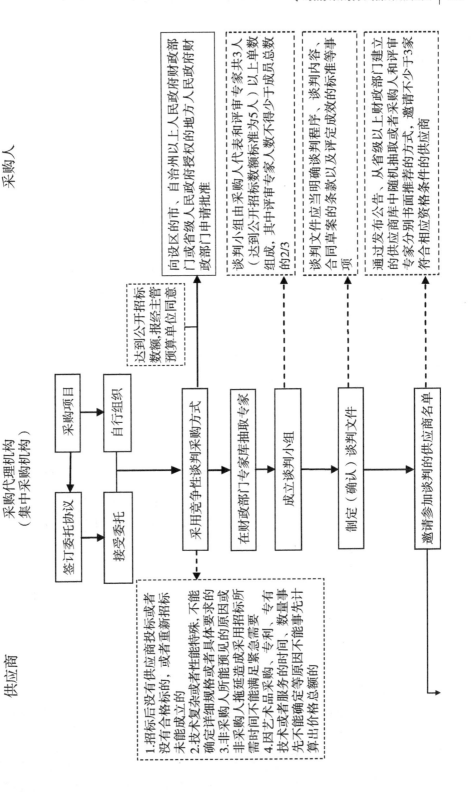

采购人

采购代理机构
（集中采购机构）

供应商

采购项目
采购项目

签订委托协议

接受委托

自行组织

采用竞争性谈判采购方式

在财政部门专家库抽取专家

成立谈判小组

制定（确认）谈判文件

邀请参加谈判的供应商名单

达到公开招标数额，报经主管预算单位同意

向设区的市、自治州以上人民政府财政部门或省级人民政府授权的地方人民政府财政部门申请批准

谈判小组由采购人代表和评审专家共3人（达到公开招标数额标准为5人）以上单数组成，其中评审专家人数不得少于成员总数的2/3

谈判文件应当明确谈判程序、谈判内容、谈判合同草案的条款以及评定成效的标准等事项

通过发布公告、从省级以上财政部门建立的供应商库中随机抽取或者采购人和评审专家分别书面推荐的方式，邀请不少于3家符合相应资格条件的供应商

1.招标后没有供应商投标或者没有合格标的，或者重新招标未能成立的
2.技术复杂或者性能特殊，不能确定详细规格或者具体要求的
3.非采购人所能预见的原因或采用招标所需时间不能满足紧急需要
4.因艺术采购、专利、专有技术或者服务的时间、数量事先不能确定等原因不能计算出价格总额的

续图

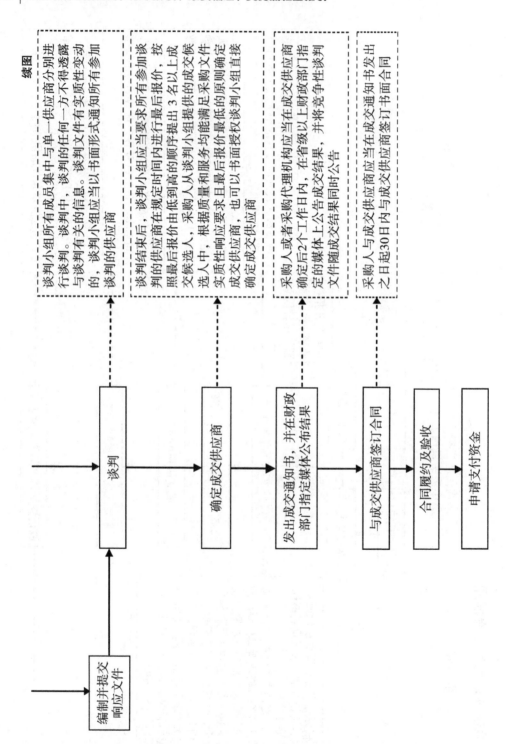

编制并提交响应文件

谈判

谈判小组所有成员集中与单一供应商分别进行谈判。谈判中，谈判的任何一方不得透露与谈判有关的信息。谈判文件有实质性变动的，谈判小组应当以书面形式通知所有参加谈判的供应商

确定成交供应商

谈判结束后，谈判小组应当要求所有参加谈判的供应商在规定时间内进行最后报价，按照提出最后报价的供应商由低到高的顺序提出3名以上成交候选人，采购人从谈判小组提出的成交候选人中，根据符合采购需求、质量和服务相等且报价最低的原则确定成交供应商，也可以书面授权谈判小组直接确定成交供应商

发出成交通知书，并在财政部门指定媒体公布成交结果

采购人或者采购代理机构应当在成交供应商确定后2个工作日内，在省级以上财政部门指定的媒体上公告成交结果，并将竞争性谈判文件随成交结果同时公告

与成交供应商签订合同

采购人与成交供应商应当在成交通知书发出之日起30日内与成交供应商签订书面合同

合同履约及验收

申请支付资金

4.单一来源操作流程图

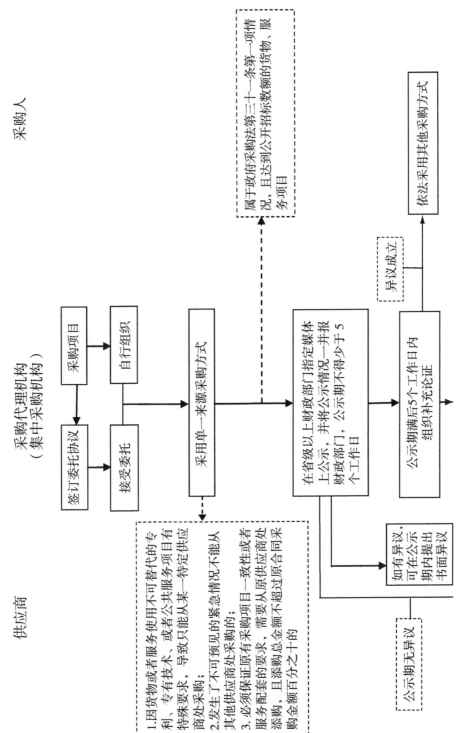

续图

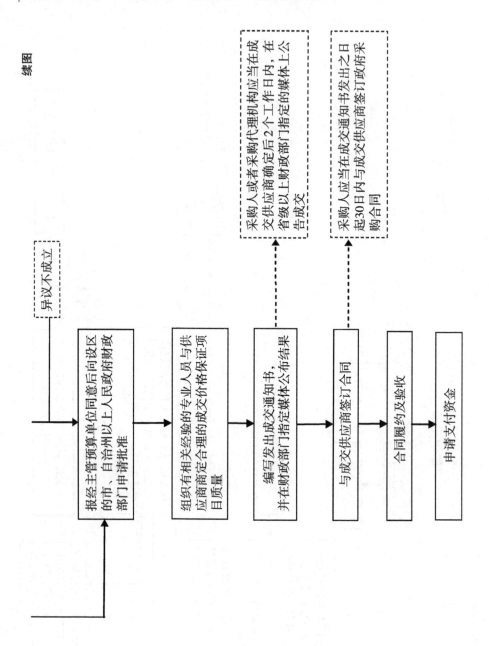

- 异议不成立
- 报经主管预算单位同意后向设区的市、自治州以上人民政府财政部门申请批准
- 组织有相关经验的专业人员与供应商商定合理的成交价格保证项目质量
- 编写发出成交通知书，并在财政部门指定媒体公布结果
- 采购人或者采购代理机构应当在成交供应商确定后2个工作日内，在省级以上财政部门指定的媒体上公告成交
- 与成交供应商签订合同
- 采购人应当在成交通知书发出之日起30日内与成交供应商签订政府采购合同
- 合同履约及验收
- 申请支付资金

5.询价操作流程图

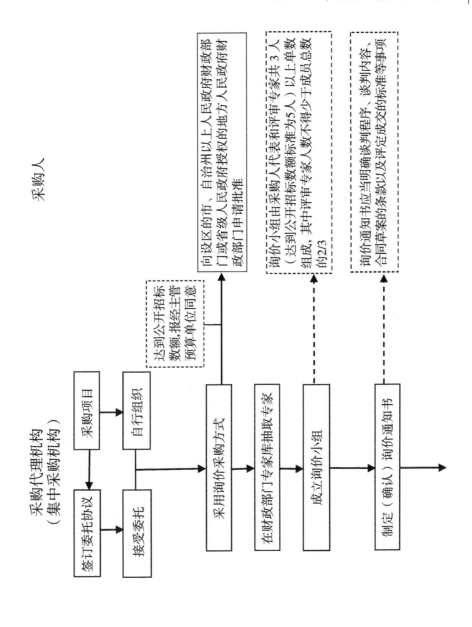

采购人

采购代理机构
（集中采购机构）

供应商

向设区的市、自治州以上人民政府财政部门或省级人民政府授权的地方人民政府财政部门申请批准

询价小组由采购人代表和评审专家共3人（达到公开招标数额标准为5人）以上单数组成，其中评审专家人数不得少于成员总数的2/3

询价通知书应当明确询谈判程序、谈判内容、合同草案的条款以及评定成交的标准等事项

达到公开招标数额,报经主管预算单位同意

签订委托协议

接受委托

采购项目

自行组织

采用询价采购方式

在财政部门专家库抽取专家

成立询价小组

制定（确认）询价通知书

续图

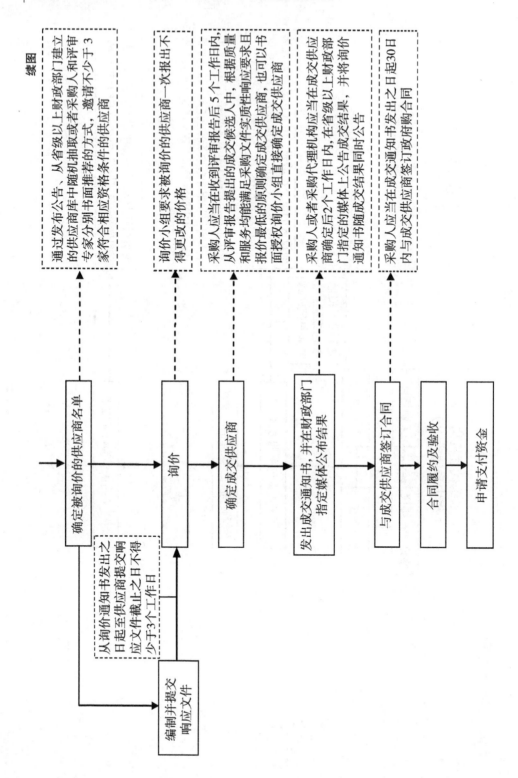

通过发布公告、从省级以上财政部门建立的供应商库中随机抽取或者采购人和评审专家分别书面推荐的方式，邀请不少于3家符合相应资格条件的供应商

询价小组要求被询价的供应商一次报出不得更改的价格

采购人应当在收到评审报告后5个工作日内，根据质量和服务均能满足采购文件实质性响应要求且报价最低的原则确定成交供应商。从评审报告提出的成交候选人中，也可以书面授权询价小组直接确定成交供应商

采购人或者采购代理机构应当在成交供应商确定后2个工作日内，在省级以上财政部门指定的媒体上公告成交结果，并将成交通知书随成交结果同时公告

采购人应当在成交通知书发出之日起30日内与成交供应商签订政府采购合同

确定被询价的供应商名单

询价

确定成交供应商

发出成交通知书，并在财政部门指定媒体公布结果

与成交供应商签订合同

合同履约及验收

申请支付资金

从询价通知书发出之日起至供应商提交响应文件截止之日不得少于3个工作日

编制并提交响应文件

6.竞争性磋商操作流程图

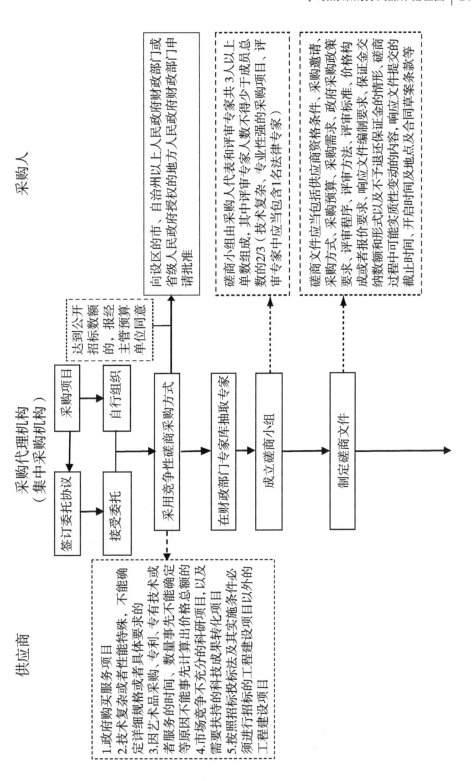

续图

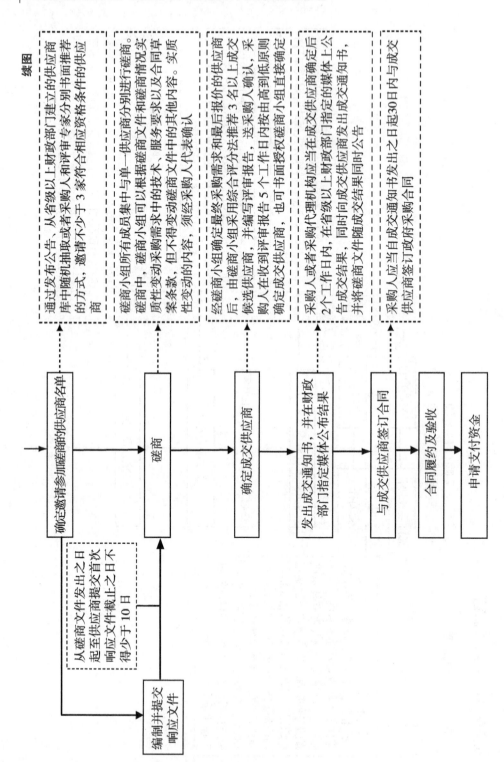

通过发布公告，从省级以上财政部门建立的供应商库中随机抽取或者采购人和评审专家分别书面推荐的方式，邀请不少于 3 家符合相应资格条件的供应商

磋商小组所有成员集中与单一供应商分别进行磋商。在磋商的采购文件和磋商情况实质性变动采购需求中的技术、服务要求以及合同草案条款，但不得变动磋商文件中的其他内容。实质性变动的内容，须经采购人代表确认

经磋商小组确定最终采购需求和最后报价的供应商后，由磋商小组从评分等符合评审标准的成交候选供应商中推荐 3 名以上成交候选供应商，并编写评审报告，送采购人确认，采购人在收到评审报告 5 个工作日内按由高到低原则确定成交供应商，也可书面授权磋商小组直接确定成交供应商

采购人或者采购代理机构应当在成交供应商确定后 2 个工作日内，在省级以上财政部门指定的媒体上公告成交结果，同时向成交供应商发出成交通知书，并将磋商文件随成交结果同时公告

采购人应当自成交通知书发出之日起 30 日内与成交供应商签订政府采购合同

确定邀请参加磋商的供应商名单

磋商

确定成交供应商

发出成交通知书，并在财政部门指定媒体公布结果

与成交供应商签订合同

合同履约及验收

申请支付资金

从磋商文件发出之日起至供应商提交首次响应文件截止之日不得少于 10 日

编制并提交响应文件

二、政府采购质疑、投诉处理流程

1.政府采购质疑处理流程图

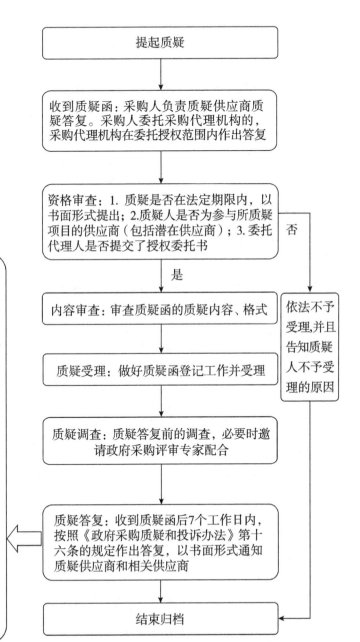

2.政府采购投诉处理流程图

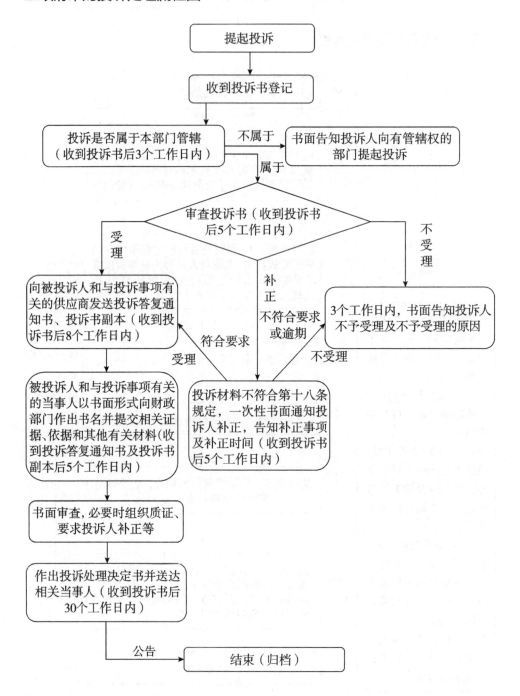

第三篇　政府采购法规文件汇编

一、综　合

中华人民共和国政府采购法实施条例

（2014 年 12 月 31 日国务院第 75 次常务会议通过　2015 年 1 月 30 日中华人民共和国国务院令第 658 号公布　自 2015 年 3 月 1 日起施行）

第一章　总　则

第一条　根据《中华人民共和国政府采购法》（以下简称政府采购法），制定本条例。

第二条　政府采购法第二条所称财政性资金是指纳入预算管理的资金。

以财政性资金作为还款来源的借贷资金，视同财政性资金。

国家机关、事业单位和团体组织的采购项目既使用财政性资金又使用非财政性资金的，使用财政性资金采购的部分，适用政府采购法及本条例；财政性资金与非财政性资金无法分割采购的，统一适用政府采购法及本条例。

政府采购法第二条所称服务，包括政府自身需要的服务和政府向社会公众提供的公共服务。

第三条　集中采购目录包括集中采购机构采购项目和部门集中采购项目。

技术、服务等标准统一，采购人普遍使用的项目，列为集中采购机构采购项目；采购人本部门、本系统基于业务需要有特殊要求，可以统一采购的项目，列为部门集中采购项目。

第四条　政府采购法所称集中采购，是指采购人将列入集中采购目录的项目委托集中采购机构代理采购或者进行部门集中采购的行为；所称分散采购，是指采购人将采购限额标准以上的未列入集中采购目录的项目自行采购或者委托采购代理机构代理采购的行为。

第五条　省、自治区、直辖市人民政府或者其授权的机构根据实际情况，可以确定分别适用于本行政区域省级、设区的市级、县级的集中采购目录和采购限额标准。

第六条 国务院财政部门应当根据国家的经济和社会发展政策，会同国务院有关部门制定政府采购政策，通过制定采购需求标准、预留采购份额、价格评审优惠、优先采购等措施，实现节约能源、保护环境、扶持不发达地区和少数民族地区、促进中小企业发展等目标。

第七条 政府采购工程以及与工程建设有关的货物、服务，采用招标方式采购的，适用《中华人民共和国招标投标法》及其实施条例；采用其他方式采购的，适用政府采购法及本条例。

前款所称工程，是指建设工程，包括建筑物和构筑物的新建、改建、扩建及其相关的装修、拆除、修缮等；所称与工程建设有关的货物，是指构成工程不可分割的组成部分，且为实现工程基本功能所必需的设备、材料等；所称与工程建设有关的服务，是指为完成工程所需的勘察、设计、监理等服务。

政府采购工程以及与工程建设有关的货物、服务，应当执行政府采购政策。

第八条 政府采购项目信息应当在省级以上人民政府财政部门指定的媒体上发布。采购项目预算金额达到国务院财政部门规定标准的，政府采购项目信息应当在国务院财政部门指定的媒体上发布。

第九条 在政府采购活动中，采购人员及相关人员与供应商有下列利害关系之一的，应当回避：

（一）参加采购活动前3年内与供应商存在劳动关系；

（二）参加采购活动前3年内担任供应商的董事、监事；

（三）参加采购活动前3年内是供应商的控股股东或者实际控制人；

（四）与供应商的法定代表人或者负责人有夫妻、直系血亲、三代以内旁系血亲或者近姻亲关系；

（五）与供应商有其他可能影响政府采购活动公平、公正进行的关系。

供应商认为采购人员及相关人员与其他供应商有利害关系的，可以向采购人或者采购代理机构书面提出回避申请，并说明理由。采购人或者采购代理机构应当及时询问被申请回避人员，有利害关系的被申请回避人员应当回避。

第十条 国家实行统一的政府采购电子交易平台建设标准，推动利用信息网络进行电子化政府采购活动。

第二章 政府采购当事人

第十一条 采购人在政府采购活动中应当维护国家利益和社会公共利益，公正廉洁，诚实守信，执行政府采购政策，建立政府采购内部管理制度，厉行节约，科学合理确定采购需求。

采购人不得向供应商索要或者接受其给予的赠品、回扣或者与采购无关的其他商品、服务。

第十二条 政府采购法所称采购代理机构，是指集中采购机构和集中采购机构以外的采购代理机构。

集中采购机构是设区的市级以上人民政府依法设立的非营利事业法人，是代理集中采购项目的执行机构。集中采购机构应当根据采购人委托制定集中采购项目的实施方案，明确采购规程，组织政府采购活动，不得将集中采购项目转委托。集中采购机构以外的采购代理机构，是从事采购代理业务的社会中介机构。

第十三条 采购代理机构应当建立完善的政府采购内部监督管理制度，具备开展政府采购业务所需的评审条件和设施。

采购代理机构应当提高确定采购需求，编制招标文件、谈判文件、询价通知书，拟订合同文本和优化采购程序的专业化服务水平，根据采购人委托在规定的时间内及时组织采购人与中标或者成交供应商签订政府采购合同，及时协助采购人对采购项目进行验收。

第十四条 采购代理机构不得以不正当手段获取政府采购代理业务，不得与采购人、供应商恶意串通操纵政府采购活动。

采购代理机构工作人员不得接受采购人或者供应商组织的宴请、旅游、娱乐，不得收受礼品、现金、有价证券等，不得向采购人或者供应商报销应当由个人承担的费用。

第十五条 采购人、采购代理机构应当根据政府采购政策、采购预算、采购需求编制采购文件。

采购需求应当符合法律法规以及政府采购政策规定的技术、服务、安全等要求。政府向社会公众提供的公共服务项目，应当就确定采购需求征求社会公众的意见。除因技术复杂或者性质特殊，不能确定详细规格或者具体要求外，采购需求应当完整、明确。必要时，应当就确定采购需求征求相关供应商、专家的意见。

第十六条 政府采购法第二十条规定的委托代理协议，应当明确代理采购的范围、权限和期限等具体事项。

采购人和采购代理机构应当按照委托代理协议履行各自义务，采购代理机构不得超越代理权限。

第十七条 参加政府采购活动的供应商应当具备政府采购法第二十二条第一款规定的条件，提供下列材料：

（一）法人或者其他组织的营业执照等证明文件，自然人的身份证明；

（二）财务状况报告，依法缴纳税收和社会保障资金的相关材料；

（三）具备履行合同所必需的设备和专业技术能力的证明材料；

（四）参加政府采购活动前3年内在经营活动中没有重大违法记录的书面声明；

（五）具备法律、行政法规规定的其他条件的证明材料。

采购项目有特殊要求的，供应商还应当提供其符合特殊要求的证明材料或者情况说明。

第十八条 单位负责人为同一人或者存在直接控股、管理关系的不同供应商，不得参加同一合同项下的政府采购活动。

除单一来源采购项目外，为采购项目提供整体设计、规范编制或者项目管理、监理、检测等服务的供应商，不得再参加该采购项目的其他采购活动。

第十九条 政府采购法第二十二条第一款第五项所称重大违法记录，是指供应商因违法经营受到刑事处罚或者责令停产停业、吊销许可证或者执照、较大数额罚款等行政处罚。

供应商在参加政府采购活动前3年内因违法经营被禁止在一定期限内参加政府采购活动，期限届满的，可以参加政府采购活动。

第二十条 采购人或者采购代理机构有下列情形之一的，属于以不合理的条件对供应商实行差别待遇或者歧视待遇：

（一）就同一采购项目向供应商提供有差别的项目信息；

（二）设定的资格、技术、商务条件与采购项目的具体特点和实际需要不相适应或者与合同履行无关；

（三）采购需求中的技术、服务等要求指向特定供应商、特定产品；

（四）以特定行政区域或者特定行业的业绩、奖项作为加分条件或者中标、成交条件；

（五）对供应商采取不同的资格审查或者评审标准；

（六）限定或者指定特定的专利、商标、品牌或者供应商；

（七）非法限定供应商的所有制形式、组织形式或者所在地；

（八）以其他不合理条件限制或者排斥潜在供应商。

第二十一条 采购人或者采购代理机构对供应商进行资格预审的，资格预审公告应当在省级以上人民政府财政部门指定的媒体上发布。已进行资格预审的，评审阶段可以不再对供应商资格进行审查。资格预审合格的供应商在评审阶段资格发生变化的，应当通知采购人和采购代理机构。

资格预审公告应当包括采购人和采购项目名称、采购需求、对供应商的资格要求以及供应商提交资格预审申请文件的时间和地点。提交资格预审申请文件的时间自公告发布之日起不得少于5个工作日。

第二十二条 联合体中有同类资质的供应商按照联合体分工承担相同工作的，应当按照资质等级较低的供应商确定资质等级。

以联合体形式参加政府采购活动的，联合体各方不得再单独参加或者与其他供应商另外组成联合体参加同一合同项下的政府采购活动。

第三章　政府采购方式

第二十三条　采购人采购公开招标数额标准以上的货物或者服务，符合政府采购法第二十九条、第三十条、第三十一条、第三十二条规定情形或者有需要执行政府采购政策等特殊情况的，经设区的市级以上人民政府财政部门批准，可以依法采用公开招标以外的采购方式。

第二十四条　列入集中采购目录的项目，适合实行批量集中采购的，应当实行批量集中采购，但紧急的小额零星货物项目和有特殊要求的服务、工程项目除外。

第二十五条　政府采购工程依法不进行招标的，应当依照政府采购法和本条例规定的竞争性谈判或者单一来源采购方式采购。

第二十六条　政府采购法第三十条第三项规定的情形，应当是采购人不可预见的或者非因采购人拖延导致的；第四项规定的情形，是指因采购艺术品或者因专利、专有技术或者因服务的时间、数量事先不能确定等导致不能事先计算出价格总额。

第二十七条　政府采购法第三十一条第一项规定的情形，是指因货物或者服务使用不可替代的专利、专有技术，或者公共服务项目具有特殊要求，导致只能从某一特定供应商处采购。

第二十八条　在一个财政年度内，采购人将一个预算项目下的同一品目或者类别的货物、服务采用公开招标以外的方式多次采购，累计资金数额超过公开招标数额标准的，属于以化整为零方式规避公开招标，但项目预算调整或者经批准采用公开招标以外方式采购除外。

第四章　政府采购程序

第二十九条　采购人应当根据集中采购目录、采购限额标准和已批复的部门预算编制政府采购实施计划，报本级人民政府财政部门备案。

第三十条　采购人或者采购代理机构应当在招标文件、谈判文件、询价通知书中公开采购项目预算金额。

第三十一条 招标文件的提供期限自招标文件开始发出之日起不得少于5个工作日。

采购人或者采购代理机构可以对已发出的招标文件进行必要的澄清或者修改。澄清或者修改的内容可能影响投标文件编制的，采购人或者采购代理机构应当在投标截止时间至少15日前，以书面形式通知所有获取招标文件的潜在投标人；不足15日的，采购人或者采购代理机构应当顺延提交投标文件的截止时间。

第三十二条 采购人或者采购代理机构应当按照国务院财政部门制定的招标文件标准文本编制招标文件。

招标文件应当包括采购项目的商务条件、采购需求、投标人的资格条件、投标报价要求、评标方法、评标标准以及拟签订的合同文本等。

第三十三条 招标文件要求投标人提交投标保证金的，投标保证金不得超过采购项目预算金额的2%。投标保证金应当以支票、汇票、本票或者金融机构、担保机构出具的保函等非现金形式提交。投标人未按照招标文件要求提交投标保证金的，投标无效。

采购人或者采购代理机构应当自中标通知书发出之日起5个工作日内退还未中标供应商的投标保证金，自政府采购合同签订之日起5个工作日内退还中标供应商的投标保证金。

竞争性谈判或者询价采购中要求参加谈判或者询价的供应商提交保证金的，参照前两款的规定执行。

第三十四条 政府采购招标评标方法分为最低评标价法和综合评分法。

最低评标价法，是指投标文件满足招标文件全部实质性要求且投标报价最低的供应商为中标候选人的评标方法。综合评分法，是指投标文件满足招标文件全部实质性要求且按照评审因素的量化指标评审得分最高的供应商为中标候选人的评标方法。

技术、服务等标准统一的货物和服务项目，应当采用最低评标价法。

采用综合评分法的，评审标准中的分值设置应当与评审因素的量化指标相对应。

招标文件中没有规定的评标标准不得作为评审的依据。

第三十五条 谈判文件不能完整、明确列明采购需求，需要由供应商提供最终设计方案或者解决方案的，在谈判结束后，谈判小组应当按照少数服从多数的原则投票推荐3家以上供应商的设计方案或者解决方案，并要求其在规定时间内提交最后报价。

第三十六条 询价通知书应当根据采购需求确定政府采购合同条款。在询价过程中，询价小组不得改变询价通知书所确定的政府采购合同条款。

第三十七条 政府采购法第三十八条第五项、第四十条第四项所称质量和服务相等，是指供应商提供的产品质量和服务均能满足采购文件规定的实质性要求。

第三十八条 达到公开招标数额标准，符合政府采购法第三十一条第一项规定情形，只能从唯一供应商处采购的，采购人应当将采购项目信息和唯一供应商名称在省级以上人民政府财政部门指定的媒体上公示，公示期不得少于5个工作日。

第三十九条 除国务院财政部门规定的情形外，采购人或者采购代理机构应当从政府采购评审专家库中随机抽取评审专家。

第四十条 政府采购评审专家应当遵守评审工作纪律，不得泄露评审文件、评审情况和评审中获悉的商业秘密。

评标委员会、竞争性谈判小组或者询价小组在评审过程中发现供应商有行贿、提供虚假材料或者串通等违法行为的，应当及时向财政部门报告。

政府采购评审专家在评审过程中受到非法干预的，应当及时向财政、监察等部门举报。

第四十一条 评标委员会、竞争性谈判小组或者询价小组成员应当按照客观、公正、审慎的原则，根据采购文件规定的评审程序、评审方法和评审标准进行独立评审。采购文件内容违反国家有关强制性规定的，评标委员会、竞争性谈判小组或者询价小组应当停止评审并向采购人或者采购代理机构说明情况。

评标委员会、竞争性谈判小组或者询价小组成员应当在评审报告上签字，对自己的评审意见承担法律责任。对评审报告有异议的，应当在评审报告上签署不同意见，并说明理由，否则视为同意评审报告。

第四十二条 采购人、采购代理机构不得向评标委员会、竞争性谈判小组或者询价小组的评审专家作倾向性、误导性的解释或者说明。

第四十三条 采购代理机构应当自评审结束之日起 2 个工作日内将评审报告送交采购人。采购人应当自收到评审报告之日起 5 个工作日内在评审报告推荐的中标或者成交候选人中按顺序确定中标或者成交供应商。

采购人或者采购代理机构应当自中标、成交供应商确定之日起 2 个工作日内，发出中标、成交通知书，并在省级以上人民政府财政部门指定的媒体上公告中标、成交结果，招标文件、竞争性谈判文件、询价通知书随中标、成交结果同时公告。

中标、成交结果公告内容应当包括采购人和采购代理机构的名称、地址、联系方式，项目名称和项目编号，中标或者成交供应商名称、地址和中标或者成交金额，主要中标或者成交标的的名称、规格型号、数量、单价、服务要求以及评审专家名单。

第四十四条 除国务院财政部门规定的情形外，采购人、采购代理机构不得以任何理由组织重新评审。采购人、采购代理机构按照国务院财政部门的规定组织重新评审的，应当书面报告本级人民政府财政部门。

采购人或者采购代理机构不得通过对样品进行检测、对供应商进行考察等方式改变评审结果。

第四十五条 采购人或者采购代理机构应当按照政府采购合同规定的技术、服务、安全标准组织对供应商履约情况进行验收，并出具验收书。验收书应当包括每一项技术、服务、安全标准的履约情况。

政府向社会公众提供的公共服务项目，验收时应当邀请服务对象参与并出具意见，验收结果应当向社会公告。

第四十六条 政府采购法第四十二条规定的采购文件，可以用电子档案方式保存。

第五章 政府采购合同

第四十七条 国务院财政部门应当会同国务院有关部门制定政府采购合同标准文本。

第四十八条 采购文件要求中标或者成交供应商提交履约保证金的，供应商应当以支票、汇票、本票或者金融机构、担保机构出具的保函等非现金形式提交。履约保证金的数额不得超过政府采购合同金额的10%。

第四十九条 中标或者成交供应商拒绝与采购人签订合同的，采购人可以按照评审报告推荐的中标或者成交候选人名单排序，确定下一候选人为中标或者成交供应商，也可以重新开展政府采购活动。

第五十条 采购人应当自政府采购合同签订之日起2个工作日内，将政府采购合同在省级以上人民政府财政部门指定的媒体上公告，但政府采购合同中涉及国家秘密、商业秘密的内容除外。

第五十一条 采购人应当按照政府采购合同规定，及时向中标或者成交供应商支付采购资金。

政府采购项目资金支付程序，按照国家有关财政资金支付管理的规定执行。

第六章 质疑与投诉

第五十二条 采购人或者采购代理机构应当在3个工作日内对供应商依法提出的询问作出答复。

供应商提出的询问或者质疑超出采购人对采购代理机构委托授权范围的，采购代理机构应当告知供应商向采购人提出。

政府采购评审专家应当配合采购人或者采购代理机构答复供应商的询问和质疑。

第五十三条 政府采购法第五十二条规定的供应商应知其权益受到损害之

日，是指：

（一）对可以质疑的采购文件提出质疑的，为收到采购文件之日或者采购文件公告期限届满之日；

（二）对采购过程提出质疑的，为各采购程序环节结束之日；

（三）对中标或者成交结果提出质疑的，为中标或者成交结果公告期限届满之日。

第五十四条 询问或者质疑事项可能影响中标、成交结果的，采购人应当暂停签订合同，已经签订合同的，应当中止履行合同。

第五十五条 供应商质疑、投诉应当有明确的请求和必要的证明材料。供应商投诉的事项不得超出已质疑事项的范围。

第五十六条 财政部门处理投诉事项采用书面审查的方式，必要时可以进行调查取证或者组织质证。

对财政部门依法进行的调查取证，投诉人和与投诉事项有关的当事人应当如实反映情况，并提供相关材料。

第五十七条 投诉人捏造事实、提供虚假材料或者以非法手段取得证明材料进行投诉的，财政部门应当予以驳回。

财政部门受理投诉后，投诉人书面申请撤回投诉的，财政部门应当终止投诉处理程序。

第五十八条 财政部门处理投诉事项，需要检验、检测、鉴定、专家评审以及需要投诉人补正材料的，所需时间不计算在投诉处理期限内。

财政部门对投诉事项作出的处理决定，应当在省级以上人民政府财政部门指定的媒体上公告。

第七章 监督检查

第五十九条 政府采购法第六十三条所称政府采购项目的采购标准，是指项目采购所依据的经费预算标准、资产配置标准和技术、服务标准等。

第六十条 除政府采购法第六十六条规定的考核事项外，财政部门对集中采购机构的考核事项还包括：

（一）政府采购政策的执行情况；

（二）采购文件编制水平；

（三）采购方式和采购程序的执行情况；

（四）询问、质疑答复情况；

（五）内部监督管理制度建设及执行情况；

（六）省级以上人民政府财政部门规定的其他事项。

财政部门应当制定考核计划，定期对集中采购机构进行考核，考核结果有重要情况的，应当向本级人民政府报告。

第六十一条 采购人发现采购代理机构有违法行为的，应当要求其改正。采购代理机构拒不改正的，采购人应当向本级人民政府财政部门报告，财政部门应当依法处理。

采购代理机构发现采购人的采购需求存在以不合理条件对供应商实行差别待遇、歧视待遇或者其他不符合法律、法规和政府采购政策规定内容，或者发现采购人有其他违法行为的，应当建议其改正。采购人拒不改正的，采购代理机构应当向采购人的本级人民政府财政部门报告，财政部门应当依法处理。

第六十二条 省级以上人民政府财政部门应当对政府采购评审专家库实行动态管理，具体管理办法由国务院财政部门制定。

采购人或者采购代理机构应当对评审专家在政府采购活动中的职责履行情况予以记录，并及时向财政部门报告。

第六十三条 各级人民政府财政部门和其他有关部门应当加强对参加政府采购活动的供应商、采购代理机构、评审专家的监督管理，对其不良行为予以记录，并纳入统一的信用信息平台。

第六十四条 各级人民政府财政部门对政府采购活动进行监督检查，有权查阅、复制有关文件、资料，相关单位和人员应当予以配合。

第六十五条 审计机关、监察机关以及其他有关部门依法对政府采购活动实施监督，发现采购当事人有违法行为的，应当及时通报财政部门。

第八章　法　律　责　任

第六十六条　政府采购法第七十一条规定的罚款，数额为 10 万元以下。

政府采购法第七十二条规定的罚款，数额为 5 万元以上 25 万元以下。

第六十七条　采购人有下列情形之一的，由财政部门责令限期改正，给予警告，对直接负责的主管人员和其他直接责任人员依法给予处分，并予以通报：

（一）未按照规定编制政府采购实施计划或者未按照规定将政府采购实施计划报本级人民政府财政部门备案；

（二）将应当进行公开招标的项目化整为零或者以其他任何方式规避公开招标；

（三）未按照规定在评标委员会、竞争性谈判小组或者询价小组推荐的中标或者成交候选人中确定中标或者成交供应商；

（四）未按照采购文件确定的事项签订政府采购合同；

（五）政府采购合同履行中追加与合同标的相同的货物、工程或者服务的采购金额超过原合同采购金额 10%；

（六）擅自变更、中止或者终止政府采购合同；

（七）未按照规定公告政府采购合同；

（八）未按照规定时间将政府采购合同副本报本级人民政府财政部门和有关部门备案。

第六十八条　采购人、采购代理机构有下列情形之一的，依照政府采购法第七十一条、第七十八条的规定追究法律责任：

（一）未依照政府采购法和本条例规定的方式实施采购；

（二）未依法在指定的媒体上发布政府采购项目信息；

（三）未按照规定执行政府采购政策；

（四）违反本条例第十五条的规定导致无法组织对供应商履约情况进行验收或者国家财产遭受损失；

（五）未依法从政府采购评审专家库中抽取评审专家；

（六）非法干预采购评审活动；

（七）采用综合评分法时评审标准中的分值设置未与评审因素的量化指标相对应；

（八）对供应商的询问、质疑逾期未作处理；

（九）通过对样品进行检测、对供应商进行考察等方式改变评审结果；

（十）未按照规定组织对供应商履约情况进行验收。

第六十九条 集中采购机构有下列情形之一的，由财政部门责令限期改正，给予警告，有违法所得的，并处没收违法所得，对直接负责的主管人员和其他直接责任人员依法给予处分，并予以通报：

（一）内部监督管理制度不健全，对依法应当分设、分离的岗位、人员未分设、分离；

（二）将集中采购项目委托其他采购代理机构采购；

（三）从事营利活动。

第七十条 采购人员与供应商有利害关系而不依法回避的，由财政部门给予警告，并处 2000 元以上 2 万元以下的罚款。

第七十一条 有政府采购法第七十一条、第七十二条规定的违法行为之一，影响或者可能影响中标、成交结果的，依照下列规定处理：

（一）未确定中标或者成交供应商的，终止本次政府采购活动，重新开展政府采购活动。

（二）已确定中标或者成交供应商但尚未签订政府采购合同的，中标或者成交结果无效，从合格的中标或者成交候选人中另行确定中标或者成交供应商；没有合格的中标或者成交候选人的，重新开展政府采购活动。

（三）政府采购合同已签订但尚未履行的，撤销合同，从合格的中标或者成交候选人中另行确定中标或者成交供应商；没有合格的中标或者成交候选人的，重新开展政府采购活动。

（四）政府采购合同已经履行，给采购人、供应商造成损失的，由责任人承担赔偿责任。

政府采购当事人有其他违反政府采购法或者本条例规定的行为，经改正后仍然影响或者可能影响中标、成交结果或者依法被认定为中标、成交无效的，依照前款规定处理。

第七十二条 供应商有下列情形之一的，依照政府采购法第七十七条第一款的规定追究法律责任：

（一）向评标委员会、竞争性谈判小组或者询价小组成员行贿或者提供其他不正当利益；

（二）中标或者成交后无正当理由拒不与采购人签订政府采购合同；

（三）未按照采购文件确定的事项签订政府采购合同；

（四）将政府采购合同转包；

（五）提供假冒伪劣产品；

（六）擅自变更、中止或者终止政府采购合同。

供应商有前款第一项规定情形的，中标、成交无效。评审阶段资格发生变化，供应商未依照本条例第二十一条的规定通知采购人和采购代理机构的，处以采购金额5‰的罚款，列入不良行为记录名单，中标、成交无效。

第七十三条 供应商捏造事实、提供虚假材料或者以非法手段取得证明材料进行投诉的，由财政部门列入不良行为记录名单，禁止其1至3年内参加政府采购活动。

第七十四条 有下列情形之一的，属于恶意串通，对供应商依照政府采购法第七十七条第一款的规定追究法律责任，对采购人、采购代理机构及其工作人员依照政府采购法第七十二条的规定追究法律责任：

（一）供应商直接或者间接从采购人或者采购代理机构处获得其他供应商的相关情况并修改其投标文件或者响应文件；

（二）供应商按照采购人或者采购代理机构的授意撤换、修改投标文件或者响应文件；

（三）供应商之间协商报价、技术方案等投标文件或者响应文件的实质性内容；

（四）属于同一集团、协会、商会等组织成员的供应商按照该组织要求协同参加政府采购活动；

（五）供应商之间事先约定由某一特定供应商中标、成交；

（六）供应商之间商定部分供应商放弃参加政府采购活动或者放弃中标、成交；

（七）供应商与采购人或者采购代理机构之间、供应商相互之间，为谋求特定供应商中标、成交或者排斥其他供应商的其他串通行为。

第七十五条 政府采购评审专家未按照采购文件规定的评审程序、评审方法和评审标准进行独立评审或者泄露评审文件、评审情况的，由财政部门给予警告，并处 2000 元以上 2 万元以下的罚款；影响中标、成交结果的，处 2 万元以上 5 万元以下的罚款，禁止其参加政府采购评审活动。

政府采购评审专家与供应商存在利害关系未回避的，处 2 万元以上 5 万元以下的罚款，禁止其参加政府采购评审活动。

政府采购评审专家收受采购人、采购代理机构、供应商贿赂或者获取其他不正当利益，构成犯罪的，依法追究刑事责任；尚不构成犯罪的，处 2 万元以上 5 万元以下的罚款，禁止其参加政府采购评审活动。

政府采购评审专家有上述违法行为的，其评审意见无效，不得获取评审费；有违法所得的，没收违法所得；给他人造成损失的，依法承担民事责任。

第七十六条 政府采购当事人违反政府采购法和本条例规定，给他人造成损失的，依法承担民事责任。

第七十七条 财政部门在履行政府采购监督管理职责中违反政府采购法和本条例规定，滥用职权、玩忽职守、徇私舞弊的，对直接负责的主管人员和其他直接责任人员依法给予处分；直接负责的主管人员和其他直接责任人员构成犯罪的，依法追究刑事责任。

第九章　附　　则

第七十八条 财政管理实行省直接管理的县级人民政府可以根据需要并报经省级人民政府批准，行使政府采购法和本条例规定的设区的市级人民政府批准变更采购方式的职权。

第七十九条 本条例自 2015 年 3 月 1 日起施行。

财政部办公厅关于《中华人民共和国政府采购法实施条例》第十八条第二款法律适用的通知

(2015 年 9 月 17 日　财办库〔2015〕295 号)

深圳市财政委员会:

你单位《关于咨询〈政府采购法实施条例〉第十八条第二款法律适用问题的函》(深财购函〔2015〕2282 号)收悉。经研究,现函复如下:

为促进政府采购公平竞争,加强采购项目的实施监管,《中华人民共和国政府采购法实施条例》第十八条规定,"除单一来源采购项目外,为采购项目提供整体设计、规范编制或者项目管理、监理、检测等服务的供应商,不得再参加该采购项目的其他采购活动。"其中,"其他采购活动"指为采购项目提供整体设计、规范编制和项目管理、监理、检测等服务之外的采购活动。因此,同一供应商可以同时承担项目的整体设计、规范编制和项目管理、监理、检测等服务。

特此函复。

财政部关于《中华人民共和国政府采购法实施条例》第十九条第一款"较大数额罚款"具体适用问题的意见

(2022 年 1 月 5 日　财库〔2022〕3 号)

各省、自治区、直辖市、计划单列市财政厅(局),新疆生产建设兵团财政局:

《中华人民共和国政府采购法实施条例》施行以来,部分地方财政部门、市场主体反映《中华人民共和国政府采购法实施条例》第十九条第一款"较大数额罚款"在执行过程中标准不一、差异较大。为贯彻落实国务院关于进一步优化营商环境的要求，维护政府采购市场秩序，规范行政执法行为，经研究并会商有关部门，现提出以下意见：

《中华人民共和国政府采购法实施条例》第十九条第一款规定的"较大数额罚款"认定为200万元以上的罚款，法律、行政法规以及国务院有关部门明确规定相关领域"较大数额罚款"标准高于200万元的，从其规定。

本意见自2022年2月8日起施行，此前颁布的有关规定与本意见不一致的，按照本意见执行。

国务院办公厅转发财政部关于全面推进政府采购制度改革意见的通知

（2003年8月16日 国办发〔2003〕74号）

各省、自治区、直辖市人民政府，国务院各部委、各直属机构：

财政部《关于全面推进政府采购制度改革的意见》已经国务院同意，现转发给你们，请认真贯彻执行。

关于全面推进政府采购制度改革的意见

（财政部二〇〇三年八月五日）

《中华人民共和国政府采购法》（以下简称《政府采购法》）已于2003年1月1日起施行。为确保《政府采购法》顺利实施，促进各地区、各部门进一步深化政府采购制度改革，规范政府采购行为，现提出以下意见：

一、进一步提高认识，稳步推进政府采购制度改革

政府采购制度改革是财政支出管理改革的重要内容，对提高财政资金使用效益，支持国内企业发展，从源头上防止和治理腐败，具有十分重要的意义。近年来，政府采购制度改革工作取得了较大进展，但也存在一些问题，主要是一些地区和部门对政府采购制度改革还存在观望态度，干预具体采购活动的现象时有发生，采购行为不够规范透明，采购程序不够科学严密，管理体制尚不健全，采购管理人员和执行人员素质有待进一步提高等。

政府采购制度改革工作涉及面广，政策性强，各地区、各部门要高度重视，加强组织领导，切实负起责任，狠抓落实。要进一步统一思想，树立依法采购观念，发挥政府采购制度作用。政府采购制度改革是一项复杂的系统工程，涉及到制度创新和观念转变，与管理规范化紧密相关，必须结合实际，研究制订相关管理办法和工作程序，做到既规范采购，又体现效率，确保《政府采购法》的顺利实施。

二、积极采取措施，突出重点，逐步扩大政府采购规模

要结合本地区实际情况，科学合理地制订政府集中采购目录和政府采购限额标准，逐步扩大政府采购实施范围，保证政府采购规模逐年增长。要全面编制政府采购预算，通过细化财政资金采购项目和编制年度政府集中采购计划，加强政府采购的计划性。已经实行部门预算改革的，要将政府采购预算纳入部门预算统一编制；没有实行部门预算改革的，要单独编制政府采购预算。

要积极推行政府采购资金财政直接支付办法，扩大直接支付规模。对单位分散采购活动，也要加强管理和监督。当前，应当通过政府采购，重点支持我国办公软件、计算机和汽车行业的发展，增强国内企业竞争实力和发展后劲。

三、做好管理与执行机构分设工作，加快政府采购管理体制的建设

政府采购管理职能与执行职能分离，机构分别设置，是建立政府采购制度的客观要求。要科学界定监督管理职能和执行职能。政府采购监督管理部门要切实做好政府采购的政策制定、预算编制、资金支付、信息管理、聘用专家管理、供应商投诉处理、集中采购机构业绩考核和政府采购管理人员培训等监督管理工作。集中采购机构要接受委托，认真组织实施政府集中采购目录中的项目采购，制订集中采购操作规程，负责集中采购业务人员的培训。要建立管理机构与集中采购机构相互协调的工作机制。管理机构不得进入采购市场参与商业交易活动；集中采购机构作为执行机构，要严格执行有关政策，确保政府采购活动公开、公平、公正、高效。

要重点抓好集中采购机构的设置，充分发挥集中采购机构在全面推进政府采购制度改革中的重要作用。要按照法律规定和工作需要，独立设置与行政部门没有隶属关系和利益关系的集中采购机构。对已经设立的集中采购机构，要通过加强制度建设和完善监管机制，进一步规范管理。对不设置集中采购机构的，要因地制宜，积极探索提高政府采购资金效益的有效途径和办法。目前隶属于行政部门的集中采购机构，应于 2003 年年底以前与所属部门分离。

四、继续抓好制度建设，推进政府采购工作规范化管理

各地区、各部门要把加强制度建设摆在更加突出的位置。在国务院公布政府采购法实施细则前，各地区、各部门可以在法律规定的权限内，根据工作需要，制订配套的规章制度或过渡性办法，以指导和规范政府采购活动。现行规章制度中与《政府采购法》原则不相符的，要予以废止或修订。财政部要会同有关部门，按照法律要求，组织力量尽快研究起草政府采购法实施条例报国务院，并相应制订政府采购合同规范文本及有关货物和服务招投标、政府采购信息管理、政府采购专家管理、供应商投诉和集中采购机构考核等方面的管理办法。

要加大政府采购规范化管理力度。政府采购要坚持公开透明、公平竞争和公正原则，将公开招标作为主要的采购方式；进一步改进和完善采购程序，做到规范采购与简便高效相结合；建立科学、规范的政府采购聘用专家管理办法，做到管理与使用适度分离；认真处理供应商投诉，促进供应商投诉处理工作制度化和规范化。要重视调查研究，解决政府采购改革中存在的突出问题。

五、开展监督检查，进一步完善政府采购监督体系

要建立以财政部门为主，监察、审计及其他有关部门共同配合的有效监督机制，充分发挥监察、审计等部门的监督职能，强化对政府采购行为的约束，确保各项政策的落实，防止和消除政府采购中的腐败现象及各种逃避政府集中采购的行为，坚决克服本位主义和地方保护主义。要重点抓好采购范围、采购方式、采购程序和集中采购目录执行情况的监督管理，切实做到严格执法。要协调好财政部门与其他政府部门之间的工作关系，形成综合管理与行业专业监督相结合的协作机制。要强化政府采购透明度建设，开辟社会监督渠道，发挥新闻媒介和社会公众的监督作用。

六、加强采购队伍建设，切实提高管理水平

政府采购是一项政策性和专业性较强的工作，建立一支高素质的专业化管理队伍是提高政府采购工作管理水平的重要保证。地方各级政府和财政部门要制订政府采购执行人员业务考核制度，提高政策水平、法律水平和专业水平，使政府采购管理人员和执行人员全面、准确掌握政府采购制度的各项规定，增强依法行政观念，从而建立一支德才兼备的政府采购管理队伍。

国务院办公厅关于进一步
加强政府采购管理工作的意见

(2009 年 4 月 10 日　国办发〔2009〕35 号)

各省、自治区、直辖市人民政府，国务院各部委、各直属机构：

近年来，各地区、各部门认真贯彻落实《中华人民共和国政府采购法》（以下简称《政府采购法》），不断加强制度建设、规范采购行为，政府采购在提高资金使用效益，维护国家和社会公益，以及防范腐败、支持节能环保和促进自主创新等方面取得了显著成效。但是，个别单位规避政府采购，操作执行环节不规范，运行机制不完善，监督处罚不到位，部分政府采购效率低价格高等问题仍然比较突出，一些违反法纪、贪污腐败的现象时有发生，造成财政资金损失浪费。为切实解决这些问题，全面深化政府采购制度改革，经国务院同意，现就进一步加强政府采购管理工作提出以下意见：

一、坚持应采尽采，进一步强化和实现依法采购

财政部门要依据政府采购需要和集中采购机构能力，研究完善政府集中采购目录和产品分类。各地区、各部门要加大推进政府采购工作的力度，扩大政府采购管理实施范围，对列入政府采购的项目应全部依法实施政府采购。尤其是要加强对部门和单位使用纳入财政管理的其他资金或使用以财政性资金作为还款来源的借（贷）款进行采购的管理；要加强工程项目的政府采购管理，政府采购工程项目除招标投标外均按《政府采购法》规定执行。

各部门、各单位要认真执行政府采购法律制度规定的工作程序和操作标准，合理确定采购需求，及时签订合同、履约验收和支付资金，不得以任何方式干预和影响采购活动。属政府集中采购目录项目要委托集中采购机构实施；达到公开招标限额标准的采购项目，未经财政部门批准不得采取其他采购方式，并严格按规定向社会公开发布采购信息，实现采购活动的公开透明。

二、坚持管采分离，进一步完善监管和运行机制

加强政府采购监督管理与操作执行相分离的体制建设，进一步完善财政部门监督管理和集中采购机构独立操作运行的机制。

财政部门要严格采购文件编制、信息公告、采购评审、采购合同格式和产品验收等环节的具体标准和程序要求；要建立统一的专家库、供应商产品信息库，逐步实现动态管理和加强违规行为的处罚；要会同国家保密部门制定保密项目采购的具体标准、范围和工作要求，防止借采购项目保密而逃避或简化政府采购的行为。

集中采购机构要严格按照《政府采购法》规定组织采购活动，规范集中采购操作行为，增强集中采购目录执行的严肃性、科学性和有效性。在组织实施中不得违反国家规定收取采购代理费用和其他费用，也不得将采购单位委托的集中采购项目再委托给社会代理机构组织实施采购。要建立健全内部监督管理制度，实现采购活动不同环节之间权责明确、岗位分离。要重视和加强专业化建设，优化集中采购实施方式和内部操作程序，实现采购价格低于市场平均价格、采购效率更高、采购质量优良和服务良好。

在集中采购业务代理活动中要适当引入竞争机制，打破现有集中采购机构完全按行政隶属关系接受委托业务的格局，允许采购单位在所在区域内择优选择集中采购机构，实现集中采购活动的良性竞争。

三、坚持预算约束，进一步提高政府采购效率和质量

各部门、各单位要按照《政府采购法》的规定和财政部门预算管理的要求，将政府采购项目全部编入部门预算，做好政府采购预算和采购计划编报的相互衔接工作，确保采购计划严格按政府采购预算的项目和数额执行。

要采取有效措施，加强监管部门、采购单位和采购代理机构间的相互衔接，通过改进管理水平和操作执行质量，不断提高采购效率。财政部门要改进管理方式，提高审批效率，整合优化采购环节，制定标准化工作程序，建立各种采购方式下的政府采购价格监测机制和采购结果社会公开披露制度，实现对采购活动及采购结果的有效监控。集中采购机构要提高业务技能和专业化操作水平，通过优化采购组织形式，科学制定价格参数和评价标准，完善评审程序，缩短采购操作时间，建立政府采购价格与市场价格的联动机制，实现采购价格和采购质量最优。

四、坚持政策功能，进一步服务好经济和社会发展大局

政府采购应当有助于实现国家的经济和社会发展政策目标。强化政府采购的政策功能作用，是建立科学政府采购制度的客观要求。各地区、各部门要从政府采购政策功能上支持国家宏观调控，贯彻好扩大内需、调整结构等经济政策，认真落实节能环保、自主创新、进口产品审核等政府采购政策；进一步扩大政府采购政策功能范围，积极研究支持促进中小企业发展等政府采购政策。加大强制采购节能产品和优先购买环保产品的力度，凡采购产品涉及节能环保和自主创新产品的，必须执行财政部会同有关部门发布的节能环保和自主创新产品政府采购清单（目录）。要严格审核进口产品的采购，凡国内产品能够满足需求的都要采购国内产品。财政部门要加强政策实施的监督，跟踪政策实施情况，建立采购效果评价体系，保证政策规定落到实处。

五、坚持依法处罚，进一步严肃法律制度约束

各级财政、监察、审计、预防腐败部门要加强对政府采购的监督管理，严格执法检查，对违法违规行为要依法追究责任并以适当方式向社会公布，对情节严重的要依法予以处罚。

要通过动态监控体系及时发现、纠正和处理采购单位逃避政府采购和其他违反政府采购制度规定的行为，追究相关单位及人员的责任。要完善评审专家责任处罚办法，对评审专家违反政府采购制度规定、评审程序和评审标准，以及在评审工作中敷衍塞责或故意影响评标结果等行为，要严肃处理。要加快供应商诚信体系建设，对供应商围标、串标和欺诈等行为依法予以处罚并向社会公布。要加快建立对采购单位、评审专家、供应商、集中采购机构和社会代理机构的考核评价制度和不良行为公告制度，引入公开评议和社会监督机制。严格对集中采购机构的考核，考核结果要向同级人民政府报告。加强对集中采购机构整改情况的跟踪监管，对集中采购机构的违法违规行为，要严格按照法律规定予以处理。

六、坚持体系建设，进一步推进电子化政府采购

加强政府采购信息化建设，是深化政府采购制度改革的重要内容，也是实现政府采购科学化、精细化管理的手段。各地区要积极推进政府采购信息化建设，利用现代电子信息技术，实现政府采购管理和操作执行各个环节的协调联动。财政部门要切实加强对政府采购信息化建设工作的统一领导和组织，科学制订电子化政府采购体系发展建设规划，以管理功能完善、交易公开透明、操作规范统一、网络安全可靠为目标，建设全国统一的电子化政府采购管理交易平台，逐步实现政府采购业务交易信息共享和全流程电子化操作。要抓好信息系统推广运行的组织工作，制定由点到面、协调推进的实施计划。

七、坚持考核培训，进一步加强政府采购队伍建设

各地区、各部门要继续加强政府采购从业人员的职业教育、法制教育和技能培训，增强政府采购从业人员依法行政和依法采购的观念，建立系统的教育培训制度。财政部要会同有关部门研究建立政府采购从业人员执业资格制度，

对采购单位、集中采购机构、社会代理机构和评审专家等从业人员实行持证上岗和执业考核,推动政府采购从业人员职业化的进程。集中采购机构要建立内部岗位标准和考核办法,形成优胜劣汰的良性机制,不断提高集中采购机构专业化操作水平。

各地区、各部门要全面把握新时期、新形势下完善政府采购制度的新要求,进一步提高对深化政府采购制度改革重要性的认识,切实加大推进政府采购管理工作的力度,加强对政府采购工作的组织领导,着力协调和解决政府采购管理中存在的突出问题,推进政府采购工作健康发展。

国务院法制办公室对政府采购工程项目法律适用及申领施工许可证问题的答复

(2015 年 8 月 3 日　国法秘财函〔2015〕736 号)

财政部办公厅:

你厅《关于提请对政府采购工程项目的法律适用及申领施工许可证问题进行立法解释的函》(财办库〔2015〕211 号)收悉。经研究,现函复如下:

按照招标投标法实施条例第二条的规定,建筑物和构筑物的新建、改建、扩建及其相关的装修、拆除、修缮属于依法必须进行招标的项目。据此,与建筑物和构筑物的新建、改建、扩建无关的单独的装修、拆除、修缮不属于依法必须进行招标的项目。

政府采购此类项目时,应当按照政府采购法实施条例第二十五条的规定,采用竞争性谈判或者单一来源方式进行采购,依法通过竞争性谈判或者单一来源方式确定供应商的政府采购,应当颁发施工许可证,不应当以未进入有形市场进行招标为由拒绝颁发施工许可证。

国务院办公厅关于印发中央国家机关
全面推行政府采购制度实施方案的通知

（2002 年 10 月 7 日　国办发〔2002〕53 号）

国务院各部委、各直属机构：

《中央国家机关全面推行政府采购制度的实施方案》已经国务院同意，现印发给你们，请认真贯彻执行。

中央国家机关全面推行政府采购制度，对加强财政支出管理，提高财政资金使用效益，从源头上预防和治理腐败等具有十分重要的意义。各部门、各单位一定要提高认识，加强领导，积极支持搞好这项改革。有关部门要加强对政府采购工作的管理、监督和检查，积极研究制定配套实施办法，逐步使政府采购工作走上规范化、制度化轨道。有关单位要不断改进工作，完善服务，提高工作效率。要密切注意实施中可能出现的问题，及时采取措施，认真加以解决。

附件：

中央国家机关全面推行政府采购制度的实施方案

根据《中华人民共和国政府采购法》和国务院有关决定精神，在总结三年来中央国家机关政府采购试点工作经验的基础上，现就中央国家机关全面推行政府采购制度，提出如下实施方案：

一、总体目标和原则

中央国家机关全面推行政府采购制度的总体目标是：建立符合社会主义市场经济体制要求和中央国家机关实际的政府采购管理体制，规范采购行为，强化财政支出管理，提高财政资金使用效益，维护国家利益和社会公共利益，促进廉政建设。

中央国家机关全面推行政府采购制度遵循以下原则：

（一）合理分工、相互制衡，政府采购管理部门与集中采购机构分开、集中采购机构与项目采购部门分开。

（二）兼顾效益与效率，合理确定集中采购与自行分散采购的范围。集中采购机构的采购活动，应当符合采购价格低于市场平均价格、采购效率更高、采购质量优良和服务良好的要求。

（三）公开、公平、公正，严格工作程序，规范采购行为，建立健全监督机制。

（四）分步实施，先易后难，稳步推进，逐步扩大实施范围。

二、管理与组织实施

中央国家机关政府采购工作实行统一管理，分类组织实施。

（一）政府采购管理。

财政部是中央国家机关政府采购工作的监督管理部门，主要履行下列职责：制定中央国家机关政府采购管理规章制度；编制政府采购计划；拟定政府集中采购目录、集中采购限额标准和公开招标数额标准（不包括工程公开招标），报国务院批准公布；负责集中采购资金的缴拨管理；负责从事中央国家机关政府采购业务的社会招标代理机构的登记备案；负责集中采购机构的业绩考核；管理政府采购信息的统计和发布工作；负责政府采购管理人员的培训；按法律规定权限受理政府采购活动中的投诉事项；办理其他有关政府采购管理事务。

（二）集中采购的组织实施。

纳入中央国家机关集中采购目录的项目，应当实行集中采购。

设立中央国家机关政府采购中心，接受委托组织实施中央国家机关集中采购目录中的项目采购。该中心为财政全额拨款的事业单位，由国务院办公厅委托国务院机关事务管理局管理。其主要职责是：受中央国家机关各部门、各单位（以下统称"各部门"）委托，制定集中采购的具体操作方案并组织实施；直接组织招标活动；根据各部门委托的权限签订或组织签订采购合同并督促合同履行；制定集中采购内部操作规程；负责各部门集中采购操作业务人员的培训；接受各部门委托，代理中央国家机关集中采购目录以外项目的采购；办理其他采购事务。

（三）各部门自行采购的组织实施。

中央国家机关集中采购目录以外的采购项目，由各部门按照法律和有关规定自行组织采购，可以实行部门集中采购或分散采购，具体办法另行制定。部门集中采购可以由部门自行组织，也可以委托中央国家机关政府采购中心或政府采购社会招投标代理机构采购。

各部门要加强本部门政府采购的管理，制定本部门政府采购管理办法；按照规定编报政府采购年度预算；组织实施部门集中采购，指导二级预算单位或基层单位进行分散采购。

三、政府采购方式

政府采购采用以下方式：公开招标、邀请招标、竞争性谈判、询价、单一来源采购和财政部确定的其他采购方式。

中央国家机关政府采购中心和各部门的集中采购活动要按有关法律规定确定采购方式，达到公开招标数额标准以上的要实行公开招标采购，其中采购货物和服务达到公开招标数额但由于特殊情况需要采用其他方式采购的，要报财政部批准。公开招标要执行有关法律、法规和部门规章的规定。对需委托政府采购社会招投标代理机构办理招标事务的，要报财政部备案。

四、集中采购工作程序

（一）编制政府采购预算。

各部门编制政府采购预算，列明采购项目及资金预算，并按照预算管理权限汇总上报财政部审核。

（二）制定政府采购计划。

财政部依据批复的部门预算，汇总编制各部门当年政府采购计划（主要包括政府采购项目和实施要求），下达给各部门执行，并抄送中央国家机关政府采购中心。

（三）组织采购。

各部门根据财政部下达的政府采购计划，一般于一个月内将列入集中采购目录的采购项目向中央国家机关政府采购中心报送采购清单，其主要内容包括采购项目名称、技术规格、数量、使用要求、配送单位名单和交货时间等。中央国家机关政府采购中心根据各部门报送的采购清单制定具体操作方案并报财政部备案。

各部门与中央国家机关政府采购中心应当签订委托代理协议，确定委托代理事项，约定双方的权利和义务。

中央国家机关政府采购中心实施公开招标采购的，应当在有关部门指定媒体上公布招标信息，随机确定评标专家，按程序进行评标、签订合同。

（四）履行合同。

采购合同签订后，当事人应当按照合同规定履行各自的权利和义务。中央国家机关政府采购中心或采购部门负责验收，需要时应请质检部门或其他有关单位参加验收。

（五）支付采购资金。

根据政府采购计划，属于财政直接支付资金的采购项目，采购部门应按照签订的合同和财政部有关规定，填报采购资金支付申请书并报财政部。财政部审核无误后，按合同约定将资金支付给供应商；不属于财政直接支付的采购项目，由采购部门按现行资金管理渠道和合同规定付款。

五、监督检查

财政部负责对中央国家机关政府采购中心和采购当事人执行有关政府采购的法律、法规和规章的情况进行监督检查，并按法律规定受理政府采购活动中的投诉。对中央国家机关政府采购中心的采购价格、资金节约效果、服务质量、信誉状况、有无违规行为等进行考核，并定期公布结果。对违规行为予以通报批评，情节严重的按有关规定给予处理。

监察部负责对政府采购监督管理和具体操作活动以及政府采购工作人员在采购活动中出现的违反有关法律、法规和徇私舞弊的行为进行查处。

审计署负责对政府采购活动的真实、合法、效益情况进行审计监督。

采用招标方式采购的，对招投标活动的监督按照《国务院办公厅印发国务院有关部门实施招标投标活动行政监督的职责分工意见的通知》（国办发〔2000〕34号）的规定，由有关部门分工负责。政府采购工程进行招标投标的，适用《中华人民共和国招标投标法》。

中央国家机关政府采购中心和各部门要加强内部规章制度建设和工作队伍建设，实行项目责任制、人员轮岗制度和回避制度，建立健全内部监督制约机制。

任何单位和个人都有权检举和控告政府采购活动中的违法违纪行为。

六、实施步骤

原则为分步实施、先易后难、积极稳妥，逐步扩大中央国家机关政府采购范围。

（一）单位范围。2003年所有在京中央国家机关（包括国务院各部委、各直属机构、办事机构、直属事业单位、有关人民团体）必须实行政府采购制度，2004年扩大到中央国家机关的所有二级预算单位，2005年全面实行。

各部门可以根据实际情况，提前全面实行政府采购制度。

（二）资金范围。2003年上述单位用预算内资金和预算外资金安排的采购项目要实行政府采购，2004年扩大到其他配套资金。

（三）项目范围。用上述资金采购的货物、工程和服务都要纳入政府采购。从2003年开始国务院每年公布中央国家机关集中采购目录和集中采购限额标准。

七、配套措施

（一）进一步深化财政管理制度改革，加大实行部门预算和国库集中支付工作力度。进一步细化部门预算项目，提高政府采购预算的可操作性，扩大采购资金财政直接支付的规模。

（二）积极做好政府采购的基础性工作，加强相关规章制度建设。要建立政府采购专家信息库和供应商信息库，完善政府采购信息公告制度，研究制定办公设备和家具的配备标准、公务用车配备管理办法等。

（三）打破部门、行业垄断和地区封锁，积极创造条件形成国内政府采购统一市场。

财政部关于印发《中央单位政府采购 管理实施办法》的通知

（2004 年 7 月 23 日　财库〔2004〕104 号）

党中央有关部门，国务院各部委、各直属机构，有关人民团体，全国人大办公厅，全国政协办公厅，高法院，高检院，新疆生产建设兵团：

为了推进和深化中央单位政府采购制度改革，建立和规范中央单位政府采购运行机制，财政部依据《中华人民共和国政府采购法》，制定了《中央单位政府采购管理实施办法》，现印发给你们，请认真执行。

附件：中央单位政府采购管理实施办法

附件：

中央单位政府采购管理实施办法

第一章　总　　则

第一条　为了加强中央单位政府采购管理，建立和规范中央单位政府采购运行机制，根据《中华人民共和国政府采购法》，制定本办法。

第二条　中央单位政府采购适用本办法。

本办法所称中央单位，是指与财政部发生预算缴款、拨款关系的国家机关、事业单位和社会团体。

中央单位按预算管理权限和经费领报关系，分为主管预算单位（主管部门）、二级预算单位和基层预算单位。

第三条 中央单位政府采购是指中央单位按照政府采购法律、行政法规和制度规定的方式和程序，使用财政性资金（预算资金、政府性基金和预算外资金）和与之配套的单位自筹资金，采购国务院公布的政府集中采购目录内或者采购限额标准以上的货物、工程和服务的行为。

第四条 中央单位政府采购组织形式分为政府集中采购、部门集中采购和单位自行采购。

政府集中采购，是指中央单位将属于政府集中采购目录中的政府采购项目委托集中采购机构代理的采购活动。

部门集中采购，是指主管部门统一组织实施部门集中采购项目的采购活动。

单位自行采购，也称分散采购，是指中央单位实施政府集中采购和部门集中采购范围以外、采购限额标准以上政府采购项目的采购活动。

第五条 财政部是中央单位政府采购的监督管理部门，履行全面的监督管理职责。国务院其他有关部门依法履行与政府采购活动有关的监督管理职责。

中央单位（含部门集中采购机构）是采购人，负责本部门、本系统政府采购的组织和实施工作。集中采购机构（不包括部门集中采购机构，下同）是政府集中采购的代理机构，负责承办中央单位政府集中采购操作事务。

第六条 财政部的主要职责是：依法制定中央单位政府采购政策及管理制度；编制审核政府采购预算和计划；拟定中央单位政府集中采购目录、部门集中采购项目、采购限额标准和公开招标数额标准，报国务院批准；审批政府采购方式；建立和管理中央单位政府采购评审专家库；协调处理各中央单位以及中央单位与集中采购机构之间的工作关系；监督检查中央单位、集中采购机构和经财政部确认或审批资格的其他政府采购代理机构的政府采购活动；考核集中采购机构业绩；处理供应商对中央单位政府采购活动的投诉事宜。

第七条 主管部门的主要职责是：制定本部门、本系统政府采购实施办法；编制本部门政府采购预算和政府采购实施计划；协助实施政府集中采购；统一组织实施部门集中采购项目；按规定权限对所属单位的政府采购活动实施管理；

推动和监督所属单位政府采购工作；统一向财政部报送本部门、本系统有关政府采购的审批或备案文件、执行情况和统计报表。

第八条 二级预算单位和基层预算单位的主要职责是：严格执行各项政府采购规定；完整编制政府采购预算并逐级报送主管部门审核汇总；向上级主管部门提供政府采购的实施计划及有关资料；组织实施单位自行采购工作；依法签订和履行政府采购合同；编报本单位政府采购信息统计报表。

第九条 集中采购机构的主要职责是：接受中央单位委托，组织实施政府集中采购目录中的项目采购；直接组织招标活动；负责集中采购业务人员培训；接受委托代理其他政府采购项目的采购。

第十条 中央单位政府采购工作应当实行内部统一管理，建立和完善内部监督制约机制。主管部门的财务（资金）管理机构具体负责本部门、本系统政府采购的执行性管理。

第十一条 中央单位政府采购管理的主要内容是：政府集中采购目录和部门集中采购项目及采购限额标准的确定；政府采购预算的编制；政府采购实施计划的制定；采购组织形式和采购方式的确定；采购活动的实施；中标或成交供应商的确定；采购合同的签订和履约验收；采购资金的支付与结算；采购文件的保存以及采购统计的编报等。

第十二条 中央单位达到公开招标数额标准的采购项目，应当采用公开招标采购方式。因特殊情况需要采取公开招标以外的邀请招标、竞争性谈判、询价和单一来源等采购方式的，应当在采购活动开始前报财政部批准。

第十三条 中央单位政府采购信息应当按照法律、行政法规和财政部有关规定，首先在财政部指定的政府采购信息发布媒体上公告。必须公告的政府采购信息包括：招标公告、中标或成交结果，主管部门制定的政府采购实施办法，集中采购机构承办的招标公告、中标或成交结果和有关操作性文件。

第十四条 政府采购的评审专家的确定，应当按照《政府采购评审专家管理办法》规定，从财政部建立的中央单位政府采购评审专家库中抽取。

第二章　备案和审批管理

第十五条　政府采购备案和审批管理，是指财政部对中央单位、集中采购机构及其他采购代理机构按规定以文件形式报送备案、审批的有关政府采购文件或采购活动事项，依法予以备案或审批的管理行为。

财政部负责政府采购工作的机构具体办理政府采购备案和审批事宜。

第十六条　除财政部另有规定外，备案事项不需要财政部回复意见。

下列事项应当报财政部备案：

（一）主管部门制定的本部门、本系统有关政府采购的实施办法；

（二）部门预算追加应当补报的政府采购预算、已经批复政府采购预算的变更；

（三）政府采购实施计划、主管部门增加的部门集中采购项目；

（四）经财政部批准，采用公开招标以外采购方式的执行情况；

（五）集中采购招标公告、集中采购机构制定的采购项目操作方案，以及集中采购机构组织的协议供货、定点采购协议书副本；

（六）政府采购项目的合同副本；

（七）法律、行政法规规定其他需要备案的事项。

第十七条　审批事项应当经财政部依法批准后才能组织实施。

下列事项应当报财政部审批：

（一）因特殊情况对达到公开招标数额标准的采购项目需要采用公开招标以外的采购方式的；

（二）因特殊情况需要采购非本国货物、工程或服务的；

（三）集中采购机构组织实施协议供货采购、定点采购，其实施方案、招标文件、操作文件、中标结果、协议内容需要变更的；

（四）集中采购机构制定的操作规程；

（五）政府集中采购的协议供货协议书、定点采购协议书和财政直接支付项目采购合同的变更，涉及支付金额的；

（六）法律、行政法规规定其他需要审批的事项。

第十八条 备案和审批事项由主管部门、集中采购机构或其他政府采购代理机构依照有关规定向财政部报送。

第十九条 在备案和审批管理中，财政部可以根据管理需要，将对二级预算单位和基层预算单位的备案或审批管理权限授予其主管部门办理，但法律、行政法规规定应当由财政部负责备案和审批的事项除外。

第三章 政府采购预算和计划管理

第二十条 中央单位在编制下一财政年度部门预算时，应当将该财政年度政府采购项目及资金预算在政府采购预算表中单列，按程序逐级上报主管部门。主管部门审核汇总后报财政部。

年度政府采购项目按国务院颁发的年度中央预算单位政府集中采购目录及采购限额标准执行。

第二十一条 财政部对部门预算中的政府采购预算进行审核，并随部门预算批复各主管部门执行。

第二十二条 主管部门应当按照财政部批复的部门预算，分别制定政府集中采购、部门集中采购实施计划。

政府集中采购实施计划，是指主管部门将本部门、本系统属于政府集中采购目录中的采购项目，按照项目构成、使用单位、采购数量、技术规格、使用时间等内容编制的具体采购计划。

部门集中采购实施计划，是指主管部门根据部门集中采购项目和本部门实际，依法制定的部门集中采购项目的具体采购计划。

第二十三条 主管部门应当自接到财政部下达的部门预算之日起40个工作日内，将政府集中采购实施计划和部门集中采购实施计划报财政部备案，并将政府集中采购实施计划抄送集中采购机构组织采购。

第二十四条 中央单位按照预算管理程序调整或补报政府采购预算的，应当及时调整政府集中采购实施计划或部门集中采购实施计划。

第二十五条 未列入政府采购预算、未办理预算调整或补报手续的政府采购项目，不得实施采购。

第四章 政府集中采购管理

第二十六条 中央单位应当将属于政府集中采购目录内的项目，委托集中采购机构代理采购。

第二十七条 中央单位与集中采购机构应当在集中采购开始前签订委托代理协议，明确委托的事项、双方的权利与义务。委托代理协议应当具体确定双方在编制采购文件、确定评标办法与中标标准、组建评标委员会、评标、定标等方面的权利和义务。

中央单位按照自愿原则，可就确定中标人、签订合同、验收等事项委托集中采购机构办理。

集中采购委托代理协议可以按项目签订，也可以按年度签订一揽子协议，具体项目有特殊要求的，再另行签订补充协议。

第二十八条 在政府集中采购实施过程中，集中采购机构应当按照有关规定和委托代理协议约定开展采购活动。

第二十九条 集中采购机构应当坚持规范与效率相结合原则，做好代理采购项目的具体采购工作。其工作人员不得参与、干预或影响具体评标、谈判和询价工作。

第三十条 集中采购机构应当自接到中央单位项目委托后40日内确定中标、成交供应商。经财政部批准采用非招标采购方式进行的紧急采购，应当在15日内确定中标、成交供应商。

第三十一条 协议供货采购、定点采购的采购结果（包括中标产品、配置及价格等），应当在财政部指定的政府采购信息发布媒体上公告，同时以文件形式印发各委托采购的中央单位。

协议供货采购、定点采购应当在投标截止日期后10个工作日内完成中标结果公告和文件印发工作。

第三十二条　中央单位采购协议供货或定点采购项目，一次性采购批量较大的，应当与中标供应商就价格再次谈判或询价。

第三十三条　政府集中采购应当遵循以下工作程序：

（一）编制计划。主管部门接到财政部下达的部门预算后在规定时间内，编制集中采购实施计划并委托负责本部门、本系统政府集中采购的集中采购机构实施采购。

（二）签订委托协议。主管部门与集中采购机构签订委托代理协议，确定委托代理事项，约定双方的权利与义务。

（三）制定操作方案。集中采购机构汇总各中央单位政府集中采购实施计划，并与委托方协商后，制定具体操作方案，包括协议供货采购、定点采购方案。

（四）组织采购。集中采购机构采用公开招标方式或财政部批准的其他采购方式，按照经备案或审批的操作方案开展采购活动。

（五）确定中标、成交结果。集中采购机构被授权确定中标或成交结果的，应当在集中采购工作完成后 3 个工作日内，将中标结果通知委托方，并发出中标或成交通知书，同时发布中标或成交公告。

集中采购机构不承办确定中标或成交结果事项的，应当在评标、谈判或询价工作完成后，将采购结果报委托方，由委托方确定中标或成交供应商，并发中标或成交通知书和公告。

（六）中央单位应当自中标、成交通知书发出 30 日内，与中标、成交供应商签订采购合同。

第五章　部门集中采购管理

第三十四条　中央单位的部门集中采购项目，应当实行部门集中采购。主管部门负责部门集中采购的组织实施，部门集中采购事务可以由财务（资金）管理机构具体负责办理，也可以另行明确一个机构具体负责办理。部门集中采购项目的招投标事务，可以委托集中采购机构或其他政府采购代理机构承办。

第三十五条 部门集中采购的评审专家应当从财政部建立的中央单位政府采购评审专家库中抽取，本部门的工作人员不得以评审专家身份参加本部门政府采购项目的评标、谈判或询价工作。

第三十六条 部门集中采购应当遵循以下工作程序：

（一）细化部门集中采购项目。主管部门接到财政部下达的部门预算后，应当进一步明确本部门、本系统实行部门集中采购的项目范围，逐级下达到二级预算单位和基层预算单位。

（二）编制计划。二级预算单位和基层预算单位根据主管部门要求，编制部门集中采购实施计划报主管部门。

（三）制定方案。主管部门汇总所属单位上报的部门集中采购实施计划后，制定具体操作方案。

（四）实施采购。主管部门依法采用相应的采购方式组织采购活动。委托集中采购机构或其他政府采购代理机构代理采购的，应当签订委托代理协议。

（五）采购活动完成后，应当及时确定中标、成交供应商，向其发出中标或成交通知书，同时发布中标、成交公告。

（六）主管部门及其所属单位要在中标、成交通知书发出30日内，与中标、成交供应商签订采购合同。主管部门应当组织采购合同履行及验收工作。

第六章 单位自行采购与其他事项管理

第三十七条 单位自行采购可以由项目使用单位自行组织采购，也可以委托集中采购机构或其他政府采购代理机构代理采购。

第三十八条 单位自行采购应当依据法定的采购方式和程序开展采购活动，完整保存采购文件。

第三十九条 单位自行采购应当按照本办法规定实行备案和审批管理。

第四十条 政府采购应当签订书面合同。采购合同应当由项目使用单位与中标、成交供应商签订，也可以根据具体组织形式委托主管部门、集中采购机构或其他政府采购代理机构与中标、成交供应商签订。

由主管部门、集中采购机构和其他政府采购代理机构与中标、成交供应商签订合同的，应当在合同条款中明确各自的权利和义务。

第四十一条 政府采购合同应当自签订之日起 7 个工作日内，将合同副本报财政部备案。

第四十二条 中标、成交通知书发出时间超过 30 日，中央单位或中标、成交供应商任何一方拒绝签订合同的，违约一方应当向对方支付采购文件中规定的违约金。

第四十三条 中央单位、集中采购机构和其他政府采购代理机构应当按照合同约定，对履约情况进行验收。重大采购项目应当委托国家专业检测机构办理验收事务。

履约验收应当依据事先规定的标准和要求，不得增加新的验收内容或标准。凡符合事先确定标准的，即为验收合格。当事人对验收结论有异议的，应当请国家有关专业检测机构进行检测。

第四十四条 政府采购合同订立后，不得擅自变更、中止或者终止。经合同双方当事人协商一致的，可以依法变更合同。

第四十五条 中央单位应当按合同约定及时支付采购资金。实行国库集中支付试点改革的部门，按国库集中支付规定程序办理资金支付；未实行国库集中支付改革试点的部门，按现行办法由中央单位负责支付。

第四十六条 中央单位应当加强政府采购基础管理工作，建立采购文件档案管理制度。

第七章　监督检查

第四十七条 财政部对中央单位政府采购活动实行经常性监督检查制度，依法对中央单位、集中采购机构、其他政府采购代理机构执行政府采购法律、行政法规和规章制度情况进行监督检查。

第四十八条 财政部对中央单位政府采购活动进行经常性监督检查的主要内容是：

（一）政府采购预算和政府采购实施计划的编制和执行情况；

（二）政府集中采购目录和部门集中采购项目的执行情况；

（三）政府采购备案或审批事项的落实情况；

（四）政府采购信息在财政部指定媒体上的发布情况；

（五）政府采购有关法规、制度和政策的执行情况；

（六）内部政府采购制度建设情况；

（七）政府采购合同的订立、履行、验收和资金支付情况；

（八）对供应商询问和质疑的处理情况；

（九）财政部授权事项落实情况；

（十）法律、行政法规和制度规定的其他事项。

第四十九条　财政部对集中采购机构政府采购活动进行经常性监督检查的主要内容是：

（一）内部制度建设和监督制约机制落实情况；

（二）政府集中采购目录执行情况；

（三）政府采购备案审批事项落实情况；

（四）政府采购评审专家抽取和使用情况；

（五）政府采购信息在财政部指定发布媒体上的公告情况；

（六）政府采购工作效率、采购价格和资金节约率情况；

（七）服务质量和信誉状况；

（八）对供应商询问、质疑处理情况；

（九）有关政府集中采购规定和政策执行情况；

（十）法律、行政法规和制度规定的其他事项。

第五十条　主管部门应当对本部门、本系统政府采购工作情况实施监督检查。

第五十一条　集中采购机构应当加强内部管理，建立内部监督制约机制，全面、规范地做好中央单位委托的集中采购事务。

第五十二条　供应商应当依法参加政府采购活动。

财政部对中标供应商履约实施监督管理，对协议供货或定点采购的中标供应商进行监督检查。

第五十三条 供应商对中央单位政府采购活动事项的询问、质疑和投诉，以及对询问、质疑和投诉的答复、处理，按照有关政府采购的法律、行政法规和规章的规定进行。

第五十四条 财政部、监察部和审计署等部门对中央单位政府采购活动中的违法行为，应当按照各自职责依法予以处理。

第八章 附 则

第五十五条 主管部门应当按照本规定制定具体实施办法。

第五十六条 军队武警系统政府采购管理实施办法由其另行制定。

第五十七条 本办法自 2004 年 9 月 1 日起施行。财政部 2001 年 4 月 9 日颁布的《中央单位政府采购管理实施办法》（财库〔2001〕30 号）同时废止。

财政部关于促进政府采购
公平竞争优化营商环境的通知

（2019 年 7 月 26 日 财库〔2019〕38 号）

各中央预算单位，各省、自治区、直辖市、计划单列市财政厅（局），新疆生产建设兵团财政局：

为贯彻落实中央深改委审议通过的《深化政府采购制度改革方案》和《国务院办公厅关于聚焦企业关切进一步推动优化营商环境政策落实的通知》（国办发〔2018〕104 号）有关要求，构建统一开放、竞争有序的政府采购市场体系，现就促进政府采购领域公平竞争、优化营商环境相关事项通知如下：

一、全面清理政府采购领域妨碍公平竞争的规定和做法

各地区、各部门应当严格落实《中华人民共和国政府采购法》等相关法律法规的要求，依法保障各类市场主体平等参与政府采购活动的权利。要全面清理政府采购领域妨碍公平竞争的规定和做法，重点清理和纠正以下问题：

（一）以供应商的所有制形式、组织形式或者股权结构，对供应商实施差别待遇或者歧视待遇，对民营企业设置不平等条款，对内资企业和外资企业在中国境内生产的产品、提供的服务区别对待；

（二）除小额零星采购适用的协议供货、定点采购以及财政部另有规定的情形外，通过入围方式设置备选库、名录库、资格库作为参与政府采购活动的资格条件，妨碍供应商进入政府采购市场；

（三）要求供应商在政府采购活动前进行不必要的登记、注册，或者要求设立分支机构，设置或者变相设置进入政府采购市场的障碍；

（四）设置或者变相设置供应商规模、成立年限等门槛，限制供应商参与政府采购活动；

（五）要求供应商购买指定软件，作为参加电子化政府采购活动的条件；

（六）不依法及时、有效、完整发布或者提供采购项目信息，妨碍供应商参与政府采购活动；

（七）强制要求采购人采用抓阄、摇号等随机方式或者比选方式选择采购代理机构，干预采购人自主选择采购代理机构；

（八）设置没有法律法规依据的审批、备案、监管、处罚、收费等事项；

（九）除《政府采购货物和服务招标投标管理办法》第六十八条规定的情形外，要求采购人采用随机方式确定中标、成交供应商；

（十）违反法律法规相关规定的其他妨碍公平竞争的情形。

各地区、各部门要抓紧清理政府采购领域妨碍公平竞争的规定和做法，有关清理结果要及时向社会公开，并于 2019 年 10 月 31 日前报送财政部。

二、严格执行公平竞争审查制度

各地区、各部门制定涉及市场主体的政府采购制度办法，要严格执行公平竞争审查制度，充分听取市场主体和相关行业协会商会意见，评估对市场竞争的影响，防止出现排除、限制市场竞争问题。重点审查制度办法是否设置不合理和歧视性的准入条件排斥潜在供应商参与政府采购活动，是否设置没有法律法规依据的行政审批或者具有审批性质的备案，是否违规给予特定供应商优惠待遇等。经审查认为不具有排除、限制竞争效果的，可以颁布实施；具有排除、限制竞争效果的，应当不予出台或者调整至符合相关要求后出台；未经公平竞争审查的，不得出台。

在政府采购相关制度办法实施过程中，应当定期或者适时评估其对全国统一市场和公平竞争的影响，对妨碍统一市场和公平竞争的，要及时修改完善或者予以废止。

三、加强政府采购执行管理

优化采购活动办事程序。对于供应商法人代表已经出具委托书的，不得要求供应商法人代表亲自领购采购文件或者到场参加开标、谈判等。对于采购人、采购代理机构可以通过互联网或者相关信息系统查询的信息，不得要求供应商提供。除必要的原件核对外，对于供应商能够在线提供的材料，不得要求供应商同时提供纸质材料。对于供应商依照规定提交各类声明函、承诺函的，不得要求其再提供有关部门出具的相关证明文件。

细化采购活动执行要求。采购人允许采用分包方式履行合同的，应当在采购文件中明确可以分包履行的具体内容、金额或者比例。采购人、采购代理机构对投标（响应）文件的格式、形式要求应当简化明确，不得因装订、纸张、文件排序等非实质性的格式、形式问题限制和影响供应商投标（响应）。实现电子化采购的，采购人、采购代理机构应当向供应商免费提供电子采购文件；暂未实现电子化采购的，鼓励采购人、采购代理机构向供应商免费提供纸质采购文件。

规范保证金收取和退还。采购人、采购代理机构应当允许供应商自主选择以支票、汇票、本票、保函等非现金形式缴纳或提交保证金。收取投标（响应）保证金的，采购人、采购代理机构约定的到账（保函提交）截止时间应当与投标（响应）截止时间一致，并按照规定及时退还供应商。收取履约保证金的，应当在采购合同中约定履约保证金退还的方式、时间、条件和不予退还的情形，明确逾期退还履约保证金的违约责任。采购人、采购代理机构不得收取没有法律法规依据的保证金。

及时支付采购资金。政府采购合同应当约定资金支付的方式、时间和条件，明确逾期支付资金的违约责任。对于满足合同约定支付条件的，采购人应当自收到发票后 30 日内将资金支付到合同约定的供应商账户，不得以机构变动、人员更替、政策调整等为由延迟付款，不得将采购文件和合同中未规定的义务作为向供应商付款的条件。

完善对供应商的利益损害赔偿和补偿机制。采购人和供应商应当在政府采购合同中明确约定双方的违约责任。对于因采购人原因导致变更、中止或者终止政府采购合同的，采购人应当依照合同约定对供应商受到的损失予以赔偿或者补偿。

四、加快推进电子化政府采购

推进采购项目电子化实施。要加快完善电子化政府采购平台的网上交易功能，实现在线发布采购公告、提供采购文件、提交投标（响应）文件，实行电子开标、电子评审。逐步建立电子化政府采购平台与财政业务、采购单位内部管理等信息系统的衔接，完善和优化合同签订、履约验收、信用评价、用户反馈、提交发票、资金支付等线上流程。

加快实施"互联网+政府采购"行动。积极推进电子化政府采购平台和电子卖场建设，建立健全统一的技术标准和数据规范，逐步实现全国范围内的互联互通，推动与公共资源交易平台数据共享，提升供应商参与政府采购活动的便利程度。

五、进一步提升政府采购透明度

加强政府采购透明度建设。完善政府采购信息发布平台服务功能。中国政府采购网及地方分网等政府采购信息发布平台应当提供便捷、免费的在线检索服务，向市场主体无偿提供所有依法公开的政府采购信息。推进开标活动对外公开，在保证正常开标秩序的前提下，允许除投标人及其代表之外的其他人员观摩开标活动。

推进采购意向公开。采购意向包括主要采购项目、采购内容及需求概况、预算金额、预计采购时间等。为便于供应商提前了解采购信息，各地区、各部门应当创造条件积极推进采购意向公开（涉密信息除外）。自 2020 年起，选择部分中央部门和地方开展公开采购意向试点。在试点基础上，逐步实现各级预算单位采购意向公开。

六、完善政府采购质疑投诉和行政裁决机制

畅通供应商质疑投诉渠道。研究建立与"互联网+政府采购"相适应的快速裁决通道，为供应商提供标准统一、高效便捷的维权服务。对供应商提出的质疑和投诉，采购人、采购代理机构和各级财政部门应当依法及时答复和处理。完善质疑答复内部控制制度，有条件的采购人和集中采购机构应当实现政府采购质疑答复岗位与操作执行岗位相分离，进一步健全政府采购质疑投诉处理机制。

依法依规实施行政处罚。各级财政部门实施政府采购行政处罚，应当依法保障当事人的告知权、陈述权、申辩权、听证权等，保证程序合法。坚持处罚和教育相结合的原则，正确适用和区分从轻处罚、减轻处罚和不予处罚情形，作出的行政处罚应与违法行为的事实、性质、情节以及社会危害程度相当。

各地区、各部门要充分认识维护政府采购公平竞争市场秩序、优化政府采购营商环境的重要意义，加强组织领导，明确工作责任，周密安排部署，强化监督检查，确保各项要求落实到位。

本通知自 2019 年 9 月 1 日起施行。

财政部关于印发《政府采购需求管理办法》的通知

（2021 年 4 月 30 日 财库〔2021〕22 号）

各中央预算单位，各省、自治区、直辖市、计划单列市财政厅（局），新疆生产建设兵团财政局：

为落实《深化政府采购制度改革方案》加强政府采购需求管理的有关要

求，财政部制定了《政府采购需求管理办法》，现印发给你们，请遵照执行。

附件：政府采购需求管理办法

附件：

政府采购需求管理办法

第一章 总 则

第一条 为加强政府采购需求管理，实现政府采购项目绩效目标，根据《中华人民共和国政府采购法》和《中华人民共和国政府采购法实施条例》等有关法律法规，制定本办法。

第二条 政府采购货物、工程和服务项目的需求管理适用本办法。

第三条 本办法所称政府采购需求管理，是指采购人组织确定采购需求和编制采购实施计划，并实施相关风险控制管理的活动。

第四条 采购需求管理应当遵循科学合理、厉行节约、规范高效、权责清晰的原则。

第五条 采购人对采购需求管理负有主体责任，按照本办法的规定开展采购需求管理各项工作，对采购需求和采购实施计划的合法性、合规性、合理性负责。主管预算单位负责指导本部门采购需求管理工作。

第二章 采购需求

第六条 本办法所称采购需求，是指采购人为实现项目目标，拟采购的标的及其需要满足的技术、商务要求。

技术要求是指对采购标的的功能和质量要求，包括性能、材料、结构、外观、安全，或者服务内容和标准等。

商务要求是指取得采购标的的时间、地点、财务和服务要求，包括交付（实施）的时间（期限）和地点（范围），付款条件（进度和方式），包装和运输，售后服务，保险等。

第七条 采购需求应当符合法律法规、政府采购政策和国家有关规定，符合国家强制性标准，遵循预算、资产和财务等相关管理制度规定，符合采购项目特点和实际需要。

采购需求应当依据部门预算（工程项目概预算）确定。

第八条 确定采购需求应当明确实现项目目标的所有技术、商务要求，功能和质量指标的设置要充分考虑可能影响供应商报价和项目实施风险的因素。

第九条 采购需求应当清楚明了、表述规范、含义准确。

技术要求和商务要求应当客观，量化指标应当明确相应等次，有连续区间的按照区间划分等次。需由供应商提供设计方案、解决方案或者组织方案的采购项目，应当说明采购标的的功能、应用场景、目标等基本要求，并尽可能明确其中的客观、量化指标。

采购需求可以直接引用相关国家标准、行业标准、地方标准等标准、规范，也可以根据项目目标提出更高的技术要求。

第十条 采购人可以在确定采购需求前，通过咨询、论证、问卷调查等方式开展需求调查，了解相关产业发展、市场供给、同类采购项目历史成交信息，可能涉及的运行维护、升级更新、备品备件、耗材等后续采购，以及其他相关情况。

面向市场主体开展需求调查时，选择的调查对象一般不少于 3 个，并应当具有代表性。

第十一条 对于下列采购项目，应当开展需求调查：

（一）1000 万元以上的货物、服务采购项目，3000 万元以上的工程采购项目；

（二）涉及公共利益、社会关注度较高的采购项目，包括政府向社会公众提供的公共服务项目等；

（三）技术复杂、专业性较强的项目，包括需定制开发的信息化建设项目、采购进口产品的项目等；

（四）主管预算单位或者采购人认为需要开展需求调查的其他采购项目。

编制采购需求前一年内，采购人已就相关采购标的开展过需求调查的可以不再重复开展。

按照法律法规的规定，对采购项目开展可行性研究等前期工作，已包含本办法规定的需求调查内容的，可以不再重复调查；对在可行性研究等前期工作中未涉及的部分，应当按照本办法的规定开展需求调查。

第三章　采购实施计划

第十二条　本办法所称采购实施计划，是指采购人围绕实现采购需求，对合同的订立和管理所做的安排。

采购实施计划根据法律法规、政府采购政策和国家有关规定，结合采购需求的特点确定。

第十三条　采购实施计划主要包括以下内容：

（一）合同订立安排，包括采购项目预（概）算、最高限价，开展采购活动的时间安排，采购组织形式和委托代理安排，采购包划分与合同分包，供应商资格条件，采购方式、竞争范围和评审规则等。

（二）合同管理安排，包括合同类型、定价方式、合同文本的主要条款、履约验收方案、风险管控措施等。

第十四条　采购人应当通过确定供应商资格条件、设定评审规则等措施，落实支持创新、绿色发展、中小企业发展等政府采购政策功能。

第十五条　采购人要根据采购项目实施的要求，充分考虑采购活动所需时间和可能影响采购活动进行的因素，合理安排采购活动实施时间。

第十六条　采购人采购纳入政府集中采购目录的项目，必须委托集中采购机构采购。政府集中采购目录以外的项目可以自行采购，也可以自主选择委托集中采购机构，或者集中采购机构以外的采购代理机构采购。

第十七条　采购人要按照有利于采购项目实施的原则，明确采购包或者合同分包要求。

采购项目划分采购包的，要分别确定每个采购包的采购方式、竞争范围、评审规则和合同类型、合同文本、定价方式等相关合同订立、管理安排。

第十八条 根据采购需求特点提出的供应商资格条件，要与采购标的的功能、质量和供应商履约能力直接相关，且属于履行合同必需的条件，包括特定的专业资格或者技术资格、设备设施、业绩情况、专业人才及其管理能力等。

业绩情况作为资格条件时，要求供应商提供的同类业务合同一般不超过 2 个，并明确同类业务的具体范围。涉及政府采购政策支持的创新产品采购的，不得提出同类业务合同、生产台数、使用时长等业绩要求。

第十九条 采购方式、评审方法和定价方式的选择应当符合法定适用情形和采购需求特点，其中，达到公开招标数额标准，因特殊情况需要采用公开招标以外的采购方式的，应当依法获得批准。

采购需求客观、明确且规格、标准统一的采购项目，如通用设备、物业管理等，一般采用招标或者询价方式采购，以价格作为授予合同的主要考虑因素，采用固定总价或者固定单价的定价方式。

采购需求客观、明确，且技术较复杂或者专业性较强的采购项目，如大型装备、咨询服务等，一般采用招标、谈判（磋商）方式采购，通过综合性评审选择性价比最优的产品，采用固定总价或者固定单价的定价方式。

不能完全确定客观指标，需由供应商提供设计方案、解决方案或者组织方案的采购项目，如首购订购、设计服务、政府和社会资本合作等，一般采用谈判（磋商）方式采购，综合考虑以单方案报价、多方案报价以及性价比要求等因素选择评审方法，并根据实现项目目标的要求，采取固定总价或者固定单价、成本补偿、绩效激励等单一或者组合定价方式。

第二十条 除法律法规规定可以在有限范围内竞争或者只能从唯一供应商处采购的情形外，一般采用公开方式邀请供应商参与政府采购活动。

第二十一条 采用综合性评审方法的，评审因素应当按照采购需求和与实现项目目标相关的其他因素确定。

采购需求客观、明确的采购项目，采购需求中客观但不可量化的指标应当作为实质性要求，不得作为评分项；参与评分的指标应当是采购需求中的量化指标，评分项应当按照量化指标的等次，设置对应的不同分值。不能完全确定客观指标，需由供应商提供设计方案、解决方案或者组织方案的采购项目，可以结合需求调查的情况，尽可能明确不同技术路线、组织形式及相关指标的重要性和优先级，设定客观、量化的评审因素、分值和权重。价格因素应当按照相关规定确定分值和权重。

采购项目涉及后续采购的，如大型装备等，要考虑兼容性要求。可以要求供应商报出后续供应的价格，以及后续采购的可替代性、相关产品和估价，作为评审时考虑的因素。

需由供应商提供设计方案、解决方案或者组织方案，且供应商经验和能力对履约有直接影响的，如订购、设计等采购项目，可以在评审因素中适当考虑供应商的履约能力要求，并合理设置分值和权重。需由供应商提供设计方案、解决方案或者组织方案，采购人认为有必要考虑全生命周期成本的，可以明确使用年限，要求供应商报出安装调试费用、使用期间能源管理、废弃处置等全生命周期成本，作为评审时考虑的因素。

第二十二条 合同类型按照民法典规定的典型合同类别，结合采购标的的实际情况确定。

第二十三条 合同文本应当包含法定必备条款和采购需求的所有内容，包括但不限于标的名称，采购标的质量、数量（规模），履行时间（期限）、地点和方式，包装方式，价款或者报酬、付款进度安排、资金支付方式，验收、交付标准和方法，质量保修范围和保修期，违约责任与解决争议的方法等。

采购项目涉及采购标的的知识产权归属、处理的，如订购、设计、定制开发的信息化建设项目等，应当约定知识产权的归属和处理方式。采购人可以根据项目特点划分合同履行阶段，明确分期考核要求和对应的付款进度安排。对于长期运行的项目，要充分考虑成本、收益以及可能出现的重大市场风险，在合同中约定成本补偿、风险分担等事项。

合同权利义务要围绕采购需求和合同履行设置。国务院有关部门依法制定了政府采购合同标准文本的，应当使用标准文本。属于本办法第十一条规定范围的采购项目，合同文本应当经过采购人聘请的法律顾问审定。

第二十四条 履约验收方案要明确履约验收的主体、时间、方式、程序、内容和验收标准等事项。采购人、采购代理机构可以邀请参加本项目的其他供应商或者第三方专业机构及专家参与验收，相关验收意见作为验收的参考资料。政府向社会公众提供的公共服务项目，验收时应当邀请服务对象参与并出具意见，验收结果应当向社会公告。

验收内容要包括每一项技术和商务要求的履约情况，验收标准要包括所有客观、量化指标。不能明确客观标准、涉及主观判断的，可以通过在采购人、使用人中开展问卷调查等方式，转化为客观、量化的验收标准。

分期实施的采购项目，应当结合分期考核的情况，明确分期验收要求。货物类项目可以根据需要设置出厂检验、到货检验、安装调试检验、配套服务检验等多重验收环节。工程类项目的验收方案应当符合行业管理部门规定的标准、方法和内容。

履约验收方案应当在合同中约定。

第二十五条 对于本办法第十一条规定的采购项目，要研究采购过程和合同履行过程中的风险，判断风险发生的环节、可能性、影响程度和管控责任，提出有针对性的处置措施和替代方案。

采购过程和合同履行过程中的风险包括国家政策变化、实施环境变化、重大技术变化、预算项目调整、因质疑投诉影响采购进度、采购失败、不按规定签订或者履行合同、出现损害国家利益和社会公共利益情形等。

第二十六条 各级财政部门应当按照简便、必要的原则，明确报财政部门备案的采购实施计划具体内容，包括采购项目的类别、名称、采购标的、采购预算、采购数量（规模）、组织形式、采购方式、落实政府采购政策有关内容等。

第四章 风险控制

第二十七条 采购人应当将采购需求管理作为政府采购内控管理的重要内

容，建立健全采购需求管理制度，加强对采购需求的形成和实现过程的内部控制和风险管理。

第二十八条 采购人可以自行组织确定采购需求和编制采购实施计划，也可以委托采购代理机构或者其他第三方机构开展。

第二十九条 采购人应当建立审查工作机制，在采购活动开始前，针对采购需求管理中的重点风险事项，对采购需求和采购实施计划进行审查，审查分为一般性审查和重点审查。

对于审查不通过的，应当修改采购需求和采购实施计划的内容并重新进行审查。

第三十条 一般性审查主要审查是否按照本办法规定的程序和内容确定采购需求、编制采购实施计划。审查内容包括，采购需求是否符合预算、资产、财务等管理制度规定；对采购方式、评审规则、合同类型、定价方式的选择是否说明适用理由；属于按规定需要报相关监管部门批准、核准的事项，是否作出相关安排；采购实施计划是否完整。

第三十一条 重点审查是在一般性审查的基础上，进行以下审查：

（一）非歧视性审查。主要审查是否指向特定供应商或者特定产品，包括资格条件设置是否合理，要求供应商提供超过 2 个同类业务合同的，是否具有合理性；技术要求是否指向特定的专利、商标、品牌、技术路线等；评审因素设置是否具有倾向性，将有关履约能力作为评审因素是否适当。

（二）竞争性审查。主要审查是否确保充分竞争，包括应当以公开方式邀请供应商的，是否依法采用公开竞争方式；采用单一来源采购方式的，是否符合法定情形；采购需求的内容是否完整、明确，是否考虑后续采购竞争性；评审方法、评审因素、价格权重等评审规则是否适当。

（三）采购政策审查。主要审查进口产品的采购是否必要，是否落实支持创新、绿色发展、中小企业发展等政府采购政策要求。

（四）履约风险审查。主要审查合同文本是否按规定由法律顾问审定，合同文本运用是否适当，是否围绕采购需求和合同履行设置权利义务，是否明确知识产权等方面的要求，履约验收方案是否完整、标准是否明确，风险处置措施和替代方案是否可行。

（五）采购人或者主管预算单位认为应当审查的其他内容。

第三十二条 审查工作机制成员应当包括本部门、本单位的采购、财务、业务、监督等内部机构。采购人可以根据本单位实际情况，建立相关专家和第三方机构参与审查的工作机制。

参与确定采购需求和编制采购实施计划的专家和第三方机构不得参与审查。

第三十三条 一般性审查和重点审查的具体采购项目范围，由采购人根据实际情况确定。主管预算单位可以根据本部门实际情况，确定由主管预算单位统一组织重点审查的项目类别或者金额范围。

属于本办法第十一条规定范围的采购项目，应当开展重点审查。

第三十四条 采购需求和采购实施计划的调查、确定、编制、审查等工作应当形成书面记录并存档。

采购文件应当按照审核通过的采购需求和采购实施计划编制。

第五章 监督检查与法律责任

第三十五条 财政部门应当依法加强对政府采购需求管理的监督检查，将采购人需求管理作为政府采购活动监督检查的重要内容，不定期开展监督检查工作，采购人应当如实反映情况，提供有关材料。

第三十六条 在政府采购项目投诉、举报处理和监督检查过程中，发现采购人未按本办法规定建立采购需求管理内控制度、开展采购需求调查和审查工作的，由财政部门采取约谈、书面关注等方式责令采购人整改，并告知其主管预算单位。对情节严重或者拒不改正的，将有关线索移交纪检监察、审计部门处理。

第三十七条 在政府采购项目投诉、举报处理和监督检查过程中，发现采购方式、评审规则、供应商资格条件等存在歧视性、限制性、不符合政府采购政策等问题的，依照《中华人民共和国政府采购法》等国家有关规定处理。

第三十八条 在政府采购项目投诉、举报处理和监督检查过程中，发现采购人存在无预算或者超预算采购、超标准采购、铺张浪费、未按规定编制政府采购实施计划等问题的，依照《中华人民共和国政府采购法》、《中华人民共和国预算法》、《财政违法行为处罚处分条例》、《党政机关厉行节约反对浪费条例》等国家有关规定处理。

第六章　附　则

第三十九条 采购项目涉及国家秘密的，按照涉密政府采购有关规定执行。

第四十条 因采购人不可预见的紧急情况实施采购的，可以适当简化相关管理要求。

第四十一条 由集中采购机构组织的批量集中采购和框架协议采购的需求管理，按照有关制度规定执行。

第四十二条 各省、自治区、直辖市财政部门可以根据本办法制定具体实施办法。

第四十三条 本办法所称主管预算单位是指负有编制部门预算职责，向本级财政部门申报预算的国家机关、事业单位和团体组织。

第四十四条 本办法自 2021 年 7 月 1 日起施行。

财政部关于进一步加强政府采购需求和履约验收管理的指导意见

（2016 年 11 月 25 日　财库〔2016〕205 号）

党中央有关部门，国务院各部委、各直属机构，全国人大常委会办公厅，全国政协办公厅，高法院、高检院，各民主党派中央，有关人民团体，各省、自治区、直辖市、计划单列市财政厅（局），新疆生产建设兵团财务局：

近年来，各地区、各部门认真贯彻政府采购结果导向改革要求，落实《中华人民共和国政府采购法》及其实施条例有关规定，不断加强政府采购需求和履约验收管理，取得了初步成效。但从总体上看，政府采购需求和履约验收管理还存在认识不到位、责任不清晰、措施不细化等问题。为了进一步提高政府采购需求和履约验收管理的科学化、规范化水平，现就有关工作提出以下意见：

一、高度重视政府采购需求和履约验收管理

依法加强政府采购需求和履约验收管理，是深化政府采购制度改革、提高政府采购效率和质量的重要保证。科学合理确定采购需求是加强政府采购源头管理的重要内容，是执行政府采购预算、发挥采购政策功能、落实公平竞争交易规则的重要抓手，在采购活动整体流程中具有承上启下的重要作用。严格规范开展履约验收是加强政府采购结果管理的重要举措，是保证采购质量、开展绩效评价、形成闭环管理的重要环节，对实现采购与预算、资产及财务等管理工作协调联动具有重要意义。各地区、各部门要充分认识政府采购需求和履约验收管理的重要性和必要性，切实加强政府采购活动的源头和结果管理。

二、科学合理确定采购需求

（一）采购人负责确定采购需求。采购人负责组织确定本单位采购项目的采购需求。采购人委托采购代理机构编制采购需求的，应当在采购活动开始前对采购需求进行书面确认。

（二）采购需求应当合规、完整、明确。采购需求应当符合国家法律法规规定，执行国家相关标准、行业标准、地方标准等标准规范，落实政府采购支持节能环保、促进中小企业发展等政策要求。除因技术复杂或者性质特殊，不能确定详细规格或者具体要求外，采购需求应当完整、明确。必要时，应当就确定采购需求征求相关供应商、专家的意见。采购需求应当包括采购对象需实现的功能或者目标，满足项目需要的所有技术、服务、安全等要求，采购对象的数量、交付或实施的时间和地点，采购对象的验收标准等内容。采购需求描述应当清楚明了、规范表述、含义准确，能够通过客观指标量化的应当量化。

（三）加强需求论证和社会参与。采购人可以根据项目特点，结合预算编制、相关可行性论证和需求调研情况对采购需求进行论证。政府向社会公众提供的公共服务项目，采购人应当就确定采购需求征求社会公众的意见。需求复杂的采购项目可引入第三方专业机构和专家，吸纳社会力量参与采购需求编制及论证。

（四）严格依据采购需求编制采购文件及合同。采购文件及合同应当完整反映采购需求的有关内容。采购文件设定的评审因素应当与采购需求对应，采购需求相关指标有区间规定的，评审因素应当量化到相应区间。采购合同的具体条款应当包括项目的验收要求、与履约验收挂钩的资金支付条件及时间、争议处理规定、采购人及供应商各自权利义务等内容。采购需求、项目验收标准和程序应当作为采购合同的附件。

三、严格规范开展履约验收

（五）采购人应当依法组织履约验收工作。采购人应当根据采购项目的具体情况，自行组织项目验收或者委托采购代理机构验收。采购人委托采购代理机构进行履约验收的，应当对验收结果进行书面确认。

（六）完整细化编制验收方案。采购人或其委托的采购代理机构应当根据项目特点制定验收方案，明确履约验收的时间、方式、程序等内容。技术复杂、社会影响较大的货物类项目，可以根据需要设置出厂检验、到货检验、安装调试检验、配套服务检验等多重验收环节；服务类项目，可根据项目特点对服务期内的服务实施情况进行分期考核，结合考核情况和服务效果进行验收；工程类项目应当按照行业管理部门规定的标准、方法和内容进行验收。

（七）完善验收方式。对于采购人和使用人分离的采购项目，应当邀请实际使用人参与验收。采购人、采购代理机构可以邀请参加本项目的其他供应商或第三方专业机构及专家参与验收，相关验收意见作为验收书的参考资料。政府向社会公众提供的公共服务项目，验收时应当邀请服务对象参与并出具意见，验收结果应当向社会公告。

（八）严格按照采购合同开展履约验收。采购人或者采购代理机构应当成立验收小组，按照采购合同的约定对供应商履约情况进行验收。验收时，应当按照采购合同的约定对每一项技术、服务、安全标准的履约情况进行确认。验收结束后，应当出具验收书，列明各项标准的验收情况及项目总体评价，由验收双方共同签署。验收结果应当与采购合同约定的资金支付及履约保证金返还条件挂钩。履约验收的各项资料应当存档备查。

（九）严格落实履约验收责任。验收合格的项目，采购人应当根据采购合同的约定及时向供应商支付采购资金、退还履约保证金。验收不合格的项目，采购人应当依法及时处理。采购合同的履行、违约责任和解决争议的方式等适用《中华人民共和国合同法》。供应商在履约过程中有政府采购法律法规规定的违法违规情形的，采购人应当及时报告本级财政部门。

四、工作要求

（十）强化采购人对采购需求和履约验收的主体责任。采购人应当切实做好需求编制和履约验收工作，完善内部机制、强化内部监督、细化内部流程，把采购需求和履约验收嵌入本单位内控管理流程，加强相关工作的组织、人员和经费保障。

（十一）加强采购需求和履约验收的业务指导。各级财政部门应当按照结果导向的改革要求，积极研究制定通用产品需求标准和采购文件标准文本，探索建立供应商履约评价制度，推动在政府采购评审中应用履约验收和绩效评价结果。

（十二）细化相关制度规定。各地区、各部门可根据本意见精神，研究制定符合本地区、本部门实际情况的具体办法和工作细则，切实加强政府采购活动中的需求和履约验收管理。

财政部关于印发《政府和社会资本合作项目政府采购管理办法》的通知

(2014 年 12 月 31 日　财库〔2014〕215 号)

党中央有关部门，国务院各部委、各直属机构，全国人大常委会办公厅，全国政协办公厅，高法院，高检院，有关人民团体，各省、自治区、直辖市、计划单列市财政厅（局），新疆生产建设兵团财务局，各集中采购机构：

为了贯彻落实《国务院关于创新重点领域投融资机制　鼓励社会投资的指导意见》（国发〔2014〕60 号），推广政府和社会资本合作（PPP）模式，规范 PPP 项目政府采购行为，根据《中华人民共和国政府采购法》和有关法律法规，财政部制定了《政府和社会资本合作项目政府采购管理办法》。现印发给你们，请遵照执行。

附件：政府和社会资本合作项目政府采购管理办法

附件

政府和社会资本合作项目政府采购管理办法

第一章　总　　则

第一条　为了规范政府和社会资本合作项目政府采购（以下简称 PPP 项目采购）行为，维护国家利益、社会公共利益和政府采购当事人的合法权益，依据《中华人民共和国政府采购法》（以下简称政府采购法）和有关法律、行政法规、部门规章，制定本办法。

第二条　本办法所称 PPP 项目采购，是指政府为达成权利义务平衡、物有所值的 PPP 项目合同，遵循公开、公平、公正和诚实信用原则，按照相关法规要求完成 PPP 项目识别和准备等前期工作后，依法选择社会资本合作者的过程。PPP 项目实施机构（采购人）在项目实施过程中选择合作社会资本（供应商），适用本办法。

第三条 PPP 项目实施机构可以委托政府采购代理机构办理 PPP 项目采购事宜。PPP 项目咨询服务机构从事 PPP 项目采购业务的，应当按照政府采购代理机构管理的有关要求及时进行网上登记。

第二章 采购程序

第四条 PPP 项目采购方式包括公开招标、邀请招标、竞争性谈判、竞争性磋商和单一来源采购。项目实施机构应当根据 PPP 项目的采购需求特点，依法选择适当的采购方式。公开招标主要适用于采购需求中核心边界条件和技术经济参数明确、完整、符合国家法律法规及政府采购政策，且采购过程中不作更改的项目。

第五条 PPP 项目采购应当实行资格预审。项目实施机构应当根据项目需要准备资格预审文件，发布资格预审公告，邀请社会资本和与其合作的金融机构参与资格预审，验证项目能否获得社会资本响应和实现充分竞争。

第六条 资格预审公告应当在省级以上人民政府财政部门指定的政府采购信息发布媒体上发布。资格预审合格的社会资本在签订 PPP 项目合同前资格发生变化的，应当通知项目实施机构。

资格预审公告应当包括项目授权主体、项目实施机构和项目名称、采购需求、对社会资本的资格要求、是否允许联合体参与采购活动、是否限定参与竞争的合格社会资本的数量及限定的方法和标准、以及社会资本提交资格预审申请文件的时间和地点。提交资格预审申请文件的时间自公告发布之日起不得少于 15 个工作日。

第七条 项目实施机构、采购代理机构应当成立评审小组，负责 PPP 项目采购的资格预审和评审工作。评审小组由项目实施机构代表和评审专家共 5 人以上单数组成，其中评审专家人数不得少于评审小组成员总数的 2/3。评审专家可以由项目实施机构自行选定，但评审专家中至少应当包含 1 名财务专家和 1 名法律专家。项目实施机构代表不得以评审专家身份参加项目的评审。

第八条 项目有 3 家以上社会资本通过资格预审的，项目实施机构可以继续开展采购文件准备工作；项目通过资格预审的社会资本不足 3 家的，项目实施机构应当在调整资格预审公告内容后重新组织资格预审；项目经重新资格预审后合格社会资本仍不够 3 家的，可以依法变更采购方式。

资格预审结果应当告知所有参与资格预审的社会资本，并将资格预审的评审报告提交财政部门（政府和社会资本合作中心）备案。

第九条 项目采购文件应当包括采购邀请、竞争者须知（包括密封、签署、盖章要求等）、竞争者应当提供的资格、资信及业绩证明文件、采购方式、政府对项目实施机构的授权、实施方案的批复和项目相关审批文件、采购程序、响应文件编制要求、提交响应文件截止时间、开启时间及地点、保证金交纳数额和形式、评审方法、评审标准、政府采购政策要求、PPP 项目合同草案及其他法律文本、采购结果确认谈判中项目合同可变的细节、以及是否允许未参加资格预审的供应商参与竞争并进行资格后审等内容。项目采购文件中还应当明确项目合同必须报请本级人民政府审核同意，在获得同意前项目合同不得生效。

采用竞争性谈判或者竞争性磋商采购方式的，项目采购文件除上款规定的内容外，还应当明确评审小组根据与社会资本谈判情况可能实质性变动的内容，包括采购需求中的技术、服务要求以及项目合同草案条款。

第十条 项目实施机构应当在资格预审公告、采购公告、采购文件、项目合同中列明采购本国货物和服务、技术引进和转让等政策要求，以及对社会资本参与采购活动和履约保证的担保要求。

第十一条 项目实施机构应当组织社会资本进行现场考察或者召开采购前答疑会，但不得单独或者分别组织只有一个社会资本参加的现场考察和答疑会。项目实施机构可以视项目的具体情况，组织对符合条件的社会资本的资格条件进行考察核实。

第十二条 评审小组成员应当按照客观、公正、审慎的原则，根据资格预审公告和采购文件规定的程序、方法和标准进行资格预审和独立评审。已进行资格预审的，评审小组在评审阶段可以不再对社会资本进行资格审查。允许进行资格后审的，由评审小组在响应文件评审环节对社会资本进行资格审查。

评审小组成员应当在资格预审报告和评审报告上签字，对自己的评审意见承担法律责任。对资格预审报告或者评审报告有异议的，应当在报告上签署不同意见，并说明理由，否则视为同意资格预审报告和评审报告。

评审小组发现采购文件内容违反国家有关强制性规定的，应当停止评审并向项目实施机构说明情况。

第十三条 评审专家应当遵守评审工作纪律，不得泄露评审情况和评审中获悉的国家秘密、商业秘密。

评审小组在评审过程中发现社会资本有行贿、提供虚假材料或者串通等违法行为的，应当及时向财政部门报告。

评审专家在评审过程中受到非法干涉的，应当及时向财政、监察等部门举报。

第十四条 PPP项目采购评审结束后，项目实施机构应当成立专门的采购结果确认谈判工作组，负责采购结果确认前的谈判和最终的采购结果确认工作。

采购结果确认谈判工作组成员及数量由项目实施机构确定，但应当至少包括财政预算管理部门、行业主管部门代表，以及财务、法律等方面的专家。涉及价格管理、环境保护的PPP项目，谈判工作组还应当包括价格管理、环境保护行政执法机关代表。评审小组成员可以作为采购结果确认谈判工作组成员参与采购结果确认谈判。

第十五条 采购结果确认谈判工作组应当按照评审报告推荐的候选社会资本排名，依次与候选社会资本及与其合作的金融机构就项目合同中可变的细节问题进行项目合同签署前的确认谈判，率先达成一致的候选社会资本即为预中标、成交社会资本。

第十六条 确认谈判不得涉及项目合同中不可谈判的核心条款，不得与排序在前但已终止谈判的社会资本进行重复谈判。

第十七条 项目实施机构应当在预中标、成交社会资本确定后 10 个工作日内，与预中标、成交社会资本签署确认谈判备忘录，并将预中标、成交结果和根据采购文件、响应文件及有关补遗文件和确认谈判备忘录拟定的项目合同文本在省级以上人民政府财政部门指定的政府采购信息发布媒体上进行公示，公示期不得少于 5 个工作日。项目合同文本应当将预中标、成交社会资本响应文件中的重要承诺和技术文件等作为附件。项目合同文本涉及国家秘密、商业秘密的内容可以不公示。

第十八条 项目实施机构应当在公示期满无异议后 2 个工作日内，将中标、成交结果在省级以上人民政府财政部门指定的政府采购信息发布媒体上进行公告，同时发出中标、成交通知书。

中标、成交结果公告内容应当包括：项目实施机构和采购代理机构的名称、地址和联系方式；项目名称和项目编号；中标或者成交社会资本的名称、地址、法人代表；中标或者成交标的名称、主要中标或者成交条件（包括但不限于合作期限、服务要求、项目概算、回报机制）等；评审小组和采购结果确认谈判工作组成员名单。

第十九条 项目实施机构应当在中标、成交通知书发出后 30 日内，与中标、成交社会资本签订经本级人民政府审核同意的 PPP 项目合同。

需要为 PPP 项目设立专门项目公司的，待项目公司成立后，由项目公司与项目实施机构重新签署 PPP 项目合同，或者签署关于继承 PPP 项目合同的补充合同。

第二十条 项目实施机构应当在 PPP 项目合同签订之日起 2 个工作日内，将 PPP 项目合同在省级以上人民政府财政部门指定的政府采购信息发布媒体上公告，但 PPP 项目合同中涉及国家秘密、商业秘密的内容除外。

第二十一条 项目实施机构应当在采购文件中要求社会资本交纳参加采购活动的保证金和履约保证金。社会资本应当以支票、汇票、本票或者金融机构、担保机构出具的保函等非现金形式交纳保证金。参加采购活动的保证金数额不得超过项目预算金额的 2%。履约保证金的数额不得超过 PPP 项目初始投资总额或者资产评估值的 10%，无固定资产投资或者投资额不大的服务型 PPP 项目，履约保证金的数额不得超过平均 6 个月服务收入额。

第三章　争议处理和监督检查

第二十二条　参加 PPP 项目采购活动的社会资本对采购活动的询问、质疑和投诉，依照有关政府采购法律制度规定执行。

项目实施机构和中标、成交社会资本在 PPP 项目合同履行中发生争议且无法协商一致的，可以依法申请仲裁或者提起民事诉讼。

第二十三条　各级人民政府财政部门应当加强对 PPP 项目采购活动的监督检查，依法处理采购活动中的违法违规行为。

第二十四条　PPP 项目采购有关单位和人员在采购活动中出现违法违规行为的，依照政府采购法及有关法律法规追究法律责任。

第四章　附　　则

第二十五条　本办法自发布之日起施行。

二、政府采购政策

关于扩大政府采购支持绿色建材
促进建筑品质提升政策实施范围的通知

（2022 年 10 月 12 日　财库〔2022〕35 号）

各省、自治区、直辖市、计划单列市财政厅（局）、住房和城乡建设厅（委、管委、局）、工业和信息化主管部门，新疆生产建设兵团财政局、住房和城乡建设局、工业和信息化局：

为落实《中共中央 国务院关于完整准确全面贯彻新发展理念做好碳达峰碳

中和工作的意见》，加大绿色低碳产品采购力度，全面推广绿色建筑和绿色建材，在南京、杭州、绍兴、湖州、青岛、佛山等 6 个城市试点的基础上，财政部、住房城乡建设部、工业和信息化部决定进一步扩大政府采购支持绿色建材促进建筑品质提升政策实施范围。现将有关事项通知如下：

一、实施范围

自 2022 年 11 月起，在北京市朝阳区等 48 个市（市辖区）实施政府采购支持绿色建材促进建筑品质提升政策（含此前 6 个试点城市，具体城市名单见附件 1）。纳入政策实施范围的项目包括医院、学校、办公楼、综合体、展览馆、会展中心、体育馆、保障房等政府采购工程项目，含适用招标投标法的政府采购工程项目。各有关城市可选择部分项目先行实施，在总结经验的基础上逐步扩大范围，到 2025 年实现政府采购工程项目政策实施的全覆盖。鼓励将其他政府投资项目纳入实施范围。

二、主要任务

各有关城市要深入贯彻习近平生态文明思想，运用政府采购政策积极推广应用绿色建筑和绿色建材，大力发展装配式、智能化等新型建筑工业化建造方式，全面建设二星级以上绿色建筑，形成支持建筑领域绿色低碳转型的长效机制，引领建材和建筑产业高质量发展，着力打造宜居、绿色、低碳城市。

（一）落实政府采购政策要求。各有关城市要严格执行财政部、住房城乡建设部、工业和信息化部制定的《绿色建筑和绿色建材政府采购需求标准》（以下简称《需求标准》，见附件 2）。项目立项阶段，要将《需求标准》有关要求嵌入项目建议书和可行性研究报告中；招标采购阶段，要将《需求标准》有关要求作为工程招标文件或采购文件以及合同文本的实质性要求，要求承包单位按合同约定进行设计、施工，并采购或使用符合要求的绿色建材；施工阶段，要强化施工现场监管，确保施工单位落实绿色建筑要求，使用符合《需求标准》的绿色建材；履约验收阶段，要根据《需求标准》制定相应的履约验收标准，并与现行验收程序有效融合。鼓励通过验收的项目申报绿色建筑标识，充分发挥政府采购工程项目的示范作用。

（二）加强绿色建材采购管理。纳入政策实施范围的政府采购工程涉及使用《需求标准》中的绿色建材的，应当全部采购和使用符合相关标准的建材。各有关城市要探索实施对通用类绿色建材的批量集中采购，由政府集中采购机构或部门集中采购机构定期归集采购人的绿色建材采购计划，开展集中带量采购。要积极推进绿色建材电子化采购交易，所有符合条件的绿色建材产品均可进入电子平台交易，提高绿色建材采购效率和透明度。绿色建材供应商在供货时应当出具所提供建材产品符合需求标准的证明性文件，包括国家统一推行的绿色建材产品认证证书，或符合需求标准的有效检测报告等。

（三）完善绿色建筑和绿色建材政府采购需求标准。各有关城市可结合本地区特点和实际需求，提出优化完善《需求标准》有关内容的建议，包括调整《需求标准》中已包含的建材产品指标要求，增加未包含的建材产品需求标准，或者细化不同建筑类型如学校、医院等的需求标准等，报财政部、住房城乡建设部、工业和信息化部。财政部、住房城乡建设部、工业和信息化部将根据有关城市建议和政策执行情况，动态调整《需求标准》。

（四）优先开展工程价款结算。纳入政策实施范围的工程，要提高工程价款结算比例，工程进度款支付比例不低于已完工程价款的80%。推行施工过程结算，发承包双方通过合同约定，将施工过程按时间或进度节点划分施工周期，对周期内已完成且无争议的工程进行价款计算、确认和支付。经双方确认的过程结算文件作为竣工结算文件的组成部分，竣工后原则上不再重复审核。

三、工作要求

（一）明确部门职责。有关城市财政、住房和城乡建设、工业和信息化部门要各司其职，加强协调配合，形成政策合力。财政部门要组织采购人落实《需求标准》，指导集中采购机构开展绿色建材批量集中采购工作，加强对采购活动的监督管理。住房和城乡建设部门要加强对纳入政策实施范围的工程项目的监管，培育绿色建材应用示范工程和高品质绿色建筑项目。工业和信息化部门要结合区域特点，因地制宜发展绿色建材产业，培育绿色建材骨干企业和重点产品。

（二）精心组织实施。有关城市所在省级财政、住房和城乡建设、工业和信息化部门收到本通知后要及时转发至纳入政策实施范围城市的财政、住房和城乡建设、工业和信息化部门，切实加强对有关城市工作开展的指导。有关城市要根据政策要求，研究制定本地区实施方案，明确各有关部门的责任分工，完善组织协调机制，对实践中出现的问题要及时研究和妥善处理，确保扩大实施范围工作顺利推进，取得扎实成效。要积极总结工作经验，提炼可复制、可推广的先进经验和典型做法。

（三）加强宣传培训。各有关地方和部门要依据各自职责加强政策解读和宣传，及时回应社会关切，营造良好的工作氛围。要加强对建设单位、设计单位、建材企业、施工单位的政策解读和培训，调动相关各方的积极性。

附件：1. 政府采购支持绿色建材促进建筑品质提升政策实施范围城市名单

2. 绿色建筑和绿色建材政府采购需求标准（略）

附件1

政府采购支持绿色建材促进建筑品质
提升政策实施范围城市名单

一、北京市

1. 朝阳区

2. 通州区

二、天津市

3. 滨海新区

4. 静海区

三、河北省

5. 唐山市

6. 保定市

7. 雄安新区

四、辽宁省

8. 大连市

五、江苏省

9. 南京市

10. 常州市

11. 盐城市

六、浙江省

12. 杭州市

13. 宁波市

14. 绍兴市

15. 湖州市

16. 台州市

七、福建省

17. 福州市

18. 龙岩市

八、山东省

19. 济南市

20. 青岛市

21. 淄博市

22. 枣庄市

23. 烟台市

24. 济宁市

25. 德州市

26. 菏泽市

九、广西壮族自治区

27. 北海市

二十、陕西省

46. 西安市

二十一、宁夏回族自治区

47. 银川市

二十二、新疆生产建设兵团

48. 石河子市

财政部、农业农村部、国家乡村振兴局、中华全国
供销合作总社关于印发《关于深入开展政府采购脱贫地区
农副产品工作推进乡村产业振兴的实施意见》的通知

(2021 年 4 月 24 日　财库〔2021〕20 号)

各中央预算单位，各省、自治区、直辖市、计划单列市财政厅（局）、农业农村（农牧）厅（局、委）、乡村振兴局（扶贫办）、供销合作社，新疆生产建设兵团财政局、农业农村局、乡村振兴局（扶贫办）、供销合作社：

为贯彻党中央、国务院关于调整优化政府采购政策继续支持脱贫地区产业发展的工作部署，落实《财政部　农业农村部　国家乡村振兴局关于运用政府采购政策支持乡村产业振兴的通知》（财库〔2021〕19 号），我们制定了《关于深入开展政府采购脱贫地区农副产品工作推进乡村产业振兴的实施意见》。现将实施意见印发给你们，请结合本单位、本地区实际情况，认真贯彻执行。《财政部　国务院扶贫办　中华全国供销合作总社关于印发〈政府采购贫困地区农副产品实施方案〉的通知》（财库〔2019〕41 号）同时废止。

附件：关于深入开展政府采购脱贫地区农副产品工作推进乡村产业振兴的实施意见

附件

关于深入开展政府采购脱贫地区
农副产品工作推进乡村产业振兴的实施意见

为贯彻党中央、国务院关于调整优化政府采购政策继续支持脱贫地区产业发展的工作部署，落实《财政部　农业农村部　国家乡村振兴局关于运用政府采购政策支持乡村产业振兴的通知》（财库〔2021〕19号），深入开展政府采购脱贫地区农副产品工作，推进乡村产业振兴，现提出以下实施意见。

一、总体要求

（一）指导思想。以习近平新时代中国特色社会主义思想为指导，全面贯彻党的十九大和十九届二中、三中、四中、五中全会精神，牢固树立新发展理念，落实党中央、国务院关于实现巩固拓展脱贫攻坚成果同乡村振兴有效衔接总体部署和"四个不摘"工作要求，继续实施政府采购脱贫地区农副产品工作，突出产业提升和机制创新，进一步激发全社会参与积极性，接续推进脱贫地区产业发展，促进农民群众持续增收，助力巩固拓展脱贫攻坚成果和乡村振兴。

（二）基本原则。

聚焦重点，精准施策。严格农副产品产地认定，将政策支持范围聚焦在832个脱贫县，通过预留份额、搭建平台等方式促进脱贫地区农副产品销售，带动脱贫人口稳定增收。

创新驱动，融合发展。将政府采购脱贫地区农副产品工作与打造农业特色品牌、提升产品品质相结合，根据预算单位采购需求优化创新农副产品产销模式，促进脱贫地区特色产业发展。

政府引导，市场协同。坚持政府引导与市场机制结合，发挥政府采购需求牵引作用，助力打通脱贫地区农副产品生产、流通的难点和堵点，激发脱贫地区发展生产的内生动力。

（三）主要目标。力争用3到5年时间，依托脱贫地区农副产品网络销售平台（以下简称"832平台"），实现预算单位食堂食材采购与脱贫地区农副产品供给有效对接，培育壮大乡村特色产业，探索形成适应不同区域特点、组织形式和发展阶段的脱贫地区农副产品产销模式，推动脱贫地区农副产品进一步融入全国大市场，为巩固拓展脱贫攻坚成果同乡村振兴有效衔接提供有力支撑。

二、加强脱贫地区农副产品产销对接

（一）加强脱贫地区农副产品货源组织。脱贫地区县级农业农村部门会同乡村振兴部门建立"832平台"供应商审核推荐机制，积极推荐832个脱贫县产业带动能力强、增收效果好的农副产品供应商入驻"832平台"，优先从农业产业化龙头企业、"一村一品"示范村镇经营主体以及使用食用农产品达标合格证、取得绿色有机地理标志认证的供应商中推荐。对已入驻"832平台"的供应商重新核查，保留产品产地、增收效果符合要求供应商的平台销售资格。要依据供应商产量核定上架产品供应量，督促供应商按照平台要求进行产品包装和标识并加强自控自检，协调有关部门按照国家农产品和食品质量安全标准对平台在售产品开展质量安全检测，推动实现"832平台"农副产品带证销售和质量可追溯。

（二）组织预算单位采购。自2021年起，各级财政部门组织本地区所属预算单位做好预留份额填报和脱贫地区农副产品采购工作，并对采购情况进行考核。各中央主管预算单位组织做好本部门所属预算单位预留份额填报和脱贫地区农副产品采购工作。各级预算单位要按照不低于10%的预留比例在"832平台"填报预留份额，并遵循质优价廉、竞争择优的原则，通过"832平台"在全国832个脱贫县范围内采购农副产品，及时在线支付货款，不得拖欠。鼓励各级预算单位工会组织通过"832平台"采购工会福利、慰问品等，有关采购金额计入本单位年度采购总额。

三、加强网络销售平台运营管理

（一）优化平台运营模式。"832平台"结合预算单位食堂食材需求特点，设置需求订制、电子反拍、统采分送等交易模式，优化线上交易、支付、结算流程。丰富农副产品展示维度，对拥有食用农产品达标合格证、绿色有机地理标志认证等资质的产品优先展示，培育脱贫地区优质特色品牌。加强供销全流程数据收集分析，将预算单位需求反馈脱贫地区，推广"农户+合作社+平台"的产销对接模式，促进脱贫地区产业优化升级。通过开设助销专区、发布滞销信息等方式，积极协助销售脱贫地区滞销农副产品。进一步完善平台服务功能，为企业、工会组织、个人采购脱贫地区农副产品提供便利条件，拓展销售渠道，提升社会参与度。

（二）严格供应商管理。"832平台"应发布操作指引明确产品上架标准，制定完善产品价格、质量安全等管理办法，严格供应商管理，建立价格监测、质量监督、履约评价机制，配合有关部门加强质量检测，及时向社会公开产品成交价格、质检报告、承诺函、用户评价等信息，接受社会监督。对价格虚高、质量不达标和不履行承诺的供应商，由"832平台"通过约谈、产品下架等措施督促整改；对情节严重或拒不改正的，由"832平台"提请有关地区农业农村部门、乡村振兴部门取消供应商资格。

（三）加强平台物流建设。"832平台"依托产（销）地仓，积极探索建立定时、定点、定线的物流配送机制，促进平台在售农副产品分拣、包装、仓储、物流、质检等环节标准化和规范化。脱贫地区农业农村部门、乡村振兴部门和供销合作社要加强与有关部门协调配合，积极支持相关物流基础设施与"832平台"对接，降低物流成本、提高物流效率。

（四）提升平台服务能力。"832平台"除按市场通行规则收取必要的产品检测费、支付通道费以及履约保证金外，不向供应商、预算单位收取交易费、平台使用费。编制操作手册，指引预算单位开展采购活动，并提供工会福利发放等个性化服务，提升平台用户体验。根据供应商需求，提供产品开发、包装设计、仓储物流等服务，提升供应商线上运营能力。基于农副产品信息流、物流、资金流等信息，支持金融机构在线开展脱贫地区供应商融资、增信等服务。认真做好交易信息统计工作，为各级预算单位和各有关部门加强管理提供服务保障。

四、加强组织实施

各有关部门要加强协作，共同做好政府采购脱贫地区农副产品工作。财政部负责预算单位采购管理，农业农村部会同国家乡村振兴局统筹脱贫地区农副产品货源组织和质量安全监管工作，供销总社保障"832平台"建设运营。各省级财政部门要切实加强采购管理，通过召开工作推进会、定期通报等措施，督促预算单位按期完成采购任务。脱贫地区财政部门要会同农业农村部门、乡村振兴部门、供销合作社等部门建立工作协调机制，将政府采购脱贫地区农副产品工作作为支持乡村产业振兴的重要抓手，及时跟踪分析供应商推荐、产品检测、物流管理、品牌打造等相关工作实施进展及成效，协调解决工作推进过程中面临的困难和问题，推动政府采购支持乡村产业振兴政策取得实效。

财政部、农业农村部、国家乡村振兴局关于运用政府采购政策支持乡村产业振兴的通知

(2021 年 4 月 24 日　财库〔2021〕19 号)

各中央预算单位，各省、自治区、直辖市、计划单列市财政厅（局）、农业农村（农牧）厅（局、委）、乡村振兴局（扶贫办），新疆生产建设兵团财政局、农业农村局、乡村振兴局（扶贫办）：

为深入贯彻习近平总书记关于实施乡村振兴战略的重要论述和党的十九届五中全会精神，认真落实《中共中央　国务院关于实现巩固拓展脱贫攻坚成果同乡村振兴有效衔接的意见》关于调整优化政府采购政策继续支持脱贫地区产业发展的工作部署，进一步做好运用政府采购政策支持乡村产业振兴工作，现就有关事项通知如下：

一、充分认识运用政府采购政策支持乡村产业振兴的重要意义

党的十九届五中全会提出巩固拓展脱贫攻坚成果同乡村振兴有效衔接，对全面建设社会主义现代化国家和实现第二个百年奋斗目标具有十分重要的意义。运用政府采购政策，组织预算单位采购脱贫地区农副产品，通过稳定的采购需求持续激发脱贫地区发展生产的内生动力，促进乡村产业振兴，是贯彻落实党中央、国务院关于调整优化政府采购政策支持脱贫地区产业发展工作部署，构建以国内大循环为主体新发展格局的具体举措，有助于推动脱贫地区实现更宽领域、更高层次的发展。各级财政、农业农村、乡村振兴部门及各级预算单位要充分认识运用政府采购政策支持乡村产业振兴的重要意义，以高度的责任感、使命感、紧迫感投身到政府采购脱贫地区农副产品工作中，确保政策取得实效。

二、预留份额采购脱贫地区农副产品

自 2021 年起，各级预算单位应当按照不低于 10% 的比例预留年度食堂食材采购份额，通过脱贫地区农副产品网络销售平台（原贫困地区农副产品网络销售平台）采购脱贫地区农副产品。脱贫地区农副产品是指在 832 个脱贫县域内注册的企业、农民专业合作社、家庭农场等出产的农副产品。确因地域、相关政策限制等特殊原因难以完成 10% 预留份额任务的预算单位，可由中央主管预算单位或省级财政部门报经财政部（国库司）审核同意后，适当放宽预留比例要求。

三、建立健全相关保障措施

财政部会同农业农村部、国家乡村振兴局等部门制定政府采购脱贫地区农副产品工作的实施意见，加强脱贫地区农副产品货源组织、供应链管理和网络销售平台运营管理，积极组织预算单位采购脱贫地区农副产品。地方各级财政、农业农村和乡村振兴部门要细化工作措施，加大工作力度，确保政府采购脱贫地区农副产品相关政策落实落细。

本通知自印发之日起施行。《财政部　国务院扶贫办关于运用政府采购政策支持脱贫攻坚的通知》（财库〔2019〕27 号）同时废止。

财政部　国务院扶贫办　供销合作总社关于印发《政府采购贫困地区农副产品实施方案》的通知

（2019 年 8 月 5 日　财库〔2019〕41 号）

各中央预算单位，各省、自治区、直辖市、计划单列市财政厅（局）、扶贫办（局）、供销合作社，新疆生产建设兵团财政局、扶贫办、供销合作社：

为贯彻《国务院办公厅关于深入开展消费扶贫助力打赢脱贫攻坚战的指导意见》（国办发〔2018〕129 号），根据《财政部　国务院扶贫办关于运用政府采购政策支持脱贫攻坚的通知》（财库〔2019〕27 号）有关规定，我们制定了《政府采购贫困地区农副产品实施方案》。现将方案印发给你们，请结合本地区、本单位实际情况，认真贯彻执行。

附件：政府采购贫困地区农副产品实施方案

附件：

政府采购贫困地区农副产品实施方案

为贯彻《国务院办公厅关于深入开展消费扶贫助力打赢脱贫攻坚战的指导意见》（国办发〔2018〕129号）要求，根据《财政部国务院扶贫办关于运用政府采购政策支持脱贫攻坚的通知》（财库〔2019〕27号）有关规定，进一步运用好政府采购政策，鼓励动员各级预算单位等购买贫困地区农副产品，实施精准消费扶贫，带动建档立卡贫困户增收，助力打赢脱贫攻坚战，制定本方案。

一、总体要求

深入贯彻落实习近平总书记关于扶贫工作的重要论述，坚持精准扶贫精准脱贫基本方略，坚持政府引导、社会参与、市场运作、互利共赢原则，围绕贫困人口稳定脱贫和贫困地区长远发展，以国家级贫困县（以下简称贫困县）特别是深度贫困地区为重点，以促进贫困地区农副产品销售、建档立卡贫困户增收为目标，充分运用政府采购政策鼓励动员各级预算单位等通过优先采购、预留采购份额方式，采购贫困地区农副产品，助力打赢脱贫攻坚战。

二、任务目标

2019年10月底前，建成集"交易、服务、监管"于一体的贫困地区农副产品网络销售平台（以下简称网络销售平台），实现贫困地区农副产品在线展示、网上交易、物流跟踪、在线支付、产品追溯的一站式聚合。

2019年10月底前，编制国家级贫困县重点扶贫产品供应商名录（以下简称供应商名录），首批贫困地区农副产品入驻网络销售平台，鼓励各级预算单位通过网络销售平台先行启动贫困地区农副产品采购工作。建立政府采购政策支持消费扶贫数据库（以下简称消费扶贫数据库），启动政府采购贫困地区农副产品采购交易数据统计工作。

自2020年起，各级预算单位通过网络销售平台全面启动贫困地区农副产品采购工作，财政部、国务院扶贫办依托网络销售平台定期统计和通报采购情况。动态更新和丰富完善供应商名录，推动全社会广泛参与贫困地区农副产品采购工作，网络销售平台逐步向非政府采购领域拓展，全社会采购贫困地区农副产品的积极性活跃度显著增强。

三、重点工作

（一）加强贫困地区农副产品货源组织。

国务院扶贫办组织指导相关省份加强贫困地区农副产品货源组织，建立完善供给体系。

贫困县扶贫部门在本地区党委、政府领导下做好农副产品货源组织工作，向省级扶贫部门推荐本地区农副产品和带贫能力强、产品质量好、有诚信的企业、合作社、家庭农场等市场主体，并对拟推荐的市场主体带贫益贫成效进行审核，出具相关证明。贫困县要引导本地区市场主体按照市场需求发展本地区特色优势产业，打造区域公共品牌，实现贫困地区农副产品产地、质量等可追溯。

有关省（区、市）扶贫办要结合本地区脱贫攻坚实际，会同有关部门对贫困县推荐的农副产品及市场主体进行审核，并向国务院扶贫办报送本地区重点扶贫农副产品和供应商建议名录。产品和供应商建议名录要向深度贫困地区倾斜，优先支持参与全国民营企业"万企帮万村"行动的市场主体。

国务院扶贫办对有关省（区、市）扶贫部门报送的重点扶贫产品及供应商进行甄别、汇总，形成供应商名录。

（二）搭建贫困地区农副产品销售平台。

供销合作总社按照财政部、国务院扶贫办的有关要求，依托现有平台改造建设运营网络销售平台（网址：www.fupin832.com）。

网络销售平台按照落实政府采购支持脱贫攻坚政策要求、符合电商交易特点的原则，制定完善交易规则，编制用户操作手册，为采购人、供应商提供便捷高效的交易服务；列入供应商名录的市场主体按照网络销售平台有关要求注册上线，有关省份扶贫办和贫困县扶贫办在线对供应商身份进行审核把关；完善平台在线议价、价格监测、诚信评价等功能，按照市场化原则建立健全平台交易争议处理机制；做好交易信息统计工作，将各类采购主体纳入统计范围，为各级财政和扶贫部门交易监管、信息统计提供数据支撑。

网络销售平台实行"零收费"。除按商业原则由平台代收的通道费、第三方服务费及履约保证金外，不向供应商收取入场费、平台使用费等相关费用，不向预算单位收取交易服务费。

积极探索网络销售平台与其他经财政部和国务院扶贫办认可的贫困地区农副产品销售平台对接，拓宽预算单位采购贫困地区农副产品渠道，扩大平台影响力。

（三）组织引导预算单位购买贫困地区农副产品。

各级财政部门负责汇总预算单位预留贫困地区农副产品采购比例等信息，指导本级预算单位采购贫困地区农副产品。各预算单位要加强农副产品采购工作的计划安排，按照预留比例通过网络销售平台采购贫困地区农副产品，严格按照合同约定支付货款，不得拖欠。

鼓励各级预算单位工会组织通过网络销售平台采购工会福利、慰问品等。有关单位工会采购金额纳入本单位扶贫统计范围。鼓励承担定点帮扶任务的中央企业和地方国有企业预留一定采购比例，通过网络销售平台采购贫困地区农副产品。

国务院扶贫办依托消费扶贫数据库统计、汇总各地区、各单位采购情况，作为其参与消费扶贫的重要依据。有下列情况之一者，可通过其他渠道购买，购买数额列入消费扶贫数据库统计范围：

（1）承担扶贫协作任务的、贫困县定点扶贫任务的预算单位购买扶贫协作地区和定点贫困县农副产品，并能够提供任务证明、采购凭证、带贫成效等相关佐证材料的；

（2）贫困县所属预算单位购买本县农副产品，并能够提供采购凭证、带贫成效等相关佐证材料的；

（3）在国务院扶贫办指导下，各省（区、市）和中央定点扶贫单位通过产销对接会等方式，组织本地区、本系统、本行业集中采购贫困县农副产品，并能够提供采购凭证、带贫成效等相关佐证材料的；

（4）其他经国务院扶贫办、财政部共同认可的采购行为。

有以上情况的预算单位需将佐证材料，按月上传至消费扶贫数据库，其中带贫成效主要是指带动建档立卡贫困人口数和增收数额，经贫困县扶贫办初审后报省级扶贫办审核认定。购买扶贫协作地区贫困县农副产品的预算单位还需本地区扶贫协作部门复核。

四、工作机制

（一）组织保障机制。财政部、国务院扶贫办会同供销合作总社等有关部门统筹推进贫困地区农副产品采购工作。各省级财政部门、扶贫部门要会同供销等有关部门建立协作机制，明确责任，形成合力，统筹推进、指导、协调本地区贫困地区农副产品采购工作。贫困县财政部门、扶贫部门要在地方党委、政府领导下，积极引导地方有关机构建立金融保障机制，运用保险、担保、小额贷款等方式为贫困地区农副产品销售提供金融支持；以电子商务进农村综合示范为基础，建设和完善贫困地区农村电商公共服务体系，加强物流配送体系建设。各级供销合作社要积极与供应商对接，协助扶贫部门做好货源组织、宣传培训和扶贫属性追溯等工作，为供应商提供仓储物流、电商运营等服务，配合有关部门做好产品质量追溯工作。

（二）利益联结机制。各级扶贫部门要把促进贫困地区农副产品销售、增加建档立卡贫困户收入作为主要目标，建立完善建档立卡贫困户和供应商之间的利益联结机制，切实把政府采购支持脱贫攻坚的成效体现在帮助贫困地区脱贫、贫困户增收上。对带贫益贫效果好的供应商可做优先重点推介。对带贫益贫效果弄虚作假的供应商，将取消供应商资格，情节严重的对所在贫困县和省份进行通报。

（三）宣传引导机制。各级财政部门、扶贫部门要做好本级预算单位培训指导工作，加强政府采购支持脱贫攻坚政策与成效宣传，在部分地区开展试点示范，及时总结推广典型案例和优秀做法，鼓励和引导各级预算单位加大采购贫困地区农副产品力度。

（四）激励约束机制。财政部和国务院扶贫办将定期对预算单位购买贫困地区农副产品、有关省份推进政府采购支持脱贫攻坚、供应商带贫益贫等情况进行通报。对工作积极、成效明显的预算单位和地方，予以通报表扬。建立供应商评价和退出机制。对存在弄虚作假、以次充好、扰乱市场行为的供应商取消入驻和上架资格，出现严重产品质量和食品安全问题的供应商，按照相关法律法规追究责任，并向所在贫困县进行通报；对供应商出现问题较多的贫困县及其所在省份进行通报，情节严重的限制或取消其推荐本地区农副产品和市场主体的资格。

（五）监督举报机制。坚持阳光操作，接受社会公众监督。发现平台或供应商有违法违规、虚假瞒报等情况，可及时向国务院扶贫办消费扶贫工作专班和"12317"监督举报电话举报。国务院扶贫办将委托第三方开展核查评估，组织专家、媒体等开展暗访，坚决杜绝弄虚作假、借机敛财、"搭便车"等现象。

五、实施步骤

2019年9月15日前，各省级扶贫部门将本地区贫困县填写的《贫困县重点扶贫产品供应商推荐名录》（附1）和审核认定后的《贫困县重点扶贫产品供应商建议名录》（附2）报国务院扶贫办汇总。

2019年10月底前，网络销售平台上线运行，消费扶贫数据库系统启用，部分地区启动试点示范。国务院扶贫办会同有关部门发布首批供应商名录，供销合作总社启动供应商培训工作。各省级财政部门会同扶贫部门按要求汇总本地区预算单位预留采购份额比例报财政部备案。

2020年起，各级预算单位全面启动贫困地区农副产品采购工作，财政部、国务院扶贫办定期通报预算单位购买贫困地区农副产品、有关省份推进政府采购支持脱贫攻坚、供应商带贫益贫等情况，国务院扶贫办组织开展核查评估等工作。

方案实施过程中遇到问题，请及时向相关部门反映。财政部国库司：010-68552389，68553724；国务院扶贫办社会扶贫司：010-84419783；供销合作总社财会部：010-66050431。

网络销售平台系统操作及具体交易过程中遇到问题，请联系010-80889017；电子邮箱：fupin832@ fupin832. com。

附：1. 国家级贫困县重点扶贫产品供应商推荐名录

2. 国家级贫困县重点扶贫产品供应商建议名录

附1：

国家级贫困县县重点扶贫产品供应商推荐名录

省　　　　市　　　　县

是否是深度贫困县：　　　　国家级　　　　省级

本县主要特色农副产品及年产量：

本县特色农副产品品牌：

产品名称	产地	供应商名称	产品品类	生产资料来源	年产量	单价	供货时间	常用物流	带贫成效（附佐证材料）	联系方式

联系人：　　　　　　　　　　联系方式：

附2：

国家级贫困县重点扶贫产品供应商建议名录

省

产品名称	产地	供应商名称	产品品类	生产资料来源	年产量	单价	供货时间	常用物流	带贫成效（附佐证材料）	联系方式

联系人：

联系方式：

财政部、工业和信息化部关于印发《政府采购促进中小企业发展管理办法》的通知

(2020 年 12 月 18 日　财库〔2020〕46 号)

各中央预算单位办公厅（室），各省、自治区、直辖市、计划单列市财政厅（局）、工业和信息化主管部门，新疆生产建设兵团财政局、工业和信息化主管部门：

为贯彻落实《关于促进中小企业健康发展的指导意见》，发挥政府采购政策功能，促进中小企业发展，根据《中华人民共和国政府采购法》、《中华人民共和国中小企业促进法》等法律法规，财政部、工业和信息化部制定了《政府采购促进中小企业发展管理办法》。现印发给你们，请遵照执行。

附件：政府采购促进中小企业发展管理办法

附件

政府采购促进中小企业发展管理办法

第一条　为了发挥政府采购的政策功能，促进中小企业健康发展，根据《中华人民共和国政府采购法》、《中华人民共和国中小企业促进法》等有关法律法规，制定本办法。

第二条　本办法所称中小企业，是指在中华人民共和国境内依法设立，依据国务院批准的中小企业划分标准确定的中型企业、小型企业和微型企业，但与大企业的负责人为同一人，或者与大企业存在直接控股、管理关系的除外。

符合中小企业划分标准的个体工商户，在政府采购活动中视同中小企业。

第三条　采购人在政府采购活动中应当通过加强采购需求管理，落实预留

采购份额、价格评审优惠、优先采购等措施，提高中小企业在政府采购中的份额，支持中小企业发展。

第四条 在政府采购活动中，供应商提供的货物、工程或者服务符合下列情形的，享受本办法规定的中小企业扶持政策：

（一）在货物采购项目中，货物由中小企业制造，即货物由中小企业生产且使用该中小企业商号或者注册商标；

（二）在工程采购项目中，工程由中小企业承建，即工程施工单位为中小企业；

（三）在服务采购项目中，服务由中小企业承接，即提供服务的人员为中小企业依照《中华人民共和国劳动合同法》订立劳动合同的从业人员。

在货物采购项目中，供应商提供的货物既有中小企业制造货物，也有大型企业制造货物的，不享受本办法规定的中小企业扶持政策。

以联合体形式参加政府采购活动，联合体各方均为中小企业的，联合体视同中小企业。其中，联合体各方均为小微企业的，联合体视同小微企业。

第五条 采购人在政府采购活动中应当合理确定采购项目的采购需求，不得以企业注册资本、资产总额、营业收入、从业人员、利润、纳税额等规模条件和财务指标作为供应商的资格要求或者评审因素，不得在企业股权结构、经营年限等方面对中小企业实行差别待遇或者歧视待遇。

第六条 主管预算单位应当组织评估本部门及所属单位政府采购项目，统筹制定面向中小企业预留采购份额的具体方案，对适宜由中小企业提供的采购项目和采购包，预留采购份额专门面向中小企业采购，并在政府采购预算中单独列示。

符合下列情形之一的，可不专门面向中小企业预留采购份额：

（一）法律法规和国家有关政策明确规定优先或者应当面向事业单位、社会组织等非企业主体采购的；

（二）因确需使用不可替代的专利、专有技术，基础设施限制，或者提供特定公共服务等原因，只能从中小企业之外的供应商处采购的；

（三）按照本办法规定预留采购份额无法确保充分供应、充分竞争，或者存在可能影响政府采购目标实现的情形；

（四）框架协议采购项目；

（五）省级以上人民政府财政部门规定的其他情形。

除上述情形外，其他均为适宜由中小企业提供的情形。

第七条　采购限额标准以上，200万元以下的货物和服务采购项目、400万元以下的工程采购项目，适宜由中小企业提供的，采购人应当专门面向中小企业采购。

第八条　超过200万元的货物和服务采购项目、超过400万元的工程采购项目中适宜由中小企业提供的，预留该部分采购项目预算总额的30%以上专门面向中小企业采购，其中预留给小微企业的比例不低于60%。预留份额通过下列措施进行：

（一）将采购项目整体或者设置采购包专门面向中小企业采购；

（二）要求供应商以联合体形式参加采购活动，且联合体中中小企业承担的部分达到一定比例；

（三）要求获得采购合同的供应商将采购项目中的一定比例分包给一家或者多家中小企业。

组成联合体或者接受分包合同的中小企业与联合体内其他企业、分包企业之间不得存在直接控股、管理关系。

第九条　对于经主管预算单位统筹后未预留份额专门面向中小企业采购的采购项目，以及预留份额项目中的非预留部分采购包，采购人、采购代理机构应当对符合本办法规定的小微企业报价给予6%—10%（工程项目为3%—5%）的扣除，用扣除后的价格参加评审。适用招标投标法的政府采购工程建设项目，采用综合评估法但未采用低价优先法计算价格分的，评标时应当在采用原报价进行评分的基础上增加其价格得分的3%—5%作为其价格分。

接受大中型企业与小微企业组成联合体或者允许大中型企业向一家或者多家小微企业分包的采购项目，对于联合协议或者分包意向协议约定小微企业的合同份额占到合同总金额30%以上的，采购人、采购代理机构应当对联合体或者大中型企业的报价给予2%-3%（工程项目为1%—2%）的扣除，用扣除后的价格参加评审。适用招标投标法的政府采购工程建设项目，采用综合评估法但未采用低价优先法计算价格分的，评标时应当在采用原报价进行评分的基础上增加其价格得分的1%—2%作为其价格分。组成联合体或者接受分包的小微企业与联合体内其他企业、分包企业之间存在直接控股、管理关系的，不享受价格扣除优惠政策。

价格扣除比例或者价格分加分比例对小型企业和微型企业同等对待，不作区分。具体采购项目的价格扣除比例或者价格分加分比例，由采购人根据采购标的相关行业平均利润率、市场竞争状况等，在本办法规定的幅度内确定。

第十条 采购人应当严格按照本办法规定和主管预算单位制定的预留采购份额具体方案开展采购活动。预留份额的采购项目或者采购包，通过发布公告方式邀请供应商后，符合资格条件的中小企业数量不足3家的，应当中止采购活动，视同未预留份额的采购项目或者采购包，按照本办法第九条有关规定重新组织采购活动。

第十一条 中小企业参加政府采购活动，应当出具本办法规定的《中小企业声明函》（附1），否则不得享受相关中小企业扶持政策。任何单位和个人不得要求供应商提供《中小企业声明函》之外的中小企业身份证明文件。

第十二条 采购项目涉及中小企业采购的，采购文件应当明确以下内容：

（一）预留份额的采购项目或者采购包，明确该项目或相关采购包专门面向中小企业采购，以及相关标的及预算金额；

（二）要求以联合体形式参加或者合同分包的，明确联合协议或者分包意向协议中中小企业合同金额应当达到的比例，并作为供应商资格条件；

（三）非预留份额的采购项目或者采购包，明确有关价格扣除比例或者价格分加分比例；

（四）规定依据本办法规定享受扶持政策获得政府采购合同的，小微企业不得将合同分包给大中型企业，中型企业不得将合同分包给大型企业；

（五）采购人认为具备相关条件的，明确对中小企业在资金支付期限、预付款比例等方面的优惠措施；

（六）明确采购标的对应的中小企业划分标准所属行业；

（七）法律法规和省级以上人民政府财政部门规定的其他事项。

第十三条 中标、成交供应商享受本办法规定的中小企业扶持政策的，采购人、采购代理机构应当随中标、成交结果公开中标、成交供应商的《中小企业声明函》。

适用招标投标法的政府采购工程建设项目，应当在公示中标候选人时公开中标候选人的《中小企业声明函》。

第十四条 对于通过预留采购项目、预留专门采购包、要求以联合体形式参加或者合同分包等措施签订的采购合同，应当明确标注本合同为中小企业预留合同。其中，要求以联合体形式参加采购活动或者合同分包的，应当将联合协议或者分包意向协议作为采购合同的组成部分。

第十五条 鼓励各地区、各部门在采购活动中允许中小企业引入信用担保手段，为中小企业在投标（响应）保证、履约保证等方面提供专业化服务。鼓励中小企业依法合规通过政府采购合同融资。

第十六条 政府采购监督检查、投诉处理及政府采购行政处罚中对中小企业的认定，由货物制造商或者工程、服务供应商注册登记所在地的县级以上人民政府中小企业主管部门负责。

中小企业主管部门应当在收到财政部门或者有关招标投标行政监督部门关于协助开展中小企业认定函后10个工作日内做出书面答复。

第十七条 各地区、各部门应当对涉及中小企业采购的预算项目实施全过程绩效管理，合理设置绩效目标和指标，落实扶持中小企业有关政策要求，定期开展绩效监控和评价，强化绩效评价结果应用。

第十八条 主管预算单位应当自2022年起向同级财政部门报告本部门上一年度面向中小企业预留份额和采购的具体情况，并在中国政府采购网公开预留项目执行情况（附2）。未达到本办法规定的预留份额比例的，应当作出说明。

第十九条　采购人未按本办法规定为中小企业预留采购份额，采购人、采购代理机构未按照本办法规定要求实施价格扣除或者价格分加分的，属于未按照规定执行政府采购政策，依照《中华人民共和国政府采购法》等国家有关规定追究法律责任。

第二十条　供应商按照本办法规定提供声明函内容不实的，属于提供虚假材料谋取中标、成交，依照《中华人民共和国政府采购法》等国家有关规定追究相应责任。

适用招标投标法的政府采购工程建设项目，投标人按照本办法规定提供声明函内容不实的，属于弄虚作假骗取中标，依照《中华人民共和国招标投标法》等国家有关规定追究相应责任。

第二十一条　财政部门、中小企业主管部门及其工作人员在履行职责中违反本办法规定及存在其他滥用职权、玩忽职守、徇私舞弊等违法违纪行为的，依照《中华人民共和国政府采购法》、《中华人民共和国公务员法》、《中华人民共和国监察法》、《中华人民共和国政府采购法实施条例》等国家有关规定追究相应责任；涉嫌犯罪的，依法移送有关国家机关处理。

第二十二条　对外援助项目、国家相关资格或者资质管理制度另有规定的项目，不适用本办法。

第二十三条　关于视同中小企业的其他主体的政府采购扶持政策，由财政部会同有关部门另行规定。

第二十四条　省级财政部门可以会同中小企业主管部门根据本办法的规定制定具体实施办法。

第二十五条　本办法自 2021 年 1 月 1 日起施行。《财政部　工业和信息化部关于印发〈政府采购促进中小企业发展暂行办法〉的通知》（财库〔2011〕181 号）同时废止。

附：1. 中小企业声明函

2. 面向中小企业预留项目执行情况公告

附 1

中小企业声明函（货物）

本公司（联合体）郑重声明，根据《政府采购促进中小企业发展管理办法》（财库〔2020〕46号）的规定，本公司（联合体）参加 (单位名称) 的 (项目名称) 采购活动，提供的货物全部由符合政策要求的中小企业制造。相关企业（含联合体中的中小企业、签订分包意向协议的中小企业）的具体情况如下：

1. (标的名称) ，属于 (采购文件中明确的所属行业) 行业；制造商为 (企业名称)，从业人员_____人，营业收入为_____万元，资产总额为_____万元①，属于 (中型企业、小型企业、微型企业)；

2. (标的名称)，属于 (采购文件中明确的所属行业) 行业；制造商为 (企业名称)，从业人员_____人，营业收入为_____万元，资产总额为_____万元，属于 (中型企业、小型企业、微型企业)；

……

以上企业，不属于大企业的分支机构，不存在控股股东为大企业的情形，也不存在与大企业的负责人为同一人的情形。

本企业对上述声明内容的真实性负责。如有虚假，将依法承担相应责任。

企业名称（盖章）：

日　　期：

---

① 从业人员、营业收入、资产总额填报上一年度数据，无上一年度数据的新成立企业可不填报。

中小企业声明函（工程、服务）

本公司（联合体）郑重声明，根据《政府采购促进中小企业发展管理办法》（财库〔2020〕46号）的规定，本公司（联合体）参加 (单位名称) 的 (项目名称) 采购活动，工程的施工单位全部为符合政策要求的中小企业（或者：服务全部由符合政策要求的中小企业承接）。相关企业（含联合体中的中小企业、签订分包意向协议的中小企业）的具体情况如下：

1. (标的名称)，属于 (采购文件中明确的所属行业)；承建（承接）企业为 (企业名称)，从业人员＿＿＿＿人，营业收入为＿＿＿＿万元，资产总额为＿＿＿＿万元①，属于 (中型企业、小型企业、微型企业)；

2. (标的名称)，属于 (采购文件中明确的所属行业)；承建（承接）企业为 (企业名称)，从业人员＿＿＿＿人，营业收入为＿＿＿＿万元，资产总额为＿＿＿＿万元，属于 (中型企业、小型企业、微型企业)；

……

以上企业，不属于大企业的分支机构，不存在控股股东为大企业的情形，也不存在与大企业的负责人为同一人的情形。

本企业对上述声明内容的真实性负责。如有虚假，将依法承担相应责任。

企业名称（盖章）：

日　　期：

---

① 从业人员、营业收入、资产总额填报上一年度数据，无上一年度数据的新成立企业可不填报。

附 2

（单位名称）××年面向中小企业
预留项目执行情况公告

根据《政府采购促进中小企业发展管理办法》（财库〔2020〕46 号）要求，现对本部门（单位）××年面向中小企业预留项目执行情况公告如下：

本部门（单位）××年预留项目面向中小企业采购共计××万元，其中，面向小微企业采购××万元，占××%。

面向中小企业预留项目明细

序号	项目名称	预留选项	面向中小企业采购金额	合同链接
	（填写集中采购目录以内或者采购限额标准以上的采购项目）	（填写"采购项目整体预留"、"设置专门采购包"、"要求以联合体形式参加"或者"要求合同分包"，除"采购项目全部预留"外，还应当填写预留给中小企业的比例）	（精确到万元）	（填写合同在中国政府采购网公开的网址，合同中应当包含有关联合体协议或者分包意向协议）
……	……	……	……	……

部门（单位）名称：

日期：

工业和信息化部、国家统计局、国家发展和改革委员会、财政部关于印发中小企业划型标准规定的通知

（2011 年 6 月 18 日　工信部联企业〔2011〕300 号）

各省、自治区、直辖市人民政府，国务院各部委、各直属机构及有关单位：

为贯彻落实《中华人民共和国中小企业促进法》和《国务院关于进一步促进中小企业发展的若干意见》（国发〔2009〕36 号），工业和信息化部、国家统计局、发展改革委、财政部研究制定了《中小企业划型标准规定》。经国务院同意，现印发给你们，请遵照执行。

附件：

中小企业划型标准规定

一、根据《中华人民共和国中小企业促进法》和《国务院关于进一步促进中小企业发展的若干意见》（国发〔2009〕36 号），制定本规定。

二、中小企业划分为中型、小型、微型三种类型，具体标准根据企业从业人员、营业收入、资产总额等指标，结合行业特点制定。

三、本规定适用的行业包括：农、林、牧、渔业，工业（包括采矿业，制造业，电力、热力、燃气及水生产和供应业），建筑业，批发业，零售业，交通运输业（不含铁路运输业），仓储业，邮政业，住宿业，餐饮业，信息传输业（包括电信、互联网和相关服务），软件和信息技术服务业，房地产开发经营，物业管理，租赁和商务服务业，其他未列明行业（包括科学研究和技术服务业，水利、环境和公共设施管理业，居民服务、修理和其他服务业，社会工作，文化、体育和娱乐业等）。

四、各行业划型标准为：

（一）农、林、牧、渔业。营业收入 20000 万元以下的为中小微型企业。其中，营业收入 500 万元及以上的为中型企业，营业收入 50 万元及以上的为小型企业，营业收入 50 万元以下的为微型企业。

（二）工业。从业人员 1000 人以下或营业收入 40000 万元以下的为中小微型企业。其中，从业人员 300 人及以上，且营业收入 2000 万元及以上的为中型企业；从业人员 20 人及以上，且营业收入 300 万元及以上的为小型企业；从业人员 20 人以下或营业收入 300 万元以下的为微型企业。

（三）建筑业。营业收入 80000 万元以下或资产总额 80000 万元以下的为中小微型企业。其中，营业收入 6000 万元及以上，且资产总额 5000 万元及以上的为中型企业；营业收入 300 万元及以上，且资产总额 300 万元及以上的为小型企业；营业收入 300 万元以下或资产总额 300 万元以下的为微型企业。

（四）批发业。从业人员 200 人以下或营业收入 40000 万元以下的为中小微型企业。其中，从业人员 20 人及以上，且营业收入 5000 万元及以上的为中型企业；从业人员 5 人及以上，且营业收入 1000 万元及以上的为小型企业；从业人员 5 人以下或营业收入 1000 万元以下的为微型企业。

（五）零售业。从业人员 300 人以下或营业收入 20000 万元以下的为中小微型企业。其中，从业人员 50 人及以上，且营业收入 500 万元及以上的为中型企业；从业人员 10 人及以上，且营业收入 100 万元及以上的为小型企业；从业人员 10 人以下或营业收入 100 万元以下的为微型企业。

（六）交通运输业。从业人员 1000 人以下或营业收入 30000 万元以下的为中小微型企业。其中，从业人员 300 人及以上，且营业收入 3000 万元及以上的为中型企业；从业人员 20 人及以上，且营业收入 200 万元及以上的为小型企业；从业人员 20 人以下或营业收入 200 万元以下的为微型企业。

（七）仓储业。从业人员 200 人以下或营业收入 30000 万元以下的为中小微型企业。其中，从业人员 100 人及以上，且营业收入 1000 万元及以上的为中型企业；从业人员 20 人及以上，且营业收入 100 万元及以上的为小型企业；从业人员 20 人以下或营业收入 100 万元以下的为微型企业。

（八）邮政业。从业人员 1000 人以下或营业收入 30000 万元以下的为中小微型企业。其中，从业人员 300 人及以上，且营业收入 2000 万元及以上的为中型企业；从业人员 20 人及以上，且营业收入 100 万元及以上的为小型企业；从业人员 20 人以下或营业收入 100 万元以下的为微型企业。

（九）住宿业。从业人员 300 人以下或营业收入 10000 万元以下的为中小微型企业。其中，从业人员 100 人及以上，且营业收入 2000 万元及以上的为中型企业；从业人员 10 人及以上，且营业收入 100 万元及以上的为小型企业；从业人员 10 人以下或营业收入 100 万元以下的为微型企业。

（十）餐饮业。从业人员 300 人以下或营业收入 10000 万元以下的为中小微型企业。其中，从业人员 100 人及以上，且营业收入 2000 万元及以上的为中型企业；从业人员 10 人及以上，且营业收入 100 万元及以上的为小型企业；从业人员 10 人以下或营业收入 100 万元以下的为微型企业。

（十一）信息传输业。从业人员 2000 人以下或营业收入 100000 万元以下的为中小微型企业。其中，从业人员 100 人及以上，且营业收入 1000 万元及以上的为中型企业；从业人员 10 人及以上，且营业收入 100 万元及以上的为小型企业；从业人员 10 人以下或营业收入 100 万元以下的为微型企业。

（十二）软件和信息技术服务业。从业人员 300 人以下或营业收入 10000 万元以下的为中小微型企业。其中，从业人员 100 人及以上，且营业收入 1000 万元及以上的为中型企业；从业人员 10 人及以上，且营业收入 50 万元及以上的为小型企业；从业人员 10 人以下或营业收入 50 万元以下的为微型企业。

（十三）房地产开发经营。营业收入 200000 万元以下或资产总额 10000 万元以下的为中小微型企业。其中，营业收入 1000 万元及以上，且资产总额 5000 万元及以上的为中型企业；营业收入 100 万元及以上，且资产总额 2000 万元及以上的为小型企业；营业收入 100 万元以下或资产总额 2000 万元以下的为微型企业。

（十四）物业管理。从业人员 1000 人以下或营业收入 5000 万元以下的为中小微型企业。其中，从业人员 300 人及以上，且营业收入 1000 万元及以上的为中型企业；从业人员 100 人及以上，且营业收入 500 万元及以上的为小型企业；从业人员 100 人以下或营业收入 500 万元以下的为微型企业。

（十五）租赁和商务服务业。从业人员 300 人以下或资产总额 120000 万元以下的为中小微型企业。其中，从业人员 100 人及以上，且资产总额 8000 万元及以上的为中型企业；从业人员 10 人及以上，且资产总额 100 万元及以上的为小型企业；从业人员 10 人以下或资产总额 100 万元以下的为微型企业。

（十六）其他未列明行业。从业人员 300 人以下的为中小微型企业。其中，从业人员 100 人及以上的为中型企业；从业人员 10 人及以上的为小型企业；从业人员 10 人以下的为微型企业。

五、企业类型的划分以统计部门的统计数据为依据。

六、本规定适用于在中华人民共和国境内依法设立的各类所有制和各种组织形式的企业。个体工商户和本规定以外的行业，参照本规定进行划型。

七、本规定的中型企业标准上限即为大型企业标准的下限，国家统计部门据此制定大中小微型企业的统计分类。国务院有关部门据此进行相关数据分析，不得制定与本规定不一致的企业划型标准。

财政部关于在政府采购活动中落实平等对待内外资企业有关政策的通知

（2021 年 10 月 13 日　财库〔2021〕35 号）

各中央预算单位，各省、自治区、直辖市、计划单列市财政厅（局），新疆生产建设兵团财政局：

为构建统一开放、竞争有序的政府采购市场体系，促进政府采购公平竞争，现就在政府采购活动中平等对待在中国境内设立的内外资企业有关事项通知如下：

一、保障内外资企业平等参与政府采购

政府采购依法对内外资企业在中国境内生产的产品（包括提供的服务，下同）平等对待。各级预算单位应当严格执行《中华人民共和国政府采购法》和《中华人民共和国外商投资法》等相关法律法规，在政府采购活动中，除涉及国家安全和国家秘密的采购项目外，不得区别对待内外资企业在中国境内生产的产品。在中国境内生产的产品，不论其供应商是内资还是外资企业，均应依法保障其平等参与政府采购活动的权利。

二、在政府采购活动中落实平等对待内外资企业的要求

各级预算单位在政府采购活动中，不得在政府采购信息发布、供应商资格条件确定和资格审查、评审标准等方面，对内资企业或外商投资企业实行差别待遇或者歧视待遇，不得以所有制形式、组织形式、股权结构、投资者国别、产品品牌以及其他不合理的条件对供应商予以限定，切实保障内外资企业公平竞争。

三、平等维护内外资企业的合法权益

内外资企业在政府采购活动中，凡认为采购文件、采购过程、中标或者成交结果使自身权益受到损害的，均可依照相关规定提起质疑和投诉。各级财政部门应当严格落实《政府采购质疑和投诉办法》（财政部令第94号），畅通投诉渠道，依法受理并公平处理供应商的投诉，不得在投诉处理中对内外资企业实施差别待遇或者歧视待遇，维护政府采购供应商的合法权益。

对于违反本通知要求的规定和做法，以及违规设立产品、供应商等各类备选库、名录库、资格库等规定和做法，各地要及时予以清理纠正，并将清理纠正情况于11月底前报送财政部。

财政部、住房和城乡建设部关于政府采购支持
绿色建材促进建筑品质提升试点工作的通知

（2020年10月13日　财库〔2020〕31号）

各省、自治区、直辖市、计划单列市财政厅（局）、住房和城乡建设主管部门、新疆生产建设兵团财政局、住房和城乡建设局：

为发挥政府采购政策功能，加快推广绿色建筑和绿色建材应用，促进建筑品质提升和新型建筑工业化发展，根据《中华人民共和国政府采购法》和《中

华人民共和国政府采购法实施条例》，现就政府采购支持绿色建材促进建筑品质提升试点工作通知如下：

一、总体要求

（一）指导思想。

以习近平新时代中国特色社会主义思想为指导，牢固树立新发展理念，发挥政府采购的示范引领作用，在政府采购工程中积极推广绿色建筑和绿色建材应用，推进建筑业供给侧结构性改革，促进绿色生产和绿色消费，推动经济社会绿色发展。

（二）基本原则。

坚持先行先试。选择一批绿色发展基础较好的城市，在政府采购工程中探索支持绿色建筑和绿色建材推广应用的有效模式，形成可复制、可推广的经验。

强化主体责任。压实采购人落实政策的主体责任，通过加强采购需求管理等措施，切实提高绿色建筑和绿色建材在政府采购工程中的比重。

加强统筹协调。加强部门间的沟通协调，明确相关部门职责，强化对政府工程采购、实施和履约验收中的监督管理，引导采购人、工程承包单位、建材企业、相关行业协会及第三方机构积极参与试点工作，形成推进试点的合力。

（三）工作目标。

在政府采购工程中推广可循环可利用建材、高强度高耐久建材、绿色部品部件、绿色装饰装修材料、节水节能建材等绿色建材产品，积极应用装配式、智能化等新型建筑工业化建造方式，鼓励建成二星级及以上绿色建筑。到2022年，基本形成绿色建筑和绿色建材政府采购需求标准，政策措施体系和工作机制逐步完善，政府采购工程建筑品质得到提升，绿色消费和绿色发展的理念进一步增强。

二、试点对象和时间

（一）试点城市。试点城市为南京市、杭州市、绍兴市、湖州市、青岛市、佛山市。鼓励其他地区按照本通知要求，积极推广绿色建筑和绿色建材应用。

（二）试点项目。医院、学校、办公楼、综合体、展览馆、会展中心、体育馆、保障性住房等新建政府采购工程。鼓励试点地区将使用财政性资金实施的其他新建工程项目纳入试点范围。

（三）试点期限。试点时间为 2 年，相关工程项目原则上应于 2022 年 12 月底前竣工。对于较大规模的工程项目，可适当延长试点时间。

三、试点内容

（一）形成绿色建筑和绿色建材政府采购需求标准。财政部、住房和城乡建设部会同相关部门根据建材产品在政府采购工程中的应用情况、市场供给情况和相关产业升级发展方向等，结合有关国家标准、行业标准等绿色建材产品标准，制定发布绿色建筑和绿色建材政府采购基本要求（试行，以下简称《基本要求》）。财政部、住房和城乡建设部将根据试点推进情况，动态更新《基本要求》，并在中华人民共和国财政部网站（www.mof.gov.cn）、住房和城乡建设部网站（www.mohurd.gov.cn）和中国政府采购网（www.ccgp.gov.cn）发布。试点地区可根据地方实际情况，对《基本要求》中的相关设计要求、建材种类和具体指标进行微调。试点地区要通过试点，在《基本要求》的基础上，细化和完善绿色建筑政府采购相关设计规范、施工规范和产品标准，形成客观、量化、可验证，适应本地区实际和不同建筑类型的绿色建筑和绿色建材政府采购需求标准，报财政部、住房和城乡建设部。

（二）加强工程设计管理。采购人应当要求设计单位根据《基本要求》编制设计文件，严格审查或者委托第三方机构审查设计文件中执行《基本要求》的情况。试点地区住房和城乡建设部门要加强政府采购工程中落实《基本要求》情况的事中事后监管。同时，要积极推动工程造价改革，完善工程概预算编制办法，充分发挥市场定价作用，将政府采购绿色建筑和绿色建材增量成本纳入工程造价。

（三）落实绿色建材采购要求。采购人要在编制采购文件和拟定合同文本时将满足《基本要求》的有关规定作为实质性条件，直接采购或要求承包单位使用符合规定的绿色建材产品。绿色建材供应商在供货时应当提供包含相关指标的第三方检测或认证机构出具的检测报告、认证证书等证明性文件。对于尚未纳入《基本要求》的建材产品，鼓励采购人采购获得绿色建材评价标识、认证或者获得环境标志产品认证的绿色建材产品。

（四）探索开展绿色建材批量集中采购。试点地区财政部门可以选择部分通用类绿色建材探索实施批量集中采购。由政府集中采购机构或部门集中采购机构定期归集采购人绿色建材采购计划，开展集中带量采购。鼓励通过电子化政府采购平台采购绿色建材，强化采购全流程监管。

（五）严格工程施工和验收管理。试点地区要积极探索创新施工现场监管模式，督促施工单位使用符合要求的绿色建材产品，严格按照《基本要求》的规定和工程建设相关标准施工。工程竣工后，采购人要按照合同约定开展履约验收。

（六）加强对绿色采购政策执行的监督检查。试点地区财政部门要会同住房和城乡建设部门通过大数据、区块链等技术手段密切跟踪试点情况，加强有关政策执行情况的监督检查。对于采购人、采购代理机构和供应商在采购活动中的违法违规行为，依照政府采购法律制度有关规定处理。

四、保障措施

（一）加强组织领导。试点地区要高度重视政府采购支持绿色建筑和绿色建材推广试点工作，大胆创新，研究建立有利于推进试点的制度机制。试点地区财政部门、住房和城乡建设部门要共同牵头做好试点工作，及时制定出台本地区试点实施方案，报财政部、住房和城乡建设部备案。试点实施方案印发后，有关部门要按照职责分工加强协调配合，确保试点工作顺利推进。

（二）做好试点跟踪和评估。试点地区财政部门、住房和城乡建设部门要加强对试点工作的动态跟踪和工作督导，及时协调解决试点中的难点堵点，对试点过程中遇到的关于《基本要求》具体内容、操作执行等方面问题和相关意见建议，要及时向财政部、住房和城乡建设部报告。财政部、住房和城乡建设部将定期组织试点情况评估，试点结束后系统总结各地试点经验和成效，形成政府采购支持绿色建筑和绿色建材推广的全国实施方案。

（三）加强宣传引导。加强政府采购支持绿色建筑和绿色建材推广政策解读和舆论引导，统一各方思想认识，及时回应社会关切，稳定市场主体预期。通过新闻媒体宣传推广各地的好经验好做法，充分发挥试点示范效应。

附件：绿色建筑和绿色建材政府采购基本要求（试行）

附件

绿色建筑和绿色建材政府采购基本要求

（试行）

1 总 则

1.1 适用范围

医院、学校、办公楼、综合体、展览馆、会展中心、体育馆、保障性住房等新建工程项目。

1.2 建造方式

应采用装配式、智能化等精益施工的新型建筑工业化建造方式。

注：装配率应不低于 50%，以单体建筑作为计算单元。装配率计算参照《装配式建筑评价标准》GB/T 51129。

1.3 结构类型

展览馆、会展中心、体育馆应采用钢结构。

医院、学校、办公楼、综合体、保障性住房应采用混凝土结构或钢结构。

2 基本规定

2.0.1 在项目立项、招标采购、建筑设计、工程施工、质量验收等建筑全生命周期过程中，政府采购工程选取的建材产品应符合《绿色建筑和绿色建材政府采购基本要求》（试行，以下简称《基本要求》）的指标要求，未列入《基本要求》的应参考绿色建筑、绿色建材等相关标准要求。

2.0.2《基本要求》中涉及的产品、材料及设备除应当符合《基本要求》技术指标外，还应当满足相应的法律法规和强制性标准要求。

2.0.3 产品性能指标应同时符合使用地的地方标准要求，不得使用附录 A 中规定的禁止使用的产品。

3 建设要求

3.1 一般要求

3.1.1 保障性住房项目应全装修交付，其他建筑至少应对公共区域进行全装修交付。

全装修包括但不限于：公共建筑公共区域的固定面全部铺贴、粉刷完成，水、暖、电、通风等基本设备全部安装到位；住宅建筑内部墙面、顶面、地面全部铺贴、粉刷完成，门窗、固定家具、设备管线、开关插座及厨房、卫生间固定设施安装到位。

3.1.2 应结合场地自然条件和建筑功能需求，对建筑的体形、平面布局、空间尺度、围护结构等进行节能设计，且应符合国家有关节能设计的要求。

注：涉及的建筑节能标准，包括国家现行标准《公共建筑节能设计标准》GB 50189、《严寒和寒冷地区居住建筑节能设计标准》JGJ 26、《夏热冬冷地区居住建筑节能设计标准》JGJ 134、《夏热冬暖地区居住建筑节能设计标准》JGJ 75、《温和地区居住建筑节能设计标准》JGJ 475。

3.1.3 采取提升建筑部品部件耐久性的措施，并满足下列要求：

1 使用耐腐蚀、抗老化、耐久性能好的管材、管线、管件；

2 活动配件选用长寿命产品，并考虑部品组合的同寿命性；不同使用寿命的部品组合时，采用便于分别拆换、更新和升级的构造。

注：部分常见的耐腐蚀、抗老化、耐久性能好的部品部件及要求详见表1。

表1 部分常见的耐腐蚀、抗老化、耐久性能好的部品部件及要求

常见类型	要求
管材、管线、管件	室内给水系统采用铜管、不锈钢管、综合性能好的塑料管道（同时应符合现行国家标准《建筑给水排水设计规范》GB 50015对给水系统管材选用的规定）等
	电气系统采用低烟低毒阻燃型线缆、矿物绝缘类不燃性电缆等，且导体材料采用铜芯

续表

常见类型	要求
活动配件	门窗反复启闭性能达到《建筑幕墙、门窗通用技术条件》GB/T 31433、《建筑门窗五金件 通用要求》GB/T 32223 等相应产品标准要求的 2 倍
	遮阳产品机械耐久性达到《建筑遮阳通用技术要求》JG/T 274 等相应产品标准要求的最高级
	水嘴寿命达到《陶瓷片密封水嘴》GB 18145、《数控恒温水嘴》GB/T 24293 等相应产品标准要求的 1.2 倍

3.2 建筑

3.2.1 公共建筑应提升建筑适变性，包括：采取通用开放、灵活可变的使用空间设计或采取建筑使用功能可变措施，建筑结构与建筑设备管线分离。

3.2.2 建筑外门窗必须安装牢固，其抗风压性能和水密性能应符合国家现行有关标准的规定。

注：设计时外门窗应以满足不同气候及环境条件下的建筑物使用功能要求为目标，明确抗风压性能、水密性能指标和等级，并应符合《塑料门窗工程技术规程》JGJ 103、《铝合金门窗工程技术规范》JGJ 214 等现行相关标准的规定。

3.2.3 室内外地面或路面应满足以下防滑措施：

1 建筑出入口及平台、公共走廊、电梯门厅、厨房、浴室、卫生间等设置防滑措施，防滑等级不低于现行行业标准《建筑地面工程防滑技术规程》JGJ/T 331 规定的 Bd、BW 级；

2 建筑室内外活动场所采用防滑地面，防滑等级达到现行行业标准《建筑地面工程防滑技术规程》JGJ/T 331 规定的 Ad、AW 级；

3 建筑坡道、楼梯踏步防滑等级达到现行行业标准《建筑地面工程防滑技术规程》JGJ/T 331 规定的 Ad、AW 级或按水平地面等级提高一级，并采用防滑条等防滑构造技术措施。

3.2.4 采取措施优化主要功能房间的室内声环境。噪声级达到现行国家标准《民用建筑隔声设计规范》GB 50118 中的低限标准限值和高要求标准限值的平均值。详细要求见表 2。

表2 室内允许噪声级

建筑类型	房间名称	允许噪声级（A 声级，dB）	
		低限标准	高要求标准
住宅建筑	卧室	≤45（昼）/≤37（夜）	≤40（昼）/≤30（夜）
	起居室（厅）	≤45	≤40
学校建筑	语音教室、阅览室	≤40	≤35
	普通教室、实验室、计算机房	≤45	≤40
	音乐教室、琴房	≤45	≤40
	舞蹈教室	≤50	≤45
	教师办公室、休息室、会议室	≤45	≤40
医院建筑	病房、医护人员休息室	≤45（昼）/≤40（夜）	≤40（昼）/≤35（夜）
	各类重症监护室	≤45（昼）/≤40（夜）	≤40（昼）/≤35（夜）
	诊室	≤45	≤40
	手术室、分娩室	≤45	≤40
	洁净手术室	≤50	—
	人工生殖中心净化区	≤40	—
	化验室、分析实验室	≤40	—
	入口大厅、候诊厅	≤55	≤50
旅馆建筑	客房	≤45（昼）/≤40（夜）	≤35（昼）/≤30（夜）
	办公室、会议室	≤45	≤40
	多用途厅	≤50	≤40
	餐厅、宴会厅	≤55	≤45
办公建筑	单人办公室	≤40	≤35
	多人办公室	≤45	≤40
	电视电话会议室	≤40	≤35
	普通会议室	≤45	≤40

续表

建筑类型	房间名称	允许噪声级（A 声级，dB）	
		低限标准	高要求标准
商业建筑	商场、商店、购物中心、会展中心	≤55	≤50
	餐厅	≤55	≤45
	员工休息室	≤45	≤40
注：上述数据引自《绿色建筑评价标准技术细则 2019》，执行时应以现行国家标准《民用建筑隔声设计规范》GB 50118 的要求为准。			

3.2.5 主要功能房间的隔声性能应满足以下要求：

1 构件及相邻房间之间的空气声隔声性能达到现行国家标准《民用建筑隔声设计规范》GB 50118 中的低限标准限值和高要求标准限值的平均值。详细要求见表 3；

2 楼板的撞击声隔声性能达到现行国家标准《民用建筑隔声设计规范》GB 50118 中的低限标准限值和高要求标准限值的平均值。详细要求见表 4。

表 3 相邻房间之间空气声隔声标准

建筑类型	构件/房间名称	空气声隔声单值评价量+频谱修正量（dB）		
			低限标准	高要求标准
住宅建筑	卧室、起居室（厅）与邻户房间之间	计权标准化声压级差+粉红噪声频谱修正量 $D_{nT,w}+C$	≥45	≥50
	室外与卧室之间	计权标准化声压级差+交通噪声频谱修正量 $D_{nT,w}+C_{tr}$	≥35	≥40
学校建筑	语音教室、阅览室与相邻房间之间	计权标准化声压级差+粉红噪声频谱修正量 $D_{nT,w}+C$	≥50	—
	普通教室之间		≥45	≥50
医院建筑	病房之间及病房、手术室与普通房间之间	计权标准化声压级差+粉红噪声频谱修正量 $D_{nT,w}+C$	≥45	≥50
	诊室之间		≥40	≥45

续表

建筑类型	构件/房间名称	空气声隔声单值评价量+频谱修正量（dB）		
			低限标准	高要求标准
旅馆建筑	客房之间	计权标准化声压级差+粉红噪声频谱修正量 $D_{nT,w}+C$	≥45	≥50
	室外与客房	计权标准化声压级差+交通噪声频谱修正量 $D_{nT,w}+C_{tr}$	≥35	≥40
办公建筑	办公室、会议室与普通房间之间	计权标准化声压级差+粉红噪声频谱修正量 $D_{nT,w}+C$	≥45	≥50
商业建筑	健身中心、娱乐场所等与噪声敏感房间之间	计权标准化声压级差+交通噪声频谱修正量 $D_{nT,w}+C_{tr}$	≥55	≥60
	购物中心、餐厅、会展中心等与噪声敏感房间之间		≥45	≥50

注：上述数据引自《绿色建筑评价标准技术细则2019》，执行时应以现行国家标准《民用建筑隔声设计规范》GB 50118 的要求为准。

表 4　楼板撞击声隔声标准（现场测量）

建筑类型	楼板部位	计权标准化撞击声压级 $L'_{nT,w}$（现场测量）	
		低限标准	高要求标准
住宅建筑	卧室、起居室的分户楼板	≤75	≤65
学校建筑	语音教室、阅览室与上层房间之间的楼板	≤65	≤55
	普通教室之间的楼板	≤75	≤65
医院建筑	病房、手术室与上层房间之间的楼板	≤75	≤65
旅馆建筑	客房与上层房间之间的楼板	≤65	≤55
办公建筑	办公室、会议室顶部的楼板	≤75	≤65
商业建筑	健身中心、娱乐场所等与噪声敏感房间之间的楼板	≤50	≤45

注：上述数据引自《绿色建筑评价标准技术细则2019》，执行时应以现行国家标准《民用建筑隔声设计规范》GB 50118 的要求为准。

3.2.6 围护结构热工性能应符合下列规定：

1 在室内设计温度、湿度条件下，建筑非透光围护结构内表面不得结露；

2 供暖建筑的屋面、外墙内部不应产生冷凝；

3 屋顶和外墙隔热性能应满足现行国家标准《民用建筑热工设计规范》GB 50176 的要求；

4 围护结构热工性能比国家现行相关建筑节能设计标准提高幅度达到 10%，或建筑供暖空调负荷降低幅度达到 10%；

5 严寒和寒冷地区住宅建筑外窗传热系数比国家现行相关建筑节能设计标准降低幅度达到 10%。

注：涉及的建筑节能标准，包括国家现行标准《公共建筑节能设计标准》GB 50189、《严寒和寒冷地区居住建筑节能设计标准》JGJ 26、《夏热冬冷地区居住建筑节能设计标准》JGJ 134、《夏热冬暖地区居住建筑节能设计标准》JGJ 75、《温和地区居住建筑节能设计标准》JGJ 475。

3.2.7 建筑造型要素应简约，应无大量装饰性构件，其中：住宅建筑的装饰性构件造价占建筑总造价的比例不应大于 2%，公共建筑的装饰性构件造价占建筑总造价的比例不应大于 1%。

3.3 结构

3.3.1 建筑结构及其部件的安全等级不得低于二级。

3.3.2 抗震设防烈度为 6 度及以上地区的建筑，必须进行抗震设计。

3.3.3 不应采用建筑形体和布置严重不规则的建筑结构。

3.3.4 卫生间、浴室的地面应设置防水层，墙面、顶棚应设置防潮层。

注：防水层和防潮层设计应符合现行行业标准《住宅室内防水工程技术规范》JGJ 298 的规定。

3.4 暖通

3.4.1 应采取措施提高室内空气质量，并应符合下列规定：

1 室内空气中的氨、甲醛、苯、总挥发性有机物、氡、可吸入颗粒物等污染物浓度应相比现行国家标准《室内空气质量标准》GB/T 18883 规定限值降低

20%。详细要求见表5；

表 5　室内空气污染物浓度降低要求

污染物	单位	标准值	降低 20%	备注
氨 NH_3	mg/m^3	0.20	0.16	1 小时均值
甲醛 HCHO	mg/m^3	0.10	0.08	1 小时均值
苯 C_6H_6	mg/m^3	0.11	0.08	1 小时均值
总挥发性有机物 TVOC	mg/m^3	0.60	0.48	8 小时均值
氡 ^{222}Rn	Bq/m^3	400	320	年平均值
可吸入颗粒物 PM10	$\mu g/m^3$	150	120	日平均值

注："标准值"引自国家标准《室内空气质量标准》GB/T 18883-2002，执行时应以现行国家标准《室内空气质量标准》GB/T 18883 的要求为准。

2 室内 $Pm^2.5$ 年均浓度不应高于 $25\mu g/m^3$，且室内 PM10 年均浓度不应高于 $50\mu g/m^3$；

3.4.2 应采取措施避免厨房、餐厅、打印复印室、卫生间、地下车库等区域的空气和污染物串通到其他空间；应防止厨房、卫生间的排气倒灌。

注：厨房和卫生间的排气道设计应符合现行国家标准《住宅设计规范》GB 50096、《住宅建筑规范》GB 50368、《建筑设计防火规范》GB 50016、《民用建筑设计统一标准》GB 50352 等规范的有关规定。

3.4.3 采用集中供暖空调系统的建筑，房间内的温度、湿度、新风量等设计参数应符合现行国家标准《民用建筑供暖通风与空气调节设计规范》GB 50736 的有关规定；采用非集中供暖空调系统的建筑，应具有保障室内热环境的措施或预留条件。

3.4.4 应采取措施提高室内热湿环境，并应至少符合下列一项规定：

1 采用自然通风或复合通风的建筑，建筑主要功能房间室内热环境参数在适应性热舒适区域的时间比例不应低于 30%；

2 采用人工冷热源的建筑，主要功能房间达到现行国家标准《民用建筑室内热湿环境评价标准》GB/T 50785 规定的室内人工冷热源热湿环境整体评价Ⅱ

级的面积比例不应低于60%。

3.4.5 对于夏热冬冷和夏热冬暖地区的建筑，应设置可调节遮阳设施，改善室内热舒适，可调节遮阳设施的面积占外窗透明部分的比例不应低于35%。

3.4.6 地下车库应设置与排风设备联动的一氧化碳浓度监测装置。

3.4.7 应采取措施降低部分负荷、部分空间使用下的供暖、空调系统能耗，并应符合下列规定：

1 应区分房间的朝向细分供暖、空调区域，并应对系统进行分区控制；

2 空调冷源的部分负荷性能系数（IPLV）、电冷源综合制冷性能系数（SCOP）应符合现行国家标准《公共建筑节能设计标准》GB 50189 的规定。

3.4.8 供暖空调系统的冷、热源机组能效均应优于现行国家标准《公共建筑节能设计标准》GB 50189 的规定以及现行有关国家标准能效限定值的要求，提高幅度不应低于表6的要求。

表6　冷、热源机组能效提升幅度要求

机组类型		能效指标	参照标准	指标要求
电机驱动的蒸气压缩循环冷水（热泵）机组		制冷性能系数（COP）	《公共建筑节能设计标准》GB 50189	提高 6%
直燃型溴化锂吸收式冷（温）水机组		制冷、供热性能系数（COP）		提高 6%
单元式空气调节机、风管送风式和屋顶式空调机组		能效比（EER）		提高 6%
多联式空调（热泵）机组		制冷综合性能系数（IPLV（C））		提高 8%
锅炉	燃煤	热效率		提高 3 个百分点
	燃油燃气	热效率		提高 2 个百分点

续表

机组类型	能效指标	参照标准	指标要求
房间空气调节器	能效比（EER）、能源消耗效率	《房间空气调节器能效限定值及能源效率等级》GB 12021.3、《转速可控型房间空气调节器能效限定值及能源效率等级》GB 21455、《家用燃气快速热水器和燃气采暖热水炉能效限定值及能效等级》GB 20665、《溴化锂吸收式冷水机组能效限定值及能效等级》GB 29540 等现行有关国家标准	节能评价值
家用燃气热水炉	热效率值（η）		
蒸汽型溴化锂吸收式冷水机组	制冷、供热性能系数（COP）		

3.4.9 采取有效措施降低供暖空调系统的末端系统及输配系统的能耗，并应符合下列规定：

1 通风空调系统风机的单位风量耗功率应比现行国家标准《公共建筑节能设计标准》GB 50189 的规定低 20%；

2 集中供暖系统热水循环泵的耗电输热比、空调冷热水系统循环水泵的耗电输冷（热）比应比现行国家标准《民用建筑供暖通风与空气调节设计规范》GB 50736 规定值低 20%。

3.5 给水排水

3.5.1 给水排水系统的设置应符合下列规定：

1 生活饮用水用水点出水水质应满足现行国家标准《生活饮用水卫生标准》GB 5749 的要求；

2 应使用构造内自带水封的便器，且其水封深度不应小于 50mm；

3 非传统水源管道和设备应设置明确、清晰的永久性标识。

3.5.2 应制定水资源利用方案，统筹利用各种水资源，并应符合下列规定：

1 应按使用用途、付费或管理单元，分别设置用水计量装置；

2 用水点处水压大于 0.2MPa 的配水支管应设置减压设施，并应满足给水配件最低工作压力的要求。

3.5.3 应使用较高用水效率等级的卫生器具，全部卫生器具的用水效率等级应达到 2 级。

3.5.4 空调冷却水系统应采用节水设备或技术，包括：循环冷却水系统采取设置水处理措施、加大集水盘、设置平衡管或平衡水箱等方式，避免冷却水泵停泵时冷却水溢出；或采用无蒸发耗水量的冷却技术。

3.6 电气

3.6.1 建筑照明应符合下列规定：

1 照明数量和质量应符合现行国家标准《建筑照明设计标准》GB 50034 的规定；

2 人员长期停留的场所应采用符合现行国家标准《灯和灯系统的光生物安全性》GB/T 20145 规定的无危险类照明产品；

3 选用 LED 照明产品的光输出波形的波动深度应满足现行国家标准《LED 室内照明应用技术要求》GB/T 31831 的规定。

3.6.2 建筑设备管理系统应具有自动监控管理功能。

3.6.3 应设置分类、分级用能自动远传计量系统，且设置能源管理系统应实现对建筑能耗的监测、数据分析和管理。

3.6.4 应设置 PM10、$Pm^2.5$、$CO2$ 浓度的空气质量监测系统，且应具有存储至少一年的监测数据和实时显示等功能。

3.6.5 设置用水远传计量系统、水质在线监测系统，应满足下列要求：

1 应设置用水量远传计量系统，应能分类、分级记录、统计分析各种用水情况；

2 应设置监测生活饮用水、管道直饮水、游泳池水、非传统水源、空调冷却水的水质指标的水质在线监测系统。

3.6.6 公共区域的照明系统应采用分区、定时、感应等节能控制；采光区域的照明控制应独立于其他区域的照明控制。

3.6.7 采用节能型电气设备及节能控制措施，应满足下列要求：

1 主要功能房间的照明功率密度值不应高于现行国家标准《建筑照明设计

标准》GB 50034 规定的现行值；

2 照明产品、三相配电变压器、水泵、风机等设备应满足国家现行有关标准的节能评价值的要求。

3.6.8 冷热源、输配系统和照明等各部分能耗应进行独立分项计量。

3.7 部品与材料

3.7.1 建筑所有区域实施土建工程与装修工程一体化设计及施工。

3.7.2 选用建筑结构材料与构件应满足下列要求：

1 混凝土结构：

1）400MPa 级及以上强度等级钢筋应用比例达到 85%；

2）混凝土竖向承重结构采用强度等级不小于 C50 混凝土用量占竖向承重结构中混凝土总量的比例达到 50%。

2 钢结构：

1）Q355 及以上高强钢材用量占钢材总量的比例达到 50%；

2）螺栓连接等非现场焊接节点占现场全部连接、拼接节点的数量比例达到 50%。

4 结构材料与构配件

4.1 主体和基础材料

4.1.1 钢结构构件

主要材料（系统）：结构柱、结构梁、楼梯。

材料性能要求见表 7：

表 7

品质属性要求
强度 355MPa 及以上钢材使用率≥50%
注：依据 GB 50017、GB/T 50378 和 GB/T 51232。

4.1.2 混凝土结构构件

主要材料（系统）：混凝土板、梁、柱、楼梯。

材料性能要求见表8：

表 8

品质属性要求
1. 产品力学性能评定指标：连续 6 个批次均<1.4，且≥1.0 2. 外观质量无一般缺陷（按产品标准检测）
注：依据 GB 50010、GB/T 51231 和 T/CECS 10025

4.1.3 预拌混凝土

主要材料（系统）：预拌混凝土。

材料性能要求见表9：

表 9

绿色要求	品质属性要求
1. 水溶性六价铬含量≤200mg/t 2. 氨释放量≤0.2mg/m³	1. 实测标准偏差与该强度等级标准偏差上限的比值≤0.8 2. 混凝土竖向承重结构采用强度等级不小于 C50 混凝土用量占竖向承重结构中混凝土总量的比例达到 50%
注：1. 依据 GB 50010、GB/T 50378、GB/T 51231 和 T/CECS 10047； 　　2. 优先使用高性能混凝土。	

4.1.4 钢筋

主要材料（系统）：钢筋。

材料性能要求见表10：

表 10

品质属性要求
强度 400MPa 及以上强度等级钢筋应用比例≥85%
注：依据 GB 50010、GB/T 50378 和 GB/T 51231。

4.2 围护结构材料

4.2.1 围护结构材料

（1）主要材料（系统）：加气混凝土墙板、GRC内墙板、轻质复合内墙板等条板。

材料性能要求见表11：

表11

绿色要求	品质属性要求
1. 空气声计权隔声量≥40dB 2. 放射性核素限量 IRa≤0.8，Ir≤0.8	1. 实测强度与设计强度的比值≥1.10 2. 设计密度与实测密度的比值≥1.05
注：依据 GB 6566、GB/T 19889.3。	

（2）主要材料（系统）：门窗。

材料性能要求见表12：

表12

绿色要求	品质属性要求
1. 气密性能达到七级以上 2. 应具有门窗节能性能标识	门窗反复启闭性能达到相应产品标准要求的2倍
注：依据 GB/T 50378、T/CECS 10026。	

（3）主要材料（系统）：配件及型材。

材料性能要求见表13：

表13

绿色要求	品质属性要求
1. 密封胶条： 　　拉伸强度 ≥8.5MPa；加热失重（100℃×168h）≤2% 2. 密封胶位移能力达到25	1. 铝合金型材表面涂层质量： 　　电泳涂漆达到Ⅲ级；喷粉型材达到Ⅱ级 2. 塑料型材低温落锤冲击达到Ⅱ级 3. 五金配件力学性能： 　　双面执手、合页、滑撑：20万次；双向地弹簧：50万次；单向地弹簧：20万次
注：依据 T/CECS 10026。	

4.2.2 保温隔热

（1）主要材料（系统）：岩棉（薄抹灰外墙外保温系统）。

材料性能要求见表 14：

表 14

绿色要求	品质属性要求
导热系数： 外墙板≤0.040W/（m·K） 幕墙、钢结构、内保温用 ≤0.038W/（m·K）	1. 外墙板垂直于表面抗拉强度≥10kPa 2. 外墙板垂直于表面抗拉强度保留率≥40% 3. 密度均匀性≤13%
注：依据 T/CECS 10032。	

（2）主要材料（系统）：挤塑聚苯乙烯泡沫塑料制品（XPS）。

材料性能要求见表 15：

表 15

绿色要求	品质属性要求
1. 带表皮： 　导热系数（平均温度25℃）≤0.025W/（m·K） 2. 不带表皮： 　导热系数（平均温度25℃）≤0.030W/（m·K） 3. 不得检出六溴环十二烷	1. 带表皮： 　吸水率（浸水 96h）≤1.0%； 水蒸气透过系数≤2.5ng/m·s·Pa 2. 不带表皮： 　吸水率（浸水 96h）≤1.5%； 水蒸气透过系数≤3.0ng/m·s·Pa
注：依据 T/CECS 10032。	

（3）主要材料（系统）：模塑聚苯乙烯泡沫塑料制品（EPS）。

材料性能要求见表 16：

表 16

绿色要求	品质属性要求
1. 导热系数（平均温度 25℃） 　≤0.035W/（m·K） 2. 不得检出六溴环十二烷	1. 断裂弯曲负荷≥20N 2. 弯曲变形≥20mm 3. 燃烧性能等级达到 B1 级，烟毒性达到 t1 级
注：依据 T/CECS 10032。	

（4）主要材料（系统）：玻璃棉。

材料性能要求见表 17：

表 17

绿色要求	品质属性要求
1. 甲醛释放量≤0.5mg/L 2. 导热系数（平均温度 25℃）（毡，密度 48kg/m³）≤0.033W/（m·K） 3. 导热系数（平均温度 25℃）（毡，密度 24kg/m³）≤0.040W/（m·K） 4. 导热系数（平均温度 25℃）（毡，密度 16kg/m³）≤0.042W/（m·K） 5. 导热系数（平均温度 25℃）（板，密度 48kg/m³）≤0.039W/（m·K）	1. 标称密度（毡）≥16kg/m³ 2. 标称密度（板）≥32kg/m³ 3. 标称密度（条）≥48kg/m³ 4. 纤维平均直径（毡）≤6.0μm
6. 导热系数（平均温度 25℃）（条，密度 48kg/m³）≤0.049W/（m·K）	
注：依据 T/CECS 10032。	

4.2.3 防水卷材

（1）主要材料（系统）：改性沥青防水卷材。

材料性能要求见表 18：

表 18

绿色要求	品质属性要求
1. 弹性体改性沥青卷材沥青软化点≤130℃ 2. 塑性体改性沥青卷材沥青软化点≤145℃ 3. 不得添加列入附录 B 的有害物质	1. 耐水性能：浸泡时间 168h 2. 拉伸强度保持率≥80%
注：依据 T/CECS 10038。	

（2）主要材料（系统）：高分子防水卷材。

材料性能要求见表 19：

表 19

绿色要求	品质属性要求
不得添加列入附录 B 的有害物质	1. 近红外反射比≥80% 2. 太阳光反射比≥65%
注：依据 T/CECS 10038。	

（3）主要材料（系统）：增强型热塑性聚烯烃（TPO）防水卷材。

材料性能要求见表 20：

表 20

品质属性要求
1. 最大拉力≥250N/cm
2. 最大拉力时伸长率≥15%
3. 低温弯折性-50℃无裂纹
4. 人工气候加速老化 7000 小时合格
注：依据《重点新材料首批次应用示范指导目录（2019 年版）》。

（4）主要材料（系统）：热塑性聚烯烃（TPO）预铺防水卷材。

材料性能要求见表 21：

表 21

品质属性要求
1. 拉力≥600N/50mm 2. 拉伸强度≥12MPa 3. 膜断裂伸长率≥500% 4. 邵氏 D 硬度（1s 读数）为 35~40
注：依据《重点新材料首批次应用示范指导目录（2019 年版）》。

4.2.4 防水涂料

主要材料（系统）：水性防水涂料。

材料性能要求见表 22：

表 22

绿色要求
1. 挥发性有机物（VOC）≤50g/L 2. 游离甲醛≤75mg/kg；氨≤500mg/kg；苯≤20mg/kg 3. 苯、甲苯、乙苯、二甲苯含量总和≤300mg/kg（仅针对液料，结果按液体组分计算） 4. 铅≤30mg/kg，镉≤30mg/kg，铬≤40mg/kg，汞≤10mg/kg（仅针对粉料组合） 5. 不得添加列入附录 B 的有害物质
注：依据 T/CECS 10040。

4.2.5 硅酮密封胶

（1）主要材料（系统）：建筑用硅酮结构密封胶。

材料性能要求见表 23：

表 23

绿色要求	品质属性要求
1. 单位产品总挥发性有机物（TVOC）含量≤80g/kg 2. 烷烃增塑剂（红外光谱）不得检出	1. 23℃拉伸粘结强度标准值≥0.6MPa 2. 粘结破坏面积≤5%
注：依据 T/CECS 10029	

（2）主要材料（系统）：建筑用硅酮密封胶。

材料性能要求见表 24：

表 24

绿色要求	品质属性要求
1. 单位产品总挥发性有机物（TVOC）含量≤80g/kg 2. 烷烃增塑剂（红外光谱）不得检出	密封胶分级达到 20HM、25HM、20LM
注：依据 T/CECS 10029。	

4.2.6 其他密封胶

（1）主要材料（系统）：中空玻璃用丁基热熔密封胶。

材料性能要求见表 25：

表 25

品质属性要求
1. 剪切强度（标准实验条件）≥0.15MPa 2. 紫外线处理 168h 后剪切强度变化率≤20% 3. 水蒸气透过率≤0.8g/m²·d
注：依据 T/CECS 10029。

（2）主要材料（系统）：建筑用聚氨酯密封胶。

材料性能要求见表 26：

表 26

绿色要求	品质属性要求
1. 单位产品总挥发性有机物（TVOC）含量≤50g/kg 2. 苯≤1g/kg 3. 甲苯≤1g/kg 4. 甲苯二异氰酸酯≤6g/kg	1. 密封胶分级达到 20LM 2. 质量损失率≤5% 3. 弹性恢复率≥80%
注：依据 T/CECS 10029。	

（3）主要材料（系统）：建筑用聚硫密封胶。

材料性能要求见表 27：

表 27

绿色要求	品质属性要求
单位产品总挥发性有机物（TVOC）含量 ≤50g/kg	1. 密封胶分级达到 20LM 2. 质量损失率≤4% 3. 弹性恢复率≥80%
注：依据 T/CECS 10029。	

（4）主要材料（系统）：建筑用硅烷封端聚醚密封胶。

材料性能要求见表 28：

表 28

绿色要求	品质属性要求
单位产品总挥发性有机物（TVOC）含量 ≤50g/kg	1. 密封胶分级达为 25HM、20LM 2. 质量损失率≤3% 3. 弹性恢复率≥70%
注：依据 T/CECS 10029。	

4.2.7 遮阳产品

主要材料（系统）：建筑遮阳产品。

材料性能要求见表 29：

表 29

绿色要求	品质属性要求
综合遮阳系数：外遮阳≤0.3；内遮阳≤0.5；内置遮阳中空玻璃制品≤0.3	遮阳产品机械耐久性达到相应产品标准要求的最高级
注：依据 GB/T 50378、T/CECS 10033。	

5 建筑装饰装修材料

5.1 隔断材料

5.1.1 纸面石膏板隔断

主要材料（系统）：纸面石膏板隔断。

材料性能要求见表30：

表 30

绿色要求	品质属性要求
单位产品石棉含量为 0g/m²	1. 吸水率≤8% 2. 48h 受潮挠度≤5mm
注：依据 T/CECS 10056。	

5.1.2 吊顶材料

（1）主要材料（系统）：纸面石膏板。

详见 5.1.1。

（2）主要材料（系统）：矿棉吸声板。

材料性能要求见表31：

表 31

绿色要求	品质属性要求
内照射指数 IRa≤1.0，外照射指数 I，r≤1.3	燃烧性能达到 A₂ 级
注：依据 GB 6566、GB 8624。	

（3）主要材料（系统）：集成吊顶。

材料性能要求见表32：

表 32

绿色要求	品质属性要求
1. 换气模块能效等级达到 2 级 2. LED 照明模块能效等级达到 2 级 3. 辐射式取暖器光效率衰减 1 lm/W 4. 风暖式取暖器功率衰减（2000h）≤8%	1. 换气模块运行噪声（额定功率≤40W时）≤55dB 2. 风暖模块运行噪声（额定功率≤2000W时）≤60dB
注：依据 T/CECS 10053。	

5.1.3 其他

主要材料（系统）：混凝土隔断、金属隔断、木隔断等。

材料性能要求见表 33：

表 33

绿色要求	品质属性要求
1. 甲醛释放限量≤0.03mg/m³ 2. 总挥发性有机化合物（TVOC）≤0.50mg/m³	1. 内照射指数 IRa≤0.8、外照射指数 Ir≤0.8 2. 实测强度与设计强度的比值≥1.10 3. 抗弯承载≥1.5 自重倍数 4. 耐火极限≥1.5h
注：依据 JG/T 169。	

5.2 墙面材料

5.2.1 墙面瓷砖

主要材料（系统）：墙面瓷砖。

材料性能要求见表 34：

表 34

绿色要求	品质属性要求
1. 产品内照射指数 IRa≤0.9 2. 外照射指数 Ir≤1.2	1. 无釉陶瓷砖、板耐污染性≥3 级 2. 有釉陶瓷砖、板耐污染性≥4 级
注：依据 T/CECS 10036。	

5.2.2 涂料

主要材料（系统）：水性墙面涂料。

材料性能要求见表35：

表 35

绿色要求	品质属性要求
1. 内墙涂料挥发性有机化合物含量（60°光泽≤10）≤50g/L 　2. 内墙涂料挥发性有机化合物含量（60°光泽>10）≤80g/L 　3. 甲醛含量（乙酰丙酮法）内墙涂料≤30mg/kg 　4. 甲醛含量（乙酰丙酮法）外墙涂料≤40mg/kg 　5. 苯、甲苯、乙苯、二甲苯总和≤80mg/kg	1. 耐人工气候老化性：老化时间水性多彩≥1200h，水性氟涂料≥4000h，其他≥600h 2. 耐沾污性：平涂弹性涂料≤20%，其他≤15% 3. 耐洗刷性：内墙涂料≥6000 次，外墙涂料≥3000 次
注：依据 T/CECS 10039。	

5.2.3 壁纸壁布

主要材料（系统）：壁纸、壁布。

材料性能要求见表36：

表 36

绿色要求
1. 甲醛释放限量≤10mg/kg 2. 钡≤500mg/kg
注：依据 GB/T 35613。

5.2.4 石材

主要材料（系统）：石材。

材料性能要求见表37：

表 37

绿色要求	品质属性要求
1. 内照射指数 IRa≤0.9 2. 外照射指数 Ir≤1.0	1. 耐磨性≥1.2 2. 强度≥1.1
注：依据 T/CECS 10051。	

5.2.5 其他

主要材料（系统）：无机干粉涂覆材料。

材料性能要求见表 38：

表 38

绿色要求	品质属性要求
1. 游离甲醛含量≤10mg/kg 2. 苯、甲苯、乙苯、二甲苯总和≤50mg/kg	1. 耐人工气候老化性：老化时间≥1000h 2. 耐玷污性：平涂弹性涂料≤15% 3. 耐洗刷性≥2000 次
注：依据 T/CECS 10039。	

5.3 地面材料

5.3.1 地面瓷砖

主要材料（系统）：地面瓷砖。

材料性能要求见表 39：

表 39

绿色要求	品质属性要求
1. 产品内照射指数 IRa≤0.9 2. 外照射指数 Ir≤1.2	1. 耐磨性无釉陶瓷砖、板≤150mm³，有釉陶瓷砖、板达到 3 级 2. 耐污染性达到 4 级以上
注：依据 T/CECS 10036、GB/T 50378。	

5.3.2 木地板

主要材料（系统）：木地板。

材料性能要求见表 40：

表 40

绿色要求	品质属性要求
1. 甲醛释放量≤0.05mg/m³（实木地板不参评本条款）； 2. 挥发性有机化合物（3d）： 　　苯≤10μg/m³ 　　甲苯≤20μg/m³ 　　二甲苯≤20μg/m³ 　　总挥发性有机化合物（TVOC） ≤100μg/m³	耐磨性≤0.12g/100r
注：依据 GB/T 35601。	

5.3.3 石材

详见 5.2.4。

5.4 五金卫浴

5.4.1 卫生洁具

主要材料（系统）：便器。

材料性能要求见表 41：

表 41

品质属性要求
全部便器的用水效率等级达到 2 级
注：依据 GB 28377、GB 28379、GB 30717、GB/T 50378。

5.4.2 五金配件

主要材料（系统）：水嘴。

材料性能要求见表 42：

表 42

绿色要求	品质属性要求
产品金属污染物析出统计值： 　Pb≤4μg/L 　Cu≤100μg/L 　Cr≤7μg/L 　Cd≤0.4μg/L 　As≤0.7μg/L 　Cr6+≤1.5μg/L	1. 水嘴流量（0.1+0.01）MPa 动压下洗面器水嘴、厨房水嘴、妇洗器水嘴≤6L/min；普通洗涤水嘴≤7.5L/min 2. 水嘴寿命达到相应产品标准要求的1.2 倍
注：依据 GB 25501、GB/T 50378、T/CECS 10050。	

5.5 其他

主要材料（系统）：合成材料面层运动场地。

材料性能要求见表43：

表 43

绿色要求
1. 总挥发性有机化合物（TVOC）≤5.0mg/（$m^2 \cdot h$）
2. 甲醛≤0.4mg/（$m^2 \cdot h$）；苯≤0.1mg/（$m^2 \cdot h$）
3. 苯、二甲苯和乙苯总和≤1.0mg/（$m^2 \cdot h$）
4. 可溶性铅≤50mg/kg，可溶性镉≤10mg/kg，可溶性铬≤10mg/kg，可溶性汞≤2mg/kg
注：依据 GB 36246。

6 设备设施

6.1 给水排水

6.1.1 给排水系统

（1）塑料管材管件

主要材料（系统）：聚烯烃类、聚氯乙烯（PVC）类塑料管材、管件。

材料性能要求见表44：

表 44

绿色要求	品质属性要求
铅限量 ≤ 100mg/kg（适用于聚氯乙烯（PVC）类塑料管材管件）	1. 内排水管道系统噪声<48dB 2. 密度 < 1450kg/m³（适用于聚氯乙烯（PVC）类塑料管材管件）
注：依据 T/CECS 10058。	

（2）中水处理设备

主要材料（系统）：中水处理设备。

材料性能要求见表45：

表 45

绿色要求	品质属性要求
设备电机能效等级达到二级及以上	1. 噪声级≤75dB 2. 产水水质应达到城市污水再生利用系列标准相应分类水质标准的要求
注：依据 T/CECS 10071。	

6.1.2 雨水回收系统

主要材料（系统）：雨水处理设备。

材料性能要求见表46：

表 46

绿色要求	品质属性要求
设备电机能效等级达到二级及以上	噪声级≤65dB
注：依据 T/CECS 10072。	

6.2 暖通空调

6.2.1 冷热源设备

（1）冷水机组

主要材料（系统）：冷水机组。

材料性能要求见表47：

表 47

绿色要求	品质属性要求
1. 制冷剂臭氧层破坏潜值 ODP＝0 2. 噪声≤100%名义值	1. 水冷式冷水机组 IPLV 达到 2 级能效 2. 蒸发冷却冷水机组 CC≤50kW 机型 IPLV≥3.80、CC>50kW 机型 IPLV≥4.0 3. 名义工况供冷量≥100%名义值 4. 名义工况输入功率≤110%名义值
注：依据 GB 19576、GB 19577、JB/T 12323。	

（2）空气源热泵

主要材料（系统）：冷热风型、冷热水型空气源热泵机组。

材料性能要求见表 48：

表 48

绿色要求	品质属性要求
1. 制冷剂臭氧层破坏潜值 ODP＝0 2. 噪声≤标称值+3 dB（A）	1. 名义工况制冷量≥95%标称值 2. 名义工况制热量≥95%标称值
注：依据 T/CECS 10059。	

（3）地源热泵

主要材料（系统）：水（地）源热泵机组。

材料性能要求见表 49：

表 49

绿色要求	品质属性要求
1. 制冷剂泄漏率不超过总充注量 0.5%/年 2. 噪声≤标称值-2dB（A）	ACOP 要求： 名义制冷量≤150kw 的地埋管式 ACOP>4.6 名义制冷量>150kw 的地埋式 ACOP>5.0 名义制冷量≤150kw 的地下水式 ACOP>4.9 名义制冷量>150kw 的地下水式 ACOP>5.5 名义制冷量≤150kw 的地表水式 ACOP>4.6 名义制冷量>150kw 的地表水式 ACOP>5.0
注：依据 T/CECS 10066。	

6.2.2 通风系统设备

(1) 空调机组

主要材料（系统）：空调机组。

材料性能要求见表 50：

表 50

绿色要求	品质属性要求
1. 离心通风机效率≥额定工况点效率的 97% 2. 轴流通风机效率≥额定工况点效率的 98%	1. 名义工况供冷量≥95%名义值 2. 传热系数 U<1.4W/（m²·K） 3. 热桥系数 Kb≤0.75
注：依据 GB 19761、GB/T 14294。	

(2) 新风净化系统

主要材料（系统）：新风净化系统。

材料性能要求见表 51：

表 51

绿色要求	品质属性要求
新风臭氧浓度增加量≤ 0.03 mg/m³	1. Pm₂.₅ 净化效率≥90% 2. 单位风量耗功率应比现行国家标准《公共建筑节能设计标准》GB 50189 的规定低 20% 3. 制冷焓交换效率≥58%、制热焓交换效率≥65%（全热回收型），制冷温度交换效率≥70%、制热温度交换效率≥75%（显热回收型） 4. 新风系统在额定机外静压下，风量实测值应不小于标称值的 95%
注：依据 GB/T 50378、T/CECS 10061。	

6.3 建筑电气

6.3.1 太阳能光伏发电系统

主要材料（系统）：太阳能光伏发电系统。

材料性能要求见表 52：

表 52

绿色要求	品质属性要求
1. 集中/集散式逆变系统功率比≥85% 2. 组串式逆变系统功率比≥88% 3. 微型逆变系统功率比≥89%	1. 系统使用寿命≥20 年 2. 首年衰减率：晶硅组件≤2.5%；薄膜组件≤5%
注：依据 T/CECS 10074。	

6.3.2 电气照明

（1）主要材料（系统）：室内照明用 LED 产品。

材料性能要求见表 53：

表 53

绿色要求	品质属性要求
1. 非定向 LED 光源能效≥90lm/W 2. 定向 LED 光源能效≥65lm/W 3. LED 筒灯能效≥65lm/W 4. LED 线形灯具能效≥90lm/W 5. LED 平面灯具能效≥85lm/W 6. LED 高天棚灯具能效≥90lm/W	1. 频闪比≤3%（光输出波形频率大于 3125Hz 时豁免） 2. 色容差≤5 3. 一般显色指数≥80，特殊显色指数 R9≥20 4. 波动深度应满足现行国家标准《LED 室内照明应用技术要求》GB/T 31831 的规定
注：依据 GB/T 50378、T/CECS 10064。	

（2）主要材料（系统）：室外照明用 LED 投光灯。

材料性能要求见表 54：

表 54

绿色要求	品质属性要求
1. 光束效率≥90%（光束角按 10%最大光强计算） 2. 灯具能效：（一般显色指数大于等于 70 时）≥95lm/W；（一般显色指数大于 70 时且小于等于 80 时）≥90lm/W；（一般显色指数大于 80 时）≥85lm/W	色容差≤5
注：依据 T/CECS 10064。	

6.3.3 高低压配电柜

主要材料（系统）：高低压配电柜（板）。

材料性能要求见表55：

表55

绿色要求	品质属性要求
1. 小型断路器可再生利用率≥95% 2. 带有电子组件的小型断路器和剩余电流动作断路器≥90%	1. 低压配电柜温升限值与产品最高温升值的差值（K）不小于10K；保护电路最大电阻值不超过20mΩ；冲击耐受电压不低于8kV 2. 低压配电板电气间隙≥3.0mm；爬电距离≥6.3mm；温升限值与产品最高温升值的差值（K）不小于10K 3. 小型断路器、剩余电流动作断路器过载保护成功率等级≥0.98；操作失效率等级≤3×10^{-4}；环境试验后剩余电流保护成功率等级（适用于剩余电流动作断路器）≥0.99
注：依据 GB/T 7251、T/CEEIA 334。	

6.3.4 母线槽

主要材料（系统）：密集绝缘母线槽。

性能要求见表56：

表56

品质属性要求
1. 具有防止火焰蔓延特性 2. 温升限值与产品最高温升值的差值（K）不小于10K
注：依据 GB/T 7251.6。

附录 A

禁止使用的产品目录

序号	产品名称
1	使用非耐碱玻纤或非低碱水泥生产的玻纤增强水泥（GRC）空心条板
2	陶土坩埚拉丝玻璃纤维和制品及其增强塑料（玻璃钢）制品
3	25A 空腹钢窗
4	S-2 型混凝土轨枕
5	一次冲洗最大用水量 8 升以上的坐便器
6	角闪石石棉（即蓝石棉）
7	非机械生产的中空玻璃、双层双框各类门窗及单腔结构型的塑料门窗
8	采用二次加热复合成型工艺生产的聚乙烯丙纶类复合防水卷材、聚乙烯丙纶复合防水卷材（聚乙烯芯材厚度在 0.5mm 以下）；棉涤玻纤（高碱）网格复合胎基材料、聚氯乙烯防水卷材（S 型）
9	石棉绒质离合器面片、合成火车闸瓦，石棉软木湿式离合器面片
注：禁止使用的产品目录取自国家发展改革委《产业结构调整指导目录（2019 年本）》，实施过程中如有更新以最新版本为准。	

附录 B

防水材料中不得人为添加的有害物质

序号	类别	品种说明
1	苯	——
2	乙二醇醚及其酯类	乙二醇甲醚、乙二醇甲醚醋酸酯、乙二醇乙醚、乙二醇乙醚醋酸酯、二乙二醇丁醚醋酸酯
3	二元胺	乙二胺、丙二胺、丁二胺、己二胺
4	有机溶剂	二氯甲烷、二氯乙烷、三氯甲烷、三氯乙烷、三氯丙烷、三氯乙烯、四氯化碳、正己烷、溴丙烷、溴丁烷
5	酮类	3,5,5-三甲基-2-环己烯基-1-酮（异佛尔酮）
6	持续性有机污染物	多溴联苯（PBB）、多溴联苯醚（PBDE）
7	消耗臭氧层物质	《中国受控消耗臭氧层物质清单》（环保部公告 2010 年第 72 号）列举的消耗臭氧层物质
8	邻苯二甲酸酯类	邻苯二甲酸二（2-乙基己）酯（DOP、DEHP）、邻苯二甲酸二正丁酯（DBP）、邻苯二甲酸丁苄酯（BBP）、邻苯二甲酸二异辛酯（DIOP）、邻苯二甲酸二正辛酯（DNOP）
9	表面活性剂	烷基酚聚氧乙烯醚（APEO）、支链十二烷基苯磺酸钠（ABS）、壬基酚、壬基酚聚氧乙烯醚（NPEO）、辛基酚、辛基酚聚氧乙烯醚（OPEO）
10	多氯萘	是指一类基于萘环上的氢原子被氯原子所取代的化合物的总称，共有 75 种同类物
11	多氯联苯	三氯联苯（PBC3）、四氯联苯（PBC4）、五氯联苯（PBC5）、六氯联苯（PBC6）、七氯联苯（PBC7）、八氯联苯（PBC8）、九氯联苯（PBC9）、十氯联苯（PBC10）
12	全氟烷基化合物	全氟己酸、全氟辛酸、全氟壬酸、全氟癸酸、全氟十一酸

财政部、发展改革委、生态环境部、市场监管总局
关于调整优化节能产品、环境标志产品
政府采购执行机制的通知

（2019 年 2 月 1 日　财库〔2019〕9 号）

有关中央预算单位，各省、自治区、直辖市、计划单列市财政厅（局）、发展改革委（经信委、工信委、工信厅、经信局）、生态环境厅（局）、市场监管部门，新疆生产建设兵团财政局、发展改革委、工信委、坏境保护局、市场监管局：

为落实"放管服"改革要求，完善政府绿色采购政策，简化节能（节水）产品、环境标志产品政府采购执行机制，优化供应商参与政府采购活动的市场环境，现就节能产品、环境标志产品政府采购有关事项通知如下：

一、对政府采购节能产品、环境标志产品实施品目清单管理。财政部、发展改革委、生态环境部等部门根据产品节能环保性能、技术水平和市场成熟程度等因素，确定实施政府优先采购和强制采购的产品类别及所依据的相关标准规范，以品目清单的形式发布并适时调整。不再发布"节能产品政府采购清单"和"环境标志产品政府采购清单"。

二、依据品目清单和认证证书实施政府优先采购和强制采购。采购人拟采购的产品属于品目清单范围的，采购人及其委托的采购代理机构应当依据国家确定的认证机构出具的、处于有效期之内的节能产品、环境标志产品认证证书，对获得证书的产品实施政府优先采购或强制采购。

三、逐步扩大节能产品、环境标志产品认证机构范围。根据认证机构发展状况，市场监管总局商有关部门按照试点先行、逐步放开、有序竞争的原则，逐步增加实施节能产品、环境标志产品认证的机构。加强对相关认证市场监管

力度，推行"双随机、一公开"监管，建立认证机构信用监管机制，严厉打击认证违法行为。

四、发布认证机构和获证产品信息。市场监管总局组织建立节能产品、环境标志产品认证结果信息发布平台，公布相关认证机构和获证产品信息。节能产品、环境标志产品认证机构应当建立健全数据共享机制，及时向认证结果信息发布平台提供相关信息。中国政府采购网（www.ccgp.gov.cn）建立与认证结果信息发布平台的链接，方便采购人和采购代理机构查询、了解认证机构和获证产品相关情况。

五、加大政府绿色采购力度。对于已列入品目清单的产品类别，采购人可在采购需求中提出更高的节约资源和保护环境要求，对符合条件的获证产品给予优先待遇。对于未列入品目清单的产品类别，鼓励采购人综合考虑节能、节水、环保、循环、低碳、再生、有机等因素，参考相关国家标准、行业标准或团体标准，在采购需求中提出相关绿色采购要求，促进绿色产品推广应用。

六、本通知自 2019 年 4 月 1 日起执行。《财政部 生态环境部关于调整公布第二十二期环境标志产品政府采购清单的通知》（财库〔2018〕70 号）和《财政部 国家发展改革委关于调整公布第二十四期节能产品政府采购清单的通知》（财库〔2018〕73 号）同时停止执行。

国务院办公厅关于建立
政府强制采购节能产品制度的通知

（2007 年 7 月 30 日　国办发〔2007〕51 号）

各省、自治区、直辖市人民政府，国务院各部委、各直属机构：

《国务院关于加强节能工作的决定》（国发〔2006〕28 号）和《国务院关于印发节能减排综合性工作方案的通知》（国发〔2007〕15 号）提出，为切实加强政府机构节能工作，发挥政府采购的政策导向作用，建立政府强制采购节能产品制度，在积极推进政府机构优先采购节能（包括节水）产品的基础上，选择部分节能效果显著、性能比较成熟的产品，予以强制采购。经国务院同意，现就有关问题通知如下：

一、充分认识建立政府强制采购节能产品制度的重要意义

近年来，各级国家机关、事业单位和团体组织（以下统称政府机构）在政府采购活动中，积极采购、使用节能产品，大大降低了能耗水平，对在全社会形成节能风尚起到了良好的引导作用。同时也要看到，由于认识不够到位，措施不够配套，工作力度不够等原因，在一些地区和部门，政府机构采购节能产品的比例还比较低。目前，政府机构人均能耗、单位建筑能耗均高于社会平均水平，节能潜力较大，有责任、有义务严格按照规定采购节能产品，模范地做好节能工作。建立健全和严格执行政府强制采购节能产品制度，是贯彻落实《中华人民共和国政府采购法》以及国务院加强节能减排工作要求的有力措施，不仅有利于降低政府机构能耗水平，节约财政资金，而且有利于促进全社会做好节能减排工作。从短期看，使用节能产品可能会增加一次性投入，但从长远的节能效果看，经济效益是明显的。各地区、各部门和有关单位要充分认识政府强制采购节能产品的重要意义，增强执行制度的自觉性，采取措施大力推动政府采购节能产品工作。

二、明确政府强制采购节能产品的总体要求

各级政府机构使用财政性资金进行政府采购活动时，在技术、服务等指标满足采购需求的前提下，要优先采购节能产品，对部分节能效果、性能等达到要求的产品，实行强制采购，以促进节约能源，保护环境，降低政府机构能源费用开支。建立节能产品政府采购清单管理制度，明确政府优先采购的节能产品和政府强制采购的节能产品类别，指导政府机构采购节能产品。

采购单位应在政府采购招标文件（含谈判文件、询价文件）中载明对产品的节能要求、对节能产品的优惠幅度，以及评审标准和方法等，以体现优先采购的导向。拟采购产品属于节能产品政府采购清单规定必须强制采购的，应当在招标文件中明确载明，并在评审标准中予以充分体现。同时，采购招标文件不得指定特定的节能产品或供应商，不得含有倾向性或者排斥潜在供应商的内容，以达到充分竞争、择优采购的目的。

三、科学制定节能产品政府采购清单

节能产品政府采购清单由财政部、发展改革委负责制订。列入节能产品政府采购清单中的产品由财政部、发展改革委从国家采信的节能产品认证机构认证的节能产品中，根据节能性能、技术水平和市场成熟程度等因素择优确定，并在中国政府采购网、发展改革委门户网、中国节能节水认证网等媒体上定期向社会公布。

优先采购的节能产品应该符合下列条件：一是产品属于国家采信的节能产品认证机构认证的节能产品，节能效果明显；二是产品生产批量较大，技术成熟，质量可靠；三是产品具有比较健全的供应体系和良好的售后服务能力；四是产品供应商符合政府采购法对政府采购供应商的条件要求。

在优先采购的节能产品中，实行强制采购的按照以下原则确定：一是产品具有通用性，适合集中采购，有较好的规模效益；二是产品节能效果突出，效益比较显著；三是产品供应商数量充足，一般不少于5家，确保产品具有充分的竞争性，采购人具有较大的选择空间。

财政部、发展改革委要根据上述要求，在近几年开展的优先采购节能产品工作的基础上，抓紧修订、公布新的节能产品政府采购清单，并组织好节能产品采购工作。

四、规范节能产品政府采购清单管理

节能产品政府采购清单是实施政府优先采购和强制采购的重要依据，财政部、发展改革委要建立健全制定、公布和调整机制，做到制度完备、范围明确、操作规范、方法科学，确保政府采购节能产品公开、公正、公平进行。要对节能产品政府采购清单实行动态管理，定期调整。建立健全专家咨询论证、社会公示制度。采购清单和调整方案正式公布前，要在中国政府采购网等指定的媒体上对社会公示，公示时间不少于15个工作日。对经公示确实不具备条件的产品，不列入采购清单。建立举报制度、奖惩制度，明确举报方式、受理机构和

奖惩办法，接受社会监督。

五、加强组织领导和督促检查

各有关部门要按照职责分工，明确责任和任务，确保政府强制采购节能产品制度的贯彻落实。财政部、发展改革委要加强与有关部门的沟通协商，共同研究解决政策实施中的问题。要完善节能产品政府采购信息发布和数据统计工作，及时掌握采购工作进展情况。要加强对节能产品政府采购工作的指导，积极开展调查研究，多方听取意见，及时发现问题，研究提出对策。要督促进入优先采购和强制采购产品范围的生产企业建立健全质量保证体系，认真落实国家有关产品质量、标准、检验等要求，确保节能等性能和质量持续稳定。质检总局要加强对节能产品认证机构的监管，督促其认真履行职责，提高认证质量和水平。国家采信的节能产品认证机构和相关检测机构应当严格按照国家有关规定，客观公正地开展认证和检测工作，并对纳入政府优先采购和强制采购清单的节能产品实施有效的跟踪调查。对于不能持续符合认证要求的，认证机构应当暂停生产企业使用直至撤销认证证书，并及时报告财政部和发展改革委。

各级财政部门要切实加强对政府采购节能产品的监督检查，加大对违规采购行为的处罚力度。对未按强制采购规定采购节能产品的单位，财政部门要及时采取有效措施责令其改正。拒不改正的，属于采购单位责任的，财政部门要给予通报批评，并不得拨付采购资金；属于政府采购代理机构责任的，财政部门要依法追究相关单位和责任人员的责任。

财政部、国家发展改革委关于印发《节能产品政府采购实施意见》的通知

(2004 年 9 月 12 日　财库〔2004〕185 号)

为贯彻落实《国务院办公厅关于开展资源节约活动的通知》（国办发〔2004〕30 号），发挥政府机构节能（含节水，下同）的表率作用，根据《中

华人民共和国节约能源法》和《中华人民共和国政府采购法》，现就推行节能产品政府采购提出如下意见。

一、采购节能产品对于降低政府机构能源费用开支，节省财政资金，推动企业节能技术进步，扩大节能产品市场，提高全社会的资源忧患意识，节约能源，保护环境，实现经济社会可持续发展，具有十分重要的意义。各地区、各部门要高度重视，加强组织管理和监督，确保节能产品政府采购工作落到实处。

二、各级国家机关、事业单位和团体组织（以下统称"采购人"）用财政性资金进行采购的，应当优先采购节能产品，逐步淘汰低能效产品。

三、财政部、国家发展和改革委员会综合考虑政府采购改革进展和节能产品技术及市场成熟等情况，从国家认可的节能产品认证机构认证的节能产品中按类别确定实行政府采购的范围，并以"节能产品政府采购清单"（以下简称"节能清单"）的形式公布。

节能清单中新增节能认证产品，将由财政部、国家发展和改革委员会以文件形式确定、公布并适时调整。

四、中国政府采购网（http：//www.ccgp.gov.cn/）、中国环境资源信息网（http：//www.cern.gov.cn/）、中国节能节水认证网（http：//www.cecp.org.cn/）为节能清单公告媒体。为确保上述信息的准确性，未经财政部、国家发展和改革委员会允许，不得转载。

五、节能清单中的产品有效时间以国家节能产品认证证书有效截止日期为准，超过认证证书有效截止日期的自动失效。

六、政府采购属于节能清单中产品时，在技术、服务等指标同等条件下，应当优先采购节能清单所列的节能产品。

七、在政府采购活动中，采购人应当在政府采购招标文件（含谈判文件、询价文件）中载明对产品的节能要求、合格产品的条件和节能产品优先采购的评审标准。

八、采购人或其委托的采购代理机构未按上述要求采购的，有关部门要按照有关法律、法规和规章予以处理，财政部门视情况可以拒付采购资金。

九、本意见采取积极稳妥、分步实施的办法，逐步扩大到全国范围。2005年在中央一级预算单位和省级（含计划单列市）预算单位实行，2006年扩大到中央二级预算单位和地市一级预算单位实行，2007年全面实行。在实施中，各级政府和预算单位可以根据实际情况，提前执行本意见相关要求。

市场监管总局关于发布参与实施政府采购节能产品、环境标志产品认证机构名录的公告

（2019年4月3日　市场监管总局公告2019年第16号）

根据《财政部　发展改革委　生态环境部 市场监管总局关于调整优化节能产品、环境标志产品政府采购执行机制的通知》（财库〔2019〕9号）和《市场监管总局办公厅关于扩大参与实施政府采购节能产品、环境标志产品认证机构范围的通知》（市监认证函〔2019〕513号）要求，经商财政部、发展改革委、生态环境部，市场监管总局已组织完成扩大参与实施政府采购节能产品、环境标志产品认证机构范围试点优选工作，现将《参与实施政府采购节能产品认证机构名录》《参与实施政府采购环境标志产品认证机构名录》予以公布。

自本公告发布后，新增认证机构应尽快完成政府采购认证信息系统对接，对接完成后方可开展相关认证工作。

参与实施政府采购节能产品认证机构名录

序号	一级目录		二级目录		认证机构名录
	产品代码	产品名称	产品代码	产品名称	
1	A020101	计算机设备	A02010104	台式计算机	中国质量认证中心 北京赛西认证有限责任公司 中国网络安全审查技术与认证中心 广州赛宝认证中心服务有限公司
			A02010105	便携式计算机	
			A02010107	平板式微型计算机	
2	A020106	输入输出设备	A02010601	打印设备	
			A02010604	显示设备	
			A02010609	图形图像输入设备	
3	A020202	投影仪			
4	A020204	多功能一体机			
5	A020519	泵	A02051901	离心泵	中国质量认证中心 电能（北京）认证中心有限公司 方圆标志认证集团有限公司
6	A020523	制冷空调设备	A02052301	制冷压缩机	中国质量认证中心 威凯认证检测有限公司 合肥通用机械产品认证有限公司 北京中冷通质量认证中心有限公司
			A02052305	空调机组	
			A02052309	专用制冷、空调设备	
			A02052399	其他制冷空调设备	
7	A020601	电机			中国质量认证中心 威凯认证检测有限公司 电能（北京）认证中心有限公司 中国船级社质量认证公司
8	A020602	变压器			中国质量认证中心 电能（北京）认证中心有限公司 方圆标志认证集团有限公司
9	A020609	镇流器			中国质量认证中心 深圳市计量质量检测研究院 中标合信（北京）认证有限公司

续表

序号	一级目录		二级目录		认证机构名录
	产品代码	产品名称	产品代码	产品名称	
10	A020618	生活用电器	A0206180101	电冰箱	中国质量认证中心 威凯认证检测有限公司 中家院（北京）检测认证有限公司
			A0206180203	空调机	中国质量认证中心 威凯认证检测有限公司 中家院（北京）检测认证有限公司 合肥通用机械产品认证有限公司
			A0206180301	洗衣机	中国质量认证中心 威凯认证检测有限公司 中家院（北京）检测认证有限公司
			A02061808	热水器	中国质量认证中心 威凯认证检测有限公司 中家院（北京）检测认证有限公司 合肥通用机械产品认证有限公司（范围仅限于"热泵热水器"）
11	A020619	照明设备			中国质量认证中心 深圳市计量质量检测研究院 中标合信（北京）认证有限公司
12	A020910	电视设备	A02091001	普通电视设备（电视机）	中国质量认证中心 北京泰瑞特认证有限责任公司
13	A020911	视频设备	A02091107	视频监控设备	广州赛宝认证中心服务有限公司
14	A031210	饮食炊事机械			中国质量认证中心 北京鉴衡认证中心 中国市政工程华北设计研究总院有限公司

续表

序号	一级目录		二级目录		认证机构名录
	产品代码	产品名称	产品代码	产品名称	
15	A060805	便器			中国质量认证中心
16	A060806	水嘴			北京新华节水产品认证有限公司
17	A060807	便器冲洗阀			限公司
18	A060810	淋浴器			方圆标志认证集团有限公司

参与实施政府采购环境标志产品认证机构名录

序号	目录	认证机构名录
1	环境标志产品	中环联合（北京）认证中心有限公司 中标合信（北京）认证有限公司 V 中环协（北京）认证中心 天津华诚认证有限公司

市场监管总局办公厅关于扩大参与实施
政府采购节能产品、环境标志产品认证机构范围的通知

（2019 年 3 月 14 日　市监认证函〔2019〕513 号）

各有关产品认证机构：

2019 年 2 月 1 日，财政部、发展改革委、生态环境部、市场监管总局印发《关于调整优化节能产品、环境标志产品政府采购执行机制的通知》（财库〔2019〕9 号，以下简称通知），明确提出市场监管总局商有关部门按照试点先行、逐步放开、有序竞争的原则，逐步扩大参与实施节能产品、环境标志产品认证机构范围。为深入落实"放管服"改革要求，确保节能产品、环境标志产品政府采购执行机制平稳过渡和有效运行，经商财政部、发展改革委、生态环境部，现将扩大参与实施政府采购节能产品、环境标志产品认证机构范围有关事项通知如下。

一、认证机构范围的扩大及监督管理

我局将会同财政部、发展改革委、生态环境部开展扩大参与实施政府采购节能产品、环境标志产品认证机构范围的试点工作。对有意愿参与实施政府采购的认证机构，我局将组织相关领域专家进行优选，并在征求财政部、发展改革委、生态环境部意见后，对每类产品择优选择 2 至 3 家认证机构参与试点工作，试点时限为期 1 年。

同时，为保障试点期间相关节能产品、环境标志产品认证实施有序，认证结果有效支撑政府绿色采购制度实施，我局将加强对节能产品、环境标志产品认证实施情况的监督管理，健全失信惩戒机制，严肃查处各类认证违法行为。根据工作需要，会同相关部门联合开展节能产品、环境标志产品认证专项检查。

二、认证机构报送相关材料

凡有意愿参与实施政府采购节能产品、环境标志产品认证的机构，请于 2019 年 3 月 20 日前向市场监管总局（认证监管司）提交如下证明材料和声明文件，同时对所提交材料和文件的真实性作出承诺。

（一）满足《认证机构管理办法》规定的产品认证机构资质要求及技术能力、已获得审批的业务范围及相关技术能力能够覆盖已实施政府绿色采购产品类别及所依据的相关标准规范的证明材料；

（二）符合国家标准中对认证机构技术能力的通用要求的证明材料；

（三）对 3 年内无违反认证要求/不良记录的声明文件；

（四）了解节能产品、环境标志产品政府采购执行机制、能够为采购人提供有效技术服务的声明文件；

（五）能够与市场监管总局所建立的政府采购用节能产品、环境标志产品认证信息系统实现对接、实时上传认证结果和产品有关数据信息的声明文件。

三、后续工作

我局将会同有关部门根据试点实施情况，结合绿色产品认证体系建设，进一步完善并确立扩大参与实施政府采购节能产品、环境标志产品认证机构范围的相关管理机制，推动落实通知中相关执行机制改革要求。

财政部、发展改革委关于印发节能产品
政府采购品目清单的通知

(2019 年 4 月 2 日　财库〔2019〕19 号)

有关中央预算单位，各省、自治区、直辖市、计划单列市财政厅（局）、发展改革委（经信委、工信委、工信厅、经信局），新疆生产建设兵团财政局、发展改革委：

根据《财政部 发展改革委 生态环境部 市场监管总局关于调整优化节能产品 环境标志产品政府采购执行机制的通知》（财库〔2019〕9 号），我们研究制定节能产品政府采购品目清单，现印发给你们，请遵照执行。

附件：节能产品政府采购品目清单

附件：

节能产品政府采购品目清单

品目序号	名称		依据的标准
1	A020101 计 算 机 设备	★ A02010104 台式计算机	《微型计算机能效限定值及能效等级》（GB 28380）
		★ A02010105 便携式计算机	《微型计算机能效限定值及能效等级》（GB 28380）
		★ A02010107 平板式微型计算机	《微型计算机能效限定值及能效等级》（GB 28380）

品目序号	名称			依据的标准
2	A020106 输入输出设备	A02010601 打印设备	A0201060101 喷墨打印机	《复印机、打印机和传真机能效限定值及能效等级》（GB 21521）
			★A0201060102 激光打印机	《复印机、打印机和传真机能效限定值及能效等级》（GB 21521）
			★A0201060104 针式打印机	《复印机、打印机和传真机能效限定值及能效等级》（GB 21521）
		A02010604 显示设备	★A0201060401 液晶显示器	《计算机显示器能效限定值及能效等级》（GB 21520）
		A02010609 图形图像输入设备	A0201060901 扫描仪	参照《复印机、打印机和传真机能效限定值及能效等级》（GB 21521）中打印速度为 15 页/分的针式打印机相关要求
3	A020202 投影仪			《投影机能效限定值及能效等级》（GB 32028）
4	A020204 多功能一体机			《复印机、打印机和传真机能效限定值及能效等级》（GB 21521）
5	A020519 泵	A02051901 离心泵		《清水离心泵能效限定值及节能评价值》（GB 19762）
6	A020523 制冷空调设备	★A02052301 制冷压缩机	冷水机组	《冷水机组能效限定值及能效等级》（GB 19577），《低环境温度空气源热泵（冷水）机组能效限定值及能效等级》（GB 37480）
			水源热泵机组	《水（地）源热泵机组能效限定值及能效等级》（GB 30721）
			溴化锂吸收式冷水机组	《溴化锂吸收式冷水机组能效限定值及能效等级》（GB 29540）
		★A02052305 空调机组	多联式空调（热泵）机组（制冷量）14000W）	《多联式空调（热泵）机组能效限定值及能源效率等级》（GB 21454）

品目序号	名称			依据的标准
			单元式空气调节机（制冷量〉14000W）	《单元式空气调节机能效限定值及能效等级》（GB 19576）《风管送风式空调机组能效限定值及能效等级》（GB 37479）
	★A02052309 专用制冷、空调设备		机房空调	《单元式空气调节机能效限定值及能效等级》（GB 19576）
	A02052399 其他制冷空调设备		冷却塔	《机械通风冷却塔 第1部分：中小型开式冷却塔》（GB /T 7190.1）；《机械通风冷却塔 第2部分：大型开式冷却塔》（GB /T 7190.2）
7	A020601			电机《中小型三相异步电动机能效限定值及能效等级》（GB 18613）
8	A020602 变压器		配电变压器	《三相配电变压器能效限定值及能效等级》（GB 20052）
9	★A020609 镇流器		管型荧光灯镇流器	《管形荧光灯镇流器能效限定值及能效等级》（GB 17896）
10	A020618 生活用电器		A0206180101 电冰箱	《家用电冰箱耗电量限定值及能效等级》（GB 12021.2）
		★A0206180203 空调机	房间空气调节器	《转速可控型房间空气调节器能效限定值及能效等级》（GB 21455-2013），待2019年修订发布后，按《房间空气调节器能效限定值及能效等级》（GB21455-2019）实施。
			多联式空调（热泵）机组（制冷量≤14000W）	《多联式空调（热泵）机组能效限定值及能源效率等级》（GB 21454）
			单元式空气调节机（制冷量≤14000W）	《单元式空气调节机能效限定值及能源效率等级》（GB 19576）《风管送风式空调机组能效限定值及能效等级》（GB 37479）

品目序号	名称			依据的标准
	A0206180301 洗衣机			《电动洗衣机能效水效限定值及等级》（GB 12021.4）
	A02061808 热水器	★电热水器		《储水式电热水器能效限定值及能效等级》（GB 21519）
		燃气热水器		《家用燃气快速热水器和燃气采暖热水炉能效限定值及能效等级》（GB 20665）
		热泵热水器		《热泵热水机（器）能效限定值及能效等级》（GB 29541）
		太阳能热水系统		《家用太阳能热水系统能效限定值及能效等级》（GB 26969）
11	A020619 照明设备	★普通照明用双端荧光灯		《普通照明用双端荧光灯能效限定值及能效等级》（GB 19043）
		LED 道路/隧道照明产品		《道路和隧道照明用 LED 灯具能效限定值及能效等级》（GB 37478）
		LED 筒灯		《室内照明用 LED 产品能效限定值及能效等级》（GB 30255）
		普通照明用非定向自镇流 LED 灯		《室内照明用 LED 产品能效限定值及能效等级》（GB 30255）
12	★A020910 电视设备	A02091001 普通电视设备（电视机）		《平板电视能效限定值及能效等级》（GB 24850）
13	★ A020911 视频设备	A02091107 视频监控设备	监视器	以射频信号为主要信号输入的监视器应符合《平板电视能效限定值及能效等级》（GB 24850），以数字信号为主要信号输入的监视器应符合《计算机显示器能效限定值及能效等级》（GB 21520）
14	A031210 饮食炊事机械	商用燃气灶具		《商用燃气灶具能效限定值及能效等级》（GB 30531）

品目序号	名称			依据的标准
15	★A060805 便器	坐便器		《坐便器水效限定值及水效等级》（GB 25502）
		蹲便器		《蹲便器用水效率限定值及用水效率等级》（GB 30717）
		小便器		《小便器用水效率限定值及用水效率等级》（GB 28377）
16	★A060806 水嘴			《水嘴用水效率限定值及用水效率等级》（GB 25501）
17	A060807 便器冲洗阀			《便器冲洗阀用水效率限定值及用水效率等级》（GB 28379）
18	A060810 淋浴器			《淋浴器用水效率限定值及用水效率等级》（GB 28378）

注：1. 节能产品认证应依据相关国家标准的最新版本，依据国家标准中二级能效（水效）指标。

2. 上述产品中认证标准发生变更的，依据原认证标准获得的、仍在有效期内的认证证书可使用至 2019 年 6 月 1 日。

3. 以"★"标注的为政府强制采购产品。

财政部、生态环境部关于印发环境标志产品
政府采购品目清单的通知

(2019 年 3 月 29 日　财库〔2019〕18 号)

有关中央预算单位，各省、自治区、直辖市、计划单列市财政厅（局）、生态环境厅（局），新疆生产建设兵团财政局、环境保护局：

根据《财政部发展改革委 生态环境部 市场监管总局关于调整优化节能产品 环境标志产品政府采购执行机制的通知》（财库〔2019〕9 号），我们研究制定了环境标志产品政府采购品目清单，现印发给你们，请遵照执行。

附件：环境标志产品政府采购品目清单

附件

环境标志产品政府采购品目清单

品目序号		名称		依据的标准
1	A020101 计算机设备	A02010103 服务器		HJ2507 网络服务器
		A02010104 台式计算机		HJ2536 微型计算机、显示器
		A02010105 便携式计算机		HJ2536 微型计算机、显示器
		A02010107 平板式微型计算机		HJ2536 微型计算机、显示器
		A02010108 网络计算机		HJ2536 微型计算机、显示器
		A02010109 计算机工作站		HJ2536 微型计算机、显示器
		A02010199 其他计算机设备		HJ2536 微型计算机、显示器

品目序号	名称			依据的标准
2	A020106 输入输出设备	A02010601 打印设备	A0201060101 喷墨打印机	HJ2512 打印机、传真机及多功能一体机
			A0201060102 激光打印机	HJ2512 打印机、传真机及多功能一体机
			A0201060103 热式打印机	HJ2512 打印机、传真机及多功能一体机
			A0201060104 针式打印机	HJ2512 打印机、传真机及多功能一体机
		A02010604 显示设备	A0201060401 液晶显示器	HJ2536 微型计算机、显示器
			A0201060499 其他显示器	HJ2536 微型计算机、显示器
		A02010609 图形图像输入设备	A0201060901 扫描仪	HJ2517 扫描仪
3	A020202 投影仪			HJ2516 投影仪
4	A020201 复印机			HJ424 数字式复印（包括多功能）设备
5	A020204 多功能一体机			HJ424 数字式复印（包括多功能）设备
6	A020210 文印设备	A02021001 速印机		HJ472 数字式一体化速印机
7	A020301 载货汽车（含自卸汽车）			HJ2532 轻型汽车
8	A020305 乘用车（轿车）	A02030501 轿车		HJ2532 轻型汽车
		A02030599 其他乘用车（轿车）		HJ2532 轻型汽车
9	A020306 客车	A02030601 小型客车		HJ2532 轻型汽车
10	A020307 专用车辆	A02030799 其他专用汽车		HJ2532 轻型汽车

品目序号	名称			依据的标准
11	A020523 制冷空调设备	A02052301 制冷压缩机		HJ2531 工商用制冷设备
		A02052305 空调机组		HJ2531 工商用制冷设备
		A02052309 专用制冷、空调设备		HJ2531 工商用制冷设备
12	A020618 生活用电器	A02061802 空气调节电器	A0206180203 空调机	HJ2535 房间空气调节器
		A02061808 热水器		HJ/T362 太阳能集热器
13	A020619 照明设备	A02061908 室内照明灯具		HJ2518 照明光源
14	A020810 传真及数据数字通信设备	A02081001 传真通信设备		HJ2512 打印机、传真机及多功能一体机
15	A020910 电视设备	A02091001 普通电视设备（电视机）		HJ2506 彩色电视广播接收机
		A02091003 特殊功能应用电视设备		HJ2506 彩色电视广播接收机
16	A0601 床类	A060101 钢木床类		HJ2547 家具/HJ2540 木塑制品
		A060104 木制床类		HJ2547 家具/HJ2540 木塑制品
		A060199 其他床类		HJ2547 家具/HJ2540 木塑制品
17	A0602 台、桌类	A060201 钢木台、桌类		HJ2547 家具/HJ2540 木塑制品
		A060205 木制台、桌类		HJ2547 家具/HJ2540 木塑制品
		A060299 其他台、桌类		HJ2547 家具/HJ2540 木塑制品
18	A0603 椅凳类	A060301 金属骨架为主的椅凳类		HJ2547 家具/HJ2540 木塑制品
		A060302 木骨架为主的椅凳类		HJ2547 家具/HJ2540 木塑制品
		A060399 其他椅凳类		HJ2547 家具/HJ2540 木塑制品
19	A0604 沙发类	A060499 其他沙发类 HJ2547		家具/HJ2540 木塑制品

品目序号	名称			依据的标准
20	A0605 柜类	A060501 木质柜类		HJ2547 家具/HJ2540 木塑制品
		A060503 金属质柜类		HJ2547 家具/HJ2540 木塑制品
		A060599 其他柜类		HJ2547 家具/HJ2540 木塑制品
21	A0606 架类	A060601 木质架类		HJ2547 家具/HJ2540 木塑制品
		A060602 金属质架类		HJ2547 家具/HJ2540 木塑制品
22	A0607 屏风类	A060701 木质屏风类		HJ2547 家具/HJ2540 木塑制品
		A060702 金属质屏风类		HJ2547 家具/HJ2540 木塑制品
23	A060804 水池			HJ/T296 卫生陶瓷
24	A060805 便器			HJ/T296 卫生陶瓷
25	A060806 水嘴			HJ/T411 水嘴
26	A0609 组合家具			HJ2547 家具/HJ2540 木塑制品
27	A0610 家用家具零配件			HJ2547 家具/HJ2540 木塑制品
28	A0699 其他家具用具			HJ2547 家具/HJ2540 木塑制品
29	A070101 棉、化纤纺织及印染原料			HJ2546 纺织产品
30	A090101 复印纸（包括再生复印纸）			HJ410 文化用纸
31	A090201 鼓粉盒（包括再生鼓粉盒）			HJ/T413 再生鼓粉盒

品目序号	名称		依据的标准
32	A100203 人造板	A10020301 胶合板	HJ571 人造板及其制品
		A10020302 纤维板	HJ571 人造板及其制品
		A10020303 刨花板	HJ571 人造板及其制品
		A10020304 细木工板	HJ571 人造板及其制品
		A10020399 其他人造板	HJ571 人造板及其制品
33	A100204 二次加工材，相关板材	A10020404 人造板表面装饰板	HJ571 人造板及其制品/HJ2540 木塑制品
		A10020404 人造板表面装饰板（地板）	HJ571 人造板及其制品/HJ2540 木塑制品
34	A100301 水泥熟料及水泥	A10030102 水泥	HJ2519 水泥
35	A100303 水泥混凝土制品	A10030301 商品混凝土	HJ/T412 预拌混凝土
36	A100304 纤维增强水泥制品	A10030402 纤维增强硅酸钙板	HJ/T223 轻质墙体板材
		A10030403 无石棉纤维水泥制品	HJ/T223 轻质墙体板材
37	A100305 轻质建筑材料及制品	A10030501 石膏板	HJ/T223 轻质墙体板材
		A10030503 轻质隔墙条板	HJ/T223 轻质墙体板材
38	A100307 建筑陶瓷制品	A10030701 瓷质砖	HJ/T297 陶瓷砖
		A10030704 炻质砖	HJ/T297 陶瓷砖
		A10030705 陶质砖	HJ/T297 陶瓷砖
		A10030799 其他建筑陶瓷制品	HJ/T297 陶瓷砖
39	A100309 建筑防水卷材及制品	A10030901 沥青和改性沥青防水卷材	HJ455 防水卷材
		A10030903 自粘防水卷材	HJ455 防水卷材
		A10030906 高分子防水卷（片）材	HJ455 防水卷材

品目序号	名称			依据的标准
40	A100310 隔热、隔音人造矿物材料及其制品	A10031001 矿物绝热和吸声材料		HJ/T223 轻质墙体板材
		A10031002 矿物材料制品		HJ/T223 轻质墙体板材
41	A100601 功能性建筑涂料			HJ2537 水性涂料
42	A100399 其他非金属矿物制品	A10039901 其他非金属建筑材料		HJ456 刚性防水材料
43	A100602 墙面涂料	A10060202 合成树脂乳液内墙涂料		HJ2537 水性涂料
		A10060203 合成树脂乳液外墙涂料		HJ2537 水性涂料
		A10060299 其他墙面涂料		HJ2537 水性涂料
44	A100604 防水涂料	A10060499 其他防水涂料		HJ2537 水性涂料
45	A100699 其他建筑涂料		HJ2537 水性涂料	
46	A100701 门、门槛			HJ/T 237 塑料门窗/HJ459 木质门和钢质门
47	A100702 窗			HJ/T237 塑料门窗
48	A170108 涂料（建筑涂料除外）			HJ2537 水性涂料
49	A170112 密封用填料及类似品			HJ2541 胶粘剂
50	A180201 塑料制品			HJ/T226 建筑用塑料管材/HJ/T231 再生塑料制品

注：环境标志产品认证应依据相关标准的最新版本。

财政部、民政部、中国残疾人联合会
关于促进残疾人就业政府采购政策的通知

(2017 年 8 月 22 日　财库〔2017〕141 号)

党中央有关部门，国务院各部委、各直属机构，全国人大常委会办公厅，全国政协办公厅，高法院，高检院，各民主党派中央，有关人民团体，各省、自治区、直辖市、计划单列市财政厅（局）、民政厅（局）、残疾人联合会，新疆生产建设兵团财务局、民政局、残疾人联合会：

为了发挥政府采购促进残疾人就业的作用，进一步保障残疾人权益，依照《政府采购法》、《残疾人保障法》等法律法规及相关规定，现就促进残疾人就业政府采购政策通知如下：

一、享受政府采购支持政策的残疾人福利性单位应当同时满足以下条件：

（一）安置的残疾人占本单位在职职工人数的比例不低于 25%（含 25%），并且安置的残疾人人数不少于 10 人（含 10 人）；

（二）依法与安置的每位残疾人签订了一年以上（含一年）的劳动合同或服务协议；

（三）为安置的每位残疾人按月足额缴纳了基本养老保险、基本医疗保险、失业保险、工伤保险和生育保险等社会保险费；

（四）通过银行等金融机构向安置的每位残疾人，按月支付了不低于单位所在区县适用的经省级人民政府批准的月最低工资标准的工资；

（五）提供本单位制造的货物、承担的工程或者服务（以下简称产品），或者提供其他残疾人福利性单位制造的货物（不包括使用非残疾人福利性单位注册商标的货物）。

前款所称残疾人是指法定劳动年龄内，持有《中华人民共和国残疾人证》或者《中华人民共和国残疾军人证（1 至 8 级）》的自然人，包括具有劳动条件和劳动意愿的精神残疾人。在职职工人数是指与残疾人福利性单位建立劳动关系并依法签订劳动合同或者服务协议的雇员人数。

二、符合条件的残疾人福利性单位在参加政府采购活动时，应当提供本通知规定的《残疾人福利性单位声明函》（见附件），并对声明的真实性负责。任何单位或者个人在政府采购活动中均不得要求残疾人福利性单位提供其他证明声明函内容的材料。

中标、成交供应商为残疾人福利性单位的，采购人或者其委托的采购代理机构应当随中标、成交结果同时公告其《残疾人福利性单位声明函》，接受社会监督。

供应商提供的《残疾人福利性单位声明函》与事实不符的，依照《政府采购法》第七十七条第一款的规定追究法律责任。

三、在政府采购活动中，残疾人福利性单位视同小型、微型企业，享受预留份额、评审中价格扣除等促进中小企业发展的政府采购政策。向残疾人福利性单位采购的金额，计入面向中小企业采购的统计数据。残疾人福利性单位属于小型、微型企业的，不重复享受政策。

四、采购人采购公开招标数额标准以上的货物或者服务，因落实促进残疾人就业政策的需要，依法履行有关报批程序后，可采用公开招标以外的采购方式。

五、对于满足要求的残疾人福利性单位产品，集中采购机构可直接纳入协议供货或者定点采购范围。各地区建设的政府采购电子卖场、电子商城、网上超市等应当设立残疾人福利性单位产品专栏。鼓励采购人优先选择残疾人福利性单位的产品。

六、省级财政部门可以结合本地区残疾人生产、经营的实际情况，细化政府采购支持措施。对符合国家有关部门规定条件的残疾人辅助性就业机构，可通过上述措施予以支持。各地制定的有关文件应当报财政部备案。

七、本通知自 2017 年 10 月 1 日起执行。

附件：残疾人福利性单位声明函

附件

残疾人福利性单位声明函

本单位郑重声明，根据《财政部 民政部 中国残疾人联合会关于促进残疾人就业政府采购政策的通知》（财库〔2017〕141号）的规定，本单位为符合条件的残疾人福利性单位，且本单位参加_____单位的_____项目采购活动提供本单位制造的货物（由本单位承担工程/提供服务），或者提供其他残疾人福利性单位制造的货物（不包括使用非残疾人福利性单位注册商标的货物）。

本单位对上述声明的真实性负责。如有虚假，将依法承担相应责任。

单位名称（盖章）：

日　　期：

财政部关于印发《政府采购进口产品
管理办法》的通知

(2007 年 12 月 27 日　财库〔2007〕119 号)

党中央有关部门，国务院各部委、各直属机构，全国人大常委会办公厅，全国政协办公厅，高法院，高检院，有关人民团体，各省、自治区、直辖市、计划单列市财政厅（局），新疆生产建设兵团财务局，各集中采购机构：

为了贯彻落实《国务院关于实施〈国家中长期科学和技术发展规划纲要 (2006-2020 年)〉若干配套政策的通知》（国发〔2006〕6 号），推动和促进自主创新政府采购政策的实施，规范进口产品政府采购行为，根据《中华人民共和国政府采购法》和有关法律法规，财政部制定了《政府采购进口产品管理办法》。现印发给你们，请遵照执行。

附件：政府采购进口产品管理办法

附件：

政府采购进口产品管理办法

第一章　总　　则

第一条　为了贯彻落实《国务院关于实施〈国家中长期科学和技术发展规划纲要（2006-2020 年）〉若干配套政策的通知》（国发〔2006〕6 号），推动和促进自主创新政府采购政策的实施，规范进口产品政府采购行为，根据《中华人民共和国政府采购法》等法律法规规定，制定本办法。

第二条　国家机关、事业单位和团体组织（以下统称采购人）使用财政性资金以直接进口或委托方式采购进口产品（包括已进入中国境内的进口产品）的活动，适用本办法。

第三条 本办法所称进口产品是指通过中国海关报关验放进入中国境内且产自关境外的产品。

第四条 政府采购应当采购本国产品，确需采购进口产品的，实行审核管理。

第五条 采购人采购进口产品时，应当坚持有利于本国企业自主创新或消化吸收核心技术的原则，优先购买向我方转让技术、提供培训服务及其他补偿贸易措施的产品。

第六条 设区的市、自治州以上人民政府财政部门（以下简称为财政部门）应当依法开展政府采购进口产品审核活动，并实施监督管理。

第二章 审核管理

第七条 采购人需要采购的产品在中国境内无法获取或者无法以合理的商业条件获取，以及法律法规另有规定确需采购进口产品的，应当在获得财政部门核准后，依法开展政府采购活动。

第八条 采购人报财政部门审核时，应当出具以下材料：

（一）《政府采购进口产品申请表》（详见附1）；

（二）关于鼓励进口产品的国家法律法规政策文件复印件；

（三）进口产品所属行业的设区的市、自治州以上主管部门出具的《政府采购进口产品所属行业主管部门意见》（详见附2）；

（四）专家组出具的《政府采购进口产品专家论证意见》（详见附3）。

第九条 采购人拟采购的进口产品属于国家法律法规政策明确规定鼓励进口产品的，在报财政部门审核时，应当出具第八条第（一）款、第（二）款材料。

第十条 采购人拟采购的进口产品属于国家法律法规政策明确规定限制进口产品的，在报财政部门审核时，应当出具第八条第（一）款、第（三）款和第（四）款材料。

采购人拟采购国家限制进口的重大技术装备和重大产业技术的，应当出具发展改革委的意见。采购人拟采购国家限制进口的重大科学仪器和装备的，应当出具科技部的意见。

第十一条 采购人拟采购其他进口产品的，在报财政部门审核时，应当出具第八条第（一）款材料，并同时出具第（三）款或者第（四）款材料。

第十二条 本办法所称专家组应当由五人以上的单数组成，其中，必须包括一名法律专家，产品技术专家应当为非本单位并熟悉该产品的专家。

采购人代表不得作为专家组成员参与论证。

第十三条 参与论证的专家不得作为采购评审专家参与同一项目的采购评审工作。

第三章 采 购 管 理

第十四条 政府采购进口产品应当以公开招标为主要方式。因特殊情况需要采用公开招标以外的采购方式的，按照政府采购有关规定执行。

第十五条 采购人及其委托的采购代理机构在采购进口产品的采购文件中应当载明优先采购向我国企业转让技术、与我国企业签订消化吸收再创新方案的供应商的进口产品。

第十六条 采购人因产品的一致性或者服务配套要求，需要继续从原供应商处添购原有采购项目的，不需要重新审核，但添购资金总额不超过原合同采购金额的10%。

第十七条 政府采购进口产品合同履行中，采购人确需追加与合同标的相同的产品，在不改变合同其他条款的前提下，且所有补充合同的采购金额不超过原合同采购金额的10%的，可以与供应商协商签订补充合同，不需要重新审核。

第十八条 政府采购进口产品合同应当将维护国家利益和社会公共利益作为必备条款。合同履行过程中出现危害国家利益和社会公共利益问题的，采购人应当立即终止合同。

第十九条 采购人或者其委托的采购代理机构应当依法加强对进口产品的验收工作，防止假冒伪劣产品。

第二十条　采购人申请支付进口产品采购资金时，应当出具政府采购进口产品相关材料和财政部门的审核文件。否则不予支付资金。

第四章　监　督　检　查

第二十一条　采购人未获得财政部门采购进口产品核准，有下列情形之一的，责令限期改正，并给予警告，对直接负责的主管人员和其他直接责任人员，由其行政主管部门或者有关机关给予处分，并予通报：

（一）擅自采购进口产品的；

（二）出具不实申请材料的；

（三）违反本办法规定的其他情形。

第二十二条　采购代理机构在代理政府采购进口产品业务中有违法行为的，给予警告，可以按照有关法律规定并处罚款；情节严重的，可以依法取消其进行相关业务的资格；构成犯罪的，依法追究刑事责任。

第二十三条　供应商有下列情形之一的，处以采购金额5‰以上10‰以下的罚款，列入不良行为记录名单，在1-3年内禁止参加政府采购活动，有违法所得的，并处没收违法所得，情节严重的，由工商行政管理机关吊销营业执照；涉嫌犯罪的，移送司法机关处理：

（一）提供虚假材料谋取中标、成交的；

（二）采取不正当手段诋毁、排挤其他供应商的；

（三）与采购人、其他供应商或者采购代理机构恶意串通的；

（四）向采购人、采购代理机构行贿或者提供其他不正当利益的；

（五）在招标采购过程中与采购人进行协商谈判的；

（六）拒绝有关部门监督检查或者提供虚假情况的。

供应商有前款第（一）至（五）项情形之一的，中标、成交无效。

第二十四条　专家出具不实论证意见的，按照有关法律规定追究法律责任。

第五章　附　　　则

第二十五条　采购人采购进口产品的，应当同时遵守国家其他有关法律法规的规定。涉及进口机电产品招标投标的，应当按照国际招标有关办法执行。

第二十六条 本办法未作出规定的，按照政府采购有关规定执行。

第二十七条 涉及国家安全和秘密的项目不适用本办法。

第二十八条 本办法自印发之日起施行。

附：1. 政府采购进口产品申请表

    2. 政府采购进口产品所属行业主管部门意见

    3. 政府采购进口产品专家论证意见

表 1　政府采购进口产品申请表

申请单位	
申请文件名称	
申请文号	
采购项目名称	
采购项目金额	
采购项目所属项目名称	
采购项目所属项目金额	
项目使用单位	
项目组织单位	
申请理由	盖　章 年　　月　　日

表 2 政府采购进口产品所属行业主管部门意见

一、基本情况	
申请单位	
拟采购产品名称	
拟采购产品金额	
采购项目所属项目名称	
采购项目所属项目金额	
二、申请理由	
□1. 中国境内无法获取：	
□2. 无法以合理的商业条件获取：	
□3. 其他。	
原因阐述：	
三、进口产品所属行业主管部门意见	
盖　章	
年　　月　　日	

表 3　政府采购进口产品专家论证意见

一、基本情况	
申请单位	
拟采购产品名称	
拟采购产品金额	
采购项目所属项目名称	
采购项目所属项目金额	
二、申请理由	
□1. 中国境内无法获取：	
□2. 无法以合理的商业条件获取：	
□3. 其他。	
原因阐述：	

三、专家论证意见

专 家 签 字

年　　月　　日

财政部关于印发《政务信息系统政府采购管理暂行办法》的通知

(2017 年 12 月 26 日　财库〔2017〕210 号)

党中央有关部门，国务院各部委、各直属机构，全国人大常委会办公厅，全国政协办公厅，高法院，高检院，各民主党派中央，有关人民团体，各省、自治区、直辖市、计划单列市财政厅（局），新疆生产建设兵团财政局，中共中央直属机关采购中心，中央国家机关政府采购中心，全国人大机关采购中心：

现将《政务信息系统政府采购管理暂行办法》印发给你们，请遵照执行。

附件：《政务信息系统政府采购管理暂行办法》

附件：

政务信息系统政府采购管理暂行办法

第一条　为了推进政务信息系统政府采购工作规范高效开展，根据国家电子政务总体部署和《国务院办公厅关于印发政务信息系统整合共享实施方案的通知》（国办发〔2017〕39 号）有关要求，制定本办法。

第二条　本办法所称政务信息系统是指由政府投资建设、政府和社会企业联合建设、政府向社会购买服务或需要政府运行维护的，用于支撑政务部门履行管理和服务职能的各类信息系统，包括执行政务信息处理的计算机、软件和外围设备等货物和服务。

前款所称政务部门是指中共中央、全国人大、国务院、全国政协、最高法院、最高检察院及中央和国家机关各部门，各级地方党委、人大、政府、政协、法院、检察院及其直属各部门（单位）。

第三条　政务信息系统政府采购工作由各相关政务部门（以下简称采购

人）负责统一规划和具体实施，各级财政部门依法履行政府采购监管职责。

第四条 采购人应当按照可行性研究报告、初步设计报告、预算审批时核准的内容和实际工作需要确定政务信息系统采购需求（以下简称采购需求）并组织采购。

采购需求应当科学合理、明确细化，包括项目名称、采购人、预算金额、经费渠道、运行维护要求、数据共享要求、安全审查和保密要求、等级保护要求、分级保护要求、需落实的政府采购政策和履约验收方案等内容。

第五条 采购需求应当符合法律法规，满足国家、行业相关标准的要求，鼓励使用市场自主制定的团体标准。

专业性强、技术要求较高的政务信息系统，可以邀请行业专家或者第三方专业机构参与需求制定工作。采购人和实际使用者或受益者分离的项目，在制定需求时，应当征求实际使用者或受益者的意见。

第六条 采购需求应当落实政务信息系统整合共享要求，符合政务信息共享标准体系，确保相关系统能够按照规定接入国家共享数据交换平台。采购需求要与现有系统功能协调一致，避免重复建设。

采购需求应当体现公共数据开放有关要求，推动原始性、可机器读取、可供社会化再利用的数据集向社会开放。

第七条 采购需求应当落实国家支持云计算的政策要求，推动政务服务平台集约化建设管理。不含国家秘密、面向社会主体提供服务的政务信息系统，原则上应当采用云计算模式进行建设，

采购需求应当包括相关设备、系统和服务支持互联网协议第六版（IPv6）的技术要求。

第八条 采购需求应当落实国家密码管理有关法律法规、政策和标准规范的要求，同步规划、同步建设、同步运行密码保障系统并定期进行评估。

第九条 政务信息系统采用招标方式采购的，应当采用综合评分法；采用非招标方式采购的，应当采用竞争性磋商或单一来源采购方式。

除单一来源采购方式外，政务信息系统采购货物的，价格分值占总分值比

重应当为 30%；采购服务的，价格分值占总分值比重应当为 10%。无法确定项目属于货物或服务的，由采购人按照有利于采购项目实施的原则确定项目属性。

第十条 采购人应当指派熟悉情况的工作人员作为采购人代表参加评标委员会或者竞争性磋商小组，参与政务信息系统采购活动的评审。

第十一条 政务信息系统采购评审中，评标委员会或者竞争性磋商小组认为供应商报价明显低于其他合格供应商的报价，有可能影响产品质量或者不能诚信履约的，应当要求其在评审现场合理时间内提供书面说明，必要时提供相关证明材料；供应商不能证明其报价合理性的，评标委员会或竞争性磋商小组应当将其作为无效投标或者无效响应处理。

第十二条 采购人应当按照国家有关规定组织政务信息系统项目验收，根据项目特点制定完整的项目验收方案。验收方案应当包括项目所有功能的实现情况、密码应用和安全审查情况、信息系统共享情况、维保服务等采购文件和采购合同规定的内容，必要时可以邀请行业专家、第三方机构或相关主管部门参与验收。

第十三条 采购人可以聘请第三方专业机构制定针对政务信息系统的质量保障方案，对相关供应商的进度计划、阶段成果和服务质量进行监督，形成项目整改报告和绩效评估报告，必要时邀请行业专家或相关主管部门评审论证。质量保障相关情况应当作为项目验收的依据。

第十四条 具有多个服务期的政务信息系统，可以根据每期工作目标进行分期验收。为社会公众服务的政务信息系统，应当将公众意见或者使用反馈情况作为验收的重要参考依据。采购人和实际使用者或受益者分离的政务信息系统，履约验收时应当征求实际使用者或受益者的意见。

第十五条 政务信息系统的项目验收结果应当作为选择本项目后续运行维护供应商的重要参考。

第十六条 在年度预算能够保障的前提下，采购人可以与政务信息系统运行维护供应商签订不超过三年履行期限的政府采购合同。

第十七条 本办法从 2018 年 1 月 1 日起施行。

国家质量监督检验检疫总局、财政部、国家认证认可监督管理委员会关于调整信息安全产品强制性认证实施要求的公告

（2009 年 4 月 27 日　2009 年第 33 号公告）

国家质量监督检验检疫总局、国家认证认可监督管理委员会 2008 年第 7 号公告中涉及的信息安全产品强制性认证的强制实施时间延至 2010 年 5 月 1 日，在政府采购法规定的范围内强制实施。

特此公告。

附件：信息安全产品强制性认证实施规则（共 13 份）

1. 安全操作系统产品强制性认证实施规则（略）

2. 安全隔离与信息交换产品强制性认证实施规则（略）

3. 安全路由器产品强制性认证实施规则（略）

4. 安全审计产品强制性认证实施规则（略）

5. 安全数据库系统产品强制性认证实施规则（略）

6. 反垃圾邮件产品强制性认证实施规则（略）

7. 防火墙产品强制性认证实施规则（略）

8. 入侵检测系统产品强制性认证实施规则（略）

9. 数据备份与恢复产品强制认证实施规则（略）

10. 网络安全隔离卡与线路选择器产品强制性认证实施规则（略）

11. 网络脆弱性扫描产品强制性认证实施规则（略）

12. 网站恢复产品强制性认证实施规则（略）

13. 智能卡 cos 产品强制性认证实施规则（略）

财政部、国家发展改革委、信息产业部关于印发无线局域网产品政府采购实施意见的通知

（2005 年 12 月 30 日 财库〔2005〕366 号）

党中央有关部门，国务院各部委、各直属机构，全国人大常委办公厅，全国政协办公厅，最高人民法院，最高人民检察院，有关人民团体，新疆生产建设兵团，各省、自治区、直辖市、计划单列市财政厅（局）、信息产业厅（局），发展改革委：

为了保障国家信息安全，维护国家利益和社会公共利益，推进国民经济和社会信息化建设，根据《中华人民共和国政府采购法》，财政部、国家发展改革委、信息产业部制定了《无线局域网产品政府采购实施意见》，现印发给你们，请遵照执行。

附件：

无线局域网产品政府采购实施意见

为了保障国家信息安全，维护国家利益和社会公共利益，推进国民经济和社会信息化建设，根据《中华人民共和国政府采购法》，现就推行无线局域网产品政府采购提出如下意见：

一、各地区、各部门要高度重视，加强组织管理和监督，确保无线局域网产品政府采购工作落到实处。

二、各级国家机关、事业单位和团体组织（以下统称采购人）用财政性资金采购无线局域网产品和含有无线局域网功能的计算机、通信设备、打印机、复印机、投影仪等产品的，应当优先采购符合国家无线局域网安全标准（GB 15629.11/1102）并通过国家产品认证的产品（以下简称认证产品）。其中，国

家有特殊信息安全要求的项目必须采购认证产品。

三、财政部、国家发展改革委、信息产业部根据政府采购改革进展和无线局域网产品技术及市场成熟等情况，从国家指定的认证机构认证的生产厂商和产品型号中确定优先采购的产品，并以"无线局域网认证产品政府采购清单"（以下简称清单）的形式公布。

清单中新增认证产品厂商和型号，由财政部、国家发展改革委、信息产业部以文件形式确定、公布并适时调整。

四、中国政府采购网（http：//www.ccgp.gov.cn/）、国家发展改革委网（http：//www.ndrc.gov.cn）、信息产业部网为认证产品清单公告媒体。为确保上述信息的准确性，未经财政部、国家发展改革委、信息产业部允许，不得转载。

五、采购人采购无线局域网产品和含有无线局域网功能的计算机、通信设备、打印机、复印机、投影仪等产品时，在政府采购评审方法中，应当考虑信息安全认证因素，优先采购清单中的产品。采用最低评标价法的采购项目，清单中的产品不是最低报价但不高于排序第一的一般产品报价一定比例的，应当将采购合同授予提供认证产品的投标人。采用综合评标法的采购项目，应当在评审总分基础上对清单中的产品合理加分。

六、在政府采购活动中，采购人应当在政府采购招标文件（含谈判文件、询价文件）中载明对产品的认证要求、合格产品的条件和认证产品优先采购的评审标准。

七、采购人或其委托的采购代理机构未按上述要求采购的，有关部门要按照有关法律、法规和规章予以处理，财政部门视情况可以拒付采购资金。

八、本意见由财政部负责解释。

九、本意见自 2006 年 2 月 1 日起施行。

附：无线局域网认证产品政府采购清单

附：

无线局域网认证产品政府采购清单

一、无线网络适配器

厂家	规格型号	依据标准	证书编号	颁证日期	换证日期
西安西电捷通无线网络通信有限公司	IWN C2400ICA	GB4943-2001 GB9254-1998 GB17625.1-2003 GB15629.11-2003 GB15629.1102-2003	CESI01104P10004R0M	2004-04-07	2005-10-31
	IWN C2430ICA	GB4943-2001 GB9254-1998 GB17625.1-2003 GB15629.11-2003 GB15629.1102-2003	CESI01104P10005R0M	2004-04-07	2005-10-31
	IWN C2430IUA	GB4943-2001 GB9254-1998 GB17625.1-2003 GB15629.11-2003 GB15629.1102-2003	CESI01104P10006R0M	2004-04-07	2005-10-31
深圳市明华澳汉科技股份有限公司	WL-STA1	GB4943-2001 GB9254-1998 GB17625.1-2003 GB15629.11-2003 GB15629.1102-2003	CESI01104P10008R0M	2004-04-07	2005-10-31

二、接入认证服务器（无线鉴别服务器）

厂家	规格型号	依据标准	证书编号	颁证日期	换证日期
西安西电捷通无线网络通信有限公司	IWN AS-5000 DC5V 2.0A	GB4943-2001 GB9254-1998 GB17625.1-2003 GB15629.11-2003 GB15629.1102-2003	CESI01104P10002R0M	2004-04-07	2005-10-31

三、无线接入点

厂家	规格型号	依据标准	证书编号	颁证日期	换证日期
深圳市明华澳汉科技股份有限公司	WL-AP1 DC5V 2.0A	GB4943-2001 GB9254-1998 GB17625.1-2003 GB15629.11-2003 GB15629.1102-2003	CESI01104P10007R0M	2004-04-07	2005-10-31
西安西电捷通无线网络通信有限公司	IWN A2410 DC5V 2.0A	GB4943-2001 GB9254-1998 GB17625.1-2003 GB15629.11-2003 GB15629.1102-2003	CESI01104P10003R0M	2004-04-07	2005-10-31

四、计算机

| 北大方正集团有限公司 | NB700 | GB4943-2001 GB9254-1998 GB17625.1-2003 GB15629.11-2003 GB15629.1102-2003 | 2004012000001 | 2004-04-02 | |

国家密码管理局、科学技术部、公安部、国家安全部、财政部、信息产业部、商务部、国家保密局、国务院信息化工作办公室关于印发《含有密码技术的信息产品政府采购规定》的通知

（2008 年 1 月 8 日　国密局联〔2008〕1 号）

各省、自治区、直辖市密码管理局、科技厅（委）、公安厅（局）、国家安全厅（局）、财政厅（局）、信息产业主管部门、商务主管部门、保密局、信息化领导小组办公室，新疆生产建设兵团密码管理局、科技局、公安局、财务局、商务局、保密局、信息化领导小组办公室：

为规范含有密码技术的信息产品政府采购行为，维护国家信息安全，国家密码管理局、科学技术部、公安部、国家安全部、财政部、信息产业部、商务部、国家保密局、国务院信息化工作办公室联合制定了《含有密码技术的信息产品政府采购规定》。现印发给你们，请认真贯彻执行。

含有密码技术的信息产品政府采购规定

第一条　为保障国家信息安全，规范政府信息系统和涉及国家秘密的信息系统中含有密码技术的信息产品的采购行为，根据《中华人民共和国政府采购法》、《中华人民共和国保守国家秘密法》、《中华人民共和国国家安全法》、《商用密码管理条例》和相关法律法规，制定本规定。

第二条　本规定所称含有密码技术的信息产品，是指采用密码技术实现信息加解密、认证鉴别、授权管理、访问控制等安全功能的软件、硬件。

第三条　各级国家机关、事业单位和团体组织（以下统称采购人），在政

府信息系统和涉及国家秘密的信息系统中，使用财政性资金采购含有密码技术的信息产品的活动，适用本规定。

第四条 各级密码管理部门、财政部门、保密管理部门依照各自职责，对政府信息系统和涉及国家秘密的信息系统中含有密码技术的信息产品的采购实施监督管理。

各级人民政府其他有关部门依法履行与本规定政府采购活动有关的监督管理职责。

第五条 国家对含有密码技术的信息产品采购实行目录管理。

采购人采购含有密码技术的信息产品时，应当采购目录中的产品。

第六条 国家密码管理局会同科技部、公安部、国家安全部、财政部、信息产业部、商务部、国家保密局、国务院信息化工作办公室，确定含有密码技术的信息产品的具体范围。

财政部会同国家密码管理局在确定范围内制定含有密码技术的信息产品政府采购目录，在适当范围内公布并适时调整。

第七条 采购人应当在目录产品范围内，采用政府采购法律制度规定的采购方式确定中标或成交供应商，确保采购活动公平、公正和充分竞争。

采购人采购用于涉及国家秘密的信息系统的含有密码技术的信息产品及相关服务，应当通过具有涉密或者密码相关资质的企业采购。

第八条 确需采购未列入目录的含有密码技术的信息产品的，应当同时具备下列条件：（一）通过同级密码管理部门（机构）组织的需求合理性论证；（二）通过公安部、国家安全部、国家保密局、国家密码管理局联合指定的安全评估机构的安全评估；（三）通过国家密码管理局指定的检测机构的检测。

第九条 采购人或其委托的采购代理机构未按本规定要求采购的，由财政部门责令改正；拒不改正的，停止按预算支付资金，由其上级行政主管部门或者有关机关依法给予其直接负责的主管人员和其他直接责任人员处分。

第十条 其他使用财政性资金采购涉及国家安全的含有密码技术信息产品的，参照本规定执行。

第十一条 政府信息系统和涉及国家秘密的信息系统中装备密码产品的，应当按照国家有关密码管理规定执行。涉及信息安全保密产品采购的，按照国家相关管理规定执行。

第十二条 本规定自 2008 年 3 月 1 日起施行。

国务院办公厅关于印发
《政府机关使用正版软件管理办法》的通知

（2013 年 8 月 15 日 国办发〔2013〕88 号）

各省、自治区、直辖市人民政府，国务院各部委、各直属机构：

《政府机关使用正版软件管理办法》已经国务院同意，现印发给你们，请认真贯彻执行。

附件：

政府机关使用正版软件管理办法

第一条 为进一步规范政府机关使用正版软件行为，建立长效机制，根据《中华人民共和国著作权法》、《中华人民共和国审计法》、《中华人民共和国政府采购法》、《中华人民共和国预算法》和《计算机软件保护条例》，制定本办法。

第二条 本办法所称软件包括计算机操作系统软件、办公软件和杀毒软件三类通用软件。

第三条 各级政府机关的计算机办公设备及系统必须使用正版软件，禁止使用未经授权和未经软件产业主管部门登记备案的软件。

各级政府机关工作人员不得随意在计算机办公设备及系统中安装或卸载软件。

第四条 国务院各部门、地方各级政府及其部门对本部门和本地区政府机关使用正版软件工作负总责，其主要负责人是使用正版软件工作的第一责任人；负责信息化工作的部门及其负责人具体负责本地区、本单位使用正版软件的推进工作。

第五条 各级政府机关要按照勤俭节约、确保政府信息安全的原则，充分考虑实际工作需要和软件性价比，科学合理制定软件采购年度计划。

各级财政部门应当将政府机关软件采购经费纳入本级财政预算。

第六条 各级政府机关采购软件应当严格执行《中华人民共和国政府采购法》的有关规定，严格遵守国家软件产品管理制度，采购软件产业主管部门登记备案的软件产品。

各级政府机关应当规范政府采购软件行为，建立健全相关工作机制，准确核实拟采购软件的知识产权状况，防止侵权盗版软件产品进入政府采购渠道。

各级政府机关应当明确需采购软件的兼容性、授权方式、信息安全、使用年限、技术支持与软件升级等售后服务要求，对需要购置的纳入政府集中采购目录的软件，依法实行政府采购。

政府集中采购机构负责组织实施政府机关软件集中采购，采取协议供货等采购形式，定期公布软件价格、供应商目录等。

各级政府机关购置计算机办公设备时，应当采购预装正版操作系统软件的计算机产品，对需要购置的办公软件和杀毒软件一并作出购置计划。

第七条 各级政府机关通过各种方式形成的软件资产均属于国有资产，应当按照《固定资产分类与代码》（GB/T14885-2010）等有关国家标准和规定纳入部门资产管理体系，软件配置、使用、处置等应当严格执行国有资产管理相关制度，防止因机构调整、系统或软件版本升级、系统或设备更新和损毁等造成软件资产流失或非正常贬值。

各级政府机关应当根据不同软件资产的特点，坚持制度手段、技术手段并重，有针对性地实施软件资产日常管理和维护。

各级政府机关应当完善有关标准和管理工作程序，实现软件资产管理与预算管理、政府采购、财务管理、信息技术管理相结合。

第八条 推进使用正版软件工作部际联席会议负责组织、协调和指导全国政府机关使用正版软件工作。联席会议办公室设在国务院著作权行政管理部门，并保障必要的工作条件。

各省、自治区、直辖市人民政府建立相应的工作机制，负责组织、协调和指导本地区政府机关使用正版软件工作，并保障必要的工作条件。

第九条 著作权行政管理部门会同推进使用正版软件工作机制各成员单位负责政府机关使用正版软件情况日常监管、督促检查及培训工作。

工业和信息化部门负责软件产品质量管理工作，督促软件生产商和供应商提高软件产品质量、做好售后服务；会同著作权行政管理等部门做好新出厂计算机预装正版操作系统软件的管理工作。

财政部门负责软件采购资金保障和使用的监督检查，指导软件集中采购工作，研究制定规范软件资产管理的指导意见和政府机关办公通用软件的配置标准等。

审计部门负责对政府机关采购软件资金管理使用和软件资产管理情况进行审计监督，并将相关审计结果纳入审计报告。

工商部门负责依法查处垄断和不正当竞争行为，维护软件市场公平竞争秩序。

机关事务主管部门按照本级政府分工做好软件资产管理相关工作。

第十条 各级政府机关应当于每年11月底前将本单位当年使用正版软件的资金保障、软件采购、软件资产管理等情况书面报本级著作权行政管理部门。

各省、自治区、直辖市人民政府应当于每年12月底前将本地区当年推进使用正版软件工作情况书面报国务院著作权行政管理部门，国务院著作权行政管理部门汇总、核实后书面报国务院。

第十一条 各级政府应当将使用正版软件工作纳入年度考核，建立考核评议制度和责任追究制度，定期对使用正版软件工作进行考核、评议。对未按要求完成软件摸查、采购、安装验收、资产管理、年度报告、长效机制建设等工作的，由本级政府或上级政府有关部门依法依规对相关责任人进行诫勉谈话或给予处分。

第十二条 政府机关违反本办法规定的，由本级政府或上级政府有关部门责令改正；造成他人损失的，依法承担相应的民事责任；情节严重的，对相关责任人依法给予处分；涉嫌犯罪的，移送司法机关依法追究刑事责任。

第十三条 推进使用正版软件工作机制各成员单位在履行职责的过程中滥用职权、玩忽职守、徇私舞弊或消极塞责的，由本级政府或上级政府有关部门责令改正；情节严重的，对相关责任人依法给予处分；涉嫌犯罪的，移送司法机关依法追究刑事责任。

第十四条 政府机关以外的其他国家机关、事业单位、人民团体和免予登记的社会团体使用正版软件工作，参照本办法执行。

第十五条 本办法由国务院著作权行政管理部门负责解释。

第十六条 本办法自印发之日起施行。

国务院办公厅关于进一步做好政府机关使用正版软件工作的通知

(2010 年 10 月 18 日　国办发〔2010〕47 号)

各省、自治区、直辖市人民政府，国务院各部委、各直属机构：

党中央、国务院一直高度重视软件知识产权保护工作，从 2001 年起在政府机关全面推广使用正版软件，基本实现了中央、省、市（地）三级政府机关使用正版软件的工作目标。为巩固政府机关使用正版软件的工作成果，建立长效机制，经国务院同意，现就进一步做好使用正版软件工作通知如下：

一、进一步提高认识。各级政府机关带头使用正版软件，有利于在全社会形成尊重知识、保护知识产权的良好环境，对于树立政府机关良好形象，促进软件产业发展具有重要意义。各级政府机关工作人员要切实增强保护知识产权意识，自觉使用正版软件。

二、开展使用正版软件专项检查工作。各级政府机关要对本单位使用正版软件情况进行一次专项检查，重点检查办公软件、杀毒软件使用情况。新闻出版（版权）部门会同有关部门对部分地区、单位进行重点抽查。使用非正版软件的，要及时进行整改。对需要的正版软件，要安排必要的资金并按照政府采购相关规定购买。各单位购置、更换计算机办公设备必须同时安排必要的软件购置资金。要认真落实有关要求，将软件作为资产纳入部门资产管理体系，加强软件的资产管理。其他国家机关使用正版软件的检查和整改工作，参照上述要求执行。

三、切实落实预装正版操作系统软件的规定。各级政府机关购买的计算机办公设备必须符合预装正版操作系统软件的要求，各单位更新计算机操作系统软件必须使用正版产品。工业和信息化部门要加强计算机预装操作系统软件的监督管理工作。

四、落实政府机关使用正版软件管理监督责任。各级政府、各部门主要负责同志作为第一责任人，保证本单位软件使用正版化。各有关部门要密切合作，根据职责分工，切实做好使用正版软件工作。工业和信息化部门要加强软件产品质量管理，督促企业做好售后服务。新闻出版（版权）、工商、商务部门要根据各自职责维护好软件市场秩序，促进公平竞争。财政部门负责正版软件的资金保障，加强对软件资产管理的指导。新闻出版（版权）部门要会同工业和信息化、财政等部门做好使用正版软件的日常监管和督促检查工作，新闻出版总署（国家版权局）每年都要会同有关部门组织检查，并将年度检查情况报告国务院。

五、中央国家机关软件正版化专项检查和整改工作于 2011 年 5 月底前完成，省、市（地）、县级政府机关软件正版化专项检查和整改工作于 2011 年 10 月底前完成。各地区、各部门要将完成情况及时报送新闻出版总署（国家版权局），新闻出版总署（国家版权局）汇总后报国务院。

国家版权局关于政府部门购置计算机办公设备
必须采购已装正版操作系统软件产品的通知

（2006 年 3 月 30 日　国权联〔2006〕1 号）

各省、自治区、直辖市版权局、信息产业厅（局）、财政厅（局）、机关事务管理局，国务院各部委、各直属机构办公厅：

近年来，各级人民政府认真贯彻落实《国务院办公厅关于使用正版软件清理盗版软件的通知》（国办函〔2001〕57 号）、《国务院办公厅关于地方人民政府使用正版软件的通知》（国办函〔2004〕41 号）精神，积极推进政府部门软件正版化工作，并取得了显著成效。为进一步巩固政府部门软件正版化工作成果，建立使用正版软件的长效工作机制，营造良好的软件知识产权保护环境，维护计算机市场和软件市场秩序，根据《中华人民共和国著作权法》、《计算机软件保护条例》，以及《信息产业部国家版权局商务部关于计算机预装正版操作系统软件有关问题的通知》的规定，特通知如下：

一、今后各级政府部门在购置计算机办公设备时，必须采购预装正版操作系统软件的计算机产品。

二、各级政府部门购置计算机办公设备，必须提供必要的购买软件的配套资金。

三、各级人民政府的版权、信息产业和财政等部门要根据各自的职责，认真做好购置预装正版操作系统软件的计算机产品的资金保障、政府采购和监督检查工作，确保各级政府部门使用正版软件。

三、采购目录管理

财政部关于印发《政府采购品目分类目录》的通知（2022）

（2022 年 9 月 2 日　财库〔2022〕31 号）

党中央有关部门，国务院各部委、各直属机构，全国人大常委会办公厅，全国政协办公厅，最高人民法院，最高人民检察院，各民主党派中央，有关人民团体，新疆生产建设兵团，各省、自治区、直辖市、计划单列市财政厅（局）：

为适应深化政府采购制度改革和预算管理一体化工作需要，财政部对《政府采购品目分类目录》（财库〔2013〕189 号）进行了修订。现将修订后的目录印发给你们，自印发之日起执行。

执行中的有关意见和建议，请及时向财政部国库司反馈，联系电话：010-68552389。《政府采购品目分类目录》修订情况对照表，请登录中国政府采购网（www.ccgp.gov.cn）下载。

附件：《政府采购品目分类目录（2022 年印发）》

附：

政府采购品目分类目录（2022 年印发）

说　明

为完善政府采购基础分类标准，按照深化政府采购制度改革和实施预算管理一体化要求，财政部对《政府采购品目分类目录》（财库〔2013〕189 号，以下简称《采购品目目录》）进行了修订，并与《固定资产等资产基础分类与代码》（GB/T 14885，以下简称《资产分类与代码》）统一为一套编码体系。修订的主要内容为：

一、货物类品目的修订

修订后的货物类品目共 8 个门类，包括房屋和构筑物、设备、文物和陈列品、图书和档案、家具和用具、特种动植物、物资、无形资产。修订的主要内容为：

一是与《资产分类与代码》保持一致。对货物类品目与资产分类进行一一对应，两者编码均由拉丁字母"A"和 4 级代码 8 位阿拉伯数字组成，为政府采购与资产管理的有效衔接提供基础保障。如办公用房和计算机品目的编码在《采购品目目录》和《资产分类与代码》中均为 A01010100 和 A02010100。

二是根据工作实践和单位反馈意见，新增部分品目。如在"A01010200 业务用房"下增设"城市客运用房"；在"A02010100 计算机"下增设"移动工作站"、"图形工作站"；在"A02050900 金属加工设备"下增设"增材制造设备"；在"A02080100 无线电通信设备"下增设"无线电反制设备"；在"A02080800 视频会议系统设备"下增设"视频会议系统及会议室音频系统"；在"A02080000 通信设备"下增设"无线传输辅助设备"；在"A02081000 传真通信设备"下增设"文件（图文）传真机"；在"A02370000 政法、消防、检测设备"下增设"教育训练装备"；在"A02430000 航空器及其配套设备"下增设"无人机"等品目。

三是优化货物类品目分类方式。如将原按技术类型分类的喷墨打印机、激光打印机等，根据资产配置标准的分类方式，调整为按功能分类的"A02021001 A3 黑白打印机"、"A02021002 A3 彩色打印机"、"A02021003 A4 黑白打印机"、"A02021004 A4 彩色打印机"和"A02021005 3D 打印机"。

四是不适宜政府采购的分类未纳入《采购品目目录》。如《资产分类与代码》中"A03010000 不可移动文物"项下的"古遗址"、"古建筑"、"石窟寺和石刻"、"近代现代重要史迹和代表性建筑"，以及"A08000000 无形资产"项下的"资质证明"、"产品认证"、"商誉"、"管理经营"等类别，未纳入《采购品目目录》。

二、工程类品目的修订

修订后的工程类品目共 10 个门类，包括房屋施工、构筑物施工、施工工程准备、预制构件组装和装配、专业施工、安装工程、装修工程、修缮工程、工程设备租赁（带操作员）、其他建筑工程。修订的主要内容为：

一是与资产分类中的房屋分类保持一致，并对其下级品目进行同步更新。如将原房屋施工调整为"B01010000 办公用房施工"和"B01020000 业务用房施工"，并在"B01020000 业务用房施工"下，同步更新了"警察业务用房施工"、"司法业务用房施工"、"教育用房施工"等品目。

二是规范部分品目名称。如将"B01022400"的品目名称"城市公交用房施工"修改为"城市客运用房施工"，"B02080300 城市地铁隧道工程施工"修改为"城市轨道交通隧道工程施工"；"B02140300 荒山绿化工程施工"修改为"土地绿化工程施工"；"B02140400 防沙工程施工"修改为"防沙治沙工程施工"；"B02140600 人工湿地工程施工"修改为"湿地保护工程施工"等。

三、服务类品目的修订

修订后的服务类品目共 25 个门类，包括科学研究和试验开发、教育服务、医疗卫生服务、社会服务、生态环境保护和治理服务、公共设施管理服务、农林牧渔服务等。修订的主要内容为：

一是与政府购买服务相衔接。对照《中央本级政府购买服务指导性目录》（以下简称《指导性目录》），调整了教育服务、社会服务、生态环境保护和治理服务等分类，新增了科技服务、公共信息与宣传服务等类别，《指导性目录》中的所有目录均已在《采购品目目录》中体现。如《指导性目录》中的"教育课程研究与开发服务"、"校园活动组织实施服务"等目录，在《采购品目目录》的"C02000000 教育服务"品目下增设；《指导性目录》中"科技公共服务"及所属"科技研发与推广服务"、"科技成果转化与推广"等目录，则全部在《采购品目目录》中新设相应品目。

二是与框架协议采购相适应。根据 2022 年 3 月施行的《政府采购框架协议采购方式管理暂行办法》规定，新增"C20000000 鉴证咨询服务"品目，包括"C20010000 认证服务"（产品认证服务、服务认证服务等）、"C20020000 鉴证服务"（会计鉴证服务、税务鉴证服务、工程造价鉴定服务、工程监理服务、资产评估服务等）和 C20030000 咨询服务（会计咨询服务、税务咨询服务、法律咨询服务、评审咨询服务等）。

三是规范实施政府和社会资本合作项目采购。按照深化改革和政府采购法修订的总体思路，新增"C24000000 政府和社会资本合作服务"品目。包括"公共设施类合作服务"、"交通设施类合作服务"、"水利设施类合作服务"、"公园、景区及旅游类合作服务"、"生态环境保护类合作服务"、"农业、林业类合作服务"、"教育类合作服务"、"医疗卫生类合作服务"、"社会保障类合作服务"、"公共文化类合作服务"、"信息技术、信息传输类合作服务"以及"城市、城镇发展类合作服务"等 12 个类别。

四是根据《"十四五"公共服务规划》、《国家基本公共服务标准（2021 年版）》及新型服务业态的变化，新增或调整相关品目。如在"C02000000 教育服务"下增设"考试服务"；在"C04000000 医疗卫生服务"下增设"康复服务"、"公共卫生事件防控服务"；在"C05010000 社会保障服务"下增设"托育服务"；在"C23000000 商务服务"下增设"信用服务"；将"安全服务"由"商务服务"调整至"社会服务"项下。

五是根据工作实践和单位反馈意见，新增或调整部分品目。如在"C12000000 水利管理服务"下增设"水资源保护服务"，在"C16000000 信息技术服务"下增设"云计算服务"，在"C09019900"其他农业服务"中增加土壤普查服务、土壤修复服务和农业园艺服务等内容，并将"C07040000 噪声污染治理服务"修改为"噪声与振动污染治理服务"等。

六是优化服务分类顺序。按照服务属性对品目分类进行排序，如"教育服务"、"医疗卫生服务"、"社会服务"、"生态环境保护和治理服务"等公共服务属性强的排序靠前，"信息技术服务"、"电信和其他信息传输服务"等辅助性服务排序靠后。

七是补充完善品目说明。为便于预算单位准确理解和使用品目，补充新增品目说明并对原有品目说明进行完善，保证每一个末级品目均有说明。

编码	品目名称	说明
A	**货物**	
A01000000	**房屋和构筑物**	
A01010000	**房屋**	
A01010100	办公用房	包括办公室、服务用房、设备用房、附属用房等办公用房。
A01010200	业务用房	
A01010201	警察业务用房	包括公安、安全等业务工作用房。
A01010202	检察业务用房	
A01010203	司法业务用房	
A01010204	法院业务用房	
A01010205	纪委监委业务用房	
A01010206	税务业务用房	
A01010207	审计业务用房	
A01010208	海关业务用房	
A01010209	水利业务用房	包括水文监测、防汛抗旱测报值守等业务工作用房。
A01010210	应急救援业务用房	包括消防用房等。
A01010211	教育用房	包括大专院校、中等专业学校、中学、小学、幼儿园、托儿所、职业学校、业余学校、干校、党校、进修院校、工读学校、电视大学等从事教育所用的房屋。
A01010212	医疗卫生用房	包括各类医院、门诊部、卫生所（站）、检（防）疫站、保健院（站）、疗养院、医学化验、药品检验等医疗卫生机构从事医疗、保健、防疫、检验及医疗垃圾暂存所用的房屋。
A01010213	科研用房	包括从事自然科学、社会科学等研究设计、开发所用的房屋。
A01010214	文化用房	包括文化馆、图书馆、展览馆、博物馆、纪念馆等从事文化活动所用的房屋。
A01010215	新闻用房	包括广播电视台、电台、出版社、报社、杂志社、通讯社、记者站等从事新闻出版所用的房屋。
A01010216	娱乐用房	包括影剧院、游乐场、俱乐部、剧团等从事文娱演出所用的房屋。
A01010217	园林绿化用房	包括公园、动物园、植物园、陵园、苗圃、花圃、花园、风景名胜、防护林等所用的房屋。
A01010218	体育用房	包括体育场、馆、游泳馆等从事体育所用的房屋。

续表

编码	品目名称	说明
A01010219	工业生产用房	包括独立设置的各类工厂、车间、手工作坊、发电厂等从事生产活动的房屋。
A01010220	市政公用设施用房	包括自来水、泵站、污水处理、变电、气象、燃气、供热、垃圾处理、环卫、公厕、殡葬、消防等市政公用设施的房屋。
A01010221	铁路用房	包括铁路系统从事铁路运输的房屋。
A01010222	民航用房	包括民航系统从事民航运输的房屋。
A01010223	航运用房	包括航运系统从事水路运输的房屋。
A01010224	城市客运用房	包括城市公交运输、城市轨道交通、公共交通系统中从事城市客运的房屋。
A01010225	公路运输用房	包括公路运输系统从事客、货运输、装卸、搬运的房屋。
A01010226	仓储用房	包括用于储备、中转、外贸、供应等各种仓库、油库用房。
A01010227	发行库用房	包括人民银行系统发行库及库务用房、钞票处理中心用房、武警用房、守卫押运中心用房、发行库安全保卫监控（指挥）中心用房等。
A01010228	商业金融用房	包括商店、门市部、旅社、招待所、宾馆、中介、银行、储蓄所等从事商业和金融服务的房屋。
A01010229	电讯信息用房	包括邮电、电讯部门、信息产业部门，从事电讯与信息工作所用的房屋。
A01010230	监狱用房	包括监狱、看守所、改造场（所）等所用的房屋。
A01010231	涉外用房	包括外国和国际组织驻华使领馆、办事处等涉外所用的房屋，以及境外办公用房。
A01010299	其他业务用房	
A01010300	宗教用房	包括寺庙、教堂等从事宗教活动所用的房屋。
A01010400	军事用房	包括中国人民解放军和中国人民武装警察部队军事机关、营房、阵地、基地、机场、码头、工厂、学校等所用的房屋。
A01010500	住宅	包括保障性住房；境外住宅；由若干卧室、起居室、厨房、卫生间、室内运道或客厅等组成的供一户使用的成套住宅；供居住的非成套住宅；供机关、学校、企事业单位的单身职工、学生居住的集体宿舍等房屋。
A01019900	其他房屋	
A01020000	**构筑物**	
A01020100	池、罐	包括工业生产用池、罐，灌溉用池，水生动物饲养池，观赏鱼池及花池，沼气发生池，水利用池等。
A01020200	槽	包括工业生产用槽、农业用槽、科研用槽等。
A01020300	塔	包括工业用塔，农业用塔，广播电视用塔，交通航空用塔，气象、水利及环保用塔等。

续表

编码	品目名称	说明
A01020400	烟囱	
A01020500	井	包括水井、地热水井、矿井、科研用井等。
A01020600	坑	包括原料坑、铸铁块坑、铸锭坑、修罐包坑、机车灰坑、机车检查坑、渣坑等。
A01020700	台、站	旅客站台，货物站台，平台，转运站，煤台，上油台，料台，渣台，检查收费站，城市轨道交通车站，候车亭，雷达站等。
A01020800	码头	包括直立式码头、栈桥式码头、斜坡式码头、浮式码头、简易式码头等。
A01020900	道路	包括高速公路、一、二、三、四级公路、等外公路、城市道路，城市轨道交通正线、城市轨道交通配线、城市轨道交通车场线，生产用道路，内部道路，铁路正线，铁路站线，铁路段管线，铁路岔线，铁路专用线，特别用途线，铁路道岔，巷道，渠道，坑道，飞机滑行道，飞机跑道，飞机停机坪等。
A01021000	隧道	包括铁路隧道，城市轨道交通线路、城市轨道交通道岔，公路隧道，电缆隧道，排灌隧道等。
A01021100	沟	包括地沟、水沟、围厂河沟、渠沟、盐场引潮沟、盐场排淡沟、盐场落卤沟、盐场运盐沟等。
A01021200	洞	包括铁路涵洞，公路涵洞，防空洞，隧洞，水工涵洞，放水洞，科学观测、监测洞体等。
A01021300	廊	包括通廊等。
A01021400	桥梁、架	包括公路桥梁，铁路桥梁，公路、铁路两用桥梁，市内立交桥，城市轨道交通桥梁，露天栈桥，吊车栈桥，洗涤塔支架，通道支架，落罐架，露天框架，凉水架，混凝土支架等。
A01021500	航道	包含内河航道、沿海航道、锚地。
A01021600	坝、堰及水道	包括水电站大坝，水库，堤坝，防洪堤，防波堤，尾矿坝，护坡，流量堰，溢、泄洪道，塘等。
A01021700	闸	包括节制闸、进水闸、排水闸、分洪闸、挡潮闸、船闸、冲沙闸等。
A01021800	水利管道	包括引水管道、排水管道、尾水管道、节水管道、倒吸虹等。
A01021900	市政管道	包括采暖管道、天然气管道、电力管道、通信管道、给水管道、排水管道等。
A01022000	库	包括飞机库、汽车库、船坞、粮库等。
A01022100	仓	包括平房仓、立筒仓、浅圆仓、砖圆仓、地下仓、楼房仓、简易仓等。
A01022200	场	包括露天原料场，废渣场，停车场（含立体停车场），晾晒场，露天体育场、训练场，雨量场等。

续表

编码	品目名称	说明
A01022300	斗	包括料斗等。
A01022400	罩棚	
A01022500	墙	包括围墙等。
A01022600	车位	
A01029900	其他构筑物	
A01030000	**土地**	
A01030100	境外土地	
A01039900	其他土地	
A02000000	**设备**	
A02010000	**信息化设备**	
A02010100	计算机	
A02010101	巨型计算机	
A02010102	大型计算机	
A02010103	中型计算机	
A02010104	服务器	
A02010105	台式计算机	
A02010106	移动工作站	
A02010107	图形工作站	
A02010108	便携式计算机	
A02010109	平板式计算机	
A02010199	其他计算机	
A02010200	网络设备	
A02010201	路由器	
A02010202	交换设备	包括以太网交换机等。
A02010203	集线器	
A02010204	光端机	
A02010205	终端接入设备	
A02010206	通信（控制）处理机	
A02010207	通信控制器	
A02010208	集中器	
A02010209	终端控制器	
A02010210	集群控制器	

续表

编码	品目名称	说明
A02010211	多站询问单位	
A02010212	网络接口	
A02010213	通信适配器	包括异步、同步、多协议通信适配器等。
A02010214	接口适配器	包括网络、设备接口适配器等。
A02010215	光纤转换器	
A02010216	网络收发器	
A02010217	网络转发器	
A02010218	网络分配器	
A02010219	网关	
A02010220	网桥	
A02010221	协议分析器	
A02010222	协议测试设备	
A02010223	差错检测设备	
A02010224	负载均衡设备	
A02010299	其他网络设备	
A02010300	信息安全设备	
A02010301	防火墙	
A02010302	入侵检测设备	
A02010303	入侵防御设备	
A02010304	漏洞扫描设备	
A02010305	容灾备份设备	
A02010306	网络隔离设备	
A02010307	安全审计设备	
A02010308	安全路由器	
A02010309	计算机终端安全设备	包括加密狗、U 盾等。
A02010310	网闸	
A02010311	网上行为管理设备	
A02010312	密码产品	
A02010313	虚拟专用网（VPN）设备	
A02010399	其他信息安全设备	
A02010400	终端设备	

续表

编码	品目名称	说明
A02010401	触摸式终端设备	
A02010402	终端机	包括自助终端机。
A02010499	其他终端设备	
A02010500	存储设备	
A02010501	磁盘机	
A02010502	磁盘阵列	
A02010503	存储用光纤交换机	
A02010504	光盘库	
A02010505	磁带机	
A02010506	磁带库	
A02010507	网络存储设备	
A02010508	移动存储设备	包括闪存盘（优盘）、移动硬盘、软盘、光盘等。
A02010599	其他存储设备	
A02010600	机房辅助设备	
A02010601	机柜	
A02010602	机房环境监控设备	
A02010699	其他机房辅助设备	
A02010700	信息化设备零部件	
A02019900	其他信息化设备	
A02020000	**办公设备**	
A02020100	复印机	
A02020200	投影仪	用于测量、测绘等专用投影仪除外。
A02020300	投影幕	
A02020400	多功能一体机	具有多种办公功能的设备入此，例如带有打印功能的复印机等。
A02020500	照相机及器材	
A02020501	数字照相机	包括单反数码相机、卡片数码相机等。
A02020502	通用照相机	包括便携式照相机、胶片照相机、盘片照相机、一次性（玩具）照相机座式照相机等。
A02020503	静态视频照相机	
A02020504	专用照相机	包括水下照相机、航空照相机、警用照相机等。
A02020505	特殊照相机	包括高速照相机、遥控照相机、夜视照相机等。

续表

编码	品目名称	说明
A02020506	镜头及器材	
A02020599	其他照相机及器材	
A02020600	执法记录仪	
A02020700	电子白板	
A02020800	触控一体机	包括室内型、户外型触摸屏/互动屏等。
A02020900	刻录机	
A02021000	打印机	
A02021001	A3 黑白打印机	
A02021002	A3 彩色打印机	
A02021003	A4 黑白打印机	
A02021004	A4 彩色打印机	
A02021005	3D 打印机	
A02021006	票据打印机	
A02021007	条码打印机	包括热敏型条码打印机、热转印型条码打印机等。
A02021008	地址打印机	
A02021099	其他打印机	
A02021100	输入输出设备	
A02021101	绘图设备	
A02021102	光电设备	
A02021103	LED 显示屏	
A02021104	液晶显示器	
A02021105	阴极射线管显示器	
A02021106	等离子显示器	
A02021107	KVM 设备	
A02021108	综合输入设备	
A02021109	键盘	
A02021110	鼠标器	
A02021111	控制杆	
A02021112	刷卡机	包括考勤机、POS 机等。
A02021113	纸带输入机	
A02021114	磁卡读写器	

编码	品目名称	说明
A02021115	集成电路（IC）卡读写器	
A02021116	非接触式智能卡读写机	包括身份证阅读机、一卡通读写器、门禁等。
A02021117	触摸屏	
A02021118	扫描仪	
A02021119	条码扫描器	包括手持式条码扫描器、小滚筒式条码扫描器、平台式条码扫描器等。
A02021120	高拍仪	
A02021121	图形板	
A02021122	光笔	
A02021123	坐标数字化仪	
A02021124	语音输入设备	包括语音识别器等。
A02021125	手写式输入设备	包括手写笔等。
A02021126	数据录入设备	包括数据采集器等。
A02021199	其他输入输出设备	
A02021200	文印设备	
A02021201	速印机	
A02021202	胶印机	
A02021203	装订机	
A02021204	配页机	
A02021205	折页机	
A02021206	油印机	包括蜡纸油印机等。
A02021299	其他文印设备	
A02021300	销毁设备	
A02021301	碎纸机	
A02021302	光盘粉碎机	
A02021303	硬盘粉碎机	
A02021304	芯片粉碎机	
A02021305	综合销毁设备	
A02021399	其他销毁设备	
A02021400	会计机械	
A02021401	计算器	包括简易型计算器、函数型计算器、可编程序计算器等。

编码	品目名称	说明
A02021499	其他会计机械	
A02021500	制图机械	包括绘图机、制图机、晒图机等。
A02021600	打字机	包括自动打字机、字处理机、电动打字机、非电动打字机等。
A02021700	办公设备零部件	
A02029900	其他办公设备	
A02030000	**车辆**	
A02030100	载货汽车	包括自卸汽车等。
A02030200	牵引汽车	
A02030201	半挂牵引汽车	
A02030202	全挂牵引汽车	
A02030203	特种牵引车	
A02030299	其他牵引汽车	
A02030300	汽车挂车	
A02030400	汽车列车	
A02030500	乘用车	
A02030501	轿车	
A02030502	越野车	
A02030503	小型客车	车长小于6000mm且乘坐人数小于或等于9人的载客汽车。
A02030504	中型客车	车长小于6000mm且乘坐人数为10~19人的载客汽车。
A02030505	大型客车	车长大于或等于6000mm或者乘坐人数大于或等于20人的载客汽车。
A02030599	其他乘用车	
A02030600	专用车辆	
A02030601	厢式专用汽车	
A02030602	罐式专用汽车	
A02030603	多用途货车	皮卡车归入此类。
A02030604	集装箱运输车	
A02030605	科学考察车	
A02030606	工程作业车	
A02030607	雪地专用车	包括雪地车、雪地拖拉机、雪地摩托车、雪橇。
A02030608	校车	
A02030609	消防车	包括灭火消防车、举高消防车、专勤消防车、战勤保障消防车、机场消防车、防爆消防车、轨道消防车、消防摩托车等。

编码	品目名称	说明
A02030610	警车	包括警用大、中、小型和专用型汽车，以及两轮摩托车和边三轮摩托。
A02030611	布障车	
A02030612	清障车	
A02030613	排爆车	
A02030614	装甲防暴车	
A02030615	水炮车	
A02030616	攀登车	
A02030617	全地形车	
A02030618	通信指挥车	
A02030619	交通划线车	
A02030620	防弹车	
A02030621	医疗车	包括救护车等。
A02030622	通信专用车	包括电视卫星转播车等。
A02030623	抢险车	包括防汛应急抢险检测车、防汛抢险桥测车等。
A02030624	殡仪车	
A02030625	运钞专用车	包括运钞车、运钞护卫车等。
A02030626	机动起重车	指汽车起重机。
A02030627	垃圾车	
A02030628	洒水车	
A02030629	街道清洗清扫车	
A02030630	除冰车	
A02030631	扫雪车	
A02030632	冷藏车	
A02030633	炊事车	
A02030634	公共汽车	
A02030635	有轨电车	
A02030636	轨道交通车辆	包括地铁、城铁客车等。
A02030699	其他专用车辆	
A02030700	摩托车	
A02030701	两轮摩托车	
A02030702	三轮摩托车	包括正三轮摩托车、边三轮摩托车。

编码	品目名称	说明
A02030799	其他摩托车	
A02030800	电动车辆	
A02030801	电动两轮车	
A02030802	电动三轮车	
A02030803	电动多轮车	包括电动巡逻车、景区观光车。
A02030899	其他电动车辆	
A02030900	轮椅车	
A02030901	机动轮椅车（残疾人摩托车）	
A02030902	电动轮椅车（道路型）	
A02030999	其他轮椅车	
A02031000	非机动车辆	
A02031001	人力车	包括脚踏车、助力脚踏车、手推车等。
A02031002	畜力车	
A02031099	其他非机动车辆	
A02031100	车辆附属设施及零部件	包括车身、底盘等。
A02039900	其他车辆	
A02040000	**图书档案设备**	
A02040100	缩微设备	
A02040101	缩微摄影机	
A02040102	冲洗机	
A02040103	拷贝机	
A02040104	阅读器	
A02040105	阅读复印机	
A02040106	放大复印机	包括感光纸放大复印机、普通纸放大复印机等。
A02040107	胶片装片机	包括普通缩微胶片装片机、缩微胶片阅读装片机等。
A02040108	缩微品检索设备	包括卷式缩微品检索设备、片式缩微品检索设备等。
A02040109	胶片剪接设备	
A02040110	胶片洁片设备	
A02040111	缩微胶片扫描仪	
A02040199	其他缩微设备	
A02040200	图书档案消毒设备	

编码	品目名称	说明
A02040201	物理方法消毒设备	
A02040202	化学方法消毒设备	
A02040299	其他图书档案消毒设备	
A02040300	图书档案保护设备	包括脱酸机等图书档案保护、修复设备。
A02040400	图书档案设备的零部件	
A02049900	其他图书档案设备	
A02050000	**机械设备**	
A02050100	内燃机	
A02050101	柴油内燃机	包括活塞式柴油内燃机、压燃式柴油内燃机、汽车用柴油内燃机等。
A02050102	汽油内燃机	包括活塞式汽油内燃机、压燃式汽油内燃机、汽车用汽油内燃机等。
A02050103	气体燃料内燃机	包括活塞式气体燃料内燃机、压燃式气体燃料内燃机、汽车用气体燃料内燃机等。
A02050199	其他内燃机	
A02050200	燃气轮机	包括发电用燃气轮机、驱动用燃气轮机、燃气-蒸汽联合循环装置、航空衍生型燃气轮机等。
A02050300	汽轮机	包括工业汽轮机、地热利用汽轮机等，电站汽轮机纳入"电力工业设备"。
A02050400	锅炉	
A02050401	工业锅炉	包括常压蒸汽锅炉、承压蒸汽锅炉、高温热水锅炉、工业用热水锅炉、余热锅炉等。
A02050402	民用锅炉	
A02050499	其他锅炉	
A02050500	水轮机	包括轴流式水轮机、混流式水轮机、水斗式水轮机、贯流式水轮机、斜流式水轮机、双击式水轮机、斜击式水轮机、特殊水轮机、水轮等。
A02050600	风力机	包括水平轴风力机、垂直轴风力机、斜轴风力机等。
A02050700	潮汐动力机械	
A02050800	液压机械	
A02050801	液压缸	包括单作用液压缸、双作用液压缸等。
A02050802	液压泵	
A02050803	液压阀	包括溢流阀、分流阀、集流阀、液压节流阀、液压截止阀、液压减压阀、卸荷阀、顺序阀、平衡阀、调速阀、电液伺服阀、单向阀、换向阀等。

续表

编码	品目名称	说明
A02050804	液压马达	包括齿轮马达、摆线马达、叶片马达、螺杆马达、柱塞马达、球塞马达、内曲线马达、摆动马达等。
A02050805	液压管件	
A02050806	液力变矩器	
A02050807	液压元件	
A02050899	其他液压机械	
A02050900	金属加工设备	
A02050901	金属切削机床	包括数控车床、非数控车床等。
A02050902	锻压机械设备	包括机械压力机、液压机、自动锻压机等。
A02050903	铸造设备	包括锤、锻机、剪切机、弯曲校正机、锻造操作机等。
A02050904	增材制造设备	包括金属增材制造装备、非金属增材制造装备等。
A02050905	工业机械手	包括气动机械手、液压机械手、电动机械手等。
A02050906	工业机器人	包括焊接机器人、冲压机器人、铸锻机器人、喷涂机器人、搬运机器人、装配机器人、多功能工业机器人等。
A02050907	热处理设备	包括感应热处理机床等。
A02050908	金属切割设备	包括数控气割设备、光电跟踪切割设备、普通气割设备等。
A02050909	金属焊接设备	包括埋弧焊机、TIG 焊机、MIG/MAG 焊机、电渣焊机、点焊机、凸焊机、缝焊机、对焊机、等离子电子束焊接设备、超声波焊机、电子束焊机、光束焊机、冷压焊机、摩擦焊机、钎焊机、高频焊机、电渣压焊机、螺柱焊机、碳弧气刨机等。
A02050910	金属表面处理设备	
A02050911	金属喷涂设备	
A02050912	粉末冶金设备	包括粉末冶金模、粉末冶金制品等。
A02050913	通用工业窑炉	
A02050999	其他金属加工设备	
A02051000	塑料压制液压机	包括塑料制品液压机、磁性材料液压机、超硬材料压制液压机等。
A02051100	成板机械	包括木碎料板或木纤维板的挤压机、人造板层压液压机、横截锯等。
A02051200	起重设备	
A02051201	轻小型起重设备	起重用葫芦入此。
A02051202	桥式起重机	包括梁式起重机、吊钩桥式起重机、抓斗桥式起重机、电磁桥式起重机、二用桥式起重机、三用桥式起重机等。

续表

编码	品目名称	说明
A02051203	门式起重机	包括吊钩门式起重机、抓斗门式起重机、电磁门式起重机、二用门式起重机、三用门式起重机等。
A02051204	半门式起重机	
A02051205	浮式起重机	
A02051206	缆索起重机	架空索道、登山缆车归入"A02051314架空索道输送设备"。
A02051207	门座式起重机	不包括港口门座式起重机。
A02051208	港口门座式起重机	
A02051209	塔式起重机	包括固定式塔式起重机、移动式塔式起重机等。
A02051210	冶金起重机	
A02051211	铁路起重机	
A02051212	流动式起重机	不包括汽车起重机。
A02051213	甲板起重机	
A02051214	桅杆起重机	
A02051215	悬臂起重机	包括柱式悬臂起重机、壁上起重机、自行车式起重机等。
A02051216	平衡式起重机	
A02051217	起重滑车	包括单轮滑车、双轮滑车、三轮滑车等。
A02051218	起重葫芦	包括手动葫芦、电动葫芦、气动葫芦等，不包括轻小型起重葫芦。
A02051219	绞车和绞盘	包括手动绞车、内燃机绞车、绞盘、电动绞车等。
A02051220	千斤顶	包括齿条千斤顶、液压千斤顶、螺旋千斤顶等。
A02051221	悬挂单轨系统	
A02051222	移动式吊运架	
A02051223	跨运车	
A02051224	升船机	
A02051225	滑模顶升机	包括滑模液压顶升机等。
A02051226	起重用吊斗、铲、抓斗和夹钳	
A02051227	电梯	包括载人电梯、载货电梯、载人、载货两用电梯、消防电梯等。
A02051228	自动扶梯	包括普通型自动扶梯、公共交通型自动扶梯等。
A02051229	自动人行道	包括踏板式自动人行道、胶带式自动人行道等。
A02051299	其他起重设备	
A02051300	输送设备	

续表

编码	品目名称	说明
A02051301	带式输送机械	包括固定式带式输送机、移动带式输送机、移置带式输送机、大倾角带式输送机、钢丝牵引带式输送机、气垫带式输送机、磁垫带式输送机、钢带输送机、钢丝网带输送机、吊挂带式输送机、水平转弯带式输送机、可伸缩带式输送机、链牵引带式输送机、管状带式输送机、吊挂管状带式输送机、带式抛料机等。
A02051302	气动输送机	包括吸送式气力输送机、压送式气力输送机、混合式气力输送机、容器式管道输送设备、气力输送槽等。
A02051303	螺旋输送机	包括固定螺旋输送机、移动螺旋输送机、特殊螺旋输送机等。
A02051304	刮板输送机	包括普通刮板输送机、可弯曲刮板输送机、普通型埋刮板输送机等。
A02051305	埋刮板输送机	包括特殊型埋刮板输送机等。
A02051306	板式输送机	包括固定板式输送机、移动板式输送机、携带式板式输送机等。
A02051307	悬挂输送机	包括推式悬挂输送机、拖式悬挂输送机、电动单轨小车悬挂输送机等。
A02051308	牵引链输送机械	包括链式输送机、链式小车输送机等。
A02051309	斗式提升输送机	包括垂直斗式提升机、倾斜斗式提升机、内斗式提升机等。
A02051310	液力输送机	
A02051311	振动输送机	包括惯性振动输送机、偏心连杆振动输送机、电磁式振动输送机等。
A02051312	辊子输送机	包括无动力式辊子输送机、动力式辊子输送机等。
A02051313	升运机	包括施工升降机、升降台（车）、料斗升降机等。
A02051314	架空索道输送设备	包括货运架空索道、客运架空索道等。
A02051315	机场输送设备	包括旅客登机桥、机场用行李运输机械、机场用行李装卸机械等。
A02051316	集装箱	
A02051317	集装箱输送设备	
A02051318	输送管道	输水管道、输尾矿管道及管道输送设施入此，不包括输油管道、输气管道。
A02051319	斜坡绞车	
A02051399	其他输送设备	
A02051400	给料设备	包括圆盘给料机、板式给料机、刮板给料机、埋刮板给料机、鳞板给料机、叶轮给料机、螺旋给料机、带式给料机、转动滚子给料机、耙式给料机、链式给料机、振动给料机、摆式给料机、重力式给料机、搅拌给料机、往复式给料机等。

编码	品目名称	说明
A02051500	装卸设备	
A02051501	堆取机械	包括斗轮式堆取机械、刮板式堆取机械等。
A02051502	装船机	包括散状物料装船机、成件物品装船机等。
A02051503	装车机	包括散状物料装车机、成件物品装车机等。
A02051504	卸船机	包括链斗卸船机、螺旋卸船机、气力卸船机、绳斗卸船机、斗轮卸船机、抓斗卸船机、刮板卸船机、夹带式卸船机等。
A02051505	卸车机	包括链斗卸车机、螺旋卸车机、气力卸车机、惯性卸车机等。
A02051506	翻车机	包括转筒式翻车机、侧卸式翻车机、端卸式翻车机、复合式翻车机等。
A02051507	原料混匀机	
A02051599	其他装卸设备	
A02051600	仓储设备	
A02051601	立体仓库设备	
A02051699	其他仓储设备	包括堆垛机巷道转轨车、分配车等，不包括金属货架、起重机（包括堆垛起重机）。
A02051700	机械立体停车设备	
A02051800	气垫搬运装置	包括无牵引气垫搬运装置、牵引式气垫搬运装置等。
A02051900	泵	
A02051901	离心泵	包括清水离心泵、耐腐蚀离心泵、离心油泵、船舶用离心泵、污水泵、带悬浮颗粒的杂质泵、离心式低温液体泵、潜没式泵等。
A02051902	混流泵	包括涡壳式混流泵、导叶式混流泵等。
A02051903	轴流泵	包括卧式轴流泵、立式轴流泵、斜式轴流泵、贯流泵等。
A02051904	往复泵	包括机动往复清水（油）泵、机动往复化工泵、机动往复杂质泵、机动往复上充泵、机动往复注水泵、机动往复增压泵、蒸汽往复泵、液动往复泵、气动隔膜泵、试压泵、计量泵、手动泵等。
A02051905	回转泵	包括螺杆泵、滑片泵、叶片泵、外环流活塞泵、内环流活塞泵、环形隔膜泵、三无转子泵、软管泵、齿轮泵、摆线泵、射流泵、水轮泵、高速切线泵、水锤泵、气体升液泵等。
A02051906	旋涡泵	包括单级旋涡泵、多级旋涡泵、离心旋涡泵等。
A02051907	真空泵	包括容积式真空泵、动量传输真空泵、捕集式真空泵等。
A02051999	其他泵	
A02052000	风机	
A02052001	离心式风机	

编码	品目名称	说明
A02052002	轴流风机	
A02052003	螺杆式风机	
A02052099	其他风机	
A02052100	气体压缩机	
A02052101	离心式压缩机	
A02052102	轴（混）流式压缩机	
A02052103	往复式压缩机	
A02052104	螺杆式压缩机	包括单螺杆压缩机、（双）螺杆压缩机、三螺杆压缩机等。
A02052105	刮板式压缩机	
A02052106	液环压缩机	
A02052199	其他气体压缩机	
A02052200	气体分离及液化设备	
A02052201	空气分离设备	
A02052202	稀有气体提取设备	
A02052203	工业气体分离设备	
A02052204	气体液化设备	包括氦液化设备、氢液化设备、氮液化设备、氖液化设备、制氧机、天然气液化设备等。
A02052205	车装气体分离设备	
A02052299	其他气体分离及液化设备	
A02052300	制冷空调设备	
A02052301	制冷压缩机	包括制冷压缩机、制冷压缩机组、制冷压缩冷凝机组、冷藏运输用制冷机组、冷水机组、水源热泵机组、低温液体冷却机组、其他制冷压缩机与成套机组。
A02052302	冷库制冷设备	
A02052303	冷藏箱柜	包括冷藏集装箱、食品冷藏柜、食品冷藏陈列柜等。
A02052304	制冰设备	包括制非食用冰设备、平板冻结机、流态化速冻设备、冻干机等。
A02052305	空调机组	含多联式、一拖多式空调机组。
A02052306	恒温机、恒温机组	
A02052307	去湿机组	
A02052308	加湿机组	
A02052309	专用制冷空调设备	包括列车空调机组，汽车空调机组，机房用空调机组，恒温、恒湿精密空调等。

续表

编码	品目名称	说明
A02052399	其他制冷空调设备	
A02052400	真空获得及应用设备	
A02052401	真空获得设备	
A02052402	真空应用设备	包括真空镀膜设备、真空树脂浇注设备、真空压力浸渍设备等。
A02052403	真空检测设备	
A02052404	真空系统附件	包括真空密封、真空冷凝器、油雾分离器、真空井等。
A02052499	其他真空获得及应用设备	
A02052500	分离及干燥设备	
A02052501	离心机	包括上悬式离心机、活塞推料离心机、三足式离心机等。
A02052502	分离机	
A02052503	过滤机	
A02052504	萃取机	包括重力分散萃取设备、机械搅拌萃取设备、机械振动萃取设备、脉冲型萃取设备、离心萃取设备等。
A02052505	搅拌机械	
A02052506	浓缩机械	
A02052507	干燥机械	不包括容器干燥机械。
A02052599	其他分离及干燥设备	
A02052600	减速机及传动装置	
A02052601	摆线针轮减速机	
A02052602	行星减速机	
A02052603	圆柱齿轮减速机	
A02052604	圆锥齿轮减速器	包括直齿、斜齿、弧齿、摆线齿圆锥齿轮减速器，弧齿、摆线齿准双曲面齿轮减速器，零度齿锥齿轮减速器等。
A02052605	蜗轮蜗杆减速器	
A02052606	无级变速器	包括齿链式无级变速器、多盘式无级变速器、行星锥盘式无级变速器、行星锥轮式无级变速器、带式无级变速器、脉动式无级变速器等。
A02052607	液力耦合器	包括普通型液力耦合器、限矩型液力耦合器、调速型液力耦合器、液力耦合器传动装置、液力减速器等。
A02052699	其他减速机及传动装置	
A02052700	飞轮和皮带轮	包括滑轮、滑轮组。
A02052800	离合器	汽车、摩托车离合器除外。

编码	品目名称	说明
A02052900	联轴器	包括挠性联轴器、刚性联轴器等。
A02053000	铰接链条	包括滚子链、套筒链、齿形链、平顶链、板式链、弯板链、板式销轴链等。
A02053100	包装机械	
A02053101	充填机械	包括容积式充填机械、量杯式充填机械、气流式充填机械、柱塞式充填机械、螺杆式充填机械、计量泵式充填机械、插管式充填机械、推入式充填机械、拾放式充填机械、重力式充填机械、称重式充填机械等。
A02053102	灌装机械	包括负压灌装机、常压灌装机、等压灌装机、无菌灌装机等。
A02053103	封口机械	包括热压封口机、脉冲封口机、超声波封口机、熔焊封口机、压纹封口机、折叠式封口机、插合式封口机、滚压封口机、卷边封口机、压力封口机、旋合封口机、胶带封口机、粘结封口机、结扎封口机、缝合机、钉合机等。
A02053104	容器成型包装机械	包括制袋、制盒、制瓶等包装机械。
A02053105	裹包机械	包括折叠式裹包机、扭结式裹包机、接缝式裹包机、覆盖式裹包机、缠绕式裹包机、拉伸裹包机、贴体裹包机、收缩裹包机等。
A02053106	捆扎打包机械	包括机械式捆扎机、液压式捆扎机、气动式捆扎机、捆结机、压缩打包机等。
A02053107	集合装箱机械	包括集装机、集装件拆卸机、堆码机等。
A02053108	真空包装机械	
A02053109	容器清洗机械	包括机械式容器清洗机、电解式容器清洗机、超声波式容器清洗机等。
A02053110	容器消毒机械	包括热杀菌机、超声波杀菌机、电离杀菌机、化学杀菌机、微波杀菌机、高压杀菌机容器等。
A02053111	容器干燥机械	包括容器热式干燥机、容器机械干燥机、容器化学干燥机、容器真空干燥机等。
A02053112	贴标签机械	包括粘合贴标机、缩标签机、订标签机、挂标签机等。
A02053113	包装计量机械	
A02053114	多功能包装机械	包括充填-封口机、打开-充填-封口机、成型-充填-封口机等。
A02053115	辅助包装机械	包括包装用打印装置、包装用隔板自动插入装置、包装用涂胶机等。
A02053116	包装用软管制造机械	包括包装用铝质软管制造机械等。
A02053117	饮料充气机	
A02053199	其他包装机械	

编码	品目名称	说明
A02053200	植物等有机物粉碎选别设备	
A02053201	粉碎机	
A02053202	研磨机	
A02053203	分选机	
A02053204	筛分设备	
A02053299	其他植物等有机物粉碎选别设备	
A02053300	电动及小型台式工具	包括电动金属切削工具、电动砂磨工具、电动装配工具等。
A02053400	机械设备零部件	
A02059900	其他机械设备	
A02060000	**电气设备**	
A02060100	电机	
A02060101	发电机	包括直流发电机、交流同步发电机、发电机组、旋转变流机等特殊电机等。
A02060102	直流电机	包括爆炸性环境直流电动机等。
A02060103	无刷直流电机	
A02060104	交流电机	包括交流同步电动机、爆炸性环境交流同步电动机、交流异步电动机、爆炸性环境交流异步电动机、腐蚀性环境交流异步电动机、潜水（油、卤）交流异步电动机等。
A02060105	交直流两用电机	
A02060106	直线电机	
A02060107	步进电机	
A02060108	传感电机	
A02060109	开关磁阻电机	
A02060110	移相器	
A02060111	潜水电泵	
A02060199	其他电机	
A02060200	变压器	包括电力变压器、变流变压器、电炉变压器、试验变压器、矿用变压器、牵引用变压器、电焊用变压器、电源变压器、箱式变压器等。
A02060300	调压器	包括接触式（环型）调压器、接触式（柱型）调压器、感应式（电机型）调压器、移圈式（变压器型）调压器、磁性式（变压器型）调压器等。

编码	品目名称	说明
A02060400	变频设备	包括低频变频设备、中频变频设备、高频变频设备等。
A02060500	电抗器	包括并联电抗器、串联电抗器、消弧线圈、轭流式饱和电抗器、分裂限流电抗器、滤波电抗器、混凝土柱式限流电抗器、启动电抗器、自饱和电抗器、调幅电抗器、限流电抗器、试验用电抗器、整流用平衡电抗器、整流用平波电抗器、阻尼电抗器、接地电抗器等。
A02060600	互感器	包括电压互感器、电流互感器、组合互感器等。
A02060700	避雷器	包括<35kV避雷器、（35~63）kV避雷器、110kV避雷器、220kV避雷器、330kV避雷器、500kV避雷器等。
A02060800	整流器	包括电磁式整流器、电子式整流器等。
A02060900	镇流器	包括荧光灯用镇流器、低压钠灯用镇流器、高压钠灯用镇流器、高压汞灯用镇流器、金属卤化物灯用镇流器等。
A02061000	半导体逆变设备	包括低频半导体逆变设备、中频半导体逆变设备、高频半导体逆变设备等。
A02061100	半导体直、变流设备	包括直接直流变流器、间接直流变流器、直流脉冲电源等。
A02061200	高压输变电用变流设备	包括换流阀、整流阀、逆变阀等。
A02061300	牵引用变流器	包括干线铁道用半导体变流设备、工矿电力牵引用半导体变流设备等。
A02061400	电机调速用半导体变流设备	包括直流电动机调速用变流设备、交流电动机调速用变流设备、电机启动用变流设备等。
A02061500	电源设备	
A02061501	稳压电源	
A02061502	稳流电源	
A02061503	稳频电源	
A02061504	不间断电源	包括后备式不间断电源、在线式不间断电源等，也称UPS。
A02061505	多用电源	
A02061506	变频器	包括高压变频器、低压变频器等。
A02061507	充电机	
A02061508	直流电源	
A02061509	交流电源	
A02061510	原电池和原电池组	包括锌锰电池、氧化银电池、锂原电池、温差电池、贮备电池、燃料电池和核电池等。
A02061511	蓄电池及充电装置	包括锂离子电池、氢镍电池、镉镍电池、超级电容器（或超级电池）、充电装置等。

编码	品目名称	说明
A02061512	电池及能源系统	包括太阳能电池及光伏发电储能电池系统，风力发电及储能电池系统等电能转换能源系统等。
A02061599	其他电源设备	
A02061600	电容器	包括固定电容器、可变电容器、微调电容器等。
A02061700	生产辅助用电器	
A02061701	电阻器	包括固定电阻器、可变电阻器和电位器、无源网络等。
A02061702	变阻器	包括低压电路的变阻器等。
A02061703	开关电器设备	包括高压开关设备、电力电子开关、高压负荷开关、柱上开关、高压接地开关、高压隔离开关、高压金属密封开关设备、低压电路开关、低压电路的转换开关等。
A02061704	断路器	包括高压断路器、低压电路的断路器、剩余电流（动作）断路器等。
A02061705	控制器	包括低压控制器等。
A02061706	接触器	包括普通交流、普通直流、灭磁、时间、中频、高压、锁扣、电磁气动接触器、高压接触器、低压接触器等。
A02061707	起动器	包括手动、电磁式直接、电磁式减压、电磁式综合起动器、低压起动器、防爆起动器等。
A02061708	电继电器	
A02061709	控制继电器	包括直流电磁继电器、磁保持继电器、极化继电器、交流继电器、恒温继电器、真空继电器、射频同轴继电器、步进继电器、固体继电器、混合继电器、干簧继电器、干簧管继电器、汞润触点继电器、汞润湿簧管继电器、延时继电器、斩波器等。
A02061710	保护继电器	包括电流保护装置、电压保护装置、差动保护装置、电动机保护装置、发电机保护装置、励磁保护装置、励磁机保护装置、断路器保护装置、母线保护装置、主设备成套保护装置、主设备保护辅助装置等。
A02061711	开关柜	
A02061712	控制设备	包括控制屏、控制箱、控制台、控制柜、起动柜、控制板、高压组合电器、高压熔断器、复合开关-熔断器组合、电压限幅器、电涌抑制器、高压启动器、高压防爆配电装置、节电装置等。
A02061713	配电屏	
A02061714	配电箱	
A02061715	端子箱	

续表

编码	品目名称	说明
A02061716	保护屏	包括控制、保护屏（柜、台）、输电线路保护屏（柜）、成套集控保护屏（柜、台）等。
A02061717	同期屏	
A02061718	故障录波屏	
A02061719	电容器柜	
A02061720	电容器箱	
A02061721	受电箱	
A02061722	受电屏	
A02061723	熔断器	包括低压电路的熔断器等。
A02061724	电缆桥架	
A02061725	插头插座和耦合器	
A02061726	接线盒和端子	
A02061727	电源插座和转换器	
A02061799	其他生产辅助用电器	
A02061800	生活用电器	
A02061801	电冰箱	
A02061802	风扇	
A02061803	通风机	
A02061804	空调机	
A02061805	空气滤洁器	
A02061806	空气净化设备	
A02061807	排烟系统	
A02061808	取暖器	
A02061809	调湿调温机	
A02061810	洗衣机	
A02061811	吸尘器	
A02061812	洗碗机	
A02061813	厨房电动废物处理器	
A02061814	泔水处理器	
A02061815	熨烫电器	包括电熨斗、电熨机等。
A02061816	烹调电器	包括电饭锅、微波炉等。

续表

编码	品目名称	说明
A02061817	食品制备电器	包括家用电动食品搅拌器、家用电动食品研磨机、家用水果或蔬菜电动榨汁器等。
A02061818	饮水器	包括净水机、软水机、纯水机等。
A02061819	热水器	包括太阳能集热器、太阳能集热系统、电热水器、非电热的快速热水器或贮备式热水器等。
A02061820	美容电器	包括电动剃须刀、电推剪、电卷发器、电烘发器、电吹风机、电热梳等。
A02061821	保健器具	包括家用负离子发生器、超声波洗浴器、电子凉枕等。
A02061822	电热卧具、服装	
A02061899	其他生活用电器	包括擦窗器、地板打蜡机、地板擦洗机、擦鞋器、被褥干燥器、电驱蚊器、电灭蚊（蝇）器、电热干手器等。
A02061900	照明设备	
A02061901	矿灯	包括矿用头灯、工矿用灯具等。
A02061902	建筑用灯具	
A02061903	车、船用灯	包括船用信号灯，汽车用信号灯，其他车、船用灯等。
A02061904	水下照明灯	包括潜水手电筒、救捞用照明灯等。
A02061905	民用机场灯具	
A02061906	防爆灯具	不包括建筑、工矿用灯具及民用机场灯具。
A02061907	农业用灯具	
A02061908	室内照明灯具	包括嵌入灯、吸顶灯、吊灯、壁灯、可移式灯等。
A02061909	场地用灯	
A02061910	路灯	包括投光灯、探照灯等。
A02061911	移动照明灯塔	
A02061912	除害虫用灯	
A02061913	应急照明灯	
A02061914	体育比赛用灯	
A02061915	手电筒	
A02061916	发光标志、铭牌	
A02061917	摄影专用灯	
A02061999	其他照明设备	
A02062000	电气机械设备	
A02062001	工业电热设备（电炉）	包括工业用电炉、工业或实验室用烘箱、管式炉、釜式炉、固体炉、移动层炉、回转炉、蓄热式炉、沸腾流化床炉、气流反应炉、硅酸盐制品用炉、窑和附属机械等。

续表

编码	品目名称	说明
A02062002	电气物理设备	包括电子加速器、高压加速器、中子发生器、离子束加工设备、电子束加工设备、充磁与脱磁设备等。
A02062003	电动工具	包括电锯、电砂轮、磨光机、电锤、电剪刀、电螺丝刀、电扳手、电动攻丝机等。
A02062004	换能器	包括热离子换能器、热电子换能器、核能换能器等。
A02062099	其他电气机械设备	
A02062100	绝缘电线和电缆	
A02062200	光缆	
A02062300	电气设备零部件	
A02069900	其他电气设备	
A02070000	**雷达、无线电和卫星导航设备**	
A02070100	地面雷达	
A02070101	地面导航雷达	
A02070102	航空管理雷达	包括空中交通管制雷达、机场场面监视雷达等。
A02070103	港口交通管制雷达	
A02070104	地面交通管制雷达	
A02070105	地面气象雷达	包括天气雷达（含 S 波段、C 波段和 X 波段天气雷达）、风廓线雷达（含边界层、对流层风廓线雷达及可移式风廓线雷达）、激光雷达（含可移式激光雷达）、地波雷达、毫米波雷达、微波辐射计等。
A02070106	地面测量雷达	包括地面测高雷达等。
A02070107	地面对空监视雷达	
A02070108	地面对海监视雷达	
A02070109	地面目标指示雷达	
A02070110	低空补盲雷达	
A02070111	地面跟踪雷达	
A02070112	精密进场雷达	
A02070113	地面二次雷达	
A02070114	双/多基地雷达	
A02070115	超视距雷达	
A02070116	无源雷达	
A02070117	地面相控阵雷达	
A02070199	其他地面雷达	

续表

编码	品目名称	说明
A02070200	机载雷达	
A02070201	航行雷达	包括机载导航雷达、直升机载雷达等。
A02070202	多普勒导航雷达	
A02070203	机载着陆雷达	
A02070204	数传导航雷达	
A02070205	机载气象雷达	
A02070206	机载对空监视雷达	
A02070207	机载对海监视雷达	
A02070208	机载地形测绘雷达	
A02070209	机载地质勘探雷达	
A02070210	机载测高雷达	
A02070211	机载防撞雷达	
A02070212	机载雷达信标机	
A02070213	机载跟踪雷达	
A02070214	地形回避与地形跟随雷达	
A02070215	机载测量雷达	
A02070216	机载资源勘探雷达	
A02070217	机载二次雷达	
A02070218	机载相控阵雷达	
A02070219	机载合成孔径雷达	
A02070299	其他机载雷达	
A02070300	舰船载雷达	
A02070301	舰船导航雷达	
A02070302	舰船气象雷达	
A02070303	船载对空监视雷达	
A02070304	船载对海监视雷达	
A02070305	船载目标指示雷达	
A02070306	船载引导雷达	
A02070307	船载航空管制雷达	
A02070308	船载二次雷达	
A02070309	船载相控阵雷达	
A02070310	船载航运管制雷达	

编码	品目名称	说明
A02070311	船载测量雷达	
A02070399	其他舰船载雷达	
A02070400	雷达配套设备	
A02070401	雷达地面天线	
A02070402	雷达训练器	
A02070403	雷达图像传输设备	
A02070404	雷达显示设备	
A02070405	雷达车厢	
A02070406	雷达发电机组	
A02070499	其他雷达配套设备	
A02070500	星载雷达	包括星载对空监视雷达、星载对海监视雷达、星载侧视雷达、星载高分辨率测高雷达、星载成像雷达、星载资源勘测雷达、星载着陆雷达、星载气象雷达、星载合成孔径雷达、对接与交会雷达、星载雷达应答机等。
A02070600	气球载雷达	包括气球载对空监视雷达、气球载对海监视雷达等。
A02070700	雷达维修备件	
A02070800	机载无线电导航设备	
A02070801	信标接收机	
A02070802	无线电罗盘	
A02070803	机载着陆设备	
A02070804	近程导航机载设备	
A02070805	机载无线电高度表	
A02070899	其他机载无线电导航设备	
A02070900	地面航空无线电导航设备	
A02070901	定向设备	
A02070902	导航机	
A02070903	航标发射机	
A02070904	近程导航系统地面设备	
A02070905	微波仪表着陆地面设备	
A02070999	其他地面航空无线电导航设备	
A02071000	机动定向导航设备	
A02071001	机动定向设备	

编码	品目名称	说明
A02071002	机动导航设备	
A02071099	其他机动定向导航设备	
A02071100	舰船载无线电导航设备	
A02071101	舰船载导航接收机	
A02071102	舰船载无线电测向机	
A02071103	舰船载无线电示位标	
A02071199	其他舰船载无线电导航设备	
A02071200	地面舰船无线电导航设备	包括遥控设备、遥测设备、测控系统、无线电导航救援设备等。
A02071300	卫星定位导航设备	
A02071400	卫星遥感设备	包括遥感用热成像设备、弗琅荷费谱线鉴别器、遥感终端设备、遥感应用系统星载摄像仪、微波辐射计、DAB接收机、气象卫星数据接收处理系统、气象卫星数据广播用户站等。
A02071500	雷达和无线电导航设备零部件	
A02079900	其他雷达和无线电导航设备	包括微波全息雷达、合成孔径侧视雷达等。
A02080000	**通信设备**	
A02080100	无线电通信设备	
A02080101	通用无线电通信设备	包括中长波通信设备、短波通信设备、超短波通信设备等。
A02080102	移动通信（网）设备	包括移动终端设备、基站子系统设备、交换子系统设备、分组交换子系统设备、移动增值业务平台设备、移动智能网设备、无线寻呼设备包、集群通信设备包、对讲设备、无线接入通信设备、无线宽带基站等。
A02080103	航空无线电通信设备	包括机载中短波发射机、机载中短波接收机、机载超短波电台、机载宽带电台、机载救生电台、机载机内通话器、航空无线电通信地面设备等。
A02080104	舰船无线电通信设备	包括舰船超短波电台、舰船宽频带电台、舰船救生无线电设备、舰船值班接收机、舰船进出港电台等。
A02080105	铁道无线电通信设备	包括列车电台，站场电台，列车接近、告警设备，铁路无线电通信中继器，铁路专用电话机等。
A02080106	邮电无线电通信设备	
A02080107	气象通信无线电通信设备	
A02080108	无线电反制设备	

续表

编码	品目名称	说明
A02080199	其他无线电通信设备	
A02080200	接力通信系统设备	
A02080201	超短波接力通信设备	
A02080202	模拟微波接力通信设备	包括模拟微波接力通信机、模拟微波接力中继器、模拟微波接力无人值守机、模拟微波接力配套设备等。
A02080203	数字微波接力通信设备	包括数字微波接力通信机、数字微波接力中继器、数字微波接力无人值守机、数字微波接力配套设备等。
A02080204	电视微波接力设备	
A02080299	其他接力通信系统设备	
A02080300	散射通信设备	
A02080301	散射通信机	包括数字散射通信机、模拟散射通信机、移动散射通信机、流星余迹散射通信机等。
A02080302	散射通信配套设备	包括散射通信保密设备等。
A02080399	其他散射通信设备	
A02080400	卫星通信设备	
A02080401	地面站天线设备	包括卫星通信地球站天线设备、海事卫星通信地球站天线设备、气象卫星通信地球站天线设备、广播电视卫星天线设备、特种卫星通信天线设备等。
A02080402	上行线通信设备	包括卫星通信上行线通信设备、海事卫星通信上行线通信设备、气象卫星通信上行线通信设备、广播电视卫星上行线通信设备、特种卫星通信上行线通信设备等。
A02080403	下行线通信设备	包括卫星通信下行线通信设备、海事卫星通信下行线通信设备、气象卫星通信下行线通信设备、广播电视卫星下行线通信设备、特种卫星通信下行线通信设备等。
A02080404	通信卫星配套设备	包括卫星转发器设备、卫星通信保密设备等。
A02080405	卫星电视转播设备	
A02080406	气象卫星地面发布站设备	
A02080407	气象卫星地面接收站设备	
A02080408	气象卫星地面数据收集站设备	
A02080409	卫星电话	
A02080499	其他卫星通信设备	
A02080500	光通信设备	
A02080501	光缆通信终端设备	

编码	品目名称	说明
A02080502	光通信中继设备	
A02080503	光通信复用设备	
A02080504	光通信配套设备	
A02080505	光纤放大器	
A02080506	合波器	
A02080507	分波器	
A02080508	光纤色散补偿装置	
A02080509	无纤光通信设备	
A02080510	脉冲编码调制终端设备	
A02080511	多业务传输送设备	
A02080512	光传送网设备	
A02080599	其他光通信设备	
A02080600	载波通信系统设备	
A02080601	电缆载波通信设备	
A02080602	电力线载波通信设备	
A02080603	矿用及矿山采选用载波通信设备	
A02080604	微波通信用载波通信设备	
A02080605	载波电报机及载波业务通信设备	包括单路载波通信设备、3路载波通信设备、12路载波通信设备、18路载波通信设备、24路载波通信设备、60路载波通信设备、120路载波通信设备、300路载波通信设备、960路载波通信设备、1800路载波通信设备、3600路载波通信设备、4380路载波通信设备、载波电报机、用户环路载波传输设备等。
A02080699	其他载波通信系统设备	
A02080700	电话通信设备	
A02080701	普通电话机	包括磁石电话机、共电电话机、拨盘式电话机、按键式电话机等。
A02080702	特种电话机	包括录音电话机、投币电话机、可视电话机等。
A02080703	移动电话	包括袖珍式无线电话机、机载式无线电话机、船载式无线电话机、车载式无线电话机、便携式无线电话机等。
A02080704	电话交换设备	包括数字程控电话交换设备等。
A02080705	会议电话调度设备及市话中继设备	

编码	品目名称	说明
A02080799	其他电话通信设备	
A02080800	视频会议系统设备	
A02080801	视频会议控制台	
A02080802	视频会议多点控制器	
A02080803	视频会议会议室终端	
A02080804	音视频矩阵	
A02080805	视频会议系统及会议室音频系统	包括视频会议多点控制器（MCU）、视频会议终端、视频会议系统管理平台、录播服务器、中控系统、会议室音频设备、信号处理设备、会议室视频显示设备、图像采集系统。
A02080899	其他视频会议系统设备	
A02080900	电报通信设备	
A02080901	收发报机	
A02080902	电传打字机	包括汉字电传打字机、西文电传打字机等。
A02080903	凿孔设备	
A02080904	译码设备	
A02080905	人工用户电报交换设备	
A02080906	用户电报自动交换设备	
A02080907	智能电报终端设备	
A02080908	声校微机电报打印设备	
A02080909	数字电报通信设备	包括数字式程控电报交换机等。
A02080910	纠错设备	
A02080911	转换设备	
A02080912	电报加密机	
A02080913	无线电报接收设备	
A02080999	其他电报通信设备	
A02081000	传真通信设备	
A02081001	文件（图文）传真机	
A02081099	其他传真通信设备	包括报纸传真机、信函传真机、气象图传真机、卫星云图传真机、雷达图像传真机、相片传真机、PC-FAX图像处理传真通信设备、IP传真机等。
A02081100	数据数字通信设备	
A02081101	数据调制、解调设备	
A02081102	数传机	

续表

编码	品目名称	说明
A02081103	数据复接交换设备	
A02081104	脉码调制终端设备	
A02081105	增量调制终端设备	
A02081106	数字电话电报终端机	
A02081107	数据、多媒体通信终端设备	包括数据通信终端设备、多媒体通信终端设备等。
A02081199	其他数据数字通信设备	
A02081200	微波接力通信设备	包括225MHz~450MHz数字接力设备、450MHz~800MHz数字接力设备、1GHz数字接力设备等。
A02081300	IP与多媒体通信设备	包括ATM交换机、帧中继交换机、统一通信设备等。
A02081400	通信配套设备	包括通信设备维修备件、通信设备配套架设安装设备等。
A02081500	通信机房设备	
A02081600	天线	
A02081601	发射天线	包括中短波天线、短波转动天线、蝙蝠翼天线、双环天线、角锤天线、天线控制器等。
A02081602	接收天线	包括拉杆天线、振子天线、环形天线、鱼骨天线等。
A02081699	其他天线	
A02081700	无线传输辅助设备	
A02081701	铁塔无线传输设备	
A02081702	铁杆无线传输设备	
A02081703	水泥杆无线传输设备	
A02081704	基站配套设备	包括室外机柜（箱）、集成一体化方舱等防护安装设备。
A02081799	其他无线传输辅助设备	
A02081800	有线传输线路	
A02081801	管孔传输线路	
A02081802	铁塔传输线路	
A02081803	铁杆传输线路	
A02081804	水泥杆传输线路	
A02081805	木杆传输线路	
A02081806	直埋传输线路	
A02081899	其他有线传输线路	
A02081900	通信网络维护和管理系统	
A02082000	通信设备零部件	

续表

编码	品目名称	说明
A02089900	其他通信设备	
A02090000	**广播、电视、电影设备**	
A02090100	广播发射设备	
A02090101	中波广播发射机	
A02090102	短波广播发射机	
A02090103	调频广播发射机	
A02090104	调频立体声广播发射机	
A02090105	调频广播差转台	立体声调频广播差转机入此。
A02090106	机动广播发射台	
A02090107	数字音频广播发射机	
A02090199	其他广播发射设备	
A02090200	电视发射设备	
A02090201	米波电视发射机	
A02090202	分米波电视发射机	
A02090203	双伴音电视发射机	
A02090204	电视差转机	
A02090205	机动电视发射台	
A02090206	数字广播电视发射机	
A02090299	其他电视发射设备	
A02090300	广播和电视接收设备	包括可接收无线电话和无线电报的广播接收机、机动车辆用需外接电源的广播接收设备等。
A02090400	音频节目制作和播控设备	
A02090401	广播录放音设备	
A02090402	调音台	
A02090403	监听机（机组）	
A02090404	声处理设备	广播、电视通用。
A02090405	收音设备	
A02090406	播控设备	
A02090499	其他音频节目制作和播控设备	
A02090500	视频节目制作和播控设备	
A02090501	电视录制及电视播出中心设备	包括电视制作中心设备、电视播出中心设备等。

续表

编码	品目名称	说明
A02090502	机动电视转播及电视播出采访设备	包括机动电视转播中心、机动新闻采访设备等。
A02090503	录像编辑设备	包括自动编辑机、时基校正器、动画录像控制器、非线性编辑设备等。
A02090504	专业摄像机和信号源设备	包括广播级摄像机、准广播级摄像机、业务摄像机、电视电影设备、字幕信号发生器、时钟信号设备、虚拟演播室设备等。
A02090505	视频信息处理设备	包括特技视频处理设备、视频切换设备、静止图像存储器、视频分配放大器、稳定放大器、视频降噪器、色键设备、数字电视编解码器、复用器等。
A02090506	电视信号同步设备	包括电视同步信号发生器、帧同步器、脉冲分配放大器等。
A02090507	电视图文创作系统设备	
A02090599	其他视频节目制作和播控设备	
A02090600	多工广播设备	
A02090700	立体电视设备	
A02090800	卫星广播电视设备	包括卫星直播接收设备等。
A02090801	集体接收设备	
A02090802	上行站接收设备	
A02090803	接收测试站设备	
A02090804	普及型卫星广播电视接收附加装置	
A02090899	其他卫星广播电视设备	
A02090900	电缆电视分配系统设备	
A02090901	共用天线电视系统设备	
A02090902	单向电缆电视系统设备	
A02090903	双向电缆电视系统设备	
A02090904	光缆电视分配系统设备	
A02090999	其他电缆电视分配系统设备	
A02091000	电视设备	
A02091001	普通电视设备（电视机）	包括有线电视前端设备、有线电视终端设备、有线电视传输覆盖设备等。
A02091002	特殊环境应用电视监视设备	包括微光电视设备、高温电视设备、防爆电视设备、防腐电视设备、防潮电视设备等。

续表

编码	品目名称	说明
A02091003	特殊功能应用电视设备	包括侦察电视设备、测量电视设备、跟踪电视设备、显微电视设备等。
A02091004	特种成像应用电视设备	包括 X 光电视设备、紫外电视设备、红外电视设备等。
A02091099	其他电视设备	
A02091100	视频设备	
A02091101	录像机	包括光盘录像设备、磁带型录像机等。
A02091102	通用摄像机	指普通摄像机，包括摄像机附件设备。
A02091103	摄录一体机	
A02091104	平板显示设备	
A02091105	电视唱盘	
A02091106	激光视盘机	VCD、DVD 等设备入此。
A02091107	视频监控设备	包括监控摄像机、报警传感器、数字硬盘录像机、视频分割器、监控电视墙（拼接显示器）、监视器、门禁系统等。
A02091108	视频处理器	
A02091109	虚拟演播室设备	
A02091110	字幕机	
A02091199	其他视频设备	
A02091200	音频设备	
A02091201	录放音机	
A02091202	收音机	
A02091203	音频功率放大器设备（功放设备）	
A02091204	电唱机	包括单声道唱机、立体声唱机等。
A02091205	音响电视组合机	
A02091206	话筒设备	包括电话会议用全向麦克风等。
A02091207	数码音频工作站及配套设备	
A02091208	声画编辑机	
A02091209	录音外围设备	包括效果器、特效器、压缩器等。
A02091210	扩音设备	
A02091211	音箱	
A02091212	复读机	
A02091213	语音语言实验室设备	

编码	品目名称	说明
A02091299	其他音频设备	
A02091300	组合音像设备	
A02091301	音视频播放设备	
A02091302	闭路播放设备	
A02091303	同声现场翻译设备及附属设备	
A02091304	会议、广播及音乐欣赏系统	
A02091399	其他组合音像设备	
A02091400	播出设备	
A02091401	机械手播出设备	
A02091402	硬盘播出设备	
A02091403	播出周边设备	
A02091499	其他播出设备	
A02091500	电影设备	
A02091501	传版设备	包括远程数据传播设备等。
A02091502	编辑、采访设备	
A02091503	压片加工设备	包括密纹压片机及配套设备、刻纹设备、制模板设备、造粒机及附属设备、薄膜压片机及附属设备等。
A02091504	唱机生产设备	
A02091505	盒式音带加工设备	包括盒带快速复制设备、裁带机、贴片机、包装机及配套设备等。
A02091506	影视片制作、维护设备	包括用于影视片的剪辑、特技、制作等设备。
A02091599	其他电影设备	
A02091600	传声器、扬声器、耳塞机	包括有线传声器及其座架、无线传声器、扬声器等。
A02091700	无线寻呼机	
A02091800	磁（纹）卡和集成电路卡	
A02091900	广播、电视、电影设备零部件	
A02099900	其他广播、电视、电影设备	
A02100000	**仪器仪表**	
A02100100	自动化仪表	

续表

编码	品目名称	说明
A02100101	温度仪表	包括双金属温度计、压力式温度计、热电偶温度计、热敏电阻温度测量仪器、非接触式温度计、温度控制（调节）器、温度变送器、温度仪表校验装置、温度仪表附属装置等。
A02100102	压力仪表	包括弹簧管压力仪表、波纹管压力仪表、膜片压力仪表、膜盒压力仪表、数字压力表、电接点压力表、真空表、氧压力表、氯压力表、氨压力表、氢压力表、乙炔压力表、耐腐蚀压力表、耐振压力表、高温压力表、专用压力表、减压器、压力变送器、压力控制（调节）仪表、压力表校验仪表、压力仪表辅助装置等。
A02100103	流量仪表	包括差压仪表、涡轮流量仪表、浮（转）子流量仪表、电磁流量仪表、椭圆齿轮流量仪表、腰轮流量仪表、活塞式流量仪表、圆盘流量仪表、刮板流量仪表、涡街流量仪表、超声流量仪表、蒸气流量仪表、质量流量仪表、节流装置、流量控制（调节）仪表、流量仪表检定装置等。
A02100104	物位及机械量仪表	包括物位仪表、机械量仪表等。
A02100105	显示及调节仪表	包括显示仪表系统、控制（调节）仪表系统等。
A02100106	气动、电动单元组合仪表	包括气动单元组合仪表、电动单元组合仪表等。
A02100107	基地式仪表	包括 B 系列气动基地式仪表、KF 系列气动基地式仪表等。
A02100108	绘图仪	包括绘图机，绘图台，其他绘图、划线或数学绘图仪器。
A02100109	集中控制装置	包括巡回检测装置、组装式电子综合控制装置、远动装置、锅炉控制设备等。
A02100110	执行器	包括气动执行机构、电动执行机构、电液执行机构、执行器辅助装置等。
A02100111	自动成套控制系统	包括轮胎硫化自控装置、塑料注射机控制装置、计算机控制与管理系统、工业自动测试系统等。
A02100112	工业控制用计算机系统	包括集中型工业控制计算机系统、智能自动化系统、分散型控制系统、现场总线控制系统等。
A02100199	其他自动化仪表	
A02100200	电工仪器仪表	
A02100201	电度表	包括机电式电能表、电子式电能表、电能表用附件等。
A02100202	实验室电工仪器及指针式电表	包括教学演示用实验室机械式电表等。
A02100203	数字电网监测表	包括电流测量仪表，电压测量仪表，功率测量仪表，频率测量仪表，电阻测量仪表，相位、功率因数测量仪表，多功能测量仪表，模拟静电场测试仪，霍尔元件测磁场装置等。
A02100204	电阻测量仪器	
A02100205	记录电表、电磁示波器	包括记录电表、电磁示波器等。

续表

编码	品目名称	说明
A02100206	测磁仪器	
A02100207	扩大量程装置	包括分流器、仪用互感器、附加电阻器等。
A02100299	其他电工仪器仪表	
A02100300	光学仪器	
A02100301	显微镜	包括电子显微镜等。
A02100302	光学计量仪器	包括长度计量仪器、角度测量仪器、工具显微镜、三坐标测量机、平直度测量仪器、测量用投影仪、机床附属光学装置等。
A02100303	物理光学仪器	包括看谱镜、谱线测量仪、光电直读光谱仪等。
A02100304	光学测试仪器	包括光学材料测试仪器、光学零部件测试仪器、通用光学测试仪器、光学系统特性参数测试仪、膜层测定仪、光学系统像质测试仪器、光学系统光度特性测试仪器等。
A02100305	电子光学及离子光学仪器	包括电子光学及离子光学计量仪器、电子光学及离子光学测试仪器等。
A02100306	航测仪器	包括密度分割伪彩色分析仪、转绘仪、判读仪、立体测图仪、像点转刺测仪、像点坐标量测仪、纠正仪、展点仪等。
A02100307	光谱遥感仪器	包括光谱辐射计、彩色影像扫描记录装置、多光谱彩色合成仪、遥感影像处理系统、野外遥感仪器等。
A02100308	红外仪器	包括红外辐射源、红外辐射计、红外测试仪器等。
A02100309	激光仪器	
A02100310	望远镜	包括双筒望远镜、单筒望远镜等。
A02100311	眼镜	包括树脂镜片和玻璃镜片，以及由这两类眼镜片制作的具有该功能的成镜。
A02100312	光导纤维和纤维束	
A02100313	透镜、棱镜、反射镜	
A02100399	其他光学仪器	
A02100400	分析仪器	
A02100401	电化学分析仪器	包括电位式分析仪器、电解式分析仪器、电导式分析仪器、电量式分析仪器、滴定仪、极谱仪、电泳仪等。
A02100402	物理特性分析仪器及校准仪器	包括水分计、黏度计、密度计、浊度计、烟度计、颗粒分析仪、尘量分析仪、固体成分含量仪、采样器、表面张力仪等。
A02100403	热学式分析仪器	包括热量计、量热仪、热物快速测定仪、平板导热仪、差热仪、差热天平、热膨胀仪、热机械分析仪、热水热量仪等。
A02100404	光学式分析仪器	包括光电比色分析仪器、光度式分析仪器、红外线分析仪器、紫外线分析仪器、曝光表、光电比色分析仪器、光度式分析仪器等。

编码	品目名称	说明
A02100405	射线式分析仪器	包括核能谱仪、电子能谱仪、离子散射谱仪、二次离子谱仪、X射线衍射仪、发射式X射线谱仪、吸收式X射线谱仪等。
A02100406	波谱仪	包括核磁共振波谱仪、顺磁共振波谱仪、核电四极矩共振波谱仪、光磁共振波谱仪等。
A02100407	质谱仪	包括有机质谱仪、同位素质谱仪、无机质谱仪、气体分析质谱仪、表面分析质谱仪、质谱联用仪等。
A02100408	色谱仪	包括气相色谱仪、液相色谱仪、色谱联用仪、检测器等。
A02100409	磁式分析仪	
A02100410	晶体振荡式分析仪	
A02100411	蒸馏及分离式分析仪	
A02100412	气敏式分析仪	
A02100413	化学变色式分析仪	
A02100414	多种原理分析仪	
A02100415	环境监测仪器及综合分析装置	包括大气监测系统成套设备、水质监测系统成套设备、噪声监测系统成套设备等。
A02100416	热分析仪	
A02100417	生化分离分析仪器	
A02100418	环境与农业分析仪器	包括虫情测报仪器等。
A02100419	样品前处理及制备仪器	
A02100420	分析仪器辅助装置	包括分析仪器数据处理装置、辅助装置等。
A02100499	其他分析仪器	
A02100500	试验机	
A02100501	金属材料试验机	包括拉力试验机、压力试验机、万能试验机、弯曲试验机、扭转试验机、复合应力试验机、冲击试验机、松弛试验机、硬度计、蠕变试验机、持久强度试验机、疲劳试验机等。
A02100502	非金属材料试验机	包括橡胶塑料材料试验机、木材试验机、皮革试验机、油脂润滑剂试验机、油漆、涂料、油墨试验机、纸张、纸板与纸浆试验机、电缆线试验机、漆包线试验机、建筑材料试验机、粘合剂试验机、纤维、织物试验机、生物材料试验机、复合材料试验机、果品试验机、烟草试验设备等。
A02100503	工艺试验机	包括杯突试验机，线材扭转试验机，弯折试验机，弹簧试验机，挠度试验机，板材深冲性能试验机，摩擦磨损、润滑试验机等机。
A02100504	测力仪器	包括引伸计、引伸计标定器等。

续表

编码	品目名称	说明
A02100505	动平衡机	包括软支承平衡机、硬支承平衡机、立式平衡机、重力式平衡机、现场平衡仪、专用平衡仪、质量定心机、自动平衡装置、平衡自动线等。
A02100506	振动台与冲击台	
A02100507	碰撞台	包括跌落碰撞台、气动碰撞台、电动碰撞台、液压碰撞台等。
A02100508	无损探伤机	包括电磁（涡流）检测仪器、磁粉探伤仪器、渗透探伤仪器、X射线检测仪器、γ射线探伤机、中子探伤仪、同位素检测仪器、超声检测仪器、声学检测仪等。
A02100509	包装件试验机	包括包装件压力试验机、包装件跌落试验机、包装件冲击试验机、包装件六角滚筒试验机等。
A02100510	结构试验机	包括结构万能试验机、结构疲劳试验机、结构模拟试验台等。
A02100511	橡胶制品检测机械	包括轮胎检测机械、力车胎检验机械、胶管检验机械、胶带试验机械、海绵试验机械、橡胶制品试验机械等。
A02100599	其他试验机	
A02100600	试验仪器及装置	
A02100601	分析天平及专用天平	包括杠杆式等臂天平、杠杆式不等臂天平、电子天平、扭力天平、上皿天平、药物架盘天平、真空天平、携带式天平、公斤天平、天平附件及辅助装置等。
A02100602	动力测试仪器	包括电信号传递器、测功仪、测功器、压力测量仪器、油耗测量仪器、燃烧测量分析仪器、漏气量测量仪器、多参数测试装置、控制仪、动力测试专用校准仪器等。
A02100603	试验箱及气候环境试验设备	包括试验用干燥箱、温度试验设备、恒温箱（槽）、生物培养设备、湿热试验设备、温度湿度试验设备、腐蚀试验设备、低气压试验设备、高气压试验设备、真空试验设备、爆炸性大气试验箱、日光辐射试验箱、老化或综合气候因素试验设备、振动冲击与气候环境综合试验设备、防护试验设备等。
A02100604	生物、医学样品制备设备	包括试验用离心机等。
A02100605	应变及振动测试仪器	
A02100606	型砂铸造试验仪器及装置	包括型（芯）砂试验仪器、特种铸造测试仪器、合金铸造性能测试仪器、铸造质量检测仪器、冲天炉熔化过程测试仪器等。
A02100607	真空检测仪器	包括真空检漏仪器、真空测量仪器、真空监控仪器等。
A02100608	土工测试仪器	包括土壤测试仪器、土壤测试辅助设备等。
A02100609	实验室高压釜	包括电磁往复、永磁旋转、机械搅拌高压釜等。
A02100610	电子可靠性试验设备	不包括气候环境试验设备、电真空器件试验设备。
A02100699	其他试验仪器及装置	

续表

编码	品目名称	说明
A02100700	计算仪器	
A02100701	液体比重计	包括液体密度计等。
A02100702	玻璃温度计	包括工业玻璃温度计、实验室玻璃温度计、电接点玻璃温度计等。
A02100703	气压计	
A02100704	湿度计	
A02100705	液体压力计	
A02100706	气体与液体计量仪表	包括水表（IC卡水表等）、油表、煤气表等。
A02100707	速度测量仪表	
A02100708	产量计数器	包括机械计数器、电磁计数器等。
A02100709	计费与里程表	包括出租车计费表、里程表等。
A02100710	计步器、频闪仪	
A02100799	其他计算仪器	
A02100800	计量仪器	
A02100801	力学性能测试仪器	
A02100802	大地测量仪器	
A02100803	光电测量仪器	
A02100804	声学振动仪器	
A02100805	颗粒度测量仪器	
A02100806	探伤仪器	
A02100807	齿轮量仪	
A02100808	螺纹量仪	
A02100809	形位误差检查仪	
A02100810	角度量仪	
A02100899	其他计量仪器	
A02100900	钟表及定时仪器	
A02100901	钟	包括机械钟、石英钟、电钟、电控钟及除石英钟外的电子钟、特殊用途钟等。
A02100902	表	包括机械表、石英表等。
A02100903	定时器	包括机械式定时器、电动式定时器、电子式定时器等。
A02100904	时间记录装置	包括时间记录器，时间累加器，测量、记录或指示时间间隔的装置等。
A02100905	钟表机芯	包括机械手表机芯、石英手表机芯、钟机芯等。

续表

编码	品目名称	说明
A02100999	其他钟表及定时仪器	
A02101000	农林牧渔仪器	包括数粒仪、控温仪、叶绿素测定仪、活体叶绿素仪、光电叶面积仪、植物生长仪、牧草生长仪、双套气流式喷卵仪、乳脂测定仪、测膘仪、牛胃金属异物探测仪、粮油检样器、验粉筛、比重清油分测定仪、渔业测向仪、探渔仪、罗兰 A 定位仪等。
A02101100	地质勘探、钻采及人工地震仪器	包括重力仪器，磁法仪器，人工地震仪器，电法仪器，水文地质仪器，井中物探仪器，核物探仪器，化探仪器，钻探测井仪器，钻探参数仪器仪表，泥浆分析仪表，采油修井仪器仪表，岩石矿物理性质测试仪器，地形变化观测仪，煤尘、矿尘、粉尘测定仪，矿井风速仪，推断、解释和数据处理仪器，野外数据采集仪器，矿物实验测试仪器等。
A02101200	地震仪器	包括测震观测系统设备、强震动观测系统设备、重力观测系统设备、地形变观测系统设备、地磁场观测系统设备、地电场观测系统、地下水观测系统设备、活断层探测设备、活断层鉴定设备等。
A02101300	安全仪器	包括矿井环境气体检测仪器、瓦斯警报、断电遥测系统，通风检测仪器，矿压检测及监测仪器，瓦斯检定器校正仪，自救仪器，氧气呼吸器，万能检验仪，氧气呼吸器核验仪，氧气输送器，氧气检定器，多种气体测定器，光学瓦斯检定器，安全集中检测装置等。
A02101400	大坝观测仪器	包括应变计、钢筋计、测缝计、渗压计、水工比例电桥、应力计、校正仪等。
A02101500	电站热工仪表	包括单向测振仪、双向测振仪、火光检示装置、电接点水位计、数字式温度巡测报警仪等。
A02101600	电力数字仪表	包括数字式毫秒计、数字式工频相位计、数字运算式工频计、工频振荡器等。
A02101700	气象仪器	包括地面气象探测仪器、雷电探测及防护设备、海洋观测仪器、高空气象探测仪器、气象仪器计量检定仪器、生态农业气象仪器、大气成分观测分析仪器、人工影响天气作业仪器、移动应急系统、空间天气观测仪器等。
A02101800	水文仪器设备	包括水位观测设备，流量测验仪器设备，泥沙测验设备，降水、蒸发观测设备，水质监测设备，地下水监测设备等。
A02101900	测绘仪器	包括经纬仪、水准仪、平板仪、测距仪、全站型速测仪、GPS 测量仪、重力测量仪、地下管道探测仪、三维激光测量仪、测深仪、航空摄影设备、航空激光雷达设备、航空影像扫描设备、数据采集设备、全数字摄影测量系统设备、精密立体测量仪、解析测图仪、正射投影仪、数控绘图桌设备等。
A02102000	天文仪器	包括天体测量仪、天体物理仪器等。

编码	品目名称	说明
A02102100	教学仪器	包括教学数学专用仪器，演示计量仪器，教学用力学仪器，教学用光学仪器，教学用原子物理及核物理仪器，教学用电磁学实验仪器，教学用电子学实验仪器，教学用空气动力学实验仪器，教学用天文气象实验仪器，教学用航空、航天、航海实验仪器，教学用机电实验仪器，教学用声学仪器，教学用热学仪器，教学用心理学仪器，教学用化学分析及化工仪器，教学用生理仪器，教学用地理仪器，电教仪器，教学用技术基础课仪器，教学用计算机示教仪器等。
A02102200	核子及核辐射测量仪器	包括辐射仪器、射线谱仪器、放射性污染探测仪器、剂量仪器、定标器、计数装置、信号处理及分析仪器、探头、组合仪器及插件、防护装置等。
A02102300	航空仪器	包括陀螺仪、大气参数中心仪、飞行参数记录仪、平视仪、地平仪、罗盘、综合航向指示器、自动驾驶仪、航行仪、检测仪、修正器、识别器、显示器、稳定器等。
A02102400	航天仪器	包括光电探测器，航天六分仪，星图仪，六象仪，水母仪，回陆着陆系统，安全救生系统，姿态指示器，姿态陀螺仪，宇宙空气净化调节设备，宇宙压力调节设备，宇宙供水、供食设备，宇宙废物排除装置，稳定设备等。
A02102500	船舶仪器	包括陀螺罗经、罗经自动舵组合式仪表、陀螺方位仪、计程仪、操舵仪、航海六分仪、船用舵角指示器、横倾仪、纵倾仪、水声测深仪等。
A02102600	纺织仪器	包括纤维原料试验仪器、纤维试验仪器、纱线试验仪器、织物试验仪器等。
A02102700	建筑工程仪器	包括数字超声波检测仪，弹性系数，正弦综合检测仪，收缩膨胀仪，稠度仪，坍落度仪，含水率测定仪，蠕变仪，沥青延伸、闪点、软化检测仪，吨米指示断电器，超声波测厚仪，电梯激光导轨仪等。
A02102800	汽车拖拉机仪表	包括转向测试仪、多功能汽车检测仪、发动机综合分析仪入此。
A02102900	动力测量仪器	包括涡流测功机、直流测功机、冷磨实验台、水箱实验台、燃油泵实验台、水压实验台、水利测功机等。
A02103000	心理仪器	
A02103100	生理仪器	
A02103200	仪器仪表零部件	
A02109900	其他仪器仪表	
A02110000	**电子和通信测量仪器**	
A02110100	数字、模拟仪表及功率计	
A02110101	数字仪表及装置	
A02110102	模拟式电压表	

续表

编码	品目名称	说明
A02110103	功率计	
A02110199	其他数字、模拟仪表及功率计	
A02110200	元件器件参数测量仪	
A02110201	电阻器、电容器参数测量仪	
A02110202	敏感元件、磁性材料、电感元件测量仪	包括磁性材料参数测量仪等。
A02110203	电子元件参数测量仪	
A02110204	半导体器件参数测量仪	
A02110205	集成电路参数测量仪	
A02110299	其他元件器件参数测量仪	
A02110300	时间及频率测量仪器	包括通用计数仪、时间计数仪、特种计数仪、频率测量仪器、相位测量仪器、频率面板表、误差倍增器、频率对比器等。
A02110400	网络特性测量仪	
A02110500	衰减器	包括 LC 衰减器等。
A02110600	滤波器	包括 LC 滤波器等。
A02110700	放大器	包括仪表放大器等。
A02110800	场强干扰测量仪器及测量接收机	包括场强干扰测量仪器、场强测量接收机等。
A02110900	波形参数测量仪器	
A02111000	电子示波器	
A02111100	通信、导航测试仪器	
A02111200	有线电测量仪	包括振荡器、电平表、有线电测量用衰减器、杂音计、电平图示仪、有线电综合测试仪、传输测量装置、噪声测量仪等。
A02111300	电视用测量仪	
A02111400	声源、声振信号发生器	
A02111500	声级计	
A02111600	电声滤波器	
A02111700	电声放大器	
A02111800	声振测量仪	
A02111900	声振仪器校准装置	
A02112000	电话、电声测试仪器	

续表

编码	品目名称	说明
A02112100	声振分析仪	
A02112200	数据仪器	
A02112300	计算机用测量仪器	
A02112400	核仪器与核辐射探测器	包括通用核仪器、核电厂、反应堆仪表和控制系统及电气设备、辐射防护监测仪器等。
A02112500	交直流电测量仪器	包括交直流电桥、交直流电阻箱、交直流电位差计等。
A02112600	磁场测量仪器	包括磁场计、磁通计、核磁共振测场仪、特斯拉计、数字磁强计、数字磁通表等。
A02112700	综合测量仪	
A02112800	电子和通信测量仪器零部件	
A02119900	其他电子和通信测量仪器	
A02120000	**计量标准器具及量具、衡器**	
A02120100	长度计量标准器具	
A02120101	端度计量标准器具	
A02120102	线纹计量标准器具	
A02120103	齿轮参数计量标准器具	
A02120104	角度计量标准器具	
A02120105	光学仪器检测器具	
A02120199	其他长度计量标准器具	
A02120200	热学计量标准器具	
A02120201	温度计量标准器具	
A02120202	热量计量标准器具	
A02120203	湿度计量标准器具	
A02120299	其他热学计量标准器具	
A02120300	力学计量标准器具	
A02120301	质量计量标准器具	
A02120302	容量计量标准器具	
A02120303	密度计量标准器具	
A02120304	流量计量标准器具	
A02120305	压力及真空计量标准器具	
A02120306	测力计量标准器具	

编码	品目名称	说明
A02120307	硬度计量标准器具	
A02120308	振动、加速度及转速计量标准器具	
A02120399	其他力学计量标准器具	
A02120400	电磁学计量标准器具	
A02120401	电表类计量标准器具	
A02120402	交流计量标准器具	
A02120403	直流计量标准器具	
A02120404	高电压大电流计量标准器具	
A02120405	磁特性计量标准器具	
A02120499	其他电磁学计量标准器具	
A02120500	无线电计量标准器具	
A02120501	电压及功率参数计量标准器具	
A02120502	信号及脉冲参数计量标准器具	
A02120503	噪声参数计量标准器具	
A02120504	元器件参数计量标准器具	
A02120505	相位参数计量标准器具	
A02120506	微波阻抗参数计量标准器具	
A02120507	场强参数计量标准器具	
A02120508	衰减计量标准器具	
A02120599	其他无线电计量标准器具	
A02120600	时间频率计量标准器具	
A02120700	电离辐射计量标准器具	
A02120800	光学计量标准器具	
A02120900	声学计量标准器具	
A02121000	化学计量标准器具	
A02121100	量具	包括量规、卡尺、千分尺、量尺、量带、高度尺、角度尺、指示表、刻线尺、光洁度样块、标准齿轮、量具附件等。
A02121200	衡器	

续表

编码	品目名称	说明
A02121201	地上衡	包括杠杆式地上衡、字盘式地上衡、电子式地上衡等。
A02121202	地中衡	包括杠杆式地中衡、字盘式地中衡、电子式地中衡、无基坑地中衡等。
A02121203	轨道衡	包括杠杆式轨道衡、字盘式轨道衡、电子式轨道衡、动态轨道衡等。
A02121204	钢材秤	
A02121205	皮带秤	包括机械式皮带秤、电子式皮带秤等。
A02121206	吊秤	包括杠杆式吊秤、字盘式吊秤、电子式吊秤、无线传输电子吊秤等。
A02121207	配料秤	
A02121208	定量秤	
A02121209	台案秤	包括杠杆式台、案秤，字盘式台、案秤，电子式台、案秤等。
A02121210	液体秤	
A02121211	气体秤	
A02121212	料斗秤	包括机械式料斗秤、电子式料斗秤等。
A02121213	核子秤	
A02121214	计数秤	包括电子计数秤等。
A02121299	其他衡器	
A02121300	标准物质	包括钢铁标准物质、有色金属标准物质、建筑材料标准物质等。
A02121400	计量标准器具零部件	
A02129900	其他计量标准器具	
A02130000	**探矿、采矿、选矿和造块设备**	
A02130100	钻探机	包括油压主轴钻机、油压转盘钻机、水文水井钻机、取样钻机、坑道钻机、手把地质钻机、汽车钻机、轻便钻机、竖井钻机、天井钻机、钻机备用部件等。
A02130200	装药填充机械	包括装药车、装药器等。
A02130300	矿用装载设备	包括装岩设备、抓岩机和抓斗、扒矿机、运矿车等。
A02130400	煤矿生产监测监控设备	包括电力监测监控设备，提升监测监控设备，运输监测监控设备，防排水监测监控设备，露天矿用卡车防撞监测装置，矿井综合自动化监控装置，矿井井下设备定位监测系统，调度总机，井下通讯系统，井下防爆移动通讯系统，安全应急扩音通信告警系统，矿井井下人员定位监测、统计系统，露天矿GPS卡车调度系统，露天矿无线集群通讯系统，露天矿轮斗集中控制系统，巡检机器人等。

续表

编码	品目名称	说明
A02130500	煤矿防治水设备	包括主排水泵及辅助设备、主排水泵专用阀门、主排水泵安全监测系统装置、水仓清理设备、各类矿用潜水泵、各类矿用清水泵、各类矿用泥浆泵、各类矿用渣浆泵、防爆排沙潜水泵、矿井水文钻机、注浆泵、矿井自动化排水监控装置、水位遥测仪等。
A02130600	煤矿支护装备	包括液压支架、乳化液泵站、采煤工作面矿压监测装备、掘进巷道顶板离层监测装备、矿井深部地压预报装备、巷道掘锚一体机、切顶墩柱、岩石巷道钻车、液压支架监控装置、锚杆钻机、液压锚杆钻机泵站、锚索切割机、锚索机、喷浆机、支护质量监测仪、锚杆拉力计等。
A02130700	提升、运输设备和绞车	包括提升机用电动机、提升机拖动控制设备、提升机供电电源柜、提升机安全监控及综合保护装置、提升信号设备、提升容器及连接装置、提升容器防坠器、提升防墩装置、提升过卷缓冲托罐装置、箕斗提升定重控制装置、天轮、钢丝绳自动平衡装置、提升钢丝绳在线监测装置、矿井提升机综合测试仪、矿井各类防爆绞车、阻燃胶带运输机、胶带运输机监控及保护装置、刮板运输机监控及保护装置、煤矿用架线电机车、防爆特殊型蓄电池电机车、防爆柴油机车、矿井运输信集闭控制装置、采区顺槽无级绳运输绞车、单轨吊运输装置、卡轨车、齿轨车、胶套轮卡车、平巷及斜巷人车、斜井运输跑车防护和防跑车装置、斜井运输信号装置、偶合器、矿车翻车机、阻车器等。
A02130800	选矿和洗矿设备	包括破碎设备、研磨设备、筛分设备、分级设备、选别设备、脱水设备、洗矿设备等。
A02130900	造块设备	包括烧结机、球团设备、布料器、布料辊等。
A02131000	探矿、采矿、选矿和造块设备零部件	
A02139900	其他探矿、采矿、选矿和造块设备	
A02140000	**石油天然气开采设备**	
A02140100	油气水井设施	包括油井、气井、盐井、碱井、注水井、注气井、注聚合物井、注二氧化碳井、注微生物井、注氮气井、火烧驱油井、观察井、资料井、水源井等。
A02140200	油气汽水集输设施	包括计量站、计量配水站、集油气管线、注水汽管线、集（转）油站、集气站、注水站、热采注汽站、注聚合物站、注氮站、压气站、海洋采油平台、海底管线、原油库、输油气首站、输油气中间加热站、输油气中间加压站、输油气末站、输油气管线、消防装置、油气生产用电力线路等。
A02140300	油气汽水处理设施	包括油气处理站、轻烃回收装置、污水处理站、天然气净化装置、硫黄回收装置、尾气处理装置、酸性水汽提装置、硫黄成型装置等。

编码	品目名称	说明
A02140400	油田机械	包括油气勘探设备、物探钻机、石油钻机、固井配套设备、压裂酸化设备、油水井清蜡设备、石油专用压风机（车）、钻采特车、油井测试设备、录井设备、试井设备、井下作业设备、海洋钻井设备、海洋作业设备、石油专用加工设备等。
A02140500	石油天然气开采设备零部件	
A02149900	其他石油天然气开采设备	
A02150000	**石油和化学工业设备**	
A02150100	石油储备库设备	包括库区外管线、库区内管线、储油罐、输油泵、流量计及标定设备、循环搅拌设备、工艺阀门、工艺自动控制系统等。
A02150200	长输管线	包括原油管线、天然气管线、成品油管线、化工产品管线等。
A02150300	界区间管线	指厂区内生产装置或分厂（部）之间输送不同介质的管线，包括物料管线、公用工程管线等。
A02150400	界区间罐区设施	指厂区内生产装置或分厂（部）之间独立于装置而储存原油、成品油、化工产品、液化气、天然气、瓦斯的罐类设施，包括原油罐区、成品油及中间罐区、化工罐区、液化气、天然气、瓦斯罐区等。
A02150500	输油（气）站	包括原油输油站、天然气输气站、成品油分输站、压缩天然气（CNG）加气母站等。
A02150600	炼油生产装置	包括常减压蒸馏装置、催化裂化装置、催化裂解装置、加氢裂化装置、减粘裂化装置、催化重整装置、连续重整装置、苯抽提装置、延迟焦化装置、汽油加氢精制装置、柴油加氢精制装置、汽柴油加氢精制装置、煤油加氢精制装置、蜡油加氢精制装置、渣油加氢精制装置、电化学精制装置、分子筛精制装置、煤油脱臭装置、环烷酸装置、酚精制装置、制氢装置、气体分馏装置、烷基化（硫酸法）装置、烷基化（氢氟酸法）装置、甲基叔丁基醚装置、液化气脱硫醇装置、汽油脱硫醇装置、气体脱硫装置、氢提纯装置、溶剂脱蜡装置、微生物脱蜡装置、溶剂脱油装置、分子筛蜡脱油装置、润滑油白土精制装置、润滑油糠醛精制装置、润滑油加氢精制装置、石蜡白土精制装置、石蜡加氢精制装置、石蜡成型装置、氧化沥青装置、溶剂脱沥青装置、丙烷气体回收装置、尤里卡全馏分油加氢装置、煤油临氢脱硫醇装置、异构化装置、生物柴油中试装置、蜡油加氢裂化装置、特种蜡调合装置、碱渣处理装置、溶剂再生装置、油品调合装置、催化汽油吸附脱硫醇装置、催化干气提浓乙烯装置等。
A02150700	润滑油生产装置	包括润滑油调合装置、润滑脂调合装置、合成油脂装置、金属制桶生产线、塑料制桶生产线、润滑油灌装生产线等。

编码	品目名称	说明
A02150800	基本有机化工原料生产装置	包括乙烯装置、异丁烯装置、丁烯-1装置、异戊烯装置、己烯-1装置、丁二烯抽提装置、苯乙烯装置、氯乙烯装置、苯酚丙酮装置、芳烃抽提装置、裂解汽油加氢装置、二甲苯装置、异丙苯装置、甲醇装置、丁辛醇装置、苯酐装置、环氧氯丙烷装置、C5分离装置、硫氰酸钠装置、乙酸（醋酸）装置、乙醛装置、歧化与烷基化转移装置、塑料薄膜装置等。
A02150900	合成树脂生产装置	包括高压低密度聚乙烯装置、低压高密度聚乙烯装置、线性低密度聚乙烯装置、聚丙烯装置、聚苯乙烯装置、苯乙烯-丙烯腈装置、聚氯乙烯装置、聚醚装置等。
A02151000	合成橡胶生产装置	包括丁苯橡胶装置、顺丁橡胶装置、丁基橡胶装置、丁苯胶乳装置、SBS热塑弹性体装置等。
A02151100	合成纤维原料生产装置	包括乙二醇装、丙烯腈装置、己内酰胺装置、精对苯二甲酸装置、精间苯二甲酸装置、环己酮装置、氰化钠装置、乙腈装置、硫酸铵装置、硫酸装置、双氧水装置、硫氢酸钠回收装置、苯甲醛装置等。
A02151200	合成纤维及合纤聚合物生产装置	包括聚酯装置、聚酯固相聚合装置、聚乙烯醇装置、聚酰胺装置、腈纶纤维装置、腈纶毛条装置、涤纶短纤维装置、涤纶工业丝装置、涤纶预取向丝装置、涤纶全牵伸丝装置、涤纶低弹丝装置、涤纶中空纤维装置、锦纶装置、丙纶装置等。
A02151300	化肥生产装置	包括合成氨装置、尿素装置、复合肥装置等。
A02151400	无机化工生产装置	包括烧碱装置、氯碱装置、盐硝装置、漂粉精装置等。
A02151500	炼油催化剂生产装置	包括裂化催化剂装置、加氢催化剂装置、重整催化剂装置、降凝催化剂装置、器外预硫化装置等。
A02151600	基本有机化工原料催化剂生产装置	包括甲苯歧化催化剂装置、乙苯脱氢催化剂装置、乙苯烷基化催化剂装置、醋酸乙烯催化剂装置、钯碳催化剂装置、丙烯腈催化剂装置、银催化剂装置、非晶态加氢催化剂装置、氧化催化剂装置、C2/C3馏分选择性加氢催化剂装置等。
A02151700	合成树脂催化剂生产装置	包括聚乙烯催化剂装置、聚丙烯催化剂装置等。
A02151800	合成橡胶催化剂生产装置	包括丁基锂装置、聚丁二烯油装置、铝装置等。
A02151900	添加剂助剂生产装置	包括PX吸附剂装置、橡塑助剂装置、5A吸附剂装置等。
A02152000	催化剂原料生产装置	包括分子筛装置、特种分子筛装置、有机胺装置、铝溶胶装置、干胶粉装置、水玻璃装置、硫酸铝装置、氯化镁精加工装置、给电子体装置、贵金属回收装置、芳烃溶剂装置、氨氮污水处理装置等。
A02152100	催化剂检验分析评价装置	包括炼油催化剂分析评价装置、聚烯烃催化剂分析评价装置、吸附剂分析评价装置等。
A02152200	辅助生产装置	包括空气分离及液化装置、供风装置、动力装置、发电装置、供排水装置、化学水装置、循环水装置、污水汽提装置、污水处理装置、废气回收装置、油罐清洗装置、编织袋装置等。

编码	品目名称	说明
A02152300	油品销售设施类	包括油库、加油站、加气站、非油品经营设施等。
A02152400	橡胶设备	包括橡胶原料加工设备、炼胶设备、挤出设备、压延设备、成型设备、硫化设备、乳胶制品和再生胶生产设备、橡胶设备辅助设备等。
A02152500	塑料机械	包括塑料备料设备、塑料制品设备、塑料压延机械、注射成型机、中空吹塑成型机、吸塑成型机、挤出成型机、发泡成型机、人造革设备、其他塑料机械等。
A02152600	日用化学品设备	包括洗涤用品加工机械，香料、香精及化妆品加工机械，牙膏加工机械，火柴加工机械，合成胶、动物胶、植物胶加工机械等。
A02152700	林产化工机械	包括天然橡胶加工设备、木材水解设备、松香生产设备等。
A02152800	石油和化学工业设备零部件	
A02159900	其他石油和化学工业设备	
A02160000	**炼焦和金属冶炼轧制设备**	
A02160100	炼焦设备	包括炼焦炉、炼焦炉辅助设备等。
A02160200	炼铁设备	包括炼铁高炉、炼铁高炉辅助设备、高炉压差发电设备、铸铁设备等。
A02160300	炼钢设备	包括混铁炉、炼钢平炉、炼钢转炉、炼钢电炉、钢二次精炼设备、连续铸钢设备、炼钢炉配套设备等。
A02160400	有色金属冶炼设备	包括焙烧炉、煅烧炉、烧结炉、重金属冶炼炉、轻金属冶炼炉、稀有金属冶炼炉、电解槽、有色金属铸造设备等。
A02160500	铁合金设备	包括铁合金高炉、铁合金电炉、铁合金浇铸设备等。
A02160600	金属轧制机械及拉拔设备	包括金属开坯轧机、型材轧机、板材、带材和箔材轧机，管材轧机，线材轧机，特殊轧机，轧机辅助设备，拉拔设备和制绳设备等。
A02160700	冶金专用车辆	包括铁水车、铸锭车、料槽车、烧结车、渣罐车、保温车、混铁车、矿渣车等。
A02160800	炼焦和金属冶炼轧制设备零部件	
A02169900	其他炼焦和金属冶炼轧制设备	包括冷却设备（冶炼用）、连续铸造设备、冶炼辅助设备、金属制品加工设备、金属铸造设备等。
A02170000	**电力工业设备**	
A02170100	电站锅炉及辅助设备	包括锅炉本体、锅炉辅助设备、化学水处理设备、排污及疏水设备、除尘除灰设备等。
A02170200	汽轮发电机组	包括汽轮机本体、发电机本体、汽轮发电机组辅助设备等。

编码	品目名称	说明
A02170300	水轮发电机组	包括水轮机本体、水轮发电机、水轮发电机组辅助设备等。
A02170400	输电线路	包括铁塔输电线路、铁杆输电线路、水泥杆输电线路、木杆输电线路、电缆输电线路等。
A02170500	配电线路	包括铁杆配电线路、水泥杆配电线路、木杆配电线路、电缆配电线路等。
A02170600	变电设备	
A02170700	电力专用自动化控制设备	包括电站自动化控制设备、电力远动装置等。
A02170800	架线设备	包括张力放线机、液压倒装铁塔联动装置、机动绞盘等。
A02170900	电站制氢设备	
A02171000	电力工业设备零部件	
A02179900	其他电力工业设备	包括输电用设备、变压器设备、电工绝缘处理设备、电机设备、电焊机与焊条设备、酸性蓄电池设备、碱性蓄电池设备、低压电器设备、电线电缆设备、绝缘材料设备、电材设备等。
A02180000	**非金属矿物制品工业设备**	
A02180100	水泥及水泥制品设备	包括水泥及硅酸盐用炉窑、水泥设备、水泥制品设备等。
A02180200	玻璃及玻璃制品制造设备	包括平板玻璃制造设备、玻璃纤维生产设备、玻璃棉设备、玻璃钢设备、工业技术玻璃设备、玻璃制品加工设备、日用玻璃制品、玻璃包装容器制造设备等。
A02180300	陶瓷制品生产设备	包括陶瓷制品成型设备、陶瓷制品备料设备、陶瓷制品施釉设备等。
A02180400	墙体、地面材料	包括砖瓦坯、条加工设备，水磨石制坯机械，砖和砌块成型设备，制瓦机，石膏板生产设备，加气混凝土生产设备等。
A02180500	石棉、耐火制品及其他非金属矿物制品设备	包括石棉制品设备、铸石制品设备、陶粒生产设备、沥青毡生产设备、饰墙材料生产设备、耐火材料生产设备、炭素制品生产设备等。
A02180600	非金属矿物切削加工设备	包括光学材料和玻璃加工机床、石材加工机床、水泥等非金属矿物制品加工机床等。
A02180700	非金属矿物制品工业设备零部件	
A02189900	其他非金属矿物制品工业设备	包括橡胶、塑料加工设备等。
A02190000	**核工业设备**	
A02190100	核反应堆设备	包括核反应堆系统、反应堆监测控制系统、反应堆保护系统等。
A02190200	核用矿冶设备	包括放射性分选机、分级设备、核用水冶设备、放射性矿山设备等。

续表

编码	品目名称	说明
A02190300	核电站设备	包括核电站一回路系统、核电站二回路系统、核电辅助系统设备、核燃料运输贮存与装卸系统、放射性废物处理系统等。
A02190400	核燃料循环设备	包括铀转化设备、铀浓缩设备、元件设备、后处理设备、放射性废物处置处理设备等。
A02190500	核地勘设备	
A02190600	核聚变试验装置	
A02190700	核技术应用设备	包括辐照装置设备、加速器设备、核探测设备等。
A02190800	核工业设备零部件	
A02199900	其他核工业设备	
A02200000	**航空航天工业设备**	
A02200100	飞机、火箭、导弹、卫星总装调试设备	包括火箭、导弹总装调试设备，卫星总装调试设备，飞机总装调试设备等。
A02200200	控制、遥测、能源、制导系统用设备	包括控制系统、遥测系统、供配电测试、加注专用设备等。
A02200300	人造卫星	
A02200400	弹（星）体加工设备	包括弹体加工设备、星体加工设备等。
A02200500	发动机设备	包括固体发动机设备、液体发动机设备等。
A02200600	驾驶系统和惯性器件设备	包括自动驾驶仪设备、平台陀螺设备、伺服机构设备、舵机设备等。
A02200700	战斗部设备	
A02200800	火工品设备	
A02200900	制造地面系统设备	
A02201000	试验设备	包括环境模拟试验设备、空气动力试验设备等。
A02201100	航天专用工艺设备	包括整星器包装箱、特种集装箱等。
A02201200	全弹发动机试车台	包括全弹试车台、液体发动机试车台、冲压发动机试车台、固体发动机试车台、高空试车台、组成件试车台、氢氧发动机试车台等。
A02201300	地面飞行训练器	
A02201400	航天产品用特种车	包括发电乘务车、铁路槽车、公路槽车、火工品运输车等。
A02201500	航空航天工业设备零部件	
A02209900	其他航空航天工业设备	
A02210000	**工程机械**	
A02210100	挖掘机械	包括大型挖掘机、中型挖掘机、小型挖掘机、斗轮挖掘机、挖掘装载机等。

编码	品目名称	说明
A02210200	铲土运输机械	包括推土机、装载机、铲运机、平地机、非公路自卸车等。
A02210300	工程起重机械	包括汽车起重机、全地面起重机、履带式起重机、轮胎式起重机、随车起重机、塔式起重机、施工升降机、建筑卷扬机等。
A02210400	工业车辆	包括内燃叉车、蓄电池叉车、托盘堆垛车、侧面叉车、越野叉车、拣选车、伸缩臂叉车、集装箱叉车、牵引车、平台搬运车、手动液压搬运车等。
A02210500	压实机械	包括静碾压路机、震动压路机、轮胎压路机、夯实机等。
A02210600	路面及养护机械	包括路面基础施工机械、沥青路面施工机械、水泥路面施工机械、路面养护机械等。
A02210700	桩工机械	包括旋挖钻机、柴油打桩机、柴油锤式打桩机、振动沉拔桩锤、振动沉拔桩架、压桩机、螺旋钻孔机、成孔机、振冲器、落锤打桩机等。
A02210800	混凝土机械	包括混凝土输送泵、混凝土布料杆、水泥搅拌站、混凝土搅拌运输车、混凝土振动器、混凝土浇注机械、混凝土制品机械等。
A02210900	凿岩与掘进机械	包括凿岩机、钻车、钻机、全断面隧道掘进机、非开挖设备、凿岩辅助设备、破碎机等。
A02211000	钢筋及预应力机械	包括钢筋强化机械、钢筋加工机械、钢筋连接机械、钢筋预应力机械等。
A02211100	气动工具	包括回转式气动工具、冲击式气动工具、气动马达等。
A02211200	装修与高处作业机械	包括灰浆制备及喷吐机械、涂料喷刷机械、油漆制备及喷涂机械、地面装修机械、屋面装修机械、高处作业吊篮及擦窗机、高处作业平台、高处作业车、建筑装修机具等。
A02211300	工程机械零部件	包括液压件、传动件、行走部件、驾驶室设备、工程机械仪表及控制设备等。
A02219900	其他工程机械	
A02220000	**农业和林业机械**	
A02220100	拖拉机	包括轮式拖拉机、履带拖拉机（含半履带式拖拉机）、手扶拖拉机等。
A02220200	土壤耕整机械	包括耕地机械、整地机械、林地清理机械等。
A02220300	种植施肥机械	包括播种机械、育苗机械、栽植机械、施肥机械、地膜机械等。
A02220400	植物管理机械	包括中耕机械、植保机械、修剪机械等。
A02220500	园林机械	包括乔木管护设备、灌木管护设备、庭院用微型设备等。

续表

编码	品目名称	说明
A02220600	农作物及林特产品收获机械	包括谷物收获机、玉米收获机、棉麻作物收获机、果实收获机、蔬菜收获机、花卉（茶叶）采收机、籽粒作物收获机、根茎作物收获机、饲料作物收获机、茎秆收集处理机、林特产品采摘机械等。
A02220700	收获后处理机械	包括脱粒机、清选机、剥壳（去皮）机、干燥机、种子加工机、仓储机械等。
A02220800	农林产品初加工机械	包括磨粉（浆）机械、棉花加工机械、果蔬加工机械、茶叶加工机械、林特产品初加工机械等。
A02220900	农用搬运机械	包括农用运输机械、农用装卸机械等。
A02221000	排灌机械	包括水泵、喷灌机械设备等。
A02221100	农村可再生能源利用设备	包括风力设备、水力设备、太阳能设备、生物制能设备等。
A02221200	设施农业设备	包括日光温室设施设备、塑料大棚设施设备、连栋温室设施设备等。
A02221300	农用动力机械	不包括拖拉机等。
A02221400	草原建设机械	包括围栏设备、草皮破碎机、草原除雪机、毒饵撒播机、埋桩机、梳草机、起草皮机等。
A02221500	草料加工设备	
A02221600	畜牧饲养机械	包括孵化育雏设备、喂料饮水设备、清理消毒设备、网围栏等。
A02221700	畜禽产品采集加工机械	包括挤奶机、剪羊毛机、牛奶分离机、储奶罐等。
A02221800	水产养殖机械	包括增氧机、增氧装置或增氧系统、投饵机、投饵装置或投饵系统、网箱养殖设备、水体净化处理设备及水质监测仪器设备等。
A02221900	水产品捕捞和采集机械	包括海洋捕捞机械、淡水捕捞机械、水生植物采集机械等。
A02222000	水产品初加工机械	包括鱼货起、卸和冻结设备、贝类加工机械、海参加工机械、紫菜加工机械、鱼类初加工机械等。
A02222100	制网机械	包括织网机、制绳机、并线机等。
A02222200	农业和林业机械零部件	
A02229900	其他农业和林业机械	包括捆草机等。
A02230000	**木材采集和加工设备**	
A02230100	木材采伐和集运机械	包括采伐机械、集材机、割灌机、专用运材设备等。
A02230200	木工机床	包括木工车床，木工刨床，木工铣床，开榫机，木工锯机，木工钻床，榫槽机，木工磨光、抛光机，木工多用机床，木工冷压机，木工拼接机等。

续表

编码	品目名称	说明
A02230300	木质纤维加工设备	包括造纸、粘胶纤维和人造板纤维备料机械、木制纤维备料设备、纤维加工分离机械等。
A02230400	人造板加工设备	包括削片机、铺装成型机、干燥机、压机、裁边机、砂光机、施胶机、运输机、分选机、剥皮机、定心机、旋切机、卷板机、刨切机、剪板机、挖孔补节机、拼缝机、组坯机、磨浆机、后处理设备、横截机、装卸机、分板机、冷却翻板机、垫板处理设备、木片清洗机、料仓、分离器、电磁振动器、磁选装置、升降台、堆拆垛机、计量设备、浸渍干燥机、磨刀机、容器、浓度调节器、拼接板机等。
A02230500	木材干燥设备	包括常规干燥设备、除湿干燥设备、真空干燥设备、太阳能干燥设备、高频干燥设备、微波干燥设备等。
A02230600	木材防腐设备	
A02230700	林业生物质工程设备	
A02230800	木材采集和加工机械零部件	
A02239900	其他木材采集和加工机械	
A02240000	**食品加工设备**	
A02240100	制糖机械	包括原料处理设备、提汁设备、制炼设备、废粕综合利用设备等。
A02240200	糕点糖果及果品加工机械	包括糕点类原料加工机械，饼干加工机，糕点加工机，糖果加工备料机械，糖果加工成型机械，果品加工机械，糕点、糖果、果品生产线等。
A02240300	菜类食品加工机械	包括蔬菜加工机械、豆制品加工机械、淀粉制品加工机械等。
A02240400	屠宰、肉食品及蛋品加工机械	包括禽畜屠宰加工设备、肉类加工机械、乳品加工机械、蛋品加工设备、水产品加工机械等。
A02240500	食品蒸煮机械	
A02240600	食品杀菌器械	
A02240700	食品均质机	
A02240800	调味品加工机械	包括味精加工机械、酱制品加工机械、酱油加工机械、食醋加工机械等。
A02240900	罐头食品生产线	包括肉类罐头加工线、蔬菜罐头加工线、水产品罐头加工线等。
A02241000	饮食炊事机械	
A02241100	食品检测、监测设备	
A02241200	食品加工设备零部件	
A02249900	其他食品加工设备	

续表

编码	品目名称	说明
A02250000	**饮料加工设备**	
A02250100	酿酒设备	包括通用酿酒设备、啤酒制造设备、白酒制造设备、黄酒制造设备、果酒制造设备、食用酒精制造设备等。
A02250200	无醇饮料加工设备	包括冷饮设备、咖啡、可可加工设备，茶饮料加工设备，果汁加工设备，饮用水加工设备等。
A02250300	饮料加工设备零部件	
A02259900	其他饮料加工设备	
A02260000	**烟草加工设备**	
A02260100	烟用加温加湿机械	包括回潮机、微波回软设备、洗梗机等。
A02260200	烟用解把机械	包括解把机、松散机、松包机等。
A02260300	烟用除杂、筛分机械	包括筛分机、筛砂机、剔除机、除杂设备、除麻丝机、梗签分离机等。
A02260400	烟用叶梗分离机械	包括打叶机、风分机等。
A02260500	烟用烘烤机械	包括烟梗烤机、烟片烤机、自助烟烘干机、碎烟干燥机等。
A02260600	烟用预压打包机械	包括预压机、打包机等。
A02260700	烟用开（拆）包机械	包括拆箱机、开包机等。
A02260800	烟用叶片分切机械	包括切片机等。
A02260900	烟用切丝机械	包括直刃滚刀式切（梗）丝机、曲刃滚刀式切（梗）丝机等。
A02261000	烟用烘丝机械	包括烘丝机、烘（梗）丝机等。
A02261100	烟用冷却机械	包括振动式烟丝冷却机、带式烟丝冷却机等。
A02261200	烟用香精香料调配及加料加香机械	包括加香机、加料机、糖香料厨房设备等。
A02261300	烟用压梗机械	包括压梗机等。
A02261400	烟丝膨胀机械	包括二氧化碳烟丝膨胀装置、KC-2介质烟丝膨胀装置、氮气烟丝膨胀装置、气流式烟丝膨胀装置等。
A02261500	烟丝输送机械	包括喂料机、喂丝机、吸丝机，送丝系统，储存输送系统，虑棒发射、接收系统等。
A02261600	再造烟叶机械	包括薄片生产设备等。
A02261700	烟用卷接机械	包括卷烟机、接装机、装盘机、卸盘机、卷接机组等。
A02261800	烟用包装机械	包括包装机组、包装机、小包机、条包机、小包存储器等。
A02261900	烟用滤棒成型机	包括开松上胶机、滤棒成型机组等。
A02262000	烟用装封箱机	包括封箱机、装箱机、条盒提升机、条盒输送机、条盒方向转换机、封装箱机等。

续表

编码	品目名称	说明
A02262100	废烟支、烟丝回收装置	包括废烟支处理机等。
A02262200	烟草加工机械零部件	
A02269900	其他烟草加工机械	包括配叶机、碎叶分离机、贮叶配叶机、烟丝探测器等。
A02270000	**粮油作物和饲料加工设备**	金属
A02270100	通用清理机械	包括筛、去石机等。
A02270200	碾米机械	包括原料清理设备、脱壳分离设备、碾米机、涮米设备、联合碾米设备、玉米加工设备等。
A02270300	面粉加工设备	包括原料清理设备、磨粉设备、筛粉机、清粉机、松粉机、撞击机、打麸机、刷麸机等。
A02270400	榨油机械	包括原料清理设备、压胚设备、软化设备、压饼机、榨油机、蒸炒锅等。
A02270500	油脂浸出机械	包括浸出器、蒸发器、汽提塔、脱溶机、脱臭机、蒸脱机、烘干机和干燥机、尾气吸收装置等。
A02270600	油脂精炼设备	包括锅、脱臭塔、脱臭炉、油碱比配机、混合机械、罐、油液捕集器等。
A02270700	饲料加工设备	包括混合及配料设备、颗粒压制设备、饲料加工机械及机组等。
A02270800	食品油脂加工设备	包括油料蛋白生产设备、花生蛋白生产设备、起酥油设备、人造奶油设备等。
A02270900	粮油作物和饲料加工设备零部件	
A02279900	其他粮油作物和饲料加工设备	包括谷物、油籽加工专用机械设备，粮、油仓储，打包、灌包专用机械，制盐机械等。
A02280000	**纺织设备**	
A02280100	化纤机械	包括抽丝设备、维纶设备、腈纶设备、涤纶设备、绵纶设备、丙纶设备、纤维素纤维设备等。
A02280200	棉纺织机械	包括棉开松设备、分梳机、并条机、纱机、纺纱机、捻线机、棉纱处理设备、织机等。
A02280300	毛纺织机械	包括毛处理设备、毛条设备、毛纺设备、捻机、毛纱处理设备、毛织机、绒线设备等。
A02280400	麻纺织机械	包括麻处理设备、分梳机、并条机、麻纺机、麻织机等。
A02280500	丝绸机械及绢纺机械	包括准备设备、缫丝设备、丝织设备、绢纺设备、抽丝纱设备等。
A02280600	针织机械	包括单动针纬编机、联动针纬编机、经编机等。
A02280700	染整机械	包括印染后整理设备、针织品染色整理设备等。

续表

编码	品目名称	说明
A02280800	非织造织物设备	包括开松混棉设备、给棉设备、成网设备、梳理设备、交叉铺网设备、浸渍设备、烘燥设备、上胶设备、针刺设备、水刺设备、切边设备、成卷设备、直接纺丝设备、熔喷设备、非织造布辅机设备等。
A02280900	毛毯加工机械	包括准备设备、处理设备、染整机械等。
A02281000	纺织设备零部件	
A02289900	其他纺织设备	包括织造通用装置、缝编机、钩编机等。
A02290000	**缝纫、服饰、制革和毛皮加工设备**	
A02290100	缝纫机	包括民用缝纫机、工业缝纫机等。
A02290200	服装加工机械	包括剪裁机械、粘合机、压胶机、制领机械、整烫设备、大曰扣机、服装打号码机、商标机等。
A02290300	羽绒加工设备	包括预分机、除灰机、洗毛机、脱水机、烘毛机、分毛机、冷却机、拼堆机等。
A02290400	工业洗涤机械	包括10KG以上干洗机、10KG以上洗衣脱水机、10KG以上烘干机、烫平机、折叠机、隧道洗涤机组、后整理整烫定型设备（各种夹机人像机）、洗衣工厂用辅助设备（去渍台、输送线、吊挂线）等。
A02290500	制鞋机械	包括下料机械、片帮机、缝外线机、缝内线机、胶粘机、压合机、绷机、成型机、钉鞋眼机、烫平机械等。
A02290600	制帽机械	
A02290700	制革机械	包括制革准备机械、磨革机、打光机、拉伸机械、平展机械、干燥机、烫革机械、皮革轧花机等。
A02290800	毛皮加工机械	包括毛皮去肉机、剪毛机、烫毛机、梳毛机、干铲机、毛皮挤油机、刷酸机、毛皮削匀机、毛皮拉伸机等。
A02290900	皮革制品加工机械	包括皮箱接头机、其他皮革制品加工机械。
A02291000	缝纫、服饰、制革和毛皮加工机械零部件	
A02299900	其他缝纫、服饰、制革和毛皮加工机械	
A02300000	**造纸和印刷机械**	
A02300100	造纸机械	包括制浆设备、打浆设备、洗浆机械、筛选设备、漂白设备、造纸机、造纸完成机械、加工纸设备、造纸辅机等。
A02300200	图像制版机械	
A02300300	文字制版机械	
A02300400	照排设备	

编码	品目名称	说明
A02300500	盲文印刷机	
A02300600	装订机械	
A02300700	数码印刷机	
A02300800	造纸纵切机	
A02300900	切纸机	
A02301000	切割机	
A02301100	盘纸分切机	
A02301200	切蜡光纸机	
A02301300	裁纸机	
A02309900	其他造纸和印刷机械	
A02310000	**化学药品和中药设备**	
A02310100	化学原料药加工机械	包括摇瓶机、结晶设备、发酵设备等。
A02310200	制剂机械	包括片剂机械，水针机械，粉、针机械，大输液机械，酊水、糖浆剂设备，药膜机械，软膏机械，胶囊设备，丸剂机械，颗粒剂机械等。
A02310300	中药机械	包括中药饮片加工机械、提取机械等。
A02310400	药瓶洗理机械	包括洗瓶机、理瓶机、供瓶机、输瓶机等。
A02310500	药用干燥设备	包括真空干燥设备、喷雾干燥设备、气流干燥设备、沸腾干燥设备、冷冻干燥设备、热风干燥设备、双锥干燥设备、中药干燥设备等。
A02310600	制药蒸发设备和浓缩设备	包括标准式蒸发器、薄膜式蒸发器、刮板式蒸发器、浓缩设备、列管式蒸发器、离心薄膜蒸发器等。
A02310700	药品专用包装机械	包括片丸药包装机械、胶囊分装机械等。
A02310800	粉碎、筛粉设备	包括粉碎设备、磨粉设备、球磨机、胶体磨设备、圆盘粉筛机、金钢砂磨设备、其他粉碎、筛粉设备。
A02310900	化学药品和中药设备零部件	
A02319900	其他化学药品和中药设备	
A02320000	**医疗设备**	
A02320100	手术器械	包括基础外科手术器械、显微外科手术器械、神经外科手术器械、眼科手术器械、耳鼻喉科手术器械、口腔科手术器械、胸腔心血管外科手术器械、腹部外科手术器械、泌尿肛肠外科手术器械、矫形外科（骨科）手术器械、儿科手术器械、妇产科手术器械、计划生育科手术器械、注射穿刺器械、烧伤（整形）科手术器械等。

续表

编码	品目名称	说明
A02320200	普通诊察器械	包括体温表、血压计、听诊器、诊察辅助器械等。
A02320300	医用电子生理参数检测仪器设备	包括心电诊断仪器，脑电诊断仪器，肌电诊断仪器，眼电诊断仪器，监护仪器，生理参数遥测仪器，生理记录仪器，呼吸功能及气体分析测定装置，血流量、容量测定装置，电子体温测定装置，电子血压测定装置，运动生理参数测定装置，心音诊断仪器，心磁图仪器，心输出量测定仪器等。
A02320400	医用光学仪器	包括眼科光学仪器、手术显微镜及放大镜、眼科矫治和防护器具等。
A02320500	医用超声波仪器及设备	包括超声诊断仪器、超声治疗设备、其他医用超声仪器及设备、超声生理参数测量、分析设备。
A02320600	医用激光仪器及设备	包括激光仪器、激光检测仪器等。
A02320700	医用内窥镜	包括硬式内窥镜、纤维内窥镜、医用内窥镜附属设备等。
A02320800	物理治疗、康复及体育治疗仪器设备	包括电疗仪器，微波及射频治疗设备，光疗仪器，水疗设备，体疗仪器，高、低压氧仓，蜡疗设备，热疗设备，磁疗设备，力疗设备/器具等。
A02320900	中医器械设备	包括中医诊断设备，中医治疗设备，中医预防、康复设备等。
A02321000	医用磁共振设备	包括磁共振成像装置等。
A02321100	医用磁共振设备辅助装置	包括磁共振造影注射装置、磁共振辅助刺激系统、磁共振定位装置等。
A02321200	医用X线诊断设备	包括数字化X线诊断设备、X线断层诊断设备、X线电子计算机断层扫描装置等。
A02321300	医用X线附属设备及部件	包括造影剂注射装置、医用影像显示器等。
A02321400	医用放射线治疗设备	包括医用高能放射治疗设备、核医学治疗设备、X线治疗设备、放射性核素成像设备、粒子植入治疗系统、放疗模拟及图像引导系统、放疗配套器械等。
A02321500	核医学诊断设备	包括单光子发射计算机断层成像设备、单光子发射计算机断层扫描系统、正电子发射断层成像系统、放射性核素扫描仪、核素扫描机、医用核素检测设备等。
A02321600	核医学诊断设备辅助装置	包括PET自动给药系统等。
A02321700	医用射线防护设备	包括医用射线防护用具及装置等。
A02321800	医用射线监检测设备及用具	包括医用射线专用检测仪器等。
A02321900	临床检验设备	包括分子生物学分析设备、采样设备和器械、样本前处理设备、电解质及血气分析设备、免疫学设备，生化分析设备，微生物学设备，细胞核组织培养设备，血液学设备，输血设备，尿液化验设备，病理学器具、设备，实验室辅助器具、设施及设备，特殊实验设备等。

编码	品目名称	说明
A02322000	药房设备及器具	包括药品贮藏设备、发药机、摆药机、中药制备设备及器具等。
A02322100	体外循环设备	包括血液分离、处理、贮存设备、心肺流转设备、人工心肺机、人工心肺设备、血液透析装置、血液净化设备辅助装置、腹膜透析装置、人工肝支持系统等。
A02322200	人工脏器及功能辅助装置	包括人工心脏瓣膜、人造管腔、人工器官、器官缺损修补材料等。
A02322300	假肢装置及部件	包括假肢等。
A02322400	手术室设备及附件	包括通用手术台床、专科诊疗台床、手术电刀设备、手术照明设备、手术及急救器具、患者位置固定辅助器械、患者转运器械、防压疮（褥疮）垫等。
A02322500	急救和生命支持设备	包括心脏急救治疗装置、麻醉设备、呼吸设备、吸引设备、冲洗减压器具、医用制氧设备、呼吸/麻醉及急救设备辅助装置等。
A02322600	介/植入诊断和治疗用器械	包括血管介入、植入部件、心脏除颤、起搏器、球囊、支架、人工晶体、神经调配设备、神经内/外科植入物、耳鼻喉植入物、整形及普通外科植入物、组织工程支架材料等。
A02322700	病房护理及医院设备	包括护理用设备及器具，输液设备及器具，医用供氧、输气装置，病房附加设备及器具，器械台、柜等器具，医用推车及器具，病人生活用车、担架及器具，婴儿保育设备，医院通讯设备，医用制气、供气、吸气装置，注射/穿刺器械、止血器具、清洗/灌流/吸引/给药器械等。
A02322800	消毒灭菌设备及器具	包括压力蒸汽灭菌设备，医用超声波净化设备，煮沸消毒设备，气体灭菌设备及器具，光线、射线灭菌设备，医院环保设施，供应室设备等。
A02322900	医用低温、冷疗设备	包括医用低温设备、医用冷疗设备等。
A02323000	防疫、防护卫生装备及器具	包括医疗箱类、急救盒类、急救包类、防毒设备及器具等。
A02323100	助残器械	包括电子助视器、助听器、轮椅等。
A02323200	骨科植入部件	包括脊柱植入部件、人工关节部件、创伤植入部件、辅助部件等。
A02323300	口腔设备及器械	包括口腔综合治疗设备、牙科椅、技工室器具、技工室设备及配件、口腔功能检测设备及器具、牙种植设备及配件等。
A02323400	兽医设备	包括兽医用电子诊断设备、疫苗组织捣碎机、疫苗冷冻干燥机、动物疫病防治设备等。
A02323500	医疗设备零部件	
A02329900	其他医疗设备	包括医用辐射剂量学设备、医用紫外线、红外线诊断和治疗设备、血液净化设备等。

续表

编码	品目名称	说明
A02330000	**电工、电子生产设备**	
A02330100	电工生产设备	包括电机生产设备、低压电器生产设备、电线电缆制造设备、绝缘材料生产设备等。
A02330200	电池生产设备	包括铅酸蓄电池生产设备、电池制作工艺设备等。
A02330300	电子工业生产设备	包括半导体设备，电真空器件生产设备，电子元件制造设备，环境例行试验设备，激光、印刷线路计算机生产设备，生产线及装配线，磁盘打印机生产设备等。
A02330400	家用电器生产设备	包括洗衣机生产设备、电冰箱生产设备、家用空调器生产设备、家用电扇生产设备、家用清洁卫生器具生产设备、家用厨房电器具生产设备等。
A02330500	电工、电子生产设备零部件	
A02339900	其他电工、电子生产设备	
A02340000	**安全生产设备**	
A02340100	煤矿安全设备	包括通风检测设备、瓦斯防治设备、防灭火设备、防尘设备等。
A02340200	非煤矿山安全设备	包括无轨设备自动灭火系统、烟雾传感器、斜井提升用捞车器、70℃防火调节阀、井下低压不接地系统绝缘检漏装置、带张力自动平衡悬挂装置的多绳提升容器、带 BF 型钢丝绳罐道罐笼防坠器的罐笼、带木罐道罐笼防坠器的罐笼等。
A02340300	危险化学品安全设备	包括毒性气体检测报警器、地下管道探测器、管道防腐检测仪、氧气检测报警器、便携式二氧化碳检测报警器、便携式可燃气体检测报警器、送风式长管呼吸器、危险化学品安全存储设备等。
A02340400	烟花爆竹行业安全设备	包括静电火花感度仪等。
A02340500	公路行业安全设备	包括路况快速检测系统（CiCS）等。
A02340600	铁路行业安全设备	包括红外线轴温探测智能跟踪设备（THDS）、货车运行故障动态检测成套设备（TFDS）、货车运行状态地面安全监测成套设备（TPDS）等。
A02340700	民航行业安全设备	包括发动机火警探测器、防冰控制系统设备等。
A02340800	应急救援设备类	包括正压式空气呼吸器、隔绝式正压氧气呼吸器、全防型滤毒罐、消防报警机、核放射探测仪、可燃气体检测仪、压缩氧自救器等。
A02340900	安全生产设备零部件	
A02349900	其他安全生产设备	
A02350000	**邮政设备**	

续表

编码	品目名称	说明
A02350100	邮政内部处理设备	包括悬挂运输机、邮件传送机、邮件提升机、邮件开拆机包裹分拣机、信件分拣机等。
A02350200	邮政营业投递设备	包括邮资机、自动取包机、包裹收寄机、投币自动出售机、信函过戳机等。
A02350300	邮政除尘设备	包括空袋除尘系统、开拆除尘系统等。
A02350400	邮政清洗缝补设备	包括清洗机、烘干机、甩干机、晾晒机、熨平机、缝补机等。
A02350500	邮政储汇设备	包括汇兑稽核数据处理设备、储汇设备等。
A02350600	邮政设备零部件	
A02359900	其他邮政设备	
A02360000	**环境污染防治设备**	
A02360100	大气污染防治设备	包括除尘设备、脱硫设备、脱硝设备、除油除雾设备、挥发性有机废气净化设备等。
A02360200	水质污染防治设备	包括固体液体分离设备，物理、化学处理设备，生物化学处理设备，蒸发法热处理设备，油污染防治设备，气净处理设备，再生水利用装置等。
A02360300	固体废弃物处理设备	包括输送与存储设备、分选设备、破碎压缩设备、焚烧设备、无害化处理设备等。
A02360400	噪声控制设备	包括消音设备、隔音设备等。
A02360500	环保监测设备	包括大气监测装置、水质监测装置、噪声与振动监测装置、电磁辐射监测装置、电离辐射监测装置等。
A02360600	金属废料回收设备	包括金属废料加工机械、金属废料回收设备等。
A02360700	非金属废料回收设备	包括非金属废料加工机械、非金属废料回收设备等。
A02360800	核与辐射安全设备	包括核与辐射安全监测设备、核与辐射安全防护设备等。
A02360900	环境污染防治设备零部件	
A02369900	其他环境污染防治设备	
A02370000	**政法、消防、检测设备**	
A02370100	消防设备	包括消防救援设备（消防员防护装备、消防灭火装备、抢险救援装备、特种消防装备、消防通信装备、消防战勤保障装备、防火检查装备、火灾调查装备、消防宣传装备、消防训练装备等）、消防检测设备（消防产品检测设备、建筑消防设施检测设备、消防安全检测设备、消防产品实（试）验设备等）、建筑消防设备（逃生避难设备、火灾自动报警设备）、其他消防设备（灭火药剂、洗消剂、隔绝式正压氧气呼吸器、消防报警机、压缩氧自救器等）、防火检查装备、火灾调查装备等。

续表

编码	品目名称	说明
A02370200	交通管理设备	包括交通指挥监控系统设备、成套信号灯及控制设备、交通执法取证设备、交通事故勘察和救援设备、车辆检测设备、驾驶员考试用设备等。
A02370300	物证检验鉴定设备	包括医学检验鉴定设备、物理化验检验鉴定设备、痕迹检验鉴定设备、物证图像采集处理设备、文件检验鉴定设备、指纹检验鉴定设备、爆炸物检验鉴定设备、电子物证检验鉴定设备、声纹检验鉴定设备、心理测试设备、毒品检查设备等。
A02370400	安全、检查、监视、报警设备	包括行李包裹检查设备，货物检查设备，车辆检查设备，食品检查设备，人员检查设备，大型集装箱检查设备；公安专用监视设备，视频监控、光电监控设备；安防机器人；光纤震动入侵探测仪、地面传感设备、多波束型声纳、复杂环境多源感知智能预警（处置）设备等。
A02370500	爆炸物处置设备	包括爆炸物探测设备、防爆设备、排爆设备、储运设备等。
A02370600	技术侦察取证设备	包括技术侦查设备、技术取证设备等。
A02370700	警械设备	包括警棍、手铐、脚镣、强光手电、警用制式刀具、约束装备、警绳、勤务装具、警械专用柜、催泪喷射器、防暴射网器等。
A02370800	非杀伤性武器	包括防暴枪、麻醉枪、信号枪、训练枪、枪支附件等。
A02370900	防护防暴装备	包括防护装备、防暴装备等。
A02371000	出入境设备	包括出入境检查台设备、出入境自助通道设备、出入境证件查验设备（二合一证件芯片阅读机、OCR证照阅读机、小型文检仪等）、出入境证件制作设备（电子护照制证机、电子卡式证件制证机、电子卡式证件签注制证机、智能签注设备、证件打印机及相关配套设备）、出入境证件自助受理设备、出入境证件自助发放设备、电子护照等。
A02371100	边界勘界和联检设备	包括边界勘界和联检车辆、边界勘界和联检船艇、边界勘界和联检办公设备、边界勘界和联检测量设备、边界勘界和联检通讯设备、边界和联检设备零部件等。
A02371200	网络监察设备	包括网络侦控设备、网络临侦设备等。
A02371300	教育训练装备	包括训练防护类、模拟警械类、训练器材类、警犬训导装备类。
A02371400	政法、消防、检测设备零部件	
A02379900	其他政法、消防、检测设备	包括警用杀伤性武器设备及其他政法部门设备。
A02380000	**水工机械**	
A02380100	清淤机械	包括沟渠清淤机，水电站清淤机械，水库、港口清淤机械，管道清淤机械等。

续表

编码	品目名称	说明
A02380200	破冰机械	不包括破冰船。
A02380300	水利闸门启闭机	
A02380400	水工机械零部件	
A02389900	其他水工机械	
A02390000	**货币处理设备**	
A02390100	钞票处理设备	包括点钞机、捆钞机、验钞机等。
A02390200	货币清分处理设备	指具有纸币、硬币清分功能或清分与联机销毁一体功能的处理设备。
A02390300	货币销毁处理设备	指纸币、硬币或其他材质货币的销毁设备，即采用粉碎或其他处理方式对货币进行销毁的设备。
A02390400	金库门	包括人民银行发行库和钞票处理中心的库房门、应急门等。
A02390500	货币处理设备零部件	
A02399900	其他货币处理设备	包括纸币碎钞压块设备、货币专用包装设备等。
A02400000	**殡葬设备及用品**	
A02400100	火化设备	包括燃油火化机、燃气火化机、等离子火化机、宠物火化机、火化辅助设备等。
A02400200	殡仪设备及用品	包括遗物祭品焚烧设备、火化烟气净化设备、骨灰处理设备、殡仪专用电子设备、遗体冷冻冷藏设备、遗体接运设备、遗体整容设备、骨灰盒等。
A02400300	殡葬设备零部件	
A02409900	其他殡葬设备及用品	
A02410000	**铁路运输设备**	
A02410100	机车	包括准轨蒸汽机车、宽轨蒸汽机车、准轨内燃机车、宽轨内燃机车、米轨内燃机车、电力机车、轻油机车等。
A02410200	客车	包括准轨客车、试验车、维修车、文教车、发电车、双层客车、米轨客车、寸轨硬座车、动车组、特种车等。
A02410300	货车	包括准轨货车、米轨货车等。
A02410400	大型养路机械	包括整形车、捣固车、探伤车、物料输送车、道岔捣固车、道岔打磨车、大修列车、稳定车、钢轨打磨车、道岔铺设设备、清筛机等。
A02410500	铁路设备	包括铁路移车架车设备、机车车辆及通信信号试验设备、闭塞设备、联锁设备、驼峰设备、行车调度指挥设备、列控信号设备、铁路专用检测设备、GSM-R设备、接触网设备、高价互换配件等。
A02410600	铁路设备零部件	

续表

编码	品目名称	说明
A02419900	其他铁路运输设备	
A02420000	**水上交通运输设备**	
A02420100	货船	包括杂货船、多用途货船、集装箱货船、滚装货船、原油船、成品油船、污油船、水船、煤船、矿砂船、天然气船、液化石油气船、化学品船、运木船、冷藏船（鲜货船）等。
A02420200	客船	包括客船、客货船、旅游船、轮渡船、气垫船等。
A02420300	拖船	
A02420400	驳船	包括舱口驳船、甲板驳船、分节驳船、原油驳船、成品油驳船、储油驳船、水驳船、煤驳船、油渣驳船、化学品驳船、盐驳船、客驳船、港驳船等。
A02420500	渔船	包括拖网渔船，围网渔船、钓船、刺网类渔船、敷网类渔船，多种作业船、渔品加工船，收鲜运输船、渔业执法船、渔业调查、实习船、休闲渔船、渔业辅助船等。
A02420600	海洋、内水调查和开发船	包括科学考察船、科学研究船、测量船等。
A02420700	电气作业和海底工程作业船	包括电站船、电焊船、布缆船、带缆船、铺管船、水下作业船、潜水工作船、潜水器母船等。
A02420800	挖泥、打桩船（驳）	包括挖泥船、吹泥船、挖砂船、抛石船、铲石船、泥驳、砂驳、石驳、打桩船、打夯船、采金船、铺排船等。
A02420900	起重船和囤船	包括起重船、抛（起）锚船、囤船、趸船等。
A02421000	水面工作船	包括航标船、引水船、供应船、护堤、护山船、破冰船，水上水厂船，多用途船、试航辅助船、测绘船、浮标作业船等。
A02421100	水面公务船	包括海事巡逻船、检查监督船、海监船、其他水面公务船等。
A02421200	特种作业船	包括特种运水船、垃圾船，污水处理船、浮油回收船、油、水泵船，消防船，医疗船、打捞船、救生船、环保船、鱼苗船等。
A02421300	机动船	包括交通艇、巡逻艇、缉私艇、工作艇、指挥艇、侦勘艇、装备艇、橡皮艇、冲锋舟、摩托艇等。
A02421400	浮船坞、码头和维修工作船	包括浮船坞、浮码头、舾装工作船、一般修理船、水线修理船等。
A02421500	船舶制造设备	包括放样、号料设备，钢材预处理流水线，管子加工流水线，平面分段流水线，联动生产流水线，船台小车，船舶试验设备等。
A02421600	潜水设备	包括重潜装具、轻潜装具、氧气供应系统、潜水训练舱群、饱和潜水系统、无人遥控潜水器、无人潜水器放回收系统、深水切割设备、水下切割缆、深水观察箱、水下腐蚀测量仪、减压舱、潜水罐、氢氧潜水软头盔、氢氧潜水硬头盔、氢氧校音电话、潜水供热水机等。

续表

编码	品目名称	说明
A02421700	航标设施	包括浮标设施（海上浮标、内河浮标、系船浮标、井位浮标、浮标锚链（缆）、其他浮标设施）；岸标设施（内河岸标、指路牌（里程牌）、其他岸标设施）；雷达信标（雷达应答器、雷达反射器、其他雷达信标）；航标遥测终端（公共通信链路遥测终端、北斗遥测终端、其他航标遥测终端）。
A02421800	航标灯、闪光器	包括大射程航标灯、小型航标灯、闪光器、换泡机、航标透镜等。
A02421900	水上交通运输设备零部件	
A02429900	其他水上交通运输设备	
A02430000	**航空器及其配套设备**	
A02430100	固定翼飞机	包括货物运输飞机、客运飞机、通用航空类飞机、教练机、初级类飞机等。
A02430200	直升机	
A02430300	专用飞机	包括警用飞机、抢险救援飞机、地质勘测专用飞机、农用飞机、消防灭火飞机、海监飞机等。
A02430400	飞行器	包括飞艇、气球、滑翔伞等。
A02430500	飞机维修设备	包括内场维修设备、航线维修设备等。
A02430600	航空港设备	
A02430700	机场地面特种车辆	包括机务特种车辆、机场特种车辆、商务运输车辆、飞行维修车辆、航行特种车辆、油料车辆等。
A02430800	火箭及发射、维护设施	包括便携式防空火箭和反坦克火箭的发射筒（架）等。
A02430900	无人机	
A02431000	航空器零部件	
A02439900	其他航空器及其配套设备	
A02440000	**海洋仪器设备**	
A02440100	海洋水文气象仪器设备	包括海洋台站水文气象自动观测仪器、波浪测量仪器、海流测量仪器、验潮仪等。
A02440200	海洋地质地球物理仪器设备	包括海底地形地貌测量仪器设备、海洋底质仪器设备、海底热流测量仪器设备、磁力测量仪、重力测量仪、数字海底地震测量仪、电火花地震仪等。
A02440300	海洋生物仪器设备	包括海洋微生物调查仪器、浮游生物调查仪器等。
A02440400	海洋化学仪器设备	包括走航式二氧化碳连续测量仪、营养盐分析仪、多参数水质仪等。
A02440500	海洋声光仪器设备	包括海洋声学特性测量仪器、海洋光学特性测量仪器。
A02440600	海洋船用船载仪器设备	包括生物采样设备、底质采样设备、水体采样设备、各种海洋调查用轿车等。

续表

编码	品目名称	说明
A02440700	海洋综合观测平台	包含浮标、潜标、水下机器人、水下生物观测平台、深海空间站等。
A02440800	海洋执法装备	包括海上目标的搜索、侦听、干扰、取整仪器设备等。
A02440900	海洋计量检测设备	包括波浪浮标检定装置、温盐检定装置、验潮仪检定装置、水静压力试验系统等。
A02441000	海水淡化与综合利用设备	包括中空纤维反渗透组织、蒸馏法海水淡化蒸馏喷射装置、海水冷却塔等。
A02441100	海洋仪器设备零部件	
A02449900	其他海洋仪器设备	包括海域测量仪，航行自动跟踪仪等。
A02450000	**文艺设备**	
A02450100	乐器	包括弓弦乐器、管乐器、打击乐器、键盘乐器、乐器辅助用品及配件等。
A02450200	演出服饰	包括戏剧服装、舞蹈服装、演出饰品等。
A02450300	舞台设备	包括舞台机械系统，幕布系统，舞台灯具及辅助设备，舞台音响设备，活动舞台，皮影、木偶、道具、布景、舞台用地胶等。
A02450400	影剧院设备	包括自动售票系统、观众座椅、电影放映设备等。
A02450500	文艺设备零部件	
A02459900	其他文艺设备	
A02460000	**体育设备设施**	
A02460100	田赛设备	包括标枪、铁饼、铅球、链球、跳高架、撑杆跳高架、横杆、撑杆等。
A02460200	径赛设备	包括跨栏架、起跑器、接力棒、障碍架、发令枪、终点柱等。
A02460300	球类设备	包括足球设备、篮球设备、排球设备、乒乓球设备、羽毛球设备、网球设备、垒球设备、冰球设备、手球设备、水球设备、曲棍球设备、高尔夫球设备、马球设备、橄榄球设备、藤球设备、台球设备、沙弧球设备、壁球设备、保龄球设备、棒球设备等。
A02460400	体操设备	包括单杠、双杠、高低杠、平衡木、吊环、鞍马、跳马、弹簧板、助跳板等。
A02460500	举重设备	包括举重杠铃、举重台、杠铃片、锁紧器、哑铃、壶铃、哑铃架等。
A02460600	游泳设备	包括游泳池和戏水池等。
A02460700	跳水设备	
A02460800	水上运动设备	包括滑水板、冲浪板、帆板、体育运动用船等。

续表

编码	品目名称	说明
A02460900	潜水运动设备	
A02461000	冰上运动设备	包括冰球、冰球拍、冰球围网、冰球网柱、旱冰鞋、直排式旱冰鞋等。
A02461100	雪上运动设备	包括滑雪屐、滑雪板扣件、滑雪杖、雪橇等。
A02461200	射击设备	包括普通气枪、汽步枪、汽手枪、运动步枪、运动手枪等。
A02461300	击剑设备	包括重剑、轻剑、花剑等。
A02461400	射箭设备	包括弓箭、弓弩等。
A02461500	摩托车运动设备	
A02461600	自行车运动设备	
A02461700	赛车运动设备	
A02461800	赛马和马术运动设备	
A02461900	拳击、跆拳道设备	
A02462000	摔跤、柔道设备	
A02462100	散打、武术设备	包括单剑、双剑、竹刀、单刀、双刀、剑穗等。
A02462200	棋牌类运动设备	包括扑克牌、桥牌等。
A02462300	航模、海模及其他模型设备	
A02462400	垂钓器具和用品	包括钓鱼竿、鱼线轮、鱼线、鱼钩、鱼漂、鱼篓、钓鱼用支架等。
A02462500	登山设备	包括登山镐、登山绳、登山安全带、攀岩模拟器等。
A02462600	健身设备	包括跑步机、电动跑步机、健身车、踏步器、登高器、漫步器等。
A02462700	运动康复设备	包括震动按摩器、磁性震动按摩器、电动足底按摩器、多功能按摩器、按摩沙发磁力按摩床、水力按摩浴缸、足底按摩轮、手握式按摩圈等。
A02462800	残疾人体育及训练设备	包括轮椅篮球设备、轮椅橄榄球设备、硬地滚球设备、脑瘫足球设备、盲人足球设备、盲人门球设备、坐式排球设备、残疾人健身与康复训练设备等。
A02462900	体育运动辅助设备	包括场馆设施辅助器材、裁判用计时记分器材、记分牌、裁判桌、裁判椅、发奖台等。
A02463000	体育设备零部件	
A02469900	其他体育设备设施	包括单站位配重训练器、单站位配重综合训练器、多站位配重综合训练器、拳击台、帐篷、充气褥垫、遮阳伞等。
A02470000	**娱乐设备**	

续表

编码	品目名称	说明
A02470100	成套游乐场设备	
A02470200	一般游乐场设备	
A02470300	智能游艺设备	
A02470400	博弈设备	
A02470500	彩票销售设备	
A02470600	卡拉OK设备	
A02470700	游戏游览用车、船	
A02470800	活动辅助设备	
A02470900	娱乐设备零部件	
A02479900	其他娱乐设备	包括玩偶车、供儿童骑乘的带轮玩具、儿童自行车、儿童三轮车、电动童车、木偶、泥偶、蜡人、面人、绢人、纸人、布人、绒玩偶、陶瓷玩偶、塑料玩偶、橡胶或乳胶玩偶、填充的玩具动物、非填充的玩具动物等。
A03000000	文物和陈列品	
A03020000	**可移动文物**	
A03020100	玉石器、宝石	
A03020200	陶器	
A03020300	瓷器	
A03020400	铜器	
A03020500	金银器	
A03020600	铁器、其他金属器	
A03020700	漆器	
A03020800	雕塑、造像	
A03020900	石器、石刻、砖瓦	
A03021000	书法、绘画	
A03021100	文具（文物）	
A03021200	甲骨	
A03021300	玺印符牌	
A03021400	钱币	
A03021500	牙骨角器	
A03021600	竹木雕	
A03021700	家具（文物）	
A03021800	珐琅器	

续表

编码	品目名称	说明
A03021900	织绣	
A03022000	古籍善本	
A03022100	碑帖拓本	
A03022200	武器	
A03022300	邮品	
A03022400	文件、宣传品	
A03022500	档案文书	
A03022600	名人遗物	
A03022700	玻璃器	
A03022800	乐器、法器	
A03022900	皮革	
A03023000	音像制品	
A03023100	票据（文物）	
A03023200	交通、运输工具	
A03023300	度量衡器	
A03023400	标本、化石	
A03029900	其他可移动文物	
A03030000	**文创衍生品**	
A03030100	绘画	
A03030200	书法	
A03030300	篆刻	
A03030400	雕塑	
A03030500	工艺美术品	
A03030600	民间美术品	
A03030700	摄影艺术品	
A03039900	其他文创衍生品	
A03040000	**标本**	
A03040100	动物标本	
A03040200	人体标本	
A03040300	人体病理标本	
A03040400	植物标本	
A03040500	医药标本	

续表

编码	品目名称	说明
A03040600	矿物标本	
A03049900	其他标本	
A03050000	**模型**	
A03050100	天体模型	
A03050200	生物模型	
A03050300	人体模型	
A03050400	人体病理模型	
A03059900	其他模型	
A04000000	**图书和档案**	
A04010000	**图书**	
A04010100	普通图书	
A04010101	书籍、课本	
A04010102	词典	
A04010103	百科全书	
A04010104	年鉴及系列丛书	
A04010105	儿童图画书及涂色书	
A04010199	其他普通图书	
A04010200	盲文图书	
A04010201	盲文书籍、课本	
A04010202	盲文词典	
A04010203	盲文百科全书	
A04010204	盲文年鉴及系列丛书	
A04010299	其他盲文图书	
A04019900	其他图书	
A04020000	**期刊**	
A04020100	普通期刊	
A04020101	日刊	
A04020102	周刊	
A04020103	月刊	
A04020199	其他普通期刊	
A04029900	其他期刊	
A04030000	**资料**	

续表

编码	品目名称	说明
A04030100	特种文献资料	文物中的文献入"A03020000 可移动文物"。
A04030200	缩微资料	不包括缩微胶片档案。
A04030300	视听资料	
A04030400	机读资料	
A04039900	其他资料	
A04040000	**档案**	
A04040100	纸质档案	包括全宗、案卷。
A04040200	声像档案	包括录音磁带、录像磁带、影片档案。
A04040300	照片档案	
A04040400	底图	
A04040500	地图	
A04040600	报纸	
A04040700	缩微胶片档案	
A04040800	实物档案	
A04049900	其他档案	
A05000000	**家具和用具**	
A05010000	**家具**	
A05010100	床类	
A05010101	钢木床类	
A05010102	钢塑床类	
A05010103	轻金属床类	
A05010104	木制床类	
A05010105	塑料床类	
A05010106	竹制床类	
A05010107	藤床类	
A05010199	其他床类	
A05010200	台、桌类	
A05010201	办公桌	
A05010202	会议桌	
A05010203	教学、实验用桌	
A05010204	茶几	包含大茶几、小茶几。
A05010299	其他台、桌类	

编码	品目名称	说明
A05010300	椅凳类	
A05010301	办公椅	
A05010302	桌前椅	
A05010303	会议椅	
A05010304	教学、实验椅凳	
A05010399	其他椅凳类	
A05010400	沙发类	
A05010401	三人沙发	
A05010402	单人沙发	
A05010499	其他沙发类	
A05010500	柜类	
A05010501	书柜	
A05010502	文件柜	
A05010503	更衣柜	
A05010504	保密柜	包括保险柜等。
A05010505	茶水柜	
A05010599	其他柜类	
A05010600	架类	
A05010601	木质架类	
A05010602	金属质架类	
A05010699	其他架类	
A05010700	屏风类	
A05010701	木质屏风类	
A05010702	金属质屏风类	
A05010799	其他屏风类	
A05010800	组合家具	包括集多种功能于一体、无法拆分的成套家具等。
A05019900	其他家具	
A05020000	**用具**	
A05020100	厨卫用具	
A05020101	厨房操作台	
A05020102	炊事机械	包括灶具、吸油烟机等。
A05020103	煤气罐（液化气罐）	

续表

编码	品目名称	说明
A05020104	水池	
A05020105	便器	
A05020106	水嘴	
A05020107	便器冲洗阀	
A05020108	水箱配件	
A05020109	阀门	
A05020110	淋浴器	
A05020111	淋浴房	
A05020112	餐具	
A05020199	其他厨卫用具	
A05029900	其他用具	
A05030000	**装具**	
A05030100	纺织用料	
A05030101	棉、化纤纺织及印染原料	包括已梳皮棉、线、布等。
A05030102	毛纺织、染整加工原料	包括毛条、毛纱、绒线等。
A05030103	麻纺织原料	包括麻纤维原料、麻纱线、亚麻布等。
A05030104	丝绢纺织及精加工原料	包括蚕丝、化纤长丝机织物、特种丝织物等。
A05030199	其他纺织用料	
A05030200	皮革、毛皮等用料	
A05030201	半成品革	包括牛半成品革、马半成品革、绵羊半成品革等。
A05030202	成品革和再生革	
A05030203	鞣制及人造毛皮	包括鞣制毛皮、天然毛皮制品、人造毛皮等。
A05030204	加工羽毛（绒）	包括加工填充用羽毛、加工填充用羽绒等。
A05030299	其他皮革、毛皮等用料	
A05030300	被服	
A05030301	制服	包括执勤服类、作训服类、功能服类等。
A05030302	羽绒、羽毛服装	
A05030303	普通服装	
A05030304	鞋、靴及附件	
A05030305	被服附件	包括帽子、围巾、领带、手套、皮带、拉链、纽扣、肩章、徽标等。
A05030399	其他被服	

续表

编码	品目名称	说明
A05030400	床上装具	
A05030401	床褥单	
A05030402	被面	
A05030403	枕套	
A05030404	被罩	
A05030405	床罩	
A05030406	毯子	
A05030407	毛巾被	
A05030408	枕巾	
A05030499	其他床上装具	包括羽绒（毛）、兽毛寝具及类似填充用品，棉制寝具及类似填充用品，丝绸寝具及类似填充用品等。
A05030500	室内装具	
A05030501	台布（桌布）	
A05030502	毛巾	
A05030503	方巾	
A05030504	盥洗、厨房用织物制品	
A05030505	窗帘及类似品	
A05030506	垫子套	
A05030599	其他室内装具	
A05030600	室外装具	
A05030601	天篷、遮阳篷、帐篷	
A05030602	船帆、风帆和野营用等物品	
A05030603	降落伞	包括可操纵降落伞、滑翔降落伞、旋翼降落伞等。
A05030604	绳、索、缆及其制品	包括网料和结制网。
A05030699	其他室外装具	
A05030700	箱、包和类似制品	
A05030701	衣箱、提箱及类似容器	
A05030702	手提包、背包	
A05030703	钱包	
A05030799	其他箱、包和类似制品	
A05039900	其他装具	

续表

编码	品目名称	说明
A05040000	**办公用品**	
A05040100	纸制文具	
A05040101	复印纸	包括再生复印纸。
A05040102	信纸	
A05040103	信封	
A05040104	单证	
A05040105	票据	
A05040106	本册	
A05040199	其他纸制文具	
A05040200	硒鼓、粉盒	
A05040201	鼓粉盒	包括再生鼓粉盒。
A05040202	墨粉盒	
A05040203	喷墨盒	
A05040204	墨水盒	
A05040205	色带	
A05040299	其他硒鼓、粉盒	
A05040300	墨、颜料	
A05040301	墨水	
A05040302	颜料	
A05040399	其他墨、颜料	
A05040400	文教用品	
A05040401	文具	
A05040402	笔	
A05040403	教具	
A05040499	其他文教用品	
A05040500	清洁用品	
A05040501	卫生用纸制品	
A05040502	消毒杀菌用品	包括公共环境卫生与家庭用的清洁产品和消杀用品。
A05040503	肥（香）皂和合成洗涤剂	包括粉、液和膏状。
A05040504	口腔清洁护理用品	包括洁齿、护齿品、口腔及牙齿清洁剂等。
A05040599	其他清洁用品	

续表

编码	品目名称	说明
A05040600	信息化学品	
A05040601	胶片胶卷	
A05040602	录音录像带	
A05040699	其他信息化学品	包括摄影感光纸，片基，摄影、复印用化学制剂，未灌（录）制相关媒体等。
A05049900	其他办公用品	
A06000000	**特种动植物**	
A06010000	**特种用途动物**	
A06010100	实验用动物	
A06010200	动物良种	
A06010300	观赏动物	
A06010400	警用动物	警犬入此。
A06010500	搜救动物	搜救犬入此。
A06010600	助残动物	导盲犬入此。
A06019900	其他特种用途动物	
A06020000	**特种用途植物**	
A06020100	名贵树木	
A06020200	名贵花卉	
A06029900	其他特种用途植物	
A07000000	**物资**	
A07010000	**建筑建材**	
A07010100	天然石料	
A07010101	天然大理石荒料	
A07010102	天然花岗石荒料	
A07010103	石英岩	
A07010104	砂岩	
A07010105	板岩	
A07010106	蜡石	
A07010199	其他天然石料	
A07010200	木材、板材	
A07010201	普通锯材	
A07010202	特种锯材	包括铁路货车锯材、载重汽车锯材、船用锯材等。

续表

编码	品目名称	说明
A07010203	枕木	包括未浸渍枕木、已浸渍枕木等。
A07010204	木片和木粒	
A07010205	木丝、木粉	
A07010206	锯末、木废料及碎片	
A07010207	胶合板	包括木胶合板、竹胶合板等。
A07010208	纤维板	包括木质纤维板、非木质纤维板等。
A07010209	刨花板	包括木质刨花板、非木质刨花板等。
A07010210	细木工板	
A07010211	单板	包括刨切单板、旋切单板、微薄木等。
A07010212	强化木	
A07010213	指接材	
A07010214	人造板表面装饰板	包括直接印刷板、人造染色板、合成树脂浸渍贴面板等。
A07010215	热固性树脂装饰层压板	
A07010216	竹制品	
A07010217	棕、藤、草制品	
A07010299	其他木材、板材	
A07010300	非金属矿物材料	
A07010301	硅酸盐水泥熟料	包括窑外分解窑水泥熟料等。
A07010302	水泥	包括强度等级水泥、通用硅酸盐水泥、特性水泥等。
A07010303	石灰	包括生石灰、消石灰、水硬石灰等。
A07010304	熟石膏	包括建筑熟石膏、化学熟石膏等。
A07010305	商品混凝土	
A07010306	水泥混凝土排水管	包括钢筋混凝土排水管等。
A07010307	水泥混凝土压力管	包括自应力混凝土输水管、预应力钢筒混凝土管、管芯缠丝工艺混凝土输水管等。
A07010308	钢筋混凝土井管、烟道管，相关钢筋混凝土管	包括钢筋混凝土井管、钢筋混凝土烟道管、相关钢筋混凝土管等。
A07010309	水泥混凝土电杆	包括环形钢筋混凝土电杆、环形预应力混凝土电杆等。
A07010310	预应力混凝土桩	包括预应力混凝土管桩、预应力混凝土方桩等。
A07010311	遁构法施工用钢筋混凝土管片	
A07010312	混凝土轨枕及铁道用混凝土制品	包括预应力混凝土水泥轨枕、气垫火车导轨体段、混凝土轨道板等。

续表

编码	品目名称	说明
A07010313	水泥混凝土预制构件	包括钢筋混凝土桩、钢筋混凝土梁、钢筋混凝土预制框架等。
A07010314	水泥混凝土制砖、瓦及类似品	包括水泥混凝土砖、混凝土路缘石、水泥混凝土瓦等。
A07010315	水泥混凝土装饰制品	包括水泥混凝土制人形塑像、水泥混凝土制动物塑像、水泥混凝土制花瓶等。
A07010316	石棉水泥制品	包括石棉水泥板、石棉水泥瓦、石棉水泥管等。
A07010317	纤维增强硅酸钙板	包括石棉硅酸钙板、无石棉硅酸钙板等。
A07010318	无石棉纤维水泥制品	包括无石棉纤维水泥平板、无石棉纤维水泥波瓦、无石棉纤维水泥管等。
A07010319	GRC 水泥制品	包括 GRC 管、GRC 瓦、GRC 水泥板等。
A07010320	石膏板	包括纸面石膏板、混合石膏板等。
A07010321	石膏龙骨，相关石膏制品	
A07010322	轻质隔墙条板	包括蒸压加气混凝土板，钢丝网架水泥夹芯板，轻集料混凝土条、板等。
A07010323	轻骨料，相关轻质建筑材料	包括天然轻骨料、人工轻骨料、烤漆龙骨等。
A07010324	砖	包括蒸压砖、免烧砖、蒸养砖等。
A07010325	瓦	包括烧结瓦、蒸压瓦等。
A07010326	建筑砌块	包括石膏砌块、水工市政用混凝土砌块、建筑墙体用混凝土砌块等。
A07010327	瓷质砖	包括无釉瓷质砖、有釉瓷质砖等。
A07010328	炻瓷砖	包括无釉炻瓷砖、有釉炻瓷砖等。
A07010329	细炻砖	包括无釉细炻砖、有釉细炻砖等。
A07010330	炻质砖	包括无釉炻质砖、有釉炻质砖等。
A07010331	陶质砖	包括无釉陶质砖、有釉陶质砖等。
A07010332	陶瓷马赛克	包括无釉陶瓷锦砖、有釉陶瓷锦砖、纳米抗菌陶瓷锦砖等。
A07010333	陶瓷耐酸砖	包括高强致密耐酸砖、耐温耐酸砖、耐酸陶瓷砖板等。
A07010334	建筑陶瓷装饰物	包括建筑琉璃制品、非琉璃制建筑陶瓷装饰物等。
A07010335	加工天然石材、石料	包括天然石、板材、天然石料制铺路石、路边石等。
A07010336	人造石材、石料	包括人造石方料、人造石板材等。
A07010337	专用或特殊用途天然石材制品	包括专用或特殊用途大理石制成品、专用或特殊用途花岗石制成品、专用或特殊用途天然板岩制成品等。
A07010338	专用人造石建筑用制品	包括仿大理石制成品、仿花岗岩制成品等。
A07010339	天然石碑石及其制品	包括天然大理石碑石、天然花岗岩碑石等。

续表

编码	品目名称	说明
A07010340	人造石碑石及其制品	包括人造石制界石、人造石制墓碑、人造石制镶边石等。
A07010341	蜡石制成品	包括蜡石砖、蜡石粉粒等。
A07010342	水磨石建筑制成品	包括水磨石地板砖、水磨石装饰板、水磨石柱面等。
A07010343	PVC石英砂制成品	
A07010344	石材复合板	包括常规石材复合板、超薄石材复合板等。
A07010345	沥青和改性沥青防水卷材	包括石油沥青防水卷材、改性沥青防水卷材等。
A07010346	金属胎油毡	
A07010347	自粘防水卷材	包括自粘橡胶沥青防水卷材、自粘聚合物改性沥青聚酯胎防水卷材等。
A07010348	玻纤胎沥青瓦	
A07010349	建筑用沥青制品	包括建筑防水沥青嵌缝油膏等。
A07010350	高分子防水卷（片）材	包括橡胶防水卷（片）材、合成树脂类防水卷（片）材等。
A07010351	矿物绝热和吸声材料	包括矿物棉、膨胀矿物材料等。
A07010352	矿物材料制品	包括岩棉制品、玻璃棉制品、矿棉吸音板等。
A07010353	已加工石棉纤维	包括加工石棉纤维、泡沫石棉、弹性泡沫石棉等。
A07010354	石棉制品	包括石棉隔热保湿制品、石棉密封垫板、特种石棉制品等。
A07010355	已加工云母	包括厚片云母、薄片云母、云母粉等。
A07010356	云母制品	包括云母板、云母片、云母箔等。
A07010357	致密定形耐火制品	包括粘土质砖、镁质砖、高铝质砖等。
A07010358	隔热耐火制品	包括黏土质隔热耐火砖、高铝质隔热耐火砖、耐火纤维制品等。
A07010359	不定形耐火制品	包括浇注料、喷补料、可塑料等。
A07010360	耐火陶瓷制品	包括耐火陶瓷管、耐火陶瓷坩埚、硅质耐火陶瓷制品等。
A07010361	石墨制品	包括石墨电极、石墨阳极等。
A07010362	碳制品	包括炭块、炭电极、炭糊等。
A07010363	炭素新材料	包括特种石墨制品、热解石墨制品、碳素纤维类及制品等。
A07010364	固结磨具	包括砂轮，磨头、磨盘、磨齿，手用磨石等。
A07010365	天然石制磨具	包括天然石材制砂轮、天然石磨、石碾。
A07010366	涂附磨具	包括纸基、布基、涂附磨具异型产品等。
A07010367	超硬材料制品	包括超硬材料磨具、金刚石钻探工具等。
A07010368	天然研磨料	
A07010369	普通磨料	包括人造刚玉、碳化硅磨料、碳化硼（废料）等。

续表

编码	品目名称	说明
A07010370	超硬材料	包括人造金刚石、立方氮化硼、化学气相沉积（CVD）金刚石等。
A07010371	沥青混合物	包括普通沥青混合料、添加抗剥落剂沥青混合料、SBS 聚合物改性沥青混合料等。
A07010372	泥炭制品	包括泥炭制片、泥炭制气缸壳体、植物培植盆等。
A07010399	其他非金属矿物材料	包括石墨热交换器、柔性石墨制品、电碳产品、大理石日用制品、花岗岩日用制品、石灰石日用制品等。
A07010400	黑色金属冶炼及压延产品	
A07010401	炼钢生铁	
A07010402	铸造生铁	
A07010403	含钒生铁	
A07010404	炼钢用直接还原铁	
A07010405	炼钢用熔融还原铁	
A07010406	高炉生铁产球磨铸铁	
A07010407	铸铁管	
A07010408	铸铁管附件	
A07010409	非合金钢粗钢	
A07010410	低合金钢粗钢	
A07010411	合金钢粗钢	
A07010412	不锈钢粗钢	
A07010413	非合金钢钢坯	
A07010414	低合金钢钢坯	
A07010415	合金钢钢坯	
A07010416	不锈钢钢坯	
A07010417	铁道用钢材	
A07010418	大型型钢	
A07010419	中小型型钢	
A07010420	钢棒	
A07010421	钢筋	
A07010422	线材（盘条）	
A07010423	特厚板	
A07010424	厚钢板	
A07010425	中板	

编码	品目名称	说明
A07010426	热轧薄板	
A07010427	冷轧薄板	
A07010428	中厚宽钢带	
A07010429	热轧薄宽钢带	
A07010430	冷轧薄宽钢带	
A07010431	热轧窄钢带	
A07010432	冷轧窄钢带	
A07010433	镀层板带	
A07010434	涂层板带	
A07010435	电工钢板带	
A07010436	无缝钢管	
A07010437	焊接钢管	
A07010438	普通铁合金	
A07010439	特种铁合金	
A07010499	其他黑色金属冶炼及压延产品	
A07010500	有色金属冶炼及压延产品	
A07010501	铜	
A07010502	铅	
A07010503	锌	
A07010504	镍	
A07010505	锡	
A07010506	锑	
A07010507	铝	
A07010508	镁	
A07010509	钛	
A07010510	汞及汞化合物	
A07010511	镉、铋及常见有色金属	
A07010512	贵金属	
A07010513	稀有稀土金属	
A07010514	碱金属及碱土金属	
A07010515	常用有色金属合金	

续表

编码	品目名称	说明
A07010516	硬质合金	
A07010517	稀有稀土金属合金	
A07010518	贵金属合金	
A07010519	铜材	
A07010520	铜盘条	
A07010521	铜粉及片状粉末	
A07010522	铝材	
A07010523	铝盘条	
A07010524	铝粉及片状粉末	
A07010525	锌材	
A07010526	锌末、锌粉及片状粉末	
A07010527	镍材	
A07010528	镍粉及片状粉末	
A07010529	锡材	
A07010530	锡粉及片状粉末	
A07010531	镁材	
A07010532	钛材	
A07010533	镉材	
A07010534	铋材	
A07010535	金加工材	
A07010536	银材	
A07010537	铂加工材	
A07010538	钯材	
A07010539	铑加工材	
A07010540	铱加工材	
A07010541	锇加工材	
A07010542	钌加工材	
A07010543	包金金属材料	
A07010544	包银金属材料	
A07010545	包铂金属材料	
A07010546	钨加工材	
A07010547	钼加工材	

续表

编码	品目名称	说明
A07010548	钽加工材	
A07010549	锆加工材	
A07010550	铌加工材	
A07010551	镓加工材	
A07010552	铪加工材	
A07010553	铟加工材	
A07010554	铼加工材	
A07010555	钴加工材	
A07010556	铍加工材	
A07010557	铊加工材	
A07010558	铢加工材	
A07010559	钒加工材	
A07010599	其他有色金属冶炼及压延产品	
A07010600	建筑涂料	
A07010601	功能性建筑涂料	
A07010602	溶剂型涂料	
A07010603	合成树脂乳液内墙涂料	
A07010604	合成树脂乳液外墙涂料	
A07010605	无机外墙涂料	
A07010606	地坪涂料	
A07010607	水性聚氯乙烯焦油防水涂料	
A07010608	聚氯乙烯弹性体防水涂料	
A07010699	其他建筑涂料	
A07010700	建筑物附属结构	
A07010701	门、门槛	包括电动门、木质、钢质门等。
A07010702	窗	
A07010703	梁、椽、屋顶支梁	
A07010704	楼梯	
A07010705	栏杆	
A07010706	地板	

编码	品目名称	说明
A07010707	锁	包括指纹锁、智能锁等。
A07010799	其他建筑物附属结构	
A07019900	其他建筑建材	
A07020000	**医药品**	
A07020100	抗菌素（抗感染药）	
A07020101	青霉素类	包括青霉素钠、青霉素钾、普鲁卡因青霉素等。
A07020102	氨基糖苷类药	包括链霉素类、庆大霉素类、卡那霉素类等。
A07020103	四环素类药	包括四环素、盐酸四环素、磷酸四环素等。
A07020104	氯霉素类药	包括氯霉素、琥珀氯霉素、棕榈氯霉素等。
A07020105	大环内酯类药	包括红霉素类、麦迪霉素、乙酰螺旋霉素等。
A07020106	头孢霉素类	包括7氨基头孢烷酸、7氨基脱乙酰氧基头孢烷酸、头孢氨苄及其盐等。
A07020107	利福平类	包括复方利福平、复合利福平、利福定等。
A07020108	林可霉素类	包括盐酸林可霉素、克林霉素、盐酸克林霉素等。
A07020199	其他抗菌素（抗感染药）	
A07020200	消化系统用药	
A07020201	季铵化合物类	包括碘化四甲铵、氢氧化四甲铵、甲酸四甲铵等。
A07020202	药用内酯	包括葡糖酸内酯（D-葡糖酸δ内酯）、泛内酯、山道年等。
A07020203	甘草酸盐	包括甘草酸、甘草酸钾、甘草酸二铵等。
A07020204	芦荟素	
A07020299	其他消化系统用药	
A07020300	解热镇痛药	
A07020301	阿斯匹林类	包括阿司匹林、精氨酸阿司匹林、卡巴匹林钙脲等。
A07020302	水杨酸及其盐	包括水杨酸（邻羟基苯甲酸）、水杨酸钠、水杨酸铋等。
A07020303	水杨酸酯	包括水杨酸甲酯、水杨酸苯酯、水杨酸乙酯等。
A07020304	含有非稠合吡唑环化合物	包括安替比林、安乃近、异丙安替比林等。
A07020305	环酰胺类	包括对乙酰氨基苯乙醚（非那西丁）、对乙酰氨基酚（扑热息痛）等。
A07020306	磺（酰）胺	包括磺胺嘧啶、磺胺双甲基嘧啶、磺胺甲噁唑等。
A07020307	麦角胺及其盐	包括麦角胺、酒石酸麦角胺等。
A07020308	布洛芬	
A07020399	其他解热镇痛药	

编码	品目名称	说明
A07020400	维生素类	
A07020401	维生素 A 类原药	
A07020402	维生素 B 类原药	包括维生素 B1 类原药、维生素 B2 类原药、维生素 B6 类原药等。
A07020403	维生素 C 类原药	
A07020404	维生素 D 或 DL—泛酸类原药	
A07020405	维生素 E 类原药	
A07020406	复合维生素类药	
A07020499	其他维生素类	
A07020500	抗寄生虫病药	
A07020501	奎宁及其盐	包括奎宁、盐酸奎宁、硫酸奎宁等。
A07020502	氯喹类	包括氯喹、磷酸氯喹、羟氯喹等。
A07020503	哌嗪类	包括哌嗪（二亚乙基二胺）、磷酸哌嗪、枸橼酸哌嗪等。
A07020504	噻嘧啶类	包括噻嘧啶、双羟萘酸噻嘧啶、甲噻嘧啶等。
A07020505	金鸡纳生物碱	包括辛可宁、辛可尼丁、单宁酸奎宁等。
A07020599	其他抗寄生虫病药	
A07020600	中枢神经系统用药	
A07020601	巴比妥类	包括阿洛巴比妥、异戊巴比妥、苯巴比妥（INN）等。
A07020602	无环酰胺类	包括甲丙氨酯（INN）、N，N-二甲基甲酰胺、乙酰胺等。
A07020603	咖啡因类	包括咖啡因、枸橼酸咖啡因、安钠咖啡因等。
A07020699	其他中枢神经系统用药	
A07020700	计划生育用药	
A07020800	激素类药	
A07020801	垂体激素类药	包括垂体（前叶）或类似激素、垂体后叶素、脑垂体后叶等。
A07020802	肾上腺皮质激素类药	包括可的松、氢化可的松、脱氢可的松等。
A07020803	生长激素类似物	包括生长激素、重组人生长激素、生长抑素等。
A07020804	葡糖醛酸内酯	
A07020805	胰腺激素	包括胰岛素、锌胰岛素、精蛋白锌胰岛素等。
A07020806	雌（甾）激素及孕激素	包括雌二醇、聚磷酸雌二醇、半琥珀雌二醇等。
A07020899	其他激素类药	
A07020900	抗肿瘤药	

续表

编码	品目名称	说明
A07020901	莫司汀类	包括洛莫司汀、卡莫司汀、司莫司汀等。
A07020902	蝶呤、嘌呤类	包括甲氨蝶呤、氨苯喋呤、氨喋呤等。
A07020903	天然来源类抗肿瘤药	包括长春碱、硫酸长春碱、长春新碱等。
A07020999	其他抗肿瘤药	
A07021000	心血管系统用药	
A07021001	苷类	包括毛地黄苷、毒毛旋花苷、洋地黄等。
A07021002	麦角生物碱及其衍生物以及盐	包括麦角新碱（麦角袂春）及其盐、麦角胺及其盐、麦角酸及其盐等。
A07021003	地高辛类	包括地高辛、甲地高辛、α-乙酰地高辛等。
A07021004	奎尼丁类	包括奎尼丁、硫酸奎尼丁、葡萄糖酸奎尼丁等。
A07021005	洛尔类	包括普萘洛尔、盐酸普萘洛尔、阿替洛尔等。
A07021099	其他心血管系统用药	
A07021100	呼吸系统用药	
A07021101	愈创木酚类	包括愈创木酚、愈创木酚碳酸酯、愈创甘油醚等。
A07021102	甲酚磺酸类	包括甲酚磺酸、甲酚磺酸钠、甲酚磺酸钙等。
A07021103	卡拉美芬类	包括卡拉美芬、盐酸卡拉美芬、乙二磺酸卡拉美芬等。
A07021104	麻黄碱类	包括麻黄碱、盐酸麻黄碱、甲麻黄碱等。
A07021105	茶碱和氨茶碱类	包括氨茶碱、茶碱、无水茶碱等。
A07021106	天然苷类	包括芸香苷及其衍生物、皂草苷、扁桃苷等。
A07021199	其他呼吸系统用药	
A07021200	泌尿系统用药	
A07021201	噻嗪类	包括氯噻嗪、氢氯噻嗪、环戊噻嗪等。
A07021202	可可碱类	包括可可碱、水杨酸钠可可碱等。
A07021203	天然或合成苷	包括浆果苷及其他天然或合成苷等。
A07021204	汞撒利类	包括汞撒利、汞撒利茶碱、汞撒利酸等。
A07021299	其他泌尿系统用药	
A07021300	血液系统用药	
A07021301	肝素类	包括肝素、肝素钠、肝素钙等。
A07021302	香豆素类	包括双香豆素、双香豆乙酯、乙双香豆素等。
A07021303	羟基淀粉类	包括羟乙基淀粉、羟甲基淀粉钠、羧甲淀粉等。
A07021399	其他血液系统用药	
A07021400	诊断用原药	

续表

编码	品目名称	说明
A07021401	泛影酸类	包括甲泛影酸、甲泛影钠、泛影酸等。
A07021402	葡胺类	包括葡甲胺、泛影葡胺、复方泛影葡胺等。
A07021403	碘他拉酸类	包括碘他拉酸、碘他拉酸钠等。
A07021499	其他诊断用原药	
A07021500	调解水、电解质、酸碱平衡药	
A07021501	葡萄糖类药	包括无水葡萄糖、液状葡萄糖、缩合葡萄糖等。
A07021502	糖醚、糖酯及其盐	包括羟丙基蔗糖、二磷酸果糖、果糖二磷酸钠等。
A07021503	化学纯乳糖	包括无水乳糖、乳果糖等。
A07021504	电解质平衡调节药	包括药用氯化钠、药用氯化钾、药用氯化钙等。
A07021505	酸碱平衡调节药	
A07021506	透析液	
A07021599	其他调解水、电解质、酸碱平衡药	
A07021600	麻醉用药	
A07021601	胆碱、胆碱盐及衍生物	包括己氨胆碱、溴己氨胆碱、琥珀胆碱等。
A07021602	鸦片碱、鸦片碱衍生物及相关盐	包括罂粟果提取物、丁丙诺啡等。
A07021603	可卡因及其盐	包括普鲁卡因、盐酸普鲁卡因、氯普鲁卡因等。
A07021699	其他麻醉用药	
A07021700	抗组织胺类药及解毒药	
A07021701	抗组织胺类药	包括苯海拉明类、斯汀类药、拉敏类药等。
A07021702	解毒药	包括巯类药、依地酸类药等。
A07021703	放射性同位素药	包括喷替酸镓、高锝酸钠、锝依替菲宁等。
A07021799	其他抗组织胺类药及解毒药	
A07021800	生化药（酶及辅酶）	
A07021801	卵磷脂、相关磷氨基类脂	包括磷脂、卵磷脂、大豆磷脂等。
A07021802	氨基酸及蛋白质类药（原药）	包括赖氨酸、盐酸赖氨酸、醋酸赖氨酸等。
A07021899	其他生化药（酶及辅酶）	
A07021900	消毒防腐及创伤外科用药	
A07021901	吖啶类药	包括依沙吖啶、乳酸依沙吖啶、氨吖啶等。

编码	品目名称	说明
A07021902	氯己定类药	包括氯己定、盐酸氯己定、枸橼酸氯己定等。
A07021903	汞类药	包括药用汞、药用氯化汞、药用氯化亚汞等。
A07021904	败坏翘摇素	
A07021905	丙酰基内酯	
A07021999	其他消毒防腐及创伤外科用药	
A07022000	制剂用辅料及附加剂	
A07022001	专用于人或兽药凝胶制品	
A07022002	专用于人或兽药润滑剂	
A07022003	专用于人或兽药偶合剂	
A07022099	其他制剂用辅料及附加剂	
A07022100	冻干粉针剂	
A07022101	注射用胸腺素	
A07022102	注射用重组人粒细胞巨噬细胞集落刺激因子	
A07022103	注射用重组人白介素-2（冻干粉针剂）	
A07022104	注射用重组人干扰素	
A07022105	注射用核糖核酸	
A07022106	低精蛋白胰岛素注射液	
A07022107	注射用人血白蛋白	
A07022108	注射用重组人生长激素	
A07022199	其他冻干粉针剂	
A07022200	粉针剂	
A07022201	含有青霉素及其衍生物粉针剂	包括注射用青霉素钠、注射用青霉素钾、注射用氨苄西林钠等。
A07022202	含有链霉素及其衍生物粉针剂	包括注射用链霉素等。
A07022203	头孢类粉针剂	包括注射用头孢唑林钠、注射用头孢拉定、注射用头孢他啶等。
A07022204	含有相关抗菌素生物粉针剂	包括注射用克拉霉素、注射用阿昔洛韦等。
A07022205	含有皮质甾类激素及其衍生物粉针剂	包括注射用甲基强的松龙琥珀酸钠等。

续表

编码	品目名称	说明
A07022299	其他粉针剂	包括注射用二磷酸果糖等。
A07022300	注射液	
A07022301	含有相关抗菌素注射液	包括阿米卡星注射液、庆大霉素注射液、小诺霉素注射液等。
A07022302	含有维生素原和维生素注射液	包括维生素 B1 注射液、维生素 B6 注射液、维生素 B12 注射液等。
A07022303	含有皮质甾类激素及其衍生物注射液	包括倍氯米松注射液、氢化可的松注射液、地塞米松注射液等。
A07022304	含有奎宁或其盐注射液	包括复方奎宁注射液、奎宁乌拉坦注射液等。
A07022305	含有生物碱及其衍生物注射液	包括氨茶碱注射液等。
A07022306	含有胰岛素注射液	包括胰岛素注射液、重组人胰岛素注射液等。
A07022307	避孕药注射液	包括单方庚酸炔诺酮注射液、复方庚酸炔诺酮二号注射液、微囊复方甲地孕酮避孕注射液等。
A07022399	其他注射液	包括曲克芦丁注射液、昂丹司琼注射液、西咪替丁注射液等。
A07022400	输液	
A07022401	含有抗菌素输液	包括诺氟沙星输液、氧氟沙星输液、左氧氟沙星输液等。
A07022499	其他输液	包括甲硝唑输液、替硝唑输液、甘露醇输液等。
A07022500	片剂	
A07022501	含有青霉素及其衍生物片剂	包括青霉素 V 钾片、阿莫西林-克拉维酸钾片等。
A07022502	含有链霉素及其衍生物片剂	
A07022503	含有先锋霉素片剂	包括头孢克洛片、头孢呋辛酯片等。
A07022504	含有抗菌素片剂	包括红霉素片、琥乙红霉素片、罗红霉素片等。
A07022505	含有奎宁或其盐的片剂	包括无味奎宁片、重硫酸奎宁片等。
A07022506	含有磺胺类片剂	包括复方磺胺甲噁唑片、增效联磺片等。
A07022507	含有联苯双酯片剂	包括联苯双酯滴丸、联苯双酯片、复方联苯双酯片等。
A07022508	含有维生素及其衍生物片剂	包括维生素 B1 片、维生素 B2 片、维生素 B6 片等。
A07022509	含有皮质甾类激素及其衍生物片剂	包括地塞米松片、泼尼松片等。
A07022510	含有生物碱及其衍生物的片剂	包括氨茶碱片、复方茶碱片等。

续表

编码	品目名称	说明
A07022511	避孕药片剂	包括醋炔诺酮片、复方醋酸炔诺酮片、炔诺孕酮速效避孕片等。
A07022599	其他片剂	包括利巴韦林片、阿昔洛韦片、阿司匹林片等。
A07022600	胶囊剂	
A07022601	含有青霉素及其衍生物胶囊	包括阿莫西林胶囊、托西酸舒他西林胶囊等。
A07022602	含有链霉素及其衍生物胶囊	
A07022603	含有先锋霉素胶囊	包括头孢拉定胶囊、头孢氨苄胶囊、头孢羟氨苄胶囊等。
A07022604	含有相关抗菌素胶囊	包括米诺环素胶囊、克林霉素胶囊、林可霉素胶囊等。
A07022605	含有维生素及其衍生物胶囊	包括维生素 AD 胶囊、维生素 E 胶囊等。
A07022699	其他胶囊剂	包括速效伤风胶囊、吲哚美辛胶囊、吉非贝齐胶囊等。
A07022700	颗粒剂	
A07022701	含有青霉素及其衍生物颗粒剂	包括阿莫西林颗粒、托西酸舒他西林颗粒等。
A07022702	含有链霉素及其衍生物颗粒剂	
A07022703	含有先锋霉素颗粒剂	包括头孢拉定颗粒、头孢羟氨苄颗粒等。
A07022704	含有相关抗菌素颗粒剂	包括罗红霉素颗粒剂、克拉霉素颗粒等。
A07022799	其他颗粒剂	包括枸橼酸铋钾颗粒剂等。
A07022800	缓释控释片	
A07022801	含有抗菌素缓释控释片	包括含有青霉素及其衍生物缓释控释片、含有链霉素及其衍生物缓释控释片、含有先锋霉素缓释控释片等。
A07022802	含有奎宁或其盐的缓释控释片	
A07022803	含有磺胺类缓释控释片	
A07022804	含有联苯双酯缓释控释片	
A07022805	含有维生素及其衍生物缓释控释片	
A07022806	含有皮质甾类激素及其衍生物缓释控释片	
A07022807	含有生物碱及其衍生物缓释控释片	
A07022899	其他缓释控释片	

续表

编码	品目名称	说明
A07022900	滴剂	
A07023000	膏霜剂	
A07023100	栓剂	
A07023200	气雾剂	
A07023300	口服液体制剂	
A07023400	外用液体制剂	
A07023500	避孕药物用具	
A07023501	避孕环	
A07023502	避孕胶棒、膜	
A07023599	其他避孕药物用具	
A07023600	植物类饮片	
A07023601	根及根茎类饮片	包括巴戟天类饮片、白芍类饮片、柴胡类饮片等。
A07023602	块、根、茎类饮片	包括百部类饮片、草乌类饮片、何首乌类饮片等。
A07023603	藤、茎类饮片	包括络实（石）藤段、青枫藤片、落实藤等。
A07023604	木、心材类饮片	包括檀香类饮片等。
A07023605	树皮类饮片	包括地枫皮类饮片、合欢皮类饮片、苦楝皮类饮片等。
A07023606	叶片类饮片	包括艾叶类饮片、大青叶类饮片、侧柏叶类饮片等。
A07023607	花、蕊类饮片	包括谷精草类饮片、松花粉类饮片、莲房类饮片等。
A07023608	果实、种子类饮片	包括马兜铃类饮片、草果仁类饮片、山楂类饮片等。
A07023609	草类饮片	包括半边莲（药用）、皮草节类饮片、皮草面类饮片等。
A07023610	藻、菌、地衣类饮片	包括冬虫夏草类饮片、茯苓类饮片、灵芝类饮片等。
A07023611	植物加工类饮片	包括芦荟块类饮片、淡豆豉类饮片、山芋肉类饮片等。
A07023699	其他植物类饮片	
A07023700	动物类饮片	
A07023701	动物全体类饮片	包括斑蝥虫类饮片、红娘虫类饮片、干蟾类饮片等。
A07023702	去内脏动物类饮片	包括地龙类饮片、蛤蚧类饮片、乌蛇类饮片等。
A07023703	动物皮、角类饮片	包括蝉蜕类饮片、蛇蜕类饮片、刺猬皮类饮片等。
A07023704	动物鳞片、贝壳类饮片	包括鳖甲类饮片、玳瑁类饮片、生蛤壳类饮片等。
A07023705	动物骨骼、脏器类饮片	包括海螵蛸类饮片、猴骨类饮片、鹿骨类饮片等。
A07023706	动物产物、加工类饮片	包括蚕砂类饮片、人工牛黄类饮片、桑螵蛸类饮片等。
A07023799	其他动物类饮片	
A07023800	矿物类饮片	

续表

编码	品目名称	说明
A07023801	白矾类饮片	
A07023802	大青盐类饮片	
A07023803	磁石类饮片	
A07023804	胆矾类饮片	
A07023805	赤石脂类饮片	
A07023806	鹅管石类饮片	
A07023807	红粉类饮片	
A07023808	花蕊石类饮片	
A07023809	海浮石类饮片	
A07023810	金礞石类饮片	
A07023811	硫磺类饮片	
A07023812	密陀僧类饮片	
A07023813	寒水石类饮片	
A07023814	紫硇砂类饮片	
A07023815	硼砂类饮片	
A07023816	青礞石类饮片	
A07023817	轻粉类饮片	
A07023818	石膏类饮片	
A07023819	龙齿类饮片	
A07023820	龙骨类饮片	
A07023821	炉甘石类饮片	
A07023822	雄黄类饮片	
A07023823	赭石类饮片	
A07023824	钟乳石类饮片	
A07023825	紫石英类饮片	
A07023826	自然铜类饮片	
A07023827	云母石类饮片	
A07023828	禹粮石类饮片	
A07023899	其他矿物类饮片	
A07023900	中成药丸剂	
A07023901	解表丸丸剂	
A07023902	泻下丸剂	

续表

编码	品目名称	说明
A07023903	和解丸剂	
A07023904	温里丸剂	
A07023905	清热丸剂	
A07023906	祛暑丸剂	
A07023907	补益丸剂	
A07023908	固涩丸剂	
A07023909	安神丸剂	
A07023910	开窍丸剂	
A07023911	理气丸剂	
A07023912	理血丸剂	
A07023913	止血丸剂	
A07023914	治风丸剂	
A07023915	祛湿丸剂	
A07023916	祛风湿丸剂	
A07023917	祛痰丸剂	
A07023918	止咳平喘丸剂	
A07023919	消食丸剂	
A07023920	治泻、痢丸剂	
A07023921	小儿镇惊丸剂	
A07023922	调经、止带丸剂	
A07023923	治产后病丸剂	
A07023924	安胎丸剂	
A07023925	利咽丸剂	
A07023926	明目丸剂	
A07023927	通鼻丸剂	
A07023928	治耳丸剂	
A07023929	驱虫、杀虫、止痒丸剂	
A07023930	治痔丸剂	
A07023931	治疮疡丸剂	
A07023932	止酸解痉治胃痛丸剂	
A07023933	抗痨丸剂	
A07023934	抗癌丸剂	

编码	品目名称	说明
A07023999	其他中成药丸剂	
A07024000	中成药冲剂	
A07024001	解表冲剂	
A07024002	泻下冲剂	
A07024003	和解冲剂	
A07024004	温里冲剂	
A07024005	清热冲剂	
A07024006	祛暑冲剂	
A07024007	补益冲剂	
A07024008	固涩冲剂	
A07024009	安神冲剂	
A07024010	开窍冲剂	
A07024011	理气冲剂	
A07024012	理血冲剂	
A07024013	止血冲剂	
A07024014	治风冲剂	
A07024015	祛湿冲剂	
A07024016	祛风湿冲剂	
A07024017	祛痰冲剂	
A07024018	止咳平喘冲剂	
A07024019	消食冲剂	
A07024020	治泻、痢冲剂	
A07024021	小儿镇惊冲剂	
A07024022	调经、止带冲剂	
A07024023	治产后病冲剂	
A07024024	安胎冲剂	
A07024025	利咽冲剂	
A07024026	明目冲剂	
A07024027	通鼻冲剂	
A07024028	治耳冲剂	
A07024029	驱虫、杀虫、止痒冲剂	
A07024030	治痔冲剂	

续表

编码	品目名称	说明
A07024031	治疮疡冲剂	
A07024032	止酸解痉治胃痛冲剂	
A07024033	抗痨冲剂	
A07024034	抗癌冲剂	
A07024099	其他中成药冲剂	
A07024100	中成药糖浆	
A07024101	解表糖浆	
A07024102	泻下糖浆	
A07024103	和解糖浆	
A07024104	温里糖浆	
A07024105	清热糖浆	
A07024106	祛暑糖浆	
A07024107	补益糖浆	
A07024108	固涩糖浆	
A07024109	安神糖浆	
A07024110	开窍糖浆	
A07024111	理气糖浆	
A07024112	理血糖浆	
A07024113	止血糖浆	
A07024114	治风糖浆	
A07024115	祛湿糖浆	
A07024116	祛风湿糖浆	
A07024117	祛痰糖浆	
A07024118	止咳平喘糖浆	
A07024119	消食糖浆	
A07024120	治泻、痢糖浆	
A07024121	小儿镇惊糖浆	
A07024122	调经、止带糖浆	
A07024123	治产后病糖浆	
A07024124	安胎糖浆	
A07024125	利咽糖浆	
A07024126	明目糖浆	

编码	品目名称	说明
A07024127	通鼻糖浆	
A07024128	治耳糖浆	
A07024129	驱虫、杀虫、止痒糖浆	
A07024130	治痔糖浆	
A07024131	治疮疡糖浆	
A07024132	止酸解痉治胃痛糖浆	
A07024133	抗痨糖浆	
A07024134	抗癌糖浆	
A07024199	其他中成药糖浆	
A07024200	中成药片剂	
A07024201	解表片剂	
A07024202	泻下片剂	
A07024203	和解片剂	
A07024204	温里片剂	
A07024205	清热片剂	
A07024206	祛暑片剂	
A07024207	补益片剂	
A07024208	固涩片剂	
A07024209	安神片剂	
A07024210	开窍片剂	
A07024211	理气片剂	
A07024212	理血片剂	
A07024213	止血片剂	
A07024214	治风片剂	
A07024215	祛湿片剂	
A07024216	祛风湿片剂	
A07024217	祛痰片剂	
A07024218	止咳平喘片剂	
A07024219	消食片剂	
A07024220	治泻、痢片剂	
A07024221	小儿镇惊片剂	
A07024222	调经、止带片剂	

续表

编码	品目名称	说明
A07024223	治产后病片剂	
A07024224	安胎片剂	
A07024225	利咽片剂	
A07024226	明目片剂	
A07024227	通鼻片剂	
A07024228	治耳片剂	
A07024229	驱虫、杀虫、止痒片剂	
A07024230	治痔片剂	
A07024231	治疮疡片剂	
A07024232	止酸解痉治胃痛片剂	
A07024233	抗痨片剂	
A07024234	抗癌片剂	
A07024299	其他中成药片剂	
A07024300	中成药针剂	
A07024301	解表针剂	
A07024302	泻下针剂	
A07024303	和解针剂	
A07024304	温里针剂	
A07024305	清热针剂	
A07024306	祛暑针剂	
A07024307	补益针剂	
A07024308	固涩针剂	
A07024309	安神针剂	
A07024310	开窍针剂	
A07024311	理气针剂	
A07024312	理血针剂	
A07024313	止血针剂	
A07024314	治风针剂	
A07024315	祛湿针剂	
A07024316	祛风湿针剂	
A07024317	祛痰针剂	
A07024318	止咳平喘针剂	

续表

编码	品目名称	说明
A07024319	消食针剂	
A07024320	治泻、痢针剂	
A07024321	小儿镇惊针剂	
A07024322	调经、止带针剂	
A07024323	治产后病针剂	
A07024324	安胎针剂	
A07024325	利咽针剂	
A07024326	明目针剂	
A07024327	通鼻针剂	
A07024328	治耳针剂	
A07024329	驱虫、杀虫、止痒针剂	
A07024330	治痔针剂	
A07024331	治疮疡针剂	
A07024332	止酸解痉治胃痛针剂	
A07024333	抗痨针剂	
A07024334	抗癌针剂	
A07024399	其他中成药针剂	
A07024400	中成药注射液	
A07024401	解表注射液	
A07024402	泻下注射液	
A07024403	和解注射液	
A07024404	温里注射液	
A07024405	清热注射液	
A07024406	祛暑注射液	
A07024407	补益注射液	
A07024408	固涩注射液	
A07024409	安神注射液	
A07024410	开窍注射液	
A07024411	理气注射液	
A07024412	理血注射液	
A07024413	止血注射液	
A07024414	治风注射液	

续表

编码	品目名称	说明
A07024415	祛湿注射液	
A07024416	祛风湿注射液	
A07024417	祛痰注射液	
A07024418	止咳平喘注射液	
A07024419	消食注射液	
A07024420	治泻、痢注射液	
A07024421	小儿镇惊注射液	
A07024422	调经、止带注射液	
A07024423	治产后病注射液	
A07024424	安胎注射液	
A07024425	利咽注射液	
A07024426	明目注射液	
A07024427	通鼻注射液	
A07024428	治耳注射液	
A07024429	驱虫、杀虫、止痒注射液	
A07024430	治痔注射液	
A07024431	治疮疡注射液	
A07024432	止酸解痉治胃痛注射液	
A07024433	抗痨注射液	
A07024434	抗癌注射液	
A07024499	其他中成药注射液	
A07024500	膏药	
A07024501	解表膏药	
A07024502	泻下膏药	
A07024503	和解膏药	
A07024504	温里膏药	
A07024505	清热膏药	
A07024506	祛暑膏药	
A07024507	补益膏药	
A07024508	固涩膏药	
A07024509	安神膏药	
A07024510	开窍膏药	

续表

编码	品目名称	说明
A07024511	理气膏药	
A07024512	理血膏药	
A07024513	止血膏药	
A07024514	治风膏药	
A07024515	祛湿膏药	
A07024516	祛风湿膏药	
A07024517	祛痰膏药	
A07024518	止咳平喘膏药	
A07024519	消食膏药	
A07024520	治泻、痢膏药	
A07024521	小儿镇惊膏药	
A07024522	调经、止带膏药	
A07024523	治产后病膏药	
A07024524	安胎膏药	
A07024525	利咽膏药	
A07024526	明目膏药	
A07024527	通鼻膏药	
A07024528	治耳膏药	
A07024529	驱虫、杀虫、止痒膏药	
A07024530	治痔膏药	
A07024531	治疮疡膏药	
A07024532	止酸解痉治胃痛膏药	
A07024533	抗痨膏药	
A07024534	抗癌膏药	
A07024599	其他膏药	
A07024600	中成药口服液	
A07024601	解表口服液	
A07024602	泻下口服液	
A07024603	和解口服液	
A07024604	温里口服液	
A07024605	清热口服液	
A07024606	祛暑口服液	

续表

编码	品目名称	说明
A07024607	补益口服液	
A07024608	固涩口服液	
A07024609	安神口服液	
A07024610	开窍口服液	
A07024611	理气口服液	
A07024612	理血口服液	
A07024613	止血口服液	
A07024614	治风口服液	
A07024615	祛湿口服液	
A07024616	祛风湿口服液	
A07024617	祛痰口服液	
A07024618	止咳平喘口服液	
A07024619	消食口服液	
A07024620	治泻、痢口服液	
A07024621	小儿镇惊口服液	
A07024622	调经、止带口服液	
A07024623	治产后病口服液	
A07024624	安胎口服液	
A07024625	利咽口服液	
A07024626	明目口服液	
A07024627	通鼻口服液	
A07024628	治耳口服液	
A07024629	驱虫、杀虫、止痒口服液	
A07024630	治痔口服液	
A07024631	治疮疡口服液	
A07024632	止酸解痉治胃痛口服液	
A07024633	抗痨口服液	
A07024634	抗癌口服液	
A07024699	其他中成药口服液	
A07024700	中成药胶囊	
A07024701	解表胶囊	
A07024702	泻下胶囊	

续表

编码	品目名称	说明
A07024703	和解胶囊	
A07024704	温里胶囊	
A07024705	清热胶囊	
A07024706	祛暑胶囊	
A07024707	补益胶囊	
A07024708	固涩胶囊	
A07024709	安神胶囊	
A07024710	开窍胶囊	
A07024711	理气胶囊	
A07024712	理血胶囊	
A07024713	止血胶囊	
A07024714	治风胶囊	
A07024715	祛湿胶囊	
A07024716	祛风湿胶囊	
A07024717	祛痰胶囊	
A07024718	止咳平喘胶囊	
A07024719	消食胶囊	
A07024720	治泻、痢胶囊	
A07024721	小儿镇惊胶囊	
A07024722	调经、止带胶囊	
A07024723	治产后病胶囊	
A07024724	安胎胶囊	
A07024725	利咽胶囊	
A07024726	明目胶囊	
A07024727	通鼻胶囊	
A07024728	治耳胶囊	
A07024729	驱虫、杀虫、止痒胶囊	
A07024730	治痔胶囊	
A07024731	治疮疡胶囊	
A07024732	止酸解痉治胃痛胶囊	
A07024733	抗痨胶囊	
A07024734	抗癌胶囊	

续表

编码	品目名称	说明
A07024799	其他中成药胶囊	
A07024800	中成药散剂	
A07024801	解表散剂	
A07024802	泻下散剂	
A07024803	和解散剂	
A07024804	温里散剂	
A07024805	清热散剂	
A07024806	祛暑散剂	
A07024807	补益散剂	
A07024808	固涩散剂	
A07024809	安神散剂	
A07024810	开窍散剂	
A07024811	理气散剂	
A07024812	理血散剂	
A07024813	止血散剂	
A07024814	治风散剂	
A07024815	祛湿散剂	
A07024816	祛风湿散剂	
A07024817	祛痰散剂	
A07024818	止咳平喘散剂	
A07024819	消食散剂	
A07024820	治泻、痢散剂	
A07024821	小儿镇惊散剂	
A07024822	调经、止带散剂	
A07024823	治产后病散剂	
A07024824	安胎散剂	
A07024825	利咽散剂	
A07024826	明目散剂	
A07024827	通鼻散剂	
A07024828	治耳散剂	
A07024829	驱虫、杀虫、止痒散剂	
A07024830	治痔散剂	

续表

编码	品目名称	说明
A07024831	治疮疡散剂	
A07024832	止酸解痉治胃痛散剂	
A07024833	抗痨散剂	
A07024834	抗癌散剂	
A07024899	其他中成药散剂	
A07024900	中成药栓剂	
A07024901	解表栓剂	
A07024902	泻下栓剂	
A07024903	和解栓剂	
A07024904	温里栓剂	
A07024905	清热栓剂	
A07024906	祛暑栓剂	
A07024907	补益栓剂	
A07024908	固涩栓剂	
A07024909	安神栓剂	
A07024910	开窍栓剂	
A07024911	理气栓剂	
A07024912	理血栓剂	
A07024913	止血栓剂	
A07024914	治风栓剂	
A07024915	祛湿栓剂	
A07024916	祛风湿栓剂	
A07024917	祛痰栓剂	
A07024918	止咳平喘栓剂	
A07024919	消食栓剂	
A07024920	治泻、痢栓剂	
A07024921	小儿镇惊栓剂	
A07024922	调经、止带栓剂	
A07024923	治产后病栓剂	
A07024924	安胎栓剂	
A07024925	利咽栓剂	
A07024926	明目栓剂	

编码	品目名称	说明
A07024927	通鼻栓剂	
A07024928	治耳栓剂	
A07024929	驱虫、杀虫、止痒栓剂	
A07024930	治痔栓剂	
A07024931	治疮疡栓剂	
A07024932	止酸解痉治胃痛栓剂	
A07024933	抗痨栓剂	
A07024934	抗癌栓剂	
A07024999	其他中成药栓剂	
A07025000	药酒	
A07025001	补益药酒	
A07025002	固涩药酒	
A07025003	安神药酒	
A07025004	开窍药酒	
A07025005	理气药酒	
A07025006	理血药酒	
A07025007	止血药酒	
A07025008	治风药酒	
A07025009	祛湿药酒	
A07025099	其他药酒	
A07025100	清凉油	
A07025101	治风剂清凉油	
A07025199	其他清凉油	
A07025200	兽用药品	
A07025201	兽用化学药品	
A07025202	兽用血清制品	
A07025203	兽用疫苗	
A07025204	兽用诊断制品	
A07025205	兽用微生态制品	
A07025206	兽用中药材	
A07025207	兽用中成药	
A07025208	兽用抗生素	

续表

编码	品目名称	说明
A07025209	兽用生化药品	
A07025210	兽用放射性药品	
A07025211	兽用外用杀虫剂	
A07025212	兽用消毒剂	
A07025299	其他兽用药品	
A07025300	酶类生化制剂	
A07025301	胰蛋白酶制剂	包括注射用胰蛋白酶、注射用结晶糜胰蛋白酶、复方胰蛋白酶胶囊等。
A07025302	糜蛋白酶制剂	包括注射用糜蛋白酶等。
A07025303	菠萝蛋白酶制剂	包括芦笋菠萝蛋白酶胶囊、复方菠萝蛋白酶片等。
A07025304	链激酶制剂	包括注射用冻干链激酶等。
A07025305	重组链激酶制剂	包括注射用重组链激酶等。
A07025306	双链酶制剂	包括双链酶片剂、注射用双链酶等。
A07025307	尿激酶制剂	包括注射用尿激酶脂质体冻干品、口服用尿激酶脂质体冻干品等。
A07025308	溶菌酶制剂	包括复方氯化溶菌酶胶囊、溶菌酶片剂等。
A07025309	辅酶 Q10 制剂	包括辅酶 Q10 片剂、辅酶 Q10 胶囊剂等。
A07025310	辅酶 I 制剂	包括注射用辅酶 I 等。
A07025311	复合辅酶制剂	包括注射用复合辅酶等。
A07025312	门冬酰胺酶制剂	包括注射用左旋门冬酰胺酶、注射用门冬酰胺酶等。
A07025313	胰酶制剂	包括胰酶肠溶片、复方胰酶片、胰酶胶囊等。
A07025314	多酶制剂	包括多酶片（肠溶片）、多酶包衣片等。
A07025315	复合多酶制剂	
A07025316	胃蛋白酶制剂	包括复方胃蛋白酶颗粒、复方胃蛋白酶散、胃蛋白酶合剂等。
A07025317	含糖胃蛋白酶制剂	包括复方含糖胃蛋白酶颗粒等。
A07025318	淀粉酶制剂	包括复方淀粉酶颗粒、淀粉酶测定试剂盒等。
A07025399	其他酶类生化制剂	
A07025400	氨基酸及蛋白质类药	
A07025401	乙酰半胱氨酸制剂	包括乙酰半胱氨酸颗粒剂、乙酰半胱氨酸喷雾剂等。
A07025402	羧甲司坦制剂	包括羧甲司坦口服溶液、羧甲司坦片等。
A07025403	盐酸美司坦制剂	包括盐酸美司坦片剂、盐酸美司坦粉剂等。
A07025404	胱氨酸制剂	包括注射用盐酸半胱氨酸、复方胱氨酸片等。

续表

编码	品目名称	说明
A07025405	盐酸赖氨酸制剂	包括盐酸赖氨酸颗粒、盐酸赖氨酸片等。
A07025406	谷氨酸制剂	包括精谷氨酸注射液、谷氨酸钠注射液、谷氨酸钾注射液等。
A07025407	门冬氨酸制剂	包括门冬氨酸镁注射液、门冬氨酸钾镁注射液、注射用鸟氨酸门冬氨酸等。
A07025408	门冬酰胺制剂	包括门冬酰胺片等。
A07025409	复合氨基酸制剂	包括复合氨基酸输液、9-复合结晶氨基酸注射液、18氨基酸注射液-1200等。
A07025410	复方氨基酸制剂	包括复方氨基酸注射液、复方结晶氨基酸注射液、12%复方氨基酸注射液等。
A07025411	复方赖氨酸制剂	包括复方赖氨酸颗粒、复方赖氨酸补血剂、赖氨酸B12制剂等。
A07025412	注射用氨基酸类药及输液	包括抗尿毒氨基酸注射液、肝用氨基酸输液、葡萄糖氨基酸输液等。
A07025499	其他氨基酸及蛋白质类药	
A07025500	脂肪类药制剂	
A07025501	注射用脂肪类药	包括注射用紫杉醇脂质体、油酸多相脂质体注射液、脂肪乳注射液等。
A07025502	脂肪类药胶囊	包括磷脂软胶囊、磷脂维生素E胶囊、卵磷脂胶囊等。
A07025503	脂肪类药片剂	包括卵磷脂片、复方 α-酮酸片（薄膜衣）等。
A07025599	其他脂肪类药制剂	
A07025600	核酸类药制剂	
A07025601	三磷腺苷钠制剂	
A07025602	环磷腺苷制剂	包括注射用三磷腺苷、三磷腺苷二钠注射液、三磷腺苷二钠肠溶片等。
A07025603	肌苷制剂	包括注射用环磷腺苷、注射用环磷腺苷葡胺、注射用双丁酰环磷腺苷等。
A07025604	核糖核酸制剂	包括注射用肌苷、肌苷片、肌苷胶囊等。
A07025699	其他核酸类药制剂	
A07025700	菌苗	
A07025701	伤寒菌苗	
A07025702	霍乱菌苗	
A07025703	霍乱伤寒混合菌苗	
A07025704	霍乱伤寒副伤寒甲乙菌苗	
A07025705	伤寒副伤寒甲乙菌苗	

续表

编码	品目名称	说明
A07025706	伤寒副伤寒甲二联菌苗	
A07025707	伤寒副伤寒甲乙三联菌苗	
A07025708	霍乱伤寒副伤寒甲乙四联菌苗	
A07025709	百日咳菌苗	
A07025710	钩端螺旋体菌苗	
A07025711	多价钩端螺旋体菌苗	
A07025712	脑膜炎球菌多糖菌苗（A群）	
A07025713	炭疽活菌苗	
A07025714	气管炎菌苗	
A07025715	气管炎溶菌菌苗	
A07025716	吸附霍乱菌苗	
A07025717	吸附霍乱类毒素菌苗	
A07025718	冻干牛痘苗	
A07025719	流脑菌苗	
A07025799	其他菌苗	
A07025800	菌苗制剂	
A07025801	吸附百日咳白喉破伤风混合制剂	
A07025802	吸附百日咳菌苗白喉类毒素混合制剂	
A07025803	卡介苗多糖核酸	
A07025804	破伤风类毒素混合制剂	
A07025805	核酪制剂	
A07025806	口服多价痢疾噬菌体	
A07025807	哮喘菌苗注射液	
A07025808	气管炎菌苗片	
A07025899	其他菌苗制剂	
A07025900	人用疫苗	
A07025901	脑炎疫苗	包括乙型脑炎灭活疫苗、乙型脑炎纯化疫苗（Vero）细胞、冻干流行性乙型脑炎活疫苗等。
A07025902	脑膜炎疫苗	包括A群脑膜炎球菌多糖疫苗、A+C群脑膜炎球菌多糖疫苗等。

续表

编码	品目名称	说明
A07025903	麻疹、风疹及腮腺炎疫苗	包括冻干麻疹活疫苗、麻疹减毒活疫苗、风疹减毒活疫苗等。
A07025904	狂犬病疫苗	包括人用浓缩狂犬病疫苗、人用狂犬病纯化疫苗、冻干人用狂犬病疫苗等。
A07025905	脊髓灰质炎疫苗	包括口服脊髓灰质炎减毒活疫苗、脊髓灰质炎活疫苗糖丸等。
A07025906	肝炎疫苗	包括重组（酵母）乙型肝炎疫苗、乙型肝炎血源疫苗、重组酵母乙肝疫苗等。
A07025907	流感疫苗	包括流行性感冒活疫苗、B型流感嗜血杆菌疫苗、流行性感冒及毒株病毒亚单位灭活疫苗等。
A07025908	肾综合症疫苗	包括Ⅰ型肾综合症出血热灭活疫苗、Ⅱ型肾综合症出血热灭活疫苗、双价肾综合症出血热灭活疫苗等。
A07025909	破伤风、白喉及百日咳疫苗	包括吸附破伤风疫苗、吸附白喉疫苗、吸附百日咳白喉联合疫苗等。
A07025910	黄热减毒活疫苗	
A07025999	其他人用疫苗	
A07026000	类毒素	
A07026001	吸附精制白喉类毒素	
A07026002	吸附精制白喉破伤风二联类毒素	
A07026003	吸附精制破伤风类毒素	
A07026004	吸附精制破伤风气性坏疽四联类毒类	
A07026005	葡萄球菌类毒素	
A07026099	其他类毒素	
A07026100	抗毒素类	
A07026101	白喉抗毒素	包括冻干白喉抗毒素、精制白喉抗毒素、冻干精制白喉抗毒素等。
A07026102	破伤风抗毒素	包括冻干破伤风抗毒素、精制破伤风抗毒素、冻干精制破伤风抗毒素等。
A07026103	多价气性坏疽抗毒素	包括多价精制气性坏疽抗毒素、冻干多价气性坏疽抗毒素、冻干多价精制气性坏疽抗毒素等。
A07026104	肉毒抗毒素制剂	包括精制A型肉毒抗毒素、精制B型肉抗毒素、精制E型肉毒抗毒素等。
A07026199	其他抗毒素类	
A07026200	抗血清类	
A07026201	抗蛇毒血清	包括精制抗蝮蛇毒血清、精制抗眼镜蛇毒血清、精制抗银环蛇毒血清等。

续表

编码	品目名称	说明
A07026202	抗狂犬病血清	包括冻干抗狂犬病血清、精制抗狂犬病血清、冻干精制抗狂犬病血清等。
A07026203	抗炭疽血清	包括精制抗炭疽血清、冻干精制抗炭疽血清等。
A07026204	抗赤痢血清	
A07026205	精制抗腺病毒血清	
A07026206	抗淋巴细胞血清	
A07026299	其他抗血清类	
A07026300	血液制品	
A07026301	球蛋白、白蛋白	包括人血丙种球蛋白、人胎盘血丙种球蛋白、冻干人胎盘血丙种球蛋白等。
A07026302	血液制品制剂	包括血浆蛋白溶液（％人血蛋白）、冻干健康人血浆、冻干抗绿脓杆菌人血浆等。
A07026399	其他血液制品	
A07026400	细胞因子	
A07026401	干扰素制剂	包括干扰素 α-1b 制剂、冻干重组人干扰素 α-2a 制剂、冻干重组人干扰素 α-1b 等。
A07026402	胸腺肽制剂	包括胸腺喷丁制剂、胸腺蛋白口服液、注射用胸腺肽 α1 等。
A07026403	转移因子制剂	包括 P-转移因子制剂、β-转移因子制剂、冻干人白细胞转移因子等。
A07026404	促肝细胞生长素制剂	包括促肝细胞生长因子注射液、其他促肝细胞生长素制剂等。
A07026405	白介素制剂	包括注射用白介素-2、注射用重组人白介素-2 等。
A07026499	其他细胞因子	
A07026500	诊断用生物制品	
A07026501	诊断用菌素、菌液、菌体	包括旧结核菌素、伤寒诊断菌液、副伤寒诊断菌液等。
A07026502	诊断血球	包括流行性乙型脑炎抗体诊断血球、冻干乙型肝炎病毒诊断血球、流行性出血热诊断血球等。
A07026503	诊断用抗原	包括诊断用冻干鼠疫菌 F 抗原、诊断用炭疽抗原、森林脑炎病毒补体结合抗原等。
A07026404	诊断用血凝素	包括流行性乙型脑炎病毒血凝素、麻疹病毒血凝素、腺病毒血凝素等。
A07026505	诊断用血清	包括诊断用冻干鼠疫菌 F 抗原致敏血清、沙门氏菌属诊断血清、志贺氏菌属诊断血清等。
A07026506	试验用毒素	包括锡克试验毒素、锡克氏试验对照毒素、狄克氏试验对照毒素等。

续表

编码	品目名称	说明
A07026507	诊断用生物试剂盒	包括总蛋白测定试剂盒、白蛋白测定试剂盒、载脂蛋白测定试剂盒等。
A07026599	其他诊断用生物制品	
A07026600	生物制剂	
A07026601	生物菌及菌片	包括双歧杆菌、乳杆菌、嗜热链球菌等。
A07026602	生物试剂盒	
A07026603	微生物培养基	
A07026699	其他生物制剂	
A07026700	病人医用试剂	
A07026701	血型试剂	包括确定血型试剂、测定血清特征试剂、血型技术所需的相关试剂等。
A07026702	影象检查用化学药制剂	包括口服 X 光检查造影剂、注射用 X 光检查造影剂等。
A07026703	器官功能检查剂	包括妊娠诊断剂、酚磺酞注射剂、刚果红注射液等。
A07026799	其他病人医用试剂	
A07026800	非病人用诊断检验、实验用试剂	
A07026801	有衬背的诊断或实验用试剂	包括极谱纸、石蕊试纸等。
A07026802	无衬背的诊断或实验用试剂	包括基因诊断试剂、乙肝诊断试剂、艾滋诊断试剂等。
A07026803	空心胶囊	包括明胶胶囊、粉浆装药空囊、植物胶囊等。
A07026899	其他非病人用诊断检验、实验用试剂	
A07029900	其他医药品	
A07030000	**农林牧渔业产品**	
A07030100	谷物	
A07030101	稻谷	
A07030102	小麦	包括硬质小麦、软质小麦等。
A07030103	玉米	包括黄玉米、白玉米、甜玉米等。
A07030104	谷子	包括硬谷子、糯谷子等。
A07030105	高粱	包括红粒高粱、白粒高粱、糯高粱等。
A07030106	大麦	包括裸大麦、皮大麦等。
A07030107	燕麦	包括裸燕麦、皮燕麦等。

续表

编码	品目名称	说明
A07030108	黑麦	
A07030109	荞麦	包括甜荞麦、苦荞麦等。
A07030199	其他谷物	包括糜子、紫米、薏苡等。
A07030200	薯类	
A07030201	马铃薯	
A07030202	木薯	包括鲜木薯、木薯干等。
A07030203	甘薯	包括种用甘薯、甘薯干等。
A07030299	其他薯类	
A07030300	油料	
A07030301	花生	
A07030302	油菜籽	包括双低油菜籽等。
A07030303	葵花籽	包括油葵、食葵等。
A07030304	芝麻	包括白芝麻、黑芝麻、黄芝麻等。
A07030305	胡麻籽	包括种用胡麻籽等。
A07030306	棉籽	包括种用棉籽等。
A07030307	蓖麻籽	包括种用蓖麻籽等。
A07030308	芥子	包括种用芥子等。
A07030309	红花籽	包括种用红花籽等。
A07030310	油棕果及油棕仁	包括种用油棕果及油棕仁等。
A07030311	罂粟子	
A07030312	油橄榄果	
A07030313	油茶籽（油料）	
A07030399	其他油料	
A07030400	豆类	
A07030401	大豆	
A07030402	绿豆	包括明绿豆、毛绿豆等。
A07030403	小豆	包括红小豆、灰白小豆、狸小豆等。
A07030404	干豌豆	包括白豌豆、绿豌豆、麻豌豆等。
A07030405	小扁豆	包括大粒小扁豆、小粒小扁豆等。
A07030406	干蚕豆	包括种用干蚕豆等。
A07030407	芸豆	包括种用芸豆等。
A07030408	饭豆	包括种用饭豆等。

编码	品目名称	说明
A07030409	干豇豆	包括种用干豇豆等。
A07030410	鹰嘴豆	包括种用鹰嘴豆等。
A07030499	其他豆类	包括种用杂豆等。
A07030500	棉花	
A07030501	籽棉	
A07030502	皮棉	包括细绒棉皮棉、长绒棉皮棉等。
A07030599	其他棉花	
A07030600	生麻	
A07030601	生亚麻	
A07030602	生苎麻	
A07030603	生黄红麻	
A07030604	生线麻	
A07030605	生菌麻	
A07030606	生大麻	
A07030607	生剑麻	
A07030699	其他生麻	
A07030700	糖料	
A07030701	甘蔗	
A07030702	甜菜	
A07030799	其他糖料	
A07030800	未加工的烟草	
A07030801	未去梗烤烟叶	
A07030802	未去梗晒烟叶	
A07030803	未去梗晾烟叶	
A07030804	未去梗白肋烟	
A07030899	其他未加工的烟草	
A07030900	饲料作物	
A07030901	苜蓿	
A07030902	青饲料	
A07030903	饲料牧草	包括苜蓿干草、羊草、沙打旺等。
A07030904	饲料作物用种子	
A07030999	其他饲料作物	

编码	品目名称	说明
A07031000	水生植物类	
A07031001	芦苇	
A07031002	席草	
A07031003	苇子	
A07031004	莲子	
A07031005	蒲草	
A07031006	慈姑	
A07031099	其他水生植物类	
A07031100	农作物副产品	
A07031101	作物茎、杆、根	
A07031199	其他农作物副产品	
A07031200	蔬菜及食用菌	
A07031201	蔬菜	
A07031202	食用菌	包括平菇、杏鲍菇、金针菇等。
A07031299	其他蔬菜及食用菌	
A07031300	茶及饮料原料	
A07031301	茶叶	
A07031302	饮料原料	包括可可豆、咖啡豆等。
A07031399	其他茶及饮料原料	
A07031400	香料原料	
A07031401	调味香料	
A07031402	香味料	包括香子兰、留兰香、姜黄等。
A07031499	其他香料原料	
A07031500	育种和育苗	
A07031501	林木种子	
A07031502	灌木、藤木，相关林木种子	
A07031503	苗木类	包括针叶乔木苗类、阔叶乔木苗类、果树苗等。
A07031599	其他育种和育苗	
A07031600	木材采伐产品	
A07031601	原木	
A07031602	小规格木材	包括针叶木小规格木材等。

编码	品目名称	说明
A07031603	薪材	
A07031604	短条及细枝等	
A07031699	其他木材采伐产品	
A07031700	竹材采伐产品	
A07031701	竹材	
A07031799	其他竹材采伐产品	
A07031800	林产品	
A07031801	天然橡胶	
A07031802	天然树脂、树胶	包括天然生漆、天然松脂、虫胶等。
A07031803	栲胶原料	包括落叶松树皮、杨梅树皮、油柑树皮等。
A07031804	非直接食用果类	包括油桐籽、油茶籽、沙棘果等。
A07031805	编结用原料	包括藤条、柳条、柠条等。
A07031806	染色、鞣革用植物原料	包括五倍子、地衣、蓝靛等。
A07031899	其他林产品	包括棕片、竹笋干、山苍子等。
A07031900	活牲畜	
A07031901	猪	
A07031902	牛	包括黄牛、水牛、奶牛等。
A07031903	马	包括种马、马驹等。
A07031904	驴	包括种驴等。
A07031905	骡	
A07031906	羊	包括绵羊、山羊、能繁殖母羊等。
A07031907	骆驼	
A07031999	其他活牲畜	
A07032000	活家禽	
A07032001	活鸡	
A07032002	活鸭	包括雏鸭、成鸭等。
A07032003	活鹅	包括雏鹅、成鹅等。
A07032004	活火鸡	包括雏火鸡、成火鸡等。
A07032005	活珍珠鸡	包括雏珍珠鸡、成珍珠鸡等。
A07032099	其他活家禽	包括鸽子、鹌鹑、鸵鸟等。
A07032100	畜禽产品	
A07032101	生奶	

续表

编码	品目名称	说明
A07032102	禽蛋	包括鸡蛋、鸭蛋、鹅蛋等。
A07032103	天然蜂蜜及副产品	包括天然蜂蜜、蜂蜡、鲜蜂王浆等。
A07032104	蚕茧	包括桑蚕茧、柞蚕茧、蓖麻蚕茧等。
A07032105	动物毛类	包括绵羊毛、牦牛毛、兔毛等。
A07032106	生皮	包括整张爬行动物皮、整张生马皮、整张生猪皮等。
A07032107	生毛皮	包括整张水貂生毛皮、整张狐生毛皮、整张兔生毛皮等。
A07032108	制刷用兽毛	包括猪鬃、制刷用山羊毛等。
A07032199	其他畜禽产品	包括麝香、鹿茸、燕窝等。
A07032200	家禽遗产材料	包括猪、牛、羊等家禽的精液、胚胎、卵子等。
A07032300	饲养动物	
A07032301	爬行动物	
A07032302	蛙类动物	包括改良种用蛙苗等。
A07032303	家兔	包括种用家兔、非种用家兔等。
A07032304	鹦形目鸟	包括改良种用鹦形目鸟、非种用鹦形目鸟等。
A07032305	蜂	
A07032306	蚕	
A07032307	驯鹿	
A07032308	梅花鹿	
A07032309	狐	
A07032310	貂	
A07032311	麋	
A07032399	其他饲养动物	
A07032400	海水养殖产品	
A07032401	海水养殖鱼	
A07032402	海水养殖虾	包括海水养殖中国对虾、海水养殖日本对虾、海水养殖龙虾等。
A07032403	海水养殖蟹	包括海水养殖梭子蟹、海水养殖青蟹等。
A07032404	海水养殖贝类	包括海水养殖牡蛎、海水养殖扇贝、海水养殖贻贝等。
A07032405	海水养殖藻类	包括海水养殖海带、海水养殖紫菜、海水养殖苔菜等。
A07032499	其他海水养殖产品	包括海水养殖海参、海水养殖海胆、海水养殖珍珠等。
A07032500	海水养殖产品种苗	
A07032501	海水养殖鱼苗	

编码	品目名称	说明
A07032502	海水养殖虾种苗	包括海水养殖对虾种苗、海水养殖中国对虾种苗、海水养殖日本对虾种苗等。
A07032503	海水养殖蟹苗	包括海水养殖梭子蟹苗、海水养殖青蟹苗等。
A07032504	海水养殖贝类种苗	包括海水养殖扇贝种苗、海水养殖蛤种苗、海水养殖螺种苗等。
A07032505	海水养殖藻类育苗	包括海水养殖海带苗、海水养殖紫菜苗、海水养殖苔菜苗等。
A07032599	其他海水养殖产品种苗	包括海水养殖海参苗、海水养殖海胆苗、海水养殖珍珠蚌等。
A07032600	海水捕捞产品	
A07032601	海水捕捞鲜鱼	
A07032602	海水捕捞虾	包括龙虾、斑节对虾、中国对虾等。
A07032603	海水捕捞蟹	包括梭子蟹、青蟹等。
A07032604	海水捕捞贝类	包括贻贝、蛤、蚶等。
A07032605	海水捕捞软体水生动物	包括墨鱼、鱿鱼、沙蚕等。
A07032699	其他海水捕捞产品	
A07032700	淡水养殖产品	
A07032701	养殖淡水鱼	
A07032702	淡水养殖虾	包括淡水养殖罗氏沼虾、淡水养殖青虾、淡水养殖南美白对虾等。
A07032703	淡水养殖蟹	包括淡水养殖活河蟹等。
A07032704	淡水养殖贝类	包括淡水养殖河蚌、淡水养殖螺、淡水养殖蚬等。
A07032705	淡水养殖藻类种苗	
A07032799	其他淡水养殖产品	包括幼蛙种苗、稚龟种苗、稚鳖种苗等。
A07032800	淡水养殖产品种苗	
A07032801	淡水鱼苗	
A07032802	淡水养殖虾苗	包括罗氏沼虾苗、青虾苗、南美白对虾苗等。
A07032803	淡水养殖蟹种苗	包括中华绒毛蟹（大闸蟹）种苗等。
A07032804	淡水养殖贝壳种苗	包括河蚌种苗、螺种苗、蚬种苗等。
A07032805	淡水养殖藻类育苗	包括螺旋藻种苗等。
A07032899	其他淡水养殖产品种苗	包括幼蛙种苗、稚龟种苗、稚鳖种苗等。
A07032900	淡水捕捞产品	
A07032901	捕捞淡水鱼	
A07032902	淡水捕捞鲜虾	包括罗氏沼虾、青虾、克氏螯虾（克氏原螯虾）等。
A07032903	淡水捕捞蟹	包括中华绒毛蟹（大闸蟹）等。

续表

编码	品目名称	说明
A07032904	淡水捕捞鲜软体动物	包括蜗牛、螺、河蚌等。
A07032905	淡水捕捞螺旋藻	
A07032999	其他淡水捕捞产品	包括丰年虫等。
A07039900	其他农林牧渔业产品	
A07040000	**矿与矿物**	
A07040100	煤炭采选产品	
A07040101	原煤	包括无烟煤、烟煤、褐煤等。
A07040102	洗煤	包括洗精煤、洗块煤、洗粒级煤等。
A07040199	其他煤炭采选产品	包括泥煤、石煤、风化煤等。
A07040200	石油和天然气开采产品	
A07040201	原油	包括天然原油、沥青矿原油等。
A07040202	天然气	
A07040203	液化天然气	
A07040204	煤层气（煤田）	
A07040205	天然气水合物	
A07040206	油页岩	包括沥青页岩、油母页岩、焦（重）油砂等。
A07040299	其他石油和天然气开采产品	
A07040300	黑色金属矿	
A07040301	铁矿石	包括铁矿石原矿、铁矿石成品矿、人造富铁矿等。
A07040302	锰矿	包括锰矿石原矿、锰矿石成品矿、人造富锰矿等。
A07040303	铬矿石	包括铬矿石原矿、铬矿石成品矿、人造富铬矿等。
A07040399	其他黑色金属矿	
A07040400	有色金属矿	
A07040401	常用有色金属矿	包括铜矿、镍矿、钴矿等。
A07040402	贵金属矿	包括金矿砂及其精矿、银矿砂及其精矿等。
A07040403	稀有稀土金属矿	包括钨矿、钼矿、氟碳铈镧矿等。
A07040404	放射性金属矿	包括铀矿、钍矿等。
A07040499	其他有色金属矿	包括锂矿、铍矿、铯矿等。
A07040500	非金属矿	
A07040501	石灰石、石膏类	
A07040502	建筑用天然石料	包括天然大理石荒料、天然花岗石荒料、板岩等。

续表

编码	品目名称	说明
A07040503	耐火土石类	包括耐火黏土、耐火黏土熟料、铁铝矾土等。
A07040504	黏土、砂石	包括黏土、硅质土、砂石等。
A07040505	化学矿	包括硫铁矿石、磷矿石、钾矿等。
A07040506	原盐	包括海盐、湖盐、井矿盐等。
A07040507	石棉	包括温石棉等。
A07040508	云母	包括片云母、碎云母等。
A07040509	天然石墨	包括晶质石墨、隐晶质石墨等。
A07040510	滑石	包括原状滑石、滑石粉等。
A07040511	宝石、玉矿石	包括天然宝石类矿、天然玉石类矿、彩石类矿等。
A07040599	其他非金属矿	包括天然沥青类、磨料矿等。
A07049900	其他矿与矿物	
A07050000	**电力、城市燃气、蒸汽和热水、水**	
A07050100	电能	
A07050101	水力发电电能	
A07050102	火力发电电能	
A07050103	核能发电电能	
A07050104	风力发电电能	
A07050105	地热发电电能	
A07050106	太阳能发电电能	
A07050107	生物能发电电能	
A07050108	潮汐发电电能	
A07050199	其他电能	
A07050200	煤气、水煤气、发生炉煤气和类似的可燃气	
A07050201	煤气	
A07050202	水煤气	
A07050203	发生炉煤气	
A07050204	焦炉煤气	
A07050299	其他煤气、水煤气、发生炉煤气和类似的可燃气	
A07050300	蒸汽和热水	
A07050301	蒸汽	

续表

编码	品目名称	说明
A07050302	热水	
A07050400	自然水	
A07050401	地下水	
A07050402	地表水	
A07050499	其他自然水	
A07050500	处理过水	
A07050501	生活饮用水	
A07050502	商业饮用水	
A07050503	工业专用水	
A07050504	中水	
A07050599	其他处理过水	
A07059900	其他电力、城市燃气、蒸汽和热水、水	
A07060000	**食品、饮料和烟草原料**	
A07060100	农副食品，动、植物油制品	
A07060101	谷物细粉	包括小麦粉、小麦专用粉、大米细粉等。
A07060102	碾磨谷物及谷物加工品	包括碾磨、脱壳其他谷物、粗磨谷物等。
A07060103	薯、豆、相关植物加工品	包括薯类及类似植物加工品，干豆粉，水果、坚果粉等。
A07060104	饲料	包括配合饲料、浓缩饲料、预混合饲料等。
A07060105	植物油及其制品	包括食用植物油、非食用植物油、植物油分离制品等。
A07060106	糖及副产品	包括原糖、成品糖、加工糖等。
A07060107	畜禽肉	包括鲜、冷藏肉，冻肉等。
A07060108	油脂及食品杂碎	包括动物肠衣、可食用动物杂碎、动物油脂及加工制品等。
A07060109	熟肉制品	包括蒸煮香肠制品、熏肉制品、酱卤烧烤肉制品等。
A07060110	水产品加工	包括冷冻水产品、干制水产品、腌渍水产品等。
A07060111	蔬菜加工品	包括冷冻蔬菜、暂时保藏蔬菜（原料）、干制蔬菜（脱水蔬菜）等。
A07060112	水果、坚果加工品	包括冷冻水果及坚果，水果酱，坚果酱，果泥等。
A07060113	淀粉及淀粉制品	包括淀粉、菊粉、淀粉制品等。
A07060114	豆腐及豆制品	包括水豆腐、豆制品、豆浆及豆浆粉等。
A07060115	蛋制品	包括干蛋品、冰蛋品、再制蛋等。
A07060199	其他农副食品，动、植物油制品	

编码	品目名称	说明
A07060200	食品及加工盐	
A07060201	焙烤食品	包括糕点、面包、饼干等。
A07060202	糖果、巧克力及类似食品	包括糖果、巧克力、巧克力制品等。
A07060203	方便食品	包括米、面制半成品，速冻食品，即食方便食品等。
A07060204	乳制品	包括液体乳、固体及半固体乳制品等。
A07060205	罐头	包括畜肉类罐头、蔬菜类罐头、水果类罐头等。
A07060206	调味品	包括味精（谷氨酸钠）、酱油及酱类制品、醋及醋代用品等。
A07060207	发酵类制品	包括酵母、食品用氨基酸、柠檬酸及其盐和酸酯等。
A07060208	营养、保健食品	包括婴幼儿用均化食品、营养配餐食品、蜂蜜营养制品等。
A07060209	冷冻饮品	包括冰淇淋、雪糕类、冰棍等。
A07060210	加工盐	包括食用盐、非食用盐等。
A07060211	食品添加剂	包括食品增稠剂、蛋白质添加剂、食品甜味添加剂等。
A07060212	食品用类似原料	包括食品用原料粉、饮料用原料、植物液汁及浸膏等。
A07060299	其他食品及加工盐	
A07060300	饮料、酒精及精制茶	
A07060301	酒精	包括发酵酒精、改性乙醇等。
A07060302	饮料	包括碳酸饮料（汽水）、果汁和蔬菜汁类、蛋白饮料等。
A07060303	精制茶及茶制品	包括精制茶、茶制品等。
A07060304	酒精专用原辅料	
A07060305	饮料专用原辅料	
A07060399	其他饮料、酒精及精制茶	
A07060400	烟草原料	
A07060401	复烤烟叶	
A07060402	烟丝	
A07060499	其他烟草原料	
A07069900	其他食品、饮料和烟草原料	
A07070000	**炼焦产品、炼油产品**	
A07070100	石油制品	
A07070101	汽油	包括航空汽油、车用汽油等。
A07070102	煤油	包括航空煤油、灯用煤油等。
A07070103	柴油	包括轻柴油、重柴油等。

续表

编码	品目名称	说明
A07070104	润滑油	包括全损耗系统用油、脱模油、齿轮用油等。
A07070105	燃料油	包括船用燃料油、工业用燃料油等。
A07070106	石脑油	包括轻石脑油、重石脑油等。
A07070107	溶剂油	包括橡胶溶剂油、油漆溶剂油、抽提溶剂油等。
A07070108	润滑脂	包括钙基润滑脂、钠基润滑脂、钙钠基润滑脂等。
A07070109	润滑油基础油	
A07070110	液体石蜡	
A07070111	石油气、相关烃类	包括液化石油气等。
A07070112	矿物蜡及合成法制类似产品	包括凡士林、石蜡等。
A07070113	油类残渣	包括石油焦（油渣类）、石油沥青等。
A07070199	其他石油制品	
A07070200	人造原油	
A07070201	页岩原油	
A07070202	煤炼油	
A07070203	生物能源	包括生物燃油、生物丁醇、沼气等。
A07070204	合成液体燃料	包括乙醇汽油、甲醇汽油等。
A07070299	其他人造原油	
A07070300	焦炭及其副产品	
A07070301	焦炭	包括煤质焦炭、石油焦（焦炭类）、沥青焦等。
A07070302	矿物焦油	包括煤焦油等。
A07070399	其他焦炭及其副产品	
A07079900	其他炼焦产品、炼油产品	
A07080000	**基础化学品及相关产品**	
A07080100	化学原料及化学制品	
A07080101	无机基础化学原料	包括无机酸类、非金属无机氧化物、过氧化氢（双氧水）等。
A07080102	有机化学原料	包括无环烃、环烃、无环烃饱和氯化衍生物等。
A07080103	贵金属化合物，相关基础化学品	包括活性炭、硫磺、磷、非金属基础化学品、贵金属化合物等。
A07080104	化学肥料	包括氮及氮水，农用氮、磷、钾化学肥料（折纯），氮肥（折含氮100%）等。
A07080105	有机肥料及微生物肥料	包括有机肥料、微生物肥料、动物、植物肥料等。

续表

编码	品目名称	说明
A07080106	化学农药	包括化学农药原药（折有效成分100%）、化学农药制剂等。
A07080107	生物农药及微生物农药	包括生物农药制剂、微生物农药等。
A07080108	涂料	包括水性涂料、非水性涂料、涂料辅助材料等；建筑涂料除外。
A07080109	油墨及类似产品	包括印刷油墨、专用油墨、印刷用助剂和油等。
A07080110	化学颜料	包括无机颜料、有机颜料、矿物颜料等。
A07080111	染料类	包括染料、用作发光体有机、无机产品等。
A07080112	密封用填料及类似品	包括非定型密封材料、定型密封材料、密封用粘胶品等。
A07080113	合成材料	包括初级形态塑料、合成橡胶、合成纤维聚合物等。
A07080114	化学试剂和助剂	包括化学试剂、催化剂、橡胶助剂等。
A07080115	专项化学用品	包括油田用化学制剂、矿物油用配制添加剂、鞣料及鞣料制剂等。
A07080116	林产化学产品	包括松节油类产品、松香类产品、栲胶等。
A07080117	炸药、烟火及火工产品	包括发射药、炸药、火工产品等。
A07080118	环境污染处理专用药剂材料	包括水处理剂、污水处理化学药剂、污水处理生物药剂等。
A07080119	动物炭黑、动物胶及其衍生物	包括动物炭黑、动物胶、明胶衍生物等。
A07080120	焊接用制品	包括金属材料制焊料、焊接辅助剂等。
A07080121	工业清洗剂	包括工业清洗剂及其洗涤剂助剂和酶制剂、表面活性剂、油脂化工产品及其衍生物等。
A07080122	香料	包括天然香料、生物技术香料、合成香料等。
A07080123	香精	包括食品用香精、酒用香精、烟用香精等。
A07080199	其他化学原料及化学制品	包括室内散香或除臭制品、光洁用品、擦洗膏、去污粉及类似制品等。
A07080200	化学纤维	
A07080201	化学纤维用浆粕	包括化纤棉绒浆粕、化纤木浆粕等。
A07080202	人造纤维（纤维素纤维）	包括人造纤维短纤维、人造纤维长丝等。
A07080203	合成纤维	包括锦纶纤维、涤纶纤维、腈纶纤维等。
A07080204	化学纤维加工丝	包括人造纤维长丝纱、锦纶加工丝、涤纶加工丝等。
A07080299	其他化学纤维	
A07089900	其他基础化学品及相关产品	
A07090000	**橡胶、塑料、玻璃和陶瓷制品**	

续表

编码	品目名称	说明
A07090100	橡胶制品	
A07090101	橡胶轮胎和内胎	包括橡胶轮胎外胎、子午线轮胎外胎、橡胶内胎、防爆轮胎等。
A07090102	橡胶带	包括橡胶输送带、橡胶传动带等。
A07090103	橡胶管	包括纯胶管、金属合制橡胶管、纺织材料合制橡胶管等。
A07090104	橡胶板、杆、型材	包括橡胶板（片、带）、橡胶杆、型材及异型材、橡胶线及绳等。
A07090105	涂胶纺织物、带	包括涂胶纺织物、橡胶粘带等。
A07090106	未硫化复合橡胶及其制品	包括未硫化复合橡胶、未硫化橡胶制品等。
A07090107	橡胶零件、附件	包括橡胶密封件、橡胶零附件等。
A07090108	再生橡胶	包括初级形状再生橡胶、再生胶粉等。
A07090109	日用及医用橡胶制品	包括橡胶手套、橡胶制衣着用品及附件、日用橡胶制品等。
A07090110	橡胶充气、减震制品	包括充气橡胶制品、橡胶减震制品等。
A07090111	硬质橡胶及其制品	包括硬质橡胶、硬质橡胶制品等。
A07090199	其他橡胶制品	
A07090200	塑料制品、半成品及辅料	
A07090201	塑料制品	包括塑料薄膜，塑料板、片，塑料管等。
A07090202	塑料半成品、辅料	包括塑料粒料等。
A07090299	其他塑料制品、半成品及辅料	
A07090300	玻璃及其制品	
A07090301	玻璃	包括平板玻璃、技术玻璃、特种玻璃等。
A07090302	玻璃制光学元件	包括光学元件毛坯、眼镜用光学玻璃坯件、光学仪器用玻璃等。
A07090303	玻璃仪器及实验、医疗用玻璃器皿	包括玻璃计、量器，石英玻璃制仪器和器皿，耐热玻璃制仪器和器皿等。
A07090304	日用玻璃制品	包括餐饮用玻璃器皿、盥洗用玻璃器具、玻璃珠类似小件玻璃品等。
A07090305	玻璃保温容器及其玻璃胆	包括玻璃保温容器、玻璃保温瓶胆等。
A07090306	玻璃纤维及其制品	包括玻璃纤维工业用玻璃球、玻璃纤维纱、玻璃纤维布等。
A07090307	纤维增强塑料制品	包括建筑用纤维增强塑料制品，石化、酿造用纤维增强塑料制品，机械设备用纤维增强塑料制品等。
A07090308	电气、电子设备用玻璃部件，相关工业品用玻璃部件	包括玻璃制绝缘子、未封口玻璃外壳、工业用玻璃制品等。

续表

编码	品目名称	说明
A07090399	其他玻璃及其制品	
A07090400	陶瓷制品	
A07090401	技术陶瓷制品	包括结构陶瓷制品、功能陶瓷制品、生物陶瓷制品等。
A07090402	日用陶瓷制品	包括日用陶瓷餐具、厨房用陶瓷器具、盥洗用陶瓷器具等。
A07090403	运输及盛装货物用陶瓷容器	包括耐酸陶瓷容器、食品用陶瓷容器、药品或化妆品陶瓷容器等。
A07090404	陶瓷制零件，相关陶瓷制品	包括陶瓷制加热器、陶瓷刀柄、散热器用陶瓷湿润器等。
A07090499	其他陶瓷制品	
A07099900	其他橡胶、塑料、玻璃和陶瓷制品	
A07100000	**纸及纸质品**	
A07100100	纸浆	包括木浆、非木材纤维纸浆、废纸纸浆、化学溶解浆等。
A07100200	纸及纸板	包括新闻纸、未涂布印刷书写纸、涂布印刷纸、包装用纸、箱纸板、白纸板、生活用纸、瓦楞原纸、特种纸及纸板等。
A07100300	纸制品	包括纸和纸板制容器，纸浆模制品，纸制壁纸、窗纸、铺地制品及类似品，纸浆制滤块、滤板及滤片，纸或纸板制标签，纸制筒管、卷轴、纤子及类似品，神纸及类似用品，纸扇等。
A08000000	**无形资产**	
A08010000	**专利类无形资产**	
A08010100	专利	
A08010101	发明专利	见《中华人民共和国专利法》
A08010102	实用新型专利	
A08010103	外观设计专利	
A08020000	**非专利技术类无形资产**	
A08020100	非专利技术	
A08020101	设计图纸	
A08020102	工艺流程	
A08020103	技术标准	
A08020104	计算公式	
A08020105	材料配方	
A08020106	实验方案	
A08020199	其他非专利技术	

续表

编码	品目名称	说明
A08030000	**著作权类无形资产**	
A08030100	著作权	
A08030101	文字作品	见《中华人民共和国著作权法》
A08030102	口述作品	
A08030103	音乐作品	
A08030104	戏剧作品	
A08030105	曲艺作品	
A08030106	舞蹈作品	
A08030107	杂技作品	
A08030108	美术作品	
A08030109	建筑作品	
A08030110	摄影作品	
A08030111	影视作品	
A08030112	图形作品	
A08030113	模型作品	
A08030114	计算机软件作品	
A08030199	其他作品著作	
A08040000	**资源资质类无形资产**	
A08040100	资源使用权	
A08040101	土地使用权	见《中华人民共和国土地管理法》
A08040102	海域使用权	见《中华人民共和国海域使用管理法》
A08040103	森林资源使用权	见《中华人民共和国森林法》，包括森林、林木和林地等。
A08040104	草原使用权	见《中华人民共和国草原法》
A08040105	取水权	见《中华人民共和国水法》
A08040106	探矿权	见《中华人民共和国矿产资源法》
A08040107	采矿权	见《中华人民共和国矿产资源法》
A08040108	捕捞权	见《中华人民共和国渔业法》
A08040109	水域滩涂养殖权	见《水域滩涂养殖发证登记办法》
A08040199	其他资源使用权	
A08040200	特许经营权	
A08050000	**商标权类无形资产**	
A08050100	商标	

续表

编码	品目名称	说明
A08050101	文字商标	见《中华人民共和国商标法》
A08050102	图形商标	
A08050103	字母商标	
A08050104	数字商标	
A08050105	三维标志商标	
A08050106	声音商标	
A08050107	颜色组合商标	
A08050108	复合商标	
A08050199	其他商标	
A08060000	**信息数据类无形资产**	
A08060100	域名	
A08060101	通用顶级域名	
A08060102	国家和地区顶级域名	
A08060103	新通用顶级域名	
A08060199	其他域名	
A08060200	数据	
A08060201	结构化数据	
A08060202	半结构化数据	
A08060203	非结构化数据	
A08060300	计算机软件	
A08060301	基础软件	包括操作系统、数据库管理系统、中间件、办公套件等。
A08060302	支撑软件	包括需求分析软件、建模软件、集成开发环境、测试软件、开发管理软件、逆向工程软件和再工程软件等。
A08060303	应用软件	包括通用应用软件（管理软件、信息检索和翻译软件、多媒体软件、网络通信软件、游戏动漫软件、数字出版软件、地理信息系统软件、科学和工程计算软件等）；行业应用软件（政务软件、金融行业软件、通信行业软件、交通运输行业软件、能源行业软件、医疗行业软件、教育行业软件等）。
A08060399	其他计算机软件	
A08070000	**经营类无形资产**	
A08070100	商号	
A08070101	原始商号	
A08070102	派生商号	
A08070103	继获商号	

编码	品目名称	说明
A08070199	其他商号	
A08070200	标志	
A08070201	商品标志	未注册为商标的标志归入此类
A08070202	服务标志	
A08070203	集体标志	
A08070204	证明标志	
A08070205	专用标志	
A08070299	其他标志	

编码	品目名称	说明
B	工程	
B01000000	房屋施工	
B01010000	办公用房施工	
B01020000	业务用房施工	
B01020100	警察业务用房施工	
B01020200	检察业务用房施工	
B01020300	司法业务用房施工	
B01020400	法院业务用房施工	
B01020500	纪委监委业务用房施工	
B01020600	税务业务用房施工	
B01020700	审计业务用房施工	
B01020800	海关业务用房施工	
B01020900	水利业务用房施工	
B01021000	应急救援业务用房施工	
B01021100	教育用房施工	
B01021200	医疗卫生用房施工	
B01021300	科研用房施工	
B01021400	文化用房施工	
B01021500	新闻用房施工	
B01021600	娱乐用房施工	
B01021700	园林绿化用房施工	
B01021800	体育用房施工	

续表

编码	品目名称	说明
B01021900	工业生产用房施工	
B01022000	市政公用设施用房施工	
B01022100	铁路用房施工	
B01022200	民航用房施工	
B01022300	航运用房施工	
B01022400	城市客运用房施工	
B01022500	公路运输用房施工	
B01022600	仓储用房施工	
B01022700	发行库用房施工	
B01022800	商业金融用房施工	
B01022900	电讯信息用房施工	
B01023000	监狱用房施工	
B01023100	涉外用房施工	
B01029900	其他业务用房施工	
B01030000	宗教用房施工	
B01040000	军事用房施工	
B01050000	住宅施工	
B01060000	房屋附属设施施工	包括岗楼、围墙等的施工。
B01990000	其他房屋施工	
B02000000	构筑物施工	指构筑物主体工程的施工。
B02010000	铁路工程施工	
B02020000	公路工程施工	
B02030000	机场跑道工程施工	
B02040000	高速公路工程施工	
B02050000	城市道路工程施工	
B02060000	城市轨道交通工程施工	
B02070000	桥梁工程施工	
B02070100	铁路桥梁工程施工	
B02070200	公路桥梁工程施工	
B02070300	城市道路桥梁工程施工	
B02070400	城市轨道桥梁工程施工	
B02079900	其他桥梁工程施工	

续表

编码	品目名称	说明
B02080000	**隧道工程施工**	
B02080100	铁路隧道工程施工	
B02080200	公路隧道工程施工	
B02080300	城市轨道交通隧道工程施工	
B02089900	其他隧道工程施工	
B02090000	**水利工程施工**	
B02090100	水利枢纽工程施工	
B02090200	堤坝工程施工	
B02090300	城市防洪工程施工	
B02090400	疏浚工程施工	
B02090500	滞蓄洪区工程施工	
B02090600	橡胶坝拦河工程施工	
B02090700	山洪防御工程施工	
B02090800	水库工程施工	
B02090900	引水河渠工程施工	
B02091000	灌溉排水工程施工	
B02091100	雨水利用工程施工	
B02091200	再生水利用工程施工	
B02099900	其他水利工程施工	
B02100000	**水运工程施工**	
B02100100	港口工程施工	
B02100200	航道工程施工	
B02109900	其他水运工程施工	
B02110000	**海洋工程施工**	
B02110100	围海造地工程施工	
B02110200	防侵蚀工程施工	
B02110300	海堤工程施工	
B02110400	护岸护滩工程施工	
B02110500	海洋景观工程施工	
B02110600	滨海污水海洋处理工程施工	

续表

编码	品目名称	说明
B02110700	海洋平台工程施工	
B02110800	人工岛屿工程施工	
B02110900	人工鱼礁工程施工	
B02119900	其他海洋工程施工	
B02120000	**矿山、工农林牧渔业工程施工**	
B02120100	矿山施工	
B02120200	工厂工程施工	
B02120201	火电设备工程施工	
B02120202	核工程施工	
B02120203	炉窑工程施工	
B02120204	冶炼机电设备工程施工	
B02120205	石油化工设备工程施工	
B02120206	海洋石油工程施工	
B02120207	无损检测工程施工	
B02120208	防腐保温工程施工	
B02120299	其他工矿工程施工	
B02129900	其他农林牧渔业工程施工	
B02130000	**公共设施施工**	
B02130100	市政公用设施施工	不含市政公用设施用房施工。
B02130101	市内燃气管道铺设	
B02130102	市内供暖（冷）管道铺设	
B02130103	市内供水管道铺设	
B02130104	市内电缆工程铺设	
B02130105	市内通信线路铺设	
B02130199	其他市政公用设施施工	
B02130200	长距离管道铺设	
B02130201	长距离输油管道铺设	
B02130202	长距离输气管道铺设	
B02130203	长距离输水管道铺设	
B02130299	其他长距离管道铺设	

编码	品目名称	说明
B02130300	长距离通信和电力线路（电缆）铺设	
B02130301	长距离通信线路铺设	
B02130302	长距离电力线路（电缆）铺设	
B02130400	室外体育和娱乐设施工程施工	
B02130500	园林绿化工程施工	不含园林绿化用房施工。
B02139900	其他公共设施施工	
B02140000	**环保工程施工**	
B02140100	污水处理工程施工	
B02140200	固定废物处理工程施工	
B02140300	土地绿化工程施工	
B02140400	防沙治沙工程施工	
B02140500	江河湖泊治理工程施工	
B02140600	湿地保护工程施工	
B02140700	天然林保护工程施工	
B02149900	其他环保工程施工	
B02150000	**高耸构筑物施工**	指烟囱、水塔、电视塔等构筑物施工。
B02990000	**其他构筑物工程施工**	
B03000000	**施工工程准备**	
B03010000	**工地平整和清理**	
B03020000	**土石方工程**	包括挖土、土石方运输、土方回填、石方建筑、其他土石工程。
B03030000	**拆除工程**	包括房屋拆除、厂房和设备拆除、桥梁和轨道拆除、其他拆除工程。
B03040000	**工程排水施工**	
B03990000	**其他工程准备**	
B04000000	**预制构件组装和装配**	
B04010000	**房屋预制构件组装和装配**	
B04020000	**铁路预制构件组装和装配**	
B04030000	**隧道预制构件组装和装配**	
B04040000	**桥梁预制构件组装和装配**	

续表

编码	品目名称	说明
B04050000	水利、港口预制构件组装和装配	
B04060000	工矿预制构件组装和装配	
B04070000	架线、管道预制构件组装和装配	
B04990000	其他预制构件组装和装配	
B05000000	专业施工	
B05010000	地基和基础工程	
B05020000	建筑物构架工程	包括房屋构架工程、铁路构架工程、隧道构架工程、桥梁构架工程、水利和港口构架工程、工矿构架工程、其他建筑构架工程。
B05030000	屋顶构架工程	
B05040000	防水工程	包括建筑物外和其他地下构筑物防水工程、防潮工程，不包括隔绝工程。
B05050000	防腐保温工程	为防外墙遭蚀，提供防风隔热、防腐材料的工程；热、冷水管、锅炉和管道热绝缘工程。
B05060000	混凝土工程	包括：——钢筋混凝土构架装配工程；——混凝土穹顶和薄壳结构建筑工程；——钢筋弯曲和焊接的专门行业建筑工程；——模板混凝土浇筑服务和其他普通混凝土浇灌工程；——有关模板建造和钢筋增强的建筑工程。
B05070000	钢结构工程	包括：——钢质框架的专门行业建筑工程；——建筑物预制（非自制）结构钢质构件装配工程；——其他构筑物预制（非自制）结构钢构件装配工程；——构筑物联接焊接工程；——其他钢结构工程。
B05080000	砖石工程	包括砌砖、砌块、块石砌筑及其他砖石工程。不包括混凝土工程、内部装修装饰工程。
B05090000	脚手架工程	包括脚手架和工作平台搭建及拆除工程。
B05100000	消防工程和安防工程	
B05110000	建筑幕墙工程	
B05990000	其他专业施工	包括：——高炉耐火材料衬砌等工程；——装饰壁炉建筑工程；——其他专业施工工程，如建筑物迁移、清除石棉工程。
B06000000	安装工程	
B06010000	电子工程安装	
B06010100	雷达、导航和测控系统工程安装	
B06010200	监控系统工程安装	
B06010300	电子自动化工程安装	

续表

编码	品目名称	说明
B06010400	电子设备工程安装	
B06019900	其他电子工程安装	
B06020000	**智能化安装工程**	
B06020100	楼宇设备自控系统工程	
B06020200	保安监控和防盗报警系统工程	
B06020300	智能卡系统工程	
B06020400	通信系统工程	
B06020500	卫星和共用电视系统工程	
B06020600	计算机网络系统工程	
B06020700	广播系统工程	
B06020800	火灾报警系统工程	
B06029900	其他智能化安装工程	
B06030000	**电力系统安装**	
B06030100	建筑物照明设备安装	
B06030200	火车站电力系统安装	
B06030300	机场电力系统安装	
B06030400	港口电力系统安装	
B06030500	工矿企业电力系统安装	
B06039900	其他电力系统安装	
B06040000	**供水管道工程和下水道铺设**	包括供水管道铺设、排水道铺设。
B06050000	**供暖设备安装**	包括：——有关非电供暖设备的安装服务；——中央供暖控制系统安装和保养服务；——地区供暖系统的连接服务；——建筑物内部锅炉和燃烧器的保养和维修服务；——住宅街区和地区供暖的锅炉和供暖系统的保养和维修服务。
B06060000	**通风和空调设备安装**	包括住宅、计算机中心、办公室和商店用通风、制冷或空调设备的建筑服务，不包括空调和制冷设备的维修和保养服务。
B06070000	**燃气设备安装**	包括各种流体（例如医院里的氧气）供应的设备和其他气动式设备的安装服务，不包括环流供暖装置工程服务、通风和空调设备工程服务。
B06080000	**大型设备安装**	
B06080100	机电设备安装	
B06080200	起重设备安装	
B06080300	电梯安装	

续表

编码	品目名称	说明
B06089900	其他大型设备安装	
B06990000	**其他安装**	
B07000000	**装修工程**	包括木工装修、砌筑装修、瓷砖装修、玻璃装配、抹灰装修、石制装修、门窗安装、涂料装修、其他装修。
B08000000	**修缮工程**	主要指对已建成的建筑物进行拆改、翻修和维护，包括抗震加固，节能改造，下水管道改造，防水，木门窗、钢门窗及木修理等。
B08010000	**房屋修缮**	
B08020000	**工业建筑修缮**	
B08030000	**文物保护建筑修缮**	
B08990000	**其他建筑物、构筑物修缮**	
B09000000	**工程设备租赁（带操作员）**	包括塔吊设备租赁、混凝土设备租赁、其他工程设备租赁，不包括不配备操作员的建筑机械和设备出租或租赁服务。
B99000000	**其他建筑工程**	

编码	品目名称	说明
C	**服务**	
C01000000	**科学研究和试验开发**	指为揭示客观事物的本质和运动规律而进行的理论研究、政策研究和试验开发服务。
C01010000	**社会科学研究和试验开发**	
C01010100	社会学的研究和试验开发服务	包括：——社会组织研究服务；——社会结构研究服务；——社会功能研究服务；——社会变迁研究服务；——其他社会学研究服务。
C01010200	心理学的研究和试验开发服务	包括：——动物心理学研究服务；——人类心理学研究服务；——其他心理学研究服务。
C01010300	经济学的研究和试验开发服务	包括：——宏观经济学研究服务；——中观经济学研究服务；——微观经济学研究服务；——其他经济学研究服务。
C01010400	法学的研究和试验开发服务	包括：——民商法研究服务；——刑法研究服务；——经济法研究服务；——诉讼法研究服务；——其他法律研究服务。
C01010500	管理学的研究和试验开发服务	包括：——管理规律研究服务；——管理方法探讨服务；——管理模式建构服务；——其他管理学研究服务。
C01010600	语言学和语言的研究和试验开发服务	包括：——语言结构研究服务；——历史语言学研究服务；——民族语言学研究服务；——其他语言学和语言研究服务。
C01019900	其他社会科学和试验开发服务	包括哲学、宗教学、军事学、民族学等研究服务。

续表

编码	品目名称	说明
C01020000	**自然科学研究和试验开发**	
C01020100	数学的研究和试验开发服务	包括：——基础数学研究服务；——应用数学研究服务；——其他数学研究服务。
C01020200	物理学的研究和试验开发服务	包括：——力学研究服务；——热学研究服务；——声学研究服务；——光学研究服务；——电磁学研究服务；——凝聚态物理学研究服务；——固体物理学研究服务；——等离子体物理学研究服务；——分子物理学研究服务；——原子物理学研究服务；——原子核物理学研究服务；——粒子物理学研究服务；——其他物理学研究服务。
C01020300	化学的研究和试验开发服务	包括：——物理化学研究服务；——分析化学研究服务；——有机化学研究服务；——无机化学研究服务；——其他化学研究服务。
C01029900	其他自然科学研究和试验开发服务	包括天文、生物学、地球科学等研究服务。
C01030000	**工程学的研究和试验开发**	
C01030100	工程和技术基础科学研究服务	包括：——工程数学研究服务；——工程控制论研究服务；——工程力学研究服务；——工程物理学研究服务；——工程地质学研究服务；——工程水文学研究服务；——工程仿生学研究服务；——工程心理学研究服务；——其他工程和技术基础科学研究服。
C01030200	测绘科学技术研究服务	包括大地测量学与测量工程研究服务、摄影测量与遥感研究服务、地图制图学与地理信息工程研究服务等。
C01030300	材料科学研究服务	指从电子到巨型物体各个尺寸层次上材料行为的科学研究服务。
C01030400	冶金工程技术研究服务	指从矿石等资源中提取金属及其化合物、并制成具有良好加工和使用性能材料的工程技术研究服务，包括：——冶金物理化学研究服务；——钢铁和有色金属冶金工程技术研究服务；——其他冶金工程技术研究服务。
C01030500	机械工程研究服务	包括：——机械制造及其自动化研究服务；——机械电子工程研究服务；——机械设计及理论研究服务；——车辆工程研究服务；——仿生技术研究服务；——其他机械工程研究服务。
C01030600	化学工程研究服务	包括化学工程基础研究服务、化工测量技术与仪器仪表研究服务、化工传递过程研究服务、分离工程研究服务、化学反应工程研究服务、系统工程研究服务、化工机械与设备研究服务、无机化学工程研究服务、有机化学工程研究服务、电化学工程研究服务、高聚物工程研究服务、煤化学工程研究服务、石油化学工程研究服务、精细化学工程研究服务、造纸技术研究服务、毛皮与制革工程研究服务、制药工程研究服务、生物化学工程研究服务、化学工程其他研究服务。

续表

编码	品目名称	说明
C01030700	纺织科学技术研究服务	包括化学纤维、天然纤维改性、棉纺织、毛纺织、麻纺织、丝绸、针织、非织造布等科学技术研究服务。
C01030800	食品科学技术研究服务	包括食品化学、食品工程、食品微生物学等技术研究服务。
C01030900	矿山工程技术研究服务	包括矿山地质学、矿山综合利用工程、矿山安全、矿山测量、采矿环境工程、矿山电气工程、矿山设计、选矿工程、矿山地面工程、油气田井开发工程、钻井工程、井巷工程、采矿工程等技术研究服务。
C01031000	动力与电力工程研究服务	包括工程热物理、热工学、动力机械工程、电气工程等研究服务。
C01031100	能源科学技术研究服务	包括矿物质能源、核物理能源、大气环流能源、地理性能源科学技术研究服务。
C01031200	核科学技术研究服务	包括核能科学与工程、核燃料循环、核技术及应用、辐射防护等科学技术研究服务。
C01031300	电子、通信与自动控制技术研究服务	包括电子技术，光电子学与激光技术，半导体技术，信息处理技术，通信技术，广播与电视工程技术，雷达工程，自动控制技术，电子、通信与自动控制其他技术等研究服务。
C01031400	计算机科学技术研究服务	包括计算机硬件、软件科学技术研究服务。
C01031500	航空、航天科学技术研究服务	包括空气动力学、大气层飞行动力学、航天动力学、飞行器结构力学、推进原理、自动控制理论、航空电子学、空间电子学等技术研究服务。
C01031600	土木建筑工程研究服务	包括房屋工程研究服务、地下工程研究服务等。
C01031700	水利工程研究服务	包括：——水利枢纽工程研究服务；——堤坝工程研究服务；——城市防洪工程研究服务；——疏浚工程研究服务；——滞蓄洪区工程研究服务；——橡胶坝拦河工程研究服务；——山洪防御工程研究服务；——水库工程研究服务；——引水河渠工程研究服务；——灌溉排水工程研究服务；——雨水利用工程研究服务；——再生水利用工程研究服务；——水闸工程研究服务；——其他水利工程研究服务。
C01031800	交通运输工程研究服务	包括：——道路工程研究和试验开发；——桥梁工程研究和试验开发；——隧道工程研究和试验开发；——交通工程研究和实验开发（包括机电工程、安全设施）；——道路运输研究和试验开发；——港口工程研究和试验开发；——内河枢纽与航道工程研究和实验开发；——水上运输与安全研究和试验开发；——环境保护研究和试验开发（包括公路环境保护和水运环境保护）；——交通运输信息化研究和试验开发；——交通运输规划与管理研究和试验开发；——载运工具研究和试验开发（包括车辆工程和船舶工程）；——工程机械研究和试验开发；——综合交通运输研究和试验开发；——物流工程研究和实验开发；——其他交通运输工程研究服务。

续表

编码	品目名称	说明
C01031900	环境科学技术研究服务	包括水环境、大气环境、土壤环境等技术研究服务。
C01032000	安全科学技术研究服务	指人类生产、生活、生存过程中，避免和控制人为技术、自然因素或人为-自然因素所带来的危险、危害、意外事故和灾害的科学技术研究服务。
C01039900	其他工程和技术的研究与试验开发服务	
C01040000	**农业科学研究和试验开发服务**	
C01040100	农学研究服务	包括作物生长发育规律及其与外界环境条件的关系、病虫害防治、土壤与营养、种植制度、遗传育种等方面的研究服务。
C01040200	林学研究服务	指森林的形成、发展、管理以及资源再生和保护利用的理论与技术等方面的科学研究服务。
C01040300	畜牧、兽医研究服务	指动物遗传资源与育种、动物生物技术与繁殖、动物营养与饲料、草业科学和动物医学等方面的研究服务，不包括水产动物。
C01040400	水产学研究服务	又称渔业学研究服务，包括水产动植物种质资源、遗传改良、海淡水养殖增殖、病害防治、保鲜、环境生态等理论与技术研究服务。
C01049900	其他农业科学研究与试验发展服务	
C01050000	**医学研究和试验开发服务**	
C01050100	基础医学研究服务	指关于人的生命和疾病现象的本质及其规律的研究服务。
C01050200	临床医学研究服务	指关于疾病的诊断、治疗和预防的各专业学科的研究服务。
C01050300	预防医学与卫生学研究服务	预防医学研究服务指社会人群中疾病和健康现象的发生和发展规律，改善劳动和生活卫生条件，延长人类寿命的科学和技术研究服务；卫生学研究服务指人类生活和劳动所处的内外环境对健康的影响、改善卫生条件、增进健康的研究服务。
C01050400	军事医学与特种医学研究服务	军事医学研究服务包括野战外科学、军队流行病学、军事环境医学、军队卫生学、军事人机工效学、核武器医学防护学、化学武器医学防护学、生物武器医学防护学、激光与微波医学防护学、军事医学其他科学研究服务；特种医学研究服务包括航空航天医学、潜水医学、航海医学、法医学、特种医学其他研究服务。
C01050500	药学研究服务	指有关药（中药除外）来源、采制、性能、功效、临床应用等方面的研究服务。
C01050600	中医学与中药学研究服务	中医学研究服务指关于人体生理、病理以及疾病的诊断和防治等研究服务；中药学研究服务指中药来源、采制、性能、功效、临床应用等研究服务。

续表

编码	品目名称	说明
C01059900	其他医学研究与试验发展服务	
C01990000	**其他研究和试验开发服务**	
C02000000	**教育服务**	
C02010000	**学前教育服务**	指对3-6岁学龄前幼儿开展的保育和教育服务，包括：——幼儿园教育服务；——学前班教育服务；——农村小学附属幼儿园（班）教育服务；——幼儿活动站、游戏小组、巡回辅导站等教育服务；——其他学前教育服务。
C02020000	**初等教育服务**	包括：——普通小学教育服务；——成人初等教育服务：职工初等教育服务、农民初等教育服务、成人扫盲班教育服务；——其他初等教育服务。
C02030000	**中等教育服务**	
C02030100	初中教育服务	包括：——初级中学教育服务；——其他初中教育服务。
C02030200	高中教育服务	包括：——高级中学教育服务；——其他高中教育服务。
C02030300	中等专业教育服务	包括中等师范学校、工业学校、农业学校、林业学校、医药学校、财经学校、政法学校、体育学校、艺术学校、其他中等专业学校的教育服务。
C02030400	职业中学教育服务	指实施中等职业技术教育的服务，包括职业初中、职业高中的教育服务。
C02030500	技工学校教育服务	指实施技术技能教育的服务。
C02039900	其他中等教育服务	包括为成人提供的各种中等教育服务及其他中等教育服务。
C02040000	**高等教育服务**	包括高等职业教育服务、普通本科教育服务、研究生教育服务。
C02050000	**成人教育服务**	指为成人提供的各种高等继续教育服务，包括学历继续教育和非学历教育服务。
C02060000	**培训服务**	包括外语、计算机及网络、汽车驾驶、飞行驾驶、农业使用技术、武术、缝纫、烹调、美容美发、艺术、职业技能培训及机关工作人员技术业务培训服务等。
C02070000	**特殊教育服务**	指为残障儿童、少年等特殊人群提供的教育服务。
C02080000	**考试服务**	包括考场安排、考务组织、结果统计分析等服务。
C02090000	**教育课程研究与开发服务**	包括学前教育、初等教育、中等教育、高等教育及成人教育及社区教育学校课程与校外辅助课程研究、设计与开发服务。
C02100000	**学生活动组织实施服务**	包括学前教育、初等教育、中等教育、高等教育及成人教育校园文化、体育、技能等竞赛、交流活动的组织实施服务，校外活动组织实施服务。
C02110000	**教学成果推广应用服务**	包括学前教育、初等教育、中等教育、高等教育、成人教育及社区教育教学研究成果推广应用服务。

编码	品目名称	说明
C02120000	社区教育服务	包括为社区提供的助力提高生活质量、培养生活技能、促进生命健康等相关内容的教育服务。
C02990000	其他教育服务	包括：——党校、行政学院教育服务；——宗教组织办的神学院、佛学院等教会学校教育服务；——中小学课外辅导班（语文班、数学班、物理班、化学班、外语班、美术班、舞蹈班、书法班、音乐班等）的教育服务；——义务教育课后服务；——国防教育服务；——其他教育服务。
C03000000	就业服务	
C03010000	就业信息咨询服务	指就业信息收集、咨询提供等服务。
C03020000	就业指导服务	指职业介绍、推荐等服务。
C03030000	创业指导服务	指创业机会介绍、推荐等服务。
C03040000	人才服务	指人才管理、推荐等服务。
C03990000	其他就业服务	包括就业和失业登记、流动人员档案管理、就业调查服务等。
C04000000	医疗卫生服务	
C04010000	医院服务	
C04010100	综合医院服务	指各类综合医院的诊断、治疗等服务。
C04010200	中医医院服务	指各类中医医院的诊断、治疗等服务。
C04010300	中西医结合医院服务	指各类中西医结合医院的诊断、治疗等服务。
C04010400	专科医院服务	包括：——口腔医院服务；——眼科医院服务；——骨科医院服务；——儿科医院服务；——妇产科医院服务；——传染病医院服务；——美容医院服务；——其他专科医院服务。
C04010500	民族医院服务	指藏医院、苗医院、蒙医院等民族医院的诊断、治疗等服务。
C04010600	疗养院服务	指疗养院以疗养、康复为主，治疗为辅的医疗服务，包括：——老年人疗养院服务；——残疾军人、复员军人、消防员等疗养院服务。
C04019900	其他医院服务	指其他类型医院的诊断、治疗等服务。
C04020000	卫生院和社区医疗服务	指城镇街道、社区医院和乡（镇）医疗卫生机构的服务，包括社区卫生服务中心、社区卫生服务站、街道卫生院、乡镇卫生院服务。
C04030000	门诊服务	指门诊部、诊所、医务室、卫生站、村卫生室、护理院等卫生机构的服务，包括各类门诊部、各类诊所、卫生所、医务室、护理站、其他门诊医疗服务。
C04040000	生育技术服务	指向育龄公民提供生育调节及其他有关的生殖保健服务，包括：——生育咨询服务；——生育临床服务；——生殖保健服务；——其他生育服务。
C04050000	专科疾病防控服务	指对各种专科疾病进行预防及群众预防的服务。

续表

编码	品目名称	说明
C04050100	传染病防控服务	包括：——结核病防控服务；——艾滋病防控服务；——其他传染病防控服务。
C04050200	职业病防控服务	指在职业活动中因接触粉尘、放射性物质和其他有毒、有害物质等因素而引起疾病的防控服务，包括：——尘肺病防控服务；——职业性皮肤病防控服务；——职业性眼病防控服务；——职业性耳鼻喉口腔疾病防控服务；——职业性化学中毒防控服务；——职业性放射性疾病防控服务；——其他职业病防控服务。
C04050300	地方病防控服务	指具有地区性发病特点的疾病防控服务，包括：——化学性地方病防控服务；——生物性地方病防控服务；——其他地方病防控服务。
C04059900	其他专科疾病防控服务	包括精神病、麻风病、寄生虫病、血吸虫病等其他专科疾病防治服务。
C04060000	**妇幼保健服务**	指专门针对妇女和儿童健康提供的服务。
C04070000	**健康检查服务**	
C04070100	体检服务	指对健康状况进行检查、提供健康咨询的综合性服务。
C04079900	其他健康检查服务	其他专项健康检查服务。
C04080000	**康复服务**	包括慢性病康复服务、残疾人康复服务、职业病康复服务等。
C04090000	**预防接种服务**	指疫苗接种服务。
C04100000	**戒毒服务**	指帮助吸毒人员戒除吸食、注射毒品以及康复等服务。
C04110000	**公共卫生事件防控服务**	指重大公共卫生事件的应急、预防和控制服务。
C04990000	**其他医疗卫生服务**	包括居民健康档案管理、特殊群体卫生健康服务等。
C05000000	**社会服务**	
C05010000	**社会保障服务**	
C05010100	托育服务	指在特定场所集中照护婴幼儿的服务。
C05010200	儿童福利服务	指为孤儿、事实无人抚养儿童、农村留守儿童、困境儿童等特殊儿童群体提供的养育、治疗、康复、护理、特殊教育、心理关爱以及与其相关的评估服务等。
C05010300	未成年人关爱保护服务	指为有需求的未成年人提供心理疏导、监护支持、社会调查、教育矫治、法律援助等专业服务。
C05010400	养老服务	包括居家养老服务、社区养老服务、机构养老服务、集中供养服务、家庭适老化改造、老年人能力综合评估、探访服务、家庭养老支持服务、养老服务人才培养、养老评估服务、第三方专业机构支持服务等。
C05010500	社会救助服务	包括为特困人员和最低生活保障、低保边缘家庭成员等社会救助对象提供必要的访视照料、送医陪护、心理疏导、能力提升服务等。

续表

编码	品目名称	说明
C05010600	扶贫济困服务	包括贫困地区救助、扶贫开发与对口支援服务等。
C05010700	优抚安置服务	包括军休干部文体活动保障、自主就业退役士兵就业创业服务等。
C05010800	残疾人服务	包括精神障碍患者救治救助、精神障碍社区康复、公益性康复辅助器具配置和社区租赁、困难重度残疾人集中或社会化照护服务等。
C05010900	流浪乞讨人员救助管理服务	包括流浪乞讨人员街面救助，站内照料，康复治疗，教育矫治，救助寻亲，临时安置，源头治理服务等。
C05011000	法律援助服务	包括未成年人法律援助服务、弱势群体法律援助服务等。
C05019900	其他社会保障服务	
C05020000	**社会治理服务**	
C05020100	社区治理服务	包括城乡社区文化、体育、教育、科普、心理咨询、卫生健康、特殊困难群体关爱等服务。
C05020200	社会组织建设与管理服务	包括社会组织登记管理、评估、培训、人才队伍建设、信息统计、社会调查、档案整理、学术研究等服务。
C05020300	社会工作服务	指运用社会工作专业方法为有需要的人群提供的服务，包括困难救助、矛盾调处、人文关怀、心理疏导、行为矫治、关系调适、资源协调、危机干预、能力建设、社会融入、社会功能修复和促进个人与环境适应等在内的专业服务；开展社区建设、基层治理等服务。
C05020400	人民调解服务	指人民调解、化解社会矛盾相关服务。
C05020500	志愿服务活动管理服务	包括志愿服务项目管理、志愿者培训、志愿服务活动的实施与管理服务等。
C05020600	慈善事业管理服务	包括慈善组织、募捐信息平台建设与管理相关服务等。
C05029900	其他社会治理服务	
C05030000	**灾害防治和应急管理服务**	
C05030100	防灾减灾预警预报服务	指防灾减灾预警、预报相关服务。
C05030200	防灾救灾物资储备供应服务	指食物、防护用具等防灾救灾物资的储备、供应和管理服务。
C05030300	灾害救援救助服务	指受灾人员救助、援助等服务。
C05030400	灾后管理服务	指灾后疾病预防、防疫、心理疏导等服务。
C05030500	应急救治服务	指应急救治相关服务。
C05039900	其他灾害防治和应急管理服务	指应急指挥管理等其他服务。
C05040000	**安全服务**	

续表

编码	品目名称	说明
C05040100	公共安全服务	包括公共安全隐患排查治理、公共安全情况监测、安全生产事故调查、安全生产突发事件、事故应急救援等相关服务。
C05040200	食品药品安全服务	指食品药品安全相关服务。
C05040300	保安服务	指由安保人员提供的门卫、巡逻等一般性安全服务。
C05040400	特种保安服务	指现钞押运，金库守护，贵重物品保安，易爆、易燃、易腐等危险品保护及其他特种保安的服务。
C05040500	道路交通协管服务	指交通秩序、车辆停放协管服务。
C05040600	社会治安协管服务	指协管员维持治安秩序的服务。
C05049900	其他安全保护服务	指专业开锁服务、私人调查服务、监视器管理服务、其他安全保护服务。
C05990000	**其他社会服务**	
C06000000	**文化、体育、娱乐服务**	
C06010000	**新闻服务**	包括：——新闻采访服务：文字、图片、录音、影像及其他类型新闻的采访服务；——新闻编辑服务：文字、图片、录音、影视、网络及其他类型新闻的编辑服务；——新闻发布服务；——其他新闻服务。
C06020000	**广播、电视、电影和音像服务**	
C06020100	广播服务	指广播节目的制作和播放等服务。包括广播节目的制作、编排、播音、播放、点播、交换等服务，包括：——广播节目制作服务：新闻类、音乐类、文艺类、经济类、体育类、教育类、交通类、儿童类、生活类、少数民族语言、广播剧及其他类广播节目的制作服务；——广播节目播出服务：国内广播节目、国外广播节目、付费广播节目和互联网广播节目等的播出服务；——广播节目进出口交易服务；——广播节目发行服务；——广播电台其他辅助服务；——其他广播服务。
C06020200	电视服务	指电视节目的制作和播放等服务。包括：——电视节目制作服务：公共电视节目、电视剧和付费电视节目等的制作服务；——电视节目播出服务：国内电视节目、国外电视节目、付费电视节目、互联网电视节目和移动电视节目等的播出服务；——电视节目进出口交易服务；——电视节目发行服务；——电视台各种辅助服务；——其他电视服务。
C06020300	电影服务	指电影片的制作、发行和放映服务，包括：——电影制作与发行服务，包括电影制作服务、电影发行服务、电影进出口交易服务；——电影放映，包括电影院线放映服务、普通影院放映服务、露天影院放映服务、网络电影播出服务、录像放映服务、其他放映服务。
C06020400	音像制作服务	指从事录音、摄像、录像等制作服务，包括：——影像节目的制作；——声音节目的制作；——专门为歌唱演员、演奏家及其他演员提供录音合成的服务；——其他音像制作。

续表

编码	品目名称	说明
C06020500	广播电视传输服务	包括：——有线广播电视传输服务：有线广播电视信号及数据广播信号传送、入户服务；有线广播电视网的设计、建设、安装、调试、测试服务，为有线广播电视用户提供维修、咨询等服务，有线广播电视网络维护、运行、监测、安全管理服务，互联网广播电视节目的传输、接入、咨询等服务，其他有线广播电视和网上广播电视服务；——无线广播电视传输服务：无线广播信号传送、覆盖服务，无线电视信号传送、覆盖服务，无线广播电视节目播出安全、质量、内容和覆盖效果的监测服务，为无线广播电视用户提供咨询等服务，其他无线广播电视服务。不包括有线广播电视的制作、播音、导播、播出等服务，有线电视节目的制作、主持、导播、播出等服务，卫星传输服务。
C06030000	**文化艺术服务**	
C06030100	艺术创作、表演和交流服务	指文学、美术创造和表演艺术等服务，包括：——文艺创作服务：文学作品、影视剧、戏剧、歌曲、歌剧、乐曲和舞蹈等的创作服务；——文艺评论服务：文学、舞台艺术、电影、电视艺术和其他文艺评论服务；——美术创作服务：绘画、雕刻、书法篆刻、工艺美术和其他美术创作服务；——艺术表演服务：戏剧、戏曲、舞蹈、歌唱、民乐、西洋乐、曲艺、魔术、杂技和其他艺术表演服务；——表演艺术家演出服务；——艺术交流服务；——舞台表演宣传、组织、辅助服务。
C06030200	艺术表演场馆服务	包括：——音乐厅、歌剧院、舞剧院、戏剧院（院）、剧场（院）的管理服务；——其他艺术表演场馆的管理服务。
C06030300	图书馆和档案馆服务	包括：——图书馆和档案馆提供的图书阅览和档案查阅等服务；——图书馆和档案馆的图书整理服务；——图书馆和档案馆的管理服务。
C06030400	文物和文化保护服务	指对具有历史、文化、艺术、科学价值的文物和非物质遗产的保护和管理服务，包括：——具有纪念性建筑物参观、咨询和保护管理服务；——具有文化价值遗址参观、咨询和保护管理服务；——文物古迹参观、咨询和保护管理服务；——农耕文化遗产保护管理服务；——其他文物遗址参观、咨询和保护管理服务；——传统语言文字和口述文学保护管理服务；——民间艺术遗产参观、咨询和保护管理服务；——民间、民俗传统活动遗产保护管理服务；——民俗制作遗产保护管理服务；——其他文化遗产保护管理服务。
C06030500	博物馆服务	包括：——综合类博物馆、展览馆的参观、咨询和管理服务；——历史类博物馆、展览馆的参观、咨询和管理服务；——艺术类博物馆、展览馆的参观、咨询和管理服务；——自然类博物馆、展览馆的参观、咨询和管理服务；——科学类博物馆、展览馆的参观、咨询和管理服务；——其他类博物馆、展览馆的参观、咨询和管理服务。

编码	品目名称	说明
C06030600	烈士陵园和纪念馆服务	包括烈士陵园、纪念堂和烈士纪念馆的参观、咨询和管理服务。
C06030700	群众文化活动服务	指开展群众文化活动场所的管理和组织服务，包括：——群众文化场馆服务：综合文化中心、文化宫、群众文化馆（站）、青年宫、少年文化宫、老年文化活动站、其他群众文化场馆服务；——社区文化服务；——京剧票友及其他艺术爱好者交流服务；——群众性文艺培训服务；——老年文化服务；——村史馆服务；——群众文化艺术展览服务；——群众文艺演出服务；——群众文艺交流服务；——其他群众文化服务。
C06030800	文化艺术经纪代理服务	指文艺、影视、音像中介公司的经纪代理服务，包括：——电影发行经纪代理；——与电视剧、电视节目有关的经纪代理；——戏剧、戏曲、舞蹈、音乐、曲艺、杂技等演出的经纪代理；——美术作品展览经纪人服务；——音像出版代理；——文学艺术作品出版、发行经纪代理；——民间艺术表演经纪代理；——娱乐性文艺演出的经纪代理；——艺术表演、展览等项目的引进、出境的经纪代理；——各种以经纪代理为主的演出公司；——其他艺术演出、展览、出版、发行等经纪代理。不包括对艺术家、演员个人的经纪代理。
C06039900	其他文化艺术服务	包括：——史料、史志编辑服务：地方志、人物志、革命史料、史志和其他史料、史志编辑服务；——艺术品、收藏品鉴定服务：古玩、字画和其他艺术品、收藏品鉴定服务；——街头报刊橱窗服务；——其他文化艺术服务。
C06040000	**体育服务**	
C06040100	体育组织服务	包括：——竞技体育组织服务：体育项目组织服务、体育运动训练指导服务、体育运动员服务、体育人员转会服务、其他体育管理服务；——非竞技体育组织服务：风筝、龙舟、国标舞和其他非竞技体育组织服务；——其他体育组织服务：汽车、滑翔、登山、攀岩和其他体育项目组织服务。
C06040200	体育场馆服务	包括：——室内体育场所服务：室内综合体育场所、室内专项体育场所等提供的服务；——室外体育场所服务：足球场、田径场、滑雪场、自行车场、射击场、赛车场、网球场、棒球及类似运动比赛场、其他室外体育场所提供的服务；——室外天然体育场所提供的服务；——其他体育场馆提供的服务；——体育场馆的管理和维护服务。
C06049900	其他体育服务	包括：——体育经纪服务：体育赛事经纪服务、体育组织经纪服务、其他体育经纪服务；——兴奋剂管理服务；——体育器材装备服务；——社区、街心公园、公园等运动场所的管理；——专门从事体育心理、保健、营养、器材、训练指导等服务；——其他体育服务。
C06050000	**娱乐服务**	

续表

编码	品目名称	说明
C06050100	室内娱乐服务	包括：——儿童室内游戏娱乐服务；——室内手工制作娱乐服务；——其他室内娱乐服务。
C06050200	游乐园服务	包括：——儿童乐园提供的服务；——主题游乐园提供的服务；——水上游乐园提供的服务；——其他游乐园提供的服务；——游乐园的管理和维护服务。
C06050300	休闲健身娱乐服务	指主要面向社会开放的休闲健身娱乐场所和综合体育娱乐场所提供的服务，包括：——综合体育娱乐场所提供的服务；——健身馆服务：器械健身、健身操、健身舞蹈、瑜伽功及类似健身及其他健身服务；——棋牌馆提供的服务；——保龄球馆提供的服务；——台球室、飞镖室提供的服务；——高尔夫球场提供的服务；——射击、射箭场馆提供的服务；——滑沙、滑雪及模拟滑雪场所提供的服务；——惊险娱乐活动场所提供的服务；——娱乐性军事训练、体能训练场所提供的服务；——其他休闲健身娱乐的服务；——休闲健身娱乐场所的管理和维护服务。
C06059900	其他娱乐服务	指各种形式的彩票服务，以及公园、海滩和旅游景点内小型设施的娱乐服务，包括：——彩票服务；——公园、景区内游船出租；——公园、景区内的摆摊娱乐服务；——公园、景区内的小动物拉车、骑马、钓鱼等服务；——租借道具服务（如租借照相、服装、道具等）；——海滩浴场更衣及租借用品服务；——公园及街头艺人表演服务；——娱乐性展览服务；——其他娱乐服务。
C06990000	其他文化、体育、娱乐服务	
C07000000	**生态环境保护和治理服务**	
C07010000	**生态环境保护服务**	
C07010100	生态资源调查与监测服务	指对森林资源、林地变更、野生动植物资源、湿地、草原资源、林草种质资源、荒漠化、自然保护地等进行调查与监测的相关服务。
C07010200	碳汇监测与评估服务	指对碳汇吸收的温室气体量开展监测、核算、评估，并将相关结果服务于温室气体清单编制、碳达峰碳中和目标进展评估、碳汇交易等。
C07010300	生态环境舆情监控服务	指生态环境舆情动态收集、分析、提出应对措施等相关服务。
C07010400	生态环境成果交流与管理服务	指建立成果共享共用机制，推动生态环境保护科研、管理活动中产生的成果实现共享共用，推进成果转化应用，以及环保先进技术（含低碳产品和低碳技术）的遴选、推广与服务等。
C07019900	其他生态环境保护服务	指其他涉及生态环境领域的服务事项。
C07020000	**生态环境治理服务**	
C07020100	水污染治理服务	

编码	品目名称	说明
C07020101	污水治理及其再生利用服务	指对污水的收集、处理及净化后的再利用服务，包括对污水的收集、处理及深度净化等。
C07020102	城镇水域治理服务	包括：——城镇水域垃圾清除服务；——城镇水域垃圾运输服务；——城镇水域水草清理服务；——城镇水域水质下降处理服务；——城镇水域其他治理服务。
C07020103	海洋水域污染治理服务	包括：——海洋垃圾清理服务；——海洋水质污染治理服务；——其他海洋污染治理服务。
C07020104	江、湖治理服务	包括：——江、湖垃圾清理服务；——江、湖水草清理服务；——江、湖水质污染治理服务；——其他江、湖治理服务。
C07020105	水库污染治理服务	包括：——水库垃圾清理服务；——水库水草清理服务；——水库水质污染治理服务；——其他水库污染治理服务。
C07020106	地下水污染治理服务	包括：——地下水杂质清理服务；——地下水质污染治理服务；——其他地下水污染治理服务。
C07020199	其他水污染治理服务	除城镇水域、海洋水域、江、湖治理、水库污染、地下水污染以外的其他水污染治理服务。
C07020200	空气污染治理服务	
C07020201	大气污染治理服务	包括：——大气中的烟尘及粉尘治理服务；——二氧化硫及氮氧化物治理服务；——硫污染治理服务；——其他大气污染治理服务。
C07020202	汽车尾气污染治理服务	包括：——汽车尾气中碳氢化合物治理服务；——氮氧化合物治理服务；——一氧化碳和二氧化硫治理服务；——含铅化合物、苯丙芘及固体颗粒物治理服务；——其他汽车尾气污染治理服务。
C07020203	燃烧煤烟污染治理服务	包括：——燃烧煤烟中固体颗粒物治理服务；——二氧化硫及氮氧化物治理服务；——挥发酚、氰化物、氮气体治理服务；——其他燃烧煤烟污染治理服务。
C07020204	制造业废气污染治理服务	包括挥发性有机物、固体颗粒物治理及其他制造业废气治理服务。
C07020205	工矿粉尘污染治理服务	包括：——无机粉尘治理服务；——有机粉尘治理服务；——混合性粉尘治理服务；——其他工矿粉尘污染治理服务。
C07020206	建筑工地粉尘污染治理服务	包括扬尘治理，烟尘治理等服务。
C07020299	其他空气污染治理服务	
C07020300	噪声与振动污染治理服务	

续表

编码	品目名称	说明
C07020301	工业噪声污染治理服务	指对工业生产活动中产生的干扰周围生活环境的声音进行治理的服务。
C07020302	建筑施工噪声污染治理服务	指对建筑施工过程中产生的干扰周围生活环境的声音进行治理的服务，包括对房屋建筑、建筑安装以及建筑装饰装修和其他土木工程施工过程中产生的噪声进行治理的服务。
C07020303	交通运输噪声污染治理服务	指对机动车、铁路机车车辆、城市轨道交通车辆、机动船舶、民用航空器等交通运输工具在运行时产生的干扰周围生活环境的声音进行治理的服务。
C07020304	社会生活噪声污染治理服务	指对人为活动所产生的除工业噪声、建筑施工噪声和交通运输噪声之外的干扰周围生活环境的声音进行治理的服务。
C07020305	振动污染治理服务	指对工业生产、建筑施工、交通运输、社会生活等人为活动中产生的振动进行治理的服务。
C07020399	其他噪声与振动污染治理服务	
C07020400	危险废物治理服务	
C07020401	医疗和药物废弃物治理服务	包括医疗和药物废弃物中有毒、有害、易燃、易爆、腐蚀性、传染性等固态、半固态、液态和气态等危险废物治理服务。
C07020402	化工产品废弃物治理服务	包括化工产品废弃物中有毒、有害、易燃、易爆、腐蚀性、传染性等固态、半固态、液态和气态等危险废物治理服务。
C07020403	矿物油废弃物治理服务	包括矿物油废弃物中有毒、有害、易燃、易爆、腐蚀性、传染性等固态、半固态、液态和气态等危险废物治理服务。
C07020404	金属矿物质变废弃物治理服务	包括金属矿物质变废弃物中有毒、有害、易燃、易爆、腐蚀性、传染性等固态、半固态、液态和气态等危险废物治理服务。
C07020405	废旧机械设备治理服务	包括废旧机械设备中有毒、有害、易燃、易爆、腐蚀性、传染性等固态、半固态、液态和气态等危险废物治理服务。
C07020406	非金属矿物质变废弃物治理服务	包括非金属矿物质变废弃物中有毒、有害、易燃、易爆、腐蚀性、传染性等固态、半固态、液态和气态等危险废物治理服务。
C07020407	工业焚烧残渣物治理服务	包括工业焚烧残渣物中有毒、有害、易燃、易爆、腐蚀性、传染性等固态、半固态、液态和气态等危险废物治理服务。
C07020408	爆炸性废弃物治理服务	包括爆炸性废弃物中有毒、有害、易燃、易爆、腐蚀性、传染性等固态、半固态、液态和气态等危险废物治理服务。
C07020499	其他危险废弃物治理服务	其他危险废弃物中有毒、有害、易燃、易爆、腐蚀性、传染性等固态、半固态、液态和气态等危险废物治理服务。
C07020500	无害固体废物处理服务	包括无害废料服务收集和运输和焚烧处理服务及其他垃圾处理服务。

编码	品目名称	说明
C07020600	光污染治理服务	包括昼间建筑物反射阳光产生的白亮污染治理，夜间人工白昼污染治理和彩光污染治理等服务。
C07020700	辐射污染治理服务	包括：——电磁辐射污染治理服务；——核放射污染治理服务；——化学元素放射性污染治理服务；——其他辐射污染治理服务。
C07020800	地质灾害治理服务	包括：——崩塌灾害治理服务；——滑坡灾害治理服务；——泥石流灾害治理服务；——地裂缝灾害治理服务；——水土流失灾害治理服务；——土地沙漠化及沼泽化灾害治理服务；——土壤盐碱化灾害治理服务；——地震、火山、地热害灾害治理服务；——其他地质灾害治理服务。
C07020900	农业农村环境治理服务	包括开展农业面源污染防治、农产品产地环境治理、农村（农场）人居环境治理、渔港环境治理服务等。
C07029900	其他生态环境治理服务	包括水污染、空气污染、噪声污染、地质土壤等环境监测、环境影响评价、环保验收、环保措施设计等服务。
C07990000	**其他生态环境保护和治理服务**	
C08000000	**能源的生产和分配服务**	
C08010000	**电力的生产和分配服务**	
C08010100	电力生产服务	
C08010101	火力发电生产服务	指利用煤炭、石油、天然气等燃料燃烧产生热能，通过火电动力装置转换成电能的生产服务，包括：——热电厂发电服务；——利用余热、余气等发电服务。
C08010102	水力发电生产服务	指将水能转换成电能的生产服务，包括：——水电站发电服务；——抽水蓄能电站的发电服务。
C08010103	核力发电生产服务	指利用核反应堆中重核裂变所释放出的热能转换成电能的生产服务，包括核电站发电服务等。
C08010104	风力发电生产服务	指将风能转换成电能的生产服务。
C08010199	其他能源发电生产服务	指利用地热、太阳能、潮汐能、生物能及其他的发电服务，包括：——地热发电服务；——太阳能发电服务；——潮汐能发电服务；——海洋能发电服务；——利用废料、沼气发电服务；——生物能发电等其他的发电服务。
C08010200	电力分配服务	指利用电网将电能输送和分配给用户的服务。
C08020000	**热力生产和分配服务**	
C08020100	暖气生产和分配服务	指将蒸汽和热水等热力资源通过暖气管道提供给用户的服务。
C08029900	其他热力生产和分配服务	指利用煤炭、油、燃气等能源生产蒸汽和热水等，并将蒸汽和热水等热力资源提供给用户的服务。

续表

编码	品目名称	说明
C08030000	燃气生产和分配	指利用煤炭、油、燃气等能源生产燃气，并向用户提供燃气的服务，以及对煤气、液化石油气、天然气输配及使用过程中的维修和管理服务，包括：——自产可燃气体的生产和分配服务；——通过主干管道系统，对外购可燃气体燃料的输送和分配服务；——对人工煤气、液化石油气、天然气输配及使用过程的维修和管理。不包括专门从事罐装液化石油气零售业务的服务。
C08040000	水的生产和分配	包括自来水的生产和供应，其他水的处理、利用与分配。
C08990000	其他能源的生产和分配	
C09000000	农林牧渔服务	
C09010000	农业服务	
C09010100	灌溉系统服务	指为农业生产服务的灌溉系统的经营与管理服务，包括农业水利灌溉系统的经营、管理。
C09010200	农产品初加工服务	指对收获的各种农产品进行去籽、净化、分类、晒干、剥皮、沤软或大批包装以提供初级市场的服务，以及其他农产品的初加工服务，包括：——皮棉的加工：细绒棉皮棉、长绒棉皮棉；——沤制麻、羊毛去杂质以及类似的纤维初加工等；——其他农产品初加工。
C09010300	农业机械服务	指为农业生产提供农业机械并配备操作人员的服务。
C09010400	农业绿色发展和可持续发展服务	指为农业绿色发展和可持续发展提供支撑和保障的服务。包括：——农业资源区划工作的评价和综合管理服务；——建设国家重要农业资源台账和重要农业资源监测体系；——农业绿色发展和可持续发展的监测、分析、评价服务。
C09010500	农业资源与环境保护服务	指为加强农业资源与环境保护有关的服务，包括调查监测、检验检测、咨询评估、培训指导、技术研发推广、科普宣传等。
C09010600	农作物病虫害防治服务	指为农业生产经营者提供农作物病、虫、草、鼠和植物疫情等防治服务，包括：——化学防治、农业防治、生态调控、物理防治、生物防治等综合防治服务；——植物防疫所需检疫处理、除害处理服务；——农作物重大病虫害阻截带布控、病虫害调查普查、防效监督评估等其他服务。
C09010700	外来入侵生物综合防治服务	指为防控外来物种入侵的服务，包括风险评估、普查调查、监测预警、治理修复、培训指导、技术研发推广、科普宣传等。
C09010800	公益性农机作业服务	指提供带有公益性质的农机作业服务，包括为贫困户等耕种困难家庭提供无偿的农业机械代耕、代种、代管、代收服务，为受灾地区提供无偿或低价的农机抗旱、排涝、抢耕、抢收、抢烘等应急作业服务等。
C09010900	农产品质量安全服务	包括开展农产品质量安全群众满意度调查、农产品治疗量安全追溯、食用农产品合格证、农业农村标准化试点示范及推广应用服务等。

续表

编码	品目名称	说明
C09019900	其他农业服务	包括：——为种植某种农作物，促进其生长或防治病虫害的服务；——农田土地整理服务；——土壤普查服务；——土壤修复服务；——农作物收割服务；——与花草的种植、截枝、修整和花园的修建和维修，以及树木的整容有关的农业服务；——农业园艺服务；——其他农业服务。
C09020000	**林业服务**	
C09020100	造林服务	指在无林地上培植新林的服务。
C09020200	林木抚育管理服务	指松土除草、水肥管理、修枝割冠、抚育间伐、幼林补植等抚育管理服务。
C09020300	林业机械服务	指提供林业机械并配备操作人员的服务。
C09020400	林业有害生物防治服务	指林业病虫害、鼠（兔）害、有害植物防治服务。
C09020500	森林防火服务	包括森林防火专用设备的使用管理、森林火险监测和预报等服务。
C09020600	森业经营与管理服务	包括森林经营方案的编制与实施管理、经营技术示范推广、成效监测及现地查验等指导服务。
C09020700	林区管理服务	指政策研究、现地核实、现地查验、专家咨询管理服务。
C09029900	其他林业服务	
C09030000	**畜牧业服务**	
C09030100	兽医和动物病防治服务	指对各种动物进行的病情、疫情的检测、诊断、医疗、预防、控制、扑灭等服务。
C09030200	畜牧业机械服务	指提供畜牧业机械并配备操作人员的服务。
C09039900	其他畜牧业服务	包括：——为促进牲畜繁殖、生长、增加产量以及获得畜产品的服务；——动物的配种、牧群检验、孵坊等服务；——动物圈、舍清理和整治等服务；——专门提供的动物剪毛服务；——专门提供的动物挤奶服务；——家禽孵化服务；——放牧服务；——动物健康养护服务；——野生动物疫源疫病监测服务；——其他畜牧服务。
C09040000	**渔业服务**	指对渔业生产活动进行的各种支持性服务。
C09040100	鱼苗、鱼种培育和养殖服务	指鱼苗、鱼种的喂食、监测、鱼病用药和防治等服务。
C09040200	渔业机械服务	指提供渔业机械并配备操作人员的服务。
C09040300	渔业船舶检验监管服务	指主旨开展远洋渔业船舶现场检验及相关工作、技术支撑，渔船设计修造能力及质量监管，渔船检验行业监管和发展政策研究，技术法规制修订和实施情况监督检查，渔船检验国际交流合作、重大渔船技术安全事故调查处理，渔船检验技术分析采编，验船师及机构队伍开展督导和管理等相关服务。
C09049900	其他渔业服务	

续表

编码	品目名称	说明
C09990000	其他农林牧渔服务	包括：——品种保存和改良服务；指畜禽人工授精品种改良、水产原种保存和良种选育等相关服务。
C10000000	采矿业和制造业服务	
C10010000	采矿业服务	包括：——对天然气进行液化和再气化处理；——井架安装、修理和拆卸服务以及石油和天然气开采过程中所涉及到有关服务；——石油或天然气开采所必需的服务，如钻井套管水泥灌浆、油井的抽吸、封井和废弃；——特殊消防服务；——其他采矿业服务。
C10020000	制造业服务	
C10020100	金属制品的制造业服务和金属加工服务	包括：——金属锻造、模压、冲压和滚扎成型服务；——金属处理和金属镀层服务；——普通机械工程技术服务；——其他金属制品制造业服务和金属加工服务。
C10020200	运输设备制造业服务	包括汽车、挂车和半挂车制造业服务以及其他运输设备制造业服务。
C10020300	机械和设备制造业服务	包括：——办公、会计和计算机械制造业服务；——电动机械和装置制造业服务；——收音机、电视、通信设备和装置制造业服务；——医疗、精密和光学仪器、表和钟的制造业服务；——其他机械和设备制造业服务。
C10020400	食品、饮料和烟草制造业服务	包括：——肉和肉制品的烹调、防腐、冷冻和其他处理服务；——蔬菜和蔬菜制品的烹调、防腐、冷冻和其他处理服务；——烟草的干燥、抽梗等其他处理服务；——其他食品、饮料和烟草制造业服务。
C10020500	纺织品、服装和皮革制品制造业服务	包括：——纱线、织物、原料和预制成品的印花服务；——纺织原料和纺织品包括服装的上浆、干燥、漂白、蒸煮、缩水、修补、机械防缩整理和丝光处理的服务；——其他纺织品、服装和皮革制品制造业服务。
C10020600	木材和软木制品及草编织品和编制材料制造业服务	包括：——用防腐剂或其他材料浸渍或化学处理木材的服务；——家具制造业服务；——其他木材和软木制品及草编织品和编制材料制造业服务。
C10020700	纸和纸制品制造业服务	包括：——纸浆制造处理服务；——纸制品制造处理服务；——其他纸和纸制品制造业服务。
C10020800	焦炭、精炼石油制品和核燃料制造业服务	包括核燃料或放射性废弃物的重新处理服务。
C10020900	化学和化学制品制造业服务	包括：——化学原料的制造处理服务；——其他化学和化学制品制造业服务。
C10021000	橡胶和塑料制片制造业服务	包括：——塑料部件的制造服务；——塑料面的切割、攻丝、涂层或处理服务；——其他橡胶和塑料制片制造业服务。
C10021100	非金属矿产品制造业服务	包括：——非金属矿产品的干燥服务；——非金属矿产品化学处理服务；——其他非金属矿产品制造业服务。

编码	品目名称	说明
C10029900	其他制造业服务	
C11000000	**工程管理服务**	
C11010000	**工程勘探服务**	包括岩土工程勘察、设计、物资测试检测监测，水文地质勘察，工程测量等工程勘察服务。
C11020000	**工程设计服务**	包括设计图纸绘制、成本限制、施工计划等。
C11030000	**装修设计服务**	指工程内部空间的规划设计服务。
C11040000	**工程项目管理服务**	包括招标代理和各类合同执行等管理或管理咨询服务。
C11050000	**工程总承包服务**	指对工程项目的勘察、设计、采购、施工、竣工验收等实行全过程或若干阶段的承包服务。
C11050100	房屋工程总承包服务	指房屋工程总承包相关服务。
C11050200	铁路工程总承包服务	指铁路工程总承包相关服务。
C11050300	公路工程总承包服务	指公路工程总承包相关服务。
C11050400	机场跑道工程总承包服务	指机场跑道工程总承包相关服务。
C11050500	高速公路工程总承包服务	指高速公路工程总承包相关服务。
C11050600	城市道路工程总承包服务	指城市道路工程总承包相关服务。
C11050700	城市轨道交通工程总承包服务	指城市轨道交通工程总承包相关服务。
C11050800	桥梁工程总承包服务	指桥梁工程总承包相关服务。
C11050900	隧道工程总承包服务	指隧道工程总承包相关服务。
C11051000	水利工程总承包服务	指水利工程总承包相关服务。
C11051100	水运工程总承包服务	指水运工程总承包相关服务。
C11051200	海洋工程总承包服务	指海洋工程总承包相关服务。
C11051300	长距离管道、通信和电力工程总承包服务	指长距离管道、通信和电力工程工程总承包相关服务。
C11051400	室内管道、电缆及有关工程总承包服务	指室内管道、电缆及有关工程总承包相关服务。
C11051500	矿山、工农林牧副渔业工程总承包服务	指矿山、工农林牧副渔业工程工程总承包相关服务。
C11051600	公共设施工程总承包服务	指公共设施工程总承包相关服务。
C11051700	环保工程总承包服务	指环保工程总承包相关服务。
C11051800	高耸构筑物工程总承包服务	指烟囱、水塔、电视塔等构筑物工程总承包相关服务。
C11059900	其他工程总承包服务	
C11990000	**其他工程管理服务**	包括施工过程中的检测等服务。

续表

编码	品目名称	说明
C12000000	**水利管理服务**	
C12010000	**防洪管理服务**	指对河流、湖泊、行蓄洪区及沿海的防洪、防涝设施的管理服务，包括：——江河堤防等设施管理服务；——蓄滞洪区管理服务；——沿海堤防管理服务；——城市防洪设施管理服务；——河道湖泊治理服务；——除涝设施管理服务；——排水设施管理服务；——水工程防洪调度管理服务；——水闸设施管理服务；——其他防洪设施管理服务。
C12020000	**水资源管理服务**	
C12020100	水库管理服务	指对水库等水利设施的管理服务。
C12020200	调水引水管理服务	指对运河、水利枢纽、调水工程、水闸的管理服务，包括：——原水供应管理服务；——引水、提水设施管理服务；——人工水系管理服务：运河和水渠管理服务；——自然水系管理服务：河道、湖泊和地下水管理服务；——其他水利设施开发管理服务。
C12020300	水文水资源监测服务	包括雨量、水位、流量、泥沙、水环境水质等监测服务。
C12020400	水资源保护服务	包括：——水资源保护管理服务；——饮用水水源保护管理服务；——河湖生态流量管理服务；——地下水管理保护服务；——水生态保护修复管理服务。
C12029900	**其他水资源管理服务**	指节水及其他水资源管理服务，包括：——水资源开发利用咨询；——节水管理咨询；——节水灌溉技术咨询；——工业节水技术咨询；——生活节水技术咨询。
C12990000	其他水利管理服务	指水土保持、保护及其他水利管理服务，包括：——水土保持及保护；——水文测量服务；——水利设施管理咨询；——水利设施养护服务；——水环境保护咨询；——水土保持技术咨询；——水利情报收集服务；——水利技术咨询服务；——流域水资源调度和抗旱调度管理服务；——工业、农业及城镇生活节水咨询服务；——取水计量管理服务；——水文水资源分析评价服务。
C13000000	**公共设施管理服务**	
C13010000	**区域规划和设计服务**	指对城市及农村等土地、基础设施、园林等进行规划和设计的服务。
C13020000	**市政公用设施管理服务**	指污水排放、雨水排放、路灯、道路、桥梁、隧道、广场、涵洞、防空等市政设施的维护、抢险、紧急处理、管理等服务，包括：——排水设施管理服务：污水、雨水和其他排水设施管理等服务；——照明设施管理服务：道路照明设施，社区、街道照明设施和其他照明设施管理服务；——道路、桥梁、隧道设施管理服务：道路设施、桥梁设施、隧道设施、行人过街天桥设施和行人地下通道设施等管理服务；——其他市政设施管理服务：广场，路标、路牌，防空设施，地下公共设施和其他市政设施管理服务。

续表

编码	品目名称	说明
C13030000	园林绿化管理服务	指园林绿化的管理服务，包括：——草坪管理服务：草坪维护和其他草坪管理服务；——鲜花管理服务：鲜花栽培、鲜花布置和其他鲜花管理；——树木管理服务：树木保护和其他树木管理；——单位附属绿地、防护绿地、生产绿地和风景林地的管理服务；——树木、草坪病虫防治管理服务；——其他园林绿化管理服务。
C13040000	**市容管理服务**	包括：——户外标志管理服务：象征标志建筑、雕塑、宣传标牌、宣传画廊和其他户外标志管理服务；——外景照明管理服务：建筑物照明，广场、草坪照明和其他景观照明管理服务；——其他市容管理服务。
C13050000	**城镇公共卫生服务**	
C13050100	清扫服务	包括：——城镇垃圾清扫服务；——城镇道路冲洗服务；——城镇积雪清理服务；——城镇垃圾运输服务；——城镇泔水清运服务；——其他城镇垃圾清运服务。
C13050200	垃圾处理服务	包括：——城镇垃圾分类服务；——城镇垃圾焚烧服务；——城镇垃圾填埋服务；——城镇废弃食用油处理服务；——其他城市垃圾处理服务。
C13050300	公共厕所服务	包括公共厕所管理、清扫等服务。
C13050400	排泄物的处理服务	包括城镇排泄物清运、城镇排泄物收集处理等服务。
C13059900	其他城镇公共卫生服务	
C13990000	**其他公共设施管理服务**	
C14000000	**公园和游览景区服务**	指各类自然景观、人文景观、人造景观和其他景观为游人提供的休闲、观光服务及其管理、维护服务。
C14010000	**公园服务**	包括：——综合公园游览、咨询、管理服务；——园林公园游览、咨询、管理服务；——主题公园游览、咨询、管理服务：民族风情主题公园、民俗风情主题公园、各国风情主题公园、微缩景观公园和其他主题公园的游览、咨询、管理服务；——其他公园游览、咨询、管理服务。
C14020000	**风景名胜区服务**	包括：——山丘型风景名胜区的游览、咨询、管理服务；——河湖型风景名胜区游览、咨询、管理服务；——峡谷型风景名胜区游览、咨询、管理服务；——海滨型风景名胜区游览、咨询、管理服务；——草原型风景名胜区游览、咨询、管理服务；——森林型风景名胜区游览、咨询、管理服务；——沙漠型风景名胜区游览、咨询、管理服务；——湿地型风景名胜区游览、咨询、管理服务；——其他风景名胜区游览、咨询、管理服务。
C14990000	**其他公园和游览景区服务**	包括：——市外人工景区游览、咨询、管理服务（人工森林公园等）；——观光果园游览、咨询、管理服务；——其他旅游景区游览、咨询、管理服务。

续表

编码	品目名称	说明
C15000000	**交通运输和仓储服务**	
C15010000	**铁路运输服务**	
C15010100	铁路客运服务	包括：——国内铁路旅客运输服务；——国际联运旅客运输服务；——港澳铁路直通旅客运输服务；——其他铁路旅客运输服务。
C15010200	铁路货运服务	包括：——冷藏车铁路货运服务；——罐车铁路货运服务；——铁路敞车集装箱货运服务；——信函和包裹铁路运输服务；——其他铁路货运服务。
C15010300	火车站服务	指城市以外的公共铁路旅客运输服务，包括：——铁路旅客车站服务；——客运站行李包裹服务；——旅客火车站其他管理服务；——货运列车停靠站服务；——货运站货物管理服务；——货物托运交付服务；——铁路货运打包服务；——货物火车站其他管理服务。
C15010400	铁路管理和养护服务	指铁路日常维护和养护服务。
C15019900	其他铁路运输服务	指铁路旅客、货物运输及客、货火车站以外的运输网、信号、调度及铁路设施的管理和养护，包括：——铁路调度服务；——铁路信号管理服务；——铁路运输通讯服务；——铁路动力服务；——铁路供水服务；——铁路沿线维护管理服务；——其他铁路运输辅助服务。
C15020000	**道路运输服务**	
C15020100	道路客运服务	指城市以外道路的旅客运输，包括：——班线客运服务；——包车客运服务；——旅游客运服务；——其他道路旅客运输服务。
C15020200	道路货运服务	指所有道路的货物运输服务，包括：——普通货物道路运输服务：普通货车、冷藏车、罐车和其他普通车辆专业货物运输服务；——集装箱道路运输服务；——大型货物道路运输服务；——危险货物道路运输服务；——邮件包裹道路运输服务；——搬家运输服务；——小型货车（含小面包车）运输；——专门为超市、连锁店、加盟店提供送货的服务；——城市内大件物品送货大门的服务；——以道路运输为主的物流公司（中心）的服务；——非机动车货物运输服务；——其他道路货物运输服务。
C15020300	汽车站服务	指以站场设施为依托，为道路客运经营者和旅客提供的有关运输经营管理服务。
C15020400	公路管理和养护服务	包括：——公路收费服务：高速公路收费、桥梁收费、隧道收费、其他公路收费服务；——公路养护服务：高速公路养护、桥梁养护、隧道养护、其他公路养护服务。
C15029900	其他道路运输服务	包括：——专业停车场服务：高速公路停车、停车场、其他停车场服务；——货运站服务；——运输货物打包服务；——其他道路运输辅助服务。

编码	品目名称	说明
C15030000	**城市交通服务**	
C15030100	公共汽电车客运服务	包括：——城市公共汽车客运服务；——无轨电车客运服务；——城市快速公交客运服务（BRT）；——城市旅游观光车客运服务；——其他城市公共汽电车客运服务。
C15030200	城市轨道交通服务	包括：——地铁客运服务；——轻轨客运服务；——有轨电车客运服务；——单轨客运服务；——轨道交通应急演练服务；——其他轨道交通服务。
C15030300	出租车客运服务	指司机驾驶出租车提供的客运，巡游和网约等方式不限，包括：——轿车出租客运服务：轿车出租计程客运服务、轿车出租包车客运服务；——客车出租客运服务：中型客车出租客运服务、大型客车出租客运服务。
C15030400	城市轮渡服务	指城市的水上旅客轮渡运营服务，包括城市内的沿海、江、河、湖泊的轮渡旅客运营服务。
C15030500	城市交通管理和养护服务	指城市交通管理和养护相关服务。
C15039900	其他城市交通服务	指城市摩托车和其他非机动车旅客运输服务，包括：——摩托车客运服务；——三轮车、人力车客运服务；——其他城市旅客运输服务。
C15040000	**水上运输服务**	
C15040100	水上旅客运输服务	包括：——国际客运服务；——沿海客运服务：沿海定期客轮运输服务、沿海轮渡旅客运输服务、沿海游览船客运服务、沿海滚装客船运输服务、其他沿海旅客运输服务；——内河旅客运输服务：内河定期客轮运输服务、内河轮渡旅客运输服务、内河游览船客运服务、内河滚装客船运输服务。
C15040200	水上货物运输服务	包括：——国际货物运输服务：国际杂货船、国际散货船、国际冷藏船、国际油轮、国际集装箱船运输服务，配备驾驶员国际船舶租赁服务，其他国际货物运输服务；——沿海货物运输服务：沿海杂货船货运服务、沿海散货船货运服务、沿海冷藏船货运服务、沿海集装箱船运输服务、沿海油轮运输服务、沿海化学品船运输服务、沿海液化气船运输服务、沿海滚装货船货运服务、沿海货物轮渡运输服务、配备驾驶员沿海船舶租赁服务、沿海船舶拖推服务、其他沿海货物运输服务；——内河货物运输服务：内河杂货船货运服务、内河散货船货运服务、内河冷藏船货运服务、内河集装箱船运输服务、内河油轮运输服务、内河化学品船运输服务、内河液化气船运输服务、内河滚装货船运输服务、内河货物轮渡运输服务、配备驾驶员内河船舶租赁服务、内河船舶拖推服务、其他内河货物运输服务。
C15040300	港口服务	包括：——客运港口服务：包括客运票务服务、客运旅客服务、客运船舶停靠和物资供应服务、其他客运服务；——货运港口服务：沿海货运港口、内河货运港口服务。
C15040400	航道管理和养护服务	包括航道、灯塔航标管理、船舶引航等服务。

续表

编码	品目名称	说明
C15049900	其他水上运输服务	包括港务船舶调度、船舶通信、船舶人员救助、船舶财产救助、水上救助、沉船沉物打捞、海上船舶溢油清除、过船建筑物、水上交通管理、其他水路运输辅助服务。
C15050000	**航空运输服务**	
C15050100	航空旅客运输服务	指以旅客运输为主的航空运输服务，包括：——航空旅客运输服务：定期、不定期航班客运服务；——客货同机的、以客运为主的航空运输服务。
C15050200	航空货物运输服务	指以货物运输为主的航空运输服务，包括：——航空货物运输服务：定期、不定期航班货物运输服务；——客货同机的、以运货为主的航空运输服务。
C15050300	通用航空服务	指除客货运以外的其他航空服务，包括：——通用航空生产服务：飞机播种、飞机喷药、飞机探测、飞机航拍、飞机抢险、飞机水上救生与搜寻、飞机救援、其他通用航空生产服务；——其他通用航空服务。
C15050400	机场服务	包括旅客安全检查、旅客行李托运、旅客进出站、机场摆渡车、机场货物搬运、停机坪管理、机场候机厅管理服务、其他机场服务。
C15059900	其他航空运输服务	包括：——空中交通管理：空中飞行管理、飞机起降管理、飞行通信管理、地面信号管理、其他空中交通管理；——其他航空运输辅助服务：机场电力管理、飞机供给、飞机维护、飞机安全、飞机跑道管理、航空运输货物打包、其他航空运输辅助服务。
C15060000	**航天运输服务**	指利用火箭等载体将卫星、空间探测器等空间飞行器发射到空间轨道的业务服务。
C15070000	**管道运输服务**	指通过管道对气体、液体等的运输服务。
C15070100	原油及成品油管道运输服务	指通过管道对原油和成品油进行运输的服务。
C15070200	水管道运输服务	指通过管道对饮用水或污水等进行运输的服务。
C15070300	其他液体管道运输服务	指通过管道对除油品和水以外的其他液体进行运输的服务。
C15070400	天然气管道运输服务	指通过管道对天然气进行运输的服务。
C15079900	其他气体管道运输服务	指通过管道对天然气以外的气体进行运输的服务。
C15080000	**交通运输管理服务**	包括交通运输社会监督、运输保障服务等。
C15090000	**装卸搬运服务**	指独立于车站、港口、机场、仓库的货物装卸服务，包括：——运输货物装卸服务：铁路运输货物、道路运输货物、港口货物、飞机场货物和其他运输货物的装卸服务；——非运输机械装卸搬运服务：一般货物、集装箱、大型机械设备、其他非运输机械的装卸搬运服务；——为建筑工程、市政设施及大型机械设备等提供的专业装卸、起重服务；——人力装卸搬运服务。

续表

编码	品目名称	说明
C15100000	**仓储服务**	指专门从事货物仓储、货物运输中转仓储，以及以仓储为主的物流配送服务。
C15990000	**其他交通运输、仓储服务**	包括运输代理服务等。
C16000000	**信息技术服务**	指为用户提供开发、应用信息技术的服务，以及以信息技术为手段支持用户业务活动的服务。
C16010000	**软件开发服务**	指专门从事计算机软件的程序编制、分析等服务。
C16010100	基础软件开发服务	指为计算机用户提供的基础软件编制、分析等服务，包括操作系统、数据库管理系统、中间件、办公套件、其他基础软件开发服务。
C16010200	支撑软件开发服务	指为计算机用户提供的支撑软件编制、分析等服务，包括需求分析软件、建模软件、集成开发环境、测试软件、开发管理软件、逆向工程软件和再工程软件、其他支撑软件开发服务。
C16010300	应用软件开发服务	
C16010301	通用应用软件开发服务	指为计算机用户提供的通用应用软件编制、分析等服务，包括管理软件、信息检索和翻译软件、多媒体软件、网络通信软件、游戏动漫软件、数字出版软件、地理信息系统软件、科学和工程计算软件、其他通用应用软件开发服务。
C16010302	行业应用软件开发服务	指为计算机用户提供的特定行业应用软件编制、分析等服务，包括政务软件、财务软件、金融行业软件、通信行业软件、交通运输行业软件、能源行业软件、医疗行业软件、教育行业软件、广播电视行业软件、其他行业应用软件开发服务。
C16010400	嵌入式软件开发服务	指为计算机用户提供的嵌入式系统中软件部分的编制、分析等服务，包括嵌入式操作系统、嵌入式数据库系统、嵌入式开发与仿真软件、嵌入式应用软件、其他嵌入式软件开发服务。
C16010500	信息安全软件开发服务	指为计算机用户提供的信息安全产品软件编制、分析等服务，包括基础和平台类安全软件、数据安全软件、网络与边界安全软件、专用安全软件、安全测试评估软件、安全应用软件、安全支撑、安全管理软件、其他信息安全软件开发服务。
C16020000	**信息系统集成实施服务**	指通过结构化的综合布线系统和计算机网络技术，将各个分离的设备、功能和信息等集成到相互关联的、统一协调的系统之中的服务。
C16020100	基础环境集成实施服务	指为保证信息系统正常运行所必须的机房电力、空调、消防、安防等基础环境的建设提供的服务，包括机房电力、消防、安防等系统的集成实施。
C16020200	硬件集成实施服务	指将硬件设备（包括主机、存储、网络设备等）及其附带软件进行安装、调试的服务，包括：——网络集成实施服务；——主机集成实施服务；——存储集成实施服务；——其他硬件集成实施服务。

续表

编码	品目名称	说明
C16020300	软件集成实施服务	指将各个分离的软件、功能和信息等集成到相互关联的、统一协调的平台之中的服务，包括：——应用系统集成实施服务；——数据（信息）集成实施服务；——界面集成实施服务；——其他软件系统集成实施服务。
C16020400	安全集成实施服务	指满足信息系统安全技术要求和安全管理要求的集成实施服务，包括：——安全技术要求包括物理安全、网络安全、主机安全、应用安全、数据安全及备份恢复；——其他安全集成实施服务。
C16029900	其他系统集成实施服务	
C16030000	**数据处理服务**	指向用户提供的信息和数据的分析、整理、计算、存储等加工处理服务。
C16030100	存储服务	以在线、离线等方式提供的数据备份、容灾等服务，包括：——数据中心、存储中心或灾备中心提供的数据存储、数据备份、容灾等服务；——其他存储服务。
C16030200	数据加工处理服务	指向用户提供的数据分析、整理、计算、编辑等加工和处理服务，包括：——数据采集、录入、更新等服务；——数据共享交换服务；——数据统计分析服务；——文件扫描存储服务；——数据库服务；——其他数据加工处理服务。
C16030300	数字内容加工处理服务	指将图片、文字、视频、音频等信息内容运用信息技术进行加工处理并整合应用的服务，包括数字动漫设计制作、地理信息加工处理等。
C16039900	其他数据处理服务	
C16040000	**云计算服务**	指以云计算技术和模式为主要特征的信息技术服务，包括基础服务、平台服务、应用服务等。
C16050000	**信息化工程监理服务**	指依据国家有关法律法规、技术标准和信息系统工程监理合同，由独立第三方机构提供的监督管理信息系统工程项目实施的服务，包括：——通用布缆系统工程监理；——电子设备机房系统工程监理；——计算机网络系统工程监理；——软件工程监理；——信息化工程安全监理；——信息技术服务工程监理。
C16060000	**测试评估认证服务**	指具有相关资质的第三方机构提供的对软件、硬件、网络、质量管理、能力成熟度评估、信息技术服务管理及信息安全管理等，是否满足规定要求而进行的测试、评估和认证服务。
C16070000	**运行维护服务**	指为满足信息系统正常运行及优化改进的要求，对用户信息系统的基础环境、硬件、软件及安全等提供的各种技术支持和管理服务。
C16070100	基础环境运维服务	指对保证信息系统正常运行所必须的电力、空调、消防、安防等基础环境的运行维护，包括机房电力、消防、安防等系统的例行检查及状态监控、响应支持、性能优化等服务。

续表

编码	品目名称	说明
C16070200	硬件运维服务	指对硬件设备（网络、主机、存储、桌面设备以及其他相关设备等）及其附带软件的例行检查及状态监测、响应支持、性能优化等服务，包括：——网络运维服务；——主机运维服务；——存储运维服务；——桌面运维服务；——其他硬件运维服务。
C16070300	软件运维服务	指对软件（包括基础软件、支撑软件、应用软件等）的功能修改完善、性能调优，以及常规的例行检查和状态监控、响应支持等服务，包括：——基础软件运维服务；——支撑软件运维服务；——应用软件运维服务；——嵌入式软件运维服务；——信息安全软件运维服务；——其他软件运维服务。
C16070400	安全运维服务	指为用户信息系统提供的安全巡检、安全加固、脆弱性检查、渗透性测试、安全风险评估、应急保障、安全设备运维等服务。
C16079900	其他运行维护服务	包括数据迁移服务、应用迁移服务、机房或设备搬迁服务，以及其他运行维护服务。
C16080000	**运营服务**	指向用户提供租用软件应用系统、业务平台、信息系统基础设施等的部分或全部功能的服务，配备操作人员或维护人员。
C16080100	软件运营服务	指向用户提供软件系统的部分或全部功能的租用服务。
C16080200	平台运营服务	指向用户提供应用系统开发、测试、部署、管理等工具平台，以及业务支撑平台的租用服务。
C16080300	基础设施运营服务	指向用户提供信息系统基础设施的租用服务，如数据中心服务，存储转发服务等，包括：——计算资源租用服务；——网络资源租用服务；——存储资源租用服务；——服务器托管；——其他基础设施运营服务。
C16089900	其他运营服务	
C16090000	**信息技术咨询服务**	指在信息资源开发利用、工程建设、管理体系建设、技术支撑等方面向用户提供的管理或技术咨询服务。
C16090100	信息化规划服务	指行业、区域或领域的信息化建设方案，包括：——信息化远景规划；——信息化战略规划；——信息化总体框架设计等。
C16090200	信息系统设计服务	指基于用户的信息化规划，根据其实际业务需求，对信息系统的架构、选型和实施策略进行设计，为信息系统的开发和建设提供设计方案的服务。
C16090300	信息技术管理咨询服务	指协助用户提升和优化其信息化管理工作的咨询服务，包括：——质量管理咨询；——项目管理咨询；——信息安全管理咨询；——信息技术治理（IT治理）咨询；——信息技术服务管理（IT服务管理）咨询；——过程能力成熟度咨询；——其他信息技术管理咨询服务。
C16099900	其他信息技术咨询服务	

编码	品目名称	说明
C16100000	呼叫中心服务	指利用与公用电话网或因特网连接的呼叫中心系统和数据库技术，经过信息采集、加工、存储等建立信息库，通过固定网、移动或因特网等公众通信网络向用户提供的业务咨询、信息咨询和数据查询等服务。
C16990000	其他信息技术服务	包括数字证书等服务。
C17000000	电信和其他信息传输服务	
C17010000	电信服务	
C17010100	基础电信服务	指提供公共网络基础设施、公共数据传送和基本话音通信的服务，包括：——固定通信服务；——蜂窝移动通信服务；——数据通信服务；——集群通信服务；——国内通信设施服务；——网络托管服务；——其他基础电信服务。
C17010200	网络接入服务	指通过信息采集与共享的传输通道，利用传输技术完成用户与网络的连接服务。
C17010300	其他增值电信服务	指利用公共网络基础设施提供的电信与信息服务，包括：——在线数据处理与交易处理服务；——国内多方通信服务；——互联网虚拟专用网服务；——互联网数据中心服务；——存储转发类服务；——信息服务；——其他增值电信服务。
C17020000	互联网信息服务	指通过互联网提供信息的服务，包括：——各种互联网的运营：网上搜索、网上新闻、网上软件下载、网上读物、网上电子邮件、网上论坛、网上信息发布等；——数据库管理服务：数据库联机服务、其他数据库服务；——其他互联网信息服务。
C17030000	卫星传输服务	指人造卫星的电信服务和广播电视传输服务，包括：——卫星通信服务；——卫星国际专线服务；——卫星广播电视信号的传输、覆盖与接收服务；——卫星广播电视传输、覆盖、接收系统的设计、安装、调试、测试、监测等服务；——其他声音、数据、文本、视听图象信号的卫星通信传输。
C17990000	其他电信和信息传输服务	
C18000000	金融服务	
C18010000	银行服务	
C18010100	银行代理服务	包括集中支付、支票承兑、代发工资、代收水电费等代理服务。
C18019900	其他银行服务	包括存储、借贷等服务。
C18020000	信用担保服务	指由依法设立的担保机构以保证的方式为债务人提供担保，在债务人不能依约履行债务时，由担保机构承担合同约定的偿还责任的服务，包括融资担保、交易担保、税收担保等。
C18030000	证券服务	包括股票、债券、基金、期货及其他证券交易服务。
C18040000	保险服务	

续表

编码	品目名称	说明
C18040100	商业保险服务	指保险机构提供的各类非社会基本保险服务。
C18040101	人寿保险服务	包括：——意外保险服务；——定期寿险服务；——终身寿险；——健康医疗险服务；——养老金服务；——其他人寿保险服务。
C18040102	财产保险服务	包括机动车保险服务、航空器保险服务、运输保险服务、其他财产保险服务等。
C18040199	其他商业保险服务	
C18040200	再保险服务	包括承担原来由其他承保人承保的全部或部分保险单的服务。
C18040300	保险辅助服务	指保险代理、评估、咨询等服务，包括：——保险代理服务；——保险经纪人服务；——保险公估服务；——其他保险中介服务；——保险理赔服务；——保险精算服务；——保险咨询服务；——其他保险辅助服务。
C18049900	其他保险服务	
C18990000	**其他金融服务**	包括金融信托与管理、金融租赁、融资租赁、典当、农村金融发展等服务。
C19000000	**专业技术服务**	
C19010000	**技术测试和分析服务**	指通过专业技术手段对动植物、工业产品、商品、专项技术、成果及其他物品所进行的检测、检验、测试等服务，包括：——动物及其产品检测服务：动物及其产品、生物特性，动物病毒和其他动物检验服务；——植物检验服务：植物害虫，植物病毒，植物化学特性，植物残留农药、化肥和其他植物检验服务；——食品检验服务：食品包装、标志，食品化学特性和其他食品检验服务；——药品检验服务：药品包装、标志，药品化学特性和其他药品检验服务；——农药、肥料检验服务：农药、肥料化学成分，农药、肥料质量和其他农药、肥料检验服务；——土壤指标检验服务：土壤物理、化学、生物学等性状指标检验服务；——交通运输产品检验服务：交通运输产品安全功能、性能检验服务；——锅炉检验服务；——其他产品检验服务：产品化学特性，产品物理特性，产品物质特性、形状，产品射线、磁力和超声波以及其他产品检验服务；——公共安全检测服务：公共设施安全、公共环境卫生和其他公共安全检测服务；——计量器具检测服务；——标准管理服务；——其他技术检验和监测分析服务。
C19020000	**地震服务**	指地震监测预报、震灾预防和紧急救援等防震减灾服务，包括：——地震监测预报服务：一般地震观测服务、地震前兆观测服务、强震观测服务、地震流动观测服务、火山地震监测服务、水库地震监测服务、地震预报服务、其他地震监测预报服务；——地震预防服务：震害预测和灾害评估服务、活动断层探测与危险性评估服务、地震区划服务、抗震安全性评价服务、其他地震预防服务；——紧急救援服务：地震应急服务、震灾紧急援救服务、其他紧急援救服务；——其他地震减灾服务。

续表

编码	品目名称	说明
C19030000	气象服务	指气象观测和预报等服务，包括：——气象观测服务：一般气象、基本气象、基准气象、农业气象、高空辐射、酸雨和其他气象观测服务；——气象预报：气象预报服务，雷达气象服务，气象台、中心服务，高空探测服务，高空交换站服务；——其他气象服务。
C19040000	测绘服务	包括：——大地测量服务；——测绘航空摄影服务；——摄影测量与遥感服务；——地籍测绘服务；——房产测绘服务；——行政区域界线测绘服务；——地理信息系统工程服务；——地图编制服务；——海洋测绘服务；——航道测绘服务；——导航及位置服务；——测绘基准服务；——测绘成果质量检验服务；——测绘仪器装备检测检验服务；——其他测量、测绘服务。
C19050000	海洋服务	包括：——海域使用评估、论证服务；——海洋资源管理服务；——海底工程、作业管理服务；——大洋和极地考察服务；——海洋气象预测、预报服务；——海水环境保护服务：海洋环境预报、评估服务、海水污染治理服务；——海洋工程咨询服务；——其他海洋服务。
C19060000	地质勘测服务	指对矿产资源、工程地质、科学研究进行地质勘查、测试、监测、评估等服务，包括：——矿产地质勘查；——基础地质勘查；——地质勘查技术服务。
C19070000	合同能源管理服务	指节能服务公司与用能单位以契约形式约定节能目标，节能服务公司提供必要的服务，用能单位以节能效益支付节能服务公司投入及其合理利润。
C19990000	其他专业技术服务	
C20000000	鉴证咨询服务	
C20010000	认证服务	指具有专业资质的单位利用检测、检验、计量等技术，证明产品、服务、管理体系符合相关技术规范、相关技术规范的强制性要求或者标准的服务。
C20010100	产品认证服务	指利用检测、检验、计量等技术，证明某一产品符合特定标准或其他技术规范的服务。
C20010200	服务认证服务	指利用检测、检验、计量等技术，证明某一服务符合相关技术规范、相关技术规范的强制性要求或者标准的服务。
C20010300	体系认证服务	指利用检测、检验、计量等技术，证明某一管理体系符合相关技术规范、相关技术规范的强制性要求或者标准的服务。
C20019900	其他认证服务	
C20020000	鉴证服务	是指具有专业资质的单位受托对相关事项进行鉴证，发表具有证明力的意见的服务。

编码	品目名称	说明
C20020100	会计鉴证服务	指具有专业资质的单位对鉴证对象信息提出结论，以增强除责任方之外的预期使用者对鉴证对象信息信任程度的服务。包括历史财务信息审计服务、历史财务信息审阅服务和其他鉴证服务。
C20020200	税务鉴证服务	指社会中介组织依照税法和相关标准，通过执行规定的程序，对被鉴证人涉税事项作出评价和证明的服务。包括纳税申报类鉴证、涉税审批类鉴证和其他涉税鉴证服务证。
C20020300	法律鉴证服务	指具有专业资质的单位对被鉴证人的相关法律问题提供鉴证服务的服务。
C20020400	职业技能鉴证服务	指对劳动者从事某种职业所应掌握的技术理论知识和实际操作能力做出客观的测量和评价的服务。
C20020500	工程造价鉴定服务	指依法取得有关工程造价司法鉴定资格的鉴定机构，针对某一特定建设项目的施工图纸及竣工资料来计算和确定某一工程价值并提供鉴定结论的服务。
C20020600	工程监理服务	指具有相关资质的监理单位接受委托，对工程建设实施监控的一种专业化服务。
C20020700	资产评估服务	指评估机构及其评估专业人员根据委托对不动产、动产、无形资产、企业价值、资产损失或者其他经济权益进行评定、估算，并出具评估报告的专业服务行为。
C20020800	环境评估服务	指按照一定的评价标准和方法对一定区域范围内的环境质量进行客观的定性和定量调查分析、评价和预测的服务。
C20020900	房地产土地评估服务	指土地、建筑物、构筑物、在建工程等评估服务。
C20021000	建筑图纸审核服务	指工程施工前，对图纸进行改进设计和建议完善，以保障工程质量和顺利施工的服务。
C20021100	医疗事故鉴定服务	指运用医学、法医学等科学知识和技术，对涉及医疗事故行政处理的有关专门性问题进行检验、鉴别和判断并提供鉴定结论的服务。
C20029900	其他鉴证服务	
C20030000	**咨询服务**	指提供信息、建议、策划、顾问等服务的活动。
C20030100	会计咨询服务	指具有财务与会计及相关专业知识的单位，接受委托向委托人提供业务解答、筹划及指导等服务的服务。
C20030200	税务咨询服务	指具有专业资质的单位运用税法和税收政策，为纳税人的纳税行为达到最优提供政策咨询、解决税收问题的服务。
C20030300	法律咨询服务	指相关机构以其法律知识和技能为法人实现其正当权益、提高经济效益、排除不法侵害、防范法律风险、维护自身合法权益而提供的服务。
C20030400	社会与管理咨询服务	指政策和战略的总体规划等咨询服务。

续表

编码	品目名称	说明
C20030500	工程设计前咨询服务	指涉及工程技术可行性、环境影响研究、经济型评估等设计前的咨询服务。
C20030600	工程政策咨询服务	指水利工程、交通运输工程等政策咨询服务。
C20030700	心理咨询服务	指对心理问题和疾病进行咨询和治疗的服务。
C20030800	预算绩效评价咨询服务	指对政府、部门和单位预算资金的分配效率和使用效益等提供绩效评估和评价服务。
C20030900	评审咨询服务	指对某一事项的可行与否进行评定审核的服务。
C20031000	评价咨询服务	指对某一事项进行判断、分析从而得出结论的服务。
C20039900	其他咨询服务	
C21000000	**房地产服务**	
C21010000	**房屋销售服务**	指住宅、办公楼、仓库等房屋销售服务。
C21020000	**房屋租赁服务**	指住宅、办公楼、仓库等房屋租赁服务。
C21030000	**房地产中介服务**	指具有专业执业资格的机构在房地产投资、开发、销售、交易等各个环节中，为当事人提供服务的经营活动。包括房地产咨询、房地产估价和房地产经纪等。
C21040000	**物业管理服务**	指办公场所或其他公用场所水电供应服务、设备运行、门窗保养维护、保洁、绿化养护等的管理及服务，包括：——住宅物业管理服务：住宅小区、住宅楼、公寓等物业的管理服务；——办公楼物业管理服务：写字楼、单位办公楼等物业管理服务；——车站、机场、港口码头、医院、学校等物业管理服务；——其他物业管理服务。
C21050000	**土地管理服务**	包括土地储备管理，土地登记、清查活动，土地交易活动、其他土地管理服务。
C21990000	**其他房地产服务**	
C22000000	**会议、展览、住宿和餐饮服务**	
C22010000	**会议服务**	
C22010100	大型会议服务	包括全国或区域党代会、人代会、政协会等大型会议服务。
C22010200	一般会议服务	包括研讨会、表彰会等会议服务。
C22020000	**展览服务**	包括展台搭建、展位制作等服务。
C22020100	博览会服务	包括综合博览会服务、专业博览会服务等。
C22020200	专业技术产品展览服务	包括：——电子、通讯产品展览服务；——汽车展览服务；——机械设备展览服务；——其他专业技术产品展览服务。

续表

编码	品目名称	说明
C22020300	生活消费品展览服务	包括：——食品展览服务；——服装展览服务；——家用电器展览服务；——家具展览服务；——其他生活消费品展览服务。
C22020400	文化产品展览服务	包括：——图书展览服务；——集邮展览服务；——纪念品展览服务；——其他文化产品展览服务。
C22029900	其他展览服务	包括：——教育展览服务；——其他展览服务。
C22030000	**住宿服务**	指提供临时住宿的服务，包括：——旅游饭店住宿服务；——一般旅馆住宿服务；——其他住宿服务。不包括提供长期住宿场所的住宿服务。
C22040000	**餐饮服务**	指将烹饪、调制好的食物、饮料等提供给顾客的服务，包括：——正餐；——快餐；——饮料及冷饮服务；——食堂餐饮服务；——其他餐饮服务。
C22990000	**其他会议、展览、住宿和餐饮服务**	
C23000000	**商务服务**	
C23010000	**法律服务**	法律鉴证和咨询除外。
C23010100	法律诉讼服务	包括：——刑事诉讼法律服务；——民事诉讼法律服务；——行政诉讼法律服务；——涉外诉讼法律服务；——其他法律诉讼服务。
C23010200	知识产权法律服务	包括商标权、专利权、代理申请等法律服务。
C23010300	法律文件代理服务	包括：——合同文书代理服务；——遗嘱文书代理服务；——财产文书代理服务；——涉外法律文书代理服务；——其他法律文件代理服务。
C23010400	公证服务	包括：——契约公证服务；——遗嘱公证服务；——财产公证服务；——文件、证明公证服务；——身份及社会关系公证服务；——公益活动公证服务；——其他公证服务。
C23010500	仲裁服务	包括：——涉外仲裁服务；——经济仲裁服务；——劳动仲裁服务；——专利等知识产权仲裁服务；——土地权益仲裁；——其他仲裁服务。
C23010600	调解服务	包括：——民事调解服务；——劳资调解服务：——其他调解服务。
C23019900	其他法律服务	包括与法律有关的调查、取证、鉴定服务等。
C23020000	**会计服务**	会计鉴证除外。
C23020100	财务报表编制服务	包括：——总账汇总登记服务；——填制会计报表服务；——其他财务报表编制服务。
C23020200	记账服务	指在账本上按照款额或某种计量单位分类和记录业务交易的簿记服务。

续表

编码	品目名称	说明
C23029900	其他会计服务	
C23030000	**审计服务**	指按照公认的会计原则，审查某机构的会计账册和其他单据的服务，跟踪审计服务归入此类。
C23040000	**税务服务**	税务鉴证除外。
C23040100	税务规划服务	包括税务计划和控制，以及各种税务文件的准备等服务。
C23040200	税务编制审查服务	指审查各种税务（如增值税）申报表编制情况的服务。
C23049900	其他税务服务	包括个人税务服务等。
C23050000	**科技服务**	
C23050100	科技研发与推广服务	指运用科学技术新知识，或实质性改进技术、产品和服务而持续进行的研发和推广相关服务。
C23050200	科技成果转化与推广服务	指对科学研究与技术开发所产生的具有实用价值的科技成果所进行的后续试验、开发、应用、推广直至形成新产品、新工艺、新材料，发展新产业的服务。
C23050300	科技交流、普及与推广服务	指推广科学技术的应用、倡导科学方法、传播科学思想、弘扬科学精神的服务。
C23050400	区域科技发展服务	指不同区域间科技资源共享、科技联合攻关、技术研发、人才引进、创新基地建设等服务。
C23050500	技术创新服务	指生产技术的创新，包括开发新技术，将已有的技术进行应用，或为技术创新提供支撑和服务等。
C23059900	其他科技服务	
C23060000	**调查和民意测验服务**	
C23060100	普查服务	指对人口、经济和农业进行调查、登记的服务。
C23060200	社会调查服务	指对经济社会领域的某项问题进行调查和数据分析的服务。
C23060300	服务满意度调查服务	指通过问卷、调研等方式对服务满意程度进行调查的服务。
C23060400	市场分析调查服务	包括市场分析研究、竞争对象调查、消费行为调查、企业调查、行业调查、产品资讯调查、市场信息咨询、市场资讯、其他市场分析调查服务。
C23069900	其他调查和民意测验服务	包括统计咨询与调查服务、社会及民意调查服务及其他调查和民意测试服务。
C23070000	**公共信息与宣传服务**	
C23070100	公共信息服务	包括行业信息服务、舆情监测与应对、政务信息发布等相关服务。
C23070200	公共公益宣传服务	指对政策、法律、作品、成果、活动的宣传以及相应宣传品制作、编辑出版等相关服务。
C23079900	其他公共信息与宣传服务	

续表

编码	品目名称	说明
C23080000	**行业管理服务**	
C23080100	行业规划服务	指对行业的前景进行综合规划，明确发展方向和发展潜力的服务。
C23080200	行业统计分析服务	指行业统计数据采集、分析、研究和应用相关服务。
C23080300	行业规范服务	指行业规范研究、制定及修订相关服务。
C23080400	行业标准制修订服务	指行业标准研究、制定及修订相关服务。
C23080500	行业投诉处理服务	指行业投诉受理、答复、案件跟踪等相关服务。
C23089900	其他行业管理服务	包括行业职业资格准入和水平评价管理服务等。
C23090000	**印刷和出版服务**	
C23090100	印刷服务	
C23090101	单证印刷服务	包括各类表单、证件、证书（出入境证件、防伪膜、电子证件元件层等）的印刷服务。
C23090102	票据印刷服务	包括发票、收据等票据的印刷服务。
C23090199	其他印刷服务	包括：——文件印刷服务；——公文用纸印刷服务；——资料汇编印刷服务；——信封印刷服务；——日历、名片、卡片、广告等的印刷服务；——其他印刷服务。
C23090200	出版服务	包括：——图书出版服务：书籍出版、课本类书籍出版、其他图书出版服务；——报纸出版服务：党报、综合新闻类报纸和其他报纸的出版服务；——期刊出版服务：综合类杂志，经济、科学、社会科学类杂志，自然科学、技术类杂志，文化、教育类杂志，少儿读物类杂志以及其他杂志的出版服务；——其他出版服务。不包括图书、报纸、期刊等的销售。
C23100000	**邮政与速递服务**	
C23100100	邮政服务	包括：——有关信函的邮政服务，例如收寄、运输和投递国内或国际报纸、杂志、期刊、信函和印刷品的服务；——有关包裹的邮政服务，例如收寄、运输和投递国内或国际包裹的服务；——出售邮票、处理保价信函或挂号信函与包裹及其他服务；——其他邮政服务，例如邮箱租用服务，邮件存局候领和其他公共邮政服务。不包括有关邮政储蓄和转账的服务和电信服务。
C23100200	速递服务	指快速收寄、运输、投递单独封装的、有名址的快件或其他不需储存的物品，按承诺时限递送到收件人或指定地点、并获得签收的寄递服务。
C23110000	**租赁服务（不带操作员）**	指不配备操作人员的机械设备的租赁服务。
C23110100	计算机设备和软件租赁服务	包括计算机设备、计算机网络设备、计算机软件等租赁服务。
C23110200	办公设备租赁服务	包括电话机、传真机、复印机等租赁服务。

编码	品目名称	说明
C23110300	车辆及其他运输机械租赁服务	包括乘用车、船舶、飞机等租赁服务。
C23110400	农业和林业机械设备租赁服务	包括拖拉机、土壤耕整机械、种植施肥机械等租赁服务。
C23110500	医疗设备租赁服务	包括手术器械、普通诊察器械、医用电子生理参数检测仪器设备等租赁服务。
C23110600	图书和音像制品租赁服务	包括普通图书、盲文图书、音像制品等租赁服务。
C23110700	家具、用具和装具租赁服务	包括床类、台桌类、被服装具等租赁服务。
C23119900	其他租赁服务	包括机械设备、电气设备、通信设备、政法检测设备等其他设备和物品的租赁服务。
C23120000	**维修和保养服务**	指机械设备的修理和保养服务。
C23120100	计算机设备维修和保养服务	包括计算机设备、计算机网络设备、信息安全设备等的维修和保养服务。
C23120200	办公设备维修和保养服务	包括电话机、传真机、复印机等的维修和保养服务。
C23120300	车辆维修和保养服务	
C23120301	车辆维修和保养服务	包括载货汽车、汽车挂车、乘用车等车辆的维修和保养服务。
C23120302	车辆加油、添加燃料服务	包括载货汽车、汽车挂车、乘用车等车辆的加油、充电、添加 LNG、CNG、氢能等服务。
C23120303	车辆充换电服务	
C23120399	其他车辆维修和保养服务	
C23120400	农业和林业机械设备维修和保养服务	包括拖拉机、土壤耕整机械、种植施肥机械等的维修和保养服务。
C23120500	医疗设备维修和保养服务	包括常用医用电子生理参数检测仪器和急救与生命支持类设备、其他医用电子生理参数检测仪器设备、呼吸麻醉急救通气设备维修维保、医用光学仪器、医用激光类、光疗类、超声诊断设备、纤维内窥镜（软镜）及其附属设备、硬式内窥镜及其附属设备、物理治疗、康复及体育治疗仪器设备、医用磁共振设备、医用 X 线及其附属设备、医用高能射线设备及其附属设备、核医学设备及其附属设备、临床检验及实验设备、血液透析类、体外循环及其附属设备、专用手术急救类设备及器具、其他病房通用设备及器具设施等的维修和保养服务。
C23120600	家具维修和保养服务	包括床类、台桌类、椅凳类等的维修和保养服务。
C23120700	空调维修和保养服务	包括家用空调、中央空调等的维修和保养服务。
C23120800	电梯维修和保养服务	包括电梯、自动扶梯、自动人行道等的维修和保养服务。

续表

编码	品目名称	说明
C23120900	货币处理专用设备维修和保养服务	包括货币计数设备、清洗设备等的维修和保养服务。
C23121000	安保设备维修和保养服务	包括监控设备等安保设备的维修和保养服务。
C23121100	消防设备维修和保养服务	消防报警设备等的维修和保养服务。
C23129900	其他维修和保养服务	包括机械设备、电气设备、通信设备等其他设备和物品的维修和保养服务。
C23130000	**批发服务**	
C23130100	农畜产品批发服务	指未经过加工的农作物及牲畜、畜产品的批发和进出口服务。
C23130200	食品和饮料批发服务	指经过加工和制造的食品及饮料的批发和进出口服务。
C23130300	纺织、服装和日用品批发服务	指纺织面料、纺织品、服装、鞋、帽及日杂品、生活日用品的批发和进出口服务。
C23130400	文化、体育用品和器材批发服务	指各类文具用品、体育用品、图书、报刊、音像、电子出版物、首饰、工艺美术品、收藏品及其他文化用品、器材的批发和进出口服务。
C23130500	医药和医疗器材批发服务	指各种化学药品、生物药品、中草药材、中成药、兽用药及医疗器材的批发和进出口服务。
C23130600	矿产品、建材和化工产品批发服务	指煤及煤制品、石油制品、矿产品及矿物制品、金属材料、建筑材料和化工产品的批发和进出口服务。
C23130700	机械设备、五金交电和电子产品批发服务	指专用设备、交通运输设备、电气机械、五金交电、家用电器、计算机设备、通讯设备、电子产品、仪器仪表及办公用机械的批发和进出口服务。
C23139900	其他批发服务	包括贸易经纪与代理、再生物资回收与批发服务等。
C23140000	**零售服务**	
C23140100	综合零售服务	包括百货零售、超级市场零售、其他综合零售服务。
C23140200	食品和饮料专门零售服务	指专门经营粮油、食品和饮料的零售服务。
C23140300	纺织、服装和日用品专门零售服务	指专门经营纺织面料、纺织品、服装、鞋、帽及各种生活日用品的零售。
C23140400	文化、体育用品和器材专门零售服务	指专门经营文具、体育用品、图书、报刊、音像制品、首饰、工艺美术品、收藏品、照相器材及其他文化用品的零售服务。
C23140500	医药和医疗器材专门零售服务	指专门经营各种化学药品、生物药品、中草药材、中成药、兽用药、医疗用品及器材的零售服务。
C23140600	汽车、摩托车、燃料和零配件专门零售服务	指专门经营汽车、摩托车、汽车零部件及燃料的零售服务。
C23140700	家用电器和电子产品专门零售服务	指专门经营家用电器和计算机及辅助设备、电子通信设备、电子元器件及办公设备的零售服务。

编码	品目名称	说明
C23140800	五金、家具和室内装修材料专门零售服务	指五金用品、家具和装修材料零售店的零售服务，以及在家具城、家居装修中心、建材城（中心）及展销会上设摊位的零售服务。
C23149900	无店铺和其他零售服务	指无固定场所的流动性销售产品的服务。
C23150000	广告宣传服务	指在报纸、期刊、户外路牌、灯箱、橱窗、互联网、通讯设备及广播电影电视等媒介上策划制作的宣传服务，包括：——广告制作服务：影视、广播广告，报纸、杂志广告，灯箱广告，路牌广告以及其他广告制作服务；——广告发布服务：影视、广播广告，报纸、杂志广告，灯箱广告，路牌广告，互联网广告，建筑物广告以及其他广告发布服务；——广告代理服务；——宣传视频、宣传册等的策划、制作和发布服务；——其他广告宣传服务。
C23160000	建筑物清洁服务	指对建筑物内外墙、玻璃幕墙、地面、天花板及烟囱的专项清洗服务，包括：——建筑物外清洗服务：建筑物玻璃幕墙和其他建筑物墙面清洗；——建筑物内清洁服务：建筑物墙面和其他建筑物内服务；——烟囱清洗服务；——建筑物管道疏通、清洁与消毒服务。
C23170000	摄影服务	包括：——人像摄影服务；——广告及有关摄影服务；——活动摄影服务；——特技摄影服务：从飞机或直升机上进行景观、构筑物和其他外观的摄影服务，采用特殊仪器和技术进行人物、物体或风景摄影服务；——照片的修复、复制和修版服务：旧照片的修复服务，从画片上复制、修版和其他特殊摄影效果；——照片冲洗加工服务：负片或幻灯片的放大，黑白照片冲洗，彩印，幻灯片和负片的复制、翻版等，电影胶片的显影服务，影幻灯片的制作服务，胶片的拷贝服务，视听传播媒介的复制服务；——其他摄影服务。不包括通讯社服务，照相复制服务，卫星的摄影测量记录和数据收集，电影、录像制品和电视节目制作的加工服务。
C23180000	包装服务	包括：——发泡塑料成型包装；——收缩性薄膜包装；——成型膜包装盒密封；——袋装、瓶装和喷雾剂包装；——为货物诸如食品、药品、家用清洁剂、盥洗室用制品和金属器具等提供的包装服务。不包括：——因运输所需要的包装盒板条箱包装服务；——只在包装材料上印刷信息；——将客户自己的材料加工成不同产品的包装服务。
C23190000	翻译服务	包括笔译、口译和其他翻译服务。
C23200000	档案管理服务	包括档案的收集、整理、鉴定、保管、统计、检索、利用、编研等服务。
C23210000	外事服务	指办理签证，境外考察，外宾接待，翻译服务，保险办理等涉外事务及对外合作与交流服务等。
C23220000	信用服务	指信用信息的采集分析、信用报告、信用等级评价等服务。

编码	品目名称	说明
C23230000	**家政服务**	指以家庭为服务对象，由专业人员进入家庭成员住所提供的或以固定产所集中提供的照护等服务。
C23240000	**殡葬服务**	包括墓地、火葬、殡仪业等服务。
C23250000	**票务代理服务**	指航空机票、火车票等票务代理买卖的服务。
C23260000	**采购代理服务**	指相关采购业务的代理服务。
C23270000	**旅游服务**	包括旅行社和导游服务等。
C23990000	**其他商务服务**	
C24000000	**政府和社会资本合作服务**	指政府为增加公共产品和公共服务供给，采取竞争性方式择优选择具有投资、运营管理能力的社会资本，通过特许经营合作以及不涉及特许经营的其他合作模式，建立与社会资本的长期合作关系。
C24010000	公共设施类合作服务	包括供气、供电、供水、供热、排水、管网、污水处理、垃圾处理、环卫等公用设施，体育和文化娱乐设施、园林景观绿化、广场等类型的合作服务。
C24020000	交通设施类合作服务	包括机场、铁路、公路、高速公路、城市道路、交通枢纽、港口码头、停车场、航道航运、仓储物流、公共汽电车、城市轨道交通、桥梁、隧道等类型的合作服务。
C24030000	水利设施类合作服务	包括水利枢纽、堤坝、防洪、水库、调水引水、灌溉排水等类型的合作服务。
C24040000	公园、景区及旅游类合作服务	包括公园、风景名胜、自然景区、旅游等类型的合作服务。
C24050000	生态环境保护类合作服务	包括大气污染治理、水污染治理、固废处理、荒山绿化、防沙治沙、江河湖泊海治理、一体化综合生态环境治理、生态和环境保护等类型的合作服务。
C24060000	农业、林业类合作服务	包括高标准农田、农田整治、耕地保护、智慧农业、粮油物资储备、农产品交易中心、现代农业园区、林业生态的建设、修复及扶贫，天然林保护、储备林、生态林、经济林建设等类型的合作服务。
C24070000	教育类合作服务	包括学前教育、义务教育、普通高中、普通高校、成人教育、职业教育、培训、特殊教育等类型的合作服务。
C24080000	医疗卫生类合作服务	包括医院、卫生院和社区医疗、乡镇卫生所、疾病预防控制中心、妇幼保健、医疗康复、公共卫生应急设施等类型的合作服务。
C24090000	社会保障类合作服务	包括养老（医养结合）、老年公寓、社会福利、社会救济、托育、救灾和应急管理、就业、社区服务等类型的合作服务。
C24100000	公共文化类合作服务	包括文化场馆、图书馆、博物馆、美术馆、剧院、文物和文化保护、群众文化活动服务等类型的合作服务。

续表

编码	品目名称	说明
C24110000	信息技术、信息传输类合作服务	包括信息网络建设、信息基础设施、卫星设施等类型的合作服务。
C24120000	城市、城镇发展类合作服务	包括城镇化建设、绿色城市、海绵城市、智慧城市、老旧小区综合整治改造、保障性住房建设、农村人居环境、农村危房改造、游牧民安居、基层社会治理、厂房建设、园区开发、核心技术研发中心、智能科技园建设等类型的合作服务。
C24990000	其他政府和社会资本合作服务	
C99000000	**其他服务**	

国务院办公厅关于印发中央预算单位
政府集中采购目录及标准（2020 年版）的通知

（2019 年 12 月 26 日　国办发〔2019〕55 号）

国务院各部委、各直属机构：

《中央预算单位政府集中采购目录及标准（2020 年版）》已经国务院同意，现印发给你们，请遵照执行。

《中央预算单位政府集中采购目录及标准（2020 年版）》自 2020 年 1 月 1 日起实施，2016 年 12 月 21 日印发的《中央预算单位 2017—2018 年政府集中采购目录及标准》同时废止。

附件：中央预算单位政府集中采购目录及标准（2020 年版）

中央预算单位政府集中采购目录及标准（2020 年版）

一、集中采购机构采购项目

以下项目必须按规定委托集中采购机构代理采购：

目录项目	适用范围	备　　注
一、货物类		
台式计算机		不包括图形工作站
便携式计算机		不包括移动工作站
计算机软件		指非定制的通用商业软件，不包括行业专用软件
服务器		10万元以下的系统集成项目除外
计算机网络设备		指单项或批量金额在1万元以上的网络交换机、网络路由器、网络存储设备、网络安全产品，10万元以下的系统集成项目除外
复印机		不包括印刷机
视频会议系统及会议室音频系统		指单项或批量金额在20万元以上的视频会议多点控制器（MCU）、视频会议终端、视频会议系统管理平台、录播服务器、中控系统、会议室音频设备、信号处理设备、会议室视频显示设备、图像采集系统
多功能一体机		指单项或批量金额在5万元以上的多功能一体机
打印设备		指喷墨打印机、激光打印机、热式打印机，不包括针式打印机和条码专用打印机
扫描仪		指平板式扫描仪、高速文档扫描仪、书刊扫描仪和胶片扫描仪，不包括档案、工程专用的大幅面扫描仪
投影仪		指单项或批量金额在5万元以上的投影仪
复印纸	京内单位	不包括彩色复印纸
打印用通用耗材	京内单位	指非原厂生产的兼容耗材
乘用车		指轿车、越野车、商务车、皮卡，包含新能源汽车
客车		指小型客车、大中型客车，包含新能源汽车
电梯	京内单位	指单项或批量金额在100万元以上的电梯
空调机	京内单位	指除中央空调（包括冷水机组、溴化锂吸收式冷水机组、水源热泵机组等）、多联式空调（指由一台或多台室外机与多台室内机组成的空调机组）以外的空调

续表

目录项目	适用范围	备　注
办公家具	京内单位	指单项或批量金额在 20 万元以上的木制或木制为主、钢制或钢制为主、铝制或铝制为主的家具
二、工程类		
限额内工程	京内单位	指投资预算在 120 万元以上的建设工程，适用招标投标法的建设工程项目除外
装修工程	京内单位	指投资预算在 120 万元以上，与建筑物、构筑物新建、改建、扩建无关的装修工程
拆除工程	京内单位	指投资预算在 120 万元以上，与建筑物、构筑物新建、改建、扩建无关的拆除工程
修缮工程	京内单位	指投资预算在 120 万元以上，与建筑物、构筑物新建、改建、扩建无关的修缮工程
三、服务类		
车辆维修保养及加油服务	京内单位	指在京内执行的车辆维修保养及加油服务
机动车保险服务	京内单位	
印刷服务	京内单位	指单项或批量金额在 20 万元以上的本单位文印部门（含本单位下设的出版部门）不能承担的票据、证书、期刊、文件、公文用纸、资料汇编、信封等印刷业务（不包括出版服务）
工程造价咨询服务	京内单位	指单项或批量金额在 20 万元以上的在京内执行的工程造价咨询服务
工程监理服务	京内单位	指单项或批量金额在 20 万元以上的在京内执行的建设工程（包括建筑物和构筑物的新建、改建、扩建、装修、拆除、修缮）项目的监理服务，适用招标投标法的工程监理服务项目除外
物业管理服务	京内单位	指单项或批量金额在 100 万元以上的本单位物业管理服务部门不能承担的在京内执行的机关办公场所水电供应、设备运行、建筑物门窗保养维护、保洁、保安、绿化养护等项目，多单位共用物业的物业管理服务除外

续表

目录项目	适用范围	备　　注
云计算服务		指单项或批量金额在 100 万元以上的基础设施服务（Infrastructure as a Service，IaaS），包括云主机、块存储、对象存储等，系统集成项目除外
互联网接入服务	京内单位	指单项或批量金额在 20 万元以上的互联网接入服务

注：①表中"适用范围"栏中未注明的，均适用于所有中央预算单位。
②表中所列项目不包括部门集中采购项目和中央高校、科研院所采购的科研仪器设备。

二、部门集中采购项目

部门集中采购项目是指部门或系统有特殊要求，需要由部门或系统统一配置的货物、工程和服务类专用项目。各中央预算单位可按实际工作需要确定，报财政部备案后组织实施采购。

三、分散采购限额标准

除集中采购机构采购项目和部门集中采购项目外，各部门自行采购单项或批量金额达到 100 万元以上的货物和服务的项目、120 万元以上的工程项目应按《中华人民共和国政府采购法》和《中华人民共和国招标投标法》有关规定执行。

四、公开招标数额标准

政府采购货物或服务项目，单项采购金额达到 200 万元以上的，必须采用公开招标方式。政府采购工程以及与工程建设有关的货物、服务公开招标数额标准按照国务院有关规定执行。

财政部关于印发《地方预算单位政府集中采购目录及标准指引（2020年版）》的通知

（2019年12月31日 财库〔2019〕69号）

各省、自治区、直辖市、计划单列市财政厅（局），新疆生产建设兵团财政局：

为推进统一全国集中采购目录及标准相关工作，财政部制定了《地方预算单位政府集中采购目录及标准指引（2020年版）》（以下简称《地方目录及标准指引》），现予印发，并就有关事项通知如下：

一、充分认识统一全国集中采购目录的重要意义。规范并逐步在全国统一集中采购目录是建立集中采购机构竞争机制的基础和保障。各地应逐步规范集中采购范围，取消市、县级集中采购目录，实现集中采购目录省域范围相对统一，充分发挥集中采购制度优势，不断提升集中采购服务质量和专业水平。

二、关于集中采购机构采购项目。各地应依据《地方目录及标准指引》，结合本地区实际确定本地区货物、服务类集中采购机构采购项目，可在《地方目录及标准指引》基础上适当增加品目，原则上不超过10个。各地可结合本地区实际自行确定各品目具体执行范围、采购限额等。政府采购工程纳入集中采购机构采购的项目，由各地结合本地区实际确定。集中采购目录原则上不包含部门集中采购项目，部门集中采购项目由各主管预算单位结合自身业务特点自行确定，报省级财政部门备案后实施。

三、关于分散采购限额标准和公开招标数额标准。为落实"放管服"改革精神，降低行政成本，提高采购效率，省级单位政府采购货物、服务项目分散采购限额标准不应低于50万元，市县级单位政府采购货物、服务项目分散采购限额标准不应低于30万元，政府采购工程项目分散采购限额标准不应低于60万元；政府采购货物、服务项目公开招标数额标准不应低于200万元，政府采购工程以及与工程建设有关的货物、服务公开招标数额标准按照国务院有关规定执行。

四、关于《地方目录及标准指引》执行要求。各地可依据《地方目录及标准指引》确定的品目范围、限额标准等，结合本地区实际，将本地区集中采购目录及标准逐步调整到位，确保 2021 年 1 月 1 日起按照本通知规定实施。

附件：地方预算单位政府集中采购目录及标准指引（2020 年版）

附件：

地方预算单位政府集中采购目录及标准指引

（2020 年版）

一、集中采购机构采购项目

以下项目必须按规定委托集中采购机构代理采购：

序号	品目	编码	备注
计算机设备及软件（A0201）			
计算机设备		A020101	
1	服务器	A02010103	
2	台式计算机	A02010104	
3	便携式计算机	A02010105	
输入输出设备		A020106	
打印设备		A02010601	
4	喷墨打印机	A0201060101	
5	激光打印机	A0201060102	
6	针式打印机	A0201060104	
显示设备		A02010604	
7	液晶显示器	A0201060401	
图形图像输入设备		A02010609	
8	扫描仪	A0201060901	
计算机软件		A020108	
9	基础软件	A02010801	
10	信息安全软件	A02010805	

续表

序号	品目	编码	备注
办公设备（A0202）			
11	复印机	A020201	
12	投影仪	A020202	
13	多功能一体机	A020204	
14	LED 显示屏	A020207	
15	触控一体机	A020208	
销毁设备		A020211	
16	碎纸机	A02021101	
车辆（A0203）			
17	乘用车	A020305	
18	客车	A020306	
机械设备（A0205）			
19	电梯	A02051228	
电气设备（A0206）			
20	不间断电源（UPS）	A02061504	
21	空调机	A0206180203	
其他货物			
22	家具用具	A06	
23	复印纸	A090101	
服务			
24	互联网接入服务	C030102	
25	车辆维修和保养服务	C050301	
26	车辆加油服务	C050302	
27	印刷服务	C081401	
28	物业管理服务	C1204	
29	机动车保险服务	C15040201	
30	云计算服务		

注：①表中所列项目不包括高校、科研机构所采购的科研仪器设备。

二、分散采购限额标准

除集中采购机构采购项目外，各单位自行采购单项或批量金额达到分散采购限额标准的项目应按《中华人民共和国政府采购法》和《中华人民共和国招标投标法》有关规定执行。

省级单位货物、服务项目分散采购限额标准不应低于 50 万元，市县级单位货物、服务项目分散采购限额标准不应低于 30 万元，工程项目分散采购限额标准不应低于 60 万元。

三、公开招标数额标准

政府采购货物或服务项目，公开招标数额标准不应低于 200 万元。政府采购工程以及与工程建设有关的货物、服务公开招标数额标准按照国务院有关规定执行。

四、政府采购信息管理

政府采购信息发布管理办法

（2019 年 11 月 27 日财政部令第 101 号公布　自 2020 年 3 月 1 日起施行）

第一条　为了规范政府采购信息发布行为，提高政府采购透明度，根据《中华人民共和国政府采购法》《中华人民共和国政府采购法实施条例》等有关法律、行政法规，制定本办法。

第二条　政府采购信息发布，适用本办法。

第三条　本办法所称政府采购信息，是指依照政府采购有关法律制度规定应予公开的公开招标公告、资格预审公告、单一来源采购公示、中标（成交）

结果公告、政府采购合同公告等政府采购项目信息，以及投诉处理结果、监督检查处理结果、集中采购机构考核结果等政府采购监管信息。

第四条 政府采购信息发布应当遵循格式规范统一、渠道相对集中、便于查找获得的原则。

第五条 财政部指导和协调全国政府采购信息发布工作，并依照政府采购法律、行政法规有关规定，对中央预算单位的政府采购信息发布活动进行监督管理。

地方各级人民政府财政部门（以下简称财政部门）对本级预算单位的政府采购信息发布活动进行监督管理。

第六条 财政部对中国政府采购网进行监督管理。省级（自治区、直辖市、计划单列市）财政部门对中国政府采购网省级分网进行监督管理。

第七条 政府采购信息应当按照财政部规定的格式编制。

第八条 中央预算单位政府采购信息应当在中国政府采购网发布，地方预算单位政府采购信息应当在所在行政区域的中国政府采购网省级分网发布。

除中国政府采购网及其省级分网以外，政府采购信息可以在省级以上财政部门指定的其他媒体同步发布。

第九条 财政部门、采购人和其委托的采购代理机构（以下统称发布主体）应当对其提供的政府采购信息的真实性、准确性、合法性负责。

中国政府采购网及其省级分网和省级以上财政部门指定的其他媒体（以下统称指定媒体）应当对其收到的政府采购信息发布的及时性、完整性负责。

第十条 发布主体发布政府采购信息不得有虚假和误导性陈述，不得遗漏依法必须公开的事项。

第十一条 发布主体应当确保其在不同媒体发布的同一政府采购信息内容一致。

在不同媒体发布的同一政府采购信息内容、时间不一致的，以在中国政府采购网或者其省级分网发布的信息为准。同时在中国政府采购网和省级分网发布的，以在中国政府采购网上发布的信息为准。

第十二条 指定媒体应当采取必要措施，对政府采购信息发布主体的身份进行核验。

第十三条 指定媒体应当及时发布收到的政府采购信息。

中国政府采购网或者其省级分网应当自收到政府采购信息起1个工作日内发布。

第十四条 指定媒体应当加强安全防护，确保发布的政府采购信息不被篡改、不遗漏，不得擅自删除或者修改信息内容。

第十五条 指定媒体应当向发布主体免费提供信息发布服务，不得向市场主体和社会公众收取信息查阅费用。

第十六条 采购人或者其委托的采购代理机构未依法在指定媒体上发布政府采购项目信息的，依照政府采购法实施条例第六十八条追究法律责任。

采购人或者其委托的采购代理机构存在其他违反本办法规定行为的，由县级以上财政部门依法责令限期改正，给予警告，对直接负责的主管人员和其他直接责任人员，建议其行政主管部门或者有关机关依法依规处理，并予通报。

第十七条 指定媒体违反本办法规定的，由实施指定行为的省级以上财政部门依法责令限期改正，对直接负责的主管人员和其他直接责任人员，建议其行政主管部门或者有关机关依法依规处理，并予通报。

第十八条 财政部门及其工作人员在政府采购信息发布活动中存在懒政怠政、滥用职权、玩忽职守、徇私舞弊等违法违纪行为的，依照《中华人民共和国政府采购法》《中华人民共和国公务员法》《中华人民共和国监察法》《中华人民共和国政府采购法实施条例》等国家有关规定追究相应责任；涉嫌犯罪的，依法移送有关国家机关处理。

第十九条 涉密政府采购项目信息发布，依照国家有关规定执行。

第二十条 省级财政部门可以根据本办法制定具体实施办法。

第二十一条 本办法自2020年3月1日起施行。财政部2004年9月11日颁布实施的《政府采购信息公告管理办法》（财政部令第19号）同时废止。

财政部关于做好政府采购信息公开工作的通知

（2015 年 7 月 17 日　财库〔2015〕135 号）

党中央有关部门，国务院各部委、各直属机构，全国人大常委会办公厅，全国政协办公厅，高法院，高检院，各民主党派中央，有关人民团体，各省、自治区、直辖市、计划单列市财政厅（局），新疆生产建设兵团财务局：

为深入贯彻落实党的十八届三中、四中全会精神，按照深化财税体制改革、实施公开透明预算制度的总体部署，根据《中华人民共和国政府采购法》、《中华人民共和国政府采购法实施条例》、《中华人民共和国政府信息公开条例》、《党政机关厉行节约反对浪费条例》等法律法规的规定，现就依法做好政府采购信息公开工作有关事项通知如下：

一、高度重视政府采购信息公开工作

公开透明是政府采购管理制度的重要原则。做好政府采购信息公开工作，既是全面深化改革、建立现代财政制度的必然要求，也是加强改进社会监督，提升政府公信力的重要举措，对于规范政府采购行为，维护政府采购活动的公开、公平和公正具有重要意义。《中华人民共和国预算法》、《中华人民共和国政府采购法实施条例》和《党政机关厉行节约反对浪费条例》从不同层面和角度提出了提高政府采购透明度、推进信息公开、加强社会监督的新要求，并确定了政府采购全过程信息公开的目标导向。各地区、各部门要依法公开政府采购项目信息，并按照财政预决算公开的要求，公布本单位政府采购预算安排及执行的总体情况，实现从采购预算到采购过程及采购结果的全过程信息公开。各地区、各部门要高度重视，充分认识政府采购信息公开工作的重要性和紧迫性，认真做好政府采购信息公开工作，将政府采购活动置于阳光之下，管好"乱伸的权力之手"。

二、认真做好政府采购信息公开工作

（一）总体要求。

建立健全责任明确的工作机制、简便顺畅的操作流程和集中统一的发布渠道，确保政府采购信息发布的及时、完整、准确，实现政府采购信息的全流程公开透明。

（二）公开范围及主体。

1. 采购项目信息，包括采购项目公告、采购文件、采购项目预算金额、采购结果等信息，由采购人或者其委托的采购代理机构负责公开；

2. 监管处罚信息，包括财政部门作出的投诉、监督检查等处理决定，对集中采购机构的考核结果，以及违法失信行为记录等信息，由财政部门负责公开；

3. 法律、法规和规章规定应当公开的其他政府采购信息，由相关主体依法公开。

（三）公开渠道。

中央预算单位的政府采购信息应当在财政部指定的媒体上公开，地方预算单位的政府采购信息应当在省级（含计划单列市，下同）财政部门指定的媒体上公开。财政部指定的政府采购信息发布媒体包括中国政府采购网（www. ccgp. gov. cn）、《中国财经报》（《中国政府采购报》）、《中国政府采购杂志》、《中国财政杂志》等。省级财政部门应当将中国政府采购网地方分网作为本地区指定的政府采购信息发布媒体之一。

为了便于政府采购当事人获取信息，在其他政府采购信息发布媒体公开的政府采购信息应当同时在中国政府采购网发布。对于预算金额在 500 万元以上的地方采购项目信息，中国政府采购网各地方分网应当通过数据接口同时推送至中央主网发布（相关标准规范和说明详见中国政府采购网）。政府采购违法失信行为信息记录应当在中国政府采购网中央主网发布。

（四）政府采购项目信息的公开要求。

1. 公开招标公告、资格预审公告。

招标公告的内容应当包括采购人和采购代理机构的名称、地址和联系方法，采购项目的名称、数量、简要规格描述或项目基本概况介绍，采购项目预算金额，采购项目需要落实的政府采购政策，投标人的资格要求，获取招标文件的时间、地点、方式及招标文件售价，投标截止时间、开标时间及地点，采购项目联系人姓名和电话。

资格预审公告的内容应当包括采购人和采购代理机构的名称、地址和联系方法；采购项目名称、数量、简要规格描述或项目基本概况介绍；采购项目预算金额；采购项目需要落实的政府采购政策；投标人的资格要求，以及审查标准、方法；获取资格预审文件的时间、地点、方式；投标人应当提供的资格预审申请文件的组成和格式；提交资格预审申请文件的截止时间及资格审查日期、地点；采购项目联系人姓名和电话。

招标公告、资格预审公告的公告期限为 5 个工作日。

2. 竞争性谈判公告、竞争性磋商公告和询价公告。

竞争性谈判公告、竞争性磋商公告和询价公告的内容应当包括采购人和采购代理机构的名称、地址和联系方法，采购项目的名称、数量、简要规格描述或项目基本概况介绍，采购项目预算金额，采购项目需要落实的政府采购政策，对供应商的资格要求，获取谈判、磋商、询价文件的时间、地点、方式及文件售价，响应文件提交的截止时间、开启时间及地点，采购项目联系人姓名和电话。

竞争性谈判公告、竞争性磋商公告和询价公告的公告期限为 3 个工作日。

3. 采购项目预算金额。

采购项目预算金额应当在招标公告、资格预审公告、竞争性谈判公告、竞争性磋商公告和询价公告等采购公告，以及招标文件、谈判文件、磋商文件、询价通知书等采购文件中公开。采购项目的预算金额以财政部门批复的部门预算中的政府采购预算为依据；对于部门预算批复前进行采购的项目，以预算"二上数"中的政府采购预算为依据。对于部门预算已列明具体采购项目的，按照部门预算中具体采购项目的预算金额公开；部门预算未列明采购项目的，应当根据工作实际对部门预算进行分解，按照分解后的具体采购项目预算金额公开。对于部门预算分年度安排但不宜按年度拆分的采购项目，应当公开采购项目的采购年限、概算总金额和当年安排数。

4. 中标、成交结果。

中标、成交结果公告的内容应当包括采购人和采购代理机构名称、地址、联系方式；项目名称和项目编号；中标或者成交供应商名称、地址和中标或者成交金额；主要中标或者成交标的的名称、规格型号、数量、单价、服务要求或者标的的基本概况；评审专家名单。协议供货、定点采购项目还应当公告入围价格、价格调整规则和优惠条件。采用书面推荐供应商参加采购活动的，还应当公告采购人和评审专家的推荐意见。

中标、成交结果应当自中标、成交供应商确定之日起2个工作日内公告，公告期限为1个工作日。

5. 采购文件。

招标文件、竞争性谈判文件、竞争性磋商文件和询价通知书应当随中标、成交结果同时公告。中标、成交结果公告前采购文件已公告的，不再重复公告。

6. 更正事项。

采购人或者采购代理机构对已发出的招标文件、资格预审文件，以及采用公告方式邀请供应商参与的竞争性谈判文件、竞争性磋商文件进行必要的澄清或者修改的，应当在原公告发布媒体上发布更正公告，并以书面形式通知所有获取采购文件的潜在供应商。采购信息更正公告的内容应当包括采购人和采购代理机构名称、地址、联系方式，原公告的采购项目名称及首次公告日期，更正事项、内容及日期，采购项目联系人和电话。

澄清或者修改的内容可能影响投标文件、资格预审申请文件、响应文件编制的，采购人或者采购代理机构发布澄清公告并以书面形式通知潜在供应商的时间，应当在投标截止时间至少15日前、提交资格预审申请文件截止时间至少3日前，或者提交首次响应文件截止之日3个工作日前；不足上述时间的，应当顺延提交投标文件、资格预审申请文件或响应文件的截止时间。

7. 采购合同。

政府采购合同应当自合同签订之日起2个工作日内公告。批量集中采购项目应当公告框架协议。政府采购合同中涉及国家秘密、商业秘密的部分可以不公告，但其他内容应当公告。政府采购合同涉及国家秘密的内容，由采购人依据《保守国家秘密法》等法律制度规定确定。采购合同中涉及商业秘密的内容，由采购人依据《反不正当竞争法》、《最高人民法院关于适用〈中华人民共和国民事诉讼法〉若干问题的意见》（法发〔1992〕22 号）等法律制度的规定，与供应商在合同中约定。其中，合同标的名称、规格型号、单价及合同金额等内容不得作为商业秘密。合同中涉及个人隐私的姓名、联系方式等内容，除征得权利人同意外，不得对外公告。

2015 年 3 月 1 日以后签订的政府采购合同，未按要求公告的，应当于 2015 年 10 月 31 日以前补充公告。

8. 单一来源公示。

达到公开招标数额标准，符合《中华人民共和国政府采购法》第三十一条第一项规定情形，只能从唯一供应商处采购的，采购人、采购代理机构应当在省级以上财政部门指定媒体上进行公示。公示内容应当包括采购人、采购项目名称；拟采购的货物或者服务的说明、拟采购的货物或者服务的预算金额；采用单一来源方式的原因及相关说明；拟定的唯一供应商名称、地址；专业人员对相关供应商因专利、专有技术等原因具有唯一性的具体论证意见，以及专业人员的姓名、工作单位和职称；公示的期限；采购人、采购代理机构、财政部门的联系地址、联系人和联系电话。公示期限不得少于 5 个工作日。

9. 终止公告。

依法需要终止招标、竞争性谈判、竞争性磋商、询价、单一来源采购活动的，采购人或者采购代理机构应当发布项目终止公告并说明原因。

10. 政府购买公共服务项目。

对于政府向社会公众提供的公共服务项目，除按有关规定公开相关采购信息外，采购人还应当就确定采购需求在指定媒体上征求社会公众的意见，并将验收结果于验收结束之日起 2 个工作日内向社会公告。

（五）监管处罚信息的公开要求。

财政部门作出的投诉、监督检查等处理决定公告的内容应当包括相关当事人名称及地址、投诉涉及采购项目名称及采购日期、投诉事项或监督检查主要事项、处理依据、处理结果、执法机关名称、公告日期等。投诉或监督检查处理决定应当自完成并履行有关报审程序后 5 个工作日内公告。

财政部门对集中采购机构的考核结果公告的内容应当包括集中采购机构名称、考核内容、考核方法、考核结果、存在问题、考核单位等。考核结果应当自完成并履行有关报审程序后 5 个工作日内公告。

供应商、采购代理机构和评审专家的违法失信行为记录公告的内容应当包括当事人名称、违法失信行为的具体情形、处理依据、处理结果、处理日期、执法机关名称等。供应商、采购代理机构和评审专家的违法失信行为信息月度记录应当不晚于次月 10 日前公告。

三、工作要求

（一）加强组织领导。各级财政部门、各部门、各单位要建立政府采购信息公开工作机制，落实责任分工，切实履行政府采购信息公开的责任和义务。省级财政部门要加强对本地区政府采购信息公开工作的指导和督促，指定并管理政府采购信息公开媒体，确保政府采购信息公开工作落到实处。

（二）落实技术保障。各级财政部门要及时做好相关信息系统和网络媒体的升级改造，创新信息公开方式，完善信息公开功能，提高政府采购信息公开的自动化水平，为政府采购信息公开和社会监督创造便利条件。中国政府采购网地方分网应当在 2015 年 8 月 31 日以前完成主要技术改造工作，确保合同公开等新的信息公开要求落到实处。

（三）强化监督检查。各级财政部门要将政府采购信息公开作为监督检查的重要内容，对采购人、采购代理机构未依法发布政府采购项目信息的，要依照《中华人民共和国政府采购法》第七十一条、第七十八条和《中华人民共和国政府采购法实施条例》第六十八条等规定追究法律责任。

（四）做好跟踪回应。各地区、各部门要主动回应信息公开工作中出现的情况和问题，做好预判、预案和跟踪，主动发声，及时解惑。各政府采购信息发布媒体要以高度负责的精神做好政府采购信息公开工作，及时、完整、准确地免费刊登信息。

财政部关于进一步做好政府采购
信息公开工作有关事项的通知

（2017 年 4 月 25 日　财库〔2017〕86 号）

党中央有关部门，国务院各部委、各直属机构，全国人大常委会办公厅，全国政协办公厅，高法院，高检院，各民主党派中央，有关人民团体，各省、自治区、直辖市、计划单列市财政厅（局），新疆生产建设兵团财务局：

近年来，各地区、各部门落实建立政府采购全过程信息公开机制的要求，信息公开工作取得了积极进展，但也存在部分地区政府采购信息公开平台建设不到位、一些单位信息发布不及时不全面等问题。为了切实提高政府采购透明度，现就进一步做好政府采购信息公开工作有关事项通知如下：

一、推进各地区政府采购信息发布网络平台建设

（一）加强中国政府采购网地方分网建设。中国政府采购网（www.ccgp.gov.cn）是财政部依法指定的、向世界贸易组织秘书处备案的唯一全国性政府采购信息发布网络媒体，中国政府采购网地方分网（以下简称地方分网）是其有机组成部分。省级（含计划单列市，下同）财政部门是地方分网建设管理的第一责任主体，应当切实做好地方分网的建设维护工作，把地方分网建成本地区政府采购信息的统一发布平台。

（二）规范地方分网域名管理。省级财政部门应当严格执行中国政府采购网统一域名制度，使用财政部指定域名建设地方分网。地方分网采用双域名的，应当确保财政部指定域名可以正常访问，不得以其他网络媒体替代地方分网。

（三）提升地方分网服务功能。各地区要做好地方分网的升级改造和安全防护，改进栏目设置，完善地方分网信息发布和查询使用功能，确保数据安全和运行稳定。要建立健全地方分网与公共资源交易平台的信息互联互通机制，实现与公共资源交易电子服务系统之间的信息共享。

二、完整全面发布政府采购信息

（四）严格执行政府采购信息发布制度。各地区、各部门应当按照《政府采购法》、《政府采购法实施条例》和《财政部关于做好政府采购信息公开工作的通知》（财库〔2015〕135 号）规定，认真做好政府采购信息公开工作。采购人或者其委托的采购代理机构应当切实做好采购项目公告、采购文件、采购项目预算金额、采购结果、采购合同等采购项目信息公开工作，实现政府采购项目的全过程信息公开。对于采购项目预算金额、更正事项、采购合同、公共服务项目采购需求和验收结果等信息公开薄弱环节，应当进一步完善相关工作机制，切实履行公开责任。各级财政部门应当严格按照财库〔2015〕135 号文件规定的时间、内容等要求，及时完整公开投诉和监督检查处理决定、集中采购机构考核结果以及违法失信行为记录等监管处罚信息。

（五）推进协议供货和定点采购等信息公开。集中采购机构应当切实推进协议供货和定点采购信息公开，自 2017 年 9 月 1 日开始，除按照规定在中国政府采购网及地方分网公开入围采购阶段的相关信息外，还应当公开具体成交记录，包括采购人和成交供应商的名称、成交金额以及成交标的的名称、规格型号、数量、单价等。电子卖场、电子商城、网上超市等的具体成交记录，也应当予以公开。

三、健全政府采购信息发布工作机制

（六）加强政府采购信息公开内控管理。采购人和集中采购机构应当将政府采购信息公开作为本部门、本单位政务信息公开工作的重要内容，列入主动公开基本目录，嵌入内控管理环节，确保政府采购信息发布的及时、完整、准确。

（七）严格政府采购信息发布和推送机制。中央预算单位的政府采购信息应当在中国政府采购网中央主网（以下简称中央主网）发布，地方预算单位的政府采购信息应当在地方分网发布。地方分网应当按照财库〔2015〕135 号文件的规定向中央主网推送信息。

四、加强对政府采购信息公开工作的考核与监督

（八）加强监督检查。各级财政部门应当加大对政府采购信息公开情况的

监督检查力度，将信息公开情况作为对集中采购机构考核和对采购人、社会代理机构监督检查的重点内容，进一步完善考核与检查指标体系，对监督检查中发现的信息公开违法违规行为依法追究责任。

（九）实施动态监管和大数据分析。各级财政部门应当将政府采购项目全流程信息公开纳入动态监管范围，重点加强对单一来源公示、采购文件、采购结果和采购合同等信息的比对，运用大数据分析技术开展对采购项目执行情况和信息公开情况的核查和动态监管，不断推进信息公开工作。

（十）开展第三方评估。从 2017 年开始，财政部将委托社会力量开展对政府采购透明度的第三方评估，重点围绕政府采购信息发布平台建设管理、信息发布和信息推送的及时性完整性等情况进行综合评估，并对评估结果予以通报。

财政部关于开展政府采购意向公开工作的通知

（2020 年 3 月 2 日　财库〔2020〕10 号）

各中央预算单位，各省、自治区、直辖市、计划单列市财政厅（局），新疆生产建设兵团财政局：

为进一步提高政府采购透明度，优化政府采购营商环境，根据《深化政府采购制度改革方案》和《财政部关于促进政府采购公平竞争优化营商环境的通知》（财库〔2019〕38 号）有关要求，现就政府采购意向公开有关工作安排通知如下：

一、高度重视采购意向公开工作

推进采购意向公开是优化政府采购营商环境的重要举措。做好采购意向公开工作有助于提高政府采购透明度，方便供应商提前了解政府采购信息，对于保障各类市场主体平等参与政府采购活动，提升采购绩效，防范抑制腐败具有重要作用。各地区、各部门要充分认识此项工作的重要意义，高度重视、精心组织，认真做好采购意向公开工作。

二、关于采购意向公开工作推进步骤

采购意向公开工作遵循"试点先行，分步实施"的原则。2020 年在中央预算单位和北京市、上海市、深圳市市本级预算单位开展试点。对 2020 年 7 月 1 日起实施的采购项目，中央预算单位和北京市、上海市、深圳市市本级预算单位应当按规定公开采购意向。各试点地区应根据地方实际尽快推进其他各级预算单位采购意向公开。其他地区可根据地方实际确定采购意向公开时间，原则上省级预算单位 2021 年 1 月 1 日起实施的采购项目，省级以下各级预算单位 2022 年 1 月 1 日起实施的采购项目，应当按规定公开采购意向；具备条件的地区可适当提前开展采购意向公开工作。

三、关于采购意向公开的主体和渠道

采购意向由预算单位负责公开。中央预算单位的采购意向在中国政府采购网（www.ccgp.gov.cn）中央主网公开，地方预算单位的采购意向在中国政府采购网地方分网公开，采购意向也可在省级以上财政部门指定的其他媒体同步公开。主管预算单位可汇总本部门、本系统所属预算单位的采购意向集中公开，有条件的部门可在其部门门户网站同步公开本部门、本系统的采购意向。

四、关于采购意向公开的内容

采购意向按采购项目公开。除以协议供货、定点采购方式实施的小额零星采购和由集中采购机构统一组织的批量集中采购外，按项目实施的集中采购目录以内或者采购限额标准以上的货物、工程、服务采购均应当公开采购意向。

采购意向公开的内容应当包括采购项目名称、采购需求概况、预算金额、预计采购时间等，政府采购意向公开参考文本见附件。其中，采购需求概况应当包括采购标的名称，采购标的需实现的主要功能或者目标，采购标的数量，以及采购标的需满足的质量、服务、安全、时限等要求。采购意向应当尽可能清晰完整，便于供应商提前做好参与采购活动的准备。采购意向仅作为供应商了解各单位初步采购安排的参考，采购项目实际采购需求、预算金额和执行时间以预算单位最终发布的采购公告和采购文件为准。

五、关于采购意向公开的依据和时间

采购意向由预算单位定期或者不定期公开。部门预算批复前公开的采购意向，以部门预算"二上"内容为依据；部门预算批复后公开的采购意向，以部门预算为依据。预算执行中新增采购项目应当及时公开采购意向。采购意向公开时间应当尽量提前，原则上不得晚于采购活动开始前30日公开采购意向。因预算单位不可预见的原因急需开展的采购项目，可不公开采购意向。

六、工作要求

各中央预算单位要加强采购活动的计划性，按照本通知要求及时、全面公开采购意向。各中央主管预算单位应当做好统筹协调工作，及时安排部署，加强对本部门所属预算单位的督促和指导，确保所属预算单位严格按规定公开采购意向，做到不遗漏、不延误。

各省级财政部门要根据本通知要求抓紧制定具体工作方案，对本地区采购意向公开工作进行布置，着重加强对市县级预算单位政府采购意向公开工作的指导，并在中国政府采购网地方分网设置相关专栏，确保本地区各级预算单位按要求完成采购意向公开工作。

各地区、各部门要认真总结采购意向公开工作中好的做法和经验，对推进过程中遇到的新情况、新问题，要研究完善有关举措，并及时向财政部反映。财政部将结合政府采购透明度评估工作，对采购意向公开情况进行检查并对检查结果予以通报。

特此通知。

附件：政府采购意向公开参考文本

附件：

（单位名称） _____年_____（至）_____月
政府采购意向

为便于供应商及时了解政府采购信息，根据《财政部关于开展政府采购意向公开工作的通知》（财库〔2020〕10号）等有关规定，现将**（单位名称）**年（至）月采购意向公开如下：

序号	采购项目名称	采购需求概况	预算金额（万元）	预计采购时间（填写到月）	备注
	填写具体采购项目的名称	填写采购标的名称，采购标的需实现的主要功能或者目标，采购标的数量，以及采购标的需满足的质量、服务、安全、时限等要求	精确到万元	填写到月	其他需要说明的情况
	……				
	……				

本次公开的采购意向是本单位政府采购工作的初步安排，具体采购项目情况以相关采购公告和采购文件为准。

XX（单位名称）
年　月　日

五、政府采购方式管理

政府采购框架协议采购方式管理暂行办法

(2022 年 1 月 14 日中华人民共和国财政部令第 110 号公布　自 2022 年 3 月 1 日起施行)

第一章　总　　则

第一条　为了规范多频次、小额度采购活动，提高政府采购项目绩效，根据《中华人民共和国政府采购法》、《中华人民共和国政府采购法实施条例》等法律法规规定，制定本办法。

第二条　本办法所称框架协议采购，是指集中采购机构或者主管预算单位对技术、服务等标准明确、统一，需要多次重复采购的货物和服务，通过公开征集程序，确定第一阶段入围供应商并订立框架协议，采购人或者服务对象按照框架协议约定规则，在入围供应商范围内确定第二阶段成交供应商并订立采购合同的采购方式。

前款所称主管预算单位是指负有编制部门预算职责，向本级财政部门申报预算的国家机关、事业单位和团体组织。

第三条　符合下列情形之一的，可以采用框架协议采购方式采购：

(一) 集中采购目录以内品目，以及与之配套的必要耗材、配件等，属于小额零星采购的；

(二) 集中采购目录以外，采购限额标准以上，本部门、本系统行政管理所需的法律、评估、会计、审计等鉴证咨询服务，属于小额零星采购的；

(三) 集中采购目录以外，采购限额标准以上，为本部门、本系统以外的服务对象提供服务的政府购买服务项目，需要确定 2 家以上供应商由服务对象自主选择的；

（四）国务院财政部门规定的其他情形。

前款所称采购限额标准以上，是指同一品目或者同一类别的货物、服务年度采购预算达到采购限额标准以上。

属于本条第一款第二项情形，主管预算单位能够归集需求形成单一项目进行采购，通过签订时间、地点、数量不确定的采购合同满足需求的，不得采用框架协议采购方式。

第四条 框架协议采购包括封闭式框架协议采购和开放式框架协议采购。

封闭式框架协议采购是框架协议采购的主要形式。除法律、行政法规或者本办法另有规定外，框架协议采购应当采用封闭式框架协议采购。

第五条 集中采购目录以内品目以及与之配套的必要耗材、配件等，采用框架协议采购的，由集中采购机构负责征集程序和订立框架协议。

集中采购目录以外品目采用框架协议采购的，由主管预算单位负责征集程序和订立框架协议。其他预算单位确有需要的，经其主管预算单位批准，可以采用框架协议采购方式采购。其他预算单位采用框架协议采购方式采购的，应当遵守本办法关于主管预算单位的规定。

主管预算单位可以委托采购代理机构代理框架协议采购，采购代理机构应当在委托的范围内依法开展采购活动。

集中采购机构、主管预算单位及其委托的采购代理机构，本办法统称征集人。

第六条 框架协议采购遵循竞争择优、讲求绩效的原则，应当有明确的采购标的和定价机制，不得采用供应商符合资格条件即入围的方法。

第七条 框架协议采购应当实行电子化采购。

第八条 集中采购机构采用框架协议采购的，应当拟定采购方案，报本级财政部门审核后实施。主管预算单位采用框架协议采购的，应当在采购活动开始前将采购方案报本级财政部门备案。

第二章 一般规定

第九条 封闭式框架协议采购是指符合本办法第三条规定情形，通过公开竞争订立框架协议后，除经过框架协议约定的补充征集程序外，不得增加协议供应商的框架协议采购。

封闭式框架协议的公开征集程序，按照政府采购公开招标的规定执行，本办法另有规定的，从其规定。

第十条 开放式框架协议采购是指符合本条第二款规定情形，明确采购需求和付费标准等框架协议条件，愿意接受协议条件的供应商可以随时申请加入的框架协议采购。开放式框架协议的公开征集程序，按照本办法规定执行。

符合下列情形之一的，可以采用开放式框架协议采购：

（一）本办法第三条第一款第一项规定的情形，因执行政府采购政策不宜淘汰供应商的，或者受基础设施、行政许可、知识产权等限制，供应商数量在3家以下且不宜淘汰供应商的；

（二）本办法第三条第一款第三项规定的情形，能够确定统一付费标准，因地域等服务便利性要求，需要接纳所有愿意接受协议条件的供应商加入框架协议，以供服务对象自主选择的。

第十一条 集中采购机构或者主管预算单位应当确定框架协议采购需求。框架协议采购需求在框架协议有效期内不得变动。

确定框架协议采购需求应当开展需求调查，听取采购人、供应商和专家等意见。面向采购人和供应商开展需求调查时，应当选择具有代表性的调查对象，调查对象一般各不少于3个。

第十二条 框架协议采购需求应当符合以下规定：

（一）满足采购人和服务对象实际需要，符合市场供应状况和市场公允标准，在确保功能、性能和必要采购要求的情况下促进竞争；

（二）符合预算标准、资产配置标准等有关规定，厉行节约，不得超标准采购；

（三）按照《政府采购品目分类目录》，将采购标的细化到底级品目，并细分不同等次、规格或者标准的采购需求，合理设置采购包；

（四）货物项目应当明确货物的技术和商务要求，包括功能、性能、材料、结构、外观、安全、包装、交货期限、交货的地域范围、售后服务等；

（五）服务项目应当明确服务内容、服务标准、技术保障、服务人员组成、服务交付或者实施的地域范围，以及所涉及的货物的质量标准、服务工作量的计量方式等。

第十三条 集中采购机构或者主管预算单位应当在征集公告和征集文件中确定框架协议采购的最高限制单价。征集文件中可以明确量价关系折扣，即达到一定采购数量，价格应当按照征集文件中明确的折扣降低。在开放式框架协议中，付费标准即为最高限制单价。

最高限制单价是供应商第一阶段响应报价的最高限价。入围供应商第一阶段响应报价（有量价关系折扣的，包括量价关系折扣，以下统称协议价格）是采购人或者服务对象确定第二阶段成交供应商的最高限价。

确定最高限制单价时，有政府定价的，执行政府定价；没有政府定价的，应当通过需求调查，并根据需求标准科学确定，属于本办法第十条第二款第一项规定情形的采购项目，需要订立开放式框架协议的，与供应商协商确定。

货物项目单价按照台（套）等计量单位确定，其中包含售后服务等相关服务费用。服务项目单价按照单位采购标的价格或者人工单价等确定。服务项目所涉及的货物的费用，能够折算入服务项目单价的应当折入，需要按实结算的应当明确结算规则。

第十四条 框架协议应当包括以下内容：

（一）集中采购机构或者主管预算单位以及入围供应商的名称、地址和联系方式；

（二）采购项目名称、编号；

（三）采购需求以及最高限制单价；

（四）封闭式框架协议第一阶段的入围产品详细技术规格或者服务内容、服务标准，协议价格；

（五）入围产品升级换代规则；

（六）确定第二阶段成交供应商的方式；

（七）适用框架协议的采购人或者服务对象范围，以及履行合同的地域范围；

（八）资金支付方式、时间和条件；

（九）采购合同文本，包括根据需要约定适用的简式合同或者具有合同性质的凭单、订单；

（十）框架协议期限；

（十一）入围供应商清退和补充规则；

（十二）协议方的权利和义务；

（十三）需要约定的其他事项。

第十五条 集中采购机构或者主管预算单位应当根据工作需要和采购标的市场供应及价格变化情况，科学合理确定框架协议期限。货物项目框架协议有效期一般不超过1年，服务项目框架协议有效期一般不超过2年。

第十六条 集中采购机构或者主管预算单位应当根据框架协议约定，组织落实框架协议的履行，并履行下列职责：

（一）为第二阶段合同授予提供工作便利；

（二）对第二阶段最高限价和需求标准执行情况进行管理；

（三）对第二阶段确定成交供应商情况进行管理；

（四）根据框架协议约定，在质量不降低、价格不提高的前提下，对入围供应商因产品升级换代、用新产品替代原入围产品的情形进行审核；

（五）建立用户反馈和评价机制，接受采购人和服务对象对入围供应商履行框架协议和采购合同情况的反馈与评价，并将用户反馈和评价情况向采购人和服务对象公开，作为第二阶段直接选定成交供应商的参考；

（六）公开封闭式框架协议的第二阶段成交结果；

（七）办理入围供应商清退和补充相关事宜。

第十七条 采购人或者服务对象采购框架协议约定的货物、服务，应当将第二阶段的采购合同授予入围供应商，但是本办法第三十七条另有规定的除外。

同一框架协议采购应当使用统一的采购合同文本，采购人、服务对象和供应商不得擅自改变框架协议约定的合同实质性条款。

第十八条 货物项目框架协议的入围供应商应当为入围产品生产厂家或者生产厂家唯一授权供应商。入围供应商可以委托一家或者多家代理商，按照框架协议约定接受采购人合同授予，并履行采购合同。入围供应商应当在框架协议中提供委托协议和委托的代理商名单。

第十九条 入围供应商有下列情形之一，尚未签订框架协议的，取消其入围资格；已经签订框架协议的，解除与其签订的框架协议：

（一）恶意串通谋取入围或者合同成交的；

（二）提供虚假材料谋取入围或者合同成交的；

（三）无正当理由拒不接受合同授予的；

（四）不履行合同义务或者履行合同义务不符合约定，经采购人请求履行后仍不履行或者仍未按约定履行的；

（五）框架协议有效期内，因违法行为被禁止或限制参加政府采购活动的；

（六）框架协议约定的其他情形。

被取消入围资格或者被解除框架协议的供应商不得参加同一封闭式框架协议补充征集，或者重新申请加入同一开放式框架协议。

第二十条 封闭式框架协议入围供应商无正当理由，不得主动放弃入围资格或者退出框架协议。

开放式框架协议入围供应商可以随时申请退出框架协议。集中采购机构或者主管预算单位应当在收到退出申请2个工作日内，发布入围供应商退出公告。

第二十一条 征集人应当建立真实完整的框架协议采购档案，妥善保存每项采购活动的采购文件资料。除征集人和采购人另有约定外，合同授予的采购文件资料由采购人负责保存。

采购档案可以采用电子形式保存，电子档案和纸质档案具有同等效力。

第三章 封闭式框架协议采购

第一节 封闭式框架协议的订立

第二十二条 征集人应当发布征集公告。征集公告应当包括以下主要内容：

（一）征集人的名称、地址、联系人和联系方式；

（二）采购项目名称、编号，采购需求以及最高限制单价，适用框架协议的采购人或者服务对象范围，能预估采购数量的，还应当明确预估采购数量；

（三）供应商的资格条件；

（四）框架协议的期限；

（五）获取征集文件的时间、地点和方式；

（六）响应文件的提交方式、提交截止时间和地点，开启方式、时间和地点；

（七）公告期限；

（八）省级以上财政部门规定的其他事项。

第二十三条　征集人应当编制征集文件。征集文件应当包括以下主要内容：

（一）参加征集活动的邀请；

（二）供应商应当提交的资格材料；

（三）资格审查方法和标准；

（四）采购需求以及最高限制单价；

（五）政府采购政策要求以及政策执行措施；

（六）框架协议的期限；

（七）报价要求；

（八）确定第一阶段入围供应商的评审方法、评审标准、确定入围供应商的淘汰率或者入围供应商数量上限和响应文件无效情形；

（九）响应文件的编制要求，提交方式、提交截止时间和地点，开启方式、时间和地点，以及响应文件有效期；

（十）拟签订的框架协议文本和采购合同文本；

（十一）确定第二阶段成交供应商的方式；

（十二）采购资金的支付方式、时间和条件；

（十三）入围产品升级换代规则；

（十四）用户反馈和评价机制；

（十五）入围供应商的清退和补充规则；

（十六）供应商信用信息查询渠道及截止时点、信用信息查询记录和证据留存的具体方式、信用信息的使用规则等；

（十七）采购代理机构代理费用的收取标准和方式；

（十八）省级以上财政部门规定的其他事项。

第二十四条　供应商应当按照征集文件要求编制响应文件，对响应文件的真实性和合法性承担法律责任。

供应商响应的货物和服务的技术、商务等条件不得低于采购需求，货物原则上应当是市场上已有销售的规格型号，不得是专供政府采购的产品。对货物项目每个采购包只能用一个产品进行响应，征集文件有要求的，应当同时对产品的选配件、耗材进行报价。服务项目包含货物的，响应文件中应当列明货物清单及质量标准。

第二十五条　确定第一阶段入围供应商的评审方法包括价格优先法和质量优先法。

价格优先法是指对满足采购需求且响应报价不超过最高限制单价的货物、服务，按照响应报价从低到高排序，根据征集文件规定的淘汰率或者入围供应商数量上限，确定入围供应商的评审方法。

质量优先法是指对满足采购需求且响应报价不超过最高限制单价的货物、服务进行质量综合评分，按照质量评分从高到低排序，根据征集文件规定的淘汰率或者入围供应商数量上限，确定入围供应商的评审方法。货物项目质量因素包括采购标的的技术水平、产品配置、售后服务等，服务项目质量因素包括服务内容、服务水平、供应商的履约能力、服务经验等。质量因素中的可量化指标应当划分等次，作为评分项；质量因素中的其他指标可以作为实质性要求，不得作为评分项。

有政府定价、政府指导价的项目，以及对质量有特别要求的检测、实验等仪器设备，可以采用质量优先法，其他项目应当采用价格优先法。

第二十六条　对耗材使用量大的复印、打印、实验、医疗等仪器设备进行框架协议采购的，应当要求供应商同时对 3 年以上约定期限内的专用耗材进行报价。评审时应当考虑约定期限的专用耗材使用成本，修正仪器设备的响应报价或者质量评分。

征集人应当在征集文件、框架协议和采购合同中规定，入围供应商在约定期限内，应当以不高于其报价的价格向适用框架协议的采购人供应专用耗材。

第二十七条 确定第一阶段入围供应商时，提交响应文件和符合资格条件、实质性要求的供应商应当均不少于 2 家，淘汰比例一般不得低于 20%，且至少淘汰一家供应商。

采用质量优先法的检测、实验等仪器设备采购，淘汰比例不得低于 40%，且至少淘汰一家供应商。

第二十八条 入围结果公告应当包括以下主要内容：

（一）采购项目名称、编号；

（二）征集人的名称、地址、联系人和联系方式；

（三）入围供应商名称、地址及排序；

（四）最高入围价格或者最低入围分值；

（五）入围产品名称、规格型号或者主要服务内容及服务标准，入围单价；

（六）评审小组成员名单；

（七）采购代理服务收费标准及金额；

（八）公告期限；

（九）省级以上财政部门规定的其他事项。

第二十九条 集中采购机构或者主管预算单位应当在入围通知书发出之日起 30 日内和入围供应商签订框架协议，并在框架协议签订后 7 个工作日内，将框架协议副本报本级财政部门备案。

框架协议不得对征集文件确定的事项以及入围供应商的响应文件作实质性修改。

第三十条 征集人应当在框架协议签订后 3 个工作日内通过电子化采购系统将入围信息告知适用框架协议的所有采购人或者服务对象。

入围信息应当包括所有入围供应商的名称、地址、联系方式、入围产品信息和协议价格等内容。入围产品信息应当详细列明技术规格或者服务内容、服务标准等能反映产品质量特点的内容。

征集人应当确保征集文件和入围信息在整个框架协议有效期内随时可供公众查阅。

第三十一条 除剩余入围供应商不足入围供应商总数70%且影响框架协议执行的情形外，框架协议有效期内，征集人不得补充征集供应商。

征集人补充征集供应商的，补充征集规则应当在框架协议中约定，补充征集的条件、程序、评审方法和淘汰比例应当与初次征集相同。补充征集应当遵守原框架协议的有效期。补充征集期间，原框架协议继续履行。

第二节　采购合同的授予

第三十二条 确定第二阶段成交供应商的方式包括直接选定、二次竞价和顺序轮候。

直接选定方式是确定第二阶段成交供应商的主要方式。除征集人根据采购项目特点和提高绩效等要求，在征集文件中载明采用二次竞价或者顺序轮候方式外，确定第二阶段成交供应商应当由采购人或者服务对象依据入围产品价格、质量以及服务便利性、用户评价等因素，从第一阶段入围供应商中直接选定。

第三十三条 二次竞价方式是指以框架协议约定的入围产品、采购合同文本等为依据，以协议价格为最高限价，采购人明确第二阶段竞价需求，从入围供应商中选择所有符合竞价需求的供应商参与二次竞价，确定报价最低的为成交供应商的方式。

进行二次竞价应当给予供应商必要的响应时间。

二次竞价一般适用于采用价格优先法的采购项目。

第三十四条 顺序轮候方式是指根据征集文件中确定的轮候顺序规则，对所有入围供应商依次授予采购合同的方式。

每个入围供应商在一个顺序轮候期内，只有一次获得合同授予的机会。合同授予顺序确定后，应当书面告知所有入围供应商。除清退入围供应商和补充征集外，框架协议有效期内不得调整合同授予顺序。

顺序轮候一般适用于服务项目。

第三十五条 以二次竞价或者顺序轮候方式确定成交供应商的，征集人应当在确定成交供应商后 2 个工作日内逐笔发布成交结果公告。

成交结果单笔公告可以在省级以上财政部门指定的媒体上发布，也可以在开展框架协议采购的电子化采购系统发布，发布成交结果公告的渠道应当在征集文件或者框架协议中告知供应商。单笔公告应当包括以下主要内容：

（一）采购人的名称、地址和联系方式；

（二）框架协议采购项目名称、编号；

（三）成交供应商名称、地址和成交金额；

（四）成交标的名称、规格型号或者主要服务内容及服务标准、数量、单价；

（五）公告期限。

征集人应当在框架协议有效期满后 10 个工作日内发布成交结果汇总公告。汇总公告应当包括前款第一项、第二项内容和所有成交供应商的名称、地址及其成交合同总数和总金额。

第三十六条 框架协议采购应当订立固定价格合同。

根据实际采购数量和协议价格确定合同总价的，合同中应当列明实际采购数量或者计量方式，包括服务项目用于计算合同价的工日数、服务工作量等详细工作量清单。采购人应当要求供应商提供能证明其按照合同约定数量或者工作量清单履约的相关记录或者凭证，作为验收资料一并存档。

第三十七条 采购人证明能够以更低价格向非入围供应商采购相同货物，且入围供应商不同意将价格降至非入围供应商以下的，可以将合同授予非入围供应商。

采购项目适用前款规定的，征集人应当在征集文件中载明并在框架协议中约定。

采购人将合同授予非入围供应商的，应当在确定成交供应商后 1 个工作日内，将成交结果抄送征集人，由征集人按照单笔公告要求发布成交结果公告。采购人应当将相关证明材料和采购合同一并存档备查。

第四章　开放式框架协议采购

第三十八条　订立开放式框架协议的，征集人应当发布征集公告，邀请供应商加入框架协议。征集公告应当包括以下主要内容：

（一）本办法第二十二条第一项至四项和第二十三条第二项至三项、第十三项至十六项内容；

（二）订立开放式框架协议的邀请；

（三）供应商提交加入框架协议申请的方式、地点，以及对申请文件的要求；

（四）履行合同的地域范围、协议方的权利和义务、入围供应商的清退机制等框架协议内容；

（五）采购合同文本；

（六）付费标准，费用结算及支付方式；

（七）省级以上财政部门规定的其他事项。

第三十九条　征集公告发布后至框架协议期满前，供应商可以按照征集公告要求，随时提交加入框架协议的申请。征集人应当在收到供应商申请后7个工作日内完成审核，并将审核结果书面通知申请供应商。

第四十条　征集人应当在审核通过后2个工作日内，发布入围结果公告，公告入围供应商名称、地址、联系方式及付费标准，并动态更新入围供应商信息。

征集人应当确保征集公告和入围结果公告在整个框架协议有效期内随时可供公众查阅。

第四十一条　征集人可以根据采购项目特点，在征集公告中申明是否与供应商另行签订书面框架协议。申明不再签订书面框架协议的，发布入围结果公告，视为签订框架协议。

第四十二条 第二阶段成交供应商由采购人或者服务对象从第一阶段入围供应商中直接选定。

供应商履行合同后，依据框架协议约定的凭单、订单以及结算方式，与采购人进行费用结算。

第五章　法律责任

第四十三条 主管预算单位、采购人、采购代理机构违反本办法规定的，由财政部门责令限期改正；情节严重的，给予警告，对直接负责的主管人员和其他责任人员，由其行政主管部门或者有关机关依法给予处分，并予以通报。

第四十四条 违反本办法规定，经责令改正后仍然影响或者可能影响入围结果或者成交结果的，依照政府采购法等有关法律、行政法规处理。

第四十五条 供应商有本办法第十九条第一款第一项至三项情形之一，以及无正当理由放弃封闭式框架协议入围资格或者退出封闭式框架协议的，依照政府采购法等有关法律、行政法规追究法律责任。

第四十六条 政府采购当事人违反本办法规定，给他人造成损失的，依法承担民事责任。

第四十七条 财政部门及其工作人员在履行监督管理职责中存在滥用职权、玩忽职守、徇私舞弊等违法违纪行为的，依法追究相应责任。

第六章　附　　则

第四十八条 除本办法第三十五条规定外，本办法规定的公告信息，应当在省级以上财政部门指定的媒体上发布。

第四十九条 本办法规定按日计算期间的，开始当天不计入，从次日开始计算。期限的最后一日是国家法定节假日的，顺延到节假日后的次日为期限的最后一日。

第五十条 本办法所称的"以上"、"以下"、"内"、"以内"、"不少于"、"不超过"，包括本数；所称的"不足"、"低于"，不包本数。

第五十一条 各省、自治区、直辖市财政部门可以根据本办法制定具体实施办法。

第五十二条 本办法自 2022 年 3 月 1 日起施行。

财政部关于做好政府采购框架协议
采购工作有关问题的通知

（2022 年 5 月 16 日 财库〔2022〕17 号）

各中央预算单位，各省、自治区、直辖市、计划单列市财政厅（局），新疆生产建设兵团财政局，有关集中采购机构：

《政府采购框架协议采购方式管理暂行办法》（财政部令第 110 号，以下简称《办法》）已于 2022 年 3 月 1 日开始施行。为进一步做好政府采购框架协议采购工作，提升《办法》实施效果，现就有关问题通知如下：

一、**加强框架协议采购组织协调**。《办法》对多频次、小额度采购活动进行了规范，是落实《深化政府采购制度改革方案》的重要内容，也是对政府采购管理制度的一次重要完善与创新。各级集中采购机构、主管预算单位要充分理解把握《办法》对框架协议采购的规范性要求，切实做好需求标准确定、采购方案拟定、供应商入围征集和合同履约管理等工作。各级财政部门要认真做好组织协调，进一步清理违规设置的供应商备选库、名录库、资格库，加强对框架协议采购方案的审核备案管理，切实抓好《办法》确定的公平竞争机制建设，平稳有序推进框架协议采购的实施。

二、**处理好集中采购相关问题的衔接**。《办法》施行后，财政部关于协议供货、定点采购的规定不再执行，地方各级财政部门要对涉及协议供货、定点采购的制度规定进行清理规范。《办法》施行前订立的协议供货、定点采购协议，可以继续执行至期限届满。已实施批量集中采购的品目，按现有规定继续推进和完善批量集中采购工作。

对一些地方或者部门缺乏专业实施力量的问题，省级财政部门可以结合本地实际，通过修订集中采购目录或者制定专门办法，适当调整相关品目实施的组织形式。有条件的地方，还可以通过跨级次、跨地区统筹确定征集主体推进实施，并同步开展集中采购机构竞争试点。

三、推动采购需求标准的制定。各级财政部门要指导集中采购机构、主管预算单位结合业务特点合理确定各类产品的需求标准，逐步提高标准的科学性和完整程度，做到客观、细化、可评判、可验证，无明确需求标准的不得开展框架协议采购。要合理确定不同等次、规格产品的最高限制单价，综合考虑采购历史成交价格与市场调查情况，平衡采购需求标准与成本价格的关系，做到最高限制单价与采购需求标准相匹配。

集中采购机构、主管预算单位应当高度重视服务项目需求标准的制定工作。对实施开放式框架协议的服务类采购，特别是向社会提供公共服务的项目，各级财政部门要对主管预算单位的市场调查情况及成本构成重点把关，严禁服务内容及最高限制单价突破预算和其他购买公共服务的政策要求。条件成熟时，省级财政部门可以会同相关部门制定发布统一的服务需求标准。对新开展的公共服务类框架协议采购项目，财政部门可以指导相关部门先以封闭式框架协议采购开展试点，时机成熟后再按规定实施开放式框架协议采购。

四、加强采购方案审核备案管理。集中采购机构、主管预算单位应当按照不同品目分类拟定采购方案，报本级财政部门审核或者备案。各级财政部门要按照公平公正、促进竞争、讲求绩效的原则，加强对集中采购机构框架协议采购方案的审核。重点包括：一是实施范围审核。要认真落实"适用于小额零星采购"以及"以封闭式框架协议为主"的基本原则，严格把控相应实施范围。其中，小额零星采购严格限定在采购人需要多频次采购，且单笔采购金额未达到政府采购限额标准的范围内。严禁出现《办法》对政府限价服务、专用设备、公共服务等采购的一些特殊规定在适用范围上的扩大。二是竞争机制审核。要严格执行"需求明确、竞争价格"的评审要求，同时把握对各品目分级、分类、分包的合理性，防止品目拆分过细带来的竞争不充分等问题。对专用设备采购，要严格控制质量优先法的适用，加强对需求标准、最高限制单价以及竞争淘汰率的匹配性审核。三是其他重要问题审核。包括落实政府采购政策，以及防止政府采购"专供"、高价专用耗材捆绑问题的措施等。

主管预算单位的框架协议采购方案实行备案管理。财政部门在备案中发现存在擅自扩大适用范围、需求标准不合理不明确、开放式框架协议采购缺乏供应商申请办法、公共服务标准及最高限制单价不符合相关规定等问题的，可以要求相关单位改正后实施，也可以通过监督检查或者投诉处理进行监管。

五、落实政府采购政策。框架协议采购要落实政府采购政策，细化政策执行措施。政府绿色采购、促进中小企业发展等采购政策原则上在框架协议采购的第一阶段落实，第二阶段交易不再作要求；政府采购进口产品管理要求在第二阶段落实。在落实绿色采购政策方面，对实施强制采购或者执行强制性绿色采购标准的品目，应当将符合绿色采购政策作为实质性要求，对实施优先采购或者执行推荐性绿色采购标准的品目，应当在评审时给予相关供应商评审优惠；在支持中小企业政策方面，对符合条件的小微企业，应当按照《政府采购促进中小企业发展管理办法》的规定给予价格扣除优惠政策；在进口产品管理方面，对检测、实验、医疗等专用仪器设备，确有采购进口产品需求的，采购方案中可以就相应的进口产品设置采购包，但第二阶段采购人在采购入围进口产品前，需按规定履行相关核准程序。

省级财政部门可以探索选择特定货物、服务品目，专门面向残疾人福利性单位、基层群众性自治组织等特殊主体设置采购包，要求采购人在采购相关货物、服务时，将合同授予该采购包的入围供应商。

六、推进框架协议电子化采购系统建设。省级财政部门应当按照《办法》确定的业务规则、预算管理一体化规范和技术标准，统筹协调电子化采购系统的建设和拓展完善，实现互联互通和业务协同。集中采购目录以外、未达到采购限额标准的采购活动，可以继续通过电子卖场开展，但不得强制采购人通过电子卖场交易。

在框架协议采购全流程电子系统建设完成之前，框架协议采购可以在已有电子采购系统上分阶段实施，第一阶段入围征集活动可以依托项目采购的相关系统，第二阶段确定成交供应商可以依托电子卖场等系统，按照《办法》确定的规则开展。

七、维护供应商合法权益。货物采购中，入围供应商可以委托代理商接受采购人合同授予并履行采购合同，代理商根据与入围供应商签订的委托协议开展活动，其行为的法律后果由入围供应商承担。框架协议有效期内，入围供应商可以根据征集文件的规定调整代理商名单，征集人应当提供便利。对于代理商拒不履行合同义务的，征集人应当依法追究入围供应商责任，并按协议约定解除代理商在该框架协议中接受合同授予的资格。征集人不得未经入围供应商同意，擅自增减变动代理商。

各地区、各部门要加强统筹协调，认真安排部署，全面总结框架协议采购中好的经验和做法，对于执行中发现的问题，要研究完善办法措施，并及时向财政部反映。

政府采购货物和服务招标投标管理办法

（2017 年 7 月 11 日中华人民共和国财政部令第 87 号公布　自 2017 年 10 月 1 日起施行）

第一章　总　　则

第一条　为了规范政府采购当事人的采购行为，加强对政府采购货物和服务招标投标活动的监督管理，维护国家利益、社会公共利益和政府采购招标投标活动当事人的合法权益，依据《中华人民共和国政府采购法》（以下简称政府采购法）、《中华人民共和国政府采购法实施条例》（以下简称政府采购法实施条例）和其他有关法律法规规定，制定本办法。

第二条　本办法适用于在中华人民共和国境内开展政府采购货物和服务（以下简称货物服务）招标投标活动。

第三条　货物服务招标分为公开招标和邀请招标。

公开招标，是指采购人依法以招标公告的方式邀请非特定的供应商参加投标的采购方式。

邀请招标，是指采购人依法从符合相应资格条件的供应商中随机抽取 3 家以上供应商，并以投标邀请书的方式邀请其参加投标的采购方式。

第四条　属于地方预算的政府采购项目，省、自治区、直辖市人民政府根据实际情况，可以确定分别适用于本行政区域省级、设区的市级、县级公开招标数额标准。

第五条　采购人应当在货物服务招标投标活动中落实节约能源、保护环境、扶持不发达地区和少数民族地区、促进中小企业发展等政府采购政策。

第六条　采购人应当按照行政事业单位内部控制规范要求，建立健全本单位政府采购内部控制制度，在编制政府采购预算和实施计划、确定采购需求、组织采购活动、履约验收、答复询问质疑、配合投诉处理及监督检查等重点环节加强内部控制管理。

采购人不得向供应商索要或者接受其给予的赠品、回扣或者与采购无关的其他商品、服务。

第七条　采购人应当按照财政部制定的《政府采购品目分类目录》确定采购项目属性。按照《政府采购品目分类目录》无法确定的，按照有利于采购项目实施的原则确定。

第八条　采购人委托采购代理机构代理招标的，采购代理机构应当在采购人委托的范围内依法开展采购活动。

采购代理机构及其分支机构不得在所代理的采购项目中投标或者代理投标，不得为所代理的采购项目的投标人参加本项目提供投标咨询。

第二章　招　　标

第九条　未纳入集中采购目录的政府采购项目，采购人可以自行招标，也可以委托采购代理机构在委托的范围内代理招标。

采购人自行组织开展招标活动的，应当符合下列条件：

（一）有编制招标文件、组织招标的能力和条件；

（二）有与采购项目专业性相适应的专业人员。

第十条 采购人应当对采购标的的市场技术或者服务水平、供应、价格等情况进行市场调查，根据调查情况、资产配置标准等科学、合理地确定采购需求，进行价格测算。

第十一条 采购需求应当完整、明确，包括以下内容：

（一）采购标的需实现的功能或者目标，以及为落实政府采购政策需满足的要求；

（二）采购标的需执行的国家相关标准、行业标准、地方标准或者其他标准、规范；

（三）采购标的需满足的质量、安全、技术规格、物理特性等要求；

（四）采购标的的数量、采购项目交付或者实施的时间和地点；

（五）采购标的需满足的服务标准、期限、效率等要求；

（六）采购标的的验收标准；

（七）采购标的的其他技术、服务等要求。

第十二条 采购人根据价格测算情况，可以在采购预算额度内合理设定最高限价，但不得设定最低限价。

第十三条 公开招标公告应当包括以下主要内容：

（一）采购人及其委托的采购代理机构的名称、地址和联系方法；

（二）采购项目的名称、预算金额，设定最高限价的，还应当公开最高限价；

（三）采购人的采购需求；

（四）投标人的资格要求；

（五）获取招标文件的时间期限、地点、方式及招标文件售价；

（六）公告期限；

（七）投标截止时间、开标时间及地点；

（八）采购项目联系人姓名和电话。

第十四条 采用邀请招标方式的，采购人或者采购代理机构应当通过以下方式产生符合资格条件的供应商名单，并从中随机抽取 3 家以上供应商向其发出投标邀请书：

（一）发布资格预审公告征集；

（二）从省级以上人民政府财政部门（以下简称财政部门）建立的供应商库中选取；

（三）采购人书面推荐。

采用前款第一项方式产生符合资格条件供应商名单的，采购人或者采购代理机构应当按照资格预审文件载明的标准和方法，对潜在投标人进行资格预审。

采用第一款第二项或者第三项方式产生符合资格条件供应商名单的，备选的符合资格条件供应商总数不得少于拟随机抽取供应商总数的两倍。

随机抽取是指通过抽签等能够保证所有符合资格条件供应商机会均等的方式选定供应商。随机抽取供应商时，应当有不少于两名采购人工作人员在场监督，并形成书面记录，随采购文件一并存档。

投标邀请书应当同时向所有受邀请的供应商发出。

第十五条 资格预审公告应当包括以下主要内容：

（一）本办法第十三条第一至四项、第六项和第八项内容；

（二）获取资格预审文件的时间期限、地点、方式；

（三）提交资格预审申请文件的截止时间、地点及资格预审日期。

第十六条 招标公告、资格预审公告的公告期限为 5 个工作日。公告内容应当以省级以上财政部门指定媒体发布的公告为准。公告期限自省级以上财政部门指定媒体最先发布公告之日起算。

第十七条 采购人、采购代理机构不得将投标人的注册资本、资产总额、营业收入、从业人员、利润、纳税额等规模条件作为资格要求或者评审因素，也不得通过将除进口货物以外的生产厂家授权、承诺、证明、背书等作为资格要求，对投标人实行差别待遇或者歧视待遇。

第十八条　采购人或者采购代理机构应当按照招标公告、资格预审公告或者投标邀请书规定的时间、地点提供招标文件或者资格预审文件，提供期限自招标公告、资格预审公告发布之日起计算不得少于 5 个工作日。提供期限届满后，获取招标文件或者资格预审文件的潜在投标人不足 3 家的，可以顺延提供期限，并予公告。

公开招标进行资格预审的，招标公告和资格预审公告可以合并发布，招标文件应当向所有通过资格预审的供应商提供。

第十九条　采购人或者采购代理机构应当根据采购项目的实施要求，在招标公告、资格预审公告或者投标邀请书中载明是否接受联合体投标。如未载明，不得拒绝联合体投标。

第二十条　采购人或者采购代理机构应当根据采购项目的特点和采购需求编制招标文件。招标文件应当包括以下主要内容：

（一）投标邀请；

（二）投标人须知（包括投标文件的密封、签署、盖章要求等）；

（三）投标人应当提交的资格、资信证明文件；

（四）为落实政府采购政策，采购标的需满足的要求，以及投标人须提供的证明材料；

（五）投标文件编制要求、投标报价要求和投标保证金交纳、退还方式以及不予退还投标保证金的情形；

（六）采购项目预算金额，设定最高限价的，还应当公开最高限价；

（七）采购项目的技术规格、数量、服务标准、验收等要求，包括附件、图纸等；

（八）拟签订的合同文本；

（九）货物、服务提供的时间、地点、方式；

（十）采购资金的支付方式、时间、条件；

（十一）评标方法、评标标准和投标无效情形；

（十二）投标有效期；

（十三）投标截止时间、开标时间及地点；

（十四）采购代理机构代理费用的收取标准和方式；

（十五）投标人信用信息查询渠道及截止时点、信用信息查询记录和证据留存的具体方式、信用信息的使用规则等；

（十六）省级以上财政部门规定的其他事项。

对于不允许偏离的实质性要求和条件，采购人或者采购代理机构应当在招标文件中规定，并以醒目的方式标明。

第二十一条 采购人或者采购代理机构应当根据采购项目的特点和采购需求编制资格预审文件。资格预审文件应当包括以下主要内容：

（一）资格预审邀请；

（二）申请人须知；

（三）申请人的资格要求；

（四）资格审核标准和方法；

（五）申请人应当提供的资格预审申请文件的内容和格式；

（六）提交资格预审申请文件的方式、截止时间、地点及资格审核日期；

（七）申请人信用信息查询渠道及截止时点、信用信息查询记录和证据留存的具体方式、信用信息的使用规则等内容；

（八）省级以上财政部门规定的其他事项。

资格预审文件应当免费提供。

第二十二条 采购人、采购代理机构一般不得要求投标人提供样品，仅凭书面方式不能准确描述采购需求或者需要对样品进行主观判断以确认是否满足采购需求等特殊情况除外。

要求投标人提供样品的，应当在招标文件中明确规定样品制作的标准和要求、是否需要随样品提交相关检测报告、样品的评审方法以及评审标准。需要随样品提交检测报告的，还应当规定检测机构的要求、检测内容等。

采购活动结束后，对于未中标人提供的样品，应当及时退还或者经未中标人同意后自行处理；对于中标人提供的样品，应当按照招标文件的规定进行保管、封存，并作为履约验收的参考。

第二十三条 投标有效期从提交投标文件的截止之日起算。投标文件中承诺的投标有效期应当不少于招标文件中载明的投标有效期。投标有效期内投标人撤销投标文件的，采购人或者采购代理机构可以不退还投标保证金。

第二十四条 招标文件售价应当按照弥补制作、邮寄成本的原则确定，不得以营利为目的，不得以招标采购金额作为确定招标文件售价的依据。

第二十五条 招标文件、资格预审文件的内容不得违反法律、行政法规、强制性标准、政府采购政策，或者违反公开透明、公平竞争、公正和诚实信用原则。

有前款规定情形，影响潜在投标人投标或者资格预审结果的，采购人或者采购代理机构应当修改招标文件或者资格预审文件后重新招标。

第二十六条 采购人或者采购代理机构可以在招标文件提供期限截止后，组织已获取招标文件的潜在投标人现场考察或者召开开标前答疑会。

组织现场考察或者召开答疑会的，应当在招标文件中载明，或者在招标文件提供期限截止后以书面形式通知所有获取招标文件的潜在投标人。

第二十七条 采购人或者采购代理机构可以对已发出的招标文件、资格预审文件、投标邀请书进行必要的澄清或者修改，但不得改变采购标的和资格条件。澄清或者修改应当在原公告发布媒体上发布澄清公告。澄清或者修改的内容为招标文件、资格预审文件、投标邀请书的组成部分。

澄清或者修改的内容可能影响投标文件编制的，采购人或者采购代理机构应当在投标截止时间至少15日前，以书面形式通知所有获取招标文件的潜在投标人；不足15日的，采购人或者采购代理机构应当顺延提交投标文件的截止时间。

澄清或者修改的内容可能影响资格预审申请文件编制的，采购人或者采购代理机构应当在提交资格预审申请文件截止时间至少3日前，以书面形式通知所有获取资格预审文件的潜在投标人；不足3日的，采购人或者采购代理机构应当顺延提交资格预审申请文件的截止时间。

第二十八条　投标截止时间前，采购人、采购代理机构和有关人员不得向他人透露已获取招标文件的潜在投标人的名称、数量以及可能影响公平竞争的有关招标投标的其他情况。

第二十九条　采购人、采购代理机构在发布招标公告、资格预审公告或者发出投标邀请书后，除因重大变故采购任务取消情况外，不得擅自终止招标活动。

终止招标的，采购人或者采购代理机构应当及时在原公告发布媒体上发布终止公告，以书面形式通知已经获取招标文件、资格预审文件或者被邀请的潜在投标人，并将项目实施情况和采购任务取消原因报告本级财政部门。已经收取招标文件费用或者投标保证金的，采购人或者采购代理机构应当在终止采购活动后 5 个工作日内，退还所收取的招标文件费用和所收取的投标保证金及其在银行产生的孳息。

第三章　投　　标

第三十条　投标人，是指响应招标、参加投标竞争的法人、其他组织或者自然人。

第三十一条　采用最低评标价法的采购项目，提供相同品牌产品的不同投标人参加同一合同项下投标的，以其中通过资格审查、符合性审查且报价最低的参加评标；报价相同的，由采购人或者采购人委托评标委员会按照招标文件规定的方式确定一个参加评标的投标人，招标文件未规定的采取随机抽取方式确定，其他投标无效。

使用综合评分法的采购项目，提供相同品牌产品且通过资格审查、符合性审查的不同投标人参加同一合同项下投标的，按一家投标人计算，评审后得分最高的同品牌投标人获得中标人推荐资格；评审得分相同的，由采购人或者采购人委托评标委员会按照招标文件规定的方式确定一个投标人获得中标人推荐资格，招标文件未规定的采取随机抽取方式确定，其他同品牌投标人不作为中标候选人。

非单一产品采购项目，采购人应当根据采购项目技术构成、产品价格比重等合理确定核心产品，并在招标文件中载明。多家投标人提供的核心产品品牌相同的，按前两款规定处理。

第三十二条 投标人应当按照招标文件的要求编制投标文件。投标文件应当对招标文件提出的要求和条件作出明确响应。

第三十三条 投标人应当在招标文件要求提交投标文件的截止时间前，将投标文件密封送达投标地点。采购人或者采购代理机构收到投标文件后，应当如实记载投标文件的送达时间和密封情况，签收保存，并向投标人出具签收回执。任何单位和个人不得在开标前开启投标文件。

逾期送达或者未按照招标文件要求密封的投标文件，采购人、采购代理机构应当拒收。

第三十四条 投标人在投标截止时间前，可以对所递交的投标文件进行补充、修改或者撤回，并书面通知采购人或者采购代理机构。补充、修改的内容应当按照招标文件要求签署、盖章、密封后，作为投标文件的组成部分。

第三十五条 投标人根据招标文件的规定和采购项目的实际情况，拟在中标后将中标项目的非主体、非关键性工作分包的，应当在投标文件中载明分包承担主体，分包承担主体应当具备相应资质条件且不得再次分包。

第三十六条 投标人应当遵循公平竞争的原则，不得恶意串通，不得妨碍其他投标人的竞争行为，不得损害采购人或者其他投标人的合法权益。

在评标过程中发现投标人有上述情形的，评标委员会应当认定其投标无效，并书面报告本级财政部门。

第三十七条 有下列情形之一的，视为投标人串通投标，其投标无效：

（一）不同投标人的投标文件由同一单位或者个人编制；

（二）不同投标人委托同一单位或者个人办理投标事宜；

（三）不同投标人的投标文件载明的项目管理成员或者联系人员为同一人；

（四）不同投标人的投标文件异常一致或者投标报价呈规律性差异；

（五）不同投标人的投标文件相互混装；

（六）不同投标人的投标保证金从同一单位或者个人的账户转出。

第三十八条 投标人在投标截止时间前撤回已提交的投标文件的，采购人或者采购代理机构应当自收到投标人书面撤回通知之日起 5 个工作日内，退还已收取的投标保证金，但因投标人自身原因导致无法及时退还的除外。

采购人或者采购代理机构应当自中标通知书发出之日起 5 个工作日内退还未中标人的投标保证金，自采购合同签订之日起 5 个工作日内退还中标人的投标保证金或者转为中标人的履约保证金。

采购人或者采购代理机构逾期退还投标保证金的，除应当退还投标保证金本金外，还应当按中国人民银行同期贷款基准利率上浮 20% 后的利率支付超期资金占用费，但因投标人自身原因导致无法及时退还的除外。

第四章　开标、评标

第三十九条 开标应当在招标文件确定的提交投标文件截止时间的同一时间进行。开标地点应当为招标文件中预先确定的地点。

采购人或者采购代理机构应当对开标、评标现场活动进行全程录音录像。录音录像应当清晰可辨，音像资料作为采购文件一并存档。

第四十条 开标由采购人或者采购代理机构主持，邀请投标人参加。评标委员会成员不得参加开标活动。

第四十一条 开标时，应当由投标人或者其推选的代表检查投标文件的密封情况；经确认无误后，由采购人或者采购代理机构工作人员当众拆封，宣布投标人名称、投标价格和招标文件规定的需要宣布的其他内容。

投标人不足 3 家的，不得开标。

第四十二条 开标过程应当由采购人或者采购代理机构负责记录，由参加开标的各投标人代表和相关工作人员签字确认后随采购文件一并存档。

投标人代表对开标过程和开标记录有疑义，以及认为采购人、采购代理机构相关工作人员有需要回避的情形的，应当场提出询问或者回避申请。采购人、采购代理机构对投标人代表提出的询问或者回避申请应当及时处理。

投标人未参加开标的，视同认可开标结果。

第四十三条 公开招标数额标准以上的采购项目，投标截止后投标人不足3家或者通过资格审查或符合性审查的投标人不足3家的，除采购任务取消情形外，按照以下方式处理：

（一）招标文件存在不合理条款或者招标程序不符合规定的，采购人、采购代理机构改正后依法重新招标；

（二）招标文件没有不合理条款、招标程序符合规定，需要采用其他采购方式采购的，采购人应当依法报财政部门批准。

第四十四条 公开招标采购项目开标结束后，采购人或者采购代理机构应当依法对投标人的资格进行审查。

合格投标人不足3家的，不得评标。

第四十五条 采购人或者采购代理机构负责组织评标工作，并履行下列职责：

（一）核对评审专家身份和采购人代表授权函，对评审专家在政府采购活动中的职责履行情况予以记录，并及时将有关违法违规行为向财政部门报告；

（二）宣布评标纪律；

（三）公布投标人名单，告知评审专家应当回避的情形；

（四）组织评标委员会推选评标组长，采购人代表不得担任组长；

（五）在评标期间采取必要的通讯管理措施，保证评标活动不受外界干扰；

（六）根据评标委员会的要求介绍政府采购相关政策法规、招标文件；

（七）维护评标秩序，监督评标委员会依照招标文件规定的评标程序、方法和标准进行独立评审，及时制止和纠正采购人代表、评审专家的倾向性言论或者违法违规行为；

（八）核对评标结果，有本办法第六十四条规定情形的，要求评标委员会复核或者书面说明理由，评标委员会拒绝的，应予记录并向本级财政部门报告；

（九）评审工作完成后，按照规定向评审专家支付劳务报酬和异地评审差旅费，不得向评审专家以外的其他人员支付评审劳务报酬；

（十）处理与评标有关的其他事项。

采购人可以在评标前说明项目背景和采购需求，说明内容不得含有歧视性、倾向性意见，不得超出招标文件所述范围。说明应当提交书面材料，并随采购文件一并存档。

第四十六条　评标委员会负责具体评标事务，并独立履行下列职责：

（一）审查、评价投标文件是否符合招标文件的商务、技术等实质性要求；

（二）要求投标人对投标文件有关事项作出澄清或者说明；

（三）对投标文件进行比较和评价；

（四）确定中标候选人名单，以及根据采购人委托直接确定中标人；

（五）向采购人、采购代理机构或者有关部门报告评标中发现的违法行为。

第四十七条　评标委员会由采购人代表和评审专家组成，成员人数应当为5人以上单数，其中评审专家不得少于成员总数的三分之二。

采购项目符合下列情形之一的，评标委员会成员人数应当为7人以上单数：

（一）采购预算金额在1000万元以上；

（二）技术复杂；

（三）社会影响较大。

评审专家对本单位的采购项目只能作为采购人代表参与评标，本办法第四十八条第二款规定情形除外。采购代理机构工作人员不得参加由本机构代理的政府采购项目的评标。

评标委员会成员名单在评标结果公告前应当保密。

第四十八条　采购人或者采购代理机构应当从省级以上财政部门设立的政府采购评审专家库中，通过随机方式抽取评审专家。

对技术复杂、专业性强的采购项目，通过随机方式难以确定合适评审专家的，经主管预算单位同意，采购人可以自行选定相应专业领域的评审专家。

第四十九条　评标中因评标委员会成员缺席、回避或者健康等特殊原因导致评标委员会组成不符合本办法规定的，采购人或者采购代理机构应当依法补足后继续评标。被更换的评标委员会成员所作出的评标意见无效。

无法及时补足评标委员会成员的，采购人或者采购代理机构应当停止评标活动，封存所有投标文件和开标、评标资料，依法重新组建评标委员会进行评标。原评标委员会所作出的评标意见无效。

采购人或者采购代理机构应当将变更、重新组建评标委员会的情况予以记录，并随采购文件一并存档。

第五十条 评标委员会应当对符合资格的投标人的投标文件进行符合性审查，以确定其是否满足招标文件的实质性要求。

第五十一条 对于投标文件中含义不明确、同类问题表述不一致或者有明显文字和计算错误的内容，评标委员会应当以书面形式要求投标人作出必要的澄清、说明或者补正。

投标人的澄清、说明或者补正应当采用书面形式，并加盖公章，或者由法定代表人或其授权的代表签字。投标人的澄清、说明或者补正不得超出投标文件的范围或者改变投标文件的实质性内容。

第五十二条 评标委员会应当按照招标文件中规定的评标方法和标准，对符合性审查合格的投标文件进行商务和技术评估，综合比较与评价。

第五十三条 评标方法分为最低评标价法和综合评分法。

第五十四条 最低评标价法，是指投标文件满足招标文件全部实质性要求，且投标报价最低的投标人为中标候选人的评标方法。

技术、服务等标准统一的货物服务项目，应当采用最低评标价法。

采用最低评标价法评标时，除了算术修正和落实政府采购政策需进行的价格扣除外，不能对投标人的投标价格进行任何调整。

第五十五条 综合评分法，是指投标文件满足招标文件全部实质性要求，且按照评审因素的量化指标评审得分最高的投标人为中标候选人的评标方法。

评审因素的设定应当与投标人所提供货物服务的质量相关，包括投标报价、技术或者服务水平、履约能力、售后服务等。资格条件不得作为评审因素。评审因素应当在招标文件中规定。

评审因素应当细化和量化，且与相应的商务条件和采购需求对应。商务条件和采购需求指标有区间规定的，评审因素应当量化到相应区间，并设置各区间对应的不同分值。

评标时，评标委员会各成员应当独立对每个投标人的投标文件进行评价，并汇总每个投标人的得分。

货物项目的价格分值占总分值的比重不得低于30%；服务项目的价格分值占总分值的比重不得低于10%。执行国家统一定价标准和采用固定价格采购的项目，其价格不列为评审因素。

价格分应当采用低价优先法计算，即满足招标文件要求且投标价格最低的投标报价为评标基准价，其价格分为满分。其他投标人的价格分统一按照下列公式计算：

投标报价得分=（评标基准价/投标报价）×100

评标总得分=F1×A1+F2×A2+……+Fn×An

F1、F2……Fn 分别为各项评审因素的得分；

A1、A2、……An 分别为各项评审因素所占的权重（A1+A2+……+An=1）。

评标过程中，不得去掉报价中的最高报价和最低报价。

因落实政府采购政策进行价格调整的，以调整后的价格计算评标基准价和投标报价。

第五十六条 采用最低评标价法的，评标结果按投标报价由低到高顺序排列。投标报价相同的并列。投标文件满足招标文件全部实质性要求且投标报价最低的投标人为排名第一的中标候选人。

第五十七条 采用综合评分法的，评标结果按评审后得分由高到低顺序排列。得分相同的，按投标报价由低到高顺序排列。得分且投标报价相同的并列。投标文件满足招标文件全部实质性要求，且按照评审因素的量化指标评审得分最高的投标人为排名第一的中标候选人。

第五十八条 评标委员会根据全体评标成员签字的原始评标记录和评标结果编写评标报告。评标报告应当包括以下内容：

（一）招标公告刊登的媒体名称、开标日期和地点；

（二）投标人名单和评标委员会成员名单；

（三）评标方法和标准；

（四）开标记录和评标情况及说明，包括无效投标人名单及原因；

（五）评标结果，确定的中标候选人名单或者经采购人委托直接确定的中标人；

（六）其他需要说明的情况，包括评标过程中投标人根据评标委员会要求进行的澄清、说明或者补正，评标委员会成员的更换等。

第五十九条　投标文件报价出现前后不一致的，除招标文件另有规定外，按照下列规定修正：

（一）投标文件中开标一览表（报价表）内容与投标文件中相应内容不一致的，以开标一览表（报价表）为准；

（二）大写金额和小写金额不一致的，以大写金额为准；

（三）单价金额小数点或者百分比有明显错位的，以开标一览表的总价为准，并修改单价；

（四）总价金额与按单价汇总金额不一致的，以单价金额计算结果为准。

同时出现两种以上不一致的，按照前款规定的顺序修正。修正后的报价按照本办法第五十一条第二款的规定经投标人确认后产生约束力，投标人不确认的，其投标无效。

第六十条　评标委员会认为投标人的报价明显低于其他通过符合性审查投标人的报价，有可能影响产品质量或者不能诚信履约的，应当要求其在评标现场合理的时间内提供书面说明，必要时提交相关证明材料；投标人不能证明其报价合理性的，评标委员会应当将其作为无效投标处理。

第六十一条　评标委员会成员对需要共同认定的事项存在争议的，应当按照少数服从多数的原则作出结论。持不同意见的评标委员会成员应当在评标报告上签署不同意见及理由，否则视为同意评标报告。

第六十二条　评标委员会及其成员不得有下列行为：

（一）确定参与评标至评标结束前私自接触投标人；

（二）接受投标人提出的与投标文件不一致的澄清或者说明，本办法第五十一条规定的情形除外；

（三）违反评标纪律发表倾向性意见或者征询采购人的倾向性意见；

（四）对需要专业判断的主观评审因素协商评分；

（五）在评标过程中擅离职守，影响评标程序正常进行的；

（六）记录、复制或者带走任何评标资料；

（七）其他不遵守评标纪律的行为。

评标委员会成员有前款第一至五项行为之一的，其评审意见无效，并不得获取评审劳务报酬和报销异地评审差旅费。

第六十三条 投标人存在下列情况之一的，投标无效：

（一）未按照招标文件的规定提交投标保证金的；

（二）投标文件未按招标文件要求签署、盖章的；

（三）不具备招标文件中规定的资格要求的；

（四）报价超过招标文件中规定的预算金额或者最高限价的；

（五）投标文件含有采购人不能接受的附加条件的；

（六）法律、法规和招标文件规定的其他无效情形。

第六十四条 评标结果汇总完成后，除下列情形外，任何人不得修改评标结果：

（一）分值汇总计算错误的；

（二）分项评分超出评分标准范围的；

（三）评标委员会成员对客观评审因素评分不一致的；

（四）经评标委员会认定评分畸高、畸低的。

评标报告签署前，经复核发现存在以上情形之一的，评标委员会应当当场修改评标结果，并在评标报告中记载；评标报告签署后，采购人或者采购代理机构发现存在以上情形之一的，应当组织原评标委员会进行重新评审，重新评审改变评标结果的，书面报告本级财政部门。

投标人对本条第一款情形提出质疑的，采购人或者采购代理机构可以组织原评标委员会进行重新评审，重新评审改变评标结果的，应当书面报告本级财政部门。

第六十五条　评标委员会发现招标文件存在歧义、重大缺陷导致评标工作无法进行，或者招标文件内容违反国家有关强制性规定的，应当停止评标工作，与采购人或者采购代理机构沟通并作书面记录。采购人或者采购代理机构确认后，应当修改招标文件，重新组织采购活动。

第六十六条　采购人、采购代理机构应当采取必要措施，保证评标在严格保密的情况下进行。除采购人代表、评标现场组织人员外，采购人的其他工作人员以及与评标工作无关的人员不得进入评标现场。

有关人员对评标情况以及在评标过程中获悉的国家秘密、商业秘密负有保密责任。

第六十七条　评标委员会或者其成员存在下列情形导致评标结果无效的，采购人、采购代理机构可以重新组建评标委员会进行评标，并书面报告本级财政部门，但采购合同已经履行的除外：

（一）评标委员会组成不符合本办法规定的；

（二）有本办法第六十二条第一至五项情形的；

（三）评标委员会及其成员独立评标受到非法干预的；

（四）有政府采购法实施条例第七十五条规定的违法行为的。

有违法违规行为的原评标委员会成员不得参加重新组建的评标委员会。

第五章　中标和合同

第六十八条　采购代理机构应当在评标结束后 2 个工作日内将评标报告送采购人。

采购人应当自收到评标报告之日起 5 个工作日内，在评标报告确定的中标候选人名单中按顺序确定中标人。中标候选人并列的，由采购人或者采购人委托评标委员会按照招标文件规定的方式确定中标人；招标文件未规定的，采取随机抽取的方式确定。

采购人自行组织招标的，应当在评标结束后 5 个工作日内确定中标人。

采购人在收到评标报告 5 个工作日内未按评标报告推荐的中标候选人顺序确定中标人，又不能说明合法理由的，视同按评标报告推荐的顺序确定排名第一的中标候选人为中标人。

第六十九条 采购人或者采购代理机构应当自中标人确定之日起 2 个工作日内，在省级以上财政部门指定的媒体上公告中标结果，招标文件应当随中标结果同时公告。

中标结果公告内容应当包括采购人及其委托的采购代理机构的名称、地址、联系方式，项目名称和项目编号，中标人名称、地址和中标金额，主要中标标的的名称、规格型号、数量、单价、服务要求，中标公告期限以及评审专家名单。

中标公告期限为 1 个工作日。

邀请招标采购人采用书面推荐方式产生符合资格条件的潜在投标人的，还应当将所有被推荐供应商名单和推荐理由随中标结果同时公告。

在公告中标结果的同时，采购人或者采购代理机构应当向中标人发出中标通知书；对未通过资格审查的投标人，应当告知其未通过的原因；采用综合评分法评审的，还应当告知未中标人本人的评审得分与排序。

第七十条 中标通知书发出后，采购人不得违法改变中标结果，中标人无正当理由不得放弃中标。

第七十一条 采购人应当自中标通知书发出之日起 30 日内，按照招标文件和中标人投标文件的规定，与中标人签订书面合同。所签订的合同不得对招标文件确定的事项和中标人投标文件作实质性修改。

采购人不得向中标人提出任何不合理的要求作为签订合同的条件。

第七十二条 政府采购合同应当包括采购人与中标人的名称和住所、标的、数量、质量、价款或者报酬、履行期限及地点和方式、验收要求、违约责任、解决争议的方法等内容。

第七十三条 采购人与中标人应当根据合同的约定依法履行合同义务。

政府采购合同的履行、违约责任和解决争议的方法等适用《中华人民共和国合同法》。

第七十四条 采购人应当及时对采购项目进行验收。采购人可以邀请参加本项目的其他投标人或者第三方机构参与验收。参与验收的投标人或者第三方机构的意见作为验收书的参考资料一并存档。

第七十五条 采购人应当加强对中标人的履约管理，并按照采购合同约定，及时向中标人支付采购资金。对于中标人违反采购合同约定的行为，采购人应当及时处理，依法追究其违约责任。

第七十六条 采购人、采购代理机构应当建立真实完整的招标采购档案，妥善保存每项采购活动的采购文件。

第六章　法律责任

第七十七条 采购人有下列情形之一的，由财政部门责令限期改正；情节严重的，给予警告，对直接负责的主管人员和其他直接责任人员由其行政主管部门或者有关机关依法给予处分，并予以通报；涉嫌犯罪的，移送司法机关处理：

（一）未按照本办法的规定编制采购需求的；

（二）违反本办法第六条第二款规定的；

（三）未在规定时间内确定中标人的；

（四）向中标人提出不合理要求作为签订合同条件的。

第七十八条 采购人、采购代理机构有下列情形之一的，由财政部门责令限期改正，情节严重的，给予警告，对直接负责的主管人员和其他直接责任人员，由其行政主管部门或者有关机关给予处分，并予通报；采购代理机构有违法所得的，没收违法所得，并可以处以不超过违法所得 3 倍、最高不超过 3 万元的罚款，没有违法所得的，可以处以 1 万元以下的罚款：

（一）违反本办法第八条第二款规定的；

（二）设定最低限价的；

（三）未按照规定进行资格预审或者资格审查的；

（四）违反本办法规定确定招标文件售价的；

（五）未按规定对开标、评标活动进行全程录音录像的；

（六）擅自终止招标活动的；

（七）未按照规定进行开标和组织评标的；

（八）未按照规定退还投标保证金的；

（九）违反本办法规定进行重新评审或者重新组建评标委员会进行评标的；

（十）开标前泄露已获取招标文件的潜在投标人的名称、数量或者其他可能影响公平竞争的有关招标投标情况的；

（十一）未妥善保存采购文件的；

（十二）其他违反本办法规定的情形。

第七十九条　有本办法第七十七条、第七十八条规定的违法行为之一，经改正后仍然影响或者可能影响中标结果的，依照政府采购法实施条例第七十一条规定处理。

第八十条　政府采购当事人违反本办法规定，给他人造成损失的，依法承担民事责任。

第八十一条　评标委员会成员有本办法第六十二条所列行为之一的，由财政部门责令限期改正；情节严重的，给予警告，并对其不良行为予以记录。

第八十二条　财政部门应当依法履行政府采购监督管理职责。财政部门及其工作人员在履行监督管理职责中存在懒政怠政、滥用职权、玩忽职守、徇私舞弊等违法违纪行为的，依照政府采购法、《中华人民共和国公务员法》、《中华人民共和国行政监察法》、政府采购法实施条例等国家有关规定追究相应责任；涉嫌犯罪的，移送司法机关处理。

第七章　附　　则

第八十三条　政府采购货物服务电子招标投标、政府采购货物中的进口机电产品招标投标有关特殊事宜，由财政部另行规定。

第八十四条　本办法所称主管预算单位是指负有编制部门预算职责，向本级财政部门申报预算的国家机关、事业单位和团体组织。

第八十五条 本办法规定按日计算期间的，开始当天不计入，从次日开始计算。期限的最后一日是国家法定节假日的，顺延到节假日后的次日为期限的最后一日。

第八十六条 本办法所称的"以上"、"以下"、"内"、"以内"，包括本数；所称的"不足"，不包括本数。

第八十七条 各省、自治区、直辖市财政部门可以根据本办法制定具体实施办法。

第八十八条 本办法自2017年10月1日起施行。财政部2004年8月11日发布的《政府采购货物和服务招标投标管理办法》（财政部令第18号）同时废止。

政府采购非招标采购方式管理办法

（2013年12月19日中华人民共和国财政部令第74号公布 自2014年2月1日起施行）

第一章 总 则

第一条 为了规范政府采购行为，加强对采用非招标采购方式采购活动的监督管理，维护国家利益、社会公共利益和政府采购当事人的合法权益，依据《中华人民共和国政府采购法》（以下简称政府采购法）和其他法律、行政法规的有关规定，制定本办法。

第二条 采购人、采购代理机构采用非招标采购方式采购货物、工程和服务的，适用本办法。

本办法所称非招标采购方式，是指竞争性谈判、单一来源采购和询价采购方式。

竞争性谈判是指谈判小组与符合资格条件的供应商就采购货物、工程和服务事宜进行谈判，供应商按照谈判文件的要求提交响应文件和最后报价，采购人从谈判小组提出的成交候选人中确定成交供应商的采购方式。

单一来源采购是指采购人从某一特定供应商处采购货物、工程和服务的采购方式。

询价是指询价小组向符合资格条件的供应商发出采购货物询价通知书，要求供应商一次报出不得更改的价格，采购人从询价小组提出的成交候选人中确定成交供应商的采购方式。

第三条 采购人、采购代理机构采购以下货物、工程和服务之一的，可以采用竞争性谈判、单一来源采购方式采购；采购货物的，还可以采用询价采购方式：

（一）依法制定的集中采购目录以内，且未达到公开招标数额标准的货物、服务；

（二）依法制定的集中采购目录以外、采购限额标准以上，且未达到公开招标数额标准的货物、服务；

（三）达到公开招标数额标准、经批准采用非公开招标方式的货物、服务；

（四）按照招标投标法及其实施条例必须进行招标的工程建设项目以外的政府采购工程。

第二章 一般规定

第四条 达到公开招标数额标准的货物、服务采购项目，拟采用非招标采购方式的，采购人应当在采购活动开始前，报经主管预算单位同意后，向设区的市、自治州以上人民政府财政部门申请批准。

第五条 根据本办法第四条申请采用非招标采购方式采购的，采购人应当向财政部门提交以下材料并对材料的真实性负责：

（一）采购人名称、采购项目名称、项目概况等项目基本情况说明；

（二）项目预算金额、预算批复文件或者资金来源证明；

（三）拟申请采用的采购方式和理由。

第六条 采购人、采购代理机构应当按照政府采购法和本办法的规定组织开展非招标采购活动，并采取必要措施，保证评审在严格保密的情况下进行。

任何单位和个人不得非法干预、影响评审过程和结果。

第七条 竞争性谈判小组或者询价小组由采购人代表和评审专家共 3 人以上单数组成，其中评审专家人数不得少于竞争性谈判小组或者询价小组成员总数的 2/3。采购人不得以评审专家身份参加本部门或本单位采购项目的评审。采购代理机构人员不得参加本机构代理的采购项目的评审。

达到公开招标数额标准的货物或者服务采购项目，或者达到招标规模标准的政府采购工程，竞争性谈判小组或者询价小组应当由 5 人以上单数组成。

采用竞争性谈判、询价方式采购的政府采购项目，评审专家应当从政府采购评审专家库内相关专业的专家名单中随机抽取。技术复杂、专业性强的竞争性谈判采购项目，通过随机方式难以确定合适的评审专家的，经主管预算单位同意，可以自行选定评审专家。技术复杂、专业性强的竞争性谈判采购项目，评审专家中应当包含 1 名法律专家。

第八条 竞争性谈判小组或者询价小组在采购活动过程中应当履行下列职责：

（一）确认或者制定谈判文件、询价通知书；

（二）从符合相应资格条件的供应商名单中确定不少于 3 家的供应商参加谈判或者询价；

（三）审查供应商的响应文件并作出评价；

（四）要求供应商解释或者澄清其响应文件；

（五）编写评审报告；

（六）告知采购人、采购代理机构在评审过程中发现的供应商的违法违规行为。

第九条 竞争性谈判小组或者询价小组成员应当履行下列义务：

（一）遵纪守法，客观、公正、廉洁地履行职责；

（二）根据采购文件的规定独立进行评审，对个人的评审意见承担法律责任；

（三）参与评审报告的起草；

（四）配合采购人、采购代理机构答复供应商提出的质疑；

（五）配合财政部门的投诉处理和监督检查工作。

第十条 谈判文件、询价通知书应当根据采购项目的特点和采购人的实际需求制定，并经采购人书面同意。采购人应当以满足实际需求为原则，不得擅自提高经费预算和资产配置等采购标准。

谈判文件、询价通知书不得要求或者标明供应商名称或者特定货物的品牌，不得含有指向特定供应商的技术、服务等条件。

第十一条 谈判文件、询价通知书应当包括供应商资格条件、采购邀请、采购方式、采购预算、采购需求、采购程序、价格构成或者报价要求、响应文件编制要求、提交响应文件截止时间及地点、保证金交纳数额和形式、评定成交的标准等。

谈判文件除本条第一款规定的内容外，还应当明确谈判小组根据与供应商谈判情况可能实质性变动的内容，包括采购需求中的技术、服务要求以及合同草案条款。

第十二条 采购人、采购代理机构应当通过发布公告、从省级以上财政部门建立的供应商库中随机抽取或者采购人和评审专家分别书面推荐的方式邀请不少于3家符合相应资格条件的供应商参与竞争性谈判或者询价采购活动。

符合政府采购法第二十二条第一款规定条件的供应商可以在采购活动开始前加入供应商库。财政部门不得对供应商申请入库收取任何费用，不得利用供应商库进行地区和行业封锁。

采取采购人和评审专家书面推荐方式选择供应商的，采购人和评审专家应当各自出具书面推荐意见。采购人推荐供应商的比例不得高于推荐供应商总数的50%。

第十三条 供应商应当按照谈判文件、询价通知书的要求编制响应文件，并对其提交的响应文件的真实性、合法性承担法律责任。

第十四条 采购人、采购代理机构可以要求供应商在提交响应文件截止时间之前交纳保证金。保证金应当采用支票、汇票、本票、网上银行支付或者金融机构、担保机构出具的保函等非现金形式交纳。保证金数额应当不超过采购项目预算的 2%。

供应商为联合体的，可以由联合体中的一方或者多方共同交纳保证金，其交纳的保证金对联合体各方均具有约束力。

第十五条 供应商应当在谈判文件、询价通知书要求的截止时间前，将响应文件密封送达指定地点。在截止时间后送达的响应文件为无效文件，采购人、采购代理机构或者谈判小组、询价小组应当拒收。

供应商在提交询价响应文件截止时间前，可以对所提交的响应文件进行补充、修改或者撤回，并书面通知采购人、采购代理机构。补充、修改的内容作为响应文件的组成部分。补充、修改的内容与响应文件不一致的，以补充、修改的内容为准。

第十六条 谈判小组、询价小组在对响应文件的有效性、完整性和响应程度进行审查时，可以要求供应商对响应文件中含义不明确、同类问题表述不一致或者有明显文字和计算错误的内容等作出必要的澄清、说明或者更正。供应商的澄清、说明或者更正不得超出响应文件的范围或者改变响应文件的实质性内容。

谈判小组、询价小组要求供应商澄清、说明或者更正响应文件应当以书面形式作出。供应商的澄清、说明或者更正应当由法定代表人或其授权代表签字或者加盖公章。由授权代表签字的，应当附法定代表人授权书。供应商为自然人的，应当由本人签字并附身份证明。

第十七条 谈判小组、询价小组应当根据评审记录和评审结果编写评审报告，其主要内容包括：

（一）邀请供应商参加采购活动的具体方式和相关情况，以及参加采购活动的供应商名单；

（二）评审日期和地点，谈判小组、询价小组成员名单；

（三）评审情况记录和说明，包括对供应商的资格审查情况、供应商响应文件评审情况、谈判情况、报价情况等；

（四）提出的成交候选人的名单及理由。

评审报告应当由谈判小组、询价小组全体人员签字认可。谈判小组、询价小组成员对评审报告有异议的，谈判小组、询价小组按照少数服从多数的原则推荐成交候选人，采购程序继续进行。对评审报告有异议的谈判小组、询价小组成员，应当在报告上签署不同意见并说明理由，由谈判小组、询价小组书面记录相关情况。谈判小组、询价小组成员拒绝在报告上签字又不书面说明其不同意见和理由的，视为同意评审报告。

第十八条 采购人或者采购代理机构应当在成交供应商确定后 2 个工作日内，在省级以上财政部门指定的媒体上公告成交结果，同时向成交供应商发出成交通知书，并将竞争性谈判文件、询价通知书随成交结果同时公告。成交结果公告应当包括以下内容：

（一）采购人和采购代理机构的名称、地址和联系方式；

（二）项目名称和项目编号；

（三）成交供应商名称、地址和成交金额；

（四）主要成交标的的名称、规格型号、数量、单价、服务要求；

（五）谈判小组、询价小组成员名单及单一来源采购人员名单。

采用书面推荐供应商参加采购活动的，还应当公告采购人和评审专家的推荐意见。

第十九条 采购人与成交供应商应当在成交通知书发出之日起 30 日内，按照采购文件确定的合同文本以及采购标的、规格型号、采购金额、采购数量、技术和服务要求等事项签订政府采购合同。

采购人不得向成交供应商提出超出采购文件以外的任何要求作为签订合同的条件，不得与成交供应商订立背离采购文件确定的合同文本以及采购标的、规格型号、采购金额、采购数量、技术和服务要求等实质性内容的协议。

第二十条 采购人或者采购代理机构应当在采购活动结束后及时退还供应商的保证金，但因供应商自身原因导致无法及时退还的除外。未成交供应商的保证金应当在成交通知书发出后 5 个工作日内退还，成交供应商的保证金应当在采购合同签订后 5 个工作日内退还。

有下列情形之一的，保证金不予退还：

（一）供应商在提交响应文件截止时间后撤回响应文件的；

（二）供应商在响应文件中提供虚假材料的；

（三）除因不可抗力或谈判文件、询价通知书认可的情形以外，成交供应商不与采购人签订合同的；

（四）供应商与采购人、其他供应商或者采购代理机构恶意串通的；

（五）采购文件规定的其他情形。

第二十一条 除资格性审查认定错误和价格计算错误外，采购人或者采购代理机构不得以任何理由组织重新评审。采购人、采购代理机构发现谈判小组、询价小组未按照采购文件规定的评定成交的标准进行评审的，应当重新开展采购活动，并同时书面报告本级财政部门。

第二十二条 除不可抗力等因素外，成交通知书发出后，采购人改变成交结果，或者成交供应商拒绝签订政府采购合同的，应当承担相应的法律责任。

成交供应商拒绝签订政府采购合同的，采购人可以按照本办法第三十六条第二款、第四十九条第二款规定的原则确定其他供应商作为成交供应商并签订政府采购合同，也可以重新开展采购活动。拒绝签订政府采购合同的成交供应商不得参加对该项目重新开展的采购活动。

第二十三条 在采购活动中因重大变故，采购任务取消的，采购人或者采购代理机构应当终止采购活动，通知所有参加采购活动的供应商，并将项目实施情况和采购任务取消原因报送本级财政部门。

第二十四条 采购人或者采购代理机构应当按照采购合同规定的技术、服务等要求组织对供应商履约的验收，并出具验收书。验收书应当包括每一项技术、服务等要求的履约情况。大型或者复杂的项目，应当邀请国家认可的质量检测机构参加验收。验收方成员应当在验收书上签字，并承担相应的法律责任。

第二十五条 谈判小组、询价小组成员以及与评审工作有关的人员不得泄露评审情况以及评审过程中获悉的国家秘密、商业秘密。

第二十六条 采购人、采购代理机构应当妥善保管每项采购活动的采购文件。采购文件包括采购活动记录、采购预算、谈判文件、询价通知书、响应文件、推荐供应商的意见、评审报告、成交供应商确定文件、单一来源采购协商情况记录、合同文本、验收证明、质疑答复、投诉处理决定以及其他有关文件、资料。采购文件可以电子档案方式保存。

采购活动记录至少应当包括下列内容：

（一）采购项目类别、名称；

（二）采购项目预算、资金构成和合同价格；

（三）采购方式，采用该方式的原因及相关说明材料；

（四）选择参加采购活动的供应商的方式及原因；

（五）评定成交的标准及确定成交供应商的原因；

（六）终止采购活动的，终止的原因。

第三章　竞争性谈判

第二十七条　符合下列情形之一的采购项目，可以采用竞争性谈判方式采购：

（一）招标后没有供应商投标或者没有合格标的，或者重新招标未能成立的；

（二）技术复杂或者性质特殊，不能确定详细规格或者具体要求的；

（三）非采购人所能预见的原因或者非采购人拖延造成采用招标所需时间不能满足用户紧急需要的；

（四）因艺术品采购、专利、专有技术或者服务的时间、数量事先不能确定等原因不能事先计算出价格总额的。

公开招标的货物、服务采购项目，招标过程中提交投标文件或者经评审实质性响应招标文件要求的供应商只有两家时，采购人、采购代理机构按照本办法第四条经本级财政部门批准后可以与该两家供应商进行竞争性谈判采购，采购人、采购代理机构应当根据招标文件中的采购需求编制谈判文件，成立谈判小组，由谈判小组对谈判文件进行确认。符合本款情形的，本办法第三十三条、

第三十五条中规定的供应商最低数量可以为两家。

第二十八条 符合本办法第二十七条第一款第一项情形和第二款情形，申请采用竞争性谈判采购方式时，除提交本办法第五条第一至三项规定的材料外，还应当提交下列申请材料：

（一）在省级以上财政部门指定的媒体上发布招标公告的证明材料；

（二）采购人、采购代理机构出具的对招标文件和招标过程是否有供应商质疑及质疑处理情况的说明；

（三）评标委员会或者3名以上评审专家出具的招标文件没有不合理条款的论证意见。

第二十九条 从谈判文件发出之日起至供应商提交首次响应文件截止之日止不得少于3个工作日。

提交首次响应文件截止之日前，采购人、采购代理机构或者谈判小组可以对已发出的谈判文件进行必要的澄清或者修改，澄清或者修改的内容作为谈判文件的组成部分。澄清或者修改的内容可能影响响应文件编制的，采购人、采购代理机构或者谈判小组应当在提交首次响应文件截止之日3个工作日前，以书面形式通知所有接收谈判文件的供应商，不足3个工作日的，应当顺延提交首次响应文件截止之日。

第三十条 谈判小组应当对响应文件进行评审，并根据谈判文件规定的程序、评定成交的标准等事项与实质性响应谈判文件要求的供应商进行谈判。未实质性响应谈判文件的响应文件按无效处理，谈判小组应当告知有关供应商。

第三十一条 谈判小组所有成员应当集中与单一供应商分别进行谈判，并给予所有参加谈判的供应商平等的谈判机会。

第三十二条 在谈判过程中，谈判小组可以根据谈判文件和谈判情况实质性变动采购需求中的技术、服务要求以及合同草案条款，但不得变动谈判文件中的其他内容。实质性变动的内容，须经采购人代表确认。

对谈判文件作出的实质性变动是谈判文件的有效组成部分，谈判小组应当及时以书面形式同时通知所有参加谈判的供应商。

供应商应当按照谈判文件的变动情况和谈判小组的要求重新提交响应文件，并由其法定代表人或授权代表签字或者加盖公章。由授权代表签字的，应当附法定代表人授权书。供应商为自然人的，应当由本人签字并附身份证明。

第三十三条 谈判文件能够详细列明采购标的的技术、服务要求的，谈判结束后，谈判小组应当要求所有继续参加谈判的供应商在规定时间内提交最后报价，提交最后报价的供应商不得少于 3 家。

谈判文件不能详细列明采购标的的技术、服务要求，需经谈判由供应商提供最终设计方案或解决方案的，谈判结束后，谈判小组应当按照少数服从多数的原则投票推荐 3 家以上供应商的设计方案或者解决方案，并要求其在规定时间内提交最后报价。

最后报价是供应商响应文件的有效组成部分。

第三十四条 已提交响应文件的供应商，在提交最后报价之前，可以根据谈判情况退出谈判。采购人、采购代理机构应当退还退出谈判的供应商的保证金。

第三十五条 谈判小组应当从质量和服务均能满足采购文件实质性响应要求的供应商中，按照最后报价由低到高的顺序提出 3 名以上成交候选人，并编写评审报告。

第三十六条 采购代理机构应当在评审结束后 2 个工作日内将评审报告送采购人确认。

采购人应当在收到评审报告后 5 个工作日内，从评审报告提出的成交候选人中，根据质量和服务均能满足采购文件实质性响应要求且最后报价最低的原则确定成交供应商，也可以书面授权谈判小组直接确定成交供应商。采购人逾期未确定成交供应商且不提出异议的，视为确定评审报告提出的最后报价最低的供应商为成交供应商。

第三十七条 出现下列情形之一的，采购人或者采购代理机构应当终止竞争性谈判采购活动，发布项目终止公告并说明原因，重新开展采购活动：

（一）因情况变化，不再符合规定的竞争性谈判采购方式适用情形的；

（二）出现影响采购公正的违法、违规行为的；

（三）在采购过程中符合竞争要求的供应商或者报价未超过采购预算的供应商不足 3 家的，但本办法第二十七条第二款规定的情形除外。

第四章　单一来源采购

第三十八条　属于政府采购法第三十一条第一项情形，且达到公开招标数额的货物、服务项目，拟采用单一来源采购方式的，采购人、采购代理机构在按照本办法第四条报财政部门批准之前，应当在省级以上财政部门指定媒体上公示，并将公示情况一并报财政部门。公示期不得少于 5 个工作日，公示内容应当包括：

（一）采购人、采购项目名称和内容；

（二）拟采购的货物或者服务的说明；

（三）采用单一来源采购方式的原因及相关说明；

（四）拟定的唯一供应商名称、地址；

（五）专业人员对相关供应商因专利、专有技术等原因具有唯一性的具体论证意见，以及专业人员的姓名、工作单位和职称；

（六）公示的期限；

（七）采购人、采购代理机构、财政部门的联系地址、联系人和联系电话。

第三十九条　任何供应商、单位或者个人对采用单一来源采购方式公示有异议的，可以在公示期内将书面意见反馈给采购人、采购代理机构，并同时抄送相关财政部门。

第四十条　采购人、采购代理机构收到对采用单一来源采购方式公示的异议后，应当在公示期满后 5 个工作日内，组织补充论证，论证后认为异议成立的，应当依法采取其他采购方式；论证后认为异议不成立的，应当将异议意见、论证意见与公示情况一并报相关财政部门。

采购人、采购代理机构应当将补充论证的结论告知提出异议的供应商、单位或者个人。

第四十一条　采用单一来源采购方式采购的，采购人、采购代理机构应当组织具有相关经验的专业人员与供应商商定合理的成交价格并保证采购项目质量。

第四十二条 单一来源采购人员应当编写协商情况记录，主要内容包括：

（一）依据本办法第三十八条进行公示的，公示情况说明；

（二）协商日期和地点，采购人员名单；

（三）供应商提供的采购标的成本、同类项目合同价格以及相关专利、专有技术等情况说明；

（四）合同主要条款及价格商定情况。

协商情况记录应当由采购全体人员签字认可。对记录有异议的采购人员，应当签署不同意见并说明理由。采购人员拒绝在记录上签字又不书面说明其不同意见和理由的，视为同意。

第四十三条 出现下列情形之一的，采购人或者采购代理机构应当终止采购活动，发布项目终止公告并说明原因，重新开展采购活动：

（一）因情况变化，不再符合规定的单一来源采购方式适用情形的；

（二）出现影响采购公正的违法、违规行为的；

（三）报价超过采购预算的。

第五章 询 价

第四十四条 询价采购需求中的技术、服务等要求应当完整、明确，符合相关法律、行政法规和政府采购政策的规定。

第四十五条 从询价通知书发出之日起至供应商提交响应文件截止之日止不得少于3个工作日。

提交响应文件截止之日前，采购人、采购代理机构或者询价小组可以对已发出的询价通知书进行必要的澄清或者修改，澄清或者修改的内容作为询价通知书的组成部分。澄清或者修改的内容可能影响响应文件编制的，采购人、采购代理机构或者询价小组应当在提交响应文件截止之日3个工作日前，以书面形式通知所有接收询价通知书的供应商，不足3个工作日的，应当顺延提交响应文件截止之日。

第四十六条　询价小组在询价过程中，不得改变询价通知书所确定的技术和服务等要求、评审程序、评定成交的标准和合同文本等事项。

第四十七条　参加询价采购活动的供应商，应当按照询价通知书的规定一次报出不得更改的价格。

第四十八条　询价小组应当从质量和服务均能满足采购文件实质性响应要求的供应商中，按照报价由低到高的顺序提出 3 名以上成交候选人，并编写评审报告。

第四十九条　采购代理机构应当在评审结束后 2 个工作日内将评审报告送采购人确认。

采购人应当在收到评审报告后 5 个工作日内，从评审报告提出的成交候选人中，根据质量和服务均能满足采购文件实质性响应要求且报价最低的原则确定成交供应商，也可以书面授权询价小组直接确定成交供应商。采购人逾期未确定成交供应商且不提出异议的，视为确定评审报告提出的最后报价最低的供应商为成交供应商。

第五十条　出现下列情形之一的，采购人或者采购代理机构应当终止询价采购活动，发布项目终止公告并说明原因，重新开展采购活动：

（一）因情况变化，不再符合规定的询价采购方式适用情形的；

（二）出现影响采购公正的违法、违规行为的；

（三）在采购过程中符合竞争要求的供应商或者报价未超过采购预算的供应商不足 3 家的。

第六章　法律责任

第五十一条　采购人、采购代理机构有下列情形之一的，责令限期改正，给予警告；有关法律、行政法规规定处以罚款的，并处罚款；涉嫌犯罪的，依法移送司法机关处理：

（一）未按照本办法规定在指定媒体上发布政府采购信息的；

（二）未按照本办法规定组成谈判小组、询价小组的；

（三）在询价采购过程中与供应商进行协商谈判的；

（四）未按照政府采购法和本办法规定的程序和要求确定成交候选人的；

（五）泄露评审情况以及评审过程中获悉的国家秘密、商业秘密的。

采购代理机构有前款情形之一，情节严重的，暂停其政府采购代理机构资格3至6个月；情节特别严重或者逾期不改正的，取消其政府采购代理机构资格。

第五十二条 采购人有下列情形之一的，责令限期改正，给予警告；有关法律、行政法规规定处以罚款的，并处罚款：

（一）未按照政府采购法和本办法的规定采用非招标采购方式的；

（二）未按照政府采购法和本办法的规定确定成交供应商的；

（三）未按照采购文件确定的事项签订政府采购合同，或者与成交供应商另行订立背离合同实质性内容的协议的；

（四）未按规定将政府采购合同副本报本级财政部门备案的。

第五十三条 采购人、采购代理机构有本办法第五十一条、第五十二条规定情形之一，且情节严重或者拒不改正的，其直接负责的主管人员和其他直接责任人员属于国家机关工作人员的，由任免机关或者监察机关依法给予处分，并予通报。

第五十四条 成交供应商有下列情形之一的，责令限期改正，情节严重的，列入不良行为记录名单，在1至3年内禁止参加政府采购活动，并予以通报：

（一）未按照采购文件确定的事项签订政府采购合同，或者与采购人另行订立背离合同实质性内容的协议的；

（二）成交后无正当理由不与采购人签订合同的；

（三）拒绝履行合同义务的。

第五十五条 谈判小组、询价小组成员有下列行为之一的，责令改正，给予警告；有关法律、行政法规规定处以罚款的，并处罚款；涉嫌犯罪的，依法移送司法机关处理：

（一）收受采购人、采购代理机构、供应商、其他利害关系人的财物或者其他不正当利益的；

（二）泄露评审情况以及评审过程中获悉的国家秘密、商业秘密的；

（三）明知与供应商有利害关系而不依法回避的；

（四）在评审过程中擅离职守，影响评审程序正常进行的；

（五）在评审过程中有明显不合理或者不正当倾向性的；

（六）未按照采购文件规定的评定成交的标准进行评审的。

评审专家有前款情形之一，情节严重的，取消其政府采购评审专家资格，不得再参加任何政府采购项目的评审，并在财政部门指定的政府采购信息发布媒体上予以公告。

第五十六条　有本办法第五十一条、第五十二条、第五十五条违法行为之一，并且影响或者可能影响成交结果的，应当按照下列情形分别处理：

（一）未确定成交供应商的，终止本次采购活动，依法重新开展采购活动；

（二）已确定成交供应商但采购合同尚未履行的，撤销合同，从合格的成交候选人中另行确定成交供应商，没有合格的成交候选人的，重新开展采购活动；

（三）采购合同已经履行的，给采购人、供应商造成损失的，由责任人依法承担赔偿责任。

第五十七条　政府采购当事人违反政府采购法和本办法规定，给他人造成损失的，应当依照有关民事法律规定承担民事责任。

第五十八条　任何单位或者个人非法干预、影响评审过程或者结果的，责令改正；该单位责任人或者个人属于国家机关工作人员的，由任免机关或者监察机关依法给予处分。

第五十九条　财政部门工作人员在实施监督管理过程中违法干预采购活动或者滥用职权、玩忽职守、徇私舞弊的，依法给予处分；涉嫌犯罪的，依法移送司法机关处理。

第七章　附　　则

第六十条　本办法所称主管预算单位是指负有编制部门预算职责，向同级财政部门申报预算的国家机关、事业单位和团体组织。

第六十一条　各省、自治区、直辖市人民政府财政部门可以根据本办法制定具体实施办法。

第六十二条 本办法自 2014 年 2 月 1 日起施行。

财政部关于中央预算单位申请单一来源
采购方式审核前公示有关事项的通知

(2015 年 1 月 19 日 财办库〔2015〕8 号)

党中央有关部门办公厅（室），国务院各部委、各直属机构办公厅（室），全国人大常委会办公厅秘书局，全国政协办公厅秘书局，高法院办公厅，高检院办公厅，有关人民团体办公厅（室），新疆生产建设兵团财务局：

根据《政府采购非招标采购方式管理办法》和《中央预算单位变更政府采购方式审批管理办法》（财库〔2015〕36 号）的有关规定，现将中央预算单位申请变更单一来源采购方式审核前公示的有关事项通知如下：

一、自 2015 年 3 月 1 日起，中央预算单位对符合政府采购法第三十一条第一项规定情形的采购项目，申请变更单一来源采购方式的，需经主管预算单位同意，并在中国政府采购网上按规定格式和要求进行公示。

二、中央预算单位应使用数字安全证书（UKEY）登陆中国政府采购网点击右上方"财政部政府采购管理交易系统"（以下简称系统）或访问网址（http：// pub. ccgp. gov. cn/loginx/）进入公示操作界面。中央预算单位申请 UKEY 需填写《外部用户证书申请及变更表（外网）》（见附件），由主管预算单位汇总后交财政部信息网络中心统一制发。财政部原则上为每个单位提供 2 个 UKEY。

三、中央主管预算单位可通过系统为所属单位变更单一来源采购方式进行统一公示，也可在系统中设置本部门所属预算单位的公示权限，由预算单位自主公示。中央主管预算单位应在 2015 年 2 月 10 日前将本部门系统管理人员及所属预算单位的 UKEY 申请表交财政部信息网络中心，联系电话：4008101996-8。

附件：外部用户证书申请及变更表（外网）

附件：

外部用户证书申请及变更表（外网）

1. 申请人及单位信息																	
申请人姓名			人员类型	□正式 □借调		联系电话											
身份证件号码																	
＊申请人电子邮箱																	
申请人单位全称																	
通信地址								邮编									
机构类型	□预算单位　　□商业银行　　□其他																
组织机构编码				预算单位编码													
申请人签字：							年　　月　　日										

2. 证书业务申请	
申请类型	□证书申请　　□证书延期　　□证书更新　　□证书补办 □证书冻结　　□证书解冻　　□证书注销
申请理由	单一来源方式变更申请自主公示
USBKEY 序列号	

3. 证书权限			
访问的应用系统	序号	应用系统名称	财政部业务主管单位
	1	财政部政府采购管理交易系统	国库司
	2		
	3		

4. 申请单位审核意见
申请单位（盖章）：　　　　　　　　　　　年　　月　　日

5. 财政部业务主管单位审核意见
财政部业务主管单位（盖章）：　　　　　年　　月　　日

6. 财政部信息网络中心意见
财政部信息网络中心（盖章）：　　　　　年　　月　　日

7. 证书领取
签字：　　　　　　　　　　　　　　　　年　　月　　日

说明：

1. 带＊为选填项，不带＊为必填项；

2. 对带有选项的，在确定的选项前打∨；

3. "USBkey 序列号"只在申请证书延期、更新、注销时由申请人填写。

财政部关于印发《政府采购竞争性磋商
采购方式管理暂行办法》的通知

(2014 年 12 月 31 日 财库〔2014〕214 号)

党中央有关部门，国务院各部委、各直属机构，全国人大常委会办公厅，全国政协办公厅，高法院，高检院，有关人民团体，各省、自治区、直辖市、计划单列市财政厅（局），新疆生产建设兵团财务局，各集中采购机构：

为了深化政府采购制度改革，适应推进政府购买服务、推广政府和社会资本合作（PPP）模式等工作需要，根据《中华人民共和国政府采购法》和有关法律法规，财政部制定了《政府采购竞争性磋商采购方式管理暂行办法》。现印发给你们，请遵照执行。

附件：政府采购竞争性磋商采购方式管理暂行办法

附件

政府采购竞争性磋商采购方式管理暂行办法

第一章 总 则

第一条 为了规范政府采购行为，维护国家利益、社会公共利益和政府采购当事人的合法权益，依据《中华人民共和国政府采购法》（以下简称政府采购法）第二十六条第一款第六项规定，制定本办法。

第二条 本办法所称竞争性磋商采购方式，是指采购人、政府采购代理机构通过组建竞争性磋商小组（以下简称磋商小组）与符合条件的供应商就采购货物、工程和服务事宜进行磋商，供应商按照磋商文件的要求提交响应文件和报价，采购人从磋商小组评审后提出的候选供应商名单中确定成交供应商的采购方式。

第三条 符合下列情形的项目，可以采用竞争性磋商方式开展采购：

（一）政府购买服务项目；

（二）技术复杂或者性质特殊，不能确定详细规格或者具体要求的；

（三）因艺术品采购、专利、专有技术或者服务的时间、数量事先不能确定等原因不能事先计算出价格总额的；

（四）市场竞争不充分的科研项目，以及需要扶持的科技成果转化项目；

（五）按照招标投标法及其实施条例必须进行招标的工程建设项目以外的工程建设项目。

第二章　磋商程序

第四条 达到公开招标数额标准的货物、服务采购项目，拟采用竞争性磋商采购方式的，采购人应当在采购活动开始前，报经主管预算单位同意后，依法向设区的市、自治州以上人民政府财政部门申请批准。

第五条 采购人、采购代理机构应当按照政府采购法和本办法的规定组织开展竞争性磋商，并采取必要措施，保证磋商在严格保密的情况下进行。

任何单位和个人不得非法干预、影响磋商过程和结果。

第六条 采购人、采购代理机构应当通过发布公告、从省级以上财政部门建立的供应商库中随机抽取或者采购人和评审专家分别书面推荐的方式邀请不少于3家符合相应资格条件的供应商参与竞争性磋商采购活动。

符合政府采购法第二十二条第一款规定条件的供应商可以在采购活动开始前加入供应商库。财政部门不得对供应商申请入库收取任何费用，不得利用供应商库进行地区和行业封锁。

采取采购人和评审专家书面推荐方式选择供应商的，采购人和评审专家应当各自出具书面推荐意见。采购人推荐供应商的比例不得高于推荐供应商总数的50%。

第七条 采用公告方式邀请供应商的，采购人、采购代理机构应当在省级以上人民政府财政部门指定的政府采购信息发布媒体发布竞争性磋商公告。竞争性磋商公告应当包括以下主要内容：

（一）采购人、采购代理机构的名称、地点和联系方法；

（二）采购项目的名称、数量、简要规格描述或项目基本概况介绍；

（三）采购项目的预算；

（四）供应商资格条件；

（五）获取磋商文件的时间、地点、方式及磋商文件售价；

（六）响应文件提交的截止时间、开启时间及地点；

（七）采购项目联系人姓名和电话。

第八条 竞争性磋商文件（以下简称磋商文件）应当根据采购项目的特点和采购人的实际需求制定，并经采购人书面同意。采购人应当以满足实际需求为原则，不得擅自提高经费预算和资产配置等采购标准。

磋商文件不得要求或者标明供应商名称或者特定货物的品牌，不得含有指向特定供应商的技术、服务等条件。

第九条 磋商文件应当包括供应商资格条件、采购邀请、采购方式、采购预算、采购需求、政府采购政策要求、评审程序、评审方法、评审标准、价格构成或者报价要求、响应文件编制要求、保证金交纳数额和形式以及不予退还保证金的情形、磋商过程中可能实质性变动的内容、响应文件提交的截止时间、开启时间及地点以及合同草案条款等。

第十条 从磋商文件发出之日起至供应商提交首次响应文件截止之日止不得少于 10 日。

磋商文件售价应当按照弥补磋商文件制作成本费用的原则确定，不得以营利为目的，不得以项目预算金额作为确定磋商文件售价依据。磋商文件的发售期限自开始之日起不得少于 5 个工作日。

提交首次响应文件截止之日前，采购人、采购代理机构或者磋商小组可以对已发出的磋商文件进行必要的澄清或者修改，澄清或者修改的内容作为磋商文件的组成部分。澄清或者修改的内容可能影响响应文件编制的，采购人、采购代理机构应当在提交首次响应文件截止时间至少 5 日前，以书面形式通知所有获取磋商文件的供应商；不足 5 日的，采购人、采购代理机构应当顺延提交首次响应文件截止时间。

第十一条 供应商应当按照磋商文件的要求编制响应文件，并对其提交的响应文件的真实性、合法性承担法律责任。

第十二条 采购人、采购代理机构可以要求供应商在提交响应文件截止时间之前交纳磋商保证金。磋商保证金应当采用支票、汇票、本票或者金融机构、担保机构出具的保函等非现金形式交纳。磋商保证金数额应当不超过采购项目预算的 2%。供应商未按照磋商文件要求提交磋商保证金的，响应无效。

供应商为联合体的，可以由联合体中的一方或者多方共同交纳磋商保证金，其交纳的保证金对联合体各方均具有约束力。

第十三条 供应商应当在磋商文件要求的截止时间前，将响应文件密封送达指定地点。在截止时间后送达的响应文件为无效文件，采购人、采购代理机构或者磋商小组应当拒收。

供应商在提交响应文件截止时间前，可以对所提交的响应文件进行补充、修改或者撤回，并书面通知采购人、采购代理机构。补充、修改的内容作为响应文件的组成部分。补充、修改的内容与响应文件不一致的，以补充、修改的内容为准。

第十四条 磋商小组由采购人代表和评审专家共 3 人以上单数组成，其中评审专家人数不得少于磋商小组成员总数的 2/3。采购人代表不得以评审专家身份参加本部门或本单位采购项目的评审。采购代理机构人员不得参加本机构代理的采购项目的评审。

采用竞争性磋商方式的政府采购项目，评审专家应当从政府采购评审专家库内相关专业的专家名单中随机抽取。符合本办法第三条第四项规定情形的项目，以及情况特殊、通过随机方式难以确定合适的评审专家的项目，经主管预算单位同意，可以自行选定评审专家。技术复杂、专业性强的采购项目，评审专家中应当包含 1 名法律专家。

第十五条　评审专家应当遵守评审工作纪律，不得泄露评审情况和评审中获悉的商业秘密。

磋商小组在评审过程中发现供应商有行贿、提供虚假材料或者串通等违法行为的，应当及时向财政部门报告。

评审专家在评审过程中受到非法干涉的，应当及时向财政、监察等部门举报。

第十六条　磋商小组成员应当按照客观、公正、审慎的原则，根据磋商文件规定的评审程序、评审方法和评审标准进行独立评审。未实质性响应磋商文件的响应文件按无效响应处理，磋商小组应当告知提交响应文件的供应商。

磋商文件内容违反国家有关强制性规定的，磋商小组应当停止评审并向采购人或者采购代理机构说明情况。

第十七条　采购人、采购代理机构不得向磋商小组中的评审专家作倾向性、误导性的解释或者说明。

采购人、采购代理机构可以视采购项目的具体情况，组织供应商进行现场考察或召开磋商前答疑会，但不得单独或分别组织只有一个供应商参加的现场考察和答疑会。

第十八条　磋商小组在对响应文件的有效性、完整性和响应程度进行审查时，可以要求供应商对响应文件中含义不明确、同类问题表述不一致或者有明显文字和计算错误的内容等作出必要的澄清、说明或者更正。供应商的澄清、说明或者更正不得超出响应文件的范围或者改变响应文件的实质性内容。

磋商小组要求供应商澄清、说明或者更正响应文件应当以书面形式作出。供应商的澄清、说明或者更正应当由法定代表人或其授权代表签字或者加盖公章。由授权代表签字的，应当附法定代表人授权书。供应商为自然人的，应当由本人签字并附身份证明。

第十九条　磋商小组所有成员应当集中与单一供应商分别进行磋商，并给予所有参加磋商的供应商平等的磋商机会。

第二十条　在磋商过程中，磋商小组可以根据磋商文件和磋商情况实质性变动采购需求中的技术、服务要求以及合同草案条款，但不得变动磋商文件中的其他内容。实质性变动的内容，须经采购人代表确认。

对磋商文件作出的实质性变动是磋商文件的有效组成部分，磋商小组应当及时以书面形式同时通知所有参加磋商的供应商。

供应商应当按照磋商文件的变动情况和磋商小组的要求重新提交响应文件，并由其法定代表人或授权代表签字或者加盖公章。由授权代表签字的，应当附法定代表人授权书。供应商为自然人的，应当由本人签字并附身份证明。

第二十一条 磋商文件能够详细列明采购标的的技术、服务要求的，磋商结束后，磋商小组应当要求所有实质性响应的供应商在规定时间内提交最后报价，提交最后报价的供应商不得少于 3 家。

磋商文件不能详细列明采购标的的技术、服务要求，需经磋商由供应商提供最终设计方案或解决方案的，磋商结束后，磋商小组应当按照少数服从多数的原则投票推荐 3 家以上供应商的设计方案或者解决方案，并要求其在规定时间内提交最后报价。

最后报价是供应商响应文件的有效组成部分。符合本办法第三条第四项情形的，提交最后报价的供应商可以为 2 家。

第二十二条 已提交响应文件的供应商，在提交最后报价之前，可以根据磋商情况退出磋商。采购人、采购代理机构应当退还退出磋商的供应商的磋商保证金。

第二十三条 经磋商确定最终采购需求和提交最后报价的供应商后，由磋商小组采用综合评分法对提交最后报价的供应商的响应文件和最后报价进行综合评分。

综合评分法，是指响应文件满足磋商文件全部实质性要求且按评审因素的量化指标评审得分最高的供应商为成交候选供应商的评审方法。

第二十四条 综合评分法评审标准中的分值设置应当与评审因素的量化指标相对应。磋商文件中没有规定的评审标准不得作为评审依据。

评审时，磋商小组各成员应当独立对每个有效响应的文件进行评价、打分，然后汇总每个供应商每项评分因素的得分。

综合评分法货物项目的价格分值占总分值的比重（即权值）为 30% 至 60%，服务项目的价格分值占总分值的比重（即权值）为 10% 至 30%。采购项目中含不同采购对象的，以占项目资金比例最高的采购对象确定其项目属性。符合本办法第三条第三项的规定和执行统一价格标准的项目，其价格不列为评分因素。有特殊情况需要在上述规定范围外设定价格分权重的，应当经本级人民政府财政部门审核同意。

综合评分法中的价格分统一采用低价优先法计算，即满足磋商文件要求且最后报价最低的供应商的价格为磋商基准价，其价格分为满分。其他供应商的价格分统一按照下列公式计算：

磋商报价得分＝（磋商基准价/最后磋商报价）×价格权值×100

项目评审过程中，不得去掉最后报价中的最高报价和最低报价。

第二十五条 磋商小组应当根据综合评分情况，按照评审得分由高到低顺序推荐 3 名以上成交候选供应商，并编写评审报告。符合本办法第二十一条第三款情形的，可以推荐 2 家成交候选供应商。评审得分相同的，按照最后报价由低到高的顺序推荐。评审得分且最后报价相同的，按照技术指标优劣顺序推荐。

第二十六条 评审报告应当包括以下主要内容：

（一）邀请供应商参加采购活动的具体方式和相关情况；

（二）响应文件开启日期和地点；

（三）获取磋商文件的供应商名单和磋商小组成员名单；

（四）评审情况记录和说明，包括对供应商的资格审查情况、供应商响应文件评审情况、磋商情况、报价情况等；

（五）提出的成交候选供应商的排序名单及理由。

第二十七条 评审报告应当由磋商小组全体人员签字认可。磋商小组成员对评审报告有异议的，磋商小组按照少数服从多数的原则推荐成交候选供应商，采购程序继续进行。对评审报告有异议的磋商小组成员，应当在报告上签署不同意见并说明理由，由磋商小组书面记录相关情况。磋商小组成员拒绝在报告上签字又不书面说明其不同意见和理由的，视为同意评审报告。

第二十八条 采购代理机构应当在评审结束后2个工作日内将评审报告送采购人确认。

采购人应当在收到评审报告后5个工作日内，从评审报告提出的成交候选供应商中，按照排序由高到低的原则确定成交供应商，也可以书面授权磋商小组直接确定成交供应商。采购人逾期未确定成交供应商且不提出异议的，视为确定评审报告提出的排序第一的供应商为成交供应商。

第二十九条 采购人或者采购代理机构应当在成交供应商确定后2个工作日内，在省级以上财政部门指定的政府采购信息发布媒体上公告成交结果，同时向成交供应商发出成交通知书，并将磋商文件随成交结果同时公告。成交结果公告应当包括以下内容：

（一）采购人和采购代理机构的名称、地址和联系方式；

（二）项目名称和项目编号；

（三）成交供应商名称、地址和成交金额；

（四）主要成交标的的名称、规格型号、数量、单价、服务要求；

（五）磋商小组成员名单。

采用书面推荐供应商参加采购活动的，还应当公告采购人和评审专家的推荐意见。

第三十条 采购人与成交供应商应当在成交通知书发出之日起30日内，按照磋商文件确定的合同文本以及采购标的、规格型号、采购金额、采购数量、技术和服务要求等事项签订政府采购合同。

采购人不得向成交供应商提出超出磋商文件以外的任何要求作为签订合同的条件，不得与成交供应商订立背离磋商文件确定的合同文本以及采购标的、规格型号、采购金额、采购数量、技术和服务要求等实质性内容的协议。

第三十一条 采购人或者采购代理机构应当在采购活动结束后及时退还供应商的磋商保证金，但因供应商自身原因导致无法及时退还的除外。未成交供应商的磋商保证金应当在成交通知书发出后5个工作日内退还，成交供应商的磋商保证金应当在采购合同签订后5个工作日内退还。

有下列情形之一的，磋商保证金不予退还：

（一）供应商在提交响应文件截止时间后撤回响应文件的；

（二）供应商在响应文件中提供虚假材料的；

（三）除因不可抗力或磋商文件认可的情形以外，成交供应商不与采购人签订合同的；

（四）供应商与采购人、其他供应商或者采购代理机构恶意串通的；

（五）磋商文件规定的其他情形。

第三十二条 除资格性检查认定错误、分值汇总计算错误、分项评分超出评分标准范围、客观分评分不一致、经磋商小组一致认定评分畸高、畸低的情形外，采购人或者采购代理机构不得以任何理由组织重新评审。采购人、采购代理机构发现磋商小组未按照磋商文件规定的评审标准进行评审的，应当重新开展采购活动，并同时书面报告本级财政部门。

采购人或者采购代理机构不得通过对样品进行检测、对供应商进行考察等方式改变评审结果。

第三十三条 成交供应商拒绝签订政府采购合同的，采购人可以按照本办法第二十八条第二款规定的原则确定其他供应商作为成交供应商并签订政府采购合同，也可以重新开展采购活动。拒绝签订政府采购合同的成交供应商不得参加对该项目重新开展的采购活动。

第三十四条 出现下列情形之一的，采购人或者采购代理机构应当终止竞争性磋商采购活动，发布项目终止公告并说明原因，重新开展采购活动：

（一）因情况变化，不再符合规定的竞争性磋商采购方式适用情形的；

（二）出现影响采购公正的违法、违规行为的；

（三）除本办法第二十一条第三款规定的情形外，在采购过程中符合要求的供应商或者报价未超过采购预算的供应商不足3家的。

第三十五条 在采购活动中因重大变故，采购任务取消的，采购人或者采购代理机构应当终止采购活动，通知所有参加采购活动的供应商，并将项目实施情况和采购任务取消原因报送本级财政部门。

第三章 附　则

第三十六条　相关法律制度对政府和社会资本合作项目采用竞争性磋商采购方式另有规定的，从其规定。

第三十七条　本办法所称主管预算单位是指负有编制部门预算职责，向同级财政部门申报预算的国家机关、事业单位和团体组织。

第三十八条　本办法自发布之日起施行。

财政部关于政府采购竞争性磋商采购方式
管理暂行办法有关问题的补充通知

(2015 年 6 月 30 日　财库〔2015〕124 号)

党中央有关部门，国务院各部委、各直属机构，全国人大常委会办公厅，全国政协办公厅，高法院，高检院，各民主党派中央，有关人民团体，各省、自治区、直辖市、计划单列市财政厅（局），新疆生产建设兵团财务局，各集中采购机构：

为了深入推进政府采购制度改革和政府购买服务工作，促进实现"物有所值"价值目标，提高政府采购效率，现就《财政部关于印发〈政府采购竞争性磋商采购方式管理暂行办法〉的通知》（财库〔2014〕214 号）有关问题补充通知如下：

采用竞争性磋商采购方式采购的政府购买服务项目（含政府和社会资本合作项目），在采购过程中符合要求的供应商（社会资本）只有 2 家的，竞争性磋商采购活动可以继续进行。采购过程中符合要求的供应商（社会资本）只有 1 家的，采购人（项目实施机构）或者采购代理机构应当终止竞争性磋商采购活动，发布项目终止公告并说明原因，重新开展采购活动。

请遵照执行。

财政部关于印发《中央预算单位变更政府采购方式审批管理办法》的通知

(2015 年 1 月 15 日　财库〔2015〕36 号)

党中央有关部门，国务院各部委、各直属机构，全国人大常委会办公厅，全国政协办公厅，高法院，高检院，中共中央直属机关采购中心，中央国家机关政府采购中心，人大机关采购中心，有关人民团体，新疆生产建设兵团财务局：

为进一步加强中央预算单位政府采购管理，规范中央预算单位变更政府采购方式审批管理工作，根据《中华人民共和国政府采购法》、《政府采购非招标采购方式管理办法》及政府采购相关制度规定，我们制定了《中央预算单位变更政府采购方式审批管理办法》，现印发给你们，请遵照执行。

附件：《中央预算单位变更政府采购方式审批管理办法》

附件：

中央预算单位变更政府采购方式审批管理办法

第一章　总　　则

第一条　为了加强中央预算单位政府采购管理，规范中央预算单位变更政府采购方式审批管理工作，根据《中华人民共和国政府采购法》、《政府采购非招标采购方式管理办法》及政府采购相关制度规定，制定本办法。

第二条　中央预算单位达到公开招标数额标准的货物、服务采购项目，需要采用公开招标以外采购方式的，应当在采购活动开始前，按照本办法规定申请变更政府采购方式。

本办法所称公开招标以外的采购方式，是指邀请招标、竞争性谈判、竞争性磋商、单一来源采购、询价以及财政部认定的其他采购方式。

第三条 变更政府采购方式申请应当由中央主管预算单位向财政部提出。财政部应当按照政府采购法和本办法规定进行审批。

第四条 中央主管预算单位应当加强对本部门所属预算单位变更政府采购方式工作的指导和监督。中央预算单位应当提交完整、明确、合规的申请材料，并对申请材料的真实性负责。

第二章 变更方式申请

第五条 中央预算单位应当建立和完善采购方式变更内部管理制度，明确采购、财务、业务相关部门（岗位）责任。业务部门应当结合工作实际，根据经费预算和资产配置等采购标准，提出合理采购需求。采购部门（岗位）应当组织财务、业务等相关部门（岗位），根据采购需求和相关行业、产业发展状况，对拟申请采用采购方式的理由及必要性进行内部会商。会商意见应当由相关部门（岗位）人员共同签字认可。

第六条 中央预算单位申请单一来源采购方式，符合政府采购法第三十一条第一项情形的，在进行单位内部会商前，应先组织 3 名以上专业人员对只能从唯一供应商处采购的理由进行论证。专业人员论证意见应当完整、清晰和明确，意见不明确或者含混不清的，属于无效意见，不作为审核依据。专业人员论证意见中应当载明专业人员姓名、工作单位、职称、联系电话和身份证号码。专业人员不能与论证项目有直接利害关系，不能是本单位或者潜在供应商及其关联单位的工作人员。

第七条 中央预算单位申请采用公开招标以外采购方式的，应当提交以下材料：

（一）中央主管预算单位出具的变更采购方式申请公文，公文中应当载明以下内容：中央预算单位名称、采购项目名称、项目概况等项目基本情况说明，拟申请采用的采购方式和理由，联系人及联系电话等。申请变更为单一来源采购方式的，还需提供拟定的唯一供应商名称、地址；

（二）项目预算金额、预算批复文件或者资金来源证明；

（三）单位内部会商意见。申请变更为单一来源采购方式的，如符合政府采购法第三十一条第一项情形，还需提供专业人员论证意见。

第八条 非中央预算单位所能预见的原因或者非中央预算单位拖延造成采用招标所需时间不能满足需要而申请变更采购方式的，中央预算单位应当提供项目紧急原因的说明材料。

第九条 中央预算单位因采购任务涉及国家秘密需要变更采购方式的，应当提供由国家保密机关出具的本项目为涉密采购项目的证明文件。

第十条 中央预算单位符合《政府采购非招标采购方式管理办法》第二十七条第一款第一项情形和第二款情形，申请采用竞争性谈判采购方式的；公开招标过程中提交投标文件或者经评审实质性响应招标文件要求的供应商只有一家时，申请单一来源采购方式的，除按照本办法第七条第一项和第二项要求提供有关申请材料外，还应当提供以下材料：

（一）在中国政府采购网发布招标公告的证明材料；

（二）中央预算单位、采购代理机构出具的对招标文件和招标过程没有供应商质疑的说明材料；

（三）评标委员会或3名以上评审专家出具的招标文件没有不合理条款的论证意见。

第十一条 中央主管预算单位在同一预算年度内，对所属多个预算单位因相同采购需求和原因采购同一品目的货物或者服务，拟申请采用同一种采购方式的，可统一组织一次内部会商后，向财政部报送一揽子方式变更申请。

第十二条 中央预算单位一般应通过"政府采购计划管理系统"报送采购方式变更申请，对系统中已导入政府采购预算的，不再提供部门预算批复文件复印件。因采购任务涉及国家秘密需要变更采购方式的，应当通过纸质文件报送。

第十三条 中央预算单位申请采用单一来源采购方式，符合政府采购法第三十一条第一项情形的，在向财政部提出变更申请前，经中央主管预算单位同意后，在中国政府采购网上进行公示，并将公示情况一并报财政部。

因采购任务涉及国家秘密需要变更为单一来源采购方式的，可不进行公示。

第十四条 中央预算单位申请变更为单一来源采购方式的申请前公示，公示期不得少于5个工作日，公示材料为单一来源采购征求意见公示文书和专业人员论证意见。因公开招标过程中提交投标文件或者经评审实质性响应招标文件要求的供应商只有一家时，申请采用单一来源采购方式的，公示材料还包括评审专家和代理机构分别出具的招标文件无歧视性条款、招标过程未受质疑相关意见材料。

单一来源采购征求意见公示文书内容应包括：中央预算单位、采购项目名称和内容；公示的期限；拟采购的唯一供应商名称；中央主管预算单位、财政部政府采购监管部门的联系地址、联系人和联系电话。

第十五条 任何供应商、单位或者个人对采用单一来源采购方式公示有异议的，可以在公示期内将书面意见反馈给中央预算单位，并同时抄送中央主管预算单位和财政部。

第十六条 中央预算单位收到对采用单一来源采购方式公示的异议后，应当在公示期满5个工作日内，组织补充论证，论证后认为异议成立的，应当依法采取其他采购方式；论证后认为异议不成立的，应当将异议意见、论证意见与公示情况一并报财政部。

第三章　审批管理

第十七条 财政部收到变更采购方式申请后应当及时审查，并按下列情形限时办结：

（一）变更政府采购方式申请的理由和申请材料符合政府采购法和本办法规定的，财政部应当在收到材料之日起，7个工作日内予以批复。

（二）申请材料不符合本办法规定的，财政部应当在3个工作日内通知中央主管预算单位修改补充。办结日期以财政部重新收到申报材料时算起。

（三）变更政府采购方式申请的理由不符合政府采购法规定的，财政部应

当在收到材料之日起，3 个工作日内予以答复，并将不予批复的理由告知中央
主管预算单位。

第十八条 中央预算单位应当按照财政部的批复文件，依法开展政府采购
活动，未经批准，擅自采用公开招标以外采购方式的，财政部将依据政府采购
法及有关法律法规予以处理。

第四章 附 则

第十九条 中央预算单位采购限额标准以上公开招标数额标准以下的货物、
工程和服务，以及达到招标规模标准依法可不进行招标的政府采购工程建设项
目，需要采用公开招标以外采购方式的，由单位根据《政府采购非招标采购方
式管理办法》及有关制度规定，自主选择相应采购方式。

第二十条 本办法自 2015 年 3 月 1 日起实施。原《中央单位变更政府采购
方式审批管理暂行办法》（财库〔2009〕48 号）、《财政部关于对中央单位申请
单一来源采购实行审核前公示相关问题的通知》（财库〔2011〕130 号）停止
执行。

财政部办公厅关于简化优化中央
预算单位变更政府采购方式和采购
进口产品审批审核有关事宜的通知

（2016 年 11 月 18 日　财办库〔2016〕416 号）

党中央有关部门办公厅（室），国务院各部委、各直属机构办公厅（室），全国
人大常委会办公厅秘书局，全国政协办公厅秘书局，高法院办公厅，高检院办
公厅，各民主党派中央办公厅（室），有关人民团体办公厅（室）：

为简化优化中央预算单位变更政府采购方式和采购进口产品审批审核程序，

提高审批审核工作效率，保障中央预算单位政府采购活动的顺利开展，现将有关事宜通知如下：

一、推行变更政府采购方式一揽子申报和批复

主管预算单位应加强本部门变更政府采购方式申报管理，定期归集所属预算单位申请项目，向财政部（国库司）一揽子申报，财政部（国库司）一揽子批复。归集的周期和频次由主管预算单位结合实际自行确定。时间紧急或临时增加的采购项目可单独申报和批复。

二、推行采购进口产品集中论证和统一报批

主管预算单位应按年度汇总所属预算单位的采购进口产品申请，组织专家集中论证后向财政部（国库司）申报，财政部（国库司）统一批复。时间紧急或临时增加的采购项目可单独申报和批复。

三、提高申报和审批审核效率

主管预算单位应完善内部管理规定和流程，明确时间节点和工作要求，及时做好所属预算单位变更政府采购方式和采购进口产品申报工作。对于中央预算单位变更政府采购方式和采购进口产品申请，财政部（国库司）实行限时办结制。对于申请理由不符合规定的项目，财政部（国库司）及时退回并告知原因；对于申请材料不完善和不符合规定的，财政部（国库司）一次性告知主管预算单位修改补充事项；对于符合规定的申请项目，财政部（国库司）自收到申请材料起5个工作日内完成批复。

中央预算单位变更政府采购方式和采购进口产品的其他事宜，按照《财政部关于印发〈中央预算单位变更政府采购方式审批管理办法〉的通知》（财库〔2015〕36号）、《财政部关于印发〈政府采购进口产品管理办法〉的通知》（财库〔2007〕119号）和《财政部关于完善中央单位政府采购预算管理和中央高校、科研院所科研仪器设备采购管理有关事项的通知》（财库〔2016〕194号）的有关规定执行。

本通知自2017年1月1日起执行。

六、政府购买服务

国务院办公厅关于政府向 社会力量购买服务的指导意见

（2013 年 9 月 26 日　国办发〔2013〕96 号）

各省、自治区、直辖市人民政府，国务院各部委、各直属机构：

党的十八大强调，要加强和创新社会管理，改进政府提供公共服务方式。新一届国务院对进一步转变政府职能、改善公共服务作出重大部署，明确要求在公共服务领域更多利用社会力量，加大政府购买服务力度。经国务院同意，现就政府向社会力量购买服务提出以下指导意见。

一、充分认识政府向社会力量购买服务的重要性

改革开放以来，我国公共服务体系和制度建设不断推进，公共服务提供主体和提供方式逐步多样化，初步形成了政府主导、社会参与、公办民办并举的公共服务供给模式。同时，与人民群众日益增长的公共服务需求相比，不少领域的公共服务存在质量效率不高、规模不足和发展不平衡等突出问题，迫切需要政府进一步强化公共服务职能，创新公共服务供给模式，有效动员社会力量，构建多层次、多方式的公共服务供给体系，提供更加方便、快捷、优质、高效的公共服务。政府向社会力量购买服务，就是通过发挥市场机制作用，把政府直接向社会公众提供的一部分公共服务事项，按照一定的方式和程序，交由具备条件的社会力量承担，并由政府根据服务数量和质量向其支付费用。近年来，一些地方立足实际，积极开展向社会力量购买服务的探索，取得了良好效果，在政策指导、经费保障、工作机制等方面积累了不少好的做法和经验。

实践证明，推行政府向社会力量购买服务是创新公共服务提供方式、加快服务业发展、引导有效需求的重要途径，对于深化社会领域改革，推动政府职

能转变，整合利用社会资源，增强公众参与意识，激发经济社会活力，增加公共服务供给，提高公共服务水平和效率，都具有重要意义。地方各级人民政府要结合当地经济社会发展状况和人民群众的实际需求，因地制宜、积极稳妥地推进政府向社会力量购买服务工作，不断创新和完善公共服务供给模式，加快建设服务型政府。

二、正确把握政府向社会力量购买服务的总体方向

（一）指导思想。

以邓小平理论、"三个代表"重要思想、科学发展观为指导，深入贯彻落实党的十八大精神，牢牢把握加快转变政府职能、推进政事分开和政社分开、在改善民生和创新管理中加强社会建设的要求，进一步放开公共服务市场准入，改革创新公共服务提供机制和方式，推动中国特色公共服务体系建设和发展，努力为广大人民群众提供优质高效的公共服务。

（二）基本原则。

——积极稳妥，有序实施。立足社会主义初级阶段基本国情，从各地实际出发，准确把握社会公共服务需求，充分发挥政府主导作用，有序引导社会力量参与服务供给，形成改善公共服务的合力。

——科学安排，注重实效。坚持精打细算，明确权利义务，切实提高财政资金使用效率，把有限的资金用在刀刃上，用到人民群众最需要的地方，确保取得实实在在的成效。

——公开择优，以事定费。按照公开、公平、公正原则，坚持费随事转，通过竞争择优的方式选择承接政府购买服务的社会力量，确保具备条件的社会力量平等参与竞争。加强监督检查和科学评估，建立优胜劣汰的动态调整机制。

——改革创新，完善机制。坚持与事业单位改革相衔接，推进政事分开、政社分开，放开市场准入，释放改革红利，凡社会能办好的，尽可能交给社会力量承担，有效解决一些领域公共服务产品短缺、质量和效率不高等问题。及时总结改革实践经验，借鉴国外有益成果，积极推动政府向社会力量购买服务的健康发展，加快形成公共服务提供新机制。

（三）目标任务。

"十二五"时期，政府向社会力量购买服务工作在各地逐步推开，统一有效的购买服务平台和机制初步形成，相关制度法规建设取得明显进展。到2020年，在全国基本建立比较完善的政府向社会力量购买服务制度，形成与经济社会发展相适应、高效合理的公共服务资源配置体系和供给体系，公共服务水平和质量显著提高。

三、规范有序开展政府向社会力量购买服务工作

（一）购买主体。

政府向社会力量购买服务的主体是各级行政机关和参照公务员法管理、具有行政管理职能的事业单位。纳入行政编制管理且经费由财政负担的群团组织，也可根据实际需要，通过购买服务方式提供公共服务。

（二）承接主体。

承接政府购买服务的主体包括依法在民政部门登记成立或经国务院批准免予登记的社会组织，以及依法在工商管理或行业主管部门登记成立的企业、机构等社会力量。承接政府购买服务的主体应具有独立承担民事责任的能力，具备提供服务所必需的设施、人员和专业技术的能力，具有健全的内部治理结构、财务会计和资产管理制度，具有良好的社会和商业信誉，具有依法缴纳税收和社会保险的良好记录，并符合登记管理部门依法认定的其他条件。承接主体的具体条件由购买主体会同财政部门根据购买服务项目的性质和质量要求确定。

（三）购买内容。

政府向社会力量购买服务的内容为适合采取市场化方式提供、社会力量能够承担的公共服务，突出公共性和公益性。教育、就业、社保、医疗卫生、住房保障、文化体育及残疾人服务等基本公共服务领域，要逐步加大政府向社会力量购买服务的力度。非基本公共服务领域，要更多更好地发挥社会力量的作用，凡适合社会力量承担的，都可以通过委托、承包、采购等方式交给社会力量承担。对应当由政府直接提供、不适合社会力量承担的公共服务，以及不属于政府职责范围的服务项目，政府不得向社会力量购买。各地区、各有关部门要按照有利于转变政府职能，有利于降低服务成本，有利于提升服务质量水平和资金效益的原则，在充分听取社会各界意见基础上，研究制定政府向社会力量购买服务的指导性目录，明确政府购买的服务种类、性质和内容，并在总结试点经验基础上，及时进行动态调整。

（四）购买机制。

各地要按照公开、公平、公正原则，建立健全政府向社会力量购买服务机制，及时、充分向社会公布购买的服务项目、内容以及对承接主体的要求和绩效评价标准等信息，建立健全项目申报、预算编报、组织采购、项目监管、绩效评价的规范化流程。购买工作应按照政府采购法的有关规定，采用公开招标、邀请招标、竞争性谈判、单一来源、询价等方式确定承接主体，严禁转包行为。购买主体要按照合同管理要求，与承接主体签订合同，明确所购买服务的范围、标的、数量、质量要求，以及服务期限、资金支付方式、权利义务和违约责任等，按照合同要求支付资金，并加强对服务提供全过程的跟踪监管和对服务成果的检查验收。承接主体要严格履行合同义务，按时完成服务项目任务，保证服务数量、质量和效果。

（五）资金管理。

政府向社会力量购买服务所需资金在既有财政预算安排中统筹考虑。随着政府提供公共服务的发展所需增加的资金，应按照预算管理要求列入财政预算。要严格资金管理，确保公开、透明、规范、有效。

（六）绩效管理。

加强政府向社会力量购买服务的绩效管理，严格绩效评价机制。建立健全由购买主体、服务对象及第三方组成的综合性评审机制，对购买服务项目数量、质量和资金使用绩效等进行考核评价。评价结果向社会公布，并作为以后年度编制政府向社会力量购买服务预算和选择政府购买服务承接主体的重要参考依据。

四、扎实推进政府向社会力量购买服务工作

（一）加强组织领导。

推进政府向社会力量购买服务，事关人民群众切身利益，是保障和改善民生的一项重要工作。地方各级人民政府要把这项工作列入重要议事日程，加强统筹协调，立足当地实际认真制定并逐步完善政府向社会力量购买服务的政策措施和实施办法，并抄送上一级政府财政部门。财政部要会同有关部门加强对各地开展政府向社会力量购买服务工作的指导和监督，总结推广成功经验，积极推动相关制度法规建设。

（二）健全工作机制。

政府向社会力量购买服务，要按照政府主导、部门负责、社会参与、共同监督的要求，确保工作规范有序开展。地方各级人民政府可根据本地区实际情况，建立"政府统一领导，财政部门牵头，民政、工商管理以及行业主管部门协同，职能部门履职，监督部门保障"的工作机制，拟定购买服务目录，确定购买服务计划，指导监督购买服务工作。相关职能部门要加强协调沟通，做到各负其责、齐抓共管。

（三）严格监督管理。

各地区、各部门要严格遵守相关财政财务管理规定，确保政府向社会力量购买服务资金规范管理和使用，不得截留、挪用和滞留资金。购买主体应建立健全内部监督管理制度，按规定公开购买服务相关信息，自觉接受社会监督。承接主体应当健全财务报告制度，并由具有合法资质的注册会计师对财务报告进行审计。财政部门要加强对政府向社会力量购买服务实施工作的组织指导，严格资金监管，监察、审计等部门要加强监督，民政、工商管理以及行业主管部门要按照职能分工将承接政府购买服务行为纳入年检、评估、执法等监管体系。

（四）做好宣传引导。

地方各级人民政府和国务院有关部门要广泛宣传政府向社会力量购买服务工作的目的、意义、目标任务和相关要求，做好政策解读，加强舆论引导，主动回应群众关切，充分调动社会参与的积极性。

国务院办公厅转发文化部等部门关于做好
政府向社会力量购买公共文化服务工作意见的通知

（2015 年 5 月 5 日　国办发〔2015〕37 号）

各省、自治区、直辖市人民政府，国务院各部委、各直属机构：

文化部、财政部、新闻出版广电总局、体育总局《关于做好政府向社会力量购买公共文化服务工作的意见》已经国务院同意，现转发给你们，请结合实际，认真贯彻执行。

附件：

关于做好政府向社会力量购买
公共文化服务工作的意见

党的十八届三中全会提出，要完善文化管理体制，推动公共文化服务社会化发展。十八届四中全会提出，要深入推进依法行政，加快建设法治政府，依法加强和规范公共服务，规范和引导各类社会组织健康发展。今年《政府工作报告》对深化文化体制改革、逐步推进基本公共文化服务标准化均等化作出明确部署。政府向社会力量购买公共文化服务，既是深入推进依法行政、转变政府职能、建设服务型政府的重要环节，也是规范和引导社会组织健康发展、推动公共文化服务社会化发展的重要途径，对于进一步深化文化体制改革，丰富公共文化服务供给，提高公共文化服务效能，满足人民群众精神文化和体育健身需求具有重要意义。根据《国务院办公厅关于政府向社会力量购买服务的指导意见》（国办发〔2013〕96 号）有关要求，为加快推进政府向社会力量购买公共文化服务工作，现提出以下意见：

一、指导思想、基本原则和目标任务

（一）指导思想。以邓小平理论、"三个代表"重要思想、科学发展观为指导，深入贯彻习近平总书记系列重要讲话精神，按照党中央、国务院决策部署，以社会主义核心价值观为引领，按照深入推进依法行政、深化文化体制改革和构建现代公共文化服务体系的目标和要求，转变政府职能，推动公共文化服务社会化发展，逐步建立起适应社会主义市场经济的公共文化服务供给机制，为人民群众提供更加方便、快捷、优质、高效的公共文化服务。

（二）基本原则。

坚持正确导向，发挥引领作用。以人民为中心，坚持社会主义先进文化前进方向，将政府向社会力量购买的公共文化服务与培育践行社会主义核心价值观相结合、与传承弘扬中华优秀传统文化相融合，发挥文化引领风尚、教育人民、服务社会、推动发展的作用。

明确政府主导，完善政策体系。加强对政府向社会力量购买公共文化服务工作的组织领导、政策支持、财政投入和监督管理，按照相关法律法规要求，坚持与文化、体育事业单位改革相衔接，坚持与完善文化、体育管理体制相衔接，制定中央与地方协同配套、操作性强的政府向社会力量购买公共文化服务政策体系和管理规范。

培育市场主体，丰富服务供给。进一步发挥市场在文化资源配置中的积极作用，推进政府向社会力量购买公共文化服务与培育社会化公共文化服务力量相结合，规范和引导社会组织健康发展，逐步构建多层次、多方式的公共文化服务供给体系。

立足群众需求，创新购买方式。以满足人民群众基本公共文化需求为目标，突出公共性和公益性，不断创新政府向社会力量购买公共文化服务模式，建立"自下而上、以需定供"的互动式、菜单式服务方式，推动公共文化服务供给与人民群众文化需求有效对接。

规范管理程序，注重服务实效。按照公开、公平、公正原则，建立健全政府向社会力量购买公共文化服务的工作机制，规范购买流程，稳步有序开展工作。坚持风险和责任对等原则，规范政府和社会力量合作关系，严格价格管理。加强绩效管理，完善群众评价和反馈机制，切实提高政府向社会力量购买公共文化服务的针对性和有效性。

（三）目标任务。到2020年，在全国基本建立比较完善的政府向社会力量购买公共文化服务体系，形成与经济社会发展水平相适应、与人民群众精神文化和体育健身需求相符合的公共文化资源配置机制和供给机制，社会力量参与和提供公共文化服务的氛围更加浓厚，公共文化服务内容日益丰富，公共文化服务质量和效率显著提高。

二、积极有序推进政府向社会力量购买公共文化服务工作

（一）明确购买主体。政府向社会力量购买公共文化服务的主体是承担提供公共文化与体育服务的各级行政机关。纳入行政编制管理且经费由财政负担的文化与体育群团组织，也可根据实际需要，通过购买服务方式提供公共文化服务。

（二）科学选定承接主体。承接政府向社会力量购买公共文化服务的主体主要为具备提供公共文化服务能力，且依法在登记管理部门登记或经国务院批准免予登记的社会组织和符合条件的事业单位，以及依法在工商管理或行业主管部门登记成立的企业、机构等社会力量。各地要结合本地实际和拟购买公共文化服务的内容、特点，明确具体条件，秉持公开、公平、公正的遴选原则，科学选定承接主体。

（三）明确购买内容。政府向社会力量购买公共文化服务的内容为符合先进文化前进方向、健康积极向上的，适合采取市场化方式提供、社会力量能够承担的公共文化服务，突出公共性和公益性并主动向社会公开。主要包括：公益性文化体育产品的创作与传播，公益性文化体育活动的组织与承办，中华优秀传统文化与民族民间传统体育的保护、传承与展示，公共文化体育设施的运营和管理，民办文化体育机构提供的免费或低收费服务等内容。

（四）制定指导性目录。文化部、财政部、新闻出版广电总局、体育总局制定面向全国的政府向社会力量购买公共文化服务指导性目录。各地要按照转变政府职能的要求，结合本地经济社会发展水平、公共文化服务需求状况和财政预算安排情况，制定本地区政府向社会力量购买公共文化服务的指导性目录或具体购买目录。指导性目录和具体购买目录，应在总结经验的基础上，及时进行动态调整。

（五）完善购买机制。各地要建立健全方式灵活、程序规范、标准明确、结果评价、动态调整的购买机制。结合公共文化服务的具体内容、特点和地方实际，按照政府采购有关规定，采用公开招标、邀请招标、竞争性谈判、竞争性磋商、单一来源等方式确定承接主体，采取购买、委托、租赁、特许经营、战略合作等各种合同方式。建立以项目选定、信息发布、组织采购、项目监管、绩效评价为主要内容的规范化购买流程。根据所购买公共文化服务特点，分类制定内容明确、操作性强、便于考核的公共文化服务标准，方便承接主体掌握，便于购买主体监管。加强对服务提供全过程的跟踪监管和对服务成果的检查验收，检查验收结果应结合服务对象满意度调查，作为付款的重要依据。建立购买价格或财政补贴的动态调整机制，根据承接主体服务内容和质量，合理确定价格，避免获取暴利。

（六）提供资金保障。政府向社会力量购买公共文化服务所需资金列入财政预算，从部门预算经费或经批准的专项资金等既有预算中统筹安排。逐步加大现有财政资金向社会力量购买公共文化服务的投入力度。对新增的公共文化服务内容，凡适于以购买服务实现的，原则上都要通过政府购买服务方式实施。

（七）健全监管机制。加强对政府向社会力量购买公共文化服务的监督管理，建立健全政府购买的法律监督、行政监督、审计监督、纪检监督、社会监督、舆论监督制度，完善事前、事中和事后监管体系，严格遵守相关财政财务管理规定，确保购买行为公开透明、规范有效，坚决遏制和预防腐败现象。财政部门要加强对政府向社会力量购买公共文化服务资金的监管，监察、审计等部门要加强监督，文化、新闻出版广电、体育部门要按照职能分工将承接政府购买服务行为纳入监管体系。购买主体与承接主体应按照权责明确、规范高效的原则签订合同，严格遵照合同约定，避免出现行政干预行为。购买主体应建立健全内部监督管理制度，按规定公开购买服务的相关信息，自觉接受审计监督、社会监督和舆论监督。承接主体应主动接受购买主体的监管，健全财务报告制度，严格按照服务合同履行服务任务，保证服务数量、质量和效果，严禁服务转包行为。

（八）加强绩效评价。健全由购买主体、公共文化服务对象以及第三方共同参与的综合评审机制；加强对购买公共文化服务项目的绩效评价，建立长效跟踪机制。在绩效评价体系中，要侧重服务对象对公共文化服务的满意度评价。政府向社会力量购买公共文化服务的绩效评价结果要向社会公布，并作为以后年度编制政府向社会力量购买公共文化服务预算和选择政府向社会力量购买公共文化服务承接主体的重要参考依据。

三、营造政府向社会力量购买公共文化服务的良好环境

（一）加强组织领导。政府向社会力量购买公共文化服务，是保障和改善民生的一项重要工作，事关人民群众切身利益，也是进一步转变政府职能、创新文化与体育管理方式的重要抓手。各地要高度重视，切实加强组织领导，建立健全政府统一领导，文化、财政、新闻出版广电、体育部门负责，社会力量广泛参与的工作机制，逐步使政府向社会力量购买公共文化服务工作制度化、规范化和科学化。

（二）强化沟通协调。各地要建立健全政府向社会力量购买公共文化服务的协调机制，文化、财政、新闻出版广电、体育部门要密切配合，注重协调沟通，整合资源，共同研究政府向社会力量购买公共文化服务有关重要事项，及时发现和解决工作中出现的问题，统筹推进政府向社会力量购买公共文化服务工作。

（三）注重宣传引导。各地要充分利用各种媒体，广泛宣传实施政府向社会力量购买公共文化服务工作的重要意义、主要内容、政策措施和流程安排，精心做好政策解读，加强正面舆论引导，主动回应社会关切，充分调动社会参与的积极性，为推进政府向社会力量购买公共文化服务营造良好的工作环境和舆论氛围。

（四）严格监督管理。建立政府向社会力量购买公共文化服务信用档案。对在购买服务实施过程中，发现承接主体不符合资质要求、歪曲服务主旨、弄虚作假、冒领财政资金等违法违规行为的，记入信用档案，并按照相关法律法规进行处罚，对造成社会重大恶劣影响的，禁止再次参与政府购买公共文化服务工作。

附件：政府向社会力量购买公共文化服务指导性目录

附件

政府向社会力量购买公共文化服务指导性目录

一、公益性文化体育产品的创作与传播

（一）公益性舞台艺术作品的创作、演出与宣传

（二）公益性广播影视作品的制作与宣传

（三）公益性出版物的编辑、印刷、复制与发行

（四）公益性数字文化产品的制作与传播

（五）公益性广告的制作与传播

（六）公益性少数民族文化产品的创作、译制与传播

（七）全民健身和公益性运动训练竞赛的宣传与推广

（八）面向特殊群体的公益性文化体育产品的创作与传播

（九）其他公益性文化体育产品的创作与传播

二、公益性文化体育活动的组织与承办

（一）公益性文化艺术活动（含戏曲）的组织与承办

（二）公益性电影放映活动的组织与承办

（三）全民阅读活动的组织与承办

（四）公益性文化艺术培训（含讲座）的组织与承办

（五）公益性体育竞赛活动的组织与承办

（六）全民健身活动的组织与承办

（七）公益性体育培训、健身指导、国民体质监测与体育锻炼标准测验达标活动的组织与承办

（八）公益性青少年体育活动的组织与承办

（九）面向特殊群体的公益性文化体育活动的组织与承办

（十）其他公益性文化体育活动的组织与承办

三、中华优秀传统文化与民族民间传统体育的保护、传承与展示

（一）文化遗产保护、传承与展示

（二）优秀民间文化艺术的普及推广与交流展示

（三）民族民间传统体育项目的保护、传承与展示

（四）其他优秀传统文化和传统体育的保护、传承与展示

四、公共文化体育设施的运营和管理

（一）公共图书馆（室）、文化馆（站）、村（社区）综合文化服务中心（含农家书屋）等运营和管理

（二）公共美术馆、博物馆等运营和管理

（三）公共剧场（院）等运营和管理

（四）广播电视村村通、户户通等接收设备的维修维护

（五）公共电子阅览室、数字农家书屋等公共数字文化设施的运营和管理

（六）面向特殊群体提供的有线电视免费或低收费服务

（七）公共体育设施、户外营地的运营和管理

（八）公共体育健身器材的维修维护和监管

（九）其他公共文化体育设施的运营和管理

五、民办文化体育机构提供的免费或低收费服务

（一）民办图书馆、美术馆、博物馆等面向社会提供的免费或低收费服务

（二）民办演艺机构面向社会提供的免费或低票价演出

（三）互联网上网服务场所面向社会提供的免费或低收费上网服务

（四）民办农村（社区）文化服务中心（含书屋）面向社会提供的免费或低收费服务

（五）民办体育场馆设施、民办健身机构面向社会提供的免费或低收费服务

（六）其他民办文化体育机构面向社会提供的免费或低收费服务

政府购买服务管理办法

（2020 年 1 月 3 日财政部令第 102 号公布　自 2020 年 3 月 1 日起施行）

第一章　总　　则

第一条　为规范政府购买服务行为，促进转变政府职能，改善公共服务供给，根据《中华人民共和国预算法》《中华人民共和国政府采购法》《中华人民共和国合同法》等法律、行政法规的规定，制定本办法。

第二条　本办法所称政府购买服务，是指各级国家机关将属于自身职责范围且适合通过市场化方式提供的服务事项，按照政府采购方式和程序，交由符合条件的服务供应商承担，并根据服务数量和质量等因素向其支付费用的行为。

第三条　政府购买服务应当遵循预算约束、以事定费、公开择优、诚实信用、讲求绩效原则。

第四条　财政部负责制定全国性政府购买服务制度，指导和监督各地区、各部门政府购买服务工作。

县级以上地方人民政府财政部门负责本行政区域政府购买服务管理。

第二章　购买主体和承接主体

第五条　各级国家机关是政府购买服务的购买主体。

第六条　依法成立的企业、社会组织（不含由财政拨款保障的群团组织），公益二类和从事生产经营活动的事业单位，农村集体经济组织，基层群众性自治组织，以及具备条件的个人可以作为政府购买服务的承接主体。

第七条　政府购买服务的承接主体应当符合政府采购法律、行政法规规定

的条件。

购买主体可以结合购买服务项目的特点规定承接主体的具体条件，但不得违反政府采购法律、行政法规，以不合理的条件对承接主体实行差别待遇或者歧视待遇。

第八条 公益一类事业单位、使用事业编制且由财政拨款保障的群团组织，不作为政府购买服务的购买主体和承接主体。

第三章　购买内容和目录

第九条 政府购买服务的内容包括政府向社会公众提供的公共服务，以及政府履职所需辅助性服务。

第十条 以下各项不得纳入政府购买服务范围：

（一）不属于政府职责范围的服务事项；

（二）应当由政府直接履职的事项；

（三）政府采购法律、行政法规规定的货物和工程，以及将工程和服务打包的项目；

（四）融资行为；

（五）购买主体的人员招、聘用，以劳务派遣方式用工，以及设置公益性岗位等事项；

（六）法律、行政法规以及国务院规定的其他不得作为政府购买服务内容的事项。

第十一条 政府购买服务的具体范围和内容实行指导性目录管理，指导性目录依法予以公开。

第十二条 政府购买服务指导性目录在中央和省两级实行分级管理，财政部和省级财政部门分别制定本级政府购买服务指导性目录，各部门在本级指导性目录范围内编制本部门政府购买服务指导性目录。

省级财政部门根据本地区情况确定省以下政府购买服务指导性目录的编制方式和程序。

第十三条　有关部门应当根据经济社会发展实际、政府职能转变和基本公共服务均等化、标准化的要求，编制、调整指导性目录。

编制、调整指导性目录应当充分征求相关部门意见，根据实际需要进行专家论证。

第十四条　纳入政府购买服务指导性目录的服务事项，已安排预算的，可以实施政府购买服务。

第四章　购买活动的实施

第十五条　政府购买服务应当突出公共性和公益性，重点考虑、优先安排与改善民生密切相关，有利于转变政府职能、提高财政资金绩效的项目。

政府购买的基本公共服务项目的服务内容、水平、流程等标准要素，应当符合国家基本公共服务标准相关要求。

第十六条　政府购买服务项目所需资金应当在相关部门预算中统筹安排，并与中期财政规划相衔接，未列入预算的项目不得实施。

购买主体在编报年度部门预算时，应当反映政府购买服务支出情况。政府购买服务支出应当符合预算管理有关规定。

第十七条　购买主体应当根据购买内容及市场状况、相关供应商服务能力和信用状况等因素，通过公平竞争择优确定承接主体。

第十八条　购买主体向个人购买服务，应当限于确实适宜实施政府购买服务并且由个人承接的情形，不得以政府购买服务名义变相用工。

第十九条　政府购买服务项目采购环节的执行和监督管理，包括集中采购目录及标准、采购政策、采购方式和程序、信息公开、质疑投诉、失信惩戒等，按照政府采购法律、行政法规和相关制度执行。

第二十条　购买主体实施政府购买服务项目绩效管理，应当开展事前绩效评估，定期对所购服务实施情况开展绩效评价，具备条件的项目可以运用第三方评价评估。

财政部门可以根据需要，对部门政府购买服务整体工作开展绩效评价，或者对部门实施的资金金额和社会影响大的政府购买服务项目开展重点绩效评价。

第二十一条　购买主体及财政部门应当将绩效评价结果作为承接主体选择、预算安排和政策调整的重要依据。

第五章　合同及履行

第二十二条　政府购买服务合同的签订、履行、变更，应当遵循《中华人民共和国合同法》的相关规定。

第二十三条　购买主体应当与确定的承接主体签订书面合同，合同约定的服务内容应当符合本办法第九条、第十条的规定。

政府购买服务合同应当明确服务的内容、期限、数量、质量、价格，资金结算方式，各方权利义务事项和违约责任等内容。

政府购买服务合同应当依法予以公告。

第二十四条　政府购买服务合同履行期限一般不超过1年；在预算保障的前提下，对于购买内容相对固定、连续性强、经费来源稳定、价格变化幅度小的政府购买服务项目，可以签订履行期限不超过3年的政府购买服务合同。

第二十五条　购买主体应当加强政府购买服务项目履约管理，开展绩效执行监控，及时掌握项目实施进度和绩效目标实现情况，督促承接主体严格履行合同，按照合同约定向承接主体支付款项。

第二十六条　承接主体应当按照合同约定提供服务，不得将服务项目转包给其他主体。

第二十七条　承接主体应当建立政府购买服务项目台账，依照有关规定或合同约定记录保存并向购买主体提供项目实施相关重要资料信息。

第二十八条　承接主体应当严格遵守相关财务规定，规范管理和使用政府购买服务项目资金。

承接主体应当配合相关部门对资金使用情况进行监督检查与绩效评价。

第二十九条　承接主体可以依法依规使用政府购买服务合同向金融机构融资。

购买主体不得以任何形式为承接主体的融资行为提供担保。

第六章　监督管理和法律责任

第三十条　有关部门应当建立健全政府购买服务监督管理机制。购买主体和承接主体应当自觉接受财政监督、审计监督、社会监督以及服务对象的监督。

第三十一条　购买主体、承接主体及其他政府购买服务参与方在政府购买服务活动中，存在违反政府采购法律法规行为的，依照政府采购法律法规予以处理处罚；存在截留、挪用和滞留资金等财政违法行为的，依照《中华人民共和国预算法》《财政违法行为处罚处分条例》等法律法规追究法律责任；涉嫌犯罪的，移送司法机关处理。

第三十二条　财政部门、购买主体及其工作人员，存在违反本办法规定的行为，以及滥用职权、玩忽职守、徇私舞弊等违法违纪行为的，按照《中华人民共和国预算法》《中华人民共和国公务员法》《中华人民共和国监察法》《财政违法行为处罚处分条例》等国家有关规定追究相应责任；涉嫌犯罪的，移送司法机关处理。

第七章　附　　则

第三十三条　党的机关、政协机关、民主党派机关、承担行政职能的事业单位和使用行政编制的群团组织机关使用财政性资金购买服务的，参照本办法执行。

第三十四条　涉密政府购买服务项目的实施，按照国家有关规定执行。

第三十五条　本办法自 2020 年 3 月 1 日起施行。财政部、民政部、工商总局 2014 年 12 月 15 日颁布的《政府购买服务管理办法（暂行）》（财综〔2014〕96 号）同时废止。

民政部、中央编办、财政部、人力资源社会保障部 关于积极推行政府购买服务 加强基层社会救助 经办服务能力的意见

(2017 年 9 月 15 日 民发〔2017〕153 号)

各省、自治区、直辖市民政厅（局）、编办、财政厅（局）、人力资源社会保障厅（局），新疆生产建设兵团民政局、编办、财务局、人力资源社会保障局：

社会救助事关困难群众衣食冷暖，事关社会和谐稳定和公平正义，是党和政府保障基本民生的重要制度安排，在打赢脱贫攻坚战中发挥着兜底性基础作用。近年来，各地认真贯彻党中央、国务院决策部署，不断完善社会救助制度体系，持续加强各项救助政策的落实力度，取得了积极成效。但基层社会救助经办服务能力薄弱问题仍很突出，一些困难群众的救助需求没有及时被发现，急难个案得不到及时救助，一些地区审核把关不严，人情保、骗保、错保时有发生，社会救助的兜底保障作用发挥得不够充分。为切实增加社会救助服务有效供给，提高服务质量和效率，进一步激发社会力量活力，推动政府转变职能和政务服务效能提升，经党中央、国务院同意，现就推行政府购买服务，加强基层社会救助经办服务能力建设，提出以下意见。

一、总体要求

（一）指导思想。全面贯彻党的十八大和十八届三中、四中、五中、六中全会精神，深入学习贯彻习近平总书记系列重要讲话精神和治国理政新理念新思想新战略，按照党中央、国务院决策部署，以保障困难群众基本生活权益为根本，以强化社会参与、创新服务机制、拓展服务内容、统筹救助资源、提升服务效能为重点，积极推行政府购买服务，采取有力措施加强基层社会救助经办服务能力，努力为社会救助对象提供及时、高效、专业的救助服务，为打赢

脱贫攻坚战和全面建成小康社会奠定坚实基础。

（二）基本原则。一是坚持政府主导。发挥政府在购买社会救助服务中的组织领导、制度设计、财政保障和监督管理职责，加强绩效评估和全过程监管，切实提高财政资金使用效率，把有限的资金用在刀刃上，确保取得实实在在的成效。二是坚持市场选择。围绕供给侧结构性改革，通过政府购买服务，将市场机制引入社会救助服务供给，构建公开、公平、高效的救助服务供给体系，推进简政放权、政事分开和管办分离。三是坚持质量为本。把服务质量放在重要位置，建立科学的质量评价机制，避免因单纯追求"价低者得"而损害服务质量，确保通过政府购买服务为困难群众提供更好、更高质量的救助服务。四是坚持便民惠民。立足满足困难群众社会救助基本需求，综合利用社会资源，增进部门协同，优化救助程序，方便困难群众，打通民生保障"最后一公里"，使各项惠民救助政策落到实处。

（三）目标任务。"十三五"时期，政府向社会力量购买社会救助服务工作全面推行，相关政策机制进一步健全，基层社会救助经办服务能力显著增强，困难群众对社会救助服务的满意度明显提升。

二、积极推行政府购买社会救助服务

社会救助服务直接面向困难群众，需求多样，类型复杂。通过政府购买的方式提供社会救助服务，不仅可以推动供给侧结构性改革，有效满足基本救助需求，而且可以整合利用社会资源，增强公众参与意识，推动政府职能转变，激发经济社会活力，不断提高社会救助服务的水平和效率。

（一）明确购买主体。县级以上地方人民政府是购买社会救助服务的主体，民政部门具体负责组织实施工作。乡镇人民政府、街道办事处也可购买社会救助相关服务。

（二）规范购买内容。向社会力量购买的社会救助服务主要包括事务性工作和服务性工作两类。事务性工作主要是指基层经办最低生活保障、特困人员救助供养、医疗救助、临时救助等服务时的对象排查、家计调查、业务培训、政策宣传、绩效评价等工作；服务性工作主要是指对社会救助对象开展的照料护理、康复训练、送医陪护、社会融入、能力提升、心理疏导、资源链接等服务。应当由政府直接承担的行政管理性事务，以及应当由政府直接提供、不适合社会力量承担的救助服务事项，不得向社会力量购买，防止政府行政管理职能虚化和公共资源闲置。

（三）界定承接主体。承接政府购买社会救助服务的主体主要是依法在民政部门登记成立或经国务院批准免予登记的社会组织，按事业单位分类改革应划入公益二类或生产经营类的事业单位法人，依法在工商管理或行业主管部门登记成立的企业、机构等社会力量。承接政府购买社会救助服务的主体应具有独立承担民事责任的能力，具备提供服务所必需的设施、人员和专业技术能力，具有健全的内部治理结构、财务会计和资产管理制度。公益二类事业单位参与承接政府购买服务，应当积极探索建立事业单位财政经费与人员编制协调约束机制。各地可在国家有关规定的基础上，结合本地实际和社会救助服务类别确定具体条件并及时充分地向社会公开，确保社会力量公平参与竞争。

（四）完善购买机制。各地要合理设置购买项目，将社会救助服务纳入相关部门政府购买服务指导性目录。建立健全方式灵活、程序规范、标准明确、结果可控、动态调整的购买机制；对政府集中采购目录以内或采购限额标准以上的项目，按照政府采购的有关规定，采用公开招标、邀请招标、竞争性谈判、竞争性磋商、单一来源采购等方式确定承接主体。选定承接主体时，要以满足服务质量、符合服务标准为前提，不能简单以"价低者得"作为选择标准。建立以项目选定、信息发布、组织购买、实施监管、绩效评价为主要内容的规范化购买流程，分类制定内容明确、操作性强、便于考核的服务标准，加强对服务提供全过程的跟踪问效和对服务成果的检查验收。

（五）落实经费保障。政府购买社会救助服务所需经费要列入财政预算，从各级既有的社会救助工作经费或社会救助专项资金等预算中统筹安排，各地要结合实际需要，逐步加大政府购买社会救助服务的资金投入力度。要严格资金管理，确保资金使用安全规范、科学有效。

（六）加强绩效评价。建立健全由购买主体、服务对象及第三方组成的综合性评价机制，就服务成效、项目管理、社会影响等多方面内容，加强对购买社会救助服务工作的绩效评价。在绩效评价体系中，要侧重服务对象对救助服务的满意度评价。评价结果向社会公布，并作为以后年度选择承接主体的重要参考依据。

（七）严格监督管理。各地要加强对政府购买社会救助服务的监督管理，完善事前、事中和事后监管体系，明确部门职责，依法实施综合监管，确保购买行为公开透明、规范有效。上级人民政府和民政部门要加强对下级人民政府和民政部门购买社会救助服务的业务指导和监督。购买主体要按规定公开购买服务的相关信息，并主动接受审计监督、社会监督和舆论监督。承接主体应主动接受购买主体的监管，健全财务报告制度，保证服务数量、质量和效果，严禁服务转包。要建立承接主体退出机制，制定临时接管预案。在承接主体发生不能按合同约定提供服务的情形时，及时启动预案，确保救助对象的正当权利不受影响；对承接主体存在违背合同、弄虚作假等行为，情节严重，造成恶劣社会影响的，依法进行处罚，按照法律规定或合同约定终止合同执行，依法禁止相关主体在一定期限内参与政府购买社会救助服务工作。

三、切实加强基层社会救助经办服务能力

基层经办服务能力直接关系各项社会救助政策的落实，关系困难群众基本生活保障。各地要充分利用市场机制，积极推行政府购买服务，采取多种措施，切实加强基层经办服务能力，尽快形成一门受理、协同办理、资源统筹、综合施救的社会救助工作格局。

（一）加强窗口建设。推动跨部门救助事项的业务协同，依托现有政务大厅，在乡镇（街道）层面普遍设立"一门受理、协同办理"窗口，或结合综合服务窗口，统一受理、转办（介）社会救助申请事项，让"群众来回跑"变为"部门协同办"。加快健全社会救助综合服务平台，建立首问负责、一次性告知、限时办理等制度，并不断优化工作流程，真正做到让困难群众求助有门、受助及时。

（二）落实经办人员。综合考虑辖区内社会救助服务事项、服务范围、对象数量以及当地经济社会发展水平等因素，合理确定县乡两级开展社会救助经办服务所需工作人员，科学整合县（市、区）、乡镇（街道）管理机构及人力资源，充实加强基层社会救助力量，确保事有人管、责有人负。现有社会救助工作人员不足的地区，可鼓励社会力量承担相关工作，由其向县级民政部门、乡镇（街道）、村（社区）或特困人员供养服务机构派遣工作人员。被派遣人员原则上应具有大专以上文化程度，优先考虑具有社会工作教育背景或取得社会工作职业资格人员。

省级人民政府要统筹研究制定按照社会救助对象数量、人员结构等因素配备相应工作人员的具体办法和措施。

（三）充分发挥村（居）民委员会作用。村（居）民委员会要协助做好救助对象困难排查、发现报告，救助申请家庭经济状况核查、公示监督，救助对象动态管理、信息报送，救助政策咨询、宣传引导等工作。县级民政部门要按照"费随事转"原则给予支持。探索建立村级社会救助协理员制度。

（四）加快信息化建设。要加强社会救助管理部门之间的信息共享，充分利用现有资源，依托国家统一的政务网络和数据共享交换平台，加快推进社会救助信息化建设，实现社会救助信息互联互通、资源共用共享。加快推进社会救助家庭经济状况核对机制建设，提高基层甄别核实救助申请对象家庭经济状况的能力。探索建立救助对象需求与慈善救助帮扶资源对接信息平台，实现政府救助与慈善救助的有机结合。

（五）加强人员培训。落实全面从严治党要求，加强基层社会救助工作人员党性教育，切实增强"四个意识"，特别是核心意识、看齐意识，坚决维护党中央权威，确保执行社会救助等民生保障重大决策部署不打折扣、不走样。加强教材开发和日常业务培训，采取政策解读、专家授课、经验介绍、案例分析、互动参与等形式，切实增强基层工作人员对社会救助政策的理解和把握，培养一批社会救助骨干人才。

四、强化组织实施

（一）加强组织领导。通过政府购买服务加强基层社会救助经办服务能力，是对公共服务供给方式的重大创新，是进一步简政放权、优化服务供给、保障和改善民生的重要举措。各地要高度重视，切实加强组织领导，充分发挥社会救助工作协调机制作用，定期研究社会救助领域政府购买服务事项，及时发现解决工作中存在的问题，不断提高基层社会救助经办服务能力。要强化监督管理和政策落实情况评估，健全激励机制和容错纠错机制，鼓励各地大胆探索、担当尽责，对工作推进不力或不能履职尽责的，要依纪依规严肃处理。各省（自治区、直辖市）要在本文件出台后半年内，制定具体实施意见。

（二）健全工作机制。尽快建立健全工作机制、制定工作计划和实施方案，加快推进社会救助领域政府购买社会力量服务工作。地方各级民政部门要加强对政府购买社会救助服务工作的统筹规划、组织实施和绩效评价；编制部门负责指导基层加强社会救助经办服务能力建设和职能转变；财政部门负责政府购买社会救助服务的经费安排和监督管理；人力资源社会保障部门负责指导基层加强与政府购买社会救助服务工作的衔接，鼓励吸纳更多的高校毕业生从事社会救助经办服务。

（三）加强政策宣传。各地要充分利用广播、电视、报刊、网络等媒体，广泛宣传实施政府购买服务加强基层社会救助经办服务能力的重要意义、主要任务、重点内容和实施效果，精心做好政策解读，加强正面舆论引导，主动回应社会关切，充分调动社会力量参与的积极性，增强社会各界的认同与支持，为推进政府购买服务加强基层社会救助经办服务能力营造良好的工作环境和舆论氛围。

民政部关于进一步加大农村留守儿童
关爱项目政府购买力度的提案答复的函

(2019 年 9 月 26 日　民函〔2019〕812 号)

××委员：

您提出的"关于进一步加大农村留守儿童关爱项目政府购买力度的提案"收悉。经商教育部、财政部，现答复如下：

一、关于加大政府购买关爱保护农村留守儿童服务投入

实行政府购买服务，将政府适宜通过市场化、社会化方式提供的服务事项交由符合条件的社会力量和事业单位承担，有利于转变政府职能、改善公共服务供给。目前，《国务院办公厅关于政府向社会力量购买服务的指导意见》（国办发〔2013〕96 号）、《政府购买服务管理办法（暂行）》（财综〔2014〕96 号）等相关规定均鼓励在教育、就业、社会保障等公共服务领域加大政府向社会力量购买服务的力度。有关部门可以在上述政策框架下，将属于政府职责范围、适合采取市场化、社会化方式提供的公共公益服务事项，纳入政府购买服务范围，并按照保基本、兜底线、可持续的原则，引导和支持各类社会组织为包括留守儿童、流浪人员在内的困难群体提供服务。根据现行政策，与政府购买服务相关的采购限额标准、公开招标数额标准、采购方式审核、信息公开、质疑投诉等按照政府采购相关法律制度规定执行。

2016 年，国务院印发的《关于加强农村留守儿童关爱保护工作的意见》（国发〔2016〕13 号）提出"民政等部门要通过政府购买服务等方式支持社工、社会组织等社会力量深入城乡社区、学校和家庭，开展农村留守儿童监护指导、心理疏导、行为矫治、社会融入和家庭关系调适等专业服务"。2018 年，国务院办公厅印发了《关于全面加强乡村小规模学校和乡镇寄宿制学校建设的意见》，切实落实对乡村小规模学校按 100 人拨付公用经费和对乡镇寄宿制学校按寄宿生年生均 200 元标准增加公用经费补助政策，中央经费继续给予支持。各地针对乡镇寄宿制学校实际需要，严格按照政府购买服务的有关规定，探索将属于政府职责范围且适宜通过市场方式提供的学校安保、生活服务等事项纳入政府购买服务范围，所需资金从地方财政预算中统筹安排。2019 年，民政部等 10 部门联合印发的《关于进一步健全农村留守儿童和困境儿童关爱服务体系的意见》（民发〔2019〕34 号）进一步明确提出，"各地要将农村留守儿童关爱保护和困境儿童保障纳入政府购买服务指导性目录，并结合实际需要做好资金保障，重点购买热线运行、监护评估、精准帮扶、政策宣传、业务培训、家庭探访等关爱服务。要加大政府购买心理服务类社会组织力度，有针对性地为精神关怀缺失、遭受家庭创伤等儿童提供人际调适、精神慰藉、心理疏导等专业性关爱服务，促进身心健康。引导承接购买服务的社会组织优先聘请村（居）儿童主任协助开展上述工作，并适当帮助解决交通、通讯等必要费用开支。全国青年志愿服务入库优秀项目可优先纳入政府购买服务有关工作支持范围"。近年来，中央财政通过政府购买"支持社会组织参与社会服务"项目，支持社会组织参与社会服务，提高社会组织发展水平。其中，2018 年安排预算 1.9 亿元，资助符合条件的社会组织开展包括关爱留守儿童在内的社会服务。

二、关于重点支持服务阵地建设和专业服务岗位开发

在服务阵地建设方面，民政部高度重视儿童福利机构和未成年人救助保护机构建设工作，多年来通过相关建设规划不断加强儿童福利机构和未成年人救助保护机构设施建设。截至目前，全国共有儿童福利机构 664 家，其中省级机构 8 家，市级机构 327 家，全国共有未成年人救助保护机构 1806 个，其中，未成年人（救助）保护中心 1482 个，经编制部门批准的 698 个，挂牌成立的 784 个；设有未成年人救助保护科（室）的救助管理站 324 个，经编制部门批准的 197 个，根据工作需要内设的 127 个，儿童福利机构和未成年人救助保护机构已经基本覆盖到全国地级以上城市和重点县（市）。在村（居）层面，民政部、全国妇联、共青团中央等部门积极对标《中国儿童发展纲要（2011 - 2020年）》发展目标，加强儿童之家等关爱服务阵地的建设，各地依托社区综合服务设施、儿童之家等关爱服务阵地设立"四点半课堂"教室、"周末小课桌"等，通过聘请专业社会组织或有一定资质的大学生带领孩子进行课外教育，弥补家庭特定时段监护不力的缺陷。教育部鼓励学校设立"关爱留守儿童之家"，配备图书、沙盘游戏、视频通话设备、电话等设施，丰富留守儿童校园生活，帮助他们加强与父母的沟通联系；建设乡村学校少年宫，让学生在校内就能自主参加各类课后活动，政府安排工作经费，支持各小学免费提供课后服务。

在专业服务岗位开发方面，2017年，民政部与财政部等部门研究制定《关于通过政府购买服务加强基层社会救助经办服务能力的意见》（民发〔2017〕153号），探索推进社会力量参与救助管理服务工作的有效机制，促进政府职能转变，提升基层救助管理能力和工作水平。如安徽省肥东县就通过政府购买服务实现了儿童主任岗位的专职化，做出了较好的尝试。需要说明的是，政府设置（购买）公益性岗位，属于对特定群体的就业扶持政策，与政府购买服务存在本质区别。同时，服务提供的过程，如人员待遇、薪酬分配等，属于承接对象的内部管理问题，政府不能过多干预，不列入政府购买服务的要求。

三、关于扶持农村留守儿童服务社工机构发展

2018年，民政部会同教育部、财政部、全国妇联等部门和组织印发《关于在农村留守儿童关爱保护中发挥社会工作专业人才作用的指导意见》，明确社会工作专业人才在农村留守儿童关爱保护中的主要任务、介入方式和服务方式。近年来，在中央各项政策的鼓励支持下，各地民政部门及未成年人救助保护机构通过政府委托、项目合作、重点推介、孵化扶持等多种方式，积极培育儿童服务类的社会工作服务机构、公益慈善组织和志愿服务组织，如北京、广西、湖北等地都积极利用购买政府购买服务的方式委托社工事务所依托儿童之家等关爱服务阵地开展农村留守儿童关爱服务，取得了良好的效果。2019年7月，民政部在宁夏银川举办了全国农村留守儿童和困境儿童关爱服务工作骨干培训班，广西柳州和湖北荆州的代表专门就政府如何购买服务及如何通过政府购买服务促进社会工作服务机构在内的儿童关爱服务类社会组织的发展进行了授课讲解，发挥了良好的示范效用。

下一步，民政部将积极指导各地抓好《关于进一步健全农村留守儿童和困境儿童关爱服务体系的意见》贯彻落实，推动未成年人救助保护机构转型升级，落实好监护评估、个案会商、服务转介、技术指导、精神关怀等线上线下服务以及针对重点个案组织开展部门会商和帮扶救助等职责，拓展儿童福利机构社会服务功能，按照"分层级、多样化、可操作、全覆盖"的要求组织开展儿童工作业务骨干以及师资培训，确保工作责任能够得到落实，尽快健全完善农村留守儿童和困境儿童关爱服务体系，提升关爱服务水平，切实维护农村留守儿童和困境儿童合法权益。同时，积极与财政部沟通，争取将关爱农村留守儿童和困境儿童服务纳入加强基层社会救助经办服务能力政府购买服务目录，加大对未成年人救助保护机构通过政府购买服务培育和扶持社会工作服务机构等社会组织的指导力度，切实为基层落实政府购买服务提供便利。

民政部对"关于促进政府购买社会工作服务及社工机构发展的提案"的答复

（2021 年 11 月 9 日　民函〔2021〕843 号）

×××代表：

您提出的"关于促进政府购买社会工作服务及社工机构发展的提案"收悉。您在提案中关于促进政府购买社工服务、落实税费优惠减免政策、社会工作者工资待遇标准化等建议，非常具有针对性和参考价值，我们将在工作中认真研究吸纳。经商中央文明办、财政部、税务总局，现答复如下：

一、关于促进政府购买社会工作服务

目前，我国已基本建立起比较完善的政府购买服务制度，包括《国务院办公厅关于向社会力量购买服务的指导意见》，财政部《政府购买服务管理办法》，财政部、民政部《关于通过政府购买服务支持社会组织培育发展的指导意见》等法规政策，为开展政府购买社会工作等服务提供了法律政策依据。在购买社会工作服务方面，2012 年民政部、财政部联合发布《关于政府购买社会工作服务的指导意见》，文件中对政府购买社会工作服务的主体、对象、范围、程序和监督管理等方面进行了规定。从投入量上看，财政资金、福彩公益金和社会资金用于购买社会工作服务的投入不断增长，近年来每年平均保持在 10% 以上的增长率，2020 年全国社会工作投入年资金量已超过 70 亿元。

（一）关于加大政府面向困难群众直接服务的购买力度，鼓励将购买服务周期从一年延长为三年。

民政部、中央编办、财政部、人力资源社会保障部《关于积极推行政府购买服务加强基层社会救助经办服务能力的意见》提出要以保障困难群众基本生活权益为根本，采取有力措施加强基层社会救助经办服务能力，要求各地结合实际需要，逐步加大政府购买社会救助服务的资金投入力度。《关于政府购买社会工作服务的指导意见》明确，按照"受益广泛、群众急需、服务专业"原则，重点围绕城市流动人口、农村留守人员、困难群体、特殊人群和受灾群众的个性化需求，组织开展政府购买社会工作服务。关于政府购买服务履行期限，财政部《政府购买服务管理办法》明确，在预算保障的前提下，对于购买内容相对固定、连续性强、经费来源稳定、价格变化幅度小的政府购买服务项目，可以签订履行期限不超过 3 年的政府购买服务合同。

下一步，民政部将积极协调推动相关部门加大面向困难群众社会工作服务供给，并指导地方民政部门利用乡镇（街道）社工站这一服务平台，统筹使用各路资金加快推进和规范政府购买社会工作服务。同时，将鼓励各地在深入开展服务项目评估的基础上，同等条件下优先考虑由原服务机构优先承接后续项目，确保服务的稳定性和持续性。

（二）关于加强对社工机构参与政府购买服务项目申报和执行的前端指导。更加精准化更有针对性地开展社工机构承接政府购买服务能力建设。

注重能力建设是通过政府购买服务支持社会组织培育发展的原则之一。财政部、民政部《关于通过政府购买服务支持社会组织培育发展的指导意见》明确，要加强社会组织承接政府购买服务培训和示范平台建设，采取孵化培育、人员培训、项目指导、公益创投等多种途径和方式，进一步支持社会组织培育发展。近年来，民政部及各地民政部门组织的社会工作培训，除关注提升专业服务能力水平外，也将规范社会工作服务机构参与政府购买服务作为重要内容。

下一步，民政部将继续指导各地民政部门和社会工作行业组织通过开展专题培训、实地督导、业务交流等方式，围绕需求分析、服务内容设计等加强对社会工作服务机构参与政府购买服务项目申报和执行的前端指导，不断提升社会工作服务机构承接政府购买服务的能力。

（三）关于项目验收与项目评估。

《关于政府购买社会工作服务的指导意见》明确，建立健全政府购买社会工作服务监督管理制度，形成完善的项目文件档案，制定专业服务、资金管理及效果评价等方面指导标准；按照政府购买社会工作服务合同要求，对专业服务过程、任务完成和资金使用情况等进行督促检查。2014年，民政部制发了《社会工作服务项目绩效评估指南》，对社会工作服务项目绩效评估目标、原则、主体、内容、方法和程序进行了明确规定。目前，针对服务项目的验收和评估，各地已普遍建立起了由购买方、服务对象及第三方组成的评审评优机制。

下一步，民政部将指导各地政府部门和全国性社会工作行业组织及全国慈善事业和社会工作标准化委员会不断加强社工项目的全过程监管，围绕立项评审、绩效评价、项目验收等制定更加科学完善的评估标准，突出现场满意度调查和服务质量等内容。

（四）关于建立信息公开、承接主体明确、政府购买服务行为规范等信息透明、竞争有序的参与政府购买服务的环境。

《政府购买服务管理办法》规定政府购买服务应遵循公开择优、诚实信用等原则，要求购买主体应当根据购买内容及市场状况、相关供应商服务能力和信用状况等因素，通过公平竞争择优确定承接主体，并按照政府采购法律、行政法规和相关制度进行政府购买服务项目采购环节执行和监督管理。《关于通过政府购买服务支持社会组织培育发展的指导意见》明确改善政府购买服务准入环境，包括不对社会组织成立年限做硬性规定等；加强社会组织承接政府购买服务信用信息记录，将信用状况作为确定承接主体的重要依据。

下一步，民政部将指导地方民政部门不断完善信息公开、明确主体责任、规范购买行为等制度，为社会工作服务机构参与政府购买服务营造公开透明、竞争有序的良好发展环境。

（五）关于进一步强化通过政府购买服务培育发展社工机构的指导思想，鼓励各部门、事业单位、群团、乡镇（街道）能够通过政府购买服务，积极培育发展本领域本区域的社会组织。

《关于通过政府购买服务支持社会组织培育发展的指导意见》指出要充分发挥市场机制作用，凡适合社会组织提供的公共服务，尽可能交由社会组织承担；鼓励各级政府部门同等条件下优先向社会组织购买民生保障、社会治理、行业管理、公益慈善等领域的公共服务；政府新增公共服务支出通过政府购买服务安排的部分，向社会组织购买的比例原则上不低于30%。《关于政府购买社会工作服务的指导意见》明确规定，以培养使用社会工作专业人才队伍、扶持发展民办社会工作服务机构为基础，深入推进政府购买社会工作服务。近年来，民政部联合国家禁毒办、国家卫生健康委、中华全国总工会、共青团中央等部门出台了加强禁毒、心理健康、工会、青少年社会工作者队伍的专项文件，对各领域购买社会工作服务的工作目标、具体内容、保障措施进行了明确。

下一步，民政部将会同有关部门进一步加强督促指导、完善政策措施，支持和规范社会工作服务机构健康有序发展。

（六）关于注重志愿者组织的培育发展。

2016年，中央文明办会同中央宣传部、民政部等8部门印发《关于支持和发展志愿服务组织的意见》，指导各地综合运用孵化培育、政策指导、人才培养、项目资助、示范引领、平台搭建等多种方式，大力支持、培育和发展志愿服务组织。2017年，国务院出台《志愿服务条例》，鼓励和支持社会组织成立志愿服务队伍开展专业志愿服务活动，鼓励各地对有突出贡献的志愿者进行表彰、奖励，并对有良好志愿服务记录的志愿者给予优待。在完善顶层制度设计基础上，中央文明办会同民政部推动各级各类志愿者组织根据志愿服务项目的要求,重视志愿者骨干的培养,依托行业协会、专门学会和基层宣传教育阵地,对志愿者骨干进行相关知识和技能培训,提高服务意识、服务能力和服务水平,使他们成为志愿服务的中坚力量。截至 2020 年底,全国已有超过 1.4 万家志愿服务组织,11.7 万个志愿服务站,这些组织和站点充分发挥阵地作用,广泛吸纳和团结凝聚志愿者,推动志愿者队伍规模不断壮大。

下一步,民政部将在全国志愿服务工作协调小组框架下,积极配合中央文明办等部门进一步健全完善志愿服务记录、证明和激励机制,推动城乡社区广泛设立志愿服务站点,为人民群众就近就便参与志愿服务搭建更多平台,推进志愿服务常态化制度化开展。

二、关于落实税费优惠减免政策

税务总局表示,近年来,国家实施更大规模减税降费,推动政策红利直达市场主体,为社工机构健康有序发展提供了良好的税收环境。一是 2019 年,深化增值税改革,对提供生产、生活性服务业的纳税人专门实施了增值税加计抵减政策。2019 年 10 月 1 日至 2021 年 12 月 31 日,又将生活性服务业纳税人按照当期可抵扣进项税额加计比例由 10% 提高至 15%,抵减应纳税额。上述政策直接惠及提供社会服务的社工机构。二是符合条件的社工机构申请获得非营利组织免税资格后,对其取得的捐赠收入、会费收入等免征企业所得税,对其取得财政拨款收入作为不征税收入。这些政策涉及税种多、优惠力度大。三是按照党中央、国务院深化"放管服"改革工作部署,税务部门深入转变传统管理方式,加大放权力度,简化审批事项,持续拓展"非接触式"办税缴费范围,这些服务举措进一步简化了办税缴费程序,使包括提供社会服务的社工机构在内的市场主体能够充分享受"办税便利"。

上述一系列优惠政策,一定程度上缓解了社工服务项目税收优惠减免、简化了办税流程。但为了落实税收法定原则,积极营造公平公正的税收经济环境,除依据专门税收法律法规和《中华人民共和国民族区域自治法》规定的税政管理权限外,各地区一律不得自行制定税收优惠政策;未经国务院批准,各部门起草其他法律、法规、规章、发展规划和区域政策都不得规定具体税收优惠政策。为维护税法的统一性和规范性，营造公平公正的市场环境，还不宜针对特定行业企业出台特殊税收优惠政策。

三、关于社会工作者工资待遇标准化

2016年，民政部联合11个部门印发《关于加强社会工作专业岗位开发与人才激励保障的意见》，提出了一系列破解社会工作职业空间狭窄、整体薪酬水平不高、社会认可度低等问题的措施。同时，民政部也提倡各地在乡镇（街道）社工站建设中按原则上不低于当地乡镇（街道）事业编人员收入水平的标准购买社会工作服务。一些地方也结合实际进行了积极探索，深圳市印发《深圳市关于提升社会工作服务水平的若干措施》，提出建立完善与社会工作服务水平相对应的从业社会工作者职级薪酬体系，并根据深圳经济社会发展实际，社会工作薪酬指导价位原则上每三年调整一次。广东省在"兜底民生服务社会工作双百工程"中，针对社会工作者的薪资待遇提出了制定薪酬待遇管理办法，依照合同约定落实薪酬，按规定落实社会保障待遇的目标。

下一步，民政部将进一步督促地方落实《关于加强社会工作专业岗位开发与人才激励保障的意见》有关要求，推动各地根据经济发展和整体工资水平，制定并适时调整社会工作专业人才薪酬指导标准，稳步持续提高社会工作薪酬待遇水平。

感谢您对民政工作的关心和支持。

财政部、民政部关于通过政府购买服务
支持社会组织培育发展的指导意见

（2016年12月1日　财综〔2016〕54号）

各省、自治区、直辖市人民政府，国务院各部委、各直属机构：

为落实党中央、国务院的决策部署，加快转变政府职能，创新社会治理体制，促进社会组织健康有序发展，提升社会组织能力和专业化水平，改善公共

服务供给，根据《国务院办公厅关于政府向社会力量购买服务的指导意见》（国办发〔2013〕96号）精神，经国务院同意，现就通过政府购买服务支持社会组织培育发展提出如下意见。

一、总体要求

（一）指导思想。全面贯彻党的十八大、十八届三中、四中、五中、六中全会和习近平总书记系列重要讲话精神，围绕供给侧结构性改革，结合"放管服"改革、事业单位改革和行业协会商会脱钩改革，充分发挥市场机制作用，大力推进政府向社会组织购买服务，引导社会组织专业化发展，促进提供公共服务能力持续提升，发挥社会组织的独特优势，优化公共服务供给，有效满足人民群众日益增长的公共服务需求。

（二）基本原则。一是坚持深化改革。加快转变政府职能，正确处理政府和社会的关系，推进政社分开，完善相关政策，为社会组织发展创造良好环境，凡适合社会组织提供的公共服务，尽可能交由社会组织承担。二是注重能力建设。通过政府向社会组织购买服务引导社会组织加强自身能力建设，优化内部管理，提升社会组织服务能力和水平，充分发挥社会组织提供公共服务的专业和成本优势，提高公共服务质量和效率。三是坚持公开择优。通过公开公平、竞争择优方式选择社会组织承接政府购买服务，促进优胜劣汰，激发社会组织内在活力，实现健康发展。四是注重分类指导。遵循社会组织发展规律，区分社会组织功能类别、发展程度，结合政府购买服务需求，因地制宜，分类施策，积极推进政府向社会组织购买服务。

（三）主要目标。"十三五"时期，政府向社会组织购买服务相关政策制度进一步完善，购买服务范围不断扩大，形成一批运作规范、公信力强、服务优质的社会组织，公共服务提供质量和效率显著提升。

二、主要政策

（四）切实改善准入环境。社会组织参与承接政府购买服务应当符合有关资质要求，但不应对社会组织成立年限做硬性规定。对成立未满三年，在遵守相关法律法规、按规定缴纳税收和社会保障资金、年检等方面无不良记录的社会组织，应当允许参与承接政府购买服务。积极探索建立公共服务需求征集机制，充分发挥社会组织在发现新增公共服务需求、促进供需衔接方面的积极作用。有条件的地方可以探索由行业协会商会搭建行业主管部门、相关职能部门与行业企业沟通交流平台，邀请社会组织参与社区及社会公益服务洽谈会等形式，及时收集、汇总公共服务需求信息，并向相关行业主管部门反馈。有关部门应当结合实际，按规定程序适时将新增公共服务需求纳入政府购买服务指导性目录并加强管理，在实践中逐步明确适宜由社会组织承接的具体服务项目，鼓励和支持社会组织参与承接。

（五）加强分类指导和重点支持。按照党的十八届三中全会关于重点培育、优先发展行业协会商会类、科技类、公益慈善类、城乡社区服务类社会组织的要求，各地方和有关部门应结合政府购买服务需求和社会组织专业化优势，明确政府向社会组织购买服务的支持重点。鼓励各级政府部门同等条件下优先向社会组织购买民生保障、社会治理、行业管理、公益慈善等领域的公共服务。各地可以结合本地区实际，具体确定向社会组织购买服务的重点领域或重点项目。要采取切实措施加大政府向社会组织购买服务的力度，逐步提高政府向社会组织购买服务的份额或比例。政府新增公共服务支出通过政府购买服务安排的部分，向社会组织购买的比例原则上不低于30%。有条件的地方和部门，可以制定政府购买服务操作指南并向社会公开，为社会组织等各类承接主体参与承接政府购买服务项目提供指导。

（六）完善采购环节管理。实施购买服务的各级政府部门（购买主体）应充分考虑公共服务项目特点，优化政府购买服务项目申报、预算编制、组织采购、项目监管、绩效评价等工作流程，提高工作效率。要综合考虑社会组织参与承接政府购买服务的质量标准和价格水平等因素，合理确定承接主体。研究适当提高服务项目采购限额标准和公开招标数额标准，简化政府购买服务采购方式变更的审核程序和申请材料要求，鼓励购买主体根据服务项目需求特点选择合理的采购方式。对购买内容相对固定、连续性强、经费来源稳定、价格变化较小的公共服务项目，购买主体与提供服务的社会组织签订的政府购买服务合同可适当延长履行期限，最长可以设定为 3 年。对有服务区域范围要求、市场竞争不充分的服务项目，购买主体可以按规定采取将大额项目拆分采购、新增项目向不同的社会组织采购等措施，促进建立良性的市场竞争关系。对市场竞争较为充分、服务内容具有排他性并可收费的项目，鼓励在依法确定多个承接主体的前提下采取凭单制形式购买服务，购买主体向符合条件的服务对象发放购买凭单，由领受者自主选择承接主体为其提供服务并以凭单支付。

（七）加强绩效管理。购买主体应当督促社会组织严格履行政府购买服务合同，及时掌握服务提供状况和服务对象满意度，发现并研究解决服务提供中遇到的问题，增强服务对象的获得感。加强绩效目标管理，合理设定绩效目标及指标，开展绩效目标执行监控。畅通社会反馈渠道，将服务对象满意度作为一项主要的绩效指标，务实开展绩效评价，尽量避免增加社会组织额外负担。鼓励运用新媒体、新技术辅助开展绩效评价。积极探索推进第三方评价，充分发挥专业机构在绩效评价中的作用。积极探索将绩效评价结果与合同资金支付挂钩，建立社会组织承接政府购买服务的激励约束机制。

（八）推进社会组织能力建设。加强社会组织承接政府购买服务培训和示范平台建设，采取孵化培育、人员培训、项目指导、公益创投等多种途径和方式，进一步支持社会组织培育发展。建立社会组织负责人培训制度，将社会组织人才纳入专业技术人才知识更新工程。推动社会组织以承接政府购买服务为契机专业化发展，完善内部治理，做好社会资源动员和整合，扩大社会影响，加强品牌建设，发展人才队伍，不断提升公共服务提供能力。鼓励在街道（乡镇）成立社区社会组织联合会，联合业务范围内的社区社会组织承接政府购买服务，带动社区社会组织健康有序发展。

（九）加强社会组织承接政府购买服务信用信息记录、使用和管理。民政部门要结合法人库和全国及各地信用信息共享平台建设，及时收录社会组织承接政府购买服务信用信息，推进信用信息记录公开和共享。购买主体向社会组织购买服务时，要提高大数据运用能力，通过有关平台查询并使用社会组织的信用信息，将其信用状况作为确定承接主体的重要依据。有关购买主体要依法依规对政府购买服务活动中的失信社会组织追究责任，并及时将其失信行为通报社会组织登记管理机关，有条件的要及时在信用中国网站公开。

三、保障措施

（十）加强组织领导。各级财政、民政部门要把政府向社会组织购买服务工作列入重要议事日程，会同有关部门加强统筹协调，扎实推进。加强政府向社会组织购买服务工作的指导、督促和检查，及时总结推广成功经验。充分利用报纸、杂志、广播、电视、网络等各类媒体，大力宣传通过政府购买服务支持社会组织培育发展的有关政策要求，营造良好的改革环境。

（十一）健全支持机制。民政部门要会同财政等部门推进社会组织承接政府购买服务的培训、反馈、示范等相关支持机制建设，鼓励购买主体结合绩效评价开展项目指导。财政部门要加强政府购买服务预算管理，结合经济社会发展和政府财力状况，科学、合理安排相关支出预算。购买主体应当结合政府向社会组织购买服务项目特点和相关经费预算，综合物价、工资、税费等因素，合理测算安排项目所需支出。中央财政将继续安排专项资金，有条件的地方可参照安排专项资金，通过政府购买服务等方式支持社会组织参与社会服务。

（十二）强化监督管理。有关购买主体应当按照《中华人民共和国政府采购法》、《中华人民共和国政府信息公开条例》等相关规定，及时公开政府购买服务项目相关信息，方便社会组织查询，自觉接受社会监督。凡通过单一来源采购方式实施的政府购买服务项目，要严格履行审批程序，该公示的要做好事前公示，加强项目成本核查和收益评估工作。民政等部门要按照职责分工将社会组织承接政府购买服务信用记录纳入年度检查（年度报告）、抽查审计、评估等监管体系。财政部门要加强对政府向社会组织购买服务的资金管理，确保购买服务资金规范管理和合理使用。有关部门要加强政府向社会组织购买服务的全过程监督，防止暗箱操作、层层转包等问题；加大政府向社会组织购买服务项目审计力度，及时处理涉及政府向社会组织购买服务的投诉举报，严肃查处借政府购买服务之名进行利益输送的各种违法违规行为。

财政部关于做好行业协会商会承接政府
购买服务工作有关问题的通知（试行）

（2015 年 9 月 6 日　财综〔2015〕73 号）

党中央有关部门，国务院各部委、各直属机构，全国人大常委会办公厅，全国政协办公厅，高法院，高检院，各民主党派中央，有关人民团体，全国工商联，各省、自治区、直辖市、计划单列市财政厅（局），新疆生产建设兵团财务局：

　　为加快转变政府职能，实现行业协会商会与行政机关脱钩，促进行业协会商会健康稳定发展，按照《行业协会商会与行政机关脱钩总体方案》（以下简称《总体方案》）的有关要求，根据《国务院办公厅关于政府向社会力量购买服务的指导意见》（国办发〔2013〕96 号）及《财政部、民政部、工商总局关于印发〈政府购买服务管理办法（暂行）〉的通知》（财综〔2014〕96 号）和政府采购相关规定，现对支持和规范行业协会商会承接政府购买服务有关事项通知如下：

　　一、充分认识做好行业协会商会承接政府购买服务工作的重要性

　　行业协会商会是社会组织的重要形式，是承接政府购买服务的重要力量。支持和做好行业协会商会承接政府购买服务工作，对于稳妥推进行业协会商会与行政机关脱钩、加快政府职能转变、创新社会治理、促进行业协会商会优化发展、服务经济社会发展具有重要作用。

　　政府购买行业协会商会服务应遵循科学合理、专业优势、公开择优、以事定费的原则，明确购买范围，加强合同管理，注重绩效考核，有序引导行业协会商会与其他社会力量参与服务供给，促进行业协会商会成为依法设立、自主办会、服务为本、治理规范、行为自律的社会组织，提高政府公共服务水平和效率。

二、公平对待行业协会商会承接政府购买服务

各行业行政主管部门应当在公平竞争的前提下鼓励行业协会商会参与承接政府购买服务，放宽市场准入，鼓励行业协会商会等社会组织依法进入公共服务行业和领域，促进行业协会商会之间、行业协会商会与其他社会力量之间公平有序竞争，激发行业协会商会活力，促进形成公共服务供给的多元化发展格局。

三、科学确定政府购买服务内容

政府购买服务的内容为适合采取市场化方式提供、社会力量能够承担的服务事项。政府部门在购买服务过程中，要注重发挥行业协会商会的专业化优势，优先向符合条件的行业协会商会购买行业规范、行业评价、行业统计、行业标准、职业评价、等级评定等行业管理与协调性服务，技术推广、行业规划、行业调查、行业发展与管理政策及重大事项决策咨询等技术性服务，以及一些专业性较强的社会管理服务。

各行业行政主管部门和行业协会商会应按照《总体方案》要求，在制定各行业协会商会的脱钩方案时，明确行政机关与行业协会商会的职能，突出公共性和公益性原则，提出适合由行业协会商会承担的服务事项清单。财政部门应会同各行业行政主管部门，按照政府购买服务相关管理规定，将适合由行业协会商会承接的公共服务事项纳入政府购买服务指导性目录，明确政府购买服务的具体内容。

在确定相关政府购买服务事项时，应注重与预算法以及政府购买服务相关法律法规衔接。凡法律法规已明确规定应由行业协会商会义务承担或出于政府依法监管需要由行业协会商会承担的服务职能，以及不属于政府职能范围或应当由政府直接提供、不适合社会力量承担的服务事项，不应纳入向行业协会商会购买服务的范围。

四、推进财政支持方式改革

政府购买行业协会商会服务所需资金按照预算管理要求，在财政预算安排中统筹考虑。推动原有财政预算支持的全国性行业协会商会财政经费支持方式

改革时，应做好逐步取消财政直接拨款与政府购买服务工作的衔接，促进行业协会商会脱钩工作顺利开展。过渡期内，对预算明确保障的服务事项或已明确为行业协会商会自身职能的服务事项，不得实行政府购买服务；对于从行业协会商会剥离、属于政府职能范畴、适合由社会力量承担服务事项，应引入竞争机制，推行政府购买服务。行业协会商会脱钩有关财政经费支持方式改革的具体办法由财政部另行制定。

五、创新政府购买服务方式

探索多种有效方式，加大对行业协会商会承接政府购买服务的支持力度。按照政府采购法及其实施条例等相关规定，根据实际采用公开招标、邀请招标、竞争性谈判、竞争性磋商、单一来源采购等方式确定承接主体。

六、加强政府购买服务监管

各有关部门应按照公开、公正、公平的原则，推进政府购买行业协会商会服务信息公开和信息共享，鼓励社会监督。各购买主体及相关机构应加强政府购买服务的财务管理、合同管理、绩效评价和信息公开，督促承接主体严格履行合同，确保服务质量。

财政部门及行业主管部门应当建立全过程预算绩效管理机制，加强成本效益分析，推进政府购买服务绩效评价工作。财政、审计、民政、工商等有关部门要将行业协会商会承接政府购买服务情况纳入年检、评估和执法工作体系，加大对违法违规行为的执法监管力度。

七、做好组织实施工作

全国行业协会商会脱钩试点单位应及时向财政部门报送政府购买服务工作开展情况。各地可结合实际制定地方性支持和规范行业协会商会承接政府购买服务的具体政策，确保工作取得实效。

财政部、民政部关于支持
和规范社会组织承接政府购买服务的通知

(2014 年 11 月 25 日　财综〔2014〕87 号)

各省、自治区、直辖市、计划单列市财政厅（局）、民政厅（局），新疆生产建设兵团财务局、民政局：

为全面贯彻落实党的十八届三中全会精神，加快转变政府职能，推广政府购买服务，激发社会组织活力，根据《中共中央关于全面深化改革若干重大问题的决定》、《国务院办公厅关于政府向社会力量购买服务的指导意见》（国办发〔2013〕96 号）有关要求，现就支持和规范社会组织承接政府购买服务有关工作通知如下：

一、充分认识社会组织在政府购买服务中的重要作用

党的十八届三中全会提出，适合由社会组织提供的公共服务和解决的事项，交由社会组织承担，对社会组织承接政府购买服务工作提出了新的更高要求。

改革开放以来，我国社会组织稳步发展，秉持非营利性、公益性和公共性原则，在教育科技、健康卫生、文化体育、社会福利、社会治理等公共服务领域发挥了重要作用，已成为社会治理和社会事业的重要主体。充分发挥社会组织在公共服务供给中的独特功能和积极作用，有利于加快转变政府职能，创新公共服务供给方式，提高公共服务供给水平和效率；有利于培育和引导社会组织，加快形成政社分开、权责明确、依法自治的现代社会组织体制；有利于推动整合利用社会资源，增强公众参与意识，激发社会发展活力。

随着政府购买服务工作的推进，社会组织承接政府公共服务能力不足的问题日益显现。突出表现为，社会组织在数量、规模等方面相对滞后，专业素质不够高，内部治理不健全，政社不分、管办一体、责任不清，独立运作能力较弱，社会公信力偏低，筹集和整合社会资源能力不强，这些问题成为影响社会组织承接政府购买服务工作的重要因素。各地要认真贯彻落实党的十八届三中全会精神，按照国办发〔2013〕96号文件的要求，在推广政府购买服务改革中，将提升社会组织公共服务能力作为开展政府购买服务的基础性工作，支持和引导社会组织健康有序发展，充分发挥社会组织在承接政府购买服务中的主体作用。

二、加大对社会组织承接政府购买服务的支持力度

（一）加强社会组织培育发展。加快培育一批独立公正、行为规范、运作有序、公信力强、适应社会主义市场经济发展要求的社会组织。重点培育和优先发展行业协会商会类、科技类、公益慈善类、城乡社区服务类社会组织。统筹利用现有公共服务设施，以适当方式为社会组织开展服务创造必要条件，大力支持社会组织积极参与政府购买公共服务活动。各地要根据本地区经济社会发展情况和社会组织需要，为社会组织充分发挥作用给予政策支持和引导，提升社会组织自主发展、自我管理、筹资和社会服务等能力。鼓励采取孵化培育、人员培训、项目指导、公益创投等多种途径和方式，提升社会组织承接政府购买服务的能力。

（二）按照突出公共性和公益性原则，逐步扩大承接政府购买服务的范围和规模。充分发挥社会组织在公共服务供给中的独特功能和作用，在购买民生保障、社会治理、行业管理等公共服务项目时，同等条件下优先向社会组织购买。在民生保障领域，重点购买社会事业、社会福利、社会救助等服务项目。在社会治理领域，重点购买社区服务、社会工作、法律援助、特殊群体服务、矛盾调解等服务项目。在行业管理领域，重点购买行业规范、行业评价、行业统计、行业标准、职业评价、等级评定等服务项目。公平对待社会组织承接政府购买服务，鼓励社会组织进入法律法规未禁入的公共服务行业和领域，形成公共服务供给的多元化发展格局，满足人民群众多样化需求。

（三）探索多种有效方式，加大社会组织承接政府购买服务支持力度。按照政府采购法和国办发〔2013〕96号文件规定，采用公开招标、邀请招标、竞争性谈判、单一来源采购等方式确定承接主体，有针对性的培育和发展一批社会组织，促进社会组织的发展。有条件的地方可推广利用财政资金支持社会组织参与服务示范项目，逐步加大政府向社会组织购买服务的力度，适合采取市场化方式提供、社会组织能够承担的公共服务，都可以由社会组织参与、承接，所需资金按照预算管理要求在财政预算安排中统筹考虑。引导、支持社会组织募集资金参与服务。贯彻落实国家对社会组织各项税收优惠政策，符合条件的社会组织按照有关税收法律法规规定，享受相关税收优惠。

三、进一步建立健全社会组织承接政府购买服务信用记录管理机制

（一）社会组织承接政府购买服务应当具备以下条件：具有独立承担民事责任的能力；具有开展工作所必需的条件，具有固定的办公场所，有必要的专职工作人员；具有健全的法人治理结构，完善的内部管理、信息公开和民主监督制度；有完善的财务核算和资产管理制度，有依法缴纳税收、社会保险费的良好记录；近三年内无重大违法记录；法律、行政法规规定的其他条件。

（二）社会组织在承接政府购买服务时，应当按要求提供登记证书、年检结论、年度报告、财务审计报告、依法缴纳税收和社会保险费，无重大违法记录的声明等相关证明材料，供购买主体审查。购买主体可根据购买内容的特点规定社会组织的特定条件，但不得对承接主体实行歧视性差别待遇。

（三）按照公开、公正、公平原则，推进社会组织登记管理和承接政府购买服务的信息公开和信息共享，加强政府向社会组织购买服务的绩效管理和绩效评价。建立健全由购买主体、服务对象及专业机构组成的综合性评价机制。各级财政部门要配合购买主体及相关机构加强政府购买服务活动的监管和绩效评价，在推广政府购买服务过程中，对守信社会组织予以支持和激励，对失信社会组织予以限制和禁止。各级民政部门要建立完善社会组织信用体系，协助核实社会组织的资质及相关条件，及时收录承接政府购买服务的社会组织绩效评价结果和对违法社会组织的处罚决定等内容，每年按时向社会公布社会组织名录和信用记录。有关部门要将社会组织承接政府购买服务情况纳入年检、评估和执法工作体系，加大对违法违规行为的执法监管力度。

四、切实做好社会组织承接政府购买服务的组织实施

各地要建立健全部门联动机制，统筹规划、协调指导政府向社会组织购买服务工作。及时披露、公开信息，鼓励社会监督，充分调动社会参与的积极性。要结合实际，制定支持和规范社会组织承接政府购买服务的具体政策，确保工作落到实处，取得成效。切实加强调查研究，认真总结好经验、好做法，及时发现并解决政府向社会组织购买服务工作中出现的问题。

执行中遇到的新情况和重大问题，以及有关意见和建议，请及时报送财政部、民政部。

财政部关于政府购买服务有关预算管理问题的通知

（2014 年 1 月 24 日　财预〔2014〕13 号）

党中央有关部门，国务院各部委、各直属机构，总后勤部，武警各部队，全国人大常委会办公厅，全国政协办公厅，高法院，高检院，有关人民团体，新疆生产建设兵团财务局，有关中央管理企业，各省、自治区、直辖市、计划单列市财政厅（局）：

为全面贯彻落实党的十八大和十八届二中、三中全会精神，加快政府职能转变，改进政府提供公共服务方式，优化资源配置，提高财政资金使用效益，根据《国务院办公厅关于政府向社会力量购买服务的指导意见》（国办发〔2013〕96 号）有关要求，现就推进政府购买服务有关预算管理工作通知如下：

一、妥善安排购买服务所需资金

政府购买服务所需资金列入财政预算，从部门预算经费或经批准的专项资金等既有预算中统筹安排。对预算已安排资金且明确通过购买方式提供的服务项目，按相关规定执行；对预算已安排资金但尚未明确通过购买方式提供的服务，可根据实际情况，调整通过政府购买服务的方式交由社会力量承办。既要禁止一些单位将本应由自身承担的职责，转嫁给社会力量承担，产生"养懒

人"现象，也要避免将不属于政府职责范围的服务大包大揽，增加财政支出压力。

二、健全购买服务预算管理体系

要加强调查研究，总结试点经验，立足成本效益分析，加快建立购买服务支出标准体系，推进购买服务项目库建设，逐步在预算编报、资金安排、预算批复等方面建立规范流程，不断健全预算编制体系，提高购买服务预算编制的科学化、规范化。

三、强化购买服务预算执行监控

财政部门和预算单位要对购买服务提供进行全过程跟踪，对合同履行、绩效目标实施等，发现偏离目标要及时采取措施予以纠正，确保资金规范管理、安全使用和绩效目标如期实现。承接主体要认真履行合同规定，采取有效措施增强服务能力，提高服务水平，确保提供服务的数量、质量等达到预期目标。

四、推进购买服务预算信息公开

严格执行《中华人民共和国政府信息公开条例》有关规定，建立健全购买服务信息公开机制，拓宽公开渠道，搭建公开平台，及时将购买的服务项目、服务标准、服务要求、服务内容、预算安排、购买程序、绩效评价标准、绩效评价结果等购买服务预算信息向社会公开，提高预算透明度，回应社会关切，接受社会监督。

五、实施购买服务预算绩效评价

购买服务预算绩效评价是全过程预算绩效管理的有机组成部分。要按照建立全过程预算绩效管理机制的要求，强调结果导向，大力推进购买服务预算绩效评价工作，将预算绩效管理理念贯穿于购买服务预算管理全过程，强化部门支出责任，加强成本效益分析，控制降低公共成本，节约社会资源，加强绩效评价和结果应用。评价结果作为以后年度编制预算和选择承接主体的重要参考依据，不断提高对财政资金使用效益和公共服务的质量。

六、严格购买服务资金监督检查

使用购买服务预算资金要严格遵守相关财政财务管理规定，不得截留和挪用财政资金。要加强对政府购买服务预算资金使用的监督检查，适时开展抽查检查，确保预算资金的规范管理和合理使用。对发现的违法行为，依照《财政违法行为处罚处分条例》（国务院令第 427 号）等有关规定追究法律责任。

财政部关于推进和完善服务项目
政府采购有关问题的通知

（2014 年 4 月 14 日　财库〔2014〕37 号）

党中央有关部门，国务院各部委、各直属机构，全国人大常委会办公厅，全国政协办公厅，高法院，高检院，有关人民团体，各省、自治区、直辖市、计划单列市财政厅（局），新疆生产建设兵团财务局：

为贯彻落实党的十八届三中全会《中共中央关于全面深化改革若干重大问题的决定》精神，大力推进政府购买服务工作，根据《政府采购法》、《国务院办公厅关于政府向社会力量购买服务的指导意见》（国办发〔2013〕96 号）等有关规定，现将推进和完善服务项目政府采购有关事项通知如下：

一、分类推进服务项目政府采购工作

根据现行政府采购品目分类，按照服务受益对象将服务项目分为三类：

第一类为保障政府部门自身正常运转需要向社会购买的服务。如公文印刷、物业管理、公车租赁、系统维护等。

第二类为政府部门为履行宏观调控、市场监管等职能需要向社会购买的服务。如法规政策、发展规划、标准制定的前期研究和后期宣传、法律咨询等。

第三类为增加国民福利、受益对象特定，政府向社会公众提供的公共服务。包括：以物为对象的公共服务，如公共设施管理服务、环境服务、专业技术服务等；以人为对象的公共服务，如教育、医疗卫生和社会服务等。

要按照"方式灵活、程序简便、竞争有序、结果评价"的原则，针对服务项目的不同特点，探索与之相适应的采购方式、评审制度与合同类型，建立健全适应服务项目政府采购工作特点的新机制。

二、加强政府采购服务项目采购需求管理

推进制定完整、明确、符合国家法律法规以及政府采购政策规定的服务采购需求标准。第一类中列入政府集中采购目录的服务项目，采购需求标准由集中采购机构提出。其他服务项目的采购需求标准由采购人（购买主体）提出。采购人、集中采购机构制定采购需求标准时，应当广泛征求相关供应商（承接主体）、专家意见。对于第三类服务项目，还应当征求社会公众的意见。各省级财政部门可以根据实际情况，分品目制定发布适用于本行政区域的服务项目采购需求标准。

加强采购需求制定相关的内控管理。采购人、集中采购机构应当明确相关岗位的职责和权限，确保政府采购需求制定与内部审批、采购文件准备与验收等不相容岗位分设。

三、灵活开展服务项目政府采购活动

简化采购方式变更的审核程序。采购人要按照政府采购法律制度规定，根据服务项目的采购需求特点，选择适用采购方式。对于采购需求处于探索阶段或不具备竞争条件的第三类服务项目，符合《政府采购法》第二十七条规定申请适用公开招标以外的采购方式的，财政部门要简化申请材料要求，也可以改变现行一事一批的管理模式，实行一揽子批复。

积极探索新的政府采购合同类型。各地各部门可以根据政府采购服务项目的需求特点，灵活采用购买、委托、租赁、雇用等各种合同方式，探索研究金额不固定、数量不固定、期限不固定、特许经营服务等新型合同类型。各省级财政部门可在此基础上制定发布相应的合同范本。

积极培育政府购买服务供给市场。对于有服务区域范围要求、但本地区供应商无法形成有效竞争的服务项目，采购人可以采取将大额项目拆分采购、新增项目向其他供应商采购等措施，促进建立良性的市场竞争关系。采购需求具有相对固定性、延续性且价格变化幅度小的服务项目，在年度预算能保障的前提下，采购人可以签订不超过三年履行期限的政府采购合同。

四、严格服务项目政府采购履约验收管理

完善服务项目履约验收管理制度。采购人或者集中采购机构应当按照采购合同规定组织履约验收，并出具验收书，验收书应当包括每一项服务要求的履约情况。第二类服务项目，供应商提交的服务成果应当在政府部门内部公开。第三类服务项目，验收时可以邀请第三方评价机构参与并出具意见，验收结果应当向社会公告。以人为对象的公共服务项目，验收时还应按一定比例邀请服务对象参与并出具意见。

鼓励引入政府采购履约担保制度。对于金额较大、履约周期长、社会影响面广或者对供应商有较高信誉要求的服务项目，可以探索运用市场化手段，引入政府采购信用担保，通过履约担保促进供应商保证服务效果，提高服务水平。

五、推进政府采购服务项目绩效评价

建立绩效评价与后续采购相衔接的管理制度。按照全过程预算绩效管理制度要求，加强服务项目政府采购绩效评价，对项目的资金节约、政策效能、透明程度以及专业化水平进行综合、客观评价。对于服务项目验收或者绩效评价结果优秀的供应商，在同类项目的采购中同等条件下可以优先考虑。

各地各部门应当根据上述原则和要求，积极推进和完善服务项目政府采购工作。各地可根据实际，研究制定符合本地条件的服务项目政府采购的具体操作程序和办法，确保服务采购环节的顺畅高效。

财政部关于做好政府购买服务工作有关问题的通知

(2013 年 12 月 4 日　财综〔2013〕111 号)

国务院各部委、各直属机构，各省、自治区、直辖市、计划单列市财政厅(局)，新疆生产建设兵团财务局，财政部驻各省、自治区、直辖市、计划单列市财政监察专员办事处：

为贯彻落实党的十八届三中全会精神和《国务院办公厅关于政府向社会力

量购买服务的指导意见》（国办发〔2013〕96 号，以下简称《指导意见》），加快推进政府购买服务工作，现就有关事项通知如下：

一、充分认识推进政府购买服务工作的重要性和紧迫性

推进政府购买服务是新时期全面深化改革的必然要求。当前，我国发展进入新阶段，社会结构、利益格局、思想观念发生了深刻变化，人民群众日益增长的公共服务需求对政府管理和服务模式提出了新要求。在全面深化改革的关键时期，大力推进政府购买服务，逐步建立健全政府购买服务制度，是正确处理政府和市场、社会的关系，建设服务型政府，推进国家治理体系和治理能力现代化的客观要求；是创新公共服务供给方式、提高公共服务供给水平和效率的迫切需要；是培育和引导社会组织、加快服务业发展、扩大服务业开放、引导有效需求的重要举措，对于深化社会领域改革，推动政府职能转变，整合利用社会资源，增强公众参与意识，激发经济社会活力，提高财政资金使用效益，为人民群众提供更加优质的公共服务具有重要意义。

党中央、国务院高度重视政府购买服务工作，作出了一系列部署和要求。党的十八大强调要改进政府提供公共服务方式，新一届国务院明确要求在公共服务领域更多利用社会力量，加大政府购买服务力度，党的十八届三中全会通过的《中共中央关于全面深化改革若干重大问题的决定》明确提出，推广政府购买服务，凡属事务性管理服务，原则上都要引入竞争机制，通过合同、委托等方式向社会购买。国务院领导多次作出重要批示，要求财政部会同有关部门抓紧推进政府购买公共服务改革。

当前和今后一个时期，大力推进政府购买服务是贯彻落实三中全会精神和《指导意见》的一项重要工作任务。《指导意见》是推动我国政府购买服务工作的重要指导性文件，各地区、各部门要认真学习领会、准确把握精神，将思想和行动统一到党中央、国务院的决策部署上来，统一到《指导意见》的精神上来，将推进政府购买服务工作摆在发展改革的重要位置，增强紧迫感、使命感和责任感，按照中央的部署和要求，积极稳妥、扎实有效地开展工作，确保《指导意见》顺利实施。

二、积极有序推进政府购买服务工作

《指导意见》的基本定位是注重原则性、方向性、统筹性和指导性，既鼓励支持地方和部门先行先试，发挥做好政府购买服务工作的主动性、积极性和创新精神，也明确了工作的总体目标和基本要求。根据《指导意见》的精神，目前，为进一步做好顶层设计，财政部正抓紧研究政府购买服务管理办法以及相关预算、政府采购、税收等具体政策措施。各地区、各部门要结合实际，积极行动起来，主动部署开展工作，抓紧制定相关政策文件，尽快形成中央和地方共同推进购买服务工作的氛围和机制。

（一）坚持正确方向，积极探索创新。开展政府购买服务工作要以改革的决心和勇气，正确处理当前和长远、全局和局部的关系，正确对待利益格局调整，不拖不等不靠，积极创新，大胆探索。要根据《指导意见》精神，抓紧制定本地区、本部门政府购买服务的实施意见、办法和具体措施，尽快形成中央与地方衔接配套、操作性强的政府购买服务政策体系。已经出台相关文件的，要对照《指导意见》进一步细化和完善相关政策措施，不断健全与本地经济社会发展相适应的政府购买服务制度体系。尚未出台政策性文件的，要按照《指导意见》要求，结合工作实际，在调查研究基础上，抓紧研究针对性的政策措施和办法，积极探索试点，积累经验，逐步推开。

（二）坚持突出重点，稳妥有序推广。要结合实际，在准确把握公众需求的基础上，全面梳理并主动提出购买服务的内容和事项，精心研究制定指导性目录，明确购买的服务种类、性质和内容。在公共服务需求日趋多样化的形势下，应突出公共性和公益性，重点考虑、优先安排与保障和改善民生密切相关的领域和项目，把有限的财政资金用到人民群众最需要的地方。对于政府新增的或临时性、阶段性的公共服务事项，凡适合社会力量承担的，原则上都按照政府购买服务的方式进行。看得准、拿得稳的先推下去，一时看不准、有疑问的要深入研究，条件成熟了再推进。要通过购买服务，推动政府简政放权，防止"大包大揽"。要确保政府全面正确履行职能，防止"卸包袱"，将应当由政府直接提供、不适合社会力量承担的公共服务事项推向市场。购买服务的范围、内容和目录应倾听群众呼声，反映群众意愿，根据经济社会和政府职能的发展变化，及时进行动态调整。

（三）坚持规范操作，完善购买程序。要按照公开、公平、公正的原则，完善政府购买服务的各项程序规定，建立以项目申报、项目评审、组织采购、资质审核、合同签订、项目监管、绩效评估、经费兑付等为主要内容的规范化购买流程，有序开展工作。要将政府购买服务资金纳入预算，并严格资金管理，加强绩效评价。要及时充分地向社会公开购买服务的项目内容、承接主体条件、绩效评价标准等信息，确保社会力量公平参与竞争，严禁层层转包、豪华购买、暗箱操作等违规违法行为，筑牢预防腐败的制度防线。

（四）坚持政策衔接，注重建章立制。要处理好积极推进和制度建设的关系，做好相关政策的完善和相互衔接。既要考虑当前政府购买服务工作的重点是鼓励和推进改革，在坚持大的原则不变和透明预算的前提下，注重研究解决现行政府采购、预算编制、会计处理等技术性管理难题，必要时可适当做出政策调整，为政府购买服务工作的顺利推进创造条件；又要兼顾长远，在实践中不断总结经验，注重体制机制建设，为将来建立购买服务制度打基础。同时，要做好政府购买服务与事业单位分类改革、行业协会商会脱钩等相关改革的衔接，按照国务院关于"财政供养人员只减不增"的要求，在有效增加公共服务供给的同时，积极研究探索通过政府购买服务方式支持改革的政策措施，实现"费随事转"。要通过政府购买服务，推动公办事业单位与主管部门理顺关系和去行政化，推进有条件的事业单位转为企业或社会组织，坚决防止一边购买服务，一边又养人办事、"两头占"的现象发生。

三、切实加强对政府购买服务工作的组织实施

推广政府购买服务是一项新的综合性改革工作，是全面深化改革的重要举措和方向，政策性强，涉及面广，任务艰巨，要用发展的眼光、改革的理念切实加强对这项工作的组织实施。

（一）加强组织领导。各地区、各部门要按照政府主导、部门负责、社会参与、共同监督的要求，切实加强对政府购买服务的组织和指导。要尽快建立工作机制，制定工作计划和实施方案，扎实推进。同时，加强对下一级政府购买服务的指导，督促其积极开展工作。

（二）发挥牵头作用。各地区、各部门财政（务）部门要切实履行职责，发挥好牵头作用，当好参谋助手，加强沟通协调，形成工作合力。各地财政部门要尽快明确牵头处室，明确分工，落实责任。中央国家机关各部门要尽快明确牵头司局和责任处室，积极支持配合财政部统筹推进政府购买服务工作，并主动做好本部门、本行业、本系统相关工作。

（三）加强培训宣传。各地区、各部门要切实加大宣传和培训力度，确保广大干部群众及相关社会力量负责人、工作人员了解、熟悉和掌握有关背景知识、政策措施及操作规范。要充分利用广播、电视、网络、报刊等媒体，广泛宣传实施政府购买服务工作的重要意义、指导思想、基本原则和主要政策措施，为推进工作营造良好的舆论环境。

各地区、各部门要按照党的群众路线教育实践活动要求，切实加强调查研究，认真总结好经验、好做法，及时发现并解决实施过程中出现的问题，逐步完善政策措施和制度设计，确保近期工作取得实质性进展，中长期形成比较完善的政府购买服务制度体系。各地区、各部门的工作进展情况、工作中遇到的新情况和重大问题，以及有关意见和建议，请及时报财政部，以便统筹研究解决。

财政部关于推进政府购买服务
第三方绩效评价工作的指导意见

（2018 年 7 月 30 日　财综〔2018〕42 号）

党中央有关部门，国务院各部委、各直属机构，全国人大常委会办公厅，全国政协办公厅，国家监察委办公厅，高法院，高检院，各民主党派中央，有关人民团体，各省、自治区、直辖市、计划单列市财政厅（局），新疆生产建设兵团财政局：

为贯彻落实党中央、国务院决策部署，提高政府购买服务质量，规范政府购买服务行为，现就推进政府购买服务第三方绩效评价工作提出以下意见。

一、总体要求

（一）指导思想。以习近平新时代中国特色社会主义思想为指导，全面贯彻党的十九大和十九届二中、三中全会精神，坚持和加强党的全面领导，坚持稳中求进工作总基调，坚持新发展理念，紧扣我国社会主要矛盾变化，按照高质量发展的要求，统筹推进"五位一体"总体布局和协调推进"四个全面"战略布局，坚持以供给侧结构性改革为主线，按照党中央、国务院决策部署和加快建立现代财政制度、全面实施绩效管理的要求，扎实有序推进政府购买服务第三方绩效评价工作，不断提高规范化、制度化管理水平，逐步扩大绩效评价项目覆盖面，着力提升财政资金效益和政府公共服务管理水平。

（二）基本原则。一是坚持问题导向。针对当前政府购买服务存在的问题，准确把握公共服务需求，创新财政支持方式，加快转变政府职能，将第三方绩效评价作为推动政府购买服务改革的重要措施。二是坚持分类实施。结合开展政府购买服务指导性目录编制工作，进一步研究细化项目分类，探索创新评价路径。三是坚持统筹协调。按照全面实施绩效管理和推广政府购买服务的要求，加强政府购买服务第三方绩效评价与事业单位分类改革、行业协会商会脱钩改革等之间的衔接，形成合力，统筹考虑各地区、领域和部门的实际情况，提高评价实效。四是坚持公开透明。遵循公开、公平、公正原则，鼓励竞争择优，注重规范操作，充分发挥第三方评价机构的专业优势，确保评价结果客观、公正、可信。

二、工作内容

（一）明确相关主体责任。各级财政部门负责政府购买服务第三方绩效评价制度建设和业务指导，必要时可直接组织第三方机构开展绩效评价工作；购买主体负责承担第三方机构开展绩效评价的具体组织工作；第三方机构依法依规开展绩效评价工作，并对评价结果真实性负责；承接主体应当配合开展绩效评价工作。

（二）确定绩效评价范围。受益对象为社会公众的政府购买公共服务项目，应当积极引入第三方机构开展绩效评价工作，就购买服务行为的经济性、规范性、效率性、公平性开展评价。各地区、各部门可以结合自身实际，具体确定重点领域、重点项目，并逐步扩大范围。

（三）择优确定评价机构。严格按照政府购买服务相关规定，择优选择具备条件的研究机构、高校、中介机构等第三方机构开展评价工作，确保评价工作的专业性、独立性、权威性。探索完善培育第三方机构的政策措施，引导第三方机构提高服务能力和管理水平。结合政务信息系统整合共享，充分利用现有第三方机构库组织开展评价工作。

（四）建立健全指标体系。编制预算时应同步合理设定政府购买服务绩效目标及相应指标，作为开展政府购买服务绩效评价的依据。指标体系要能够客观评价服务提供状况和服务对象、相关群体以及购买主体等方面满意情况，特别是对服务对象满意度指标应当赋予较大权重。

（五）规范开展评价工作。将绩效管理贯穿政府购买服务全过程，推动绩效目标管理、绩效运行跟踪监控和绩效评价实施管理相结合，根据行业领域特点，因地制宜、规范有序确定相应的评价手段、评价方法和评价路径，明确第三方机构评价期限、权利义务、违约责任、结项验收、合同兑现等事项。

（六）重视评价结果应用。财政部门直接组织开展第三方绩效评价的，应及时向购买主体和承接主体反馈绩效评价结果，提出整改要求，并将评价结果作为以后年度预算安排的重要依据。购买主体组织开展第三方绩效评价的，应及时向承接主体反馈绩效评价结果，探索将评价结果与合同资金支付挂钩，并作为以后年度选择承接主体的重要参考。

（七）做好评价经费管理。财政部门和购买主体要做好评价成本核算工作，合理测算评价经费。允许根据项目特点选择预算安排方式，对于一般项目，评价费用在购买服务支出预算中安排；对于重大项目或多个项目一并开展评价工作的，可以单独安排预算。

（八）加强信息公开和监督管理。财政部门和购买主体要做好信息公开工作，及时充分地将评价机构、评价标准、评价结果等内容向社会公开，自觉接受社会监督；加强评价机构信用信息的记录、使用和管理，将第三方评价机构的信用信息纳入共享平台，对于失信评价机构依法依规限制参与承接评价工作；对评价工作应实行全过程监督，及时处理投诉举报，严肃查处暗箱操作、利益输送、弄虚作假等违法违规行为，依法依规对违规评价机构进行处罚。

三、工作要求

（一）坚持试点先行。为积极稳妥推进政府购买服务第三方绩效评价工作，财政部将于2018—2019年组织部分省市开展试点，通过试点完善政府购买服务绩效指标体系，探索创新评价形式、评价方法、评价路径，稳步推广第三方绩效评价。综合考虑地方经济社会发展及评价工作开展情况等因素，选取天津市、山西省、吉林省、上海市、江苏省、浙江省、河南省、四川省、贵州省、深圳市等10个省、直辖市、计划单列市开展试点。

（二）加强组织领导。试点地区财政部门要切实加强对政府购买服务第三方绩效评价工作的组织领导，统筹规划、统一部署，理顺工作机制，制定试点工作方案，明确工作目标和具体措施，科学设置政府购买服务绩效指标体系，为开展评价工作提供制度保障；要结合本地实际，优先选择与人民群众生活密切相关、资金量较大、社会关注度高的公共服务项目开展试点，并定期将评价结果向同级审计部门通报。试点地区要认真总结试点经验，完善评价制度，每年年底前向财政部报送试点情况。

（三）做好宣传解读。试点地区要加强政策宣传，全面解读相关政策要求，引导有关方面充分认识开展政府购买服务第三方绩效评价工作的重要意义，广泛调动社会力量参与的积极性主动性，为开展第三方绩效评价工作创造良好氛围。

财政部关于坚决制止地方以政府购买服务名义
违法违规融资的通知

(2017 年 5 月 28 日　财预〔2017〕87 号)

各省、自治区、直辖市、计划单列市财政厅（局）：

《国务院办公厅关于政府向社会力量购买服务的指导意见》（国办发
〔2013〕96 号）印发后，各地稳步推进政府购买服务工作，取得了良好成效。
同时，一些地区存在违法违规扩大政府购买服务范围、超越管理权限延长购买
服务期限等问题，加剧了财政金融风险。根据《中华人民共和国预算法》、《中
华人民共和国政府采购法》、《国务院关于实行中期财政规划管理的意见》（国
发〔2015〕3 号）、国办发〔2013〕96 号文件等规定，为规范政府购买服务管
理，制止地方政府违法违规举债融资行为，防范化解财政金融风险，现就有关
事项通知如下：

一、**坚持政府购买服务改革正确方向**。推广政府购买服务是党的十八届三
中全会决定明确的一项重要改革任务，有利于加快转变政府职能、改善公共服
务供给、推进财政支出方式改革。政府购买服务所需资金应当在年度预算和中
期财政规划中据实足额安排。实施政府购买服务改革，要坚持费随事转，注重
与事业单位改革、行业协会商会与行政主管部门脱钩转制改革、支持社会组织
培育发展等政策相衔接，带动和促进政事分开、政社分开。地方政府及其所属
部门要始终准确把握并牢固坚持政府购买服务改革的正确方向，依法依规、积
极稳妥地加以推进。

二、**严格按照规定范围实施政府购买服务**。政府购买服务内容应当严格限
制在属于政府职责范围、适合采取市场化方式提供、社会力量能够承担的服务
事项，重点是有预算安排的基本公共服务项目。科学制定并适时完善分级分部
门政府购买服务指导性目录，增强指导性目录的约束力。对暂时未纳入指导性

目录又确需购买的服务事项，应当报财政部门审核备案后调整实施。

严格按照《中华人民共和国政府采购法》确定的服务范围实施政府购买服务，不得将原材料、燃料、设备、产品等货物，以及建筑物和构筑物的新建、改建、扩建及其相关的装修、拆除、修缮等建设工程作为政府购买服务项目。严禁将铁路、公路、机场、通讯、水电煤气，以及教育、科技、医疗卫生、文化、体育等领域的基础设施建设，储备土地前期开发，农田水利等建设工程作为政府购买服务项目。严禁将建设工程与服务打包作为政府购买服务项目。严禁将金融机构、融资租赁公司等非金融机构提供的融资行为纳入政府购买服务范围。政府建设工程项目确需使用财政资金，应当依照《中华人民共和国政府采购法》及其实施条例、《中华人民共和国招标投标法》规范实施。

三、严格规范政府购买服务预算管理。政府购买服务要坚持先有预算、后购买服务，所需资金应当在既有年度预算中统筹考虑，不得把政府购买服务作为增加预算单位财政支出的依据。地方各级财政部门应当充分考虑实际财力水平，妥善做好政府购买服务支出与年度预算、中期财政规划的衔接，足额安排资金，保障服务承接主体合法权益。年度预算未安排资金的，不得实施政府购买服务。购买主体应当按照批准的预算执行，从部门预算经费或经批准的专项资金等既有年度预算中统筹安排购买服务资金。购买主体签订购买服务合同，应当确认涉及的财政支出已在年度预算和中期财政规划中安排。政府购买服务期限应严格限定在年度预算和中期财政规划期限内。党中央、国务院统一部署的棚户区改造、易地扶贫搬迁工作中涉及的政府购买服务事项，按照相关规定执行。

四、严禁利用或虚构政府购买服务合同违法违规融资。金融机构涉及政府购买服务的融资审查，必须符合政府预算管理制度相关要求，做到依法合规。承接主体利用政府购买服务合同向金融机构融资时，应当配合金融机构做好合规性管理，相关合同在购买内容和期限等方面必须符合政府购买服务有关法律和制度规定。地方政府及其部门不得利用或虚构政府购买服务合同为建设工程变相举债，不得通过政府购买服务向金融机构、融资租赁公司等非金融机构进行融资，不得以任何方式虚构或超越权限签订应付（收）账款合同帮助融资平台公司等企业融资。

五、切实做好政府购买服务信息公开。各地应当将年度预算中政府购买服务总金额、纳入中期财政规划的政府购买服务总金额以及政府购买服务项目有关预算信息，按规定及时向社会公开，提高预算透明度。购买主体应当依法在中国政府采购网及其地方分网及时公开政府购买服务项目相关信息，包括政府购买服务内容、购买方式、承接主体、合同金额、分年财政资金安排、合同期限、绩效评价等，确保政府购买服务项目信息真实准确，可查询、可追溯。坚决防止借政府购买服务名义进行利益输送等违法违规行为。

各省级财政部门要充分认识规范政府购买服务管理、防范财政金融风险的重要性，统一思想，加强领导，周密部署，报经省级政府批准后，会同相关部门组织全面摸底排查本地区政府购买服务情况，发现违法违规问题的，督促相关地区和单位限期依法依规整改到位，并将排查和整改结果于 2017 年 10 月底前报送财政部。

财政部、中央编办关于做好事业单位政府购买服务改革工作的意见

（2016 年 11 月 30 日　财综〔2016〕53 号）

各省、自治区、直辖市人民政府，国务院各部委、各直属机构：

推广政府购买服务是党中央、国务院作出的重要决策，对于创新公共服务提供方式，促进政府职能转变，提高公共服务质量和效率具有重要意义。事业单位是提供公共服务的重要力量，在促进经济社会发展、改善人民群众生活等方面发挥着重要作用，但也存在一些事业单位政事不分、事企不分，服务质量和效率不高等问题。为做好事业单位政府购买服务改革工作，通过政府购买服务改革支持事业单位分类改革和转型发展，增强事业单位提供公共服务能力，

经国务院同意，现提出如下意见。

一、总体要求

（一）指导思想。全面贯彻党的十八大、十八届三中、四中、五中、六中全会和习近平总书记系列重要讲话精神，认真落实党中央、国务院决策部署，通过推进事业单位政府购买服务改革，推动政府职能转变，深化简政放权、放管结合、优化服务改革，改进政府提供公共服务方式，支持事业单位改革，促进公益事业发展，切实提高公共服务质量和水平。

（二）基本原则。一是坚持分类施策。依据现行政策，事业单位分为承担行政职能事业单位、公益一类事业单位、公益二类事业单位、生产经营类事业单位四类，按其类别及职能，合理定位参与政府购买服务的角色作用，明确相应要求。二是坚持问题导向。针对事业单位存在的问题，加快转变政府职能，创新财政支持方式，将政府购买服务作为推动事业单位改革发展的重要措施，强化事业单位公益属性，增强服务意识，激发内在活力。三是坚持公开透明。遵循公开、公平、公正原则推进事业单位政府购买服务改革，注重规范操作，鼓励竞争择优，营造良好的改革环境。四是坚持统筹协调。做好政府购买服务改革与事业单位分类改革有关经费保障、机构编制、人事制度、收入分配、养老保险等方面政策的衔接，形成改革合力。五是坚持稳妥推进。充分考虑事业单位改革的复杂性和艰巨性，对事业单位政府购买服务改革给予必要的支持政策，妥善处理改革发展稳定的关系，确保事业单位政府购买服务改革工作顺利推进。

（三）总体目标。到2020年底，事业单位政府购买服务改革工作全面推开，事业单位提供公共服务的能力和水平明显提升；现由公益二类事业单位承担并且适宜由社会力量提供的服务事项，全部转为通过政府购买服务方式提供；通过政府购买服务，促进建立公益二类事业单位财政经费保障与人员编制管理的协调约束机制。

二、分类定位

（一）完全或主要承担行政职能的事业单位可以比照政府行政部门，作为政府购买服务的购买主体。部分承担行政职能的事业单位完成剥离行政职能改革后，应当根据新的分类情况执行相应的政府购买服务政策。不承担行政职能的事业单位不属于政府购买服务的购买主体，因履职需要购买辅助性服务的，应当按照政府采购法律制度有关规定执行。

（二）承担义务教育、基础性科研、公共文化、公共卫生及基层的基本医疗服务等基本公益服务，不能或不宜由市场配置资源的公益一类事业单位，既不属于政府购买服务的购买主体，也不属于承接主体，不得参与承接政府购买服务。有关行政主管部门应当加强对所属公益一类事业单位的经费保障和管理，强化公益属性，有效发挥政府举办事业单位提供基本公共服务的职能作用。

（三）承担高等教育、非营利医疗等公益服务，可部分由市场配置资源的公益二类事业单位，可以作为政府购买服务的承接主体。现由公益二类事业单位承担并且适宜由社会力量提供的服务事项，应当纳入政府购买服务指导性目录，并根据条件逐步转为通过政府购买服务方式提供。有关行政主管部门应当创造条件积极支持公益二类事业单位与其他社会力量公平竞争参与承接政府购买服务，激发事业单位活力，增强提供公共服务能力。

（四）生产经营类事业单位可以作为政府购买服务的承接主体，在参与承接政府购买服务时，应当与社会力量平等竞争。

（五）尚未分类的事业单位，待明确分类后按上述定位实施改革。

三、主要措施

（一）推行政府向公益二类事业单位购买服务。2020年底前，凡是公益二类事业单位承担并且适宜由社会力量提供的服务事项，应当将财政拨款改为政府购买服务，可以由其行政主管部门直接委托给事业单位并实行合同化管理。其中，采取直接委托购买服务项目，属于政府采购集中采购目录以内或者采购限额标准以上的，通过单一来源采购方式实施；已经采用竞争性购买方式的，应当继续实行。政府新增用于公益二类事业单位的支出，应当优先通过政府购买服务方式安排。积极推进采用竞争择优方式向事业单位购买服务，逐步减少向公益二类事业单位直接委托的购买服务事项。

（二）探索建立与政府购买服务制度相适应的财政支持和人员编制管理制

度。实施政府向事业单位购买服务的行政主管部门，应当将相关经费预算由事业单位调整至部门本级管理。积极探索建立事业单位财政经费与人员编制协调约束机制，创新事业单位财政经费与人员编制管理，推动事业单位改革逐步深入。

（三）将现由事业单位承担并且适宜由社会力量提供的服务事项纳入政府购买服务指导性目录。各行政主管部门要结合政府购买服务指导性目录编制工作，细化由本部门事业单位承担并且适宜由社会力量提供的服务事项，报经同级财政、机构编制等部门审核后纳入部门指导性目录，作为政府向事业单位购买服务的依据。

（四）落实税收等相关优惠政策。购买主体应当结合政府向事业单位购买服务项目特点和相关经费预算，综合物价、工资、税费等因素，合理测算安排项目所需支出。事业单位承接政府购买服务取得的收入，应当纳入事业单位预算统一核算，依法纳税并享受相关税收优惠等政策。税后收入由事业单位按相关政策规定进行支配。

（五）加强合同履约管理。购买主体应当做好对项目执行情况的跟踪，及时了解掌握购买项目实施进度及资金运作情况，督促承接服务的事业单位严格履行合同，确保服务质量，提高服务对象满意度。承接服务的事业单位履行合同约定后，购买主体应当及时组织对合同履行情况进行检查验收。购买主体向承接主体支付购买服务资金，应当根据合同约定和国库集中支付制度规定办理。

（六）推进绩效管理。购买主体应当会同财政部门建立全过程预算绩效管理机制，依据确定的绩效目标开展绩效管理。购买主体要结合购买服务合同履行情况，推进政府购买事业单位服务绩效评价工作，将绩效评价结果作为确定事业单位后续年度参与承接政府购买服务的考量因素，健全对事业单位的激励约束机制，提高财政资金使用效益和公共服务提供质量及效率。积极探索推进第三方评价。

（七）强化监督管理。各级财政部门要将政府向事业单位购买服务工作纳入财政监督范围，加强监督检查与绩效评价相结合，加大监督力度，保障政府购买服务工作规范开展。参与承接政府购买服务的事业单位应当自觉接受财政、审计和社会监督。

（八）做好信息公开。各级政府部门向事业单位购买服务，应当按照《中华人民共和国政府采购法》、《中华人民共和国政府信息公开条例》等相关规定，及时公开政府购买服务项目实施全过程相关信息，自觉接受社会监督。凡通过单一来源采购方式实施的政府向事业单位购买服务项目，要严格履行审批程序，需要事前公示的要按要求做好公示。积极推进政府向事业单位购买服务绩效信息公开。

四、工作要求

（一）落实工作责任。各省（区、市）财政、机构编制等部门要按照本意见要求，结合本地区实际制定事业单位政府购买服务改革工作实施方案，周密部署，认真组织做好本地区改革工作。各省（区、市）实施方案应于 2016 年 12 月底前送财政部、中央编办备案。各有关部门要做好本部门事业单位政府购买服务改革工作，指导推进本系统事业单位政府购买服务改革。

（二）扎实有效推进。2016 年，财政部、中央编办将会同教育部、食品药品监管总局、中国残联在抓好典型项目政府购买服务改革试点工作中，认真探索政府向事业单位购买服务的有效做法和经验，及时研究完善相关政策；其他部门和地方要积极做好事业单位政府购买服务改革相关准备工作。2017 年开始，各有关部门要根据本部门所属事业单位实际情况，推进事业单位政府购买服务改革，逐步增加公益二类事业单位实行政府购买服务的项目和金额；各省（区、市）要按照本地区改革实施方案，扎实推进事业单位政府购买服务改革，及时总结经验，完善政策，确保 2020 年底前完成本意见确定的事业单位政府购买服务改革目标任务。

（三）加强调研督导。事业单位政府购买服务改革涉及面广、政策性强，社会普遍关注，直接关系事业单位人员切身利益，各地区、各部门要切实加强对改革工作的领导，深入基层调研指导，及时研究并妥善处理改革中遇到的矛盾和问题。财政、机构编制部门要加强改革工作沟通协调，组织做好改革工作督导、专题调研、政策培训和经验推广，确保改革工作平稳有序推进。

七、采购机构

财政部关于印发《政府采购代理机构
管理暂行办法》的通知

(2018 年 1 月 4 日　财库〔2018〕2 号)

党中央有关部门，国务院各部委、各直属机构，全国人大常委会办公厅，全国
政协办公厅，高法院，高检院，各民主党派中央，有关人民团体，各省、自治
区、直辖市、计划单列市财政厅（局），新疆生产建设兵团财政局：

现将《政府采购代理机构管理暂行办法》印发给你们，请遵照执行。

附件：政府采购代理机构管理暂行办法

附件：

政府采购代理机构管理暂行办法

第一章　总　　则

第一条　为加强政府采购代理机构监督管理，促进政府采购代理机构规范
发展，根据《中华人民共和国政府采购法》《中华人民共和国政府采购法实施
条例》等法律法规，制定本办法。

第二条　本办法所称政府采购代理机构（以下简称代理机构）是指集中采
购机构以外、受采购人委托从事政府采购代理业务的社会中介机构。

第三条　代理机构的名录登记、从业管理、信用评价及监督检查适用本
办法。

第四条　各级人民政府财政部门（以下简称财政部门）依法对代理机构从

事政府采购代理业务进行监督管理。

第五条 财政部门应当加强对代理机构的政府采购业务培训，不断提高代理机构专业化水平。鼓励社会力量开展培训，增强代理机构业务能力。

第二章 名录登记

第六条 代理机构实行名录登记管理。省级财政部门依托中国政府采购网省级分网（以下简称省级分网）建立政府采购代理机构名录（以下简称名录）。名录信息全国共享并向社会公开。

第七条 代理机构应当通过工商登记注册地（以下简称注册地）省级分网填报以下信息申请进入名录，并承诺对信息真实性负责：

（一）代理机构名称、统一社会信用代码、办公场所地址、联系电话等机构信息；

（二）法定代表人及专职从业人员有效身份证明等个人信息；

（三）内部监督管理制度；

（四）在自有场所组织评审工作的，应当提供评审场所地址、监控设备设施情况；

（五）省级财政部门要求提供的其他材料。

登记信息发生变更的，代理机构应当在信息变更之日起 10 个工作日内自行更新。

第八条 代理机构登记信息不完整的，财政部门应当及时告知其完善登记资料；代理机构登记信息完整清晰的，财政部门应当及时为其开通相关政府采购管理交易系统信息发布、专家抽取等操作权限。

第九条 代理机构在其注册地省级行政区划以外从业的，应当向从业地财政部门申请开通政府采购管理交易系统相关操作权限，从业地财政部门不得要求其重复提交登记材料，不得强制要求其在从业地设立分支机构。

第十条 代理机构注销时，应当向相关采购人移交档案，并及时向注册地所在省级财政部门办理名录注销手续。

第三章　从业管理

第十一条　代理机构代理政府采购业务应当具备以下条件：

（一）具有独立承担民事责任的能力；

（二）建立完善的政府采购内部监督管理制度；

（三）拥有不少于5名熟悉政府采购法律法规、具备编制采购文件和组织采购活动等相应能力的专职从业人员；

（四）具备独立办公场所和代理政府采购业务所必需的办公条件；

（五）在自有场所组织评审工作的，应当具备必要的评审场地和录音录像等监控设备设施并符合省级人民政府规定的标准。

第十二条　采购人应当根据项目特点、代理机构专业领域和综合信用评价结果，从名录中自主择优选择代理机构。

任何单位和个人不得以摇号、抽签、遴选等方式干预采购人自行选择代理机构。

第十三条　代理机构受采购人委托办理采购事宜，应当与采购人签订委托代理协议，明确采购代理范围、权限、期限、档案保存、代理费用收取方式及标准、协议解除及终止、违约责任等具体事项，约定双方权利义务。

第十四条　代理机构应当严格按照委托代理协议的约定依法依规开展政府采购代理业务，相关开标及评审活动应当全程录音录像，录音录像应当清晰可辨，音像资料作为采购文件一并存档。

第十五条　代理费用可以由中标、成交供应商支付，也可由采购人支付。由中标、成交供应商支付的，供应商报价应当包含代理费用。代理费用超过分散采购限额标准的，原则上由中标、成交供应商支付。

代理机构应当在采购文件中明示代理费用收取方式及标准，随中标、成交结果一并公开本项目收费情况，包括具体收费标准及收费金额等。

第十六条　采购人和代理机构在委托代理协议中约定由代理机构负责保存采购文件的，代理机构应当妥善保存采购文件，不得伪造、变造、隐匿或者销毁采购文件。采购文件的保存期限为从采购结束之日起至少十五年。

采购文件可以采用电子档案方式保存。采用电子档案方式保存采购文件的，相关电子档案应当符合《中华人民共和国档案法》《中华人民共和国电子签名法》等法律法规的要求。

第四章　信用评价及监督检查

第十七条　财政部门负责组织开展代理机构综合信用评价工作。采购人、供应商和评审专家根据代理机构的从业情况对代理机构的代理活动进行综合信用评价。综合信用评价结果应当全国共享。

第十八条　采购人、评审专家应当在采购活动或评审活动结束后 5 个工作日内，在政府采购信用评价系统中记录代理机构的职责履行情况。

供应商可以在采购活动结束后 5 个工作日内，在政府采购信用评价系统中记录代理机构的职责履行情况。

代理机构可以在政府采购信用评价系统中查询本机构的职责履行情况，并就有关情况作出说明。

第十九条　财政部门应当建立健全定向抽查和不定向抽查相结合的随机抽查机制。对存在违法违规线索的政府采购项目开展定向检查；对日常监管事项，通过随机抽取检查对象、随机选派执法检查人员等方式开展不定向检查。

财政部门可以根据综合信用评价结果合理优化对代理机构的监督检查频次。

第二十条　财政部门应当依法加强对代理机构的监督检查，监督检查包括以下内容：

（一）代理机构名录信息的真实性；

（二）委托代理协议的签订和执行情况；

（三）采购文件编制与发售、评审组织、信息公告发布、评审专家抽取及评价情况；

（四）保证金收取及退还情况，中标或者成交供应商的通知情况；

（五）受托签订政府采购合同、协助采购人组织验收情况；

（六）答复供应商质疑、配合财政部门处理投诉情况；

（七）档案管理情况；

（八）其他政府采购从业情况。

第二十一条 对代理机构的监督检查结果应当在省级以上财政部门指定的政府采购信息发布媒体向社会公开。

第二十二条 受到财政部门禁止代理政府采购业务处罚的代理机构，应当及时停止代理业务，已经签订委托代理协议的项目，按下列情况分别处理：

（一）尚未开始执行的项目，应当及时终止委托代理协议；

（二）已经开始执行的项目，可以终止的应当及时终止，确因客观原因无法终止的应当妥善做好善后工作。

第二十三条 代理机构及其工作人员违反政府采购法律法规的行为，依照政府采购法律法规进行处理；涉嫌犯罪的，依法移送司法机关处理。

代理机构的违法行为给他人造成损失的，依法承担民事责任。

第二十四条 财政部门工作人员在代理机构管理中存在滥用职权、玩忽职守、徇私舞弊等违法违纪行为的，依照《中华人民共和国政府采购法》《中华人民共和国公务员法》《中华人民共和国行政监察法》《中华人民共和国政府采购法实施条例》等国家有关规定追究相关责任；涉嫌犯罪的，依法移送司法机关处理。

第五章 附　　则

第二十五条 政府采购行业协会按照依法制定的章程开展活动，加强代理机构行业自律。

第二十六条 省级财政部门可根据本办法规定制定具体实施办法。

第二十七条 本办法自 2018 年 3 月 1 日施行。

财政部办公厅关于做好政府采购代理机构
名录登记有关工作的通知

(2018 年 2 月 13 日　财办库〔2018〕28 号)

各省、自治区、直辖市财政厅（局），新疆生产建设兵团财政局：

为确保《政府采购代理机构管理暂行办法》（财库〔2018〕2 号，以下简称《办法》）顺利施行，现就相关事项通知如下：

一、做好名录登记工作衔接。2018 年 3 月 1 日起，财政部不再办理政府采购代理机构（以下简称代理机构）名录登记事宜，由各省级财政部门按照《办法》要求做好新增代理机构名录登记工作。此前已通过中国政府采购网中央主网（以下简称中央主网）进行网上登记的代理机构，名录管理权限将于 3 月 1 日调整至其工商注册地省级财政部门。

二、及时补充完善登记信息。财政部将于 3 月 1 日前完成名录登记系统升级改造，并以短信、系统提示等方式统一通知此前已完成网上登记的代理机构按照《办法》规定补充完善专职从业人员、自有场所设施情况等登记信息。各省级财政部门应当对相关登记信息的完整性进行审核，并及时告知审核结果。5 月 1 日起，各省级财政部门应当将登记信息不符合《办法》要求的代理机构从名录中暂时移出并暂停其信息发布、专家抽取等操作权限，待其登记信息符合要求后予以恢复。

三、进一步规范名录登记管理。名录登记系统以统一社会信用代码作为代理机构唯一标识。总公司已完成名录登记的，分公司无需重复登记。各省级财政部门应当对本地区代理机构进行梳理分类，名录中不再单独列示分公司。

四、落实信息公开要求。根据《办法》第十五条有关要求，财政部已对中国政府采购网采购公告发布系统数据接口规范进行调整，并在中央主网发布。各省级财政部门应当及时更新本地区政府采购中标、成交结果公告模板及数据接口规范，随政府采购项目中标、成交结果一并公告代理费用收费标准及金额。

五、严格落实政府采购行政处罚结果。名录登记系统将与中央主网"政府采购严重违法失信行为记录名单"进行关联。对被禁止参加政府采购活动的代理机构，各省级财政部门应当及时将其从名录中移除，并停止其信息发布和专家抽取等操作权限；处罚期满后，应当及时恢复。

六、各省级财政部门应当按照《办法》及本通知要求向代理机构做好政策解释和相关服务工作，对《办法》实施过程中存在的问题和建议请及时向财政部国库司反馈。

特此通知。

八、评审专家和采购评审

财政部关于印发《政府采购评审专家管理办法》的通知

（2016 年 11 月 18 日　财库〔2016〕198 号）

党中央有关部门，国务院各部委、各直属机构，全国人大常委会办公厅，全国政协办公厅，高法院，高检院，有关人民团体，各省、自治区、直辖市、计划单列市财政厅（局），中共中央直属机关采购中心、中央国家机关政府采购中心、全国人大机关采购中心、国家税务总局集中采购中心、海关总署物资装备采购中心、中国人民银行集中采购中心、公安部警用装备采购中心：

现将财政部制定的《政府采购评审专家管理办法》印发给你们，请遵照执行。

附件：政府采购评审专家管理办法

附件：

政府采购评审专家管理办法

第一章　总　　则

第一条　为加强政府采购评审活动管理，规范政府采购评审专家（以下简称评审专家）评审行为，根据《中华人民共和国政府采购法》（以下简称《政府采购法》）、《中华人民共和国政府采购法实施条例》（以下简称《政府采购法实施条例》）等法律法规及有关规定，制定本办法。

第二条　本办法所称评审专家，是指经省级以上人民政府财政部门选聘，以独立身份参加政府采购评审，纳入评审专家库管理的人员。评审专家选聘、解聘、抽取、使用、监督管理适用本办法。

第三条　评审专家实行统一标准、管用分离、随机抽取的管理原则。

第四条　财政部负责制定全国统一的评审专家专业分类标准和评审专家库建设标准，建设管理国家评审专家库。

省级人民政府财政部门负责建设本地区评审专家库并实行动态管理，与国家评审专家库互联互通、资源共享。

各级人民政府财政部门依法履行对评审专家的监督管理职责。

第二章　评审专家选聘与解聘

第五条　省级以上人民政府财政部门通过公开征集、单位推荐和自我推荐相结合的方式选聘评审专家。

第六条　评审专家应当具备以下条件：

（一）具有良好的职业道德，廉洁自律，遵纪守法，无行贿、受贿、欺诈等不良信用记录；

（二）具有中级专业技术职称或同等专业水平且从事相关领域工作满 8 年，或者具有高级专业技术职称或同等专业水平；

（三）熟悉政府采购相关政策法规；

（四）承诺以独立身份参加评审工作，依法履行评审专家工作职责并承担相应法律责任的中国公民；

（五）不满70周岁，身体健康，能够承担评审工作；

（六）申请成为评审专家前三年内，无本办法第二十九条规定的不良行为记录。

对评审专家数量较少的专业，前款第（二）项、第（五）项所列条件可以适当放宽。

第七条 符合本办法第六条规定条件，自愿申请成为评审专家的人员（以下简称申请人），应当提供以下申请材料：

（一）个人简历、本人签署的申请书和承诺书；

（二）学历学位证书、专业技术职称证书或者具有同等专业水平的证明材料；

（三）证明本人身份的有效证件；

（四）本人认为需要申请回避的信息；

（五）省级以上人民政府财政部门规定的其他材料。

第八条 申请人应当根据本人专业或专长申报评审专业。

第九条 省级以上人民政府财政部门对申请人提交的申请材料、申报的评审专业和信用信息进行审核，符合条件的选聘为评审专家，纳入评审专家库管理。

第十条 评审专家工作单位、联系方式、专业技术职称、需要回避的信息等发生变化的，应当及时向相关省级以上人民政府财政部门申请变更相关信息。

第十一条 评审专家存在以下情形之一的，省级以上人民政府财政部门应当将其解聘：

（一）不符合本办法第六条规定条件；

（二）本人申请不再担任评审专家；

（三）存在本办法第二十九条规定的不良行为记录；

（四）受到刑事处罚。

第三章　评审专家抽取与使用

第十二条　采购人或者采购代理机构应当从省级以上人民政府财政部门设立的评审专家库中随机抽取评审专家。

评审专家库中相关专家数量不能保证随机抽取需要的，采购人或者采购代理机构可以推荐符合条件的人员，经审核选聘入库后再随机抽取使用。

第十三条　技术复杂、专业性强的采购项目，通过随机方式难以确定合适评审专家的，经主管预算单位同意，采购人可以自行选定相应专业领域的评审专家。

自行选定评审专家的，应当优先选择本单位以外的评审专家。

第十四条　除采用竞争性谈判、竞争性磋商方式采购，以及异地评审的项目外，采购人或者采购代理机构抽取评审专家的开始时间原则上不得早于评审活动开始前2个工作日。

第十五条　采购人或者采购代理机构应当在评审活动开始前宣布评审工作纪律，并将记载评审工作纪律的书面文件作为采购文件一并存档。

第十六条　评审专家与参加采购活动的供应商存在下列利害关系之一的，应当回避：

（一）参加采购活动前三年内，与供应商存在劳动关系，或者担任过供应商的董事、监事，或者是供应商的控股股东或实际控制人；

（二）与供应商的法定代表人或者负责人有夫妻、直系血亲、三代以内旁系血亲或者近姻亲关系；

（三）与供应商有其他可能影响政府采购活动公平、公正进行的关系。

评审专家发现本人与参加采购活动的供应商有利害关系的，应当主动提出回避。采购人或者采购代理机构发现评审专家与参加采购活动的供应商有利害关系的，应当要求其回避。

除本办法第十三条规定的情形外，评审专家对本单位的政府采购项目只能作为采购人代表参与评审活动。

各级财政部门政府采购监督管理工作人员，不得作为评审专家参与政府采购项目的评审活动。

第十七条　出现评审专家缺席、回避等情形导致评审现场专家数量不符合规定的，采购人或者采购代理机构应当及时补抽评审专家，或者经采购人主管预算单位同意自行选定补足评审专家。无法及时补足评审专家的，采购人或者采购代理机构应当立即停止评审工作，妥善保存采购文件，依法重新组建评标委员会、谈判小组、询价小组、磋商小组进行评审。

第十八条　评审专家应当严格遵守评审工作纪律，按照客观、公正、审慎的原则，根据采购文件规定的评审程序、评审方法和评审标准进行独立评审。

评审专家发现采购文件内容违反国家有关强制性规定或者采购文件存在歧义、重大缺陷导致评审工作无法进行时，应当停止评审并向采购人或者采购代理机构书面说明情况。

评审专家应当配合答复供应商的询问、质疑和投诉等事项，不得泄露评审文件、评审情况和在评审过程中获悉的商业秘密。

评审专家发现供应商具有行贿、提供虚假材料或者串通等违法行为的，应当及时向财政部门报告。

评审专家在评审过程中受到非法干预的，应当及时向财政、监察等部门举报。

第十九条　评审专家应当在评审报告上签字，对自己的评审意见承担法律责任。对需要共同认定的事项存在争议的，按照少数服从多数的原则做出结论。对评审报告有异议的，应当在评审报告上签署不同意见并说明理由，否则视为同意评审报告。

第二十条　评审专家名单在评审结果公告前应当保密。评审活动完成后，采购人或者采购代理机构应当随中标、成交结果一并公告评审专家名单，并对自行选定的评审专家做出标注。

各级财政部门、采购人和采购代理机构有关工作人员不得泄露评审专家的个人情况。

第二十一条 采购人或者采购代理机构应当于评审活动结束后 5 个工作日内，在政府采购信用评价系统中记录评审专家的职责履行情况。

评审专家可以在政府采购信用评价系统中查询本人职责履行情况记录，并就有关情况作出说明。

省级以上人民政府财政部门可根据评审专家履职情况等因素设置阶梯抽取概率。

第二十二条 评审专家应当于评审活动结束后 5 个工作日内，在政府采购信用评价系统中记录采购人或者采购代理机构的职责履行情况。

第二十三条 集中采购目录内的项目，由集中采购机构支付评审专家劳务报酬；集中采购目录外的项目，由采购人支付评审专家劳务报酬。

第二十四条 省级人民政府财政部门应当根据实际情况，制定本地区评审专家劳务报酬标准。中央预算单位参照本单位所在地或评审活动所在地标准支付评审专家劳务报酬。

第二十五条 评审专家参加异地评审的，其往返的城市间交通费、住宿费等实际发生的费用，可参照采购人执行的差旅费管理办法相应标准向采购人或集中采购机构凭据报销。

第二十六条 评审专家未完成评审工作擅自离开评审现场，或者在评审活动中有违法违规行为的，不得获取劳务报酬和报销异地评审差旅费。评审专家以外的其他人员不得获取评审劳务报酬。

第四章　评审专家监督管理

第二十七条 评审专家未按照采购文件规定的评审程序、评审方法和评审标准进行独立评审或者泄露评审文件、评审情况的，由财政部门给予警告，并处 2000 元以上 2 万元以下的罚款；影响中标、成交结果的，处 2 万元以上 5 万元以下的罚款，禁止其参加政府采购评审活动。

评审专家与供应商存在利害关系未回避的，处 2 万元以上 5 万元以下的罚款，禁止其参加政府采购评审活动。

评审专家收受采购人、采购代理机构、供应商贿赂或者获取其他不正当利益，构成犯罪的，依法追究刑事责任；尚不构成犯罪的，处 2 万元以上 5 万元以下的罚款，禁止其参加政府采购评审活动。

评审专家有上述违法行为的，其评审意见无效；有违法所得的，没收违法所得；给他人造成损失的，依法承担民事责任。

第二十八条　采购人、采购代理机构发现评审专家有违法违规行为的，应当及时向采购人本级财政部门报告。

第二十九条　申请人或评审专家有下列情形的，列入不良行为记录：

（一）未按照采购文件规定的评审程序、评审方法和评审标准进行独立评审；

（二）泄露评审文件、评审情况；

（三）与供应商存在利害关系未回避；

（四）收受采购人、采购代理机构、供应商贿赂或者获取其他不正当利益；

（五）提供虚假申请材料；

（六）拒不履行配合答复供应商询问、质疑、投诉等法定义务；

（七）以评审专家身份从事有损政府采购公信力的活动。

第三十条　采购人或者采购代理机构未按照本办法规定抽取和使用评审专家的，依照《政府采购法》及有关法律法规追究法律责任。

第三十一条　财政部门工作人员在评审专家管理工作中存在滥用职权、玩忽职守、徇私舞弊等违法违纪行为的，依照《政府采购法》《公务员法》《行政监察法》《政府采购法实施条例》等国家有关规定追究相应责任；涉嫌犯罪的，移送司法机关处理。

第五章　附　　则

第三十二条　参加评审活动的采购人代表、采购人依法自行选定的评审专家管理参照本办法执行。

第三十三条　国家对评审专家抽取、选定另有规定的，从其规定。

第三十四条　各省级人民政府财政部门，可以根据本办法规定，制定具体实施办法。

第三十五条　本办法由财政部负责解释。

第三十六条　本办法自 2017 年 1 月 1 日起施行。财政部、监察部 2003 年 11 月 17 日发布的《政府采购评审专家管理办法》（财库〔2003〕119 号）同时废止。

财政部办公厅关于使用政府采购评审专家
监管系统有关事宜的通知

（2013 年 11 月 25 日　财办库〔2013〕375 号）

党中央有关部门办公厅（室），国务院各部委、各直属机构办公厅（室），全国人大常委会办公厅秘书局，全国政协办公厅机关事务管理局，高法院办公厅，高检院办公厅，有关人民团体办公厅（室），新疆生产建设兵团财务局，中共中央直属机关采购中心，中央国家机关政府采购中心，全国人大机关采购中心，国家税务总局集中采购中心、海关总署物资装备采购中心、中国人民银行集中采购中心、公安部警用装备采购中心：

根据《政府采购货物和服务招标投标管理办法》（财政部令第 18 号）和《政府采购评审专家管理办法》（财库〔2013〕119 号）有关规定，结合中央单位政府采购工作实际，财政部开发了新的政府采购评审专家监管系统（以下简称专家库）。现就使用专家库的有关事项通知如下：

一、财政部负责专家库的建设、管理和维护，各中央预算单位、政府集中采购机构及预算单位委托的社会代理机构（以下简称抽取单位）具体负责专家的抽取工作。

二、各中央预算单位的政府采购项目所需评审专家，原则上从专家库中抽取。因工作需要，中央驻京外单位可以从所在地市级或其上一级财政部门专家库中抽取评审专家。采购项目有特殊需要的，经财政部国库司备案后，抽取单位可以在异地财政部门专家库中抽取评审专家。

三、抽取单位应当使用数字安全证书（Ukey）登录中国政府采购网（http：//www.ccgp.gov.cn/）专家库，网上抽取评审专家。各单位请从中国政府采购网专家库中下载专家库用户注册表和数字安全证书申请表，并按照相关规定办理申请、变更手续，各单位 Ukey 数量原则上为 2 个。

四、抽取单位应在开标、竞争性谈判以及询价开始前两个工作日内抽取评审专家。专家库中相应品目没有抽取单位所需专家，或者专家数量达不到采购单位所需数量时，经财政部国库司核实后，所需专家或者不足部分可以由抽取单位以不低于 1：3 的比例向财政部国库司推荐并提供相关资料。财政部国库司审核后将合格专家入库供单位抽取。

五、抽取单位抽取专家时应当准确设置专家抽取条件及相关信息，主要包括项目名称、采购方式、公告链接地址、各类专家人数、评审品目、专家所在区域等。采用公开招标和邀请招标方式的必须填写在中国政府采购网已发布的采购公告链接地址。抽取单位应当结合评审项目需要，注意选择抽取专家的所在区域。

六、抽取单位设置完成专家抽取条件后，系统将随机选中符合条件的专家并自动通过语音方式通知被抽中的专家。如抽取专家人数未达到所需数量，抽取单位可在相近品目或上一级品目中补抽专家。在距离评审活动开始前 30 分钟，专家库将自动解密评审专家抽取结果，抽取单位应及时打印专家抽取名单，认真核对评审专家身份，并将专家抽取名单随采购文件一起存档。

七、各抽取单位应当明确责任，建立评审专家抽取内部管理制度，并做好专家信息保密工作。

八、本通知自印发之日起施行。《关于中央单位政府采购评审专家库管理使用有关问题的通知》（财办库〔2004〕80 号）同时废止。

九、系统操作手册和操作教学视频见中国政府采购网"财政部政府采购评审专家监管系统"栏目。对于评审专家抽取和使用过程中遇到的问题，抽取单位应及时向中国政府采购网网站或财政部国库司反映。

财政部关于进一步规范政府采购
评审工作有关问题的通知

(2012 年 6 月 11 日　财库〔2012〕69 号)

党中央有关部门，国务院各部委、各直属机构，全国人大常委会办公厅，全国政协办公厅，高法院，高检院，有关人民团体，各省、自治区、直辖市、计划单列市财政厅（局），新疆生产建设兵团财务局，中央国家机关政府采购中心，中共中央直属机关采购中心，全国人大机关采购中心，国家税务总局集中采购中心，海关总署物资装备采购中心，中国人民银行集中采购中心：

近年来，各地区、各部门认真落实《政府采购法》等法律法规，政府采购评审工作的规范化水平逐步提高，但也还存在着评审程序不够完善、工作职责不够明晰、权利义务不对称等问题，亟需进一步明确和规范。为加强评审工作管理，明确评审工作相关各方的职责，提高评审工作质量，现将有关事项通知如下：

一、依法组织政府采购评审工作

采购人和采购代理机构，评标委员会、竞争性谈判小组和询价小组（以下简称评审委员会）成员要严格遵守政府采购相关法律制度，依法履行各自职责，公正、客观、审慎地组织和参与评审工作。

评审委员会成员要依法独立评审，并对评审意见承担个人责任。评审委员会成员对需要共同认定的事项存在争议的，按照少数服从多数的原则做出结论。持不同意见的评审委员会成员应当在评审报告上签署不同意见并说明理由，否则视为同意。

采购人、采购代理机构要确保评审活动在严格保密的情况下进行。在采购结果确定前，采购人、采购代理机构对评审委员会名单负有保密责任。评审委员会成员、采购人和采购代理机构工作人员、相关监督人员等与评审工作有关的人员，对评审情况以及在评审过程中获悉的国家秘密、商业秘密负有保密责任。

采购人、采购代理机构和评审委员会在评审工作中，要依法相互监督和制约，并自觉接受各级财政部门的监督。对非法干预评审工作等违法违规行为，应当及时向财政部门报告。

二、切实履行政府采购评审职责

采购人、采购代理机构要依法细化评审工作程序，组建评审委员会，并按规定程序组织评审。要核实评审委员会成员身份，告知回避要求，宣布评审工作纪律和程序，介绍政府采购相关政策法规；要根据评审委员会的要求解释采购文件，组织供应商澄清；要对评审数据进行校对、核对，对畸高、畸低的重大差异评分可以提示评审委员会复核或书面说明理由；要对评审专家的专业技术水平、职业道德素质和评审工作等情况进行评价，并向财政部门反馈。省级以上政府集中采购机构和政府采购甲级代理机构，应当对评审工作现场进行全过程录音录像，录音录像资料作为采购项目文件随其他文件一并存档。

评审委员会成员要根据政府采购法律法规和采购文件所载明的评审方法、标准进行评审。要熟悉和理解采购文件，认真阅读所有供应商的投标或响应文件，对所有投标或响应文件逐一进行资格性、符合性检查，按采购文件规定的评审方法和标准，进行比较和评价；对供应商的价格分等客观评分项的评分应当一致，对其他需要借助专业知识评判的主观评分项，应当严格按照评分细则公正评分。

评审委员会如需要供应商对投标或响应文件有关事项作出澄清的，应当给予供应商必要的反馈时间，但澄清事项不得超出投标或响应文件的范围，不得实质性改变投标或响应文件的内容，不得通过澄清等方式对供应商实行差别对待。评审委员会要对评分汇总情况进行复核，特别是对排名第一的、报价最低的、投标或相应文件被认定为无效的情形进行重点复核，并根据评审结果推荐中标或成交候选供应商，或者根据采购人委托协议规定直接确定中标或成交供应商，起草并签署评审报告。评审委员会要在采购项目招标失败时，出具招标文件是否存在不合理条款的论证意见，要协助采购人、采购代理机构、财政部门答复质疑或处理投诉事项。

三、严肃政府采购评审工作纪律

采购人委派代表参加评审委员会的，要向采购代理机构出具授权函。除授权代表外，采购人可以委派纪检监察等相关人员进入评审现场，对评审工作实施监督，但不得超过 2 人。采购人需要在评审前介绍项目背景和技术需求的，应当事先提交书面介绍材料，介绍内容不得存在歧视性、倾向性意见，不得超出采购文件所述范围，书面介绍材料作为采购项目文件随其他文件一并存档。评审委员会应当推选组长，但采购人代表不得担任组长。

评审委员会成员要严格遵守评审时间，主动出具身份证明，遵守评审工作纪律和评审回避的相关规定。在评审工作开始前，将手机等通讯工具或相关电子设备交由采购人或采购代理机构统一保管，拒不上交的，采购人或采购代理机构可以拒绝其参加评审工作并向财政部门报告。

评审委员会成员和评审工作有关人员不得干预或者影响正常评审工作，不得明示或者暗示其倾向性、引导性意见，不得修改或细化采购文件确定的评审程序、评审方法、评审因素和评审标准，不得接受供应商主动提出的澄清和解释，不得征询采购人代表的倾向性意见，不得协商评分，不得记录、复制或带走任何评审资料。评审结果汇总完成后，采购人、采购代理机构和评审委员会均不得修改评审结果或者要求重新评审，但资格性检查认定错误、分值汇总计算错误、分项评分超出评分标准范围、客观分评分不一致、经评审委员会一致认定评分畸高、畸低的情形除外。出现上述除外情形的，评审委员会应当现场修改评审结果，并在评审报告中明确记载。

采购人、采购代理机构要加强评审现场管理，与评审工作无关的人员不得进入评审现场。各级财政部门对评审活动相关各方违反评审工作纪律及要求的行为，要依法严肃处理。

四、妥善处理评审中的特殊情形

财政部门要建立政府采购评审专家库资源共享机制，采购项目有特殊需要的，采购人或采购代理机构可以在异地财政部门专家库抽取专家，但应事前向本级财政部门备案。中央驻京外单位可以从所在地市级或其上一级财政部门专家库中抽取评审专家，所在地市级或其上一级财政部门应当予以配合。

评审专家库中相应专业类型专家不足的，采购人或采购代理机构应当按照不低于1：3的比例向财政部门提供专家名单，经审核入库后随机抽取使用。出现评审专家临时缺席、回避等情形导致评审现场专家数量不符合法定标准的，采购人或采购代理机构要按照有关程序及时补抽专家，继续组织评审。如无法及时补齐专家，则要立即停止评审工作，封存采购文件和所有投标或响应文件，择期重新组建评审委员会进行评审。采购人或采购代理机构要将补抽专家或重新组建评审委员会的情况进行书面记录，随其他文件一并存档。

评审委员会发现采购文件存在歧义、重大缺陷导致评审工作无法进行，或者采购文件内容违反国家有关规定的，要停止评审工作并向采购人或采购代理机构书面说明情况，采购人或采购代理机构应当修改采购文件后重新组织采购活动；发现供应商提供虚假材料、串通等违法违规行为的，要及时向采购人或采购代理机构报告。

参与政府采购活动的供应商对评审过程或者结果提出质疑的，采购人或采购代理机构可以组织原评审委员会协助处理质疑事项，并依据评审委员会出具的意见进行答复。质疑答复导致中标或成交结果改变的，采购人或采购代理机构应当将相关情况报财政部门备案。

九、批量集中采购

财政部关于进一步做好中央单位
政府集中采购工作有关问题的通知

(2009 年 7 月 20 日 财库〔2009〕101 号)

党中央有关部门，国务院各部委、各直属机构，全国人大常委会办公厅，全国政协办公厅，高法院，高检院，有关人民团体，中央国家机关政府采购中心，中共中央直属机关采购中心，全国人大机关采购中心：

为了进一步贯彻落实政府采购法，认真执行国务院办公厅印发的中央单位政府集中采购目录及标准和财政部有关规定，加强中央单位政府集中采购工作，促进政府采购制度改革的深化与发展，现就有关问题通知如下：

一、认真履行职责，增强集中采购目录执行的严肃性

按照国务院办公厅文件规定的属于集中采购机构采购的项目和对目录中部分细化品目（附件 1），都应当由集中采购机构负责组织实施，包括海关总署机关、国家税务总局机关、中国人民银行总行机关等属于集中采购机构采购的项目。除此之外的采购项目，由中央单位按照政府采购规定自行组织实施采购，也可以委托集中采购机构或政府采购代理机构组织采购。

集中采购机构要在政府采购法管理范围内做好采购组织工作，不得拒绝属于集中采购机构采购范围的项目委托。对中央单位自愿委托集中采购机构采购目录范围外政府采购项目的，可以根据工作情况接受委托并组织实施。中央单位和集中采购机构在操作执行中有关集中采购范围和集中采购目录的问题，由财政部负责解释。

二、加强计划管理，规范政府集中采购程序

主管部门应按规定在财政部批复部门预算之日起 40 个工作日内编制年度政

府采购实施计划（附件2）报财政部备案，并将属于集中采购机构组织实施的计划抄送集中采购机构。中央单位要统筹安排全年采购任务，并按规定将采购项目构成、使用单位、采购数量、技术规格、服务要求、使用时间、预算金额等内容编入政府采购实施计划。采购计划内容要具体明确，采购需求符合国家有关政策规定。对年度追加和调整部门预算的，要及时补编政府采购预算和政府采购实施计划。没有政府采购预算或未编报政府采购实施计划的，应当按规定程序向财政部补报后开展采购活动。

集中采购机构及时汇总各中央单位报送的政府采购实施计划，制定实施方案，对计划内容不明确、采购需求不符合国家有关政策规定的，要与采购单位沟通，确保采购实施计划的准确性。对未编制政府采购实施计划的，集中采购机构应拒绝采购项目委托。

三、调整适用范围，进一步完善协议供货采购制度

政府集中采购目录中规格及标准相对统一，品牌较多，日常采购频繁的小额零星通用类产品和通用类的服务类项目，可以分别实行协议供货采购和定点采购，大额采购仍应当实行集中单独采购。中央单位若采购同一品牌型号、配置和服务相同的产品价格明显低于协议供货价格，在与协议供货商未达成低价购买的情况下，或者中央单位所在地无协议供货商的，可以委托集中采购机构进行网上竞价。超出协议供货产品型号和供应商范围，以及采购限额的采购项目，由集中采购机构另行组织，不得自行采购。

网上竞价实质是询价采购，适用于协议供货范围内项目采购或者货物规格、标准统一、现货货源充足且价格变化幅度小，金额在50万元以下的集中采购项目采购，网上竞价应由中央单位委托集中采购机构进行。集中采购机构接受委托后按照中央单位提交的具体采购需求，根据询价适用条件进行网上竞价，并将竞价结果通知采购委托单位。

四、实行项目归集，积极开展批量集中采购试点工作

为了充分体现集中采购规模优势和集中效益，对部分达到一定数额的采购项目不再执行协议供货，应报集中采购机构，由集中采购机构归集形成规模后统一组织集中招标采购，切实发挥集中采购的规模优势。中央单位要按照"中央单位批量集中采购试行方案"（附件4）的规定，认真做好采购项目批量集中采购试点工作，特别要做好采购实施计划提前编报工作。集中采购机构要在开展批量集中采购试点工作中，注意总结经验，逐步推广。

五、改进服务项目集中采购，中央驻京外县以下单位服务项目试行属地化采购

针对中央单位分布广、管理层次多，以及县以下中央定点供应商数量少、竞争不充分的情况，对定点服务项目实施中央集中采购与属地化采购相结合方式。中央驻京外县以下单位在执行中央集中采购定点服务项目时，如果通过自行采购或当地政府采购的服务价格低于中央定点采购价格，或价格相同服务条款优于中央定点采购条款的，以及当地无中央定点服务商的，可以按照自行采购或当地政府采购结果执行，具体执行情况应当填报"中央单位属地化采购情况汇总表"（附件3）报主管部门。主管部门于每季度结束10日内报财政部备案。

六、采取有效措施，加强协议供货和定点服务的监测与管理

集中采购机构要按照与供应商签订的采购协议内容，对协议产品价格、定点服务质量、供应商执行协议情况等进行检查和监测，并淘汰考评不合格的供应商，促进供应商提高履行协议规定的质量。同时，要鼓励供应商对集中采购活动进行监督，不得以任何理由阻止相关质疑和投诉，对违反协议规定的情况要及时解决和处理。集中采购机构作为采购活动的组织者，可以对违反采购协议规定的行为向社会进行公告，但对禁止评审专家和供应商参与政府采购活动、罚款等处罚，应当由财政部依法作出决定。

七、严格委托手续，加强确定中标（成交）结果管理

中央单位将采购项目委托集中采购机构组织实施时，应当按财政部有关规定签订委托协议，委托协议可以一年一签，也可以按项目一事一签。要加强委托协议责任追究管理，凡遇有质疑投诉或举报，涉及各方责任的，按委托协议规定内容处理；凡未签订委托协议或签订内容不清的，其责任由采购单位和集中采购机构共同承担。采购单位接到集中采购机构中标（成交）通知书后应当在规定时间内予以确认，并签订采购合同。采购单位在签订采购合同时必须按照中标（成交）的规模、数量和金额签订合同。超过规定时间未确认或签订采购合同而产生的后果由采购单位负责。

为了防止不按中标（成交）协议履行的不良行为，保证采购产品质量，采购单位要本着公正、客观的原则，严格按照采购文件规定做好验收工作。凡未经过验收或经过验收而又产生与验收有关联的问题，其责任由采购单位承担。

八、加强管理，推进部门集中采购工作规范化

设立部门集中采购机构的主管部门应加强对部门集中采购的领导和管理，认真编制部门集中采购目录，明确直属系统集中采购实施范围，制定具体实施方案，做好部门集中采购品目的实施工作。部门编制的部门集中采购目录应当报财政部备案。

严格和规范中央对地方专项补助资金的采购管理。按照政府采购管理体制要求，应当由地方实施政府采购的项目，原则上不得实行主管部门集中组织采购并确定结果，由地方单位执行和支付资金的方式。确因法律法规有明确规定或情况特殊需要对地方政府采购项目实行主管部门集中采购的，主管部门应当报财政部同意后实施。

九、强化监管，建立规范的监督管理工作机制

财政部文件规定需要审批或备案的事项，中央单位和集中采购机构必须严格按规定执行，其中涉及中央单位的协议供货和定点采购等集中采购方案应当报财政部同意后实施。

建立集中采购目录执行情况报告制度，集中采购机构和设置部门集中采购机构的主管部门应当在每季度结束 10 日内，分别向财政部报送上一季度"集中采购执行情况表"（附件 5）和"部门集中采购执行情况表"（附件 6）。年度终了，集中采购机构应当在次年一月底前将上一年度工作总结报财政部，财政部组成考核组对集中采购机构全年工作进行考评。

要充分发挥监察、审计的监督管理职责和监管优势，分别从各自职责加强对集中采购工作的监督。建立不良行为社会公告制度，对中央单位、集中采购

机构、供应商和评审专家等在政府采购活动中的违法违规行为，要在财政部指定的政府采购信息披露媒体上公告。

附件：1. 中央预算单位 2009—2010 年政府集中采购目录及标准有关集中采购机构采购项目的解释（略）

2. 中央单位政府采购实施计划表（略）

3. 中央单位属地化采购情况汇总表（略）

4. 中央单位批量集中采购实行方案（略）

5. 集中采购机构采购执行情况表（季度）（略）

6. 部门集中采购执行情况表（季度）（略）

财政部关于印发《中央单位
政府集中采购管理实施办法》的通知

（2007 年 1 月 10 日　财库〔2007〕3 号）

党中央有关部门，国务院各部委、各直属机构，全国人大常委会办公厅，全国政协办公厅，高法院，高检院，有关人民团体，各省、自治区、直辖市、计划单列市财政厅（局），新疆生产建设兵团财务局，中央国家机关政府采购中心，中共中央直属机关采购中心，全国人大机关采购中心：

为了加强中央单位政府集中采购管理，规范集中采购行为，完善和规范中央单位政府集中采购运行机制，财政部依据《中华人民共和国政府采购法》和有关制度规定，制定了《中央单位政府集中采购管理实施办法》，现印发给你们，请认真执行。

附件：中央单位政府集中采购管理实施办法

附件：

中央单位政府集中采购管理实施办法

第一章 总 则

第一条 为了加强中央单位政府集中采购管理，完善和规范政府集中采购运行机制，根据《中华人民共和国政府采购法》（以下简称《政府采购法》）和有关制度规定，制定本办法。

第二条 中央单位实施纳入政府集中采购范围的采购活动，适用本办法。

政府集中采购范围，按照国务院颁布的年度"中央预算单位政府集中采购目录及标准"（以下简称目录及标准）执行。

第三条 政府集中采购组织形式分为集中采购机构采购和部门集中采购。

集中采购机构采购，是指集中采购机构代理目录及标准规定的政府集中采购目录中项目的采购活动。

部门集中采购，是指主管预算单位（主管部门）组织本部门、本系统列入目录及标准的部门集中采购项目的采购活动。

第四条 政府集中采购实行监督管理职能与操作执行职能相分离的管理体制。

财政部是中央单位政府采购工作的监督管理部门，负责政府集中采购活动中的各项监督管理职责。

中央单位和集中采购机构履行操作执行职能，接受财政部的监督管理。其中，中央单位作为采购人，应当依法实施集中采购。集中采购机构，作为采购代理机构和非营利事业法人，应当依法接受中央单位的委托办理集中采购事宜。

第五条 主管部门应当明确内设机构牵头负责政府采购工作。属于政府集中采购目录的项目，应当按照规定委托集中采购机构代理采购。属于部门集中采购项目，已经设立部门集中采购机构的，应当由部门集中采购机构具体组织实施；未设立的，可以委托集中采购机构或经财政部门认定资格的政府采购代理机构（以下简称社会代理机构）具体组织实施。

第六条 集中采购项目达到国务院规定的公开招标数额标准的，应当采用公开招标方式。因特殊情况需要采用邀请招标、竞争性谈判、询价或单一来源等采购方式的，中央单位应当在采购活动开始前报经财政部批准。

因废标需要采取其他采购方式采购的，应当在作出废标处理决定后由中央单位或集中采购机构报财政部审批。

第七条 政府集中采购信息应当按照财政部《政府采购信息公告管理办法》的规定，在财政部指定的政府采购信息发布媒体（以下简称指定媒体）上公告。

第八条 政府集中采购活动中所需评审专家应当按照财政部、监察部《政府采购评审专家管理办法》的规定，从财政部建立的中央单位政府采购评审专家库中抽取。

经抽取，专家库不能满足需要的，可以另行选取专家，但应当在评审工作结束后 10 日内，将评审专家名单报财政部。

第九条 政府集中采购活动中签订的合同应当使用财政部监制的政府采购格式合同文本，具体办法和实施步骤另行规定。

按照政府采购格式合同文本签订的合同是政府集中采购活动合法有效的证明文件和采购资金支付报销的有效凭证。

第十条 中央单位应当依据采购文件和政府采购合同约定，组织对供应商履约的验收，不得另行增加或者改变验收内容和标准。凡符合采购文件和政府采购合同约定的，即为验收合格。

第十一条 财政部负责政府集中采购活动中相关备案和审批事宜，其中，备案事项不需要财政部回复意见，审批事项应当经财政部依法批准后才能组织实施。

需要财政部审批的事项，中央单位应当提出书面申请。财政部应当在收到申请后 15 个工作日内批复。

第二章　预算和计划管理

第十二条 中央单位在编制下一财政年度部门预算时，应当在部门预算中单独列出该财政年度政府采购的项目及资金预算，按照程序逐级上报，由主管部门审核汇总后报财政部。

年度政府采购项目，是指目录及标准规定的项目。

第十三条 财政部对部门预算中政府采购的项目及资金预算进行审核，并批复各主管部门。

第十四条 主管部门应当自财政部批复部门预算之日起 40 个工作日内，编制政府集中采购目录和部门集中采购项目的实施计划，报财政部备案，并将政府集中采购目录实施计划抄送集中采购机构。

政府集中采购目录实施计划，是指主管部门对部门预算中属于政府集中采购目录的项目，按照项目构成、使用单位、采购数量、技术规格、使用时间等内容编制的操作计划。

部门集中采购项目实施计划，是指主管部门对部门预算中属于部门集中采购项目和依本部门实际制定的部门集中采购项目编制的操作计划。

第十五条 在年度预算执行中，因未报、漏报和预算调整等增加政府采购项目预算的，中央单位应当在采购活动开始前报财政部备案。

第十六条 中央单位应当严格按照部门预算中编列的政府采购项目和资金预算开展政府集中采购活动。

第十七条 政府集中采购资金的支付按照财政国库管理制度相关规定执行。

第三章　目录及标准制定与执行

第十八条 目录及标准由财政部拟订，报国务院批准。

中央单位和集中采购机构应当按照目录及标准的规定执行。

第十九条 中央单位不得将集中采购机构代理的政府集中采购目录项目委托社会代理机构采购或者自行采购。

集中采购机构不得拒绝中央单位的委托，也不得将政府集中采购目录项目转委托或以其他方式转交给社会代理机构和人员采购。

第二十条 集中采购机构代理的政府集中采购目录项目，因特殊情况确需转为部门集中采购或分散采购的，中央单位或集中采购机构应当报经财政部批准。

第二十一条　中央单位和集中采购机构在执行目录及标准中遇到问题，应当及时向财政部反映，并由财政部按有关规定进行处理。

第二十二条　集中采购机构应当在目录及标准发布后 20 日内，按政府集中采购目录项目类别制定具体操作方案，并报财政部备案。

第四章　集中采购机构采购

第二十三条　集中采购机构采购活动应当包括以下基本工作程序：根据中央单位政府集中采购目录实施计划确定采购方式，办理委托代理事宜，制定采购文件，组织实施采购，提交中标或成交结果，确定中标或成交结果，签订政府采购合同，履约验收。

第二十四条　主管部门可以按照项目或者一个年度与集中采购机构签订委托代理协议。

主管部门所属各级预算单位就本单位政府集中采购项目与集中采购机构签订委托代理协议的，应当事先获得主管部门同意。

第二十五条　委托代理协议应当就下列事项明确中央单位与集中采购机构双方的权利和义务：

（一）采购需求和采购完成时间的确定；

（二）采购文件的编制与发售、采购信息的发布、评审标准的制定、评审专家的抽取、供应商资格的审查等；

（三）中标或成交供应商的确定和履约验收；

（四）询问或质疑的答复、申请审批或报送备案文件和双方违约责任及争议解决方式等；

（五）双方约定的其他事项。

因协议内容不清而无法确定权利和义务的，由中央单位承担责任。

第二十六条　中央单位在实施具体采购项目委托时，不得指定供应商或者品牌，不得在商务和技术等方面提出排他性要求。

第二十七条 集中采购机构应当坚持规范与效率相结合，做好代理采购项目的具体实施工作。

集中采购机构工作人员不得参与评审，不得干预或影响政府集中采购正常评审工作。

第二十八条 集中采购机构应当按照有关规定和委托代理协议的约定开展采购活动，并按照协议约定的时间发出中标或成交供应商通知书。中央单位应当在接到中标或成交供应商通知书后 30 日内，确定中标结果并与中标商或者成交商签订政府采购合同。

集中采购机构可以在不影响政府集中采购代理工作的前提下，接受中央单位委托，代理其他项目采购事宜。

第二十九条 集中采购机构应当在每个季度结束后 10 日内，向财政部报送政府集中采购项目季度执行情况。执行情况包括：目录及标准中各个项目执行的数量及规模，委托采购的单位及项目内容，采购计划完成情况，项目采购时间、采购方式和信息发布等执行情况，答复质疑情况等。

第三十条 在供应商签订政府采购合同并履约后，中央单位应当根据政府采购合同对供应商提供的产品及时组织验收，集中采购机构应当做好配合工作。

第三十一条 政府集中采购目录中规格及标准相对统一，品牌较多，日常采购频繁的通用类产品和通用的服务类项目，可以分别实行协议供货采购和定点采购。

第三十二条 在协议供货采购和定点采购工作中，财政部负责对协议供货或定点采购的管理、执行要求和处罚等作出规定。集中采购机构负责确定和公告协议供货和定点采购中标货物、服务项目目录和供应商名单。中央单位应当按照财政部规定和集中采购机构公告的协议供货和定点采购货物、服务项目目录和供应商名单实施采购。

第三十三条 集中采购机构应当在协议供货或定点采购活动开始前征求中央单位和供应商等方面的意见，制定采购方案。采购方案应当在确定货物、服务项目目录和供应商名单前报财政部备案。

采购方案包括：拟采用的采购方式、采购进度计划、供应商资格条件、评标或评审标准、中标或成交供应商数量或淘汰比例、服务承诺条件、协议有效期等内容。

第三十四条 中央单位执行协议供货或定点采购时，一次性采购金额达到公开招标限额标准的，可以单独委托集中采购机构另行组织公开招标采购。

第三十五条 协议供货或者定点采购的执行以财政部规定和指定媒体及相关媒体共同公告的货物、服务项目目录和供应商名单为准，媒体公告结果不一致时，以财政部指定媒体为准。中央单位因特殊原因确需采购协议供货或定点范围外产品或服务的，中央单位应当在采购前报财政部批准。

第三十六条 集中采购机构应当在投标截止日期后15个工作日内完成协议供货、定点采购的中标货物、服务项目目录和供应商名单公告工作，其中，应当在10个工作日内将中标货物、服务项目目录和供应商名单报财政部备案。

第三十七条 协议供货或定点采购实施中，集中采购机构应当根据协议约定对实施情况进行跟踪和市场调查，督促中标供应商按照协议规定履行价格和服务的承诺。

供应商违反协议或者不遵守中标承诺的，中央单位可以向集中采购机构反映，也可以向财政部反映。集中采购机构可以根据协议约定追究其违约责任。涉及对中标供应商处以罚款、禁止参加政府采购活动、列入不良行为记录名单等处罚的，应当由财政部依法作出决定。

第五章 部门集中采购

第三十八条 部门集中采购活动应当包括以下基本工作程序：根据部门预算编制部门集中采购实施计划、制定采购方案、选择采购代理机构、组织实施采购、确定中标或成交结果、签订政府采购合同、履约验收、支付采购资金。

第三十九条 列入目录及标准的部门集中采购项目的，主管部门应当编制集中采购实施计划，并报财政部备案。

主管部门可以根据本部门、本系统的实际情况，增加实施部门集中采购的项目范围，报财政部备案。

第四十条　中央单位应当按照财政部批准的采购方式和规定的程序开展采购活动。对符合《政府采购法》规定情形的采购项目，需要采用公开招标以外采购方式的，应当在采购活动开始前，向财政部提出采购方式变更申请。

第四十一条　部门集中采购项目的招投标事务，中央单位可以自行选择采购代理机构（集中采购机构或社会代理机构）代理，并签订委托代理协议。

社会代理机构必须是获得财政部门颁发代理资格证书的社会中介机构。

第四十二条　中央单位应当在中标或者成交通知书发出之日起 30 日内，与中标或成交供应商签订政府采购合同。任何一方无故拒绝签订政府采购合同的，应当承担相应的违约责任。

第四十三条　主管部门应当在每个季度结束后 10 日内，向财政部报送部门集中采购项目季度执行情况。执行情况包括：各个采购项目执行的数量及规模，执行的单位范围及项目内容，项目采购时间、采购方式和信息发布等执行情况，答复质疑情况等。

第四十四条　在实施部门集中采购中，本部门、本系统的政府采购工作人员以及其他工作人员不得以评审专家身份参加本部门政府采购项目的评标、谈判或询价工作。

第六章　监督检查

第四十五条　财政部应当依法对中央单位、集中采购机构、供应商执行政府采购法律、行政法规和规章制度情况进行监督检查。

第四十六条　财政部对中央单位监督检查的主要内容是：

（一）政府采购预算编制情况；

（二）政府集中采购项目委托集中采购机构采购情况；

（三）政府采购审批或备案事项的执行情况；

（四）政府采购信息公告情况；

（五）政府采购方式、采购程序和评审专家使用情况；

（六）政府采购合同的订立和资金支付情况；

（七）对供应商询问和质疑的处理情况；

（八）有关政府采购的法律、行政法规和规章制度的执行情况。

第四十七条 财政部对集中采购机构监督检查的主要内容是：

（一）内部制度建设和监督制约机制落实情况；

（二）政府集中采购项目以及集中采购规定政策的执行情况；

（三）集中采购委托代理协议的签订和履行情况；

（四）政府采购审批或备案事项执行情况；

（五）政府采购信息公告情况；

（六）政府采购方式、采购程序和评审专家使用的情况；

（七）采购效率、采购价格和资金节约率情况；

（八）工作作风、服务质量和信誉状况；

（九）对供应商询问和质疑处理情况；

（十）有关政府采购的法律、行政法规和规章制度的执行情况。

第四十八条 财政部对社会代理机构监督检查的主要内容是：

（一）有关政府采购的法律、行政法规和规章制度执行情况；

（二）对供应商询问和质疑处理情况；

（三）服务质量和信誉状况；

（四）被投诉情况。

第四十九条 财政部应当加强采购资金支付管理。有下列情况之一的，属于不符合采购资金申请条件，财政部或者中央单位不予支付资金：

（一）未按规定在财政部指定媒体公告信息的；

（二）采购方式和程序不符合规定的；

（三）未使用财政部监制的政府采购合同标准文本的。

第五十条 主管部门应当对本部门、本系统政府集中采购工作情况实施监督检查。

第五十一条 集中采购机构应当加强内部管理，建立内部监督制约机制，规范高效地为中央单位做好集中采购项目的代理采购活动。

第五十二条 中央单位或供应商有违反政府采购法律、行政法规或者规章制度规定行为的，集中采购机构应当及时向财政部报告，由财政部依法予以处理。

第五十三条 财政部依法加强对供应商参与政府采购活动情况的监督管理，建立投诉处理报告制度，定期在指定媒体上公告投诉处理情况。供应商因违反规定受到财政部行政处罚的，列入不良行为记录名单。

第五十四条 财政部作出的投诉处理决定、对中央单位和集中采购机构违法行为的处理决定，在财政部指定政府采购信息指定媒体上公告。

第七章　附　　则

第五十五条 主管部门可以按照本规定制定具体实施办法。

第五十六条 本办法自发布之日起施行。

财政部关于加强中央预算单位批量集中采购管理有关事项的通知

（2014 年 9 月 19 日　财库〔2014〕120 号）

党中央有关部门，国务院各部委、各直属机构，全国人大常委会办公厅，全国政协办公厅，高法院，高检院，有关人民团体，中共中央直属机关采购中心、中央国家机关政府采购中心、全国人大机关采购中心，国家税务总局集中采购中心、海关总署物资装备采购中心、中国人民银行集中采购中心、公安部警用装备采购中心：

为进一步深化中央预算单位批量集中采购工作，强化合同和履约管理，提高采购效率，推动落实《中央预算单位批量集中采购管理暂行办法》（财库

〔2013〕109号）和《关于中央预算单位实施批量集中采购工作的通知》（财办库〔2013〕334号），现就批量集中采购执行中有关事项通知如下：

一、批量集中采购品目的适用范围遵循国务院办公厅定期发布的政府集中采购目录及标准。自2014年12月1日起，传真机、扫描仪、碎纸机不再纳入批量集中采购范围。

二、集中采购机构可以根据采购品目的不同需求特点和计划数量，灵活选择采购方式，不断提高批量集中采购效率和服务质量。采购活动无法在预定时间内完成的，集中采购机构应当以适当方式通知中央预算单位；出现采购活动失败情形的，集中采购机构应当在中国政府采购网上公告后重新组织采购；因采购需求原因无法重新组织采购的，集中采购机构应当及时通知中央预算单位修改采购需求。

三、集中采购机构拟定的采购文件应当包含其与中标（成交）供应商签订的框架协议和采购人与中标（成交）供应商签订的采购合同文本，并对签订框架协议、采购合同以及送货的时间做出明确的约定。框架协议应当列明集中采购机构和中标（成交）供应商的权利和义务；采购合同签订、履行的期限和要求；无正当理由不依法签订合同或不履行合同义务的责任和救济措施等。采购合同文本应当详细列明中央预算单位、中标（成交）供应商及其授权供应商的权利和义务、产品名称、数量、质量、价格、履行期限以及地点和方式、违约责任、争议解决方法等内容。

四、集中采购机构应当在中标（成交）结果公告之日起3个工作日内，与中标（成交）供应商签订框架协议。中标（成交）供应商无正当理由拒不签订框架协议的，集中采购机构可以与排位在中标（成交）供应商之后第一位的候选供应商签订框架协议，并予公告，同时将有关情况报财政部处理。

五、框架协议签订后，中标（成交）供应商或其授权供应商应当在中标（成交）结果公告之日起5个工作日内，主动与中央预算单位联系，根据采购文件约定的内容签订采购合同，并在中标（成交）结果公告之日起20个工作日内完成送货。因中央预算单位原因未在规定期限内签订合同的，供应商应当将书面催告文件提交集中采购机构协调处理，经协调后中央预算单位仍拒不签约的，供应商可以依法不再与其签订采购合同。采购合同签订后，中央预算单位不履行合同义务或履行义务不符合约定的，中标（成交）供应商可以依法解除合同，并依照法律规定及合同约定追究对方的违约责任，同时将相关情况书面反馈给集中采购机构。

六、因中标（成交）供应商原因未在规定期限内签订采购合同的，中央预算单位应当将书面催告文件提交集中采购机构协调处理，经协调后，供应商仍拒不签约的，中央预算单位可以依法不再与其签订采购合同，并在预算金额内通过协议供货购买。采购合同签订后，中标（成交）供应商不履行合同义务或履行义务不符合约定的，中央预算单位可以依法解除合同，并依照法律规定及合同约定追究对方的违约责任，同时将相关情况书面反馈给集中采购机构。

七、集中采购机构应当根据框架协议，加强对批量集中采购项目的执行管理，督促中央预算单位、中标（成交）供应商在规定时间内签订采购合同，督促中标（成交）供应商在规定时间内完成送货，协调处理合同签订、履约过程中出现的问题，提请财政部对中央预算单位、供应商的违法违规问题进行处理。

八、集中采购机构不依法签订框架协议或者中央预算单位不依法签订采购合同的，财政部将依据《中华人民共和国政府采购法》第71条的规定，责令限期改正，给予警告。中标（成交）供应商不依法签订框架协议或者采购合同、拒绝履行框架协议或者合同义务的，财政部将依据《政府采购货物和服务招标投标管理办法》（财政部令第18号）第75条、《政府采购非招标采购方式管理办法》（财政部令第74号）第54条的规定，将中标（成交）供应商列入不良行为记录名单，在一至三年内禁止其参加政府采购活动，并予以通报。

九、本通知自2014年12月1日起施行。各单位在填报计划时如遇口径等政策问题，请及时与财政部国库司政府采购管理一处联系。如遇供应商送货等履约问题，请及时与集中采购机构联系。如遇系统软件操作问题请及时与中软公司联系。

财政部国库司政府采购管理一处　010-68553724；中央国家机关政府采购

中心 010 - 83084967, 63099478 (空调);中共中央直属机关采购中心 010 - 82273285;中软公司 4008101996。

财政部办公厅关于中央预算单位
实施批量集中采购工作的通知

(2013 年 9 月 4 日 财办库〔2013〕334 号)

党中央有关部门办公厅 (室),国务院各部委、各直属机构办公厅 (室),全国人大常委会办公厅,全国政协办公厅,高法院办公厅,高检院办公厅,中共中央直属机关采购中心、中央国家机关政府采购中心、全国人大机关采购中心:

为进一步深化政府集中采购工作,规范政府采购行为,根据《中央预算单位批量集中采购管理暂行办法》(财库〔2013〕109 号)的有关规定,现就中央预算单位实施批量集中采购工作的有关事项通知如下:

一、批量集中采购范围

中央预算单位采购满足办公需求的台式计算机、打印机、便携式计算机、复印机、传真机、扫描仪、复印纸、空调机和碎纸机原则上全部纳入批量集中采购范围,用于科研、测绘等工作的专用台式计算机、便携式计算机也纳入批量集中采购范围。其中,台式计算机不包括低泄射计算机、无盘工作站、图形工作站、工控机;便携式计算机不包括移动图形工作站、加固型笔记本等特殊用途设备;空调机不包括用于机房、基站等特殊场所的空调机;打印机不包括便携式打印机等。

二、采购计划填报时间

台式计算机、打印机和便携式计算机的采购计划按月填报,当月填报下月计划。复印机、传真机、扫描仪、复印纸、空调机和碎纸机的采购计划按季填报,每季度最后一个月填报下一季度计划。各主管预算单位应于当月 10 日前将所属单位采购计划审核汇总后报送至财政部。

三、采购流程图和配置参考

中央预算单位批量集中采购工作基本流程图、中央预算单位批量集中采购问题反馈处理流程图以及《20XX 年中央预算单位批量集中采购品目配置参考》（以下简称《配置参考》），详见中国政府采购网（http：//www. ccgp. gov. cn/）"中央单位批量集中采购"专栏。《配置参考》将定期在政府采购计划管理系统中更新，不再另行发文通知。

四、本通知自印发之日起施行。台式计算机、打印机的采购计划按规定时间报送，新推开批量集中采购品目的采购计划，各主管预算单位于 2013 年 12 月 10 日前开始汇总报送。

各单位在填报时如遇口径等问题，请及时与财政部国库司政府采购管理一处联系，电话：010-68552389，也可与主管预算单位联系。

如遇中标供应商不按合同约定供货、服务或产品质量不合格等问题，请及时与集中采购机构联系。中央国家机关政府采购中心电话 010-83084967、010-63099478（空调），中共中央直属机关采购中心电话 010-82273286。

如遇系统软件操作问题，请及时与北京用友政务软件有限公司联系，电话：400-6550-933［分机号：33713、33714、33715、33716、33717、33718］

财政部关于印发《中央预算单位批量集中采购管理暂行办法》的通知

（2013 年 8 月 21 日　财库〔2013〕109 号）

党中央有关部门，国务院各部委、各直属机构，全国人大常委会办公厅，全国政协办公厅，高法院，高检院，有关人民团体，中共中央直属机关采购中心、中央国家机关政府采购中心、全国人大机关采购中心：

为了深化政府集中采购改革，进一步规范政府采购行为，提高财政资金使用效益，根据党中央、国务院厉行节约反对浪费要求和政府采购有关法律制度规定，财政部制定了《中央预算单位批量集中采购管理暂行办法》，现予印发，请遵照执行。执行中发现的有关问题，请及时向财政部反映。

实施批量集中采购的品目和相应配置标准财政部将另行通知。

附件：中央预算单位批量集中采购管理暂行办法

附件：

中央预算单位批量集中采购管理暂行办法

第一条 为了深化政府集中采购改革，进一步规范政府采购行为，提高财政资金使用效益，根据党中央、国务院厉行节约反对浪费要求和政府采购有关法律制度规定，制定本办法。

第二条 列入国务院公布的《中央预算单位政府集中采购目录及标准》中的集中采购机构采购品目应当逐步实施批量集中采购，中央预算单位要严格执行批量集中采购相关规定。对已纳入批量集中采购范围，因时间紧急或零星特殊采购不能通过批量集中采购的品目，中央预算单位可报经主管预算单位同意后通过协议供货方式采购，但各部门协议供货采购数量不得超过同类品目上年购买总数的10%。

第三条 实行批量集中采购的通用办公设备、家具的经费预算应当严格执行《中央行政单位通用办公设备家具购置费预算标准（试行）》（财行〔2011〕78号）规定，用于科研、测绘等特殊用途的专用办公设备、家具及其他采购品目经费预算应当按财政部批复的部门预算执行。

第四条 财政部定期公布批量集中采购品目，集中采购机构应当按照相关工作安排，综合考虑预算标准、办公需要、市场行情及产业发展等因素，提出相应品目完整、明确、符合国家法律法规及政府采购政策要求的采购需求技术服务标准报财政部。财政部在组织完成对相关技术服务标准的论证后发布中央预算单位批量集中采购品目基本配置标准（以下简称基本配置标准）。

第五条 中央预算单位应当执行基本配置标准，并根据预算及实际工作需要，确定当次采购品目不同的档次或规格。部分主管预算单位因特殊原因需要另行制定本部门统一执行的通用或专用办公设备等配置标准的，应当按基本配置标准规范确定相应配置指标，且相关指标不得指向特定的品牌或供应商。同时，还应明确专用办公设备等品目的预算金额上限。

第六条 中央预算单位应当加强对批量集中采购工作的计划安排，协调处理好采购周期、采购数量与品目配备时限的关系。应当认真组织填报批量集中采购计划，保证品目名称、配置标准、采购数量、配送地点和最终用户联系方式等内容的准确完整。各主管预算单位应于当月十日前向财政部报送本部门批量集中采购汇总计划，并明确当期采购工作的部门联系人。

第七条 集中采购机构应当广泛征求中央预算单位、供应商及相关专家意见，科学合理编制采购文件。应当根据每期不同品目的需求特点及计划数量，依法采用公开招标、询价等采购方式，于二十五个工作日内完成采购活动。应当及时将中标供应商名称、中标产品完整的技术服务标准等信息在中国政府采购网和各集中采购机构网站上公告。因需求特殊等原因导致采购活动失败的，应当及时通知相关中央预算单位调整需求标准，并重新组织采购。

第八条 中央预算单位应当通过中国政府采购网或各集中采购机构网站查询相关中标信息，严格按照计划填报数量和当期中标结果，及时与中标供应商或授权供货商签订采购合同。验收时，应当根据中标公告中的技术服务标准，认真核对送货时间、产品配置技术指标等内容并填写验收书。验收后，应当按照合同约定及时付款。对中标供应商在履约过程中存在的违约问题，应当通过验收书或其他书面形式向集中采购机构反映。

第九条 集中采购机构应当根据采购文件约定，督促供应商在中标通知公告发出后二十个工作日内，将中标产品送到中央预算单位指定地点。应当统一协调处理合同签订、产品送达、产品验收及款项支付等履约过程中出现的问题，分清责任。对于中央预算单位在验收书上或书面反映的产品质量、服务问题，应当及时组织核查或第三方检测机构检测，并按采购文件及有关合同的约定追究中标供应商赔偿责任。

第十条 各主管预算单位应当加强对本部门批量集中采购工作的管理，建立健全配置标准的制定和适用、协议供货方式审核、合同签订及验收付款等内部管理制度。应当指定专人配合集中采购机构统一协调处理计划执行、合同签订、产品验收及款项支付等事宜，对未按规定超标准采购及规避批量集中采购等行为，应当追究相关人员责任。

第十一条 集中采购机构应当切实做好批量集中采购执行工作。应当按照财政部推进批量集中采购工作安排，及时拟定包括需求标准、评审方式、合同草案条款及采购方式适用标准等内容的实施方案，并按照实施方案组织好采购活动，协调处理履约相关问题，保障批量集中采购活动规范、优质、高效的协调推进。应当将违约处理情况和季度批量集中采购执行情况报财政部备案。

第十二条 财政部应当加强对批量集中采购工作的组织监督管理，将批量集中采购工作纳入集中采购机构的业务考核范围。对主管预算单位及所属单位规避批量集中采购、不执行采购计划以及无故延期付款等行为应当及时进行通报批评。应当根据集中采购机构提供的报告，对中标供应商虚假承诺或拒不按合同履约的行为进行严肃处理。

第十三条 本办法自 2013 年 9 月 1 日起施行。《关于进一步推进中央单位批量集中采购试点工作的通知》（财办库〔2011〕87 号）、《关于完善台式计算机和打印机批量集中采购试点工作的补充通知》（财办库〔2012〕340 号）同时废止。

十、监督检查与信用管理

政府采购质疑和投诉办法

（2017 年 12 月 26 日财政部令第 94 号公布　自 2018 年 3 月 1 日起施行）

第一章　总　　则

第一条 为了规范政府采购质疑和投诉行为，保护参加政府采购活动当事人的合法权益，根据《中华人民共和国政府采购法》《中华人民共和国政府采购法实施条例》和其他有关法律法规规定，制定本办法。

第二条 本办法适用于政府采购质疑的提出和答复、投诉的提起和处理。

第三条 政府采购供应商（以下简称供应商）提出质疑和投诉应当坚持依法依规、诚实信用原则。

第四条 政府采购质疑答复和投诉处理应当坚持依法依规、权责对等、公平公正、简便高效原则。

第五条 采购人负责供应商质疑答复。采购人委托采购代理机构采购的，采购代理机构在委托授权范围内作出答复。

县级以上各级人民政府财政部门（以下简称财政部门）负责依法处理供应商投诉。

第六条 供应商投诉按照采购人所属预算级次，由本级财政部门处理。

跨区域联合采购项目的投诉，采购人所属预算级次相同的，由采购文件事先约定的财政部门负责处理，事先未约定的，由最先收到投诉的财政部门负责处理；采购人所属预算级次不同的，由预算级次最高的财政部门负责处理。

第七条 采购人、采购代理机构应当在采购文件中载明接收质疑函的方式、联系部门、联系电话和通讯地址等信息。

县级以上财政部门应当在省级以上财政部门指定的政府采购信息发布媒体公布受理投诉的方式、联系部门、联系电话和通讯地址等信息。

第八条 供应商可以委托代理人进行质疑和投诉。其授权委托书应当载明代理人的姓名或者名称、代理事项、具体权限、期限和相关事项。供应商为自然人的，应当由本人签字；供应商为法人或者其他组织的，应当由法定代表人、主要负责人签字或者盖章，并加盖公章。

代理人提出质疑和投诉，应当提交供应商签署的授权委托书。

第九条 以联合体形式参加政府采购活动的，其投诉应当由组成联合体的所有供应商共同提出。

第二章　质疑提出与答复

第十条　供应商认为采购文件、采购过程、中标或者成交结果使自己的权益受到损害的，可以在知道或者应知其权益受到损害之日起 7 个工作日内，以书面形式向采购人、采购代理机构提出质疑。

采购文件可以要求供应商在法定质疑期内一次性提出针对同一采购程序环节的质疑。

第十一条　提出质疑的供应商（以下简称质疑供应商）应当是参与所质疑项目采购活动的供应商。

潜在供应商已依法获取其可质疑的采购文件的，可以对该文件提出质疑。对采购文件提出质疑的，应当在获取采购文件或者采购文件公告期限届满之日起 7 个工作日内提出。

第十二条　供应商提出质疑应当提交质疑函和必要的证明材料。质疑函应当包括下列内容：

（一）供应商的姓名或者名称、地址、邮编、联系人及联系电话；

（二）质疑项目的名称、编号；

（三）具体、明确的质疑事项和与质疑事项相关的请求；

（四）事实依据；

（五）必要的法律依据；

（六）提出质疑的日期。

供应商为自然人的，应当由本人签字；供应商为法人或者其他组织的，应当由法定代表人、主要负责人，或者其授权代表签字或者盖章，并加盖公章。

第十三条　采购人、采购代理机构不得拒收质疑供应商在法定质疑期内发出的质疑函，应当在收到质疑函后 7 个工作日内作出答复，并以书面形式通知质疑供应商和其他有关供应商。

第十四条　供应商对评审过程、中标或者成交结果提出质疑的，采购人、采购代理机构可以组织原评标委员会、竞争性谈判小组、询价小组或者竞争性磋商小组协助答复质疑。

第十五条 质疑答复应当包括下列内容：

（一）质疑供应商的姓名或者名称；

（二）收到质疑函的日期、质疑项目名称及编号；

（三）质疑事项、质疑答复的具体内容、事实依据和法律依据；

（四）告知质疑供应商依法投诉的权利；

（五）质疑答复人名称；

（六）答复质疑的日期。

质疑答复的内容不得涉及商业秘密。

第十六条 采购人、采购代理机构认为供应商质疑不成立，或者成立但未对中标、成交结果构成影响的，继续开展采购活动；认为供应商质疑成立且影响或者可能影响中标、成交结果的，按照下列情况处理：

（一）对采购文件提出的质疑，依法通过澄清或者修改可以继续开展采购活动的，澄清或者修改采购文件后继续开展采购活动；否则应当修改采购文件后重新开展采购活动。

（二）对采购过程、中标或者成交结果提出的质疑，合格供应商符合法定数量时，可以从合格的中标或者成交候选人中另行确定中标、成交供应商的，应当依法另行确定中标、成交供应商；否则应当重新开展采购活动。

质疑答复导致中标、成交结果改变的，采购人或者采购代理机构应当将有关情况书面报告本级财政部门。

第三章　投诉提起

第十七条 质疑供应商对采购人、采购代理机构的答复不满意，或者采购人、采购代理机构未在规定时间内作出答复的，可以在答复期满后15个工作日内向本办法第六条规定的财政部门提起投诉。

第十八条 投诉人投诉时，应当提交投诉书和必要的证明材料，并按照被投诉采购人、采购代理机构（以下简称被投诉人）和与投诉事项有关的供应商数量提供投诉书的副本。投诉书应当包括下列内容：

（一）投诉人和被投诉人的姓名或者名称、通讯地址、邮编、联系人及联系电话；

（二）质疑和质疑答复情况说明及相关证明材料；

（三）具体、明确的投诉事项和与投诉事项相关的投诉请求；

（四）事实依据；

（五）法律依据；

（六）提起投诉的日期。

投诉人为自然人的，应当由本人签字；投诉人为法人或者其他组织的，应当由法定代表人、主要负责人，或者其授权代表签字或者盖章，并加盖公章。

第十九条 投诉人应当根据本办法第七条第二款规定的信息内容，并按照其规定的方式提起投诉。

投诉人提起投诉应当符合下列条件：

（一）提起投诉前已依法进行质疑；

（二）投诉书内容符合本办法的规定；

（三）在投诉有效期限内提起投诉；

（四）同一投诉事项未经财政部门投诉处理；

（五）财政部规定的其他条件。

第二十条 供应商投诉的事项不得超出已质疑事项的范围，但基于质疑答复内容提出的投诉事项除外。

第四章 投诉处理

第二十一条 财政部门收到投诉书后，应当在5个工作日内进行审查，审查后按照下列情况处理：

（一）投诉书内容不符合本办法第十八条规定的，应当在收到投诉书5个工作日内一次性书面通知投诉人补正。补正通知应当载明需要补正的事项和合理的补正期限。未按照补正期限进行补正或者补正后仍不符合规定的，不予受理。

（二）投诉不符合本办法第十九条规定条件的，应当在 3 个工作日内书面告知投诉人不予受理，并说明理由。

（三）投诉不属于本部门管辖的，应当在 3 个工作日内书面告知投诉人向有管辖权的部门提起投诉。

（四）投诉符合本办法第十八条、第十九条规定的，自收到投诉书之日起即为受理，并在收到投诉后 8 个工作日内向被投诉人和其他与投诉事项有关的当事人发出投诉答复通知书及投诉书副本。

第二十二条　被投诉人和其他与投诉事项有关的当事人应当在收到投诉答复通知书及投诉书副本之日起 5 个工作日内，以书面形式向财政部门作出说明，并提交相关证据、依据和其他有关材料。

第二十三条　财政部门处理投诉事项原则上采用书面审查的方式。财政部门认为有必要时，可以进行调查取证或者组织质证。

财政部门可以根据法律、法规规定或者职责权限，委托相关单位或者第三方开展调查取证、检验、检测、鉴定。

质证应当通知相关当事人到场，并制作质证笔录。质证笔录应当由当事人签字确认。

第二十四条　财政部门依法进行调查取证时，投诉人、被投诉人以及与投诉事项有关的单位及人员应当如实反映情况，并提供财政部门所需要的相关材料。

第二十五条　应当由投诉人承担举证责任的投诉事项，投诉人未提供相关证据、依据和其他有关材料的，视为该投诉事项不成立；被投诉人未按照投诉答复通知书要求提交相关证据、依据和其他有关材料的，视同其放弃说明权利，依法承担不利后果。

第二十六条　财政部门应当自收到投诉之日起 30 个工作日内，对投诉事项作出处理决定。

第二十七条　财政部门处理投诉事项，需要检验、检测、鉴定、专家评审以及需要投诉人补正材料的，所需时间不计算在投诉处理期限内。

前款所称所需时间，是指财政部门向相关单位、第三方、投诉人发出相关文书、补正通知之日至收到相关反馈文书或材料之日。

财政部门向相关单位、第三方开展检验、检测、鉴定、专家评审的，应当将所需时间告知投诉人。

第二十八条 财政部门在处理投诉事项期间，可以视具体情况书面通知采购人和采购代理机构暂停采购活动，暂停采购活动时间最长不得超过30日。

采购人和采购代理机构收到暂停采购活动通知后应当立即中止采购活动，在法定的暂停期限结束前或者财政部门发出恢复采购活动通知前，不得进行该项采购活动。

第二十九条 投诉处理过程中，有下列情形之一的，财政部门应当驳回投诉：

（一）受理后发现投诉不符合法定受理条件；

（二）投诉事项缺乏事实依据，投诉事项不成立；

（三）投诉人捏造事实或者提供虚假材料；

（四）投诉人以非法手段取得证明材料。证据来源的合法性存在明显疑问，投诉人无法证明其取得方式合法的，视为以非法手段取得证明材料。

第三十条 财政部门受理投诉后，投诉人书面申请撤回投诉的，财政部门应当终止投诉处理程序，并书面告知相关当事人。

第三十一条 投诉人对采购文件提起的投诉事项，财政部门经查证属实的，应当认定投诉事项成立。经认定成立的投诉事项不影响采购结果的，继续开展采购活动；影响或者可能影响采购结果的，财政部门按照下列情况处理：

（一）未确定中标或者成交供应商的，责令重新开展采购活动。

（二）已确定中标或者成交供应商但尚未签订政府采购合同的，认定中标或者成交结果无效，责令重新开展采购活动。

（三）政府采购合同已经签订但尚未履行的，撤销合同，责令重新开展采购活动。

（四）政府采购合同已经履行，给他人造成损失的，相关当事人可依法提起诉讼，由责任人承担赔偿责任。

第三十二条 投诉人对采购过程或者采购结果提起的投诉事项，财政部门经查证属实的，应当认定投诉事项成立。经认定成立的投诉事项不影响采购结果的，继续开展采购活动；影响或者可能影响采购结果的，财政部门按照下列情况处理：

（一）未确定中标或者成交供应商的，责令重新开展采购活动。

（二）已确定中标或者成交供应商但尚未签订政府采购合同的，认定中标或者成交结果无效。合格供应商符合法定数量时，可以从合格的中标或者成交候选人中另行确定中标或者成交供应商的，应当要求采购人依法另行确定中标、成交供应商；否则责令重新开展采购活动。

（三）政府采购合同已经签订但尚未履行的，撤销合同。合格供应商符合法定数量时，可以从合格的中标或者成交候选人中另行确定中标或者成交供应商的，应当要求采购人依法另行确定中标、成交供应商；否则责令重新开展采购活动。

（四）政府采购合同已经履行，给他人造成损失的，相关当事人可依法提起诉讼，由责任人承担赔偿责任。

投诉人对废标行为提起的投诉事项成立的，财政部门应当认定废标行为无效。

第三十三条 财政部门作出处理决定，应当制作投诉处理决定书，并加盖公章。投诉处理决定书应当包括下列内容：

（一）投诉人和被投诉人的姓名或者名称、通讯地址等；

（二）处理决定查明的事实和相关依据，具体处理决定和法律依据；

（三）告知相关当事人申请行政复议的权利、行政复议机关和行政复议申请期限，以及提起行政诉讼的权利和起诉期限；

（四）作出处理决定的日期。

第三十四条 财政部门应当将投诉处理决定书送达投诉人和与投诉事项有关的当事人，并及时将投诉处理结果在省级以上财政部门指定的政府采购信息发布媒体上公告。

投诉处理决定书的送达，参照《中华人民共和国民事诉讼法》关于送达的规定执行。

第三十五条 财政部门应当建立投诉处理档案管理制度，并配合有关部门依法进行的监督检查。

第五章 法律责任

第三十六条 采购人、采购代理机构有下列情形之一的，由财政部门责令限期改正；情节严重的，给予警告，对直接负责的主管人员和其他直接责任人员，由其行政主管部门或者有关机关给予处分，并予通报：

（一）拒收质疑供应商在法定质疑期内发出的质疑函；

（二）对质疑不予答复或者答复与事实明显不符，并不能作出合理说明；

（三）拒绝配合财政部门处理投诉事宜。

第三十七条 投诉人在全国范围12个月内三次以上投诉查无实据的，由财政部门列入不良行为记录名单。

投诉人有下列行为之一的，属于虚假、恶意投诉，由财政部门列入不良行为记录名单，禁止其1至3年内参加政府采购活动：

（一）捏造事实；

（二）提供虚假材料；

（三）以非法手段取得证明材料。证据来源的合法性存在明显疑问，投诉人无法证明其取得方式合法的，视为以非法手段取得证明材料。

第三十八条 财政部门及其工作人员在履行投诉处理职责中违反本办法规定及存在其他滥用职权、玩忽职守、徇私舞弊等违法违纪行为的，依照《中华人民共和国政府采购法》《中华人民共和国公务员法》《中华人民共和国行政监察法》《中华人民共和国政府采购法实施条例》等国家有关规定追究相应责任；涉嫌犯罪的，依法移送司法机关处理。

第六章　附　　则

第三十九条　质疑函和投诉书应当使用中文。质疑函和投诉书的范本，由财政部制定。

第四十条　相关当事人提供外文书证或者外国语视听资料的，应当附有中文译本，由翻译机构盖章或者翻译人员签名。

相关当事人向财政部门提供的在中华人民共和国领域外形成的证据，应当说明来源，经所在国公证机关证明，并经中华人民共和国驻该国使领馆认证，或者履行中华人民共和国与证据所在国订立的有关条约中规定的证明手续。

相关当事人提供的在香港特别行政区、澳门特别行政区和台湾地区内形成的证据，应当履行相关的证明手续。

第四十一条　财政部门处理投诉不得向投诉人和被投诉人收取任何费用。但因处理投诉发生的第三方检验、检测、鉴定等费用，由提出申请的供应商先行垫付。投诉处理决定明确双方责任后，按照"谁过错谁负担"的原则由承担责任的一方负担；双方都有责任的，由双方合理分担。

第四十二条　本办法规定的期间开始之日，不计算在期间内。期间届满的最后一日是节假日的，以节假日后的第一日为期间届满的日期。期间不包括在途时间，质疑和投诉文书在期满前交邮的，不算过期。

本办法规定的"以上""以下"均含本数。

第四十三条　对在质疑答复和投诉处理过程中知悉的国家秘密、商业秘密、个人隐私和依法不予公开的信息，财政部门、采购人、采购代理机构等相关知情人应当保密。

第四十四条　省级财政部门可以根据本办法制定具体实施办法。

第四十五条　本办法自 2018 年 3 月 1 日起施行。财政部 2004 年 8 月 11 日发布的《政府采购供应商投诉处理办法》（财政部令第 20 号）同时废止。

财政部关于加强政府采购供应商
投诉受理审查工作的通知

(2007 年 2 月 12 日　财库〔2007〕1 号)

党中央有关部门，国务院各部委、各直属机构，全国人大常委会办公厅，全国政协办公厅，高法院，高检院，有关人民团体，各省、自治区、直辖市、计划单列市财政厅（局），新疆生产建设兵团财务局：

为了规范政府采购供应商投诉及财政部门受理投诉行为，保护政府采购当事人合法权益，维护政府采购秩序，提高投诉处理效率，现就政府采购供应商投诉受理审查有关事项通知如下：

一、充分认识加强供应商投诉受理审查工作的重要性

供应商投诉是政府采购法赋予供应商的权利，是发挥供应商监督，促进政府采购活动公开、公正、公平，维护政府采购当事人合法权益的有效措施。各级财政部门要高度重视供应商投诉，不得阻碍供应商投诉，不得无故拒绝供应商投诉，要指导供应商投诉，及时办理受理审查工作，从源头上提高投诉处理工作效率。

二、不予受理的投诉要书面告知

财政部门经审查，有投诉人不是参加投诉项目政府采购活动的当事人、被投诉人为采购人或采购代理机构之外的当事人、所有投诉事项未经过质疑、所有投诉事项超过投诉有效期、以具有法律效力的文书送达之外方式提出的投诉等情形之一的，应当认定为无效投诉，不予受理，并及时书面告知投诉人不予受理的理由。

三、投诉书允许修改但要限定期限

财政部门经审查，有投诉书副本数量不足、投诉事项或投诉请求不清晰、相关依据或证明材料不全、投诉书署名不符合规定等情形之一的，应当及时告知投诉人限期补充或修改后重新投诉，逾期不予受理。

财政部门在投诉审查期间，认定投诉事项与采购人行为有关但采购人不是被投诉人的，应当要求投诉人将采购人追加为被投诉人，并限期修改投诉书重新投诉，逾期不予受理。

财政部门经审查，供应商投诉事项与质疑事项不一致的，超出质疑事项的投诉事项应当认定为无效投诉事项，并告知投诉人撤回投诉书，对在质疑有效期内的未质疑事项进行质疑，或限期修改投诉书重新投诉，逾期不予受理。

四、涉密事项的投诉要提供依据

投诉事项属于有关法律、法规和规章规定处于保密阶段的事项，财政部门应当要求投诉人提供信息来源或有效证据，否则，应当认定为无效投诉事项。

五、严格执行受理审查程序

财政部门收到供应商投诉后，应当在 5 个工作日内完成审查工作。

在供应商投诉受理审查期间，相关信息或材料、文件的传递，财政部门、投诉人以及相关当事人应当采用书面形式，并办理签收手续。

财政部关于政府采购监督检查实施
"双随机一公开"工作细则的公告

(2016 年 10 月 10 日　财政部公告 2016 年第 123 号)

第一条　为进一步规范政府采购监督检查执法行为，全面落实"双随机一公开"要求，根据《中华人民共和国政府采购法》及其实施条例，以及《财政检查工作办法》(财政部令第 32 号)、《国务院办公厅关于推广随机抽查规范事中事后监管的通知》(国办发〔2015〕58 号)、《财政部推广随机抽查工作实施方案》(财法函〔2015〕102 号)、《财政部随机抽查工作细则》(财监〔2016〕38 号)等有关规定，制定本细则。

第二条　本细则所称"双随机一公开"工作，是指财政部依法实施政府采购监督检查时，采取随机抽取检查对象、随机选派执法检查人员，及时公开抽查情况和查处结果的活动。

第三条 政府采购监督检查按照财政部公开的随机抽查事项清单和批准的年度检查计划开展，坚持健全机制、规范监管、公正高效、公开透明的原则。

第四条 政府采购监督检查应建立执法检查人员名录库和检查对象名录库。执法检查人员以政府采购相关工作人员为主，检查对象为代理中央政府采购业务的社会代理机构，相关名录库信息应录入财政部统一的信息平台，并根据变动情况动态调整。

第五条 政府采购监督检查采取定向抽查和不定向抽查相结合的方式，对于重大问题或舆情反映的热点问题，可以采取定向抽取的方式，设定类别条件选择检查对象或执法检查人员。

第六条 检查实施前，财政部通过统一的信息平台随机抽取执法检查人员和检查对象，随机抽取过程全程记录。

第七条 代理机构抽取比例为检查对象名录库中代理机构数量的 10% - 30%，具体比例根据年度检查工作安排确定。近三年内检查过的代理机构，在抽取时可以排除。

第八条 执法检查人员的抽取数量根据检查工作需要确定，同一检查组执法检查人员不得少于两人。出现随机抽取的执法检查人员因实际困难不能参加检查工作或需要回避等情形，应通过统一信息平台及时抽取，补齐执法检查人员。

第九条 随机抽取的检查对象名单和检查处理处罚等信息，经履行报批程序后，及时在财政部门户网站和指定政府采购信息发布媒体上公开，主动接受社会监督。

第十条 本细则自发布之日起执行。

财政部关于规范政府采购行政处罚有关问题的通知

(2015 年 8 月 20 日　财库〔2015〕150 号)

各省、自治区、直辖市、计划单列市财政厅（局）：

根据《中华人民共和国政府采购法》和《中华人民共和国政府采购法实施条例》的有关规定，为推进政府采购诚信体系建设，建立统一规范、竞争有序的政府采购市场机制，现就规范政府采购行政处罚有关问题通知如下：

一、各级人民政府财政部门在政府采购行政处罚工作中要做到证据确凿充分，适用法律法规正确。依法保障当事人的陈述权、申辩权和要求听证权，做到处罚程序合法。市级以上财政部门应做好行政复议案件的受理与处理工作，依法纠正错误的行政处罚。

二、各级人民政府财政部门依法对参加政府采购活动的供应商、采购代理机构、评审专家做出的禁止参加政府采购活动、禁止代理政府采购业务、禁止参加政府采购评审活动等行政处罚决定，要严格按照相关法律法规条款的规定进行处罚，相关行政处罚决定在全国范围内生效。

三、各级人民政府财政部门要依法公开对政府采购供应商、采购代理机构、评审专家的行政处罚决定，并按规定将相关信息上传至中国政府采购网开设的"政府采购严重违法失信行为记录名单"，推动建立政府采购供应商、采购代理机构、评审专家不良行为记录制度，加强对政府采购违法失信行为的曝光和惩戒。

财政部关于明确政府采购保证金
和行政处罚罚款上缴事项的通知

(2011 年 1 月 20 日　财库〔2011〕15 号)

党中央有关部门，国务院各部委、各直属机构，全国人大常委会办公厅，全国政协办公厅，高法院，高检院，有关人民团体，新疆生产建设兵团财务局，中央国家机关政府采购中心，中共中央直属机关采购中心，全国人大机关采购中心：

为了加强政府采购活动的监督管理，根据《中华人民共和国政府采购法》和《罚款决定与罚款收缴分离实施办法》（国务院令第 235 号）等有关规定，现就政府采购保证金和行政处罚罚款上缴渠道有关问题通知如下：

一、关于保证金的上缴

在中央政府采购活动中，供应商出现政府采购相关规定和采购文件约定不予退还保证金（投标保证金和履约保证金）的情形，由集中采购机构、采购人按照就地缴库程序，将不予退还的保证金上缴中央国库。

二、关于行政处罚罚款的上缴

在中央政府采购活动中，政府采购相关方违反政府采购有关规定被财政部处以罚款的行政处罚，由被处罚人按照就地缴库程序将所罚款项上缴中央国库。

三、关于就地缴库程序

上述资金的性质属政府非税收入，缴款人应根据属地原则到财政部驻该地区财政监察专员办事处领取《一般缴款书》，通过填写《一般缴款书》将资金缴入中央国库。一般缴款书的填写方式：预算科目名称填"其他一般罚没收入（103050199）"；收款单位一栏：财政机关填财政部，预算级次填中央级，收款国库填写实际收纳款项的国库名称（国家金库总库或国家金库××省分库）。

国家发展改革委、人民银行、财政部等印发
《关于对政府采购领域严重违法失信主体开展联合
惩戒的合作备忘录》的通知

(2018 年 11 月 20 日　发改财金〔2018〕1614 号)

各省、自治区、直辖市和新疆生产建设兵团有关部门、机构：

为全面贯彻党的十九大和十九届二中、三中全会精神，以习近平新时代中国特色社会主义思想为指导，落实《国务院关于印发社会信用体系建设规划纲要（2014-2020 年）的通知》（国发〔2014〕21 号）、《国务院关于建立完善守信联合激励和失信联合惩戒制度加快推进社会诚信建设的指导意见》（国发〔2016〕33 号）和《国家发展改革委 人民银行关于加强和规范守信联合激励和失信联合惩戒对象名单管理工作的指导意见》（发改财金规〔2017〕1798 号）等文件要求，加快推进政府采购领域信用体系建设，建立健全失信联合惩戒机制，国家发展改革委、人民银行、财政部、中央组织部、中央编办、中央文明办、中央网信办、科技部、工业和信息化部、人力资源社会保障部、自然资源部、生态环境部、住房城乡建设部、交通运输部、水利部、商务部、国资委、海关总署、税务总局、市场监管总局、国际发展合作署、银保监会、证监会、民航局、外汇局、全国总工会、共青团中央、全国妇联、中国铁路总公司等单位联合签署了《关于对政府采购领域严重违法失信主体开展联合惩戒的合作备忘录》。现印发给你们，请认真贯彻执行。

附件：关于对政府采购领域严重违法失信主体开展联合惩戒的合作备忘录

附件:

关于对政府采购领域严重违法失信主体
开展联合惩戒的合作备忘录

为全面贯彻党的十九大和十九届二中、三中全会精神,以习近平新时代中国特色社会主义思想为指导,落实《国务院关于印发社会信用体系建设规划纲要(2014-2020年)的通知》(国发〔2014〕21号)、《国务院关于建立完善守信联合激励和失信联合惩戒制度加快推进社会诚信建设的指导意见》(国发〔2016〕33号)和《国家发展改革委 人民银行关于加强和规范守信联合激励和失信联合惩戒对象名单管理工作的指导意见》(发改财金规〔2017〕1798号)等文件要求,加快推进政府采购领域信用体系建设,建立健全失信联合惩戒机制,国家发展改革委、人民银行、财政部、中央组织部、中央编办、中央文明办、中央网信办、科技部、工业和信息化部、人力资源社会保障部、自然资源部、生态环境部、住房城乡建设部、交通运输部、水利部、商务部、国资委、海关总署、税务总局、市场监管总局、国际发展合作署、银保监会、证监会、民航局、外汇局、全国总工会、共青团中央、全国妇联、中国铁路总公司等单位就开展政府采购领域严重违法失信主体联合惩戒工作达成以下意见。

一、联合惩戒对象

联合惩戒对象主要指在政府采购领域经营活动中违反《政府采购法》,以及其他法律、法规、规章和规范性文件,违背诚实信用原则,经政府采购监督管理部门依法认定的存在严重违法失信行为的政府采购当事人,包括(1)政府采购供应商、代理机构及其直接负责的主管人员和其他责任人员;(2)政府采购评审专家(以下统称"失信责任主体")。

二、信息共享与联合惩戒的实施方式

财政部通过全国信用信息共享平台向签署本备忘录的其他单位提供失信责任主体信息并按照有关规定动态更新。其他单位从全国信用信息共享平台获取失信责任主体信息,将其作为依法履职的重要参考,按照本备忘录约定内容,依法依规对失信责任主体实施联合惩戒。建立惩戒效果定期通报机制，有关单位根据实际情况定期将联合惩戒实施情况通过全国信用信息共享平台反馈至国家发展改革委和财政部。

三、联合惩戒措施

各单位依照有关规定，对失信责任主体采取下列一种或多种惩戒措施。

（一）依法限制获取财政补助补贴性资金和社会保障资金支持

依法限制失信责任主体申请财政补助补贴性资金和社会保障资金支持。

实施单位：财政部、国家发展改革委、人力资源社会保障部、国资委、国际发展合作署等

（二）依法限制参与政府投资工程建设项目投标活动

依法限制失信责任主体申请参与政府投资工程建设项目投标活动。

实施单位：国家发展改革委、工业和信息化部、住房城乡建设部、交通运输部、水利部、商务部、国际发展合作署、民航局、中国铁路总公司

（三）依法限制取得政府供应土地

依法限制或禁止失信责任主体取得政府供应土地。

实施单位：自然资源部

（四）依法限制取得认证机构资质和认证证书

依法限制失信责任主体取得认证机构资质和获得认证证书。

实施单位：市场监管总局

（五）依法限制参与基础设施和公用事业特许经营

依法限制失信责任主体参与基础设施和公用事业特许经营。

实施单位：国家发展改革委、财政部、住房城乡建设部、交通运输部、水利部

（六）设立证券公司、基金管理公司、期货公司等审批参考

依法将失信责任主体的违法失信记录作为证券公司、基金管理公司及期货公司的设立及股权或实际控制人变更审批或备案，私募投资基金管理人登记、重大事项变更以及基金备案的参考。

实施单位：证监会

（七）设立商业银行或分行、代表处审批参考

依法将失信责任主体的违法失信记录作为申请设立商业银行或分行、代表处的审批参考。

实施单位：银保监会

（八）设立保险公司的审批参考

依法将失信责任主体的违法失信记录作为保险公司的设立及股权或实际控制人变更审批或备案的参考。

实施单位：银保监会

（九）对申请发行企业债券不予受理

对失信责任主体申请发行企业债券不予受理。

实施单位：国家发展改革委

（十）加强注册非金融企业债务融资工具管理

在注册非金融企业债务融资工具时，加强管理，按照注册发行有关工作要求，强化信息披露，加强投资人保护机制管理，防范有关风险。

实施单位：人民银行

（十一）依法作为公司债券核准或备案参考

依法将失信责任主体的违法失信记录作为公司债券核准或备案的参考。

实施单位：证监会

（十二）股票、可转换公司债券发行审核及在全国中小企业股份转让系统公开转让审核的参考

依法将失信责任主体的违法失信行为作为股票、可转换公司债券发行审核及在全国中小企业股份转让系统公开转让审核的参考。

实施单位：证监会

（十三）作为境内上市公司实行股权激励计划或相关人员成为股权激励对象事中事后监管的参考

依法将失信责任主体的违法失信行为作为境内上市公司实行股权激励计划

或相关人员成为股权激励对象事中事后监管的参考。

实施单位：证监会

（十四）上市公司或者非上市公众公司收购事中事后监管中予以重点关注

在上市公司或者非上市公众公司收购的事中事后监管中，对失信责任主体予以重点关注。

实施单位：证监会

（十五）证券、基金、期货从业资格申请予以从严审核，证券、基金、期货从业人员相关主体予以重点关注

对存在失信记录的相关主体在证券、基金、期货从业资格申请中予以从严审核，对已成为证券、基金、期货从业人员的相关主体予以重点关注。

实施单位：证监会

（十六）非上市公众公司重大资产重组审核的参考

依法将失信信息作为非上市公众公司重大资产重组审核的参考。

实施单位：证监会

（十七）独立基金销售机构审批的参考

依法将失信信息作为独立基金销售机构审批的参考。

实施单位：证监会

（十八）限制从事互联网信息服务，从严审查电信业务经营许可申请

依法限制失信责任主体从事互联网信息服务，从严审查失信责任主体电信业务经营许可申请。

实施单位：工业和信息化部

（十九）金融机构融资授信参考

依法将失信责任主体的违法失信记录作为对其评级授信、信贷融资、管理和退出等的重要参考。

实施单位：人民银行、银保监会

（二十）加强日常监管检查

对失信责任主体，相关单位可在市场监管、现场检查等工作中予以参考，

加大日常监管力度，按照相关规定，提高随机抽查的比例和频次，向社会公布检查结果。

实施单位：各有关单位

（二十一）依法限制其担任国有企业法定代表人、董事、监事

失信责任主体为自然人的，依法限制其担任国有企业法定代表人、董事、监事；已担任相关职务的，依法提出其不再担任相关职务的意见。

实施单位：中央组织部、国资委、财政部、市场监管总局等

（二十二）依法限制登记为事业单位法定代表人

失信责任主体为自然人的，依法限制登记为事业单位法定代表人。失信责任主体是机构的，该机构法定代表人依法限制登记为事业单位法定代表人。

实施单位：中央编办

（二十三）依法限制担任金融机构董事、监事、高级管理人员

失信责任主体为自然人的，依法限制其担任银行业金融机构、保险公司、保险资产管理公司、融资性担保公司等的董事、监事、高级管理人员，以及保险专业代理机构、保险经纪人的高级管理人员及相关分支机构主要负责人，保险公估机构董事长、执行董事和高级管理人员；将其违法失信记录作为担任证券公司、基金管理公司、期货公司的董事、监事和高级管理人员及分支机构负责人任职审批或备案的参考。已担任相关职务的，依法提出其不再担任相关职务的意见。

实施单位：中央组织部、银保监会、证监会、财政部、市场监管总局等

（二十四）招录（聘）为公务员或事业单位工作人员参考

失信责任主体为自然人的，依法将其违法失信记录作为其被招录（聘）为公务员或事业单位工作人员的重要参考。

实施单位：中央组织部、人力资源社会保障部

（二十五）依法限制参与评先、评优或取得荣誉称号

依法限制失信责任主体参与评先、评优或取得各类荣誉称号；已获得相关

荣誉称号的依法予以撤销。

实施单位：中央文明办、全国总工会、共青团中央、全国妇联等

（二十六）供纳税信用管理时审慎性参考

在对失信责任主体的纳税信用管理中，依法将其违法失信行为作为信用信息采集和评价的审慎性参考依据。

实施单位：税务总局

（二十七）供外汇业务审批与管理时审慎性参考

依法将失信责任主体的相关违法失信信息作为外汇业务审批、合格境外机构投资者与合格境内机构投资者额度审批和管理的审慎性参考。

实施单位：外汇局

（二十八）依法限制成为海关认证企业

对失信责任主体申请海关认证企业管理的，不予通过认证；对已经成为认证企业的，按照规定下调企业信用等级。

实施单位：海关总署

（二十九）加大进出口货物监管力度

失信责任主体办理相关海关业务时，对其进出口货物实施严密监管，加强布控查验、后续稽查或统计监督核查。

实施单位：海关总署

（三十）依法限制受让收费公路权益参考

依法将失信责任主体的违法失信行为作为限制受让收费公路权益的参考。

实施单位：交通运输部

（三十一）暂停审批相关的科技项目

依法限制审批新的科技扶持项目，将其违法失信行为记入科研信用记录，并依据有关规定暂停审批其新的科技项目资金申报。

实施单位：科技部

（三十二）严格、审慎审批新改扩建项目的环评事项

依法将失信责任主体的违法失信信息作为审批新改扩建项目环评事项的

参考。

实施单位：生态环境部

（三十三）作为限制分配进口关税配额的参考

依法将失信责任主体的违法失信信息作为限制分配有关商品的进口关税配额的参考。

实施单位：商务部、国家发展改革委

（三十四）通过"信用中国"网站、中国政府采购网、国家企业信用信息公示系统及其他主要新闻网站向社会公布

依法将失信责任主体的违法失信信息通过"信用中国"网站、中国政府采购网、国家企业信用信息公示系统予以发布，同时协调相关互联网新闻信息服务单位向社会公布。

实施单位：国家发展改革委、财政部、市场监管总局、中央网信办

四、联合惩戒信息的动态管理

财政部在提供失信责任主体的违法失信信息时，应注明决定作出的日期及实施期限，有关单位根据各自的法定职责，按照法律法规和相关规定实施惩戒或解除惩戒。超过实施期限的，不再实施联合惩戒。

五、其他事宜

各单位应密切协作，积极落实本备忘录，制定完善相关领域规范性文件，推动健全相关领域立法，指导本系统各级单位依法依规实施联合惩戒措施。本备忘录实施过程中涉及单位之间协同配合的问题，由各单位协商解决。

本备忘录签署后，各项惩戒措施依据的法律、法规、规章及规范性文件有修改或调整的，以修改后的法律、法规、规章及规范性文件为准。

附录：

联合惩戒依据和实施单位（略）

财政部关于在政府采购活动中查询及
使用信用记录有关问题的通知

（2016 年 8 月 1 日　财库〔2016〕125 号）

党中央有关部门，国务院各部委、各直属机构，全国人大常委会办公厅，全国政协办公厅，高法院，高检院，各民主党派中央，有关人民团体，中央国家机关政府采购中心，中共中央直属机关采购中心，全国人大机关采购中心，各省、自治区、直辖市、计划单列市财政厅（局）、政府采购中心，新疆生产建设兵团财务局、政府采购中心：

为落实《国务院关于印发社会信用体系建设规划纲要（2014–2020 年）的通知》（国发〔2014〕21 号）、《国务院关于建立完善守信联合激励和失信联合惩戒制度加快推进社会诚信体系建设的指导意见》（国发〔2016〕33 号）以及《国务院办公厅关于运用大数据加强对市场主体服务和监管的若干意见》（国办发〔2015〕51 号）有关要求，推进社会信用体系建设、健全守信激励失信约束机制，现就政府采购活动中查询及使用信用记录有关事项通知如下：

一、高度重视信用记录查询及使用工作

诚实信用是政府采购活动的基本原则之一。在政府采购活动中查询及使用信用记录，对参与政府采购活动的供应商、采购代理机构及评审专家进行守信激励、失信约束，是政府相关部门开展协同监管和联合惩戒的重要举措，对降低市场运行成本、改善营商环境、高效开展市场经济活动具有重要作用，有利于形成"一处违规、处处受限"的信用机制。

近年来，财政部与有关部门联合签署了《关于对重大税收违法案件当事人实施联合惩戒措施的合作备忘录》（发改财金〔2014〕3062 号）、《失信企业协同监管和联合惩戒合作备忘录》（发改财金〔2015〕2045 号）、《关于对违法失信上市公司相关责任主体实施联合惩戒的合作备忘录》（发改财金〔2015〕

3062号)、《关于对失信被执行人实施联合惩戒的合作备忘录》(发改财金〔2016〕141号)、《关于对安全生产领域失信生产经营单位及其有关人员开展联合惩戒的合作备忘录》(发改财金〔2016〕1001号),依法限制相关失信主体参与政府采购活动。各地区各部门要进一步提高认识,推动建立政府采购活动信用记录查询及使用工作机制,加快建立政府采购信用评价制度,有效应用信用信息和信用报告,积极推进政府采购领域联合惩戒工作。

二、认真做好信用记录查询及使用工作

(一)总体要求。

各地区各部门应当按照社会信用体系建设有关要求,根据社会信用体系建设情况,创造条件将相关主体的信用记录作为供应商资格审查、采购代理机构委托、评审专家管理的重要依据。

(二)信用记录查询渠道。

各级财政部门、采购人、采购代理机构应当通过"信用中国"网站(www. creditchina. gov. cn)、中国政府采购网(www. ccgp. gov. cn)等渠道查询相关主体信用记录,并采取必要方式做好信用信息查询记录和证据留存,信用信息查询记录及相关证据应当与其他采购文件一并保存。

(三)信用记录的使用。

1. 采购人或者采购代理机构应当在采购文件中明确信用信息查询的查询渠道及截止时点、信用信息查询记录和证据留存的具体方式、信用信息的使用规则等内容。采购人或者采购代理机构应当对供应商信用记录进行甄别,对列入失信被执行人、重大税收违法案件当事人名单、政府采购严重违法失信行为记录名单及其他不符合《中华人民共和国政府采购法》第二十二条规定条件的供应商,应当拒绝其参与政府采购活动。

两个以上的自然人、法人或者其他组织组成一个联合体,以一个供应商的身份共同参加政府采购活动的,应当对所有联合体成员进行信用记录查询,联合体成员存在不良信用记录的,视同联合体存在不良信用记录。

2. 各级财政部门应当在评审专家选聘及日常管理中查询有关信用记录,对具有行贿、受贿、欺诈等不良信用记录的人员不得聘用为评审专家，已聘用的应当及时解聘。

依法自行选定评审专家的，采购人或者采购代理机构应当查询有关信用记录，不得选定具有行贿、受贿、欺诈等不良信用记录的人员。

3. 采购人委托采购代理机构办理政府采购事宜的，应当查询其信用记录，优先选择无不良信用记录的采购代理机构。

4. 采购人及采购代理机构应当妥善保管相关主体信用信息，不得用于政府采购以外事项。

三、工作要求

（一）各级财政部门和有关部门应当根据政府采购法及其实施条例相关规定，对参加政府采购活动的供应商、采购代理机构、评审专家的不良行为予以记录，并纳入统一的信用信息平台。

（二）各级财政部门应当切实加强政府采购信息化建设，做好相关技术保障，建立与相关信用信息平台的数据共享机制，逐步实现信用信息推送、接收、查询、应用的自动化。

（三）各地区各部门应当根据上述原则和要求，在政府采购活动中积极推进信用信息的共享和使用，研究制定符合本地本部门实际情况的具体操作程序和办法，落实相关工作要求，及时将信用信息使用情况反馈至财政部。

财政部办公厅关于做好政府采购
有关信用主体标识码登记工作的通知

（2016 年 8 月 8 日　财办库〔2016〕320 号）

各省、自治区、直辖市、计划单列市财政厅（局），新疆生产建设兵团财务局：

为进一步做好政府采购信用信息共享工作，落实《财政部关于在政府采购活动中查询及使用信用记录有关问题的通知》（财库〔2016〕125 号）相关要求，完善政府采购信用信息，现将相关事项通知如下：

一、按照《关于报送政府采购严重违法失信行为信息记录的通知》（财办库〔2014〕526号）有关要求，财政部在中国政府采购网建立"政府采购严重违法失信行为记录名单"专栏，集中发布全国政府采购严重违法失信行为信息记录。地方各级财政部门在登记政府采购严重违法失信行为信息记录时，若信用主体为企业法人，应录入统一社会信用代码、组织机构代码、工商登记号、税务登记号中的任意一项（以下简称主体标识码）；若信用主体为自然人，应当录入当事人身份证号码。

二、根据《财政部关于做好政府采购代理机构资格认定行政许可取消后相关政策衔接工作的通知》（财库〔2014〕122号）有关要求，代理机构在中国政府采购网或其工商注册地所在地省级分网站进行网上登记。各省级财政部门在组织本地区政府采购代理机构网上登记时，应当要求代理机构录入主体标识码。

三、各省级财政部门应当高度重视信用信息的登记和发布工作，确保信用信息的完整性和准确性，做好相关组织工作，及时调整相关系统设置，并通知本地区各级财政部门和社会代理机构做好有关工作。

财政部办公厅关于报送政府采购
严重违法失信行为信息记录的通知

（2014年12月19日 财办库〔2014〕526号）

各省、自治区、直辖市、计划单列市财政厅（局）：

为推进社会信用体系建设，加强对政府采购违法失信行为记录的曝光和惩戒，进一步规范政府采购市场主体行为，维护政府采购市场秩序，根据《中华人民共和国政府采购法》、《国务院关于促进市场公平竞争维护市场正常秩序的若干意见》（国发〔2014〕20号）及《社会信用体系建设规划纲要（2014-2020年）》（国发〔2014〕21号）等相关规定，结合政府采购工作实际，财政部决定参与中央多部委开展的不良信用记录联合发布活动，启动建设"政府采购严重违法失信行为记录名单"专栏，在中国政府采购网上集中发布全国政府采购严重违法失信行为信息记录，现就有关事项通知如下：

一、政府采购严重违法失信行为的适用情形

供应商、采购代理机构在三年内受到财政部门作出下列情形之一的行政处罚，列入政府采购严重违法失信行为记录名单。

（一）三万元以上罚款；

（二）在一至三年内禁止参加政府采购活动（处罚期限届满的除外）；

（三）在一至三年内禁止代理政府采购业务（处罚期限届满的除外）；

（四）撤销政府采购代理机构资格（仅针对《政府采购法》第78条修改前作出的处罚决定）。

二、政府采购严重违法失信行为信息记录的主要内容

政府采购严重违法失信行为信息记录应包括以下主要内容：企业名称、企业地址、严重违法失信行为的具体情形、处罚结果、处罚依据、处罚日期和执法单位等。

三、政府采购严重违法失信行为信息记录的报送要求

地方各级财政部门应认真梳理近三年内本级作出上述行政处罚类的案件信息，按照附件格式整理形成本级的政府采购严重违法失信行为信息记录，随处罚文件一并以电子版形式报送上级财政部门。省级财政部门负责汇总本省三年内有效的政府采购严重违法失信行为信息记录，收集相应的处罚文件，于2014年12月30日前以电子版形式一并报送财政部。

自2015年1月1日起，省级财政部门负责本省政府采购严重违法失信行为信息记录的发布管理工作，及时汇总相关信息，确保自行政处罚决定形成或变更之日起20个工作日内，在中国政府采购网"政府采购严重违法失信行为记录名单"的专栏中完成信息发布工作。信息公布期限一般为3年，处罚期限届满的，相关信息记录从专栏中予以删除。

联系单位：财政部国库司政府采购管理一处

附件：

政府采购严重违法失信行为信息记录

序号	企业名称	企业地址	严重违法失信行为的具体情形	处罚结果	处罚依据	处罚日期	执法单位
1							
2							
3							
……							
……							
……							
……							
……							
……							
……							

国务院办公厅印发国务院有关部门
实施招标投标活动行政监督的职责分工意见的通知

（2000 年 5 月 3 日　国办发〔2000〕34 号）

各省、自治区、直辖市人民政府，国务院各部委、各直属机构：

中央机构编制委员会办公室《关于国务院有关部门实施招标投标活动行政监督的职责分工的意见》已经国务院同意，现印发给你们，请遵照执行。

关于国务院有关部门实施招标投标活动
行政监督的职责分工的意见

中央机构编制委员会办公室

（二〇〇〇年三月四日）

根据《中华人民共和国招标投标法》（以下简称《招标投标法》）和国务院有关部门"三定"规定，现就国务院有关部门实施招标投标（以下简称招投标）活动行政监督的职责分工，提出如下意见：

一、国家发展计划委员会指导和协调全国招投标工作，会同有关行政主管部门拟定《招标投标法》配套法规、综合性政策和必须进行招标的项目的具体范围、规模标准以及不适宜进行招标的项目，报国务院批准；指定发布招标公告的报刊、信息网络或其他媒介。有关行政主管部门根据《招标投标法》和国家有关法规、政策，可联合或分别制定具体实施办法。

二、项目审批部门在审批必须进行招标的项目可行性研究报告时，核准项目的招标方式（委托招标或自行招标）以及国家出资项目的招标范围（发包初步方案）。项目审批后，及时向有关行政主管部门通报所确定的招标方式和范围等情况。

三、对于招投标过程（包括招标、投标、开标、评标、中标）中泄露保密资料、泄露标底、串通招标、串通投标、歧视排斥投标等违法活动的监督执法，按现行的职责分工，分别由有关行政主管部门负责并受理投标人和其他利害关系人的投诉。按照这一原则，工业（含内贸）、水利、交通、铁道、民航、信息产业等行业和产业项目的招投标活动的监督执法，分别由经贸、水利、交通、铁道、民航、信息产业等行政主管部门负责；各类房屋建筑及其附属设施的建造和与其配套的线路、管道、设备的安装项目和市政工程项目的招投标活动的监督执法，由建设行政主管部门负责；进口机电设备采购项目的招投标活动的监督执法，由外经贸行政主管部门负责。有关行政主管部门须将监督过程中发现的问题，及时通知项目审批部门，项目审批部门根据情况依法暂停项目执行或者暂停资金拨付。

四、从事各类工程建设项目招标代理业务的招标代理机构的资格，由建设行政主管部门认定；从事与工程建设有关的进口机电设备采购招标代理业务的招标代理机构的资格，由外经贸行政主管部门认定；从事其他招标代理业务的招标代理机构的资格，按现行职责分工，分别由有关行政主管部门认定。

五、国家发展计划委员会负责组织国家重大建设项目稽察特派员，对国家重大建设项目建设过程中的工程招投标进行监督检查。

各有关部门要严格依照上述职责分工，各司其职，密切配合，共同做好招投标的监督管理工作。各省、自治区、直辖市人民政府可根据《招标投标法》的规定，从本地实际出发，制定招投标管理办法。

关于对超豪华小汽车加征消费税有关事项的通知

(2016 年 11 月 30 日　财税〔2016〕129 号)

各省、自治区、直辖市、计划单列市财政厅（局）、国家税务局，新疆生产建设兵团财务局：

为了引导合理消费，促进节能减排，经国务院批准，对超豪华小汽车加征消费税。现将有关事项通知如下：

一、"小汽车"税目下增设"超豪华小汽车"子税目。征收范围为每辆零售价格130万元（不含增值税）及以上的乘用车和中轻型商用客车，即乘用车和中轻型商用客车子税目中的超豪华小汽车。对超豪华小汽车，在生产（进口）环节按现行税率征收消费税基础上，在零售环节加征消费税，税率为10%。

二、将超豪华小汽车销售给消费者的单位和个人为超豪华小汽车零售环节纳税人。

三、超豪华小汽车零售环节消费税应纳税额计算公式：

应纳税额＝零售环节销售额（不含增值税，下同）×零售环节税率

国内汽车生产企业直接销售给消费者的超豪华小汽车，消费税税率按照生产环节税率和零售环节税率加总计算。消费税应纳税额计算公式：

应纳税额＝销售额×（生产环节税率+零售环节税率）

四、上述规定自 2016 年 12 月 1 日起执行。对于 11 月 30 日（含）之前已签订汽车销售合同，但未交付实物的超豪华小汽车，自 12 月 1 日（含）起 5 个工作日内，纳税人持已签订的汽车销售合同，向其主管税务机关备案。对按规定备案的不征收零售环节消费税，未备案以及未按规定期限备案的，征收零售环节消费税。

附件：调整后的小汽车税目税率表（略）

十一、其　　他

水利部关于暂时调整实施《水利工程建设项目招标投标管理规定》有关条款的通知

（2022 年 9 月 6 日　建设〔2022〕346 号）

部机关各司局，部直属各单位，各省、自治区、直辖市水利（水务）厅（局），各计划单列市水利（水务）局，新疆生产建设兵团水利局，各有关单位：

为贯彻落实国务院深化"放管服"改革，持续优化营商环境工作部署，在总结前期营商环境创新试点经验的基础上，自即日起在全国暂时调整实施《水利工程建设项目招标投标管理规定》（水利部令第 14 号）有关条款。现就有关事项通知如下：

一、暂时调整实施《水利工程建设项目招标投标管理规定》（水利部令第 14 号）第十六条第（三）项水利工程建设项目施工招标条件中"监理单位已确定"

的规定，取消水利工程建设项目施工招标条件中"监理单位已确定"的条件。

二、暂时调整实施《水利工程建设项目招标投标管理规定》（水利部令第14号）第十八条第一款关于在正式媒介发布招标公告至发售资格预审文件（或招标文件）的时间间隔一般不少于10日的规定，在发布水利工程招标信息（招标公告或投标邀请书）时可同步发售资格预审文件（或招标文件）。

三、各省级水行政主管部门要根据上述调整，及时对本部门制定的规范性文件作相应调整。

四、上述规定调整实施过程中的重要情况，有关省级水行政主管部门要及时向水利部报告。

国务院办公厅关于印发整合建立统一的
公共资源交易平台工作方案的通知

（2015 年 8 月 10 日　国办发〔2015〕63 号）

各省、自治区、直辖市人民政府，国务院各部委、各直属机构：

《整合建立统一的公共资源交易平台工作方案》已经国务院同意，现印发给你们，请认真贯彻执行。

整合建立统一的公共资源交易平台工作方案

为深入贯彻党的十八大和十八届二中、三中、四中全会精神，落实《国务院机构改革和职能转变方案》部署，现就整合建立统一的公共资源交易平台制定以下工作方案。

一、充分认识整合建立统一的公共资源交易平台的重要性

近年来，地方各级政府积极推进工程建设项目招标投标、土地使用权和矿

业权出让、国有产权交易、政府采购等公共资源交易市场建设，对于促进和规范公共资源交易活动，加强反腐倡廉建设发挥了积极作用。但由于公共资源交易市场总体上仍处于发展初期，各地在建设运行和监督管理中暴露出不少突出问题：各类交易市场分散设立、重复建设，市场资源不共享；有些交易市场职能定位不准，运行不规范，公开性和透明度不够，违法干预交易主体自主权；有些交易市场存在乱收费现象，市场主体负担较重；公共资源交易服务、管理和监督职责不清，监管缺位、越位和错位现象不同程度存在。这些问题严重制约了公共资源交易市场的健康有序发展，加剧了地方保护和市场分割，不利于激发市场活力，亟需通过创新体制机制加以解决。

整合工程建设项目招标投标、土地使用权和矿业权出让、国有产权交易、政府采购等交易市场，建立统一的公共资源交易平台，有利于防止公共资源交易碎片化，加快形成统一开放、竞争有序的现代市场体系；有利于推动政府职能转变，提高行政监管和公共服务水平；有利于促进公共资源交易阳光操作，强化对行政权力的监督制约，推进预防和惩治腐败体系建设。

二、指导思想和基本原则

（一）指导思想。全面贯彻党的十八大和十八届二中、三中、四中全会精神，按照党中央、国务院决策部署，发挥市场在资源配置中的决定性作用和更好发挥政府作用，以整合共享资源、统一制度规则、创新体制机制为重点，以信息化建设为支撑，加快构筑统一的公共资源交易平台体系，着力推进公共资源交易法制化、规范化、透明化，提高公共资源配置的效率和效益。

（二）基本原则。

坚持政府推动、社会参与。政府要统筹推进公共资源交易平台整合，完善管理规则，优化市场环境，促进公平竞争。鼓励通过政府购买服务等方式，引导社会力量参与平台服务供给，提高服务质量和效率。

坚持公共服务、资源共享。立足公共资源交易平台的公共服务职能定位，整合公共资源交易信息、专家和场所等资源，加快推进交易全过程电子化，实现交易全流程公开透明和资源共享。

坚持转变职能、创新监管。按照管办分离、依法监管的要求，进一步减少政府对交易活动的行政干预，强化事中事后监管和信用管理，创新电子化监管手段，健全行政监督和社会监督相结合的监督机制。

坚持统筹推进、分类指导。充分考虑行业特点和地区差异，统筹推进各项工作，加强分类指导，增强政策措施的系统性、针对性和有效性。

三、整合范围和整合目标

（三）整合范围。整合分散设立的工程建设项目招标投标、土地使用权和矿业权出让、国有产权交易、政府采购等交易平台，在统一的平台体系上实现信息和资源共享，依法推进公共资源交易高效规范运行。积极有序推进其他公共资源交易纳入统一平台体系。民间投资的不属于依法必须招标的项目，由建设单位自主决定是否进入统一平台。

统一的公共资源交易平台由政府推动建立，坚持公共服务职能定位，实施统一的制度规则、共享的信息系统、规范透明的运行机制，为市场主体、社会公众、行政监管部门等提供综合服务。

（四）整合目标。2016 年 6 月底前，地方各级政府基本完成公共资源交易平台整合工作。2017 年 6 月底前，在全国范围内形成规则统一、公开透明、服务高效、监督规范的公共资源交易平台体系，基本实现公共资源交易全过程电子化。在此基础上，逐步推动其他公共资源进入统一平台进行交易，实现公共资源交易平台从依托有形场所向以电子化平台为主转变。

四、有序整合资源

（五）整合平台层级。各省级政府应根据经济发展水平和公共资源交易市场发育状况，合理布局本地区公共资源交易平台。设区的市级以上地方政府应整合建立本地区统一的公共资源交易平台。县级政府不再新设公共资源交易平台，已经设立的应整合为市级公共资源交易平台的分支机构；个别需保留的，由省级政府根据县域面积和公共资源交易总量等实际情况，按照便民高效原则确定，并向社会公告。法律法规要求在县级层面开展交易的公共资源，当地尚未设立公共资源交易平台的，原交易市场可予以保留。鼓励整合建立跨行政区域的公共资源交易平台。各省级政府应积极创造条件，通过加强区域合作、引入竞争机制、优化平台结构等手段，在坚持依法监督前提下探索推进交易主体跨行政区域自主选择公共资源交易平台。

（六）整合信息系统。制定国家电子交易公共服务系统技术标准和数据规范，为全国公共资源交易信息的集中交换和共享提供制度和技术保障。各省级政府应整合本地区分散的信息系统，依据国家统一标准建立全行政区域统一、终端覆盖市县的电子交易公共服务系统。鼓励电子交易系统市场化竞争，各地不得限制和排斥市场主体依法建设运营的电子交易系统与电子交易公共服务系统对接。各级公共资源交易平台应充分发挥电子交易公共服务系统枢纽作用，通过连接电子交易和监管系统，整合共享市场信息和监管信息等。加快实现国家级、省级、市级电子交易公共服务系统互联互通。中央管理企业有关电子招标采购交易系统应与国家电子交易公共服务系统连接并按规定交换信息，纳入公共资源交易平台体系。

（七）整合场所资源。各级公共资源交易平台整合应充分利用现有政务服务中心、公共资源交易中心、建设工程交易中心、政府集中采购中心或其他交易场所，满足交易评标（评审）活动、交易验证以及有关现场业务办理需要。整合过程中要避免重复建设，严禁假借场所整合之名新建楼堂馆所。在统一场所设施标准和服务标准条件下，公共资源交易平台不限于一个场所。对于社会力量建设并符合标准要求的场所，地方各级政府可以探索通过购买服务等方式加以利用。

（八）整合专家资源。进一步完善公共资源评标专家和评审专家分类标准，各省级政府应按照全国统一的专业分类标准，整合本地区专家资源。推动实现专家资源及专家信用信息全国范围内互联共享，有条件的地方要积极推广专家远程异地评标、评审。评标或评审时，专家应采取随机方式确定，任何单位和个人不得以明示、暗示等任何方式指定或者变相指定专家。

五、统一规则体系

（九）完善管理规则。发展改革委要会同国务院有关部门制定全国统一的公共资源交易平台管理办法，规范平台运行、管理和监督。国务院有关部门要根据工程建设项目招标投标、土地使用权和矿业权出让、国有产权交易、政府采购等法律法规和交易特点，制定实施全国分类统一的平台交易规则和技术标准。各省级政府要根据全国统一的规则和办法，结合本地区实际，制定平台服务管理细则，完善服务流程和标准。

（十）开展规则清理。各省级政府要对本地区各级政府和有关部门发布的公共资源交易规则进行清理。对违法设置审批事项、以备案名义变相实施审批、干预交易主体自主权以及与法律法规相冲突的内容，要坚决予以纠正。清理过程和结果应在省级公共资源交易平台进行公告，接受社会监督。

六、完善运行机制

（十一）推进信息公开共享。建立健全公共资源交易信息和信用信息公开共享制度。各级公共资源交易平台应加大信息公开力度，依法公开交易公告、资格审查结果、成交信息、履约信息以及有关变更信息等。加快建立市场信息共享数据库和验证互认机制。对市场主体通过公共资源交易平台电子交易公共服务系统实现登记注册共享的信息，相应行政区域内有关行政监督部门和其他公共资源交易平台不得要求企业重复登记、备案和验证，逐步推进全国范围内共享互认。各级行政监管部门要履行好信息公开职能，公开有关公共资源交易项目审核、市场主体和中介机构资质资格、行政处罚等监管信息。公共资源交易平台应依托统一的社会信用代码，建立公共资源交易市场主体信用信息库，并将相关信息纳入国家统一的信用信息平台，实现市场主体信用信息交换共享。加强公共资源交易数据统计分析、综合利用和风险监测预警，为市场主体、社会公众和行政监管部门提供信息服务。

（十二）强化服务功能。按照简政放权、放管结合、优化服务的改革方向，简化交易环节，提高工作效率，完善公共资源交易平台服务功能，公开服务流程、工作规范和监督渠道，整治各种乱收费行为，切实降低市场主体交易成本、减轻相关负担。建立市场主体以及第三方参与的社会评价机制，对平台提供公共服务情况进行考核评价。各级公共资源交易平台不得取代依法设立的政府集中采购机构的法人地位、法定代理权以及依法设立的其他交易机构和代理机构从事的相关服务，不得违法从事或强制指定招标、拍卖等中介服务，不得行使行政审批、备案等管理职能，不得强制非公共资源交易项目在平台交易，不得通过设置注册登记、设立分支机构、资质验证、投标（竞买）许可、强制担保等限制性条件阻碍或者排斥其他地区市场主体进入本地区公共资源交易市场。凡是采取审核招标及拍卖文件、出让方案等实施行政审批，或者以备案名义变相实施行政审批的，一律限期取消。公共资源交易平台应与依法设立的相关专业服务机构加强业务衔接，保证法定职能正常履行。

七、创新监管体制

（十三）完善监管体制机制。按照决策权、执行权、监督权既相互制约又相互协调的要求，深化公共资源交易管理体制改革，推进公共资源交易服务、管理与监督职能相互分离，完善监管机制，防止权力滥用。发展改革部门会同有关部门要加强对公共资源交易平台工作的指导和协调。各级招标投标行政监督、财政、国土资源、国有资产监督管理等部门要按照职责分工，加强对公共资源交易活动的监督执法，依法查处公共资源交易活动中的违法违规行为。健全行政监督部门与监察、审计部门协作配合机制，严肃查处领导干部利用职权违规干预和插手公共资源交易活动的腐败案件。审计部门要加强对公共资源交易及平台运行的审计监督。

（十四）转变监督方式。各级行政主管部门要运用大数据等手段，实施电子化行政监督，强化对交易活动的动态监督和预警。将市场主体信用信息和公共资源交易活动信息作为实施监管的重要依据，健全守信激励和失信惩戒机制。对诚实守信主体参与公共资源交易活动要依法给予奖励，对失信主体参与公共资源交易活动要依法予以限制，对严重违法失信主体实行市场禁入。健全专家选聘与退出机制，建立专家黑名单制度，强化专家责任追究。加强社会监督，完善投诉处理机制，公布投诉举报电话，及时处理平台服务机构违法违规行为。发挥行业组织作用，建立公共资源交易平台服务机构和人员自律机制。

八、强化实施保障

（十五）加强组织领导。各地区、各部门要充分认识整合建立统一的公共资源交易平台的重要性，加强领导，周密部署，有序推进整合工作。建立由发

展改革委牵头，工业和信息化部、财政部、国土资源部、环境保护部、住房城
乡建设部、交通运输部、水利部、商务部、卫生计生委、国资委、税务总局、
林业局、国管局、铁路局、民航局等部门参加的部际联席会议制度，统筹指导
和协调全国公共资源交易平台整合工作，适时开展试点示范。各省级政府要根
据本方案要求，建立相应工作机制，对行政区域内已有的各类公共资源交易平
台进行清理，限期提出具体实施方案。在公共资源交易平台清理整合工作完成
前，要保障原交易市场正常履行职能，实现平稳过渡。

（十六）严格督促落实。地方各级政府要将公共资源交易平台整合工作纳
入目标管理考核，定期对本地区工作落实情况进行检查并通报有关情况。发展
改革委要会同国务院有关部门加强对本方案执行情况的督促检查，协调解决工
作中遇到的问题，确保各项任务措施落实到位。

财政部关于贯彻落实整合建立统一的
公共资源交易平台工作方案有关问题的通知

（2015 年 9 月 15 日　财库〔2015〕163 号）

各省、自治区、直辖市、计划单列市财政厅（局），新疆生产建设兵团财务局，
有关采购代理机构：

为深入贯彻党的十八大和十八届二中、三中、四中全会精神，落实《国务
院办公厅关于印发整合建立统一的公共资源交易平台工作方案的通知》（国办
发〔2015〕63 号，以下简称《方案》）要求，深入推进政府采购管理制度改
革，根据《中华人民共和国政府采购法》（以下简称《政府采购法》）、《中华
人民共和国政府采购法实施条例》（以下简称《政府采购法实施条例》）等法
律法规规定，现将有关问题通知如下：

一、依法有序推进政府采购资源整合

（一）推进政府采购信息系统整合。各省级财政部门要认真落实《方案》

基本实现公共资源交易全过程电子化和逐步推进公共资源交易平台从依托有形场所向电子化平台为主转变的整合目标要求，切实加强对全行政区域政府采购信息化建设工作的统一领导和组织，按照《财政部关于印发〈全国政府采购管理交易系统建设总体规划〉和〈政府采购业务基础数据规范〉的通知》（财库〔2013〕18号）提出的全国政府采购管理交易系统建设指导思想、建设目标和主要内容，整合本地区分散的政府采购信息系统，加快建设统一的电子化政府采购管理交易系统，逐步推动本地区所有政府采购项目进入政府采购管理交易系统进行交易，实现政府采购交易信息共享和全流程电子化操作，并按照《方案》的有关要求，实现政府采购管理交易系统与公共资源交易平台的交易信息共享。

（二）推进政府采购场所资源整合。具备评审场所的集中采购机构要按照《方案》有关整合场所要求，按照统一的场所设施标准和服务标准对现有场所进行改造，以满足政府采购评审、交易验证以及有关现场业务办理需要。在保障政府采购项目交易效率的基础上，政府集中采购机构应允许其他公共资源项目进入现有场所进行交易。对进入政府集中采购机构场所进行交易的公共资源项目，要保持公共资源项目的公益性特点和遵循非营利原则，不得违规收取费用。集中采购机构以外的采购代理机构，能实现交易信息与政府采购管理交易系统共享并符合监管要求的，其所代理的政府采购项目可以在现有场所进行交易，也可以进入公共资源交易场所进行交易。

（三）推进政府采购评审专家资源整合。各省级财政部门要按照《方案》有关整合专家资源要求，根据《财政部关于印发政府采购品目分类目录的通知》（财库〔2013〕189号）确定的全国统一的政府采购评审专家分类标准，整合本地区专家资源，在政府采购管理交易系统中建立本地区的政府采购评审专家库，逐步实现专家资格审核、培训、抽取、通知、评价等全流程电子化管理，并通过政府采购管理交易系统与公共资源交易平台的连接，推动实现政府采购评审专家和工程评标专家资源及专家信用信息在全国范围内互联共享。要依照《政府采购法实施条例》第62条的规定，加强对政府采购评审专家库的动态管理，除财政部规定的情形外，要从政府采购评审专家库中随机抽取评审专家，有条件的地方，要积极推广专家远程异地评审。

二、统一政府采购交易规则体系

（四）完善政府采购管理交易规则。财政部将依照《政府采购法实施条例》第32条和第47条规定，加快制定政府采购招标文件标准文本和采购合同标准文本，并按照《方案》纵向统一交易规则要求，进一步完善和实施全国统一的政府采购管理交易系统交易规则和技术标准。

（五）开展政府采购交易规则清理。各省级财政部门要结合《政府采购法实施条例》和《方案》的贯彻落实，对本地区公共资源交易规则中涉及政府采购的内容进行清理，对违法设置审批事项、以备案名义变相实施审批、干预交易主体自主权，以及与政府采购法律法规相冲突的内容，要坚决予以纠正，维护全国政府采购交易规则的统一性。清理过程和结果应在省级公共资源交易平台进行公告，接受社会监督。

三、健全政府采购运行机制

（六）推进政府采购信息公开共享。各级财政部门要按照政府采购法律法规和财政部有关政府采购信息公开的要求，在省级以上财政部门指定的媒体上公开采购项目信息、采购文件、中标成交结果、政府采购合同、投诉处理结果等政府采购全过程信息。各省级财政部门要加快建立政府采购市场信息共享数据库和验证互认机制，对市场主体通过公共资源交易平台电子交易公共服务系统登记注册符合政府采购管理要求的信息，不得要求企业重复登记、备案和验证，并应当通过开放政府采购管理交易系统有关数据接口，实现与公共资源交易平台信息的交换共享和互认。应依托统一的社会信用代码，建立政府采购市场主体信用信息库，并将相关信息纳入国家统一的信用信息平台，实现与其他各类公共资源交易市场主体信用信息交换共享。

（七）健全集中和分散相结合的政府采购运行机制。各级财政部门要按照《方案》各级公共资源交易平台不得取代依法设立的政府集中采购机构的法人地位、法定代理权的要求，会同有关部门对前期试点中出现的有关违法违规问题进行清理纠正，并依据《政府采购法》第16条、第60条规定，重新明确集中采购机构的独立非营利事业法人地位和法定代理权，保证集中采购机构依法独立对外开展政府采购代理业务。要按照依法行政、依法采购的要求，督促采购人将列入集中采购目录的集中采购机构采购项目委托给政府依法设立的具有独立法人地位的集中采购机构代理采购，对采购限额标准以上的未列入集中采购目录的项目自行采购或者委托给采购代理机构代理采购。未依法独立设置集中采购机构的地区，可以将集中采购项目委托给上级或其他地区集中采购机构代理采购，也可以引入市场竞争机制，将集中采购项目择优委托给集中采购机构以外的采购代理机构代理采购。要正确处理好集中与分散的关系，规范集中采购目录及标准，合理确定集中采购范围，推动集中采购机构专业化服务机构的发展定位，推动集中采购机构以外的采购代理机构走差异化的发展道路。

四、完善政府采购监管体系

（八）完善监管体制机制。各级财政部门作为法定的政府采购监督管理部门，要在坚持"管采分离"管理体制的基础上，按照党中央、国务院有关决策权、执行权与监督权既相互制约又相互协调的要求，进一步完善政府采购管理体制，健全与监察、审计部门协作配合的监管机制，防止权力滥用。

（九）强化监督管理。各级财政部门要按照党的十八届四中全会"坚持法定职责必须为、法无授权不可为"的要求，依法全面履行政府采购制度政策制定、投诉处理、监督检查、评审专家管理等监管职责，并按照《方案》的部署，运用大数据等手段，实施电子化行政监督，强化对交易活动的动态监督和预警。要将市场主体信用信息和公共资源交易活动信息作为实施监管的重要依据，健全守信激励和失信惩戒机制，依法禁止失信行为当事人参与政府采购活动。要健全政府采购评审专家选聘与退出机制，建立专家黑名单制度，强化专家责任追究。

五、强化实施保障

（十）加强组织领导。整合建立统一的公共资源交易平台工作政策性强、涉及面广、技术难度大。各级财政部门要站在促进形成统一开放、竞争有序的现代市场体系和推动政府职能转变、推进预防和惩治腐败体系建设的高度，充分认识到该项工作的重要性，牢固树立大局意识，加强领导，周密部署，积极采取措施解决前期试点中存在的问题，切实将整合工作抓实、抓好。

（十一）严格督促落实。各省级财政部门要加强对全行政区域财政部门落实本通知工作情况的督促和指导，及时将有关执行情况向财政部反馈。财政部将适时会同有关部门开展联合督查，确保有关法律法规和《方案》各项措施落实到位。

公共资源交易平台管理暂行办法

（2016 年 6 月 24 日国家发展和改革委员会、工业和信息化部、财政部、国土资源部、环境保护部、住房和城乡建设部等令第 39 号公布自 2016 年 8 月 1 日起施行）

第一章 总 则

第一条 为规范公共资源交易平台运行，提高公共资源配置效率和效益，加强对权力运行的监督制约，维护国家利益、社会公共利益和交易当事人的合法权益，根据有关法律法规和《国务院办公厅关于印发整合建立统一的公共资源交易平台工作方案的通知》（国办发〔2015〕63 号），制定本办法。

第二条 本办法适用于公共资源交易平台的运行、服务和监督管理。

第三条 本办法所称公共资源交易平台是指实施统一的制度和标准、具备开放共享的公共资源交易电子服务系统和规范透明的运行机制，为市场主体、社会公众、行政监督管理部门等提供公共资源交易综合服务的体系。

公共资源交易是指涉及公共利益、公众安全的具有公有性、公益性的资源交易活动。

第四条 公共资源交易平台应当立足公共服务职能定位，坚持电子化平台的发展方向，遵循开放透明、资源共享、高效便民、守法诚信的运行服务原则。

第五条 公共资源交易平台要利用信息网络推进交易电子化，实现全流程透明化管理。

第六条 国务院发展改革部门会同国务院有关部门统筹指导和协调全国公共资源交易平台相关工作。

设区的市级以上地方人民政府发展改革部门或政府指定的部门会同有关部门负责本行政区域的公共资源交易平台指导和协调等相关工作。

各级招标投标、财政、国土资源、国有资产等行政监督管理部门按照规定的职责分工，负责公共资源交易活动的监督管理。

第二章　平台运行

第七条 公共资源交易平台的运行应当遵循相关法律法规和国务院有关部门制定的各领域统一的交易规则，以及省级人民政府颁布的平台服务管理细则。

第八条 依法必须招标的工程建设项目招标投标、国有土地使用权和矿业权出让、国有产权交易、政府采购等应当纳入公共资源交易平台。

国务院有关部门和地方人民政府结合实际，推进其他各类公共资源交易纳入统一平台。纳入平台交易的公共资源项目，应当公开听取意见，并向社会公布。

第九条 公共资源交易平台应当按照国家统一的技术标准和数据规范，建立公共资源交易电子服务系统，开放对接各类主体依法建设的公共资源电子交易系统和政府有关部门的电子监管系统。

第十条 公共资源交易项目的实施主体根据交易标的专业特性，选择使用依法建设和运行的电子交易系统。

第十一条 公共资源交易项目依法需要评标、评审的，应当按照全国统一的专家专业分类标准，从依法建立的综合评标、政府采购评审等专家库中随机抽取专家，法律法规另有规定的除外。

有关行政监督管理部门按照规定的职责分工，对专家实施监督管理。

鼓励有条件的地方跨区域选择使用专家资源。

第十二条 公共资源交易平台应当按照省级人民政府规定的场所设施标准，充分利用已有的各类场所资源，为公共资源交易活动提供必要的现场服务设施。

市场主体依法建设的交易场所符合省级人民政府规定标准的，可以在现有场所办理业务。

第十三条 公共资源交易平台应当建立健全网络信息安全制度，落实安全保护技术措施，保障平台平稳运行。

第三章 平台服务

第十四条 公共资源交易平台的服务内容、服务流程、工作规范、收费标准和监督渠道应当按照法定要求确定，并通过公共资源交易电子服务系统向社会公布。

第十五条 公共资源交易平台应当推行网上预约和服务事项办理。确需在现场办理的，实行窗口集中，简化流程，限时办结。

第十六条 公共资源交易平台应当将公共资源交易公告、资格审查结果、交易过程信息、成交信息、履约信息等，通过公共资源交易电子服务系统依法及时向社会公开。涉及国家秘密、商业秘密、个人隐私以及其他依法应当保密的信息除外。

公共资源交易平台应当无偿提供依法必须公开的信息。

第十七条 交易服务过程中产生的电子文档、纸质资料以及音视频等，应当按照规定的期限归档保存。

第十八条 公共资源交易平台运行服务机构及其工作人员不得从事以下活动：

（一）行使任何审批、备案、监管、处罚等行政监督管理职能；

（二）违法从事或强制指定招标、拍卖、政府采购代理、工程造价等中介服务；

（三）强制非公共资源交易项目进入平台交易；

（四）干涉市场主体选择依法建设和运行的公共资源电子交易系统；

（五）非法扣押企业和人员的相关证照资料；

（六）通过设置注册登记、设立分支机构、资质验证、投标（竞买）许可、强制担保等限制性条件阻碍或者排斥其他地区市场主体进入本地区公共资源交易市场；

（七）违法要求企业法定代表人到场办理相关手续；

（八）其他违反法律法规规定的情形。

第十九条 公共资源交易平台运行服务机构提供公共服务确需收费的，不得以营利为目的。根据平台运行服务机构的性质，其收费分别纳入行政事业性收费和经营服务性收费管理，具体收费项目和收费标准按照有关规定执行。属于行政事业性收费的，按照本级政府非税收入管理的有关规定执行。

第二十条 公共资源交易平台运行服务机构发现公共资源交易活动中有违法违规行为的，应当保留相关证据并及时向有关行政监督管理部门报告。

第四章 信息资源共享

第二十一条 各级行政监督管理部门应当将公共资源交易活动当事人资质资格、信用奖惩、项目审批和违法违规处罚等信息，自作出行政决定之日起 7 个工作日内上网公开，并通过相关电子监管系统交换至公共资源交易电子服务系统。

第二十二条 各级公共资源交易平台应当依托统一的社会信用代码，记录公共资源交易过程中产生的市场主体和专家信用信息，并通过国家公共资源交易电子服务系统实现信用信息交换共享和动态更新。

第二十三条 国务院发展改革部门牵头建立国家公共资源交易电子服务系统，与省级公共资源交易电子服务系统和有关部门建立的电子系统互联互通，实现市场主体信息、交易信息、行政监管信息的集中交换和同步共享。

第二十四条 省级人民政府应当搭建全行政区域统一、终端覆盖市县的公共资源交易电子服务系统，对接国家公共资源交易电子服务系统和有关部门建立的电子系统，按照有关规定交换共享信息。有关电子招标投标、政府采购等系统应当分别与国家电子招标投标公共服务系统、政府采购管理交易系统对接和交换信息。

第二十五条 公共资源交易电子服务系统应当分别与投资项目在线审批监管系统、信用信息共享系统对接，交换共享公共资源交易相关信息、项目审批核准信息和信用信息。

第二十六条 市场主体已经在公共资源电子交易系统登记注册，并通过公共资源交易电子服务系统实现信息共享的，有关行政监督管理部门和公共资源交易平台运行服务机构不得强制要求其重复登记、备案和验证。

第二十七条 公共资源交易电子服务系统应当支持不同电子认证数字证书的兼容互认。

第二十八条 公共资源交易平台和有关行政监督管理部门在公共资源交易数据采集、汇总、传输、存储、公开、使用过程中，应加强数据安全管理。涉密数据的管理，按照有关法律规定执行。

第五章　监督管理

第二十九条 各级行政监督管理部门按照规定的职责分工，加强对公共资源交易活动的事中事后监管，依法查处违法违规行为。

对利用职权违规干预和插手公共资源交易活动的国家机关或国有企事业单位工作人员，依纪依法予以处理。

各级审计部门应当对公共资源交易平台运行依法开展审计监督。

第三十条 设区的市级以上地方人民政府应当推动建立公共资源交易电子监管系统，实现对项目登记，公告发布，开标评标或评审、竞价，成交公示，交易结果确认，投诉举报，交易履约等交易全过程监控。

公共资源交易电子服务系统和其对接的公共资源电子交易系统应当实时向监管系统推送数据。

第三十一条 建立市场主体公共资源交易活动事前信用承诺制度，要求市场主体以规范格式向社会作出公开承诺，并纳入交易主体信用记录，接受社会监督。

第三十二条 各级行政监督管理部门应当将公共资源交易主体信用信息作为市场准入、项目审批、资质资格审核的重要依据。

建立行政监督管理部门、司法机关等部门联合惩戒机制，对在公共资源交易活动中有不良行为记录的市场主体，依法限制或禁止其参加招标投标、国有土地使用权出让和矿业权出让、国有产权交易、政府采购等公共资源交易活动。

建立公共资源交易相关信息与同级税务机关共享机制，推进税收协作。

第三十三条 各级行政监督管理部门应当运用大数据技术，建立公共资源交易数据关联比对分析机制，开展监测预警，定期进行效果评估，及时调整监管重点。

第三十四条 各级行政监督管理部门应当建立联合抽查机制，对有效投诉举报多或有违法违规记录情况的市场主体，加大随机抽查力度。

行政监督管理部门履行监督管理职责过程中，有权查阅、复制公共资源交易活动有关文件、资料和数据。公共资源交易平台运行服务机构应当如实提供相关情况。

第三十五条 建立由市场主体以及第三方参与的社会评价机制，对所辖行政区域公共资源交易平台运行服务机构提供公共服务情况进行评价。

第三十六条 市场主体或社会公众认为公共资源交易平台运行服务机构及其工作人员存在违法违规行为的，可以依法向政府有关部门投诉、举报。

第三十七条 公共资源交易领域的行业协会应当发挥行业组织作用，加强自律管理和服务。

第六章　法律责任

第三十八条 公共资源交易平台运行服务机构未公开服务内容、服务流程、工作规范、收费标准和监督渠道，由政府有关部门责令限期改正。拒不改正的，予以通报批评。

第三十九条 公共资源交易平台运行服务机构及其工作人员违反本办法第十八条禁止性规定的，由政府有关部门责令限期改正，并予以通报批评。情节严重的，依法追究直接责任人和有关领导的责任。构成犯罪的，依法追究刑事责任。

第四十条 公共资源交易平台运行服务机构违反本办法第十九条规定收取费用的，由同级价格主管部门会同有关部门责令限期改正。拒不改正的，依照《中华人民共和国价格法》、《价格违法行为行政处罚规定》等给予处罚，并予以公示。

第四十一条 公共资源交易平台运行服务机构未按照本办法规定在公共资源

交易电子服务系统公开、交换、共享信息的，由政府有关部门责令限期改正。拒不改正的，对直接负责的主管人员和其他直接责任人员依法给予处分，并予以通报。

第四十二条 公共资源交易平台运行服务机构限制市场主体建设的公共资源电子交易系统对接公共资源交易电子服务系统的，由政府有关部门责令限期改正。拒不改正的，对直接负责的主管人员和其他直接责任人员依法给予处分，并予以通报。

第四十三条 公共资源交易平台运行服务机构及其工作人员向他人透露依法应当保密的公共资源交易信息的，由政府有关部门责令限期改正，并予以通报批评。情节严重的，依法追究直接责任人和有关领导的责任。构成犯罪的，依法追究刑事责任。

第四十四条 有关行政监督管理部门、公共资源交易平台运行服务机构及其工作人员徇私舞弊、滥用职权、弄虚作假、玩忽职守，未依法履行职责的，依法给予处分；构成犯罪的，依法追究刑事责任。

第七章 附 则

第四十五条 公共资源电子交易系统是根据工程建设项目招标投标、土地使用权和矿业权出让、国有产权交易、政府采购等各类交易特点，按照有关规定建设、对接和运行，以数据电文形式完成公共资源交易活动的信息系统。

公共资源交易电子监管系统是指政府有关部门在线监督公共资源交易活动的信息系统。

公共资源交易电子服务系统是指联通公共资源电子交易系统、监管系统和其他电子系统，实现公共资源交易信息数据交换共享，并提供公共服务的枢纽。

第四十六条 公共资源交易平台运行服务机构是指由政府推动设立或政府通过购买服务等方式确定的，通过资源整合共享方式，为公共资源交易相关市场主体、社会公众、行政监督管理部门等提供公共服务的单位。

第四十七条 本办法由国务院发展改革部门会同国务院有关部门负责解释。

第四十八条 本办法自 2016 年 8 月 1 日起实施。

财政部关于公共资源交易中心开展
政府采购活动有关问题的通知

(2014 年 10 月 11 日　财库〔2014〕165 号)

各省、自治区、直辖市、计划单列市财政厅（局）、公共资源交易中心（办公室）、集中采购中心：

政府采购活动应遵循政府采购法的规定。近期，一些公共资源交易中心（以下简称交易中心）开展政府采购工作业务时，违法改变政府采购法定评审程序、干预评审结果、乱收费，以及在交易中心建设中存在"管采不分"等问题。为规范交易中心的政府采购活动，进一步加强政府采购监督管理，依据《中华人民共和国政府采购法》等法律法规规定，现就有关事项通知如下：

一、进入交易中心的政府采购活动，应当严格遵守《中华人民共和国政府采购法》及政府采购货物服务招标投标管理、信息公告和评审管理等有关制度规定，规范采购文件编制、信息发布、专家抽取、项目评审、质疑投诉、档案管理等行为，保证政府采购的公开、公平和公正。交易中心在政府采购活动中，不得改变采购人、采购代理机构和供应商等主体的法定权利义务，不得在法定程序外新设登记、报名、备案、资格审核等程序，限制或阻止采购代理机构、供应商进入本地的政府采购市场；不得违规组织对评审活动进行现场监督，干预政府采购评审结果。

二、交易中心在政府采购活动中应遵循非营利性的原则，不得对采购代理机构、供应商违规收取费用，也不得要求采购代理机构或采购人对现场监督人员支付评审费、劳务费等报酬，增加政府采购成本。集中采购机构应保留独立的法人地位，依法承担相应的法律责任，体现集中采购机构的公益性特征。

三、各级财政部门应依法履行对政府采购活动的监督管理职责，对进入交易中心的政府采购项目执行情况加强监督检查，依法受理供应商投诉，对违反

政府采购法律法规的行为进行处理和处罚。对纳入交易中心的集中采购机构要
加强考核与指导，促进落实政府采购政策功能等要求。要进一步落实"管采分
离"的政府采购管理体制，财政部门不得违法采取授权、委托或者共同管理等
方式，将政府采购的监管职责交由其他机构行使。对涉及政府采购活动的违法
违规问题，交易中心应向政府采购监督管理部门如实反映情况，配合做好监督
检查和投诉处理工作。

四、交易中心要对照政府采购法律法规和本通知规定开展自查，对存在的
问题进行清理和整改。各级财政部门要切实加强对交易中心政府采购活动的业
务指导和监督管理，督促交易中心做好清理整改工作。财政部将组织专项检查，
对清理和整改不落实、不到位的单位予以通报。

住房和城乡建设部办公厅关于工程总承包项目
和政府采购工程建设项目办理施工许可手续
有关事项的通知

(2017 年 7 月 13 日 建办市〔2017〕46 号)

各省、自治区住房城乡建设厅，直辖市建委，新疆生产建设兵团建设局：

为贯彻落实《国务院办公厅关于促进建筑业持续健康发展的意见》（国办
发〔2017〕19 号），进一步深化建筑业"放管服"改革，完善建筑工程施工许
可制度，依法为工程总承包项目和政府采购工程建设项目办理施工许可手续，
现将有关事项通知如下：

一、关于工程总承包项目施工许可

对采用工程总承包模式的工程建设项目，在施工许可证及其申请表中增加
"工程总承包单位"和"工程总承包项目经理"栏目。各级住房城乡建设主管部
门可以根据工程总承包合同及分包合同确定设计、施工单位，依法办理施工许可证。

对在工程总承包项目中承担分包工作，且已与工程总承包单位签订分包合同的设计单位或施工单位，各级住房城乡建设主管部门不得要求其与建设单位签订设计合同或施工合同，也不得将上述要求作为申请领取施工许可证的前置条件。

二、关于政府采购工程建设项目施工许可

对依法通过竞争性谈判或单一来源方式确定供应商的政府采购工程建设项目，应严格执行建筑法、《建筑工程施工许可管理办法》等规定，对符合申请条件的，应当颁发施工许可证。

财政部关于完善中央单位政府采购预算管理和中央高校、科研院所科研仪器设备采购管理有关事项的通知

（2016 年 11 月 10 日　财库〔2016〕194 号）

党中央有关部门，国务院各部委、各直属机构，全国人大常委会办公厅，全国政协办公厅，高法院，高检院，各民主党派中央，有关人民团体，中央国家机关政府采购中心，中共中央直属机关采购中心，全国人大机关采购中心，各省、自治区、直辖市、计划单列市财政厅（局）：

为进一步完善中央单位政府采购预算管理，落实中共中央办公厅、国务院办公厅《关于进一步完善中央财政科研项目资金管理等政策的有关意见》有关中央高校、科研院所科研仪器设备采购管理的要求，现将有关事项通知如下：

一、完善中央单位政府采购预算管理

全面完整编制政府采购预算是加强政府采购管理的重要基础。中央单位应随部门预算编制一并编制政府采购预算。预算执行中部门预算资金调剂（包括追加、追减或调整结构）需要明确政府采购预算的，应按部门预算调剂的有关程序和规定一并办理，由主管预算单位报财政部（部门预算管理司）审核批复。

除部门预算资金调剂情形外，中央单位预算执行中预算支出总金额不变但

需要单独调剂政府采购预算的类别（货物、工程、服务）和金额，以及使用非财
政拨款资金采购需要明确政府采购预算的，由主管预算单位报财政部（国库司）
备案。备案文件中应当载明中央单位名称、预算项目名称及编码、采购项目名称
以及政府采购预算的类别、金额和调剂原因等项目基本情况说明。备案由主管预
算单位组织在现行的"政府采购计划管理系统"（以下简称采购计划系统）中
录入政府采购预算，并上传备案文件的电子扫描件。录入的政府采购预算作为
中央单位编报政府采购计划、申请变更政府采购方式和采购进口产品的依据。

中央单位应准确区分不同类型，根据采购项目情况据实进行政府采购预算
的报批和备案管理，不得随意调减政府采购预算以规避政府采购和公开招标。

二、完善中央高校、科研院所科研仪器设备采购管理

（一）中央高校、科研院所可自行采购科研仪器设备。

中央高校、科研院所可自行组织或委托采购代理机构采购各类科研仪器设
备，采购活动应按照政府采购法律制度规定执行。

（二）对中央高校、科研院所采购进口科研仪器设备实行备案制管理。

中央高校、科研院所采购进口科研仪器设备，应按规定做好专家论证工作，
参与论证的专家可自行选定，专家论证意见随采购文件存档备查。中央高校、科研
院所通过采购计划系统对采购进口科研仪器设备进行备案，可单次或分次批量在采
购计划系统"中央高校、科研院所科研仪器设备进口"模块中编报采购计划。

（三）简化中央高校、科研院所科研仪器设备变更政府采购方式审批流程。

中央高校、科研院所达到公开招标数额标准的科研仪器设备采购项目需要
采用公开招标以外采购方式的，申请变更政府采购方式时可不再提供单位内部
会商意见，但应将单位内部会商意见随采购文件存档备查。中央高校、科研院
所申请变更政府采购方式时可注明"科研仪器设备"，财政部将予以优先审批。
申请变更为单一来源采购方式的专业人员论证和审核前公示，以及提交一揽子
变更申请等工作，按《中央预算单位变更政府采购方式审批管理办法》（财库
〔2015〕36号）的规定执行。

（四）中央高校、科研院所可自行选择科研仪器设备评审专家。

中央高校、科研院所科研仪器设备采购，可在政府采购评审专家库外自行

选择评审专家。自行选择的评审专家与供应商有利害关系的，应严格执行回避有关规定。评审活动完成后，中央高校、科研院所应在评审专家名单中对自行选定的评审专家进行标注，并随同中标、成交结果一并公告。

（五）加强对科研仪器设备采购的内部控制管理。

中央高校、科研院所应按照《财政部关于加强政府采购活动内部管理的指导意见》（财库〔2016〕99号）的规定，进一步完善内部管理规定，加强科研仪器设备采购的内控管理，严格执行政府采购相关规定，主动公开政府采购相关信息，做到科研仪器设备采购的全程公开、透明、可追溯。

本通知自2017年1月1日起开始执行。

各地区可参照本通知精神，结合实际，完善相关管理规定。

财政部关于加强政府采购活动内部控制管理的指导意见

（2016年6月29日　财库〔2016〕99号）

党中央有关部门，国务院各部委、各直属机构，全国人大常委会办公厅，全国政协办公厅，高法院，高检院，各民主党派中央，有关人民团体，中央国家机关政府采购中心，中共中央直属机关采购中心，全国人大机关采购中心，各省、自治区、直辖市、计划单列市财政厅（局）、政府采购中心，新疆生产建设兵团财务局、政府采购中心：

加强对政府采购活动的内部控制管理，是贯彻《中共中央关于全面推进依法治国若干重大问题的决定》的重要举措，也是深化政府采购制度改革的内在要求，对落实党风廉政建设主体责任、推进依法采购具有重要意义。近年来，一些采购人、集中采购机构和政府采购监管部门积极探索建立政府采购活动内部控制制度，取得了初步成效，但总体上还存在体系不完整、制度不健全、发展不平衡等问题。为了进一步规范政府采购活动中的权力运行，强化内部流程控制，促进政府采购提质增效，现提出如下意见：

一、总体要求

（一）指导思想。

贯彻党的十八大和十八届三中、四中、五中全会精神，按照"四个全面"战略布局，适应政府职能转变和构建现代财政制度需要，落实政府采购法律法规要求，执行《行政事业单位内部控制规范（试行）》（财会〔2012〕21号）和《财政部关于全面推进行政事业单位内部控制建设的指导意见》（财会〔2015〕24号）相关规定，坚持底线思维和问题导向，创新政府采购管理手段，切实加强政府采购活动中的权力运行监督，有效防范舞弊和预防腐败，提升政府采购活动的组织管理水平和财政资金使用效益，提高政府采购公信力。

（二）基本原则。

1. 全面管控与突出重点并举。将政府采购内部控制管理贯穿于政府采购执行与监管的全流程、各环节，全面控制，重在预防。抓住关键环节、岗位和重大风险事项，从严管理，重点防控。

2. 分工制衡与提升效能并重。发挥内部机构之间，相关业务、环节和岗位之间的相互监督和制约作用，合理安排分工，优化流程衔接，提高采购绩效和行政效能。

3. 权责对等与依法惩处并行。在政府采购执行与监管过程中贯彻权责一致原则，因权定责、权责对应。严格执行法律法规的问责条款，有错必究、失责必惩。

（三）主要目标。

以"分事行权、分岗设权、分级授权"为主线，通过制定制度、健全机制、完善措施、规范流程，逐步形成依法合规、运转高效、风险可控、问责严格的政府采购内部运转和管控制度，做到约束机制健全、权力运行规范、风险控制有力、监督问责到位，实现对政府采购活动内部权力运行的有效制约。

二、主要任务

（一）落实主体责任。

采购人应当做好政府采购业务的内部归口管理和所属单位管理，明确内部工作机制，重点加强对采购需求、政策落实、信息公开、履约验收、结果评价等的管理。

集中采购机构应当做好流程控制，围绕委托代理、编制采购文件和拟订合同文本、执行采购程序、代理采购绩效等政府采购活动的重点内容和环节加强管理。

监管部门应当强化依法行政意识，围绕放管服改革要求，重点完善采购方式审批、采购进口产品审核、投诉处理、监督检查等内部管理制度和工作规程。

（二）明确重点任务。

1. 严防廉政风险。牢固树立廉洁是政府采购生命线的根本理念，把纪律和规矩挺在前面。针对政府采购岗位设置、流程设计、主体责任、与市场主体交往等重点问题，细化廉政规范、明确纪律规矩，形成严密、有效的约束机制。

2. 控制法律风险。切实提升采购人、集中采购机构和监管部门的法治观念，依法依规组织开展政府采购活动，提高监管水平，切实防控政府采购执行与监管中的法律风险。

3. 落实政策功能。准确把握政府采购领域政策功能落实要求，严格执行政策规定，切实发挥政府采购在实现国家经济和社会发展政策目标中的作用。

4. 提升履职效能。落实精简、统一、效能的要求，科学确定事权归属、岗位责任、流程控制和授权关系，推进政府采购流程优化、执行顺畅，提升政府采购整体效率、效果和效益。

三、主要措施

（一）明晰事权，依法履职尽责。采购人、采购代理机构和监管部门应当根据法定职责开展工作，既不能失职不作为，也不得越权乱作为。

1. 实施归口管理。采购人应当明确内部归口管理部门，具体负责本单位、本系统的政府采购执行管理。归口管理部门应当牵头建立本单位政府采购内部控制制度，明确本单位相关部门在政府采购工作中的职责与分工，建立政府采购与预算、财务（资金）、资产、使用等业务机构或岗位之间沟通协调的工作机制，共同做好编制政府采购预算和实施计划、确定采购需求、组织采购活动、履约验收、答复询问质疑、配合投诉处理及监督检查等工作。

2. 明确委托代理权利义务。委托采购代理机构采购的，采购人应当和采购代理机构依法签订政府采购委托代理协议，明确代理采购的范围、权限和期限等具体事项。采购代理机构应当严格按照委托代理协议开展采购活动，不得超越代理权限。

3. 强化内部监督。采购人、集中采购机构和监管部门应当发挥内部审计、纪检监察等机构的监督作用，加强对采购执行和监管工作的常规审计和专项审计。畅通问题反馈和受理渠道，通过检查、考核、设置监督电话或信箱等多种途径查找和发现问题，有效分析、预判、管理、处置风险事项。

（二）合理设岗，强化权责对应。合理设置岗位，明确岗位职责、权限和责任主体，细化各流程、各环节的工作要求和执行标准。

1. 界定岗位职责。采购人、集中采购机构和监管部门应当结合自身特点，对照政府采购法律、法规、规章及制度规定，认真梳理不同业务、环节、岗位需要重点控制的风险事项，划分风险等级，建立制度规则、风险事项等台账，合理确定岗位职责。

2. 不相容岗位分离。采购人、集中采购机构应当建立岗位间的制衡机制，采购需求制定与内部审核、采购文件编制与复核、合同签订与验收等岗位原则上应当分开设置。

3. 相关业务多人参与。采购人、集中采购机构对于评审现场组织、单一来源采购项目议价、合同签订、履约验收等相关业务，原则上应当由2人以上共同办理，并明确主要负责人员。

4. 实施定期轮岗。采购人、集中采购机构和监管部门应当按规定建立轮岗交流制度，按照政府采购岗位风险等级设定轮岗周期，风险等级高的岗位原则上应当缩短轮岗年限。不具备轮岗条件的应当定期采取专项审计等控制措施。建立健全政府采购在岗监督、离岗审查和项目责任追溯制度。

（三）分级授权，推动科学决策。明确不同级别的决策权限和责任归属，按照分级授权的决策模式，建立与组织机构、采购业务相适应的内部授权管理体系。

1. 加强所属单位管理。主管预算单位应当明确与所属预算单位在政府采购管理、执行等方面的职责范围和权限划分，细化业务流程和工作要求，加强对所属预算单位的采购执行管理，强化对政府采购政策落实的指导。

2. 完善决策机制。采购人、集中采购机构和监管部门应当建立健全内部政府采购事项集体研究、合法性审查和内部会签相结合的议事决策机制。对于涉及民生、社会影响较大的项目，采购人在制定采购需求时，还应当进行法律、技术咨询或者公开征求意见。监管部门处理政府采购投诉应当建立健全法律咨询机制。决策过程要形成完整记录，任何个人不得单独决策或者擅自改变集体决策。

3. 完善内部审核制度。采购人、集中采购机构确定采购方式、组织采购活动，监管部门办理审批审核事项、开展监督检查、做出处理处罚决定等，应当依据法律制度和有关政策要求细化内部审核的各项要素、审核标准、审核权限和工作要求，实行办理、复核、审定的内部审核机制，对照要求逐层把关。

（四）优化流程，实现重点管控。加强对采购活动的流程控制，突出重点环节，确保政府采购项目规范运行。

1. 增强采购计划性。采购人应当提高编报与执行政府采购预算、实施计划的系统性、准确性、及时性和严肃性，制定政府采购实施计划执行时间表和项目进度表，有序安排采购活动。

2. 加强关键环节控制。采购人、集中采购机构应当按照有关法律法规及业务流程规定，明确政府采购重点环节的控制措施。未编制采购预算和实施计划的不得组织采购，无委托代理协议不得开展采购代理活动，对属于政府采购范围未执行政府采购规定、采购方式或程序不符合规定的及时予以纠正。

3. 明确时限要求。采购人、集中采购机构和监管部门应当提高政府采购效率，对信息公告、合同签订、变更采购方式、采购进口产品、答复询问质疑、投诉处理以及其他有时间要求的事项，要细化各个节点的工作时限，确保在规定时间内完成。

4. 强化利益冲突管理。采购人、集中采购机构和监管部门应当厘清利益冲突的主要对象、具体内容和表现形式，明确与供应商等政府采购市场主体、评审专家交往的基本原则和界限，细化处理原则、处理方式和解决方案。采购人员及相关人员与供应商有利害关系的，应当严格执行回避制度。

5. 健全档案管理。采购人、集中采购机构和监管部门应当加强政府采购记录控制，按照规定妥善保管与政府采购管理、执行相关的各类文件。

四、保障措施

采购人、集中采购机构和监管部门要深刻领会政府采购活动中加强内部控制管理的重要性和必要性，结合廉政风险防控机制建设、防止权力滥用的工作要求，准确把握政府采购工作的内在规律，加快体制机制创新，强化硬的制度约束，切实提高政府采购内部控制管理水平。

（一）加强组织领导。建立政府采购内部控制管理工作的领导、协调机制，做好政府采购内部控制管理各项工作。要严格执行岗位分离、轮岗交流等制度，暂不具备条件的要创造条件逐步落实，确不具备条件的基层单位可适当放宽要求。集中采购机构以外的采购代理机构可以参照本意见建立和完善内部控制管理制度，防控代理执行风险。

（二）加快建章立制。抓紧梳理和评估本部门、本单位政府采购执行和监管中存在的风险，明确标准化工作要求和防控措施，完善内部管理制度，形成较为完备的内部控制体系。

（三）完善技术保障。运用信息技术落实政府采购内部控制管理措施，政府采购管理交易系统及采购人内部业务系统应当重点强化人员身份验证、岗位业务授权、系统操作记录、电子档案管理等系统功能建设。探索大数据分析在政府采购内部控制管理中的应用，将信息数据科学运用于项目管理、风险控制、监督预警等方面。

（四）强化运行监督。建立内部控制管理的激励约束机制，将内部控制制度的建设和执行情况纳入绩效考评体系，将日常评价与重点监督、内部分析和外部评价相结合，定期对内部控制的有效性进行总结，加强评估结果应用，不断改进内部控制管理体系。财政部门要将政府采购内部控制制度的建设和执行情况作为政府采购监督检查和对集中采购机构考核的重要内容，加强监督指导。

图书在版编目（CIP）数据

政府采购合规指南：法条解读、案例梳理、实务流
程图指引／白如银，苏静编著．—北京：中国法制出
版社，2022.10（2024.9重印）
ISBN 978-7-5216-2954-5

Ⅰ．①政… Ⅱ．①白… ②苏… Ⅲ．①政府采购法-
中国-指南 Ⅳ．①D922.2-62

中国版本图书馆 CIP 数据核字（2022）第 182699 号

责任编辑：赵燕　　　　　　　　　　　　　　　　　封面设计：周黎明

政府采购合规指南：法条解读、案例梳理、实务流程图指引
ZHENGFU CAIGOU HEGUI ZHINAN：FATIAO JIEDU、ANLI SHULI、SHIWU LIUCHENGTU ZHIYIN

编著／白如银　苏静
经销／新华书店
印刷／北京虎彩文化传播有限公司
开本／710 毫米×1000 毫米　16 开　　　　　　　　印张／49.25　字数／457 千
版次／2022 年 10 月第 1 版　　　　　　　　　　　2024 年 9 月第 3 次印刷

中国法制出版社出版
书号 ISBN 978-7-5216-2954-5　　　　　　　　　　　　　定价：158.00 元

北京市西城区西便门西里甲 16 号西便门办公区
邮政编码：100053　　　　　　　　　　　　　　　　传真：010-63141600
网址：http：//www.zgfzs.com　　　　　　　　　　编辑部电话：010-63141669
市场营销部电话：010-63141612　　　　　　　　　印务部电话：010-63141606

（如有印装质量问题，请与本社印务部联系。）